我的爷爷毛泽东（上）

毛新宇 著

湖南人民出版社·长沙

本作品中文简体版权由湖南人民出版社所有。
未经许可，不得翻印。

图书在版编目（CIP）数据

我的爷爷毛泽东 / 毛新宇著. --长沙：湖南人民出版社，2023.12
ISBN 978-7-5561-3393-2

Ⅰ.①我… Ⅱ.①毛… Ⅲ.①毛泽东（1893—1976）—生平事迹 Ⅳ.①A752

中国国家版本馆CIP数据核字（2023）第242983号

我的爷爷毛泽东
WO DE YEYE MAO ZEDONG

著　　者：毛新宇
出版统筹：黎晓慧　陈　实
产品经理：傅钦伟　曾汇雯
责任编辑：傅钦伟　潘　凯　曾诗玉　古湘渝
责任校对：杨萍萍　蔡娟娟
装帧设计：谢俊平

出版发行：湖南人民出版社 [http://www.hnppp.com]
地　　址：长沙市营盘东路3号　邮　编：410005　电　话：0731-82683346
印　　刷：长沙超峰印刷有限公司
版　　次：2023年12月第1版　　　　　　　印　　次：2023年12月第1次印刷
开　　本：710 mm × 1000 mm　1/16　　　印　　张：47.5
插　　页：12　　　　　　　　　　　　　　字　　数：400千字
书　　号：ISBN 978-7-5561-3393-2
定　　价：129.80元（上下册）

营销电话：0731-82683348（如发现印装质量问题请与出版社调换）

前 言

对于当今大多数中国人来说,毛泽东始终是他们心目中伟大的领袖,他们生活的欢乐和痛苦、事业的荣辱与成败,大都直接或间接地与这位历史伟人的思想和行动联系在一起。一个民族需要有凝聚力,而一个有凝聚力的民族需要一个能统领全民族的伟人,这个伟人就是这个民族的脊梁。毛泽东就是我们中华民族的脊梁。邓小平同志喜欢说:天塌下来有长汉顶着。在 20 世纪,毛泽东这个长汉,为中华民族撑起了腰杆,为全世界受到不公平对待的被压迫民族和人民撑起了一片蓝天。

毛泽东曾经说过,鲁迅的骨头是最硬的。其实他自己的骨头也是最硬的。毛泽东厥功至伟,其雄文震天,武略盖世,也无怪乎从饱学之士到目不识丁者都对毛泽东顶礼膜拜,将他视为中国的自豪和骄傲。对内,他让大多数穷苦的中国人翻身做了主人,让他们在中国当时低下的生产力条件下避免沦为外来垄断资本的奴隶。对外,他维护民族尊严,从太平洋彼岸那个金元帝国的总统,到北方强邻的各位首脑,也无不时时关注着这位纵横捭阖、声震天下,有着独特性格和惊人韧力的中国巨人。有世界最大艺术殿堂之称的纽约大都会博物馆，在20世纪艺术展的人物肖像中，仅有的一幅巨幅领袖像就是毛泽东。这足以说明，不论是他的崇敬者，还是他的朋友或同情者，甚至是他的敌人，在许多时候都不得不承认他的威力和影响几乎无处不在。一代伟人毛泽东的出现有历史的必然性，他是中华民族在几千年优秀文化的熏陶中所产生的一粒"蒸不烂、煮不透、响当当、硬邦邦"的坚硬正义的种子，生逢其时，就必然要开花结果，形成气候。

世人大都以自己的心态来了解和对待伟人。我作为毛泽东的嫡孙，作为20世纪70年代出生的年轻人，与先辈们比，缺乏在旧社会与反动派腥风血雨的斗争经验，也不可能再去体会共和国初期建设的无限艰辛，但客观存在的历史事实，毕竟无法泯灭对历史的记忆。对于经历世纪交替的我们这一代人来说，寻找心中的毛泽东，研究他的生平事迹，并以此更深入地理解其思想，具有特殊重要的意义。

从我记事以来，曾多次随我的父亲毛岸青、母亲邵华去追寻爷爷毛泽东所走过的足迹，从韶山到长沙、上海、广州乃至武汉，从井冈山到古田、遵义、延安、重庆乃至西柏坡；我也拜访过许多从旧社会和战争年代走过来的老人，他们有的是耿直纯朴的老农民或老红军，有的是百战百胜的老将军或国家领导人。爷爷的丰功伟绩听多了，我便有了将它们编写成故事并讲给我的同龄人以及一切想了解毛泽东的人听的欲望。

作为毛泽东的后人，我真切感受到了伟人所赋予我们时代的含义：毛泽东等中国共产党人所创立的"井冈山精神""延安精神"博大精深，远不是穿草鞋、自己动手开荒生产等具体形式所能涵盖和代表的，它还包括不拘书本、一切唯实的思想解放，以及发扬民主、群众路线、统一战线和发展经济等极为丰富的内容。对于毛泽东在新中国成立前的丰功伟绩，世人自然不会忘却，对于新中国成立后毛泽东领导社会主义革命，在社会主义建设道路上的探索，我们尤其不可抹煞。政治、经济、军事、外交、祖国统一、民族团结……任何事物的发展都有自己的规律，没有毛泽东对中国社会主义道路开拓性的探索，就根本不可能去想象如今有中国特色社会主义建设事业所取得的惊人成就。

中国人民永远缅怀毛泽东，学习毛泽东，因为他的精神已经融入了我们民族的灵魂。如今，毛泽东虽离开人间40多年，可是伟人的去世，只意味着他个人的呼吸、思维的停止，却不表明其思想及精神的消失，相反经过历史的沉淀与今人的反思，毛泽东的思想对进入21世纪的中国有着不可替代的意义。与毛泽东当年领导的伟大开拓与艰难探索一样，如今在改革开放中航行的中国巨轮也同样需要面对风浪的考验。

新的世纪已经到来，道路尽管曲折，但前途却无比光明。毛泽东在他刚刚点燃星星之火时，就以满腔激情描绘斗争胜利的前景："它是站在海岸遥望海中已经看得见桅杆尖头了的一只航船，它是立于高山之巅远看东方已见光芒四射喷薄欲出的一轮朝日，它是躁动于母腹中的快要成熟了的一个婴儿。"继承前贤，启发后世，以同样的豪情看待我们正在奋斗的事业，将会激励我们发扬新时代的革命精神，为中华民族的复兴与人类事业的进步作出更大的贡献。

  本书 2003 年出版后，广大读者给予了极高的评价，有的还提出了一些很好的建议。这次在湖南人民出版社修订再版，充实了一些珍贵照片，更为客观全面系统地反映了一代伟人毛泽东的风采。缅怀毛泽东，是我的常态，也是我的责任与思念，此书的出版，就当作我献给爷爷的一件礼物。

2023 年 7 月

目录

第一章 走出韶山

003 / 严父慈母

009 / 聪颖的私塾生

015 / 少年轶事

020 / 志出乡关

025 / 东台报国志

029 / 第一次发表政见

032 / 革命军里秀才兵

036 / 坎坷求学路

041 / 为学之道

045 / "特别"学生

049 / 忧国忧民的"时事通"

052 / 游学千里忧民众

058 / "野蛮"其体魄

064 / 浑身是胆

068 / 创立新民学会

074 / 师生情深

079 / 人间知己两依依

第二章　舍家为国

088 / 两次到北京

093 / 在湘领导"五四"学运

098 / 主办《湘江评论》

104 / 舍家为国满门英烈

120 / 中国共产党的主要缔造者

125 / 投身工运

132 / 依靠农民

138 / 国民党的"候补中委"

144 / 考察农运

153 / 培养农运骨干

第三章　星火井冈

160 / 霹雳一声暴动

165 / 浏阳遇险

169 / 去当红色"山大王"

173 / 三湾奠军魂

178 / 结交"绿林"朋友

184 / 伟大的会师

189 / 打垮江西"两只羊"

193 / 三战三捷

第四章　挥师闽赣

202 / 大柏地大捷

207 / 直下龙岩上杭

211 / 天兵怒气冲霄汉

220 / 横扫千军如卷席

228 / 神机妙算挫强敌

235 / "没有调查，没有发言权"

240 / 与人民心连心

第五章　长征路上

249 / 担架上的"计谋"

255 / 遵义会议上的斗争

263 / 四渡赤水出奇兵

269 / 坚持北上　反对分裂

277 / 奔向陕西

第六章　陕北岁月

283 / 直罗镇大捷

286 / "刀下留人"

290 / 会见洋朋友

297 / "赶毛驴上山"

301 / "我应该和大家一样"

306 / 处决黄克功

310 / 会见白求恩大夫

315 / 造就抗日英才

319 / 奋笔著雄文

324 / "还是自己动手吧"

329 / 会见华侨领袖陈嘉庚

333 / 精兵简政

337 / 不抓"反革命"

341 / 视察南泥湾

345 / "向大家赔礼道歉"

350 / 追悼张思德

354 / 挑灯论文艺

359 / 延安窑洞话民主

363 / 深入虎穴谋和平

370 / 送子学农

375 / 谈纸老虎

380 / 撤离延安

387 / 转战陕北

395 / 东渡黄河

第一章
走出韶山

19世纪末与20世纪初,封建古老的中国在清政府腐朽统治之下,被列强进一步侵略、瓜分。新与旧,光明与黑暗,革命与反动,两种势力在东方大地剧烈搏斗。湖南这个"荆蛮山国",维新志士、革命新党的活动与影响,并不亚于沿海的先进省份。这样的时代,这样的地方,自然会不断产生革命先驱与英雄人物。

韶山冲,位于湘潭与湘乡、宁乡三县的交界处,东北距省会长沙90公里,东南离湘潭县城45公里。这里流传着一个优美动人的神话。在上古时期,舜帝和他的侍臣南巡到了这里,看到那耸入云霄的山峰,莽莽的森林,淙淙的流水,赞不绝口;看到那崇山幽壑之间,人们在辛勤耕作,极为欣慰。于是他们登山游览,并演奏了《萧韶》乐舞。据说这个乐舞是虞舜与其司法官皋陶合作歌词，由乐官配曲编舞而成。《尚书·益稷》："萧韶九成，凤凰来仪。"《论语·述而》："子在齐闻韶，三月不知肉味。"这些文字记载，都是赞美韶乐之优雅动听，引人入胜。后来人们便把虞舜聚集嘉宾演奏韶乐的这个山峰称为"韶峰"，而这整座山峦也因之得名"韶山"，且有"湖南第一峰"的美誉。爷爷毛泽东就出生在这富有传奇色彩的湘潭韶山冲。

严父慈母

韶山毛氏原籍江西。明朝开国时，始祖毛太华随军远征澜沧（今云南省澜沧拉祜族自治县内），在当地娶妻生子。明朝洪武十三年（1380年），毛太华年老移居湖南省湘乡县。10年后，他的两个儿子又迁到邻近的湘潭县韶山冲。从此，毛氏宗族在这里垦荒务农，到了毛泽东的父亲毛顺生已是第19代了。毛顺生读过两年私塾，他勤劳节俭，精明能干，因为负债被迫外出，在湘军里当了几年兵，长了不少见识，也积累了一些银钱。还乡后，赎回祖上典当出去的土地，不久又买进一些，水田增加到22亩，每年能收80石稻谷。湘潭有着在湘中很有点影响的米市。毛顺生善于经营，后来又集中精力去做稻谷和猪牛生意，资本逐渐滚到两三千元，还自制了一种叫"毛义顺堂"的流通纸票。在小小的韶山冲，可算是个财东了。

1893年12月26日，毛泽东在湘潭韶山冲呱呱落地，取乳名为"石三伢子"。原因是他的母亲文氏头两胎生下的婴儿均夭折于襁褓之中，怀毛泽东已是第三胎，她生怕这孩子又"根基不稳"，便多方祈求神佛保佑，并以吃"观音斋"的行动，表示对神佛的虔诚。她娘家唐家坨的后山有个龙潭坨，坨内有一股清泉涌出，四时不竭。坨口矗立着一块大石头，高二丈八，宽二丈，石上建有一座小庙，远近闻名。人们称之为"石观音"，经常有善男信女前往烧香祷告。文氏生下毛泽东不久，她的妈妈，也就是毛泽东的外祖母就让文氏抱着毛泽东前往朝拜，烧香许愿，认"石观音"为干娘，祈求保佑。方言"石三"，与"石生"谐音，既是第三胎，又是"石观音"生的，希望孩子能像岩石一般任凭风吹雨打依然坚硬如初。

"勤劳本业"是毛顺生遵循的家训，他本人是一个性格刚烈、脾气暴躁的人，在家里尤其专制。毛顺生为继续扩大家业，带领全家勤奋劳动，省吃俭用。"石三伢子"长到 6 岁的时候，就像大多数穷苦的农家孩子一样开始帮助大人干活了。他起先在家里帮着打扫、放牛、挑水、喂猪，后来就和大人们一起到地里犁田、插秧、收谷了。于是，犁、耙、栽、割，全套农活，他样样在行，养成了山区农家子弟的本色，对农民的疾苦也体会很深。

但毛泽东的勤劳非但没有得到毛顺生的赞扬，反而时时使毛顺生不满。毛泽东是这样回忆他的父亲的："我刚识几个字，我父亲就开始让我理家里的账。他要我学珠算。由于我父亲对这事很坚持，我就开始在晚间记账。他是个严厉的监工，看不得我闲着，如果没有账记，他就叫我去干农活。他是一个脾气暴躁的人，常常打我和我的弟弟。他一文钱也不给我们，而且给我们吃最次的饭菜。他对雇工们作了让步，每月逢十五在他们吃饭时给鸡蛋吃，可是从来不给肉吃。对于我，他是既不给肉也不给蛋。"当毛顺生发现儿子的行为不合自己"发家"的要求时，惯用"不孝"和"懒惰"两种罪名来责备，甚至常常打骂。为了反对父亲这种过于苛刻的要求，毛泽东13岁的时候，想了个法子，就是引用经书或父亲自己的话来反驳。父亲说他"不孝"，他就说：古书上说，"父慈子孝"，只有"父慈"，才有"子孝"。父亲骂他"懒惰"，他就说：长者应该比后辈多做些事，你年纪比我大两倍以上，应该多做些，等我到你这样大的年纪时，力气要比你大得多，做的事情也更多。这样，父亲经常被驳得哑口无言。

毛顺生的克俭不仅是对他的儿子。由于他善于经营又积攒下一些钱，便一心想扩大田产。恰逢有一年闹灾荒，堂弟毛菊生家境贫寒，不得已欲将一家人赖以活命的7亩地出卖，毛顺生知道后便趁此机会买下了这7亩地，毛泽东和他的母亲坚决反对他这种乘人之危的做法，况且又是对自己的同族兄弟。毛顺生则毫不理会，说这是用钱买地，管他兄弟不兄弟。毛泽东很不理解父亲的自私和冷酷无情，渐渐与父亲产生了矛盾。随着毛泽东年龄的增长，他们的矛盾往往发展为直接的对抗。有一次，父亲当着客人的面骂他"懒而无用"，这下可把他触怒了，当众和父亲闹起来，而且宣布要脱离家庭。在父亲一再追打责骂下，他还跑到水塘边，威胁要投水。但最终，双方达成"协议"，父亲答应不再打他，而毛泽东单腿下跪给父亲赔礼。这样这场风波才算平息。后来，毛泽东回忆说："我从这件事认识到，当我用公开反抗的办法来保卫自己的权利的时候，我父亲就软了下来；可是如果我保持温顺的态度，他只会更多地打骂我。"毛泽东和父亲的冲突，也激发了他的不屈和抗争的性格，他每处于恶劣环境时从不做一名屈从者。

在和父亲的冲突当中,毛泽东的母亲扮演着一个十分重要的角色。毛泽东说:"我家分为两'党'。一个就是我父亲,是执政'党'。反对'党'由我、我母亲和弟弟组成。有时甚至连雇工们也包括在内。可是在反对'党'的'统一战线'内部,存在着意见分歧。我母亲主张间接打击的政策,她批评了任何公开反对执政'党'的企图,说这不是中国人的做法。"母亲文氏是一位勤劳、贤惠的农村妇女,18岁嫁到韶山冲。她性情温顺,心地善良,是毛泽东最为敬重的一个人,也是最为怀念的一个人。文氏是个虔诚的佛教徒。她敬仰佛祖,经常烧香拜佛。这在毛泽东的身上也潜移默化地起着作用。童年的毛泽东也开始信佛,每当母亲生病的时候,就跑到庙里去敬拜烧香,求神灵保佑母亲尽快好转,保佑全家人平安。15岁时,他曾为母亲治病而去南岳山烧"朝拜香"。即手拿小凳,走十来步就跪下去一次,嘴里还要唱"南岳圣帝,阿弥陀佛……",这样要走百来里路。

关于毛泽东曾信过神这件事,周恩来在《学习毛泽东》这篇报告中曾这样谈道:"毛主席常说,他也是从农村中生长出来的孩子,开始也是迷信的,甚至某些思想是落后的。他最不同意晋察冀一个读本描写他在10岁的时候就反对迷信,说他从小就不信神。他说:恰恰相反,他在小时候也是相信神的,而且信得很厉害。当他妈妈生病的时候,他去求神拜佛。你看这样还不够迷信吗?那个课本写毛主席的故事,把事情反过来,说他从小就不迷信,打破迷信,生而知之。毛主席说,这是不合事实的。而且一般地说,在那样的封建社会里,不管农民家庭出身的也好,工人家庭出身的也好，一下子打破迷信是不可能的。"毛泽东在1959年回到韶山冲，来到他家堂屋的神龛前时，也曾对他身边随行的工作人员说："这是我小时候初一、十五工作的地方。"在9岁时毛泽东还曾和母亲商量，怎样把父亲不信佛的思想转变过来。他时常把父亲的自私和母亲的善良作比较，认为都是因为父亲不信佛。然而深深滋润毛泽东心田的，则是母亲的博爱和无私。文氏为人慷慨厚道，认为人一生只有多做善事，积德行善，真诚互助才能获得好报。每遇荒年，邻近四乡逃难的人便增多了，不管是谁，只要是走到毛泽东家的门口，文氏总是背着丈夫，用平时节衣缩食、精打细算节省下来的粮食接济这些受苦的乡亲。她不仅自己这样去做，而且也鼓励自己的孩子这样去做。

受母亲的影响毛泽东从小就怜悯弱者，也孕育着他朴素的阶级感情。有一年，秋收时节，谷场上晒着农民们刚刚打下的稻谷。忽然，天空下起大雨来，大家都忙着去收谷子。毛泽东也正要去抢收自家晒的谷子时，却发现邻居毛四阿婆正在吃力地抢收着，就赶紧跑过去帮起了毛四阿婆。结果，自家快要晒干的谷子又被淋湿了。父亲生气地责备他，并扬手要打。毛泽东却站着不动，理直气壮地说：人家家里很苦，还要交租，损失一点就不得了；我们自己家里的，自然不大要紧的。1919年文氏因病逝世，当时毛泽东正在长沙忙于"驱张运动"，听到这一消息，他思绪万千、泪如雨下。他深情地赞扬母亲的品格说，世上有三种人：损人利己的人；利己而不损人的人；可以损己而利人的人。母亲正是这第三种人。毛泽东在母亲死后所写的《祭母文》中是这样来形容他的母亲的:"吾母高风,首推博爱。远近亲疏,一皆覆载。恺恻慈祥,感动庶汇。爱力所及,原本真诚。"

一个人的思想性格是在多种因素的相互作用下逐渐形成的。在这样一个典型的中国农村的家庭中,父亲和母亲的思想性格从正反两个方面在毛泽东的身上重叠组合着。父亲的刚烈暴躁,造就了毛泽东对旧社会的叛逆性格;母亲的仁慈温情,则造就了他"博爱"的天性。这就形成了他最初的人生信念。对于双亲,毛泽东都永志不忘。

1959年毛泽东在回到阔别32年的故乡韶山时,曾来到父母的墓前凭吊,寄托哀思。回到住所后,毛泽东对随行的罗瑞卿说:"我们共产党人是彻底的唯物主义者,不信什么鬼神。但生我者父母,教我者党、同志、老师、朋友也,还得承认。我下次再回来,还要去看他们两位。"

聪颖的私塾生

毛泽东2岁时被送到湘乡棠佳阁（原名唐家圫）的外婆家寄养。外婆家是一个四世同堂的大家庭，人丁十分兴旺。在一大群孙子外孙中，"根基不稳"的他得到外婆的格外宠爱。每天，他总是与表兄弟们一道在宁静秀丽的大自然中无忧无虑地嬉戏。从6岁开始，他便与当地的农家子弟一样开始放牛、拾粪、砍柴。农家的田园浪漫生活和热闹的群体深深地吸引了他，以至乐不思返，每每韶山来人，他总是躲着，生怕来人将他带回。可1902年的早春，刚刚过了元宵节，毛泽东的父亲就把刚过8岁的毛泽东送到离家不远的南岸就读私塾，接受启蒙教育。

事情的原委还要从毛顺生的一场官司说起。原来随着家业的逐渐兴旺，毛顺生因为一片山林与人发生矛盾，双方争执不下，毛顺生便告到官府打起了官司。本来在此事中毛顺生是非常占理的，但由于对方是识文断字之人，在公堂上引经据典，强词夺理，说得头头是道。毛顺生早年虽读过几年私塾，但识字不多，在公堂上明明有理却说不出来，写的状子也是文不达意没有说到点子上。对方见毛顺生好欺负，得寸进尺，反咬一口。官府便把那片山林判给了对方。毛顺生眼睁睁地看着对方把本属于自己的山林抢走，心如刀绞。他深深地感到，人家读过书就是比自己高明一等，没有文化真是害死人。经过一段时间的抑郁之后，他痛下决心，一定要让儿子读书，也能引经据典，给自己争口气，再也不吃眼前亏。

私塾离毛泽东的家不到200米，开办在河边的一座祠堂里。老师叫邹春培，年龄50开外，是一位传统的老先生。开学那一天，毛泽东被老师带到祠堂东墙下的神龛前，邹老先生指着神龛里的一张写满字的大红纸对毛泽东说："这是大成至圣文宣王孔子之位，从明天起，你每天早上进来，都要对它作揖。今后你定会文思发达，连中三元。"毛泽东照着老师的话，对着神龛作揖行礼。邹先生高兴地对毛泽东的父亲说："令郎有朝一日，定会名登高科，光宗耀祖。"毛顺生忙说："种田人家的子弟，不稀罕功名利禄，只要算得几笔数，记几笔账，写得几句来往信札，就要得了。"从那以后，读"子曰诗云"，读2000多年前圣贤的书，便成了毛泽东初读私塾的日常功课。

同当时所有的私塾一样，毛泽东也是从读《三字经》开始的。其后便是《论语》《孟子》《诗经》《春秋》《左传》《史记》等。据私塾的同学回忆，毛泽东少年时很有大人风度，"记忆力特强，过目不忘"，老师出"破题文章"要大家做，他总是交头卷。他读书也有些特别，一般儿童总是大声朗读，他读书时从不出声，读过的书很快就能背诵和默写。邹春培有时故意多让他背点书，却总难不住他。毛泽东还学会了使用《康熙字典》，先生没有教过的字，他也能认得。毛泽东酷爱读书，读起书来废寝忘食，十分刻苦。他不仅在私塾里发奋读书，在家里也见缝插针地抽时间读书。在家里，他除了劳动，就是看书，而且无论酷暑寒冬。由于他天资聪颖，而且特别努力，不需要先生劳神，所以大家都叫他"省先生"。

毛泽东在私塾里不但酷爱读书和写作，也喜欢练字。当时流行一种教学生练字的方法，叫"填红蒙字"，就是先生写出字样来，再让学生用毛笔在蒙于上面的纸上写。但毛泽东不愿填，他要自己放手写。他写的比一般学生照着填的还要好些。他开始临摹欧（阳询）体，继而学习钱（南园）体，打下了坚实的基础。后来他博采众家之长，尤其是从怀素的狂草中汲取精华，形成了他独特的风格。

1904年秋，毛泽东转读于韶山关公桥私塾，从师毛咏薰。1905年春至1906年夏，他又先后转到桥头湾、钟家湾私塾读书，从师于周少希。1906年秋，转学到韶山井湾里私塾，从师毛宇居，在那里寄宿就读。

从师于毛宇居时，毛泽东已13岁。那时，《论语》之类的儒家经书已不能满足他的需要了，他开始偷偷地读中国古典小说。他说："我熟读经书，可是不喜欢它们。我爱看的是中国旧小说，特别是关于造反的故事。"在当时，中国的古典小说是被视为杂书的。这些小说大都首先是在民间长期流传，后经说书艺人补充丰富，由作家加工改写而成，反映的也多是下层民众的利益和要求。在价值取向上和儒家经典有很大的不同。所以私塾里除去"四书""五经"外，那些古典小说是不允许阅读的。然而毛泽东却乐此不疲，偷着读它们。每当在私塾里上课的时候，毛泽东就把经书和小说都放在课桌上，先生在上面讲课，他就在下面津津有味地读他的小说，先生一走过来，毛泽东就把经书盖在小说上，假装在读经书。就这样，尽管先生严加防范，毛泽东还是读了《精忠传》《水浒传》《三国演义》《隋唐演义》《西游记》等。书中英雄豪杰那种气势盖人、英勇无比、神威强悍的高超本领和造反精神深深地震撼并感化着毛泽东。他说："许多故事，我几乎背得出。关于这些故事，我比村里的老人知道得还要多些。他们也喜欢这些故事，常常和我互相讲述。我认为这些书大概对我影响很大，因为是在容易接受的年龄里读的。"

毛泽东在私塾里读书，深得先生的器重，他也很尊重先生。尽管他后来成了党和国家的最高领导人，但对邹春培等私塾老师一直很怀念。1959年回韶山时，他曾用自己的稿费备餐，邀请毛宇居等老人在一起吃饭。席间，他举起酒杯，向各位老人一一敬酒。当敬到毛宇居时，老先生急忙起立说："主席敬酒，岂敢岂敢。"毛泽东立即对答："敬老尊贤，应该应该。"

但是，倔强的毛泽东也从不屈从先生。毛泽东尊敬先生，但对先生动不动打骂学生很反感。有一次，先生无理打了一个学生，他很气恼，背起书包就往外走，采用逃学的方法进行反抗，说是要找一个不打人的地方去上学。逃出学校后又不敢回家，生怕父亲打他，便朝着县城的方向走去，那时毛泽东才10岁，没出过远门，他以为县城就在一个山谷里。结果瞎跑了3天，还不见县城的影子。正当他迷惘不知所措的时候，家里的人找来了。这时他才知道，3天的"旅行"，离家还不到8里地，走来走去，只是在山谷里兜圈子。回家后，出乎意料，父亲的粗暴态度比以前好了许多，教书先生也温和多了。他的反抗行为得到了如此的结果，使他受到了一次很大的启发。

同山村的其他农家子弟一样，毛泽东边读书边参加劳动。早上要干一些田里的农活，晚上还要帮家里记账，在父亲的催促下，他还练习双手打算盘。毛泽东13岁那年，即1906年秋入学后不久，家里农活忙不过来，父亲便不让他读书了。这样，毛泽东离开了私塾，辍学在家务农。白天，他像大人一样到田间劳动从事扶犁、掌耙、下种等农活，晚上还要帮父亲记账。这样白天晚上地忙，已经是很疲倦了，但毛泽东还是坚持每天看书到深夜。凡是在韶山冲能够找到的书，他都找来如饥似渴地阅读，甚至连和尚的经书也找来读。乡下能借到的书几乎读尽了，于是他设法到远处借书。他的外祖父家，靠近韶山的湘乡棠佳阁一带，成了他经常去借书的地方。棠佳阁与韶山隔一座大山，每次往返，要走20多里崎岖山路，还要涉过几条碎石横陈、水流湍急的小溪。不论春夏秋冬，阴晴雨雪，为了求得新的知识，他每次借书，总是起早贪黑，来往在这条山路上。今天我们仍可看到他当年向棠佳阁的表兄归还《盛世危言》《新民丛报》等11本书刊的一张条子。

1910年秋，毛泽东在辍学近3年后，先后就学于韶山乌龟颈、东茅塘私塾，从师于毛简臣（毛岱钟）和毛麓钟。这两位先生都很有才学。毛简臣毕业于法政学堂，以善写讼词著称于韶山远近；毛麓钟是韶山唯一的秀才，又曾在云南名将薛缪部下供过职，见多识广。在他们的指导下，毛泽东读了《汉书》《通鉴纲目》等古籍，也读了许多时论和新书，胸怀更加开阔。

  对这6年的私塾读书生活，毛泽东后来概括为"6年孔夫子"。1964年夏，他在北戴河说："我过去读过孔夫子书，读了'四书''五经'，读了6年。背得，可是不懂。那时候很相信孔夫子，还写过文章。"6年的私塾生活，毛泽东打下了深厚的古文功底，打下了坚实的书法基础，积累了丰富的文学素养。但更为重要的是，这几年，通过阅读大量的所谓"闲书"，他心中开始燃起了反抗黑暗、改造社会的熊熊火焰。

少年轶事

毛泽东在未走出韶山家乡期间有许多轶事。与毛泽东后来的业绩比较起来，这些轶事也许算不了什么，但从中我们却可以看到少年毛泽东的身上所体现的一些可贵品质和性格。

斗　智

在上私塾的几年中，毛泽东对同学团结友爱，礼让为先。放学之后，在回家的路上，有些同学总喜欢抢头，他却从容不迫一步一步地慢慢走着，十来岁就很有大人风度。毛泽东对人很有礼貌，但对于无理取闹的人，却从不信邪，力主制服。他常常对人说："逢恶就莫怪，逢善就莫欺。"一天，毛泽东从韶山到外婆家去，当走到一个山谷的时候，突然有一个人双手叉腰拦住了去路。毛泽东抬头一看，来人是当地一个姓赵的富家子弟。毛泽东早就听说，这个人经常在穷人面前舞文弄墨，以富欺贫。赵某横在路上，摆出一副不可一世的样子，傲慢地说："我知道你是文家的外甥，今天要考考你，能答得出，我就放你过去，若答不出，哼！你就别想过去！"赵某想为难毛泽东，说："百家姓里的'赵钱孙李'分开如何解释，合起来是什么意思？"毛泽东稍加思索便说："赵公元帅的'赵'，有钱无钱的'钱'，有理无理与'李'

同音。大宋天子赵匡胤说过，有钱龟孙不讲理！"赵某听后满脸通红，又恼怒，又尴尬，理屈词穷，只得让他过去。

受苦人的朋友

毛泽东自幼就生活在农民中间，贫苦农民受剥削、受压迫的悲惨生活，在他幼小纯朴的心灵上，留下了深深的烙印。他对农民的苦难遭遇深切同情，经常帮助他们做些事情。几十年后村里的人还清楚地记得他帮助穷人的好多故事。

离毛泽东家不远有一座草房，那是他小时候上学的地方。每天早晨，母亲给他装上一大碗饭，让他带到学校里去，免得中午来回走路。可是他在学校，看见那里有许多穷苦的孩子没有带午饭，就一直饿着，要等到晚上放学回家才能吃饭。少年毛泽东非常同情他们，就把自己带去的饭分给他们吃。人多了不够分，他自己就少吃一点，有时就一点也不吃。后来这件事被毛泽东的母亲知道了，善良的母亲非但没怪他，而且从这以后，把他装饭的碗换成了小钵子。

还有一个在韶山广为流传的故事。有一家姓毛的农民，是毛泽东家的邻居，他把猪卖给了毛泽东的父亲，过了六七天，父亲叫毛泽东去把猪赶回来。这时候猪价已经涨了。毛泽东到了卖主家里，卖主觉得吃了亏，叹道："你父亲时运好，定了我的猪，猪价就涨了。我们时运不好，我又喂了10多天，现在我是太吃亏了。该倒霉，要不，我得多卖三四块钱！"通情达理的毛泽东十分理解卖主的心情，便说："那我不赶猪了，你把定钱还我！

你拿去卖给别人，可以多卖几块钱！"于是，他便退掉了这桩买卖，空着手回到了家里。父亲生气地说："下次再不让你去做生意了！"

少年毛泽东不光关心、同情贫苦农民，还富于正义感，敢于打抱不平。村里有一个叫毛承文的贫苦农民，几次带领穷人"吃大户""闹平粜"并揭发了封建族长在修祠堂时贪污公款的丑行。族长恼羞成怒，给他扣上了破坏族规的罪名，押进祠堂，准备毒打，村里顿时轰动起来。毛泽东跟着乡亲们拥进了祠堂，挤在前面站着，心中愤愤不平。那位老朽的族长，坐在桌子正中，宣布毛承文的"罪状"后，把惊堂木一拍，便喊："打！"许多小孩被吓跑了，勇敢而有正义感的毛泽东却毫不惧怕，他大喊一声："不能打！"乡亲们也跟着吼了起来。族长见毛泽东是村里较为富裕的毛顺生的儿子，又是个有学识的人，加之众怒难犯，便迟疑起来。毛泽东放低语调，却仍然十分坚定地说：你要打人可以，总要说出个道理来。乡亲们和他一起，据理驳斥。族长理屈词穷，又见人们怒目而视，害怕把事情闹大，不好收拾，不得不释放了毛承文。

"牛司令"

少年时代的毛泽东，常常要去放牛，农闲时，甚至是整天放牛。在南方农村，放牛是农家孩子的重要工作。因为毛泽东待人和气周到，知书识字，能讲会耍，胆子又大，附近不少放牛的孩子都愿意跟着他一起放牛，而且他们都喜欢去离场屋一里左右的山坡，那里附近没有田地，草长得茂盛。

毛泽东和同伴放牛时，经常在山坡上玩耍，一玩起来，往往就误了放牛，要么是到了时间，牛还没有吃饱，要么是牛跑到人家的田里去啃庄稼，惹了乱子。怎样才能既保证放好牛，又让大家玩得痛快？毛泽东和大家商量了一个办法。他把同伴们组织起来，分成三班：一班看牛，要小心看，不让它们吃了庄稼；一班割草；一班去采野果子。每天轮班，今天看牛的，明天割草，后天去采野果子。各人都有自己的工作。

快到晌午的时候，大家都回到了原来聚会的地方。看牛的孩子们，让牛吃得肚子滚圆滚圆的了；割草的孩子们，都装满了一大篓子；采野果子的孩子们，从山里带回来大堆大堆美味的野果，有野桃、杨梅……这时候，毛泽东就把草和果子拿来，公平合理地每人分给一份。有时不够分了，他自己就少分一点。有时还把剩余的野果用草绳拴起来吊在树枝上，谁能跳起来抓着就归谁。

和毛泽东一起，不仅能放好牛，而且玩得痛快，因此，小伙伴都乐意同毛泽东一起放牛，称他为"牛司令"。

勤劳踏实

6岁起，毛泽东就开始劳动。起先，他在家里帮着扫地、放牛、打柴、种菜、挑水、喂猪、推谷、舂米等。到了13岁时，因为家里缺少劳动力，父亲就叫他停了学，他便整天在田里和大人一样地干，从事犁田、插秧、收谷等劳动。

毛泽东干活很勤快。锄禾的时候，人家锄一两遍，他锄两三遍。喂牛时，他经常用铁梳子给牛梳毛，以防止牛毛里长虱子。他把牛栏和猪舍都打扫得干干净净，他家喂的牛和猪从不害病。此外，他还在屋后的山坡下开了一块菜地，种了各种各样的蔬菜。他喜欢种树和养鱼。他在屋后种的那棵枇杷树，如今又高又大，每到收获的季节总是硕果累累。他家的鱼塘都养着鱼，他常说：养鱼是一种顶好的生产，花钱又少，费工也不多，只要喂点碎草就成了。他经常下水摸鱼，实践中他逐渐懂得了浑水好摸鱼的道理——水搅浑了，鱼在水层底下待不住了就浮到水面上来。这时，他凭着自己的经验，便可以抓到鱼和虾了。毛泽东干活也很扎实。一天，父亲让他和弟弟去收豆子。他们俩一块儿到了地里，弟弟挑了一块豆子长得稀的地方，不一会儿就收了一大片，而毛泽东却选了一块豆子长得密的地方，老老实实地收割。父亲来到地头一看，连声称赞弟弟干得快，责备毛泽东收得慢。毛泽东并不忙着辩解，只是示意父亲看看自己收的豆子。结果，父亲不说话了。

志出乡关

少年毛泽东在韶山故乡的怀抱里，劳动，读书，身体一天天发育起来，心灵也受到了教益和启迪。

在私塾里，毛泽东开始接触时事，读了一些有关时务方面的文章和进步书籍。从13岁至15岁，辍学在家劳动时，他开始读到郑观应的《盛世危言》、冯桂芬的《校邠庐抗议》和顾炎武的《日知录》等一批带有浓厚的爱国主义色彩的救亡图存方面的书。书中所迸发出来的拯救中国、改造中国、振兴中国的思想火花，深深地吸引着毛泽东。毛泽东十分喜欢这种书。他觉得这比"四书""五经"现实得多，有用得多。

1909年，一个毕业于长沙法政学堂的维新派教员回到了韶山冲，他对毛泽东的思想产生了很大的影响。这个教员名叫李漱清，是一个思想开明、充满爱国热情的人。他常给村里人讲述外面世界的许多见闻，尤其喜欢讲述那些爱国志士奔走呼号的动人事迹。他反对迷信，提倡搬掉佛像，兴办学校，把庙宇改成学堂，把庙产用作学校的经费，以便传播科学知识。在封建意识浓厚、风气闭塞落后的韶山，李漱清的倡议遭到了许多责难。乡人们都猛烈地抨击他，反对他。但毛泽东却十分钦佩他，支持他的许多主张，并经常向他请教，同他谈论时事，听他讲述维新救国的道理和爱国志士的故事，同他建立了亲密的师友关系。1925年，毛泽东在广州主办《政治周报》时，曾邀请李漱清去广州协办周报；李漱清的儿子李耿侯，是毛泽东在韶山建立党组织时发展的第一批党员之一，后随毛泽东上了井冈山，在战争中光荣牺牲了。

毛泽东在读书时，还联想到社会现实，并发现了不少问题。经过仔细的思考和钻研，他慢慢地在思想上形成了某些新的观点。一天，毛泽东在读完书之后，忽然想到一个问题：为什么书里叙述的都是帝王、将相、官吏、文人，而没有关于种田农民的事迹？他问过许多人，都没有得到满意的回答。他整整思考了两年，这个问题才有了自己的答案。他说：后来我就分析小说的内容，我发现它们都是颂扬武士，颂扬统治者的，而这些人是不必种地的，因为他们拥有并控制土地，并且迫使农民替他们耕作。那些农民终年辛勤耕作，生活大都很苦，读不起书，不识字，就是识几个字也不会写书。因此，写书的人一定不是农民；写书的不种田，不了解农民，甚至看不起农民，当然不会去写，也写不出关于农民的书来。毛泽东深深地热爱着和他朝夕相处的农民，感到书中不写农民是不公平的。

当毛泽东见识初开的时候，整个中国正处在激烈动荡之中，帝国主义的魔爪正迅速地从中国沿海伸入中国内地。1899年，湖南的岳州（今岳阳）被美帝国主义正式辟为商埠。1904年长沙又被英、日帝国主义辟为商埠。离毛泽东老家不远的湘潭县城，成了帝国主义推销商品、收购廉价原料的重要中转地。地主老财、土豪劣绅与帝国主义相互勾结，残酷地剥削、压迫人民。哪里有压迫，哪里就有反抗，就有斗争。1910年，省城长沙发生了饥民暴动的事件。为了反抗官商勾结，哄抬米价，鱼肉百姓，饥民们怒不可遏地冲进衙门，砍断旗杆，砸毁照壁和石狮。随后，又焚烧衙门，捣毁或焚烧帝国主义在长沙的领事署、洋行、教堂等。清政府慌忙调集军队，英、美、日、德等帝国主义也从汉口、上海等地派来10余艘兵舰，进行残酷镇压。这次饥民暴动，把长沙城闹得天翻地覆。在中外反动派的武力镇压下，被杀被捕的饥民不计其数，很多人被杀头示众。

这个事件，对毛泽东影响很大，成为推动少年毛泽东投身革命的重要动力之一。他后来回忆说："这件事情，在我那早有反抗意识的年轻的头脑里，留下了不可磨灭的印象。也就在这个时期，我开始有了一定的政治觉悟。"

就在这时，毛泽东读了一本《论中国有被列强瓜分之危险》的小册子。这本小册子里讲到日本侵略朝鲜、台湾和法国侵占越南、英国侵占缅甸的经过，揭示了帝国主义瓜分中国的狼子野心。读了这本书，少年毛泽东的内心再也无法平静，深深地为国家的前途和命运而担忧。后来他曾回忆道："我现在还记得这本小册子的开头一句：'呜呼，中国其将亡矣！'"这句话深深地刻在了他幼小的心灵上，几十年都不曾淡忘。"我读了以后，对国家的前途感到沮丧，开始意识到，国家兴亡，匹夫有责。"

这时候，父亲不想再让他上学，打算把16岁的毛泽东送到湘潭县城一家米店当学徒，将来担当自己的帮手，并能继承家业，发家致富。湘潭县城，是毛泽东从小就向往的地方。因此，起初他并不反对，觉得这或许是很有兴味的事。恰在这时，毛泽东的表兄告诉他：湘乡有一所新式学堂，叫县立东山高等小学堂，除教经书外，还教些自然科学知识和介绍西方的新学，教学方法也是很"维新"的。胸怀大志的毛泽东马上被这个新型的学校吸引住了，决意到那里去求学，但是父亲不同意。为了说服父亲，他想了许多办法，他与母亲商量，邀了舅舅、表兄、同族长老以及塾师来家相劝，并利用父亲请客的机会，请亲戚和村里有名望的老人帮助劝说。他们以毛泽东这孩子聪明、会读书为理由，劝毛泽东的父亲：如果让润之去上"洋学堂"，将来大有造化，可以赚大钱。父亲终于动心了，同意他到湘乡县立东山高等小学堂去求学。

临行前，毛泽东心潮翻滚，思绪万千，想着就要离开抚养自己长大的父母，就要离开生于斯、长于斯的韶山冲，心中激动不已，便挥笔写了一首诗留赠给他的父亲："孩儿立志出乡关，学不成名誓不还。埋骨何须桑梓地，人生无处不青山。"这首诗是根据日本著名僧人月性的《题壁》诗改写而成的。原诗为："男儿立志出乡关，学若无成不复还。埋骨何须坟墓地，人间到处有青山。"毛泽东改写的诗，比原诗气魄更加宏大，意蕴更加丰富，抒发了这个有志少年发愤图强的远大抱负和四海为家的广阔胸怀，同时也表达了他对故乡韶山的美好感情和对父老乡亲的一片赤诚。

1910年的秋天，毛顺生一家人站在私塾前的河岸边，目送着17岁的毛泽东踏上出乡关的征程。这一天天高气爽，毛泽东挑着简单的行李,走上通向山外的羊肠小道,他带走了父亲的遗憾,也带走了母亲的离愁,一个全新的世界渐渐向毛泽东打开。

东台报国志

　　1910年秋日里的一天,一心求学的毛泽东离开了故乡韶山,一路上翻山越岭,涉溪过河,在日落时分,终于来到了湘乡县城。

　　掌灯时分,毛泽东挑着行李担子来到了湘乡县立东山高等小学堂的大门口。可是从门房得来的消息却是:入学考试时间已过。心急的毛泽东再三恳请,校方才同意他可以补试。结果在门房端灯之间,毛泽东做完了试题。门房一听惊呆了,连忙拿起毛泽东的卷子,不住地赞叹:"奇才!奇才!"转身就直去禀告校长。校长李元圃接过毛泽东的试卷,只见毛泽东在试题《言志》答作中,以宏伟的气魄和豪迈的语言,阐明了自己求学救国的志愿。李元圃也是一位有着强烈爱国情感的进步知识分子,他阅后,大加赞赏,高兴地说:"我们学堂里取了一名建国之才!"于是,毛泽东缴纳了140个铜元,作为5个月的膳宿费和学杂费,进了这所新式学堂。

　　当时,东山小学堂虽承袭了一些旧式私塾的传统内容,但主要的是实行"新法教育",开设的课程有国文、算术、经学、修身、历史、地理、物理以及音乐、体操、图画等10多种,教学方法也比较求实、灵活。在那里,毛泽东最初接触到了自然科学和西方新学科,感到非常新鲜,不过他最喜欢的是国文、历史和地理。毛泽东学习刻苦认真，进步很快，并能写一手好古文，深得教员们的器重和赏识。他的作文写得铿锵有力。为进一步表达他救国救民的宏大抱负，他写了《救国图存论》和《宋襄公论》等文，深得全校师生的赞赏。他的国文老师阅后批道："视似君身有仙骨，寰观气宇，似黄河之水，一泻千里。"

尽管东山学堂是所新式学校，但在当时贫苦农民的孩子有几个能上得起学？学校里的学生大都是富户人家的子弟。他们穿着长袍等当时很阔气的服装，而毛泽东经常穿着青色的短褂和裤子，只有一套比较整齐的衣服也是粗布做的。再加上湘潭、湘乡两县虽然交界，但口音不大一样。于是，很多同学都笑毛泽东是个"乡巴佬"。但他全然不去理会这些，把心思都用到了学习上，一有时间就往藏书的楼阁里钻，查阅报刊书籍。因为他有他的志向和抱负。他来这里是为了求学救国，而不是和人比穿戴比口音的。为此，他写成《咏蛙》一诗来表达自己的心境："独坐池塘如虎踞，绿荫树下养精神。春来我不先开口，哪个虫儿敢作声。"在东山学堂里，毛泽东的视野进一步开阔了，对国家大事也更加关心了。学校里有几个从日本留学回来的教员，也经常讲起日本"明治维新"后的日益富强，以及日本与其他列强对中国的侵略野心。毛泽东听了，更为中国的命运担忧，更加深了对国家大事的思考。

毛泽东这时较多地接受了维新派思想，特别喜欢梁启超那些笔端常带感情的文章。康有为、梁启超成了他崇拜的人物。《新民丛报》已经在1907年停刊。毛泽东在东山小学堂时，表哥文运昌曾借给他一套自己保存的合订本。他读了又读，上面的一些文章差不多能背出来，还写下一些批注。在第四号上的《新民说》第六节"论国家思想"处，他写道："正式而成立者，立宪之国家，宪法为人民所制定，君主为人民所拥戴；不以正式而成立者，专制之国家，法令为君主所制定，君主非人民所心悦诚服者。前者，如现今之英、日诸国；后者，如中国数千年来盗窃得国之列朝也。"

这是迄今为止发现的毛泽东最早的政论文字，表明他当时对君主立宪和封建专制两种国家体制的理解。不过，那时候毛泽东赞成康有为、梁启超，主张君主立宪，根本没想过要反皇帝，相反他读了一些有关赞颂古代贤帝尧、舜、文、武的文章。可以说毛泽东对康、梁思想的崇拜是他早期思想发展过程中不可缺少的一个重要环节，它使毛泽东进一步开拓了视野，开始在思想上接触到社会改革的方方面面，从而使他的思想进一步解放，探求真理的欲望也更加强烈。

在东山小学堂，毛泽东还结识了后来成为著名诗人的同学萧三。有一天，毛泽东见萧三手里拿着一本《世界英雄豪杰传》，就非常急迫地借过来看。书中拿破仑、彼得大帝、叶卡捷琳娜女皇、惠灵顿、格兰斯顿、卢梭、孟德斯鸠、华盛顿和林肯等人的传记深深地吸引了他。这些世界伟人的历史功绩强烈地震撼着他的心，他多么盼望中国也能出现这样的伟人，来改变国家的命运，拯救国家的危亡。读着，读着，他禁不住用墨笔在书上圈点起来。过了几天，毛泽东把书还给萧三，深怀歉意地说："对不住，我把书弄脏了。"萧三打开一看，整册书都用墨笔画了许多圈点，华盛顿、拿破仑、彼得大帝等人的传记画得最密。毛泽东读书时的激动心情跃然纸上，他无限感慨地说道："中国也要有这样的人物。我们应该讲求富国强兵之道，才不致蹈安南、高丽、印度的覆辙。你知道，中国有句古话：'前车之覆，后车之鉴。'而且我们每个国民都应该努力。顾炎武说得好：'天下兴亡，匹夫有责！'"他还说："中国积弱不振，要使它富强、独立起来，要有很长的时间。但是时间长不要紧。你看！华盛顿经过了8年艰苦战争之后，才得到胜利，建立了美国。"他从新的知识中汲取营养，从中外历史的演进中探索着国家昌盛的道路。不久，毛泽东便给自己取了一个言志的笔名——子任，寓意"以天下为己任"。

就读东山小学堂是毛泽东早年的重要经历，不仅使他长了知识，而且使他在与闭塞的韶山冲的对比中更加向往外面的世界。正是在这种向往的驱使下，他投身于现代中国的历史洪流中去。

第一次发表政见

在1911年春日里的一天，18岁的毛泽东挤进了一艘湘江小货轮的三等舱里，踏上了通往长沙的路。这是毛泽东第一次来省城，年轻的他既兴奋又忐忑不安。湘江的水滚滚地向前流去，踏着波涛，毛泽东步入了现代中国汹涌的历史大潮中。

到长沙后，毛泽东想去湘乡驻省中学堂就读。但这是一所很有名气的学校，他几乎不敢抱什么希望。出乎意料的是，他被顺利地录取了，成为被许多人羡慕的省城这所名校的学生。

此时正值辛亥革命的前夜，中国历史上前所未有的伟大革命正在酝酿之中。激烈的斗争局势使毛泽东对政治更加关切。通过阅读由同盟会会员宋教仁、于右任主编的有着鲜明资产阶级革命派思想的报纸——《民立报》，毛泽东知道了黄花岗七十二烈士，知道了孙中山和同盟会"驱除鞑虏，恢复中华，建立民国，平均地权"的革命纲领。他为此而异常兴奋和激动，于是他奋笔疾书，写了一篇充满战斗激情的文章，贴在湘乡驻省中学堂的墙壁上，第一次发表了自己的政治见解。在这篇文章里，他表达了对祖国兴亡的深切关心，痛斥了清王朝统治的黑暗和残暴，并且勇敢地提出了自己的政治主张：推翻腐朽透顶的清王朝，组织民国新政府，立即把孙中山从日本召回来任新政府的总统，康有为做内阁总理，梁启超当外交部长。文章贴出去以后，立即在全校引起了巨大的反响，很多热血青年受到鼓舞，反清情绪急剧高涨。后来，毛泽东曾就自己的这一举动解释道：当时"思想还有些糊涂。我还没有放弃对康有为、梁启超的钦佩。我并不清楚他们之间的差别"。但是，由赞同君主立宪，到主张推翻清王朝，废除封建帝制和建立共和制，多少可以说明，在他的心目中，康、梁的地位开始下降了。17岁的毛泽东，已经由一个不反对帝制的人，转变成为一个资产阶级民主主义者。而且随着形势的发展，他以实际行动站到了革命派的一边。

由于清政府的倒行逆施，全国各地反清情绪不断高涨。1910年的5月，清政府颁布了"铁路国有"政策。一手向地方收回铁路主权；另一手又将铁路主权作为抵押向英、美、德、法四国银行大借外债。这样做的结果是，铁路的主权，不可避免地要被帝国主义攫去。当时，四川、湖南、湖北和广东等省的人民，纷纷抗税、罢课、罢市、罢工，开展声势浩大的保路运动。湘乡驻省中学堂的学生，也非常气愤。他们以剪辫子的手段，来表示反抗清朝政府。

在清朝，男子留辫子是归顺的象征，是清朝皇帝统治的象征。剪辫子还是蓄辫子，被人们看作是对皇帝的态度问题。为了表示与反动卖国的清政府彻底决裂，同学们纷纷表示要剪掉辫子，且鄙夷地讥称长辫子为"猪尾巴"。几个月前，毛泽东还把剪了辫子的人称为"假洋鬼子"，而现在自己也一跃成为坚决主张剪辫子的人了。他和另外一个同学带头剪掉辫子，以示自己拥护革命和反对清朝的决心。可是10多位原先同意剪掉辫子的同学，见毛泽东剪掉辫子后的模样，却犹豫起来，迟迟不肯动手。毛泽东对这种不守信用的行为非常不满，他认为，这是思想动摇的一种表现。搞革命就要有决心，有勇气；剪掉辫子是有决心的一种表示，应该坚决、果断，不应该只说不做。于是，他和另一位剪掉辫子的同学一起，一面鼓励原先同意剪辫子的同学与清朝决裂，一面则以遵守诺言为由，采取"出其不意"的办法，强行剪掉了那10多个同学的辫子。这也多少透露出他少年时代就具有那种说到做到、果断利索的行动风格。

就在短短的几个月时间内，毛泽东由一个留长辫子的人，一跃成为坚决反对清政府的人。这表明，在迅猛发展的革命形势面前，他很快地抛弃原来的观点，自觉地投入到革命的潮流中去。后来，他自己也感叹道："政治思想是怎样能够改变一个人的观点啊！"

革命军里秀才兵

毛泽东早期思想的每一次升华都是和他生活环境的不断拓展有着直接关系的。社会生活的大变革，为毛泽东提供了一个施展才华的大舞台。他期待着能遨游其中，继续探索救国救民的道路。

1911年10月10日，震惊中外的武昌起义爆发了。随着清脆的枪声划破夜空，推翻清王朝的战斗打响了。武昌起义爆发后，湖南形势极度紧张。巡抚余诚格马上宣布长沙全城戒严，但革命党人仍秘密频繁地活动。对此，毛泽东激动不已，他看到一个旧的腐败的王朝即将结束，一个新的更加民主的政府即将成立。这激起了他参与其中的强烈愿望。

一次，一个革命党人得到了校长的许可，到湘乡驻省中学堂来讲课。这是一次激动人心的演讲，20多年后毛泽东仍记忆犹新："当场有七八个学生站起来，支持他的主张，强烈抨击清廷，号召大家行动起来，建立民国，会上人人聚精会神地听着。""他向兴奋的学生演说的时候，会场里面鸦雀无声。"对于这场革命，自己决不能袖手旁观。当时，清王朝还在做垂死的挣扎，派遣军队，围攻武汉，战斗在激烈地进行着，革命需要更多的人加入战斗，毛泽东决定投笔从戎。当时，一些立志革命的学生已经武装起来，在长沙组织了学生军。有的朋友来劝毛泽东一起参加学生军，但毛泽东有他的想法。他觉得武昌起义刚刚爆发，既然要投军报国，就应当到浴血奋战的第一线，就要到正规部队去打硬仗。于是，他决定到武昌去，到湖北都督黎元洪的部下去当革命军。

但是一个偶然的变故使毛泽东改变了初衷。当大家做好一切准备，正要出发去武汉时，一个朋友告诉毛泽东：武汉街道十分潮湿，布鞋、草鞋几天就得沤坏，非穿油鞋不可。而毛泽东却从来没有穿过油鞋，马上去买，钱又不够，再说商店也未必就有卖的。怎么办呢？他突然想到住在长沙城外一个本乡的朋友。这个本乡朋友，现就在新军里面当兵。毛泽东便风风火火地朝兵营奔去。但此时长沙城外的新军响应了武昌起义，正大批地朝长沙城开进。毛泽东立即返回长沙城，目睹了起义军攻打长沙城的全过程。毛泽东感到很新鲜、异常兴奋。既然起义军就在眼前，他又何必舍近求远。身材高大，体魄健壮，年仅18岁的毛泽东，一下子就被招兵的军官相中。于是，10月底，毛泽东穿上了军服，成为湖南新军二十五混成协五十标第一营左队的一名列兵，驻在当时长沙审判厅的附近。

毛泽东参军以后，一如他童年，热爱劳动、办事认真、待人忠厚，很快赢得大多数士兵和长官的赞赏。那时候，新兵除了日常的操练外，还做些杂事，如打扫营房，为当官的搬住房、抬铺板、捆背包，等等。此外，每天还要到长沙城外白沙井去挑一担泉水回来，供大家煮饭和当官的泡茶用。在那个班里，大多数士兵同毛泽东一样，都是吃过苦、受过累的，具有共同的感情基础，说话也能合得来，他们之间很快就建立了和谐的关系。因为毛泽东能写文章，可以帮助大家写家信，讲解报纸上的新闻，大家都很尊重他，敬佩他有学问，称他为"秀才"，把他引为知己。

　　毛泽东在这里不但将学到的文化知识派上了用场，而且还学到了不少军事常识。别看他平时喜欢说说笑笑，似乎还比较马虎，但在操练时间内从不马虎，每个动作都做得非常认真，正副目（正、副班长）看他身材魁梧，单个动作也比较标准，经常要他做示范。他后来在提到这段经历时说，辛亥革命的时候背过几天枪，什么立正、稍息、枪法，还相当可以。单个教练、排教练、连教练、营的野外演习也搞过。

　　当时新军每月发给士兵7元的军饷，有些士兵就拿它大吃大喝一顿，改善一下生活；有的就寄回家以贴补家用。而毛泽东则与众不同，除了每月伙食所用二三元外，其余的全部用来订报纸，一有空闲，就认真阅读，从而培养了他注意研究政治问题和观察社会问题的浓厚兴趣。辛亥革命前后，新的报纸杂志如雨后春笋，各种西方思潮和学说潮水般地涌来，中国的思想界一时颇为活跃、解放。有一天，毛泽东从《湘汉新闻》上第一次看到了"社会主义"这个名词。此后，他读了一些讨论社会主义的文章，并读了江亢虎的关于社会主义及社会主义原理的一些小册子。当然，那时对社会主义的宣传和介绍是很混乱的。那时所称的社会主义实际上是社会改良主义，根本不是科学意义的社会主义。即使如此，对于满怀革命热情关注中国出路的毛泽东来说，这些学说依然具有新鲜的诱惑力。他和士兵们热烈地谈论这个问题，有一次，他和一位士兵对此的争论还招来了副目（副班长）的批评，说他太争强好胜。他还热情洋溢地给几位同班同学写信，要求讨论这个问题。可是他的热情并没有唤起别人的热情，在给毛泽东回信的同学中，只有一人同意社会主义的学说，大多数人表示不能理解。然而"社会主义"一词却深深地留在毛泽东的脑海里。

时局发展之迅猛，是毛泽东始料未及的。1912年1月，中国民主革命的先驱孙中山就任临时大总统，宣告中华民国成立。革命党人奔走相告，欣喜若狂，无不认为革命已大功告成。毛泽东当时也以为革命高潮已经过去，于是在1912年3月退伍，结束了为期半年的军旅生涯。

坎坷求学路

辛亥革命的洗礼使毛泽东深切地感受到民主革命运动的轰轰烈烈。然而，半年的军旅生涯并没有使毛泽东学到更多的救国救民的理论。1912年春，毛泽东走出兵营，决心继续求学。

那时候，报纸上刊登着各类学校的招生广告，这些广告对一般的青年确实很有吸引力。翻来覆去选择的结果，他决定报考公立高级商业学校，同时写信告诉了家中的父亲。父亲向来赞成儿子经商，在毛泽东小时候还曾打算送他去米店当学徒，接信后自然满心欢喜，大力支持。但事情不像毛泽东想象的那么顺利。他进入商业学校不久，由于学校半数以上的课程都使用英语教学，教科书也是英文原本，而毛泽东对英语所知甚少，学校又不设英语课供英语不好的学生补习，毛泽东难以适应学校的学习生活，入校不到一个月，他决定退学。

离开高级商业学校后，毛泽东继续在报纸上的招生广告中寻找适合他的学校，最终，毛泽东报考了湖南省立第一中学。入学考试那一天，毛泽东以《民国肇始，百废待兴，教育、实业何者更为重要》为题，用康梁维新派提倡教育的理论，娓娓道来，文风颇受梁启超影响，受到考官的好评，取得第一名的好成绩，被学校录取。这所中学的校长符定一先生和教员们都很重视考取第一名的新生毛泽东，特别赏识他的文章，甚至怀疑应试的文章是不是他自己作的，因而再次进行了面试。结果面试成绩和上次考试一样，毛泽东的文章的确写得很好。大家对毛泽东更加器重。

省立第一中学当时是湖南省一所规模很大的中学，学生众多，声望也很高。在这里，毛泽东写了不少作文，其中有一篇是《商鞅徙木立信论》。商鞅"徙木立信"的故事说的是：战国时期伟大的改革家商鞅在秦国推行变法，为了取信于民，就在秦国都城的南门外竖了一根木柱，宣布谁能把它搬走，就赏他10两金子。这根木柱很容易搬动，但赏金又这么多，刚开始谁也不相信会有这么好的事，没人敢去搬。商鞅见没人响应，又宣布，谁能搬，赏金50两。后来有一个胆大的人上前搬走了木柱，商鞅当即发给了他赏金。人们这才相信政府说话是算数的。商鞅随即颁布新法，在全国推行。

毛泽东在《商鞅徙木立信论》中，借用这一历史故事，联系当时的社会现实，揭露了长期以来封建统治者失信于民和愚民政策的本质。他在文章的最后写道："吾于是知数千年来民智黑暗，国几蹈于沦亡之惨境有由来也。"这是毛泽东留下的第一篇完整的文章。

毛泽东这篇文笔犀利、言简意赅的600字的短文，深得老师的赏识。国文教员柳潜阅后，拍案叫绝，称赞毛泽东"才气过人，前途不可限量"。他给这篇作文打了100分，并在文题上方写了"传观"二字。圈阅过后仍不尽兴，他又为文章写了一条150

字长的批语。其中写道，这篇文章"实切社会立论，目光如炬，落墨大方，恰似报笔，而义法亦入古"，他感叹："历观生作，练成一色文字，自是伟大之器，再加功候，吾不知其所至。"他赞扬这篇文章"精理名言，故未曾有"，"逆折而入，笔力挺拔"。最后，他感叹此文：有法律知识，具哲理思想，借题发挥。纯以唱叹之笔出之，是为压题法，至推论商君之法为从来未有之大政策，言之凿凿，绝无浮烟涨墨绕其笔端，是有功于社会文字。

毛泽东此文一出，立刻引起全校上下的关注，他良好的国文基础和高超的写作能力很快就在学校传开了。很多教师在看过《商鞅徙木立信论》后都很欣赏。柳潜由于赞赏毛泽东的才华，特地借给了毛泽东一本叫《御批历代通鉴辑览》的书。这部辑录了上自黄帝，迄于明末，编年纪事，纲目相从的书也确实吸引了毛泽东，通过阅读这本内容丰富的书，他得到了不少教益，但也愈发觉得在学校里读书还不如自学。再加上这种学校中刻板的校规和有限的课程，于是，在入学 6 个月之后，他毅然决然地从该校退学，寄居在长沙新安巷的湘乡会馆，每天步行三里路到浏阳门外定王台的湖南省立图书馆自学。

毛泽东在图书馆自学十分刻苦，一坐就是一整天。从酷暑到严冬，毛泽东凭借着他强烈的求知欲，刻苦地、日复一日地发愤自学。毛泽东曾生动形象地比喻自己："那时，我贪婪地读，拼命地读，就像牛进了人家的菜园，尝到了菜的味道，就拼命地吃一样。"他如饥似渴地阅读，深入细致地思考，并联系社会实际，进行比较、分析和研究，获得了大量的知识，受到了重大的启示。

就是在这个图书馆里，有一件事使毛泽东感触很深。它使毛泽东的眼界一下子开阔了许多，而且也使他想了许多许多。这个图书馆的墙上挂着一张很大的《世界坤舆大地图》。这是毛泽东第一次见到世界大地图。从这张地图上，他看到世界很大很大，中国只不过是其中的一部分。40年后的一个晚上，毛泽东曾详细地向人们讲述了这件事情："说来也是笑话，我读过小学、中学，也当过兵，却不曾看见过世界地图，因此就不知道世界有多大。""过去我认为湘潭县大，湖南省更大，中国自古就称为天下，当然大得不得了。但从这个地图上看来，中国只占世界的一小部分，湖南省更小，湘潭县在地图上没有看见，韶山当然就没有影子了。世界原来有这么大！"他想，世界如此之大，人口一定很多，人生在世，都希望过得幸福一些。但是，他从自己的经验出发，联系在湘乡、韶山一带的所见所闻，觉得一般人的生活都过得并不好。他认为这是不合理的现象。那么，要改变这种现象，就要革命。革命靠谁？就靠青年。毛泽东深深感到自己和所有的青年肩负着改造中国、改造社会的历史使命，"这时候起，我就决心要为全中国痛苦的人、全世界痛苦的人贡献自己的全部力量"。

正当毛泽东如饥似渴地学习新知识的时候，他的自修道路出现了问题。因为父亲毛顺生觉得儿子在省城既不进学校，又不谋职业，他一心想让儿子经商的愿望落了空，便决定不再接济这个"逆子"，毛泽东没有了经济来源。而此时，湘乡会馆又住进了不少被遣散的士兵,他们经常寻衅滋事,打架斗殴,搞得会馆不得安宁,毛泽东也不能住下去了。继续自修的路是走不通了,毛泽东必须另想办法。对于这段自修经历,毛泽东曾说:这是他学习的历史上"极有价值"的半年。

为学之道

1913年春天，年满19岁的毛泽东以第一名的成绩考入湖南省立第四师范学校。他在入校之初，就受到了学校的高度重视。校长在看了他的作文之后，十分感慨地赞叹道："这样的文章，我辈同事中有几个做得出来。"

1914年春，湖南省立第四师范合并于第一师范。这样，一年前考入第四师范的毛泽东随之就读于第一师范，被编入一师的预科第三班。

在一师期间，毛泽东充分利用有利的学习环境，刻苦学习，探索为学之道。这时候，他读书的目的已经十分明确，就是为救国救民而储才储能，就是要探求人生的真谛和救国救民的根本途径。这也恰如当时一师校歌所唱："衡山西，岳麓东，城南讲学峙其中。人可铸，金可熔，丽泽绍高风。多才自昔夸熊封。男儿努力，蔚为万夫雄。"他主张青年人要有高尚的理想、远大的志向。他和同学们共勉要做确有真才实学的救国"奇杰"，不做"金玉其外，不学无术，专为自己而生活的小人"。为此，他和朋友约定"不谈金钱，不谈男女之间的问题，不谈家庭琐事"；而真正应当关心和谈论的是"人的天性，人类社会，中国，世界，宇宙"这些大事。一师期间，毛泽东学习十分刻苦认真。每天他都早早起床，运动之后，就开始读英语，从早上8时至下午3时都在教室听课学习，课余时间也没有丝毫松懈。晚上熄灯之后，他就到茶炉室或走廊里，借着微弱的灯光读书。为了看书方便，他还自备了一盏灯放在床头，下面垫上一节竹筒，常常坐在床上看书，有时甚至彻夜不眠。

毛泽东不仅学习目的明确，学习态度刻苦认真，而且创造了一套科学的学习方法。他认为，在学习中，既要注重自己看书，独立钻研，独立思考，也要注重讨论和交流。而在研讨学问时，要提倡说真话，反对说假话，既不要怕伤和气"取同于君"，也不要怕丢面子将自己的意见强加于人，而是要畅所欲言，广泛交流，通过讨论使大家都取得"真知""真理"。在各科知识的关系上，毛泽东认为："为学之道，先博而后约，先中而后西，先普通而后专门。"只有各科知识都具备了，才能做专门的研究工作。在学习的顺序上，他认为，应该是先学一般知识再学专门知识，先学中国的再学外国的。在学习中，既要学习外国历史，更要学习中国历史；既要学习西洋科学，更要学习中华国学。他特别强调，读历史古籍，必须联系现实，掌握要领，抓住重点。在积累知识的技巧上，毛泽东认为，学科多如繁星，知识浩如烟海，有志之士应博览广学，日积月累。但仅有"博"还不能深入，还必须学得"精"。而要学得精，关键是要有条理，这样就便于掌握了，而要学得既博且精，必须坚持不懈，持之以恒。对于恒的问题，毛泽东曾经写过这样一副对联："贵有恒，何必三更眠五更起；最无益，莫过一日曝十日寒。"

在一师期间，毛泽东还非常推崇当时的教育学老师徐特立提出的"不动笔墨不看书"的学习方法。所谓"动笔墨"，就是不只是读前人的书，而且要经过认真思考和消化，把自己的心得和看法写下来，其中包括对书中同意或不同意的地方。他当时有许多种笔记本，包括听课的，自学的，摘抄的，随感的和日记等，他很珍爱这些笔记本，后来把它们都送回韶山老家珍藏，1929年国民党军队到韶山抄他老家，住在附近的族人听到风声后，将这些本子和书籍统统搬到后山烧毁。一位曾在私塾教过毛泽东的老先生，从火堆中抢出一个笔记本和两册教科书，保存至今。

幸存的这个笔记本，是一个九行直格本。前面有他手抄的屈原《离骚》《九歌》，后面毛泽东把它题为《讲堂录》，是1913年10月至12月毛泽东在长沙第四师范时听杨昌济和袁仲谦讲课时所录，也间有读书札记。主要是修身和国文两门课的内容。其中有许多处评论历史、政治和人物的文字。有几处记载自然科学常识，间或杂以议论，穿插些自己对这些文章的意见及看法。这一切充分显示毛泽东学、思、记结合的特点。

毛泽东读过的书，都在空白处注上自己的看法和思索所得。对于有些句子和段落，加上浓密的圈点，批上"此论甚精""言之成理"或"此论甚合吾意"等。对于有些句子和段落则画杠打叉，批上"不通""荒谬"或"陋儒之说"等语。他读过的德国哲学家、伦理学家泡尔生所著《伦理学原理》一书中留下的笔墨，表现了他当时不动笔墨不看书的独立思索和分析批判精神。

毛泽东在一师时养成的这种不动笔墨不读书的良好习惯，后来几十年坚持不废，现存的毛泽东读过的大量书籍中，随处都可以看见他圈圈点点、朱墨纷呈的笔迹。在延安那样的艰苦岁月中，毛泽东仍然阅读和批注了大量的马克思、恩格斯、列宁、斯大林的著作以及其他政治、经济、哲学、历史、文学、军事和自然科学书刊。有的书他反复研读过多次，每读一次就用一种颜色的笔在上面圈点、勾画，作一次批语。有些后面的批语又是对前面批语的批判和补充。批阅较多的哲学著作，就有10余种，其中《辩证法唯物论教程》批注的文字最多。这部论著的两个版本，毛泽东从1936年11月至1937年4月，仅半年时间就用毛笔、红黑蓝铅笔在书眉和空白的地方写下了13000多字的批语。除批注文字外，书的原文中毛泽东都分别加了直线、曲线、曲线加直线等各种符号。所有的批注文字都是用行草体书写的，字迹俊逸清新，书写流畅，令人惊叹。

　　毛泽东躬行的这些为学之道，使他受益颇多，也值得我们借鉴和学习。1918年夏，毛泽东从湖南省立第一师范学校毕业。他后来回忆说："我没有进过大学，也没有留过'洋'，我读书最久的地方是第一师范。第一师范是一个好学校，替我打好了文化基础。"

"特别"学生

毛泽东在第一师范住校时，深受学校老师和同学们的喜爱。特别是他那种不屈不挠、敢于抗争的性格，在一师颇为有名。毛泽东常对人说，丈夫要为天下奇，即读奇书，交奇友，创奇事，做个奇男子。同学们用谐音给他起了个外号，叫"毛奇"。毛奇（Moltke）是德国一个很有学问的军事家。

在当时，第一师范算是座较开明的学校，但学校仍奉行师道尊严：先生是绝对的权威，学生必须唯先生之命是从。但毛泽东却不是这样，他依照合己的善恶标准，绝不屈从。袁仲谦先生是前清举人，一连几年教毛泽东国文。他非常赏识毛泽东的文章，称其"大有孔融笔意"。毛泽东也很尊重他，借鉴他多读、多写、多思、多问的学习方法，还听从他的劝告，将自己梁启超式的报章文体转变成韩愈式的古文体。但毛泽东对他守旧而专制的作风很反感。有一次，毛泽东在作文的后面写了句"×年×月×日第一次作文"，袁仲谦看后说：我没要你写这句话就不要写。强命毛泽东重抄一遍。两次催问，毛泽东都没有理会。袁仲谦便气冲冲地将那页撕了。毛泽东起立质问，并要同袁仲谦一道到校长那里讲讲理，袁仲谦无言以答。最后，在再抄一遍时，毛泽东仍加上了这一小句。又有一次，一位工友做错了事，袁仲谦破口大骂不休，毛泽东从路旁经过，深为不平，大声说道："哪里这样恶，要这样骂人，有事可以好好说嘛！"袁仲谦只好住口了。

驱赶校长张干更是轰动全校的一件事。1915年上学期末，省议会颁布一项新规定，秋季伊始，每个师范生要交纳10块钱的学杂费。这对大多数穷学生来说，是一笔"巨款"。有人传说，这一规定是校长张干为了讨好当局而建议的，再加上原来由四师并入一师的同学要多读半年书，心里早有不满情绪，于是发生了驱赶校长张干的学潮。在九班同学发动下，全校很快罢课，并四处散发传单，揭露张干不忠、不孝、不仁、不悌。毛泽东认为这还没有击中要害，要把他从校长的位置上拉下来，就要揭发他对上阿谀奉承，对下专横跋扈，办学古板，贻误青年的言行。于是他在一师后山君子亭起草一个传单，并派人在印刷厂印刷，清晨在学校里广为散发。省教育司派督学来校调处，要求学生复课，学生不同意，大声称"张干一日不离校，我们一日不上课"。督学无奈，只得说："这个学期快完了，你们还是上课，下个学期张干不来了。"张干大怒，要挂牌开除包括毛泽东在内的17个带头"闹事"的学生，后经杨昌济、徐特立、方维夏等先生再三说情，才免予开除，改为给毛泽东记大过处分。而张干最终被免职，张干离校后说，在学校只有校长开除学生，学生开除校长，这是第一次。

另外，毛泽东除少数几门功课，比如杨昌济先生讲的课及国文课去听外，一般肤浅和浪费时间的课，他根本不去上，而专读自己选读的书。学校碍于校规，认为他是品行不正，也几次决定要开除他出校，都是经一些器重他品性的正派的教员的阻挠，才未能实行。

毛泽东在一师求学期间，不但受一些教员器重，而且同学们对他也十分敬佩，称他为"毛伟人"。毛泽东主持学友会的工作后，他反帝反军阀的决心，出众的组织才能和胆识，更为同学们所倾倒。最能说明毛泽东深受同学们推崇的，莫过于1916年7月全校的"人物互选"一事。"人物互选"是当时学校考查学生学业和操行的一种办法。互选的内容包括德育、智育、体育三方面近20个项目。选举的办法是：各班同学在本班教室举行，每人最多投3票，每票只能选举一人，被选对象不限本班，列举项目必须名实相符。全校11个班400多人参加选举，当选者34人，毛泽东得票最高。在德、智、体三个方面都有项目得票者，只有他一人。在德育、智育、体育三个方面所包括的项目中，毛泽东得票也最多，有敦品、自治、文学、言语、才具、胆识等6项。而其他当选者只有两人达到4项，多数都只在一个方面得票。"才具"一项，只有毛泽东和另一个同学得票；而"胆识"和"言语"两项，则为毛泽东所独具，评语是"冒险进取，警备非常"。

选举结束，同学们议论开了。有的说："毛泽东得票最多，的确是应该的。"有的说："我们的'毛伟人'真有'咬菜根'的精神，不讲吃，不讲穿，心里想的，口里谈的，都是怎样改造国家社会的大事。可惜人物互选的项目，就没有哪一项包括得了。"

后来，毛泽东在谈到这段读书生活时说："我在这里——湖南省立第一师范度过的生活中发生了很多事情，我的政治思想在这个时期开始形成。我也是在这里获得社会行动的初步经验的。"

忧国忧民的"时事通"

毛泽东在湖南一师求学期间，正是中国政治局势最为激烈动荡的时期。清王朝已被推翻，复辟与反复辟、专制与共和之间的斗争不断反复，各地军阀割据一方，连年混战；在思想领域，民主与专制，尊孔与反孔新旧两派斗争日益激化，以陈独秀、李大钊为代表的启蒙思想家，在古老的国度里勇敢高举民主、自由和科学的大旗。外部世界的局势也动荡不安，第一次世界大战打得正酣，西方国家虽不能用武力占领中国，但挂着各种各样外国旗帜的船舰在中国的内河上随时可见，尤其是东洋日本对中国虎视眈眈，中华民族危在旦夕。怀着强烈爱国心的毛泽东时刻关注着中国和世界局势的发展和变化，时刻思考着中华民族的前途和命运。

当时，毛泽东最为关注的是劳动人民的疾苦和中国社会的政治状况。为了时刻掌握时局的发展变化，他天天阅读报纸。他自己曾说："我在长沙师范学校的几年里，总共只花了160块钱——其中包括我的许多次报名费；在这笔钱里，大概有1/3花在报纸上，订阅费每月约1元。我还常常买报摊上的书籍和杂志。父亲骂我浪费。他说这是把钱挥霍在废纸上。可是我养成了读报的习惯，从1911年至1927年上井冈山时为止，我从没有中断过阅读北京、上海和湖南的日报。"据他当时的同学周世钊回忆："第一师范学校学生自习室的西头有一间可以容几十人同时看报的阅览室。湖南、上海、北京等地的几十种重要报纸，每天都被安置在报架上面。来这里看报的学生很多，而毛泽东每天必到，一看就是一两个钟头，并注意分析国内外形势的发展和变化。""他常用饭后、课余和空当时间去看报。看得特别认真、仔细；有时一张报纸可以看上一个钟头；有时把地图带到阅报室，看看报纸，又看看地图；有时把报纸上面所载各国城市、港口、山岳、江河的中文名称，译为英文。他对同学说，这是一举三得的事，就是明了时事、熟悉地理、学习英文。第一师范的同学大都称他是'时事通'。如果有不明了的时事问题，找他一谈就解决了；如果在自习室、运动场找他不见，常常在阅报室可以找到他。晚饭后，星期天，他喜欢和同学们谈时事，他分析世界的政治、军事形势，是那么详细，那么明晰，是那么有根有据！特别是谈及列强如何侵略中国，中国为什么被侵略而不能反抗，青年对救国应负的责任之时，同学们的情绪，随着他有感情、有鼓动力的谈话，时而兴奋，时而激昂，时而愤怒！"

1914年8月，第一次世界大战爆发了。世界各国列强开始相互厮杀。毛泽东由于勤于阅读报纸和书籍，掌握了大量的时事新闻知识，所以同学们都喜欢听毛泽东评述国际时事政治。有一次，他与萧三在街上相遇。在返校的路上，毛泽东详细地向萧三分析了奥国皇太子怎样在塞尔维亚被杀，德皇威廉二世怎样出兵，德俄、德英、德法怎样宣战，凡尔登如何难攻，英法如何联盟，美国如何乘机大发横财，日本又如何趁火打劫侵略中国山东的……他说得有时间、有地点、有充分的根据。萧三听了又钦佩，又惭愧。1915年5月，毛泽东在得知袁世凯接受了日本提出的灭亡中国的"二十一条"后，毅然在由一师学生集资刊印，反对卖国条约的言论集《明耻篇》一书的封面上写下了16个字："五月七日，民国奇耻。何以报仇？在我学子！"表达了自己决心雪耻救亡的坚定意志。

湖南是南北军阀的交战地。1916年夏，长沙、湘潭一带烽烟四起。面对这种军阀混战的局面，毛泽东心中十分悲苦，想起来"不觉泣下"。7月18日，他在给萧子升（萧三的二兄）的信中介绍了军阀混战的情况，分析了湖南各派军阀的关系，畅谈了自己对时势的看法，深为湖南的局面而"愤愤不能平于心"。

由于毛泽东熟读报刊，对时局的发展往往能做出准确的判断和预测。1916年，日本大隈重信政府基础动摇，当时，国内报刊传出大隈重信内阁将要改组的消息。大隈重信是制造"二十一条"的罪魁祸首，许多人希望他下台后日本的对华政策会有所改善。但毛泽东却在7月25日给萧子升的信中说："无论何人执政，其对我政策不易。思之思之，日人诚我国劲敌！"而且断言：中日之间，"二十年内，非一战不足以图存，而国人犹沉酣未觉，注意东事少。愚意吾侪无他事可做，欲完自身以保子孙，止有磨砺以待日本"。

15年后，也即1931年，中华民族的抗日战争爆发，证明了这位当时年仅23岁的师范生的预言。

游学千里忧民众

"读万卷书，行万里路。"这是中国古代有关治学之道的一句流传很久、影响很广的话。毛泽东，这个中国农民的儿子，在长期的劳动实践和广阔的天地中汲取丰富的营养，更能体会到读书和行路（实践）的相互关系。1915年，毛泽东在给同学萧子升的信中说，读书，不但要善于读"死"的书本，还要善于读"活"的书本；不但要会读"有字之书"，还要会读"无字之书"。而所谓读"活"的书本，读"无字之书"，就是要深入社会实际，参加社会活动，拜人民群众为师，了解他们的生活，学习他们的经验。

不过由此也带来一个问题，要搞社会调查就要解决出门的食宿问题。毛泽东在一师上学是最为节省的学生之一，即使这样，他身上所剩的钱也是寥寥无几，哪里够他们出门远行呢。经济问题成为阻碍他搞社会调查的首要问题。毛泽东后来回忆说："有一天我读到一份《民报》，上面刊载着两名中国学生旅游全国的故事，他们到达了西康的打箭炉。这件事给了我很大的鼓舞。我想效法他们，可我没有钱，我想我应该试着在湖南旅行一番。"显然《民报》的这一则新闻大大地鼓舞了他，他决定在湖南进行他的社会调查，毛泽东和他的伙伴们采取了"游学"的方式进行调查。游学，是旧社会有志读书但经济困难的人一种寻师求学的方式。其主要办法是遇到学校、商店或有名望的人家，就作一副对联，用红纸写好送去，求得一顿饱饭、一夜留宿或几个赏钱，其实质是一种变相的行乞。在长沙求学时，毛泽东就当过好几次"游学先生"。1917年7月的一天，毛泽东找到他的好友萧子升和准备回安化老家度暑假的同学萧蔚然，告诉了他们自己的想法，两萧听后非常兴奋，决定第二天就去实践。这样，几个分文没有的穷学生在一天清晨，开始了他们的长途旅行。

毛泽东一行出了长沙小西门，刚登上行程，滔滔湘江就横在他们的面前，拦住了他们的去路。怎么办？游过去！毛泽东自幼练就了一身好水性，晚年尚能横渡长江，一条湘江岂在话下！但同行者并不全会游泳，况且他们都还带着行李，弄湿了怎么办？那么，只有乘船了。当时湘江上根本没有桥梁，不会游泳，只能坐船。湘江上摆渡的小船来来往往，倒也方便，坐一次两个铜板，收费也算便宜，但即使是这两个铜板，毛泽东他们也拿不出来，因为他们身上一文钱也未带，是地地道道的"游学先生"。怎么办？他们商量了一下，先过去再说。船到江中央的时候，船舱中走出一位端着盘子的姑娘，挨个向乘客收费。姑娘走到他们面前的时候，他们都不好意思地低下了头。毛泽东满脸歉意地说明了情况，表示日后一定会加倍偿还。但船老大固执己见，非要收钱。这时候，幸亏几位乘客愿意代为这3个学生付上船费，才免除尴尬。下了船，毛泽东他们对同船的人们表示了谢意，继续前行。

渡过湘江之后，他们走了一天的山路。一直走到太阳西斜，总算来到了一个村庄。山路边，开着一爿小小的饮食店。这时毛泽东和同学们打听到小店后面的山坡上，住着一位姓刘的绅士，清朝时做过翰林，后来告老还乡。他对诗文很有造诣，家中生活也很富裕。于是，毛泽东和同学们便想了一个办法——写一首诗送给刘先生，用含蓄的语言表明来访的目的。经过商量，毛泽东和同学们很快地写好了一首诗："翻山渡水之名郡，竹杖草履谒学尊。途见白云如晶海，沾衣晨露浸饿身。"诗中的"名郡""学尊"都表示了对刘氏的尊重，"白云如晶海"更是赞誉了他能摆脱俗事的缠绕，隐居高山云海的脱凡品格；"翻山渡水""竹杖草履""沾衣晨露浸饿身"则清楚地反映了学子们求学的艰辛和目前的处境。诗写好后，签上了他们的真名，并装在写着"刘翰林亲启"的信封里，通过门房送到了刘家。刘先生读了他们的诗，非常高兴，在书房里亲切地接见了这3个青年，同他们谈论了古典经籍及其注疏问题，并赠送给他们一个包着40个铜板的红纸包，他们拿出其中的几个铜板，饱饱地吃了一顿晚饭。

毛泽东一行就是这样，一路走，一路想办法克服困难，继续前进。从长沙出发后的第5天，一路奔波劳累的毛泽东等人来到了好友何叔衡的家乡枥子冲。在家休假的何叔衡热情地接待了他们。老同学见面自然有说不完的话。何叔衡详细介绍了家乡农民的苦难。毛泽东听后，感触很深，联想到一路的辛劳和所见所闻，他感叹道：坐在课堂空发议论真是不行啊！不出来看一看，真不晓得种粮食的艰难；不挨饿，也就不晓得穷人的痛苦！

毛泽东一行在考察中十分注意广泛接触各方面人物，深入了解社会生活的各个层面。他们一行三人，来到宁乡沩山密印寺。沩山是一座佛教名山。自唐代起，这里已是香火袅袅、善男信女不断，寺庙里有许多和尚。他们拜访了寺里的方丈，询问了全国的寺院、和尚的数量和分布情况以及佛教方面书籍的出版情况，还和方丈讨论了佛家的经义和老子、庄子的经典，参观了佛殿、菜园、大厨房、斋堂和寺中的其他地方。他们在这里受到了很好的礼遇。老方丈与他们共进晚餐，众僧人纷纷请他们在扇子上和卷头上题字留念。

此后，毛泽东一行离开宁乡到了安化县的司徒铺，萧蔚然回了家，毛泽东就和萧子升两人继续"游学"。在去安化县城的路上，毛泽东和萧子升曾露宿河滩，以沙地当床，石头当枕，蓝天为帐，月光为灯，度过了一个美妙的夜晚。

毛泽东和萧子升到了安化县城，查阅了《安化县志》，到东华山瞻仰了农民起义烈士墓，调查了清代黄国旭领导的农民起义的情况。他们在安化县还有一个三顾夏先生的故事。安化县劝学所所长夏默庵时年64岁，是一位饱学先生。他早年毕业于清代两湖学院，学识渊博，专治经、史之学，著有《中华六族同胞考》《默庵诗存》《安华诗抄》等，喜吟诗作对。夏先生性情高傲，一向不理游学之人。毛泽东两次求见，均被拒绝，但他并不灰心，又第三次登门。夏先生见来人态度诚恳，只得开门相迎。但他还要试试来人学问深浅，于是写了一句上联放在桌上。上面写着"绿杨枝上鸟声声，春到也，春去也"。毛泽东看过，便以"清水池中蛙句句，为公乎，为私乎"相对。夏先生眼看着毛泽东写完，不禁大吃一惊，对联胜过出联，而且气势非凡，还带有火辣辣的批评味道，自感有愧，连声赞好，并给他们提供食宿，同他们彻夜长谈，临别前还赠送他们8块银元。毛泽东在安化县城游览了孔圣庙、培英堂、东华阁、北宝塔等名胜古迹，观赏了古代计时工具"铜壶滴漏"，并在北宝塔的第七层塔壁上挥毫题词："伊水拖蓝，紫云反照；铜钟滴水，梅岭寒泉。"还给县城的"鼎升泰""谦益吉""云集祥"等商店送了对联。离开安化，两人又到了益阳、沅江县城。到沅江县时正值当地发生水灾，看着百姓流离失所、无家可归的凄惨景象，毛泽东心情十分沉重。毛泽东和萧子升在那里待了四五天，8月16日，他们回到了长沙。打开包袱一看，还有两块多钱的剩余。为了纪念这次有意义的活动，他俩还特意穿着旅行时的草鞋和衣服照相留念。这次历时一个多月的游学，行程达900多里，足迹遍及长沙、宁乡、安化、益阳、沅江等地，毛泽东的收获是巨大的。他由此获得了丰富的社会生活知识，对农民也有了更加深入的接触，对中国农村的现状有了进一步的了解。"游学"的艰辛也使毛泽东磨炼了意志，增加了战胜困难的勇气。

后来，毛泽东曾回忆这次经历说：一年夏天，"我开始在湖南徒步旅行"，"没有花一个铜板。农民们给我们吃的，给我们地方睡觉，所到之处，都受到款待和欢迎"。他还有一次回忆说："考察时萧子升放不下架子，只写对子，不送对子，我帮他听差，只好去送对子。人家拿钱，一块也好，一串也好，我总不争，不受对子只拿钱的我就不要。"

在一师期间，类似的游历还有多次。1917年12月下旬，毛泽东一人从长沙步行到浏阳文家市铁炉冲陈绍休同学家里，他和当地农民共同挑水种菜，对农民宣传反对封建、破除迷信的道理。他平易近人，语言通俗，没有一点架子，远近的农民都来找他，每天晚上陈家挤满了农民，他们都愿意和"毛先生"谈心。1918年春，他还与蔡和森一道前往湘阴、岳阳、浏阳等地，徒步周游洞庭湖畔部分地区，又进行了一次社会调查。这一次，他们沿途了解各县的地理环境和风俗习惯以及农民的生产、生活情况，地主和佃户的租佃关系和收租、交租方式，贫农所受的压迫和剥削情况，等等。回来后，他还将沿途的见闻、感想，用通俗、生动、幽默、风趣的文字，写成一篇篇通讯，寄给《湖南通俗教育报》。

通过这些游学活动，毛泽东深入广泛地了解了中国社会，尤其是广大农村的实际情况，在他的革命道路上产生过积极而深刻的影响。增强了他不怕困难、吃苦耐劳的精神，培养了调查研究的作风，为他后来担负中国革命和建设的领导重任打下了良好的基础。

"野蛮"其体魄

毛泽东从很小的时候就认识到锻炼身体的重要性。12岁那年他害了一场大病，人变得十分瘦弱，他便开始锻炼。辍学在家两年多的体力劳动，也使他变得壮实起来。而后，随着使命感的日益增强，他对身体的锻炼也日益重视。毛泽东深知，要在有限的一生中，轰轰烈烈地干一番事业，首先必须有一个强健的体魄。1916年12月，他在致黎锦熙的信中曾谈到德、智、体三者的关系。他提出，"德、智所寓，不外于身"，"一旦身不存，德、智则随之而隳矣"。就是说，一个人的品德和智慧，都是建立在身体这个客观物质基础之上的，一旦身体不复存在，品德和智慧便无从谈起。所以，在一师期间，他既是全校最积极的体育活动的倡导者，也是全校最顽强的锻炼者。

毛泽东的体育锻炼涉及很多方面，采取过很多形式。远足、爬山、露宿、风浴、雨浴、六段操运动这些都是毛泽东经常从事的体育活动。

首先是远足。毛泽东和他的同学们经常走出校门，走向社会，走向广阔的天地，既接触了社会，学到了学校里学不到的知识，又开阔了胸怀、陶冶了情操、增强了体魄、锻炼了毅力。1917年9月16日是个星期天，毛泽东与张昆弟、彭则厚从学校出发，过河到渔湾市，然后沿铁路步行，日落时分，到达目的地昭山脚下。昭山是一座秀丽的山，山上有一座寺庙，叫做昭山寺。寺内有三四个和尚，寺外松柏森森，寺里钟声悠悠、香火袅袅、佛灯闪烁，非常玄妙优雅。毛泽东一行三人从山后攀石头台阶上山，来到昭山寺，希望和尚能让他们留宿山寺。和尚起初不肯答应，他们三人便打算在树丛中露宿。后来和尚突发慈悲，允许他们在寺内借宿，他们心中十分欣喜，整整一天近50里跋涉的疲劳竟消除殆尽。晚饭后，他们三人一起从山正面跑下，到湘江去游泳。游完后回到昭山寺客房休息，但毛泽东一行三人全无倦意，在屋内说说笑笑，直到深夜。

除了远足之外，郊游简便易行，更是毛泽东经常性的运动项目。毛泽东曾经组织过一个"星期同乐会"。每逢星期日，他就邀集一批朋友到长沙郊外的金盆岭、银盆岭、猴子石等地去散步。在中秋之夜，他和朋友们还坐上划子，绕着水陆洲，在湘江中流赏月，吟诗作赋，一群人流连忘返，直到深夜。

毛泽东还有意识地选择野外露宿，以锻炼自己的胆量。他常邀请一些同学至橘子洲及岳麓山的爱晚亭、白鹤泉等处露宿。夜幕降临，百鸟归巢之后，他们便围坐在一起谈人生，谈民族国家的前途。直到夜深之后，他们才各自在草地上找一块地方露宿。睡觉时，他们彼此拉开一定的距离，以保持空气的清新。这个习惯，他们一直坚持了很久，下了霜还在进行。

毛泽东还特别喜欢爬山，认为这不仅能扩大肺活量，增强体魄，更能激发他攀登不止、蓬勃向上的精神。长沙湘江对岸岳麓山是毛泽东经常去的地方。岳麓山挺拔奇秀，面临湘江，攀登其上，令人心旷神怡，有离尘脱俗之感。山上有一副对联十分形象地描绘了这种意境。对联是："西南云气来衡岳；日夜江声下洞庭。"有一年，整整一个暑假，毛泽东和蔡和森、张昆弟三人都住在岳麓山上，在爱晚亭读书、修养，各自只带一条毛巾、一把雨伞和随身的衣服，每天只吃蚕豆饭一顿，既废朝食，也不吃晚餐；既锻炼了身体的耐力，也节约了开支。每天除了锻炼身体之外，就是读书、看报以及谈论和思考问题。

游泳可以说是毛泽东最喜欢、最擅长的体育活动项目了。游泳，不单能强健他的体魄，更强化了他的自信和意志。毛泽东很小的时候就时常在屋前的池塘里游泳。到长沙后，一师前面的湘江，江宽水深，成为他时常畅游的地方。他常常邀集蔡和森、张昆弟、陈绍休等人，到南湖巷和橘子洲头游泳。橘子洲，又称水陆洲，以盛产橘子而著名，湘江由南向北奔流，至长沙市的西南郊，被橘子洲分为东西两流，直到市的西北郊才又汇合。洲上树木葱茏，景色宜人。洲的东面是长沙市，西面是郁郁苍苍的岳麓山，风景十分秀丽，站在洲上，举目四望，心旷神怡。毛泽东和他的同学们便经常在橘子洲游泳，畅谈，赋诗言志，有时候一待就是一整天。毛泽东的泳技好、胆量大、耐力强，他不但能横渡湘江，还能从猴子石游到相距近10里的牌楼口去。不过，也发生过危险。有一次，毛泽东游泳将要到达对岸时，被大浪冲入木筏下，幸好被一个同学救了出来。解放后，与老同学谈及此事时，他诙谐地说：那次如果不是亏了一个同学搭救，我险些"出了洋"。

毛泽东不仅在夏日游，而且"直到隆冬，犹在江中"。1918年的3月，春寒料峭，凉意沁人，大家的身上都还穿着鼓鼓囊囊的棉衣。这时，上海《民铎》杂志主编李石岑应邀来第一师范讲演。李先生既是当时一位有名的学者，又是一位游泳专家。李先生讲演之后，毛泽东就请他到湘江现场教授游泳技术，到了橘子洲头，李先生做示范动作之后，毛泽东便带着30多个人一鼓作气地跳下水去，一下子游了三四十分钟。关于他们游泳的事，罗学瓒和张昆弟的日记中有多次记载。毛泽东后来写下的词句"曾记否，到中流击水，浪遏飞舟？"就是当时他和30多个同学在湘江游泳的动人场面的真实写照。

冷水浴也是毛泽东在一师时养成的良好习惯。这个习惯得益于他的恩师杨昌济先生。杨昌济先生不但学识渊博，思想开放，而且在生活方式上，反对腐朽糜烂的封建生活方式，提倡民主科学、奋发向上的新生活方式。他常年行冷水浴，冬天也不间断，得到一师许多同学的效仿，毛泽东就是最坚决的仿行者，在一师的几年里，他几乎一年四季坚持不懈，纵然是天空下雪，池水结冰，仍然坚持进行。有人问他为什么能坚持不辍，他说，只要有决心和毅力，就能坚持到最后。

六段操运动是毛泽东融各种运动之长，在实践中创造的一套运动操，包括拳击与跳跃等动作，共6段27节。每天清晨，做完冷水浴后，他做一遍六段操，临睡又做一遍，天天如此，终年不绝。毛泽东还坚持雨浴、风浴、雪浴。有一次，在电闪雷鸣、狂风大作、暴雨倾盆的一个夜晚，毛泽东鼓起勇气，顶风冒雨，登上岳麓山，然后又从山顶跑下来，遍体湿淋淋地来到了山下蔡和森的家里。蔡伯母问他这是怎么回事，他说这是为了体会《尚书·舜典》上"纳于大麓，烈风雷雨弗迷"这句话的情趣，并借以锻炼身体和意志。在大雪纷飞的日子里，他则静立于旷地，任凭雪落。

1917年下半学期至1918年上半学期，毛泽东担任第一师范学友会总务（实际负责人）兼教育研究部部长。他主要倡导两件事：一是学术研究，一是体育锻炼。为了把体育活动开展起来，毛泽东想了很多办法，提了很多好的建议。由于他办事有方，善于发动和组织群众，终于使学校的课外体育活动搞得生气勃勃。

毛泽东在青年时代不仅顽强刻苦地进行体育锻炼，而且还孜孜不倦地进行体育理论的探索和研究。说来很有趣，毛泽东这样一位后来举世瞩目的革命家、政治家、思想家，公开发表的第一篇文章，却是体育论文。1917年4月1日，《新青年》上刊载了一篇《体育之研究》，全文约7000字，署名二十八画生。这个"二十八画生"，就是毛泽东，是杨昌济把他的文章推荐给陈独秀然后发表的。他在文章里开宗明义，把体育和国力联系起来。他认为：身体是知识和道德的载体。在中学和中学以上，应该实行德育、智育、体育"三育并重"。针对重文轻武的颓风，他提出一个口号："欲文明其精神，先自野蛮其体魄。"可以说，《体育之研究》主要不是对体育这个运动形式的研究，毛泽东是想借此提倡武勇世风和充满朝气的奋斗向上的人生观。

这期间，他在日记里写下了后来十分著名的话："与天奋斗，其乐无穷；与地奋斗，其乐无穷；与人奋斗，其乐无穷。"

许多年后，他对自己在一师期间所进行的顽强的体格和意志磨砺，记忆犹新："我们也热心于体育锻炼。在寒假当中，我们徒步穿野越林，爬山绕城，渡江过河。遇见下雨，我们就脱掉衬衣让雨淋，说这是雨浴。烈日当空,我们也脱掉衬衣,说是日光浴。春风吹来的时候，我们高声叫嚷，说这是叫做'风浴'的体育新项目。在已经下霜的日子，我们就露天睡觉，甚至到了11月份，我们还在寒冷的河水里游泳。这一切都是在'体格锻炼'的名义下进行的。这对于增强我的体格大概很有帮助。我后来在华南多次往返行军中，从江西到西北的长征中，特别需要这样的体格。"这一切，也造就了他的伟人品格，形成了他担负领导中国革命和建设重担的基础。

浑身是胆

辛亥革命，军阀逐年混战，地处南北军事要冲的湖南经常处于兵荒马乱之中，长沙更是首当其冲。毛泽东在长沙求学时期，就曾亲自经历过许多次兵灾战祸，有一次他沉着果断，不畏强暴，组织领导一师校友智缴了北洋军阀败兵的枪支，首次显露了他的军事才能。

1917年7月，孙中山率海军南下，在广东成立军政府，坚起"护法"旗帜，与段祺瑞的北洋军在湖南展开争夺。在这种你来我去、兵马不停的环境里，长沙省城自然是很不安全，一些贼匪也趁机作乱。应时势所需，学生们也不得不拿起武器来"护校"。早在1916年秋，为奉行所谓"军国民教育"，第一师范就曾组织起一个营的学生志愿军，进行一些简单的军事训练。毛泽东有过半年正规军事生活的经验，对志愿军的训练很积极，也很在行。1917年下学期，毛泽东就被选为学友会的总务，负责领导全校的学生志愿军，"分夜梭巡，警卫非常"。但当时的所谓"志愿军"的武器不过是一些上操用的木枪。

1917年11月，段祺瑞政府的北洋军傅良佐部在桂军的压迫下弃城逃走，当时城里没有任何军队，只有一些警察。市内一夕数惊，学生、教员同市民一样深恐发生变故。正当此时，北洋军第八师王汝贤的部队由湘潭、株洲向长沙溃退，这些溃兵一路上烧杀抢掠，无恶不作，市民闻讯后十分害怕。很快，溃军逼近长沙，情况极为紧张。省城及四乡秩序大乱，北军三五成群，公开奸淫掳掠。一师地处长沙南门，紧靠铁路旁，溃军正要路过这里。这时有一部分北军约3000人，退到猴子石地方，在河边徘徊。猴子石离第一师范只有20来里路，形势是很紧急的，大家颇为慌张。一师全校同学集中礼堂，听校方通知：南郊有作战危险，全校师生须集体到城东5里外阿弥岭暂避，速做准备，听号令出发。但是过了很久，出发号令取消。后来才知道，晚上学友会总务毛泽东力言留校可保险，离校倒有危险；并且说，学校如果空虚，溃兵就会进来。大家听从了他的主张，没有外出避难。这时毛泽东挺身而出，把"学生志愿军"，特别是同学中的体育运动员们组织起来，保卫学校。他们把教室里的桌椅板凳都搬出来，堵住所有的门，作为障碍物，准备迎战。胆小的同学们及某些教职员都伏在后面寝室的天井里，不敢动一动。全学校的人员都听从毛泽东的指挥。

　　溃兵为什么仅在城外徘徊而不入城？毛泽东分析后认为，他们不了解城里的情况，不敢贸然行动。这些溃兵又慌又累，可以设法将他们赶走。于是，毛泽东联络附近的警察分所的警察，利用他们仅有的几支真枪，以少数人扼守在校后妙高峰上，并迅速组织学校志愿军中胆子较大的一部分人，拿着木枪，分成3队，绕道分布在猴子石附近的几个山头上，对溃兵形成居高临下的包围之势。黄昏时候，等溃军距离不远时，毛泽东命令警察放一排枪，其余持木枪的就鸣放爆竹，并且向溃军大声呼喊："傅良佐逃走了，桂军进了城，你们快缴枪吧！"溃军不明虚实，经过派人交涉，为数3000余人的部队，被引到第一师范前坪，毛泽东亲自喝令他们放下武器，又命令他们全体后退几十步。于是全校几百个同学都来收拾枪支，搬进校舍去，枪支堆满了一礼堂。当晚溃军就在学校前坪露宿，校方第二天早上向商会（商人害怕溃军进城抢劫）借得现银，给溃兵每人分发4元钱，然后遣散了。一支全副武装的北洋军混成旅就这样被解决了，不仅第一师范校舍没有破坏，全长沙城也得以免于骚扰。事后，学校的师生们都说："毛泽东浑身是胆。"但毛泽东的大胆却不是盲目蛮干，而是基于对情况的明了和事先的深思熟虑，谋定而后动。同班同学邹蕴真曾问他："万一当时败军开枪还击，岂不甚危？"毛泽东回答说："败军若有意劫城，当夜必将发动，否则，必是疲惫胆虚，不敢通过长沙城关北归，只得闭守于此，故知一呼必从，情势然也。"很久以后，在一次闲谈中，毛泽东笑说，自己搞军事，恐怕那才真是第一次哩。

有了这次经验后，1918年南北军再战，张敬尧部侵入长沙时，毛泽东更是从容地领导同学们组织"警备队"，他担任队长，警卫全校。当时城中秩序混乱，"警备队"巡逻街市，维持秩序。在这几次大的兵灾中，第一师范的学生还组织了一个"妇孺救济会"，到街头救济遭受兵灾的妇女和儿童。1918年4月间，湘东战事仍很紧张，长沙城内风声鹤唳，居民都不敢睡觉。毛泽东又组织学生负起保卫学校的责任，学校才得以照常上课。《一师校志》上曾有一张当时护校学生的照片，载"学生捍卫学校异常得力，因摄影以留念"。这张照片上还写着："戊午上期，本校教职员学生弦歌不辍，几不知有兵祸云。"就是对当时毛泽东组织学生护校所取得的良好效果的记载。

创立新民学会

自辛亥革命以来,中国的政局像走马灯似的变幻莫测。在经历了袁世凯称帝、张勋复辟、护国战争、护法战争、军阀混战和帝国主义列强的蚕食鲸吞之后,中国已是四分五裂,极其黑暗和混乱。在如此内忧外患、风雨如磐的局势面前,毛泽东没有彷徨,没有失望。他不仅继续博览群书,广泛地吸收新知识、新文化,而且开始从事大量的实践活动,为他思想的进一步升华打下了坚实的基础。

从1913年至1918年,毛泽东在湖南第四师范和第一师范连续上学达五年半。当时,由陈独秀发动的新文化运动正逐步进入高潮。此时,在思想界和知识界影响最大的是一份叫《新青年》的刊物。这份由北京大学教授陈独秀主编的刊物是在1915年9月15日创刊的,原来的名字叫《青年杂志》,从第二卷起改名为《新青年》。《新青年》以它旗帜鲜明的"民主与科学"的口号成为文化思想界的一面旗帜。毛泽东是在老师杨昌济的介绍下喜欢上《新青年》的,并很快就成为它的热心读者。在《新青年》的影响下,毛泽东的思想发生了重大的变化。他逐渐认识到,要救国,以前他崇拜的康梁变法是行不通的,社会必须要进行根本的改造。他特别赞赏的是陈独秀、李大钊在反封建斗争中勇敢和彻底的精神。他曾说："《新青年》是有名的新文化运动的杂志，由陈独秀主编。我在师范学校学习的时候，就开始读这个杂志了。我非常钦佩胡适和陈独秀的文章。他们代替了被我抛弃的梁启超和康有为，一时成了我的楷模。"

随着新文化运动影响的日益广泛，各地开始陆续出现一些进步社团。北京有邓中夏、王光祈创立的"少年中国学会"，武汉有恽代英、黄负生创立的"互助社"。在长沙，毛泽东认识到了组织社团的必要性。早在1915年秋，毛泽东就以"二十八画生"的署名，向长沙各个学校发出《征友启事》，征得了一批追求进步的青年朋友。当时省立女子师范学校的校长还误以为这个启事是为了找女学生谈恋爱的，后来还特意打听才得知"二十八画生"原来名叫毛泽东，是个品学兼优、受到师生称赞的好学生。征友是为了共同寻求真理，救国救民，改造社会。毛泽东和他这一批志趣相投的知心朋友经常在一起纵论古今，交流心得。他们探讨的中心问题就是"如何使个人及全人类的生活向上"。在这样严肃认真的反复讨论中，大家都有一个共同的感觉：国内的新思想、新文化已经发展起来了，再过静的生活和孤独的生活是不对的，应该追求一种动的生活和团体的生活。于是在1917年冬，由毛泽东提议，大家一致赞同成立一个新的严密的组织以利于更深入地讨论时政，特别是能通过这一组织来更好地推动社会的发展。

1918年4月14日，是个星期天。在和煦的春风中，13个青年聚集到了岳麓山下刘家台子蔡和森的家中，这里有和毛泽东一起"游学"的萧子升，也有毛泽东通过《征友启事》征来的罗章龙，还有他们的老大哥，已经执掌教鞭的何叔衡等人。一个崭新的革命团体——新民学会，在毛泽东等人的精心筹划下诞生了。成立大会通过了由毛泽东等起草的章程，确定以"革新学术，砥砺品行，改良人心风俗"为宗旨。还提出了"不虚伪，不懒惰，不浪费，不赌博，不狎妓"等信条。同时，章程还对学会的组织机构、会务活动、会址、会费及新会员入会手续等具体问题做了规定。在讨论发展会员时，毛泽东说：要人多，力量才大，会员应该多发展。不过，会员的标准不能降低，一定要品格好、志向好、学问好、确有向上要求的青年，我们才欢迎他入会。大家都同意他的意见。这些风华正茂的年轻人以他们满腔的热情探讨着未来学会发展的方向。他们热切地渴望着以组织的形式汇入滚滚向前的社会进步大潮中，真正参与到社会改造的实践中去。会议一直开到下午才散去，此时太阳已渐渐偏西，金黄色的光线柔和地照在每一个热情洋溢的青年人的脸上。微风吹拂着江中的绿波和江岸的碧草，在到会诸人的脑海里留下了一种经久不灭的印象。会议还选举萧子升为总干事，毛泽东、陈书农为干事，不久，萧子升去法国读书，会务便由毛泽东主持。

新民学会成立了。此时的中国，正处于风起云涌的大变革的前夜，中国的改造应该从何处着手，新民学会应该如何发展？一直是毛泽东思索的问题。这时，会员多数已经从学校里毕业或即将毕业。选择什么样的职业才能更好地施展抱负呢？学会成立之初，讨论得最多的就是这个问题。许多人不愿"堆积"在湖南一地，想散到中国乃至世界各处去学习和考察。毛泽东也认为，这样做每个人都可以去开辟一个方面，对将来大有好处。"向外发展"，成了会员的共识。恰逢这时收到在北京大学任教的老师杨昌济给毛泽东寄来的一封信，告知北京正筹组赴法勤工俭学事宜，并希望毛泽东等人能利用此次机会在湖南把勤工俭学的活动搞起来。毛泽东看后十分振奋，他开始积极地筹划湖南青年赴法勤工俭学的活动。由于毛泽东等人在湖南的积极倡导，通过新民学会的组织，湖南赴法勤工俭学活动达到了高潮。在1919年至1920年全国赴法勤工俭学的1700多名学生中，湖南的学生就占了430多人，是各省之冠。在北京曾有人这样说："毛润之，此次在长沙招致学生来此，组织预备班，出力甚多，才智学业均为同学所钦佩。"

新民学会成立后，即决定派罗章龙等到日本学习。临行前，学会会员在长沙北门外的平浪宫为他饯行。毛泽东特地写了一首《七古·送纵宇一郎东行》：

云开衡岳积阴止，天马凤凰春树里。年少峥嵘屈贾才，山川奇气曾钟此。君行吾为发浩歌，鲲鹏击浪从兹始。洞庭湘水涨连天，艟艨巨舰直东指。无端散出一天愁，幸被东风吹万里。丈夫何事足萦怀，要将宇宙看秭米。沧海横流安足虑，世事纷纭从君理。管却自家身与心，胸中日月常新美。名世于今五百年，诸公碌碌皆余子。平浪宫前友谊多，崇明对马衣带水。东瀛濯剑有书还，我返自崖君去矣。

在诗中，毛泽东抒发了献身革命的豪情壮志，表达了对革命事业的坚定信心，展示了"要将宇宙看稊米"的雄伟气魄，反映了"胸中日月常新美"的广阔情怀。后来，毛泽东曾经赶赴上海，送走了两批赴法勤工俭学的青年，但他自己却留在了国内。毛泽东有他自己的想法。他认为：新民学会向外发展的方针是对的，但长沙是学会的重要基地，学会应立足长沙，所以，学会有限的人员应做合理的分配，他并不赞成过多的人去法国。那样学会便没有了后方。他曾劝罗学瓒、何叔衡、陈昌立足于本国的教育工作，以培养更多的人才，不必一定出国。至于如何求学探求救国之道，毛泽东说道："我觉得求学实在没有'必要在什么地方'的理，'出洋'两字，在好些人只是一种'迷'。中国出过洋的总不下几万乃至几十万，好的实在很少。多数呢？仍旧是'糊涂'，仍旧是'莫名其妙'，这便是一个具体的证据。"他还说："我觉得我们要有人到国外去，看些新东西，学些新道理，研究些有用的学问，拿回来改造我们的国家。同时也要有人留在本国，研究本国问题。我觉得关于自己的国家，我所知道的还太少，假使我把时间花费在本国，则对中国更为有利。"毛泽东就是这样，一切从国家和人民的利益出发，深深植根于中国的土壤里，以便更加深入地了解中国、了解社会。

1919年4月，毛泽东送走两批赴法勤工俭学的学生后，从上海回到长沙担任修业小学历史课教员。这时，西方的各种新思潮、新学说纷至沓来。变革的风雨就要到来了，毛泽东以他对国家未来的艰苦的探索，以他勇敢、坚定的必胜信心毅然投入到这场风雨的洗礼之中。而新民学会的成立，无疑使毛泽东和其他新民学会的会员的前途与国家的命运前途紧密地联系在一起。事实恰恰也是如此，新民学会在湖南，乃至在中国的近现代史上都建立了不可磨灭的历史功绩。在新民学会的70多个会员中有不少的人后来走上了无产阶级革命的道路，有的成为中国共产党的建党骨干。毛泽东、蔡和森、何叔衡、陈昌、张昆弟、罗学瓒、向警予、蔡畅、李富春等都是其中的优秀代表。后来毛泽东作《沁园春·长沙》一词表达了自己和会员们在此段时期的豪迈心情：

独立寒秋，湘江北去，橘子洲头。看万山红遍，层林尽染；漫江碧透，百舸争流。鹰击长空，鱼翔浅底，万类霜天竞自由。怅寥廓，问苍茫大地，谁主沉浮？携来百侣曾游。忆往昔峥嵘岁月稠。恰同学少年，风华正茂；书生意气，挥斥方遒。指点江山，激扬文字，粪土当年万户侯。曾记否，到中流击水，浪遏飞舟？

师生情深

一师求学期间，在学习方面，毛泽东有自己的独立见解和独特的风格。他历来十分重视自学，认为自学能扬长避短，是获得有用知识的有效方法。但是，毛泽东从不轻视教师的作用。他十分尊重老师，注意虚心向老师求教，听取老师的意见，与很多老师建立了终生不渝的深厚情谊，并从许多老师良好的思想、品格和言行中，受到了深刻的影响。

在第一师范读书时，毛泽东同杨昌济、徐特立、方维夏、王季范等老师都建立了深厚的情谊，同时从他们身上获得了深刻的教益。其中对毛泽东影响最深、与他关系最为密切的当数杨昌济先生。

杨昌济，又名杨怀中，因其世居长沙东面的板仓，又被称为"板仓先生"。他出身书香门第，外祖父进士出身，做过清朝国子监学录。杨昌济早年曾在乡里教书，1898年入读岳麓书院，其间积极参加谭嗣同、唐才常在湖南组织的维新运动。为进一步寻求救国救民的真理，1903年他与陈天华、刘揆一等人一起东渡日本求学。临行前，他给自己取名"怀中"，意思是身在异邦，心系中土。在日本，他相继在东京弘文学院和东京高等师范学校学习。1909年，他又在杨毓麟、章士钊的推荐下赴英国学习4年，并考察游历了德国、瑞士等国。1913年，为致力于祖国的教育事业，在海外留学近10年的杨昌济回国执教。杨昌济一方面对中国传统文化有着很深的造诣，有着"第一师范的孔夫子"的声誉；另一方面又留学10余载，对西方资产阶级的启蒙学说有着悉心的研究。他的博学和高尚人格，吸引了一批进步青年在自己的周围。他总是努力鼓励学生立志做有益于社会的正大光明的人。

在湖南第四师范的时候，杨昌济初识毛泽东就喜欢上了这名学生。他曾这样记述过毛泽东："毛生泽东，言其所居之地为湘潭与湘乡连界之地，仅隔一山，而两地之语言各异。其地在高山之中，聚族而居，人多务农，易于致富，富则往湘乡买田。风俗纯朴，烟赌甚稀。渠之父先亦务农，现业转贩，其弟亦务农；其外家为湘乡人，亦农家也。而资质俊秀若此，殊为难得。余因以农家多出异材，引曾涤生、梁任公之例以勉之。毛生曾务农二年，民国反正时又曾当兵半年，亦有趣味之履历也。"反映了杨昌济对毛泽东的欣赏。

杨昌济深深喜爱着这个"资质俊秀"的学生，他有心进一步来造就毛泽东。他不仅自己向他传授知识，还积极地推荐一些有识之士与毛泽东交流探讨，尽力为毛泽东创造一个良好的学术氛围，希望毛泽东能打下一个更加坚实的基础，将来为国家效力。那是1916年的暑假期间，杨先生在板仓家中度假。一天，毛泽东冒着酷热，从长沙城出发，步行了好几十里，到杨先生家中拜访请教。这是毛泽东第一次去板仓。他以极大的兴趣浏览了杨先生的藏书，特别是杨先生所订阅的新书报刊，并向杨先生请教了一些学术问题。谈话中，杨昌济问起他最近在研究什么问题，毛泽东回答说在研究体育问题，杨昌济马上告诉他，距板仓40多里路的地方，住着一位从日本留学归来的柳午亭先生，是一位体育运动的热心倡导者和实践者。毛泽东听杨先生一说，心中十分兴奋，于是，他便在第二天，请了一位农民带路，前去拜访柳先生，受到了柳先生的热情接待，他们进行了广泛的交谈。后来，毛泽东怀着喜悦的心情向杨昌济先生说，此行收获颇丰，柳先生在体育的研究和实践上都有很高的造诣，许多地方值得效法。

在读第一师范的几年间，毛泽东无论在科学文化知识，还是在思想认识上都有了长足的进步。他从杨先生身上学到了许多许多。毛泽东在回忆他的恩师时曾深情地说："给我印象最深的教员是杨昌济，他是一位从英国回来的留学生，后来我同他的生活有密切的关系。他讲授伦理学，是一个唯心主义者，一个道德高尚的人。他对自己的伦理学有强烈的信仰，努力鼓励学生立志做有益于社会的人。我在他的影响下，读了蔡元培翻译的一本伦理学的书，我受到这本书的启发，写了一篇题为《心之力》的文章。当时我是一个唯心主义者，杨昌济老师从他的唯心主义观点出发，高度赞扬我的那篇文章，他给了我100分。"显然，杨昌济的思想、品格、学识，对毛泽东世界观、人生观的形成产生了重大的影响。1915年7月，毛泽东在给友人的信中评价自己的老师说："弟观杨先生之涵宏盛大，以为不可及。"

在一师时，对毛泽东影响较大的还有徐特立先生。徐先生曾在一师教教育学、各科教学法、修身课等，还兼任教育实习主任。

他当时是有名的教育家,被誉为小学教育界的"长沙王"。上课时,他善于联系社会生活和学生的思想实际,经常以古今中外的英雄模范人物和自己的生活体验来启迪学生。他那学而不厌、诲人不倦、艰苦奋斗、谦虚谨慎的作风对毛泽东产生了深刻的影响。1937年1月,毛泽东怀着无限崇敬的心情,在祝贺徐老师60岁生日的信中说:"你是我20年前的先生,你现在仍然是我的先生,你将来必定还是我的先生。"

在一师,还有一位在政治上给毛泽东以深刻影响的老师,就是方维夏先生。方先生曾留学日本,在一师教博物、农业并担任学监。他常以民主精神教导学生,并代表学校领导校友会的活动,充分发挥学生的自治才能。他于1925年加入中国共产党,1935年英勇牺牲,是一位深受毛泽东和他的同学们尊敬的老师。

一师还有一位古文基础深厚,能写一手好字的袁吉六先生。他在古文和书法方面给了毛泽东很深的影响。毛泽东曾说:"我能写古文,颇得益于袁吉六先生。"

在第一师范读书期间,毛泽东尊师敬贤,勤学好问,从杨昌济等老师的身上受到了极大的影响和教育。同时,他也以谦恭的态度、忠厚的为人、坚强的意志、远大的抱负和勤奋的精神深得先生们的器重和赏识。杨昌济等曾在其后的湖南一师学生驱逐校长张干的风潮中力保毛泽东不被开除。毛泽东在一师读书时,因不满于学校行政当局的某些做法,领导同学们掀起了驱逐校长张干的风潮。学校当局恼羞成怒,以"破坏校规"为名要开除毛泽东的学籍。杨昌济先生知道后,愤愤不平。他对学校当局说:"毛泽东是一个特别的学生,你们不懂得他,不能拿寻常校规来论。"袁吉六等先生也纷纷出面干预,学校当局只得作罢。后来,杨昌济先生在课堂上谈到这件事时,怀着激愤的心情,在黑板上写下了"强避桃源作太古,欲栽大木柱长天"十几个大字。在他的心目中,毛泽东就是他以全部心血培养的顶天立地的大树。在他体弱多病、即将去世的日子里,他还念念不忘毛泽东。他写信给当时任广州军政府秘书长、南北议和代表的章士钊推荐毛泽东,说他是"当代英才",望章士钊"善视之"!师生之间的深厚情谊非同一般。

可惜,毛泽东的这位恩师不久就病逝了。毛泽东曾多次到医院探护杨昌济。杨昌济病逝后,他到法源寺与杨开智、杨开慧兄妹一起守灵,并发起募捐,抚恤遗属,操办后事。1920年1月22日,毛泽东又同蔡元培、章士钊、杨度等联名在《北京大学日刊》发出启事,公开杨昌济病逝的消息,介绍了他的生平。

人间知己两依依

在一师求学期间，毛泽东遇到了他的恩师和未来的岳父杨昌济，也遇到了他未来的妻子杨开慧。

杨开慧，又名霞，字云锦，湖南省长沙县板仓乡人。1901年11月6日（农历九月二十六），诞生于长沙县下板仓屋场。在父母的影响和带动下，从小受到良好的教育。杨开慧从小就爱学习。1908年，她进入杨公庙官立第四十小学读书（即现在的开慧学校），是当时班上年纪最小的学生。由于她聪明，又肯用功，因而在学生中成绩是最好的。一年多后，杨开慧又到离板仓5里远的隐储女子学校求学。这时，她更加发愤学习，并在她父亲的鼓励下，阅读了不少社会科学、自然科学和文艺方面的书籍，打下了良好的文化基础，并练出了一手好毛笔字。

在湖南公立第一师范学校，毛泽东、蔡和森、萧子升等都是杨开慧家的常客。杨昌济也乐意与这些年轻人交往，从这些年轻人身上，他看到了未来的希望。

1915年，杨开慧的父亲组织了一个哲学研究小组，毛泽东、蔡和森、萧三等都是这个小组的成员。每逢周六或周日，几个年轻人就一齐来到杨开慧家，讨论研究有关读书及哲学的问题。

毛泽东和其他几个学生有时就住在杨开慧家，于是杨开慧就有了与这些兄长接触和讨论的机会。起初，每当杨老先生与这些学生交谈时，杨开慧只是站在一旁默默不语。后来，她也逐渐加入到讨论中去，发表一些自己的看法。作为父亲的杨昌济心里非常高兴，时间一长，杨开慧自然也成了他们中的一员。大家一起议论时事，抨击时政，相互交流，彼此之间都留下了良好的印象。而在这些学生中，毛泽东年龄稍大一点儿，思想激进，言谈举止都露出一种非凡的气派。因此他给杨开慧的印象也最深。平时，杨开慧除了向他请教一些思想方法外，还接受了他的一些生活方式，像洗冷水澡、做深呼吸等锻炼身体的方法她都模仿。毛泽东也发现了这个外表文静、内心颇有见解的杨开慧，对她产生了好感。讨论时，每当杨开慧在场，毛泽东便格外振奋，讨论也显得异常热烈和深刻。但由于当时的情况，他们之间的感情只能通过双方的目光和讨论来表达，而一向严肃的杨昌济似乎也觉出点什么。可他也非常了解毛泽东的脾气，在没有解决吃饭养家的问题以前，他是绝不会谈婚配嫁娶的。因此，他从未点破，只是在闲谈中对他俩多了几分爱怜。

3年后，杨昌济受蔡元培的邀请，出任北京大学伦理学教授，于是杨开慧全家迁到了北京。当时，许多新民学会的会员也从第一师范学校毕业，正面临何去何从的境地。在杨昌济的举荐下，部分同学联系赴法国勤工俭学事宜。蔡和森、毛泽东等一批年轻人这时来到了北京。由于赴法准备工作尚未就绪，这批年轻人便分别进入北京的几个留法预备班学习。毛泽东则由杨昌济推荐到北京大学图书馆工作。年轻的毛泽东，又获得了一个接受新思想的好机会。之后，毛泽东继续与杨开慧来往，慢慢地，两颗年轻的心开始越来越近，毛泽东回湖南后，两人相互保持通信。而在信中，双方的称呼都已简化为一字：毛泽东称杨开慧为"霞"，而杨开慧在信的开头只写一个"润"字。杨开慧后来回忆说："自从听到他许多事，看了他许多文章、日记，我就爱上了他。"毛泽东也有许多信给她，还写过一首《虞美人·枕上》寄给杨开慧，上阕是："堆来枕上愁何状，江海翻波浪。夜长天色总难明，无奈披衣起坐薄寒中。"以表示自己对她的深深爱意。杨开慧还说："我看见了他的心，他也是完全看见了我的心。""不料我也有这样的幸运，得到了一个爱人。""从此我有一个新意识，我觉得我为母亲所生之外，就是为了他。假设有一天母亲不在了，他被人捉住了，我要去跟着他同享一个命运。"这些话写于1929年6月20日。杨开慧牺牲前把手稿藏于长沙板仓住所的墙缝里，直到1982年才被发现。这也是他们爱情史上的一段佳话。

1919年冬，毛泽东再次来京，索性就住在杨家，公开了他与杨开慧的关系。第二年初，杨昌济先生不幸去世，杨开慧护灵南下，将父亲葬于板仓老家。父亲逝世，杨开慧心中万分悲伤。7月，毛泽东回到湖南，来到福湘女中找到了杨开慧，邀她去省学联帮他工作，杨开慧一口答应。这年冬天，两人结婚了，结婚时他们商定：不做嫁妆，不坐花轿，不举行婚礼。总之，不做俗人之举。这天晚上，杨开慧只带着简单的行李，住进了毛泽东任主事的第一师范附小的教师宿舍。他们花了6块银元办了一桌宴席，招待了长沙的几位亲友。从此这对不俗的年轻夫妇便携手奔向了中国革命的战场。

在毛泽东的帮助下，不久，杨开慧加入了中国共产党，担任了中共湘区执行委员会机要交通的联络工作。同时还协助毛泽东创办湖南自修大学和湖南青年图书馆。他们配合默契，夫唱妇随。这期间，他们夫妻的感情因而更加融洽，而此时的杨开慧已不仅是毛泽东的夫人，她已成为毛泽东事业上的得力助手，她还帮助毛泽东整理材料，抄写文件，有时亲自站岗放哨，保护机关和同志们的安全。毛泽东原来住在船山学社，建党之后，公开工作、秘密工作需要分开进行。党组织就在长沙小吴门外清水塘租了一所房子，作为省委的机关和毛泽东的住所。清水塘是城郊一个冷僻、荒芜、无人注意的地方。一片菜园，几间茅屋，隐蔽在长满树木的小山丘之中。菜田南面有两口清浊分明的水塘，上塘水浊，下塘水清，因此得名。作为一师附小教职员住所，毛泽东跟房东签订租期为7年。直到1923年4月，毛泽东和杨开慧一直住在这里。当时，省委的会议大都是在这里开的，有时会开得很晚，个别不能回去的同志，就住宿在客房中，由于毛泽东来往于自修大学、一师附小、文化书社和工人群众之间，往往夜深才回家。为了便于掩护工作，杨开慧将母亲也接来住在一起，并且让母亲将父亲逝世时朋友所赠的奠仪款捐出，解决党的经费困难。

有一位在杨开慧指引下走上革命道路的女青年张琼，于1922年4月被杨开慧留在清水塘住了一段时间。张琼在50余年之后，对杨开慧和毛泽东的真挚感情仍记忆犹新，她在《清水塘畔的亲切教诲》中写道："开慧姐不愧是毛主席的亲爱的夫人和亲密的战友。她在生活上无微不至的关心体贴，使毛主席有更充沛的精力考虑和处理革命大事。那时，毛主席常常通宵达旦写东西，寒冬腊月天也这样。一到晚上八九点钟，开慧姐就把取暖用具给毛主席准备好；深夜一两点钟，常起床取送临睡前热在锅里的'点心'，有时毛主席没顾上吃，她就等在旁边，待吃完后才去睡。那时候，毛主席经常夜里只睡两三个小时，清早，又出去工作。她就去整理毛主席夜里写的东西。在草稿本上，凡写'定稿'二字的，她就誊写到另一本簿子上去。那时，他们已有了孩子岸英。开慧姐在抄写文件时，常常把岸英的摇篮放在身旁，一边抄，一边用脚摇摇篮。"

1923年12月底，奉中共中央通知，毛泽东离开心爱的妻子由长沙去上海转广州，准备参加国民党第一次全国代表大会。这时，杨开慧上有老母亲，下有孩子，负担很重，生活清苦。他们的第二个孩子——我的父亲毛岸青已于11月降生了，平添了毛泽东的许多离愁别绪。临行前，毛泽东强抑情感，作《贺新郎·别友》相慰：

挥手从兹去。更那堪凄然相向，苦情重诉。眼角眉梢都似恨，热泪欲零还住。知误会前番书语。过眼滔滔云共雾，算人间知己吾和汝。人有病，天知否？今朝霜重东门路，照横塘半天残月，凄清如许。汽笛一声肠已断，从此天涯孤旅。凭割断愁丝恨缕。要似昆仑崩绝壁，又恰像台风扫寰宇。重比翼，和云翥。

毛泽东心中思绪万千，但他坚信丑恶势力阻挡不住胜利的到来。夫妻俩必将有重逢的一天。妻子、儿女柔情缠绵，在这革命激情的映照下，感情显得更重。

一年后，杨开慧带着岸英和刚出生不久的岸青来到上海，毛泽东早早地等在码头，夫妻俩终于重逢，得以"重比翼，和云翥"。

1927年大革命失败后，杨开慧和毛泽东一起由武昌回到了长沙。此时他们已经有了第三个儿子毛岸龙。自回到长沙后，毛泽东总是坐卧不宁，他想着大革命失败的情景，怎么也不能入睡。一天晚上，他轻轻地叫醒了杨开慧说：大革命失败了，我心里总是不能平静，我要在湖南发动秋收起义，你带着三个孩子，不便于参加行动，就先回板仓老家，等起义胜利后我再回老家接你。杨开慧听着毛泽东的话语，再没有谁比她更理解毛泽东了，可是谁也没有想到他们的这次话别竟成了诀别。

秋收起义后，毛泽东将队伍拉上了井冈山，建立了革命根据地，一颗红色的种子开始播种于中国大地。杨开慧也化名"霞姑"，坚持在板仓老家对敌工作。两人虽相距遥远，但杨开慧时时牵挂着井冈山的形势。当她收到毛泽东用暗语写回的书信后，急忙翻开地图，找到了井冈山的位置，连夜给毛泽东写信，讲述她离别后的无限思念和板仓老家的斗争形势，一直写到天明。然后她把家里仅存的盐巴和药品塞到竹筒，连信和文件交给了地下交通员。从此他们的书信开始在板仓和井冈山之间传送。然而好景不长，不久书信也中断了，杨开慧十分想念丈夫，在无限惆怅之时写下了《偶感》诗一首：

天阴起朔风，浓寒入肌骨。念兹远行人，平波突起伏。足疾已否瘥？寒衣是否备？孤眠谁爱护，是否亦凄苦？书信不可通，欲问无人语。恨无双飞翮，飞去见兹人。兹人不得见，惆怅无已时。

短短一首诗，表达了当时她对毛泽东的关切和爱恋之情。1930年8月，红军攻占长沙，几天后撤出，湖南"清乡"司令何键悬赏1000块大洋捉拿"毛泽东妻子杨氏"。由于叛徒出卖，杨开慧不幸被捕。在牢中，杨开慧和儿子毛岸英、保姆陈玉英关在一起，三人睡在地上乱草上，相依为命。一天晚上，岸英正在熟睡，突然惊叫一声，原来是一只耗子把他吵醒了。敌人百般折磨，对杨开慧进行严刑拷打，威逼她交出地下党的名单，敌人用尽各种手段，轮番审讯杨开慧和陈玉英。

许多民主人士得知杨开慧被捕的消息后，纷纷致电要求释放杨开慧。在各方面的压力下，敌人开始变换花招，采取引诱的办法，只要杨开慧登报声明与毛泽东脱离夫妻关系，就可以获得自由。但杨开慧置生死于不顾，对前去探视的亲友说："死不足惜，我生为毛家人，死为毛家鬼，但愿润之早日成功。"这年11月14日，年仅29岁的杨开慧为了毛泽东，为了毛泽东的事业，在长沙不幸被敌人杀害。

毛泽东从报上得知噩耗，异常悲痛，当即给杨开慧的亲属写信："开慧之死，百身莫赎。"后来亲自为她修墓立碑，以示永念。1957年5月11日，毛泽东复柳直荀烈士的夫人李淑一的信，写了缅怀先烈的《蝶恋花·答李淑一》。章士钊先生曾问毛主席，词中"骄杨"二字怎样解释？毛主席回答："女子革命而丧其元（头），焉得不骄！"毛泽东对杨开慧烈士的感情是很深的。复李淑一的信中还写道："暑假或寒假你如有可能，请到板仓代我看一看开慧的墓。"开慧去了，毛泽东失去了他最亲密的伴侣，中国大地也丧失了一位英勇的女儿。毛泽东每当想起妻子时，嘴边常挂着一句话："开慧是个好人哩！"

第二章
舍家为国

青年时期的毛泽东已志高存远，先后到北京、上海等地学习，追求进步思想；回到湖南长沙，为宣传"五四"学运和革命主张而创办《湘江评论》，组织罢工运动和领导建党工作，为探求救国救民真理而坚持不懈地斗争。

在中国无产阶级革命运动起伏跌宕、斗争异常残酷的年代，毛泽东先后有多位亲人为革命献出了生命。

两次到北京

1918年8月15日，毛泽东和萧子升、张昆弟、李维汉、罗章龙等24名青年，坐火车离开长沙，奔赴向往已久的北京。毛泽东此次到北京主要是为了组织新民学会会员赴法勤工俭学。早在毛泽东等人动身之前，新民学会已经派蔡和森先期到京和各方面联络，打前站。北上的火车走到河南，铁路被黄河的大水冲坏，一时不能前进。毛泽东就利用这段时间，同大家到附近农村，考察那里的农民生活状况。等到水退路通，才得以到达北京。这是毛泽东第一次到北京。

毛泽东一到北京，随即会同蔡和森从事赴法勤工俭学的准备工作。这时候，湖南青年学生到达北京，等待去法国的已经有四五十人，比别的任何一省都要多些。毛泽东和蔡和森积极与各有关方面联络，帮助大家学习法文，筹措旅费以及解决护照问题。经过他们几个月的紧张活动，这几项准备工作都一一顺利完成。

在北京的日子里，毛泽东的生活十分清苦。为了筹措基本的生活经费，杨昌济先生给他联系了一个北大图书馆助理员的工作，负责管理15种中外期刊报纸。当时北大教授的月薪大多为二三百元，毛泽东每月薪金只有8元，仅够吃饭，但这对他来说已经比较满足了。起初他和陈绍休、罗学瓒等都住在湖南一些县设在北京的会馆里。会馆分散在城内外，大家每天来回奔波，十分疲劳，学习和商量工作都很不方便。不久，他们搬到景山东街三眼井吉安东夹道7号。这是一个破旧的小院，一切都极其简陋。特别是晚上，七八个人挤着一起睡，"隆然高炕，大被同眠"。后来毛泽东曾对此回忆：晚上我们挨得紧紧地睡在一个炕上，挤得几乎透不过气来，当我要翻身的时候，常常必须预先警告睡在两边的人。艰苦的环境进一步磨砺了毛泽东的意志，激发了他的革命豪情。他不管生活多么艰苦，每天仍然很积极地学习、工作，和朋友们谈时事，谈读书心得。北京这座古城的美，在精神上也给了他极大的补偿。正如他后来所回忆的：在公园里和古老的故宫广场上，我却看到了北方的早春。当北海仍然结着冰的时候，我看到白梅盛开。我看到北海的垂柳，枝头悬着晶莹的冰柱，因而想起唐朝诗人岑参咏雪后披上冬装的树木的诗句："千树万树梨花开。"北京数不尽的树木引起了我的惊叹和赞美。

　　北京是新文化运动的中心，学术思想非常活跃。在新文化运动的启发、推动下，人民群众的民主觉悟不断提高，新思潮、新学说不断涌现。北京大学是北京的最高学府，学术思想更为活跃。校长蔡元培先生"循思想自由原则，取兼容并包主义"，一些具有初步共产主义思想，具有小资产阶级、资产阶级思想的知识分子以及封建社会的遗老遗少，都在这里进行宣传活动。北京大学成了新旧文化、新旧思潮汇集和斗争之地。毛泽东后来回忆，在第一次到北京期间认识了陈独秀，并受到很大影响。对陈独秀，毛泽东是钦佩的，认为"他是'五四'运动时期的总司令，整个运动实际上是他领导的"。毛泽东还认识了谭平山、王光祈、陈公博、张国焘这样一些后来颇为著名的人物，并同来自湖南的北大中文系学生邓中夏建立了真诚的友谊。

就是在毛泽东工作的北京大学图书馆，他结识了他仰慕已久、时任图书馆主任的李大钊。毛泽东早在湖南省立第一师范学校的时候，就从《新青年》等进步刊物上看到过李大钊写的《青春》等一些重要文章。他经常反复阅读，并摘抄过某些精辟的段落。

初次和李大钊见面，毛泽东就感到了他的热情，在接触一段时间后，这位中等身材，宽额细眼，唇上留着八字胡须，有着渊博学识和崇高革命理想的男子，更使青年毛泽东钦佩。在图书馆助理员的工作岗位上，毛泽东可以看到各种报纸，也时常接触到一些当时的文化名流和思想界骄子。他对那些有名气的新文化运动头面人物"极有兴趣"，常想上前和他们交谈政治和文化问题。但在当时，这些有名气的大人物不可能了解毛泽东，也不大理会这位从外地来的青年。"他们都是些大忙人，没有时间同一个图书管理员讲湖南土话。"对此，毛泽东不免觉得有些沮丧。而相比之下，李大钊则显得平易近人。工作之余，毛泽东同他有谈话的机会。李大钊也发现毛泽东表现出来的不凡的抱负、理想和才干，认为他是"湖南学生青年的杰出领袖"。他还主动介绍毛泽东去参加"少年中国学会"。所有这些，对青年毛泽东的思想都产生了深刻的影响。

在北京，毛泽东充分利用各种有利条件，广泛地接触和研究各种新思想。他在北大图书馆如饥似渴地研读着介绍各种新学说的报纸杂志和书籍，获得了很多新知识。北京大学学术团体很多，如哲学会、体育研究会、数理研究会、新闻学研究会等，不下十七个。毛泽东以很大的兴趣参加了哲学会和新闻学研究会的活动。北大的一些重要课程，他也常去旁听。凡是有关李大钊的活动，毛泽东每次必往。如1918年11月15日，毛泽东参加天安门广场的讲演会，聆听了李大钊的著名讲演；1919年1月25日，参加了李大钊等人组织的北大哲学研究会成立大会；1919年3月10日，听李大钊关于俄国革命的演说。另外，他和蔡和森等依然像在第一师范学习时那样，经常到杨昌济先生家登门求教。通过这些活动，毛泽东了解了北京学术思想界的状况，扩大了活动范围，和全国的革命运动有了更加紧密的联系。

1919年3月，毛泽东离开北京去上海送别留法勤工俭学的同学，而后回到湖南长沙。毛泽东回长沙不久，北京即爆发了"五四"运动。为了宣传"五四"运动，他主编了《湘江评论》。李大钊看到这份带有激进思想的杂志，十分重视，赶紧介绍给《新青年》《每周评论》等刊物，要其向全国读者推荐。

1919年底，为了推动驱逐湖南反动军阀张敬尧的运动，毛泽东第二次到了北京。到京后，毛泽东刚刚安顿下来，便迫不及待地到北京大学图书馆看望李大钊。李大钊非常高兴地接待了他。这个时候，毛泽东和李大钊接触更是频繁。他们多次讨论赴俄留学和女子留学之事。由于李大钊的影响，他对布尔什维克主义有了越来越浓厚的兴趣，很注意报刊上发表的介绍马克思主义的文章，特别留心搜寻和阅读那时能够找到的为数不多的中文版马克思主义书籍，《共产党宣言》成为他的案头常备书。

  1920年4月，毛泽东在北京居住几个月之后，离开北京去上海。7日，回到了湖南长沙。此后，在陈独秀和李大钊的影响下，他积极筹划创建长沙的共产党早期组织。1921年7月，他出席中国共产党的第一次全国代表大会。不幸的是，1927年春李大钊被军阀杀害。但他在毛泽东心中留下了不可磨灭的印象，在1949年进北平前，毛泽东还在西柏坡这样讲到李大钊："在他的帮助下，我才成为一个马列主义者。"

  毛泽东的这两次到北京，虽然待的时间不长，但对他来说却有了十分重大的收获：有了帮助新民学会会友赴法勤工俭学的实践；结识了他认为是第一楷模的李大钊；真正接触到了马克思列宁主义；等等。这些奠定了他救国救民事业成功的基础。自1920年4月离开北京后，毛泽东就再也没去过北京，直到1949年3月全国解放前夕，党中央由西柏坡迁到北平城，毛泽东才再一次来到北京，不过这一次他不再是为了探求救国救民的真理而来，他是为了建设一个富强的新中国而来。

在湘领导"五四"学运

1919年4月,在上海送走了第一批到法国勤工俭学的新民学会的会员之后,毛泽东带着许多刚刚学到的新的思想和活动经验回到长沙,住在修业小学。他的同班同学周世钊在这里任教。经周世钊推荐,校方聘请毛泽东担任历史教员,每周上6节课。工资不多,毛泽东觉得这样也好,可以有更多的时间同长沙的新民学会会员加强联系,直接投身到社会活动之中。

毛泽东回到长沙后经常和新民学会的老友新朋们聚集在一起,他们关注时局,探讨国家命运。最后,大家把话题都归结到了身边的现实问题上——湖南应该怎么办?当时湖南的社会矛盾日趋尖锐,1918年3月皖系军阀张敬尧率北洋军进入湖南就任督军以来,作恶多端,残酷压迫劳动人民,平民百姓一直处于水深火热之中。"张毒不除,湖南无望",湖南人民从心底发出了反抗的呼声。当务之急,毛泽东和新民学会的其他会员都觉得应该团结一切可以团结的力量同张敬尧作斗争。

正在毛泽东等人着手准备在长沙同张敬尧作斗争之时,昏庸腐败的北洋政府屈服于帝国主义的压力,准备在巴黎和会和约上签字的消息传到国内,举国震动,中国人民长期郁积的对帝国主义侵略和政府当局卖国行径的愤怒,像火山一样爆发了!1919

年5月4日，北京的学生首先起来进行抗议示威。很快，在北京爱国学生带动下，革命的风暴席卷全国。这就是历史上著名的"五四"运动。

在湖南的毛泽东听到巴黎和会的消息后，陷入了极端的痛苦和愤怒之中。他迅即找到周世钊，希望把新民学会的会员全部组织起来，参加到这场反帝反封建的运动中去。在毛泽东的直接组织和领导下，5月7日，也就是4年以前袁世凯签署出卖中国的"二十一条"的日子，长沙各校的学生们挥舞着旗帜，高呼着口号，慷慨激昂地走上了街头。他们沿途散发传单，为围观的群众讲演，为山东的人民请愿。

看到青年学生们的爱国行动，湖南军阀张敬尧坐不住了，他唯恐湖南的学生运动掀起更加强大的浪潮，动摇他在湖南的统治。他于5月9日当天召集长沙各学校的校长开会，警告各校学生，不得听信谣言，借山东问题引起纠纷。同时，他还在长沙城内实行宵禁，并勒令长沙各报不得登载有关山东问题的一切消息。面对张敬尧的种种压制，毛泽东认为湖南学生运动的当务之急，是必须形成一个强有力的组织，新民学会的会员应为此积极活动，联合各校学生尽快成立湖南学生联合会，以领导湖南的学生运动，并配合全国的学生运动。

这时，北京学生联合会也与毛泽东的想法不谋而合。早在北京就认识毛泽东的北京大学著名的学生运动骨干邓中夏被派到了长沙，他与毛泽东取得联系，进一步鼓动湖南的学生奋起响应北京的爱国运动。5月25日，张国基、易礼容、彭璜等20余名各校学生代表会集楚怡小学，毛泽东向他们介绍了邓中夏后，便由邓通报北京学运情况。会议最后决定：成立新的湖南学生联合会，发动学生总罢课。

5月28日上午，长沙各校的学生代表聚集在省教育会，在逐条对学联的章程进行讨论后，开始了学联代表的选举，经过推选，湖南法专的夏正猷、湖南商专的彭璜为正副会长。湖南学生联合会以它崭新的姿态宣告成立了。6月3日，在学联的组织下，长沙20所学校学生统一罢课，并向北京政府提出了拒绝巴黎和约、废除一切不平等条约等6项要求。湖南学生奋起救国的行动得到了湖南各界的同情和支持，湖南省教育会为支持学生罢课，特意发电报告全国各省教育会，并建议组成教育联合会代表团赴京请愿。湖南省工商界、银行、社会团体纷纷捐款捐物给学生以支持。湖南的爱国运动蓬蓬勃勃地开展起来了。

这下张敬尧恐慌了。他下令手下严加镇压，凡"到处煽惑，淆乱人心，业经当局察觉，正严令侦察总局一体拿办"，准备对学生进一步施加迫害。6月11日，为使学生上课，张敬尧又气势汹汹地发布了《告诫学生训令》，威胁学生："倘有听信浮言，固执己见，荒废学业，游行市街……定当遵照命令严加制止，勿谓言之不预也……"

湖南学生联合会并没有被吓倒，照样组织学生上街游行，照样宣传爱国，抵制日货，与张敬尧展开了针锋相对的斗争。6月25日，学联同湖南工商界人士共几千人举行游行，喊出了"一致对外，大家努力；勿忘国耻，坚持到底；提倡国货，莫置日货"

的口号。学联还动员商号的工人积极地参加到游行队伍中来。到了7月初，湖南的爱国运动已发展成为由学生、工人、商人等联合行动的声势更大的抗议运动。

在毛泽东和新民学会的领导下，湖南各界的爱国运动如火如荼地开展着。1919年7月，学联还会同国货联合会组织了烧毁日货游行大会，大家高举着"同胞们注意，切勿买日货"的大旗，在长沙教育会坪将日本的布匹堆放在一起，浇上煤油，焚烧了这些布匹，围观的群众都拍手称快，此次行动产生了广泛的社会影响。8月，张敬尧知道此事后，竟狗急跳墙，不仅强令解散了湖南学生联合会，而且闯入印刷厂查封了毛泽东主办的《湘江评论》。这些，给予毛泽东强烈的刺激，使他难以平静下来，他开始考虑进行一场驱张运动。9月中旬，毛泽东在商专召集原学联干部酝酿驱张问题，指出北洋军阀内部直、皖两系内讧是驱张的大好时机，湖南学生要做驱张运动的主力，尽可能争取教员和新闻界人士的支援。他明确地把驱张运动视为爱国运动的继续和深入。

12月2日，重新恢复的湖南学联联络各界代表在教育会坪举行第二次焚毁日货示威大会，遭到张敬尧军队的武力镇压。这一事件更激怒了湖南人民。毛泽东连续两天参加长沙各界教职员代表和学生代表的会议。6日，学联公开发表驱张宣言，长沙中等以上学校学生决定一致罢课。一场声势浩大的驱张运动就这样正式开始了。这是毛泽东独当一面地发动起来的第一次有广泛社会影响的政治运动。他以小学教师的身份成为这场驱张运动的主要领导人。在长沙各校总罢课的同一天，派出驱张代表团，分赴北京、衡阳、常德、郴州、广州、上海等处请愿联络。

1919年12月18日，毛泽东率领驱张代表团到达北京，住在北长街一个叫福佑寺的喇嘛庙里。这也是他的第二次北京之行。到京后，经与各方协商，组成了"旅京湖南各界联合会"及"旅京湘人驱张各界委员会"。毛泽东很注重新闻舆论的力量，成立了平民通讯社，自任社长，起草发出大量驱张的稿件、呈文、通电、宣言，分送京、津、沪、汉各报发表。代表团在京先后进行过7次请愿活动。毛泽东还作为请愿代表，义正词严地向北洋政府国务总理靳云鹏提出了驱张要求。

毛泽东的名字频频出现在报上各种驱张通电和新闻里。他的社会活动能力和政治才干越来越引人注意。驱张运动也产生了明显效果。张敬尧的罪行逐渐大白于天下。在各方一致声讨下，他的日子越来越不好过。1920年6月，已参加国民党的谭延闿在南方政府的旗号下率湘军再入长沙，张氏最终灰溜溜地离开了湖南。

后来，毛泽东曾对自己倾全力投入的驱张运动作了反思。他说，"驱张运动只是简单地反抗张敬尧这个太令人过意不下去的强权者"，但驱张"也是达到根本改造的一种手段"。的确，经过"五四"大潮洗礼的毛泽东已经把驱张放到改造社会的整个方案中去思考。湖南究竟应该如何改造？中国究竟应该如何改造？新民学会应该向何处发展？这些，都是萦绕在他脑际的大问题。

主办《湘江评论》

1919年5月爆发了震惊中外的"五四"运动。当时为配合汹涌澎湃的爱国运动,宣传介绍新思想、新文化的刊物如雨后春笋般地涌现出来。这些大多由各地高、中等学校的学生组织主办的刊物在全国不下400种,仅长沙一地就出版了10多种刊物。它们虽然对新思想的传播起了一定的推动作用,但有特色有深度的很少,大多不仅缺少见解,而且锐气不足。在这种情况下,毛泽东深感创办一种刊物,以发表自己政见的迫切性和重要性。于是,他向学联负责人建议:由学联发行一种宣传革命思想的刊物,来担当这一重大任务。学联完全同意毛泽东的建议,并推荐他以学生联合会文牍股干事的身份担任该刊物的主编。

经过10多天的紧张工作,1919年7月14日,《湘江评论》创刊号问世了。这是一种小型的四开四版的报纸,报头旁边写着"发行所:湖南学生联合会",说明这是学联的机关刊物。《湘江评论》每周一期,内容丰富多彩,文字生动活泼。其中既有洋洋洒洒的长篇大论,也有三言两语的"匕首投枪";开辟有《西方大事述评》《东方大事述评》等专栏。它这张崭新的面孔出现在长沙的街头巷尾,产生了巨大的社会影响。

在第一期刊登的《本报启事》中,《湘江评论》明确指出"本报以宣传最新思潮为主旨"。《创刊宣言》就是主编毛泽东写的，用较大一号的字排印，几乎占了整个第一版。这篇文章的思想新颖，热情奔放。在文中，毛泽东仔细分析了"世界革命"冲击和"人类解放"运动的影响。在急流狂转的思想解放运动的世界形势面前，毛泽东以战斗的姿态向同胞们大声疾呼："时机到了！世界的大潮卷得更急了！洞庭湖的闸门动了，且开了！浩浩荡荡的新思潮业已奔腾澎湃于湘江两岸了！顺它的生。逆它的死。如何承受他？如何传播他？如何研究他？如何施行他？这是我们全体湘人最切最要的大问题，即是'湘江'出世最切最要的大任务。"他在《创刊宣言》中还深刻地指出："世界什么问题最大？吃饭问题最大。什么力量最强？民众联合的力量最强。什么不要怕？天不要怕，鬼不要怕，死人不要怕，官僚不要怕，军阀不要怕，资本家不要怕。"《创刊宣言》充分体现了毛泽东大无畏的革命家品质，敢于反抗帝国主义、封建军阀的高昂革命气概，雄辩的政治家才能。

为了使人们真正认清帝国主义的侵略本性，认清它们强权政治的险恶目的，毛泽东在《湘江评论》上写了许多杂文，对帝国主义和封建主义进行了猛烈的抨击。他深刻分析了当时的各种国际关系，一针见血地指出："满嘴正义"的英、法、日、美等国在巴黎和会上的吵吵闹闹，无非是谁能多"得到若干土地，收赔若干金钱"的分赃。在鼓吹"文明""富足"的口号下，列强诸国实际上是"几个人享福，千万人要哭。实业愈发达，要哭的人愈多"。

在猛烈抨击帝国主义强权的同时，毛泽东对封建主义的思想文化也进行了深刻的批判。毛泽东指出，当前中国的危险不是兵力不强和财用不足的危险，也不是内乱相寻、四分五裂的危险，真正的危险在于全国人民思想界的空虚和腐败透顶。而湖南思想界更是暗淡已极。虽然也开办过时务学堂，倡导过变法自强，但轰轰烈烈过后，却依然是"中学为体，西学为用"的保守思想。这种思想文化上的束缚根源在于几千年封建礼教的专制，在于迷信孔孟之道，迷信纲常礼教。

1917年，俄国爆发了震撼世界的十月革命，上海《民国日报》首次对此作了报道。接着，长沙《大公报》也先后刊出《俄京二次政变记》等十月革命的消息。随着中国"五四"运动后马克思主义的广泛传播，毛泽东对俄国十月革命的伟大意义有了更加深刻的认识，在《湘江评论》上，他开始以热情的笔调对俄国革命和各国人民反抗强权的斗争给予了支持和赞扬。毛泽东在其连载于《湘江评论》第二、三、四期上的最重要文章——《民众的大联合》中，第一次公开赞颂了俄国十月革命及其影响，并认识到改造国家的途径，"根本的一个方法，就是民众的大联合"。为此，他号召占中国人口大多数的农民，号召学生、教员、妇女等各界根据自己的切身利益和要求联合起来，最终实现民众的大联合。并且他预言，中国民族的大联合将比任何地域、任何民族的联合都先告成功。"天下者我们的天下，国家者我们的国家，社会者我们的社会。我们不说，谁说？我们不干，谁干？刻不容缓的民众大联合，我们应该积极进行！"最后，他满怀信心地写道：

"诸君！诸君！我们总要努力！我们总要拚命向前！我们黄金的世界，光荣灿烂的世界，就在前面！"

《湘江评论》以它大无畏的反叛精神，道出了人民的心声，从而受到了广大革命青年和爱国人士的欢迎。创刊号印了2000份，当天就被抢购一空。随之又加印了2000份，依然不能满足需要。所以从第二期起，《湘江评论》每期印5000份，不仅行销湖南，而且很快传播到武汉、广州、成都、北京等地，反响强烈。李大钊、陈独秀看到《湘江评论》后评价它为全国最有分量、见解最深刻的一份刊物。胡适也在其主编的《每周评论》第36期上著文，予以专门介绍。他称赞说："武人统治天下，能产生出我们这样一个好兄弟，真是我们意外的欢喜。""《湘江评论》的长处是在议论的一方面。第二、三、四期的《民众的大联合》一篇大文章，眼光很远大，议论也很痛快，确是现今的重要文字。"全国各地的重要期刊也纷纷全文转载《民众的大联合》一文。《新青年》《新潮》《星期评论》和《湖南》还特别推荐了这篇文章。一时间，《湘江评论》以它远见卓识的内容、热情奔放的革命激情成为"五四"运动时期反帝反封建、探索中国未来命运的著名刊物之一，产生了巨大的革命影响。不少进步青年，如任弼时、郭亮、萧劲光，就是在《湘江评论》的直接影响下开始走上革命道路的。

毛泽东为《湘江评论》呕心沥血，付出了辛勤的劳动。据当时住在他隔壁的周世钊后来回忆说："他很忙，日里除教课外，时间都花在推动学生运动的活动上面。他要到很多学校去联系，要和很多来访他的人交谈。还要参加湖南学生联合会的会议,为刊物写文章常常在夜晚。他要写的文章既多,要谈的问题又复杂,每每写到午夜以后还没有睡。我睡醒时,从壁缝中看见他的房子里灯光莹莹,知道他正在振笔挥写。有几次他睡得太晚了,早晨没有醒来,等到第一堂课铃声响后,才起床穿衣,来不及洗脸吃饭,就忙拿着校本、粉笔到教室授课。我们劝他晚上应该早点休息,他总以约稿未齐,出版期迫,不得不多写一点,少睡几点钟没关系来回答。"那时正是酷暑时节,蚊叮虫咬,一般人不胜其苦,而毛泽东总是挥汗疾书,常至夜半。一天早上,太阳出来老高了,商专学生易礼容来找毛泽东,他还未睡醒。易礼容掀开蚊帐,不料惊动了一群臭虫,"它们在他用作枕头的暗黄色线装书上乱窜,每一只都显得肚皮饱满"。这种情况,想来不止一夜。他身兼数职,既当编辑,又管校对,还亲自执笔为《湘江评论》写了 40 余篇文章。有时,他还上街卖报。毛泽东此时的生活也异常艰苦。修业小学给他的薪水除吃饭外就没有剩余,他的行李只有旧蚊帐,旧被套,旧竹席,身上的灰布长衫和白布裤也很破旧。但在这种窘困生活中,青年毛泽东的思想探索却进入最活跃的状态。

《湘江评论》的巨大影响和它不妥协的反帝反封建的战斗精神,引起了以张敬尧为首的反动军阀统治集团的恐慌,他们诬蔑《湘江评论》为"怪人怪论""异邦邪说",不断地派人到印刷厂捣乱破坏。1919 年 8 月中旬,由于湖南学生联合会领导长沙群众举行焚烧日货大会,气急败坏的张敬尧狗急跳墙,派军警包围了湖南学生联合会，不仅强令解散了湖南学生联合会，而且闯入印刷厂查封了《湘江评论》，刚刚印好的《湘江评论》第五期也被全部没收。

　　但是毛泽东并没有停止战斗。毛泽东和学联的其他负责人员搬到岳麓山湖南大学筹备处住下，继续进行革命活动。不久，毛泽东又被邀接着主编一个学校学生会出的周刊《新湖南》。他标明刊物的宗旨是：批评社会，改造思想，介绍学术，讨论问题。和《湘江评论》一样，这刊物的大部分文章出自毛泽东之手。文章有《社会主义是什么》《无政府主义是什么》等等。《新湖南》同样刺到了军阀的痛处，不久，也被张敬尧封闭了。此后，毛泽东就利用长沙《大公报》《女界钟》等报刊发表文章，揭露和抨击张敬尧的黑暗统治，唤起湖南人民反帝、反封建、反军阀的斗争觉悟。

舍家为国满门英烈

1919年10月，毛泽东的母亲病逝。几个月后，他的父亲也因伤寒病医治无效离开了人间，此时，毛泽东正远在北京进行革命活动。小弟毛泽覃从1918年起跟着他在长沙就学。这样，上屋场那栋房舍、祖上留下来的农田、毛家所入股的店铺的管理经营担子全部落在了大弟毛泽民和大弟媳王淑兰的肩上，帮手就是妹妹毛泽建。毛泽东把自己献给了革命，对家庭也有了新的想法。

1921年2月，农历正月初七，毛泽东回到韶山。他先来到棠佳阁的外婆家拜年。第二天，就和表兄文南松、表弟文东仙一起来到上屋场。

正月初八，是毛泽东母亲的冥寿。这天晚上，毛泽东、毛泽民、毛泽覃、毛泽建、王淑兰、文东仙、文南松围在火塘边，一边吃着韶山的土果品，一边烤着火。毛泽东对大弟和弟媳说："这几年我不在家，泽覃也在长沙读书，家里只有你们两口子撑着。母亲死了，父亲死了，都是你们安葬的，我没有尽孝，你们费了不少心。"一席话，勾起了毛泽民艰辛的回忆：是啊！这些年来日子真是不好过。民国六年修房子，母亲开始生病；民国七年，败兵几次来屋里抢谷要钱，强盗还来抢了几次；民国八年母亲去世；民国九年安葬父亲，还给泽覃订了婚。毛泽民一边讲还一边核算着家里的钱产，实在是有点入不敷出。

"是不是欠人家的一些钱啊？"毛泽东问。

"别人欠我们的有几头牛，我们欠人家的就是义顺堂（即毛顺生做生意的对外招牌）的几张票子。牛，别人家在喂；可欠人家的票子，总得钱还啊。"

"能抵销的有么子东西？"

"能抵销的是家里还有两头肉猪和仓里还有两担谷子。"

毛泽东沉默了一会儿说："你讲的是实际情况，但是，败兵抢东西，日子不好过不是我们一家人的事，国败民无安嘛！"一席话说得大家直点头。

毛泽东接着又说："我的意思是把屋里收一下场，田地也不作了；这些田你们两口子也作不了，还得请人。我在学校里找了个安生的地方，润莲（毛泽民）细时在家里搞劳动，没读好多书，现在离开这个家，跟我出去学习一下，连做些事，将来再正式参加一些有利于我们国家、民族和大多数人的工作。"

毛泽民和王淑兰都瞪着惊疑的眼睛望着毛泽东，毛泽东看出了他们的心思，继续开导说："你们不要舍不得离开这个家！为了建立美好的家，让千千万万的人有一个好家，我们只得离开这个家，舍小家为大家，为国家嘛！"

"哥哥说得有道理，可我们都走了，那田怎么办？屋子怎么办？账目又如何办？"毛泽民还有疑问。

"好办，好办得很！"毛泽东笑着说，"家里发出的票子，就贴一张广告在外面，凡有义顺堂票子的限几天来兑钱。你把栏里的猪赶到银田寺卖了，准备钱，让人家来兑。牛，就让别人去喂，你如果向别人要钱，除非他把牛卖了才能给你，现在快要搞春耕生产了，不能逼人家卖牛啊；别人欠我们的账就算了，仓里剩下的谷子就不要动用了，最好到春荒时平价卖给上下屋场的人吃；父母死了，他们的衣服、被子送给那些最困难的人家用。至于房子嘛，就给没有房子的人住。"毛泽民、王淑兰都点点头，虽然他们对这所房子——这个家，种过的田、喂过的猪有着依依的深情，但哥哥那"舍小家为大家"的话使他们坚决地剪断了这情丝。再就是对这种新生活的向往，使他们无比兴奋，他们终究是年轻人，是深受毛泽东影响的人。毛泽民沉思了一会儿后，赞同了哥哥的意见。

毛泽东转问毛泽建打算怎么办。当时毛泽建还只有15岁。毛泽东的父母去世后，毛泽建的姑妈打算把她接走，送给别人当童养媳。正在茫茫苦海不知何处是岸的毛泽建，听到哥哥的亲切询问，马上回答说："你说怎么办，我就怎么办。"接着又说，"我要跟你去读书"。毛泽东听了非常高兴。

正月初十那天，毛泽东走了。一个星期后，毛泽民、王淑兰带着孩子来到长沙，毛泽民被安排在一师附小做校务，同时在工人补习学校学习。不久，毛泽建在毛泽东的帮助下，解除了与杨林乡肖家的包办婚约，也来到了长沙城。韶山，毛家的房子住进了当地最穷困的农民彭桂宇；田，交给穷人种；家具也让人搬走了……从此，毛泽东全家都踏上了漫长而艰苦、随时都可能掉脑袋，但却充满光明的革命征途。后来，他家先后有6位亲人——

他的结发爱妻杨开慧，他的弟弟毛泽民、毛泽覃和妹妹毛泽建，他的爱子毛岸英，以及他的侄儿——毛泽覃的儿子毛楚雄，都在不同时期为革命牺牲，真可谓舍家为国，满门英烈！以下就是有关毛泽民、毛泽覃、毛泽建和毛楚雄的一些革命事迹。

为革命理财——毛泽民

毛泽民生于1896年4月，是毛泽东的大弟弟，字润莲。少年时代毛泽民是在韶山度过的。1921年春天，在毛泽东的鼓励下，毛泽民和妻子王淑兰来到长沙。他先在一师附小搞校务，具体管理全校师生的伙食。1921年秋，毛泽东在长沙办起自修大学，并附设了补习学校，毛泽民就参加了补习学校的学习。在一年多的时间里，他通过"自己看书，自己思索"，结合当时的社会实际，学到了马列主义的基本观点，澄清了自己过去很多的模糊认识。1922年，经过党组织的考察培养，他光荣地加入了中国共产党。

1925年冬，毛泽民跟随毛泽东来到上海，当时党中央为了广泛宣传马列主义，统一领导全国发行党的刊物和内部读物工作，决定成立出版、发行部，毛泽民被委派担任出版、发行部经理的职务。为了充实印刷力量，做好发行工作，毛泽民成天奔波，废寝忘食，出色地完成了党交给的各种任务。

1931年7月，毛泽民来到闽粤赣革命根据地，担任了军区后勤部长，后任苏维埃国家银行行长，为筹措红军供给呕心沥血。长征开始时，他担任十五大队负责人。到达陕北后，毛泽民担任中国工农民主政府国民经济部部长。陕西地广人稀，加之连年灾荒，红军的物资供应很困难。毛泽民为了保证部队的给养，经常亲自带着部队到新开辟的地区发动群众，筹粮筹款。1936年秋，国外工人阶级为了支持我党我军抗战，筹集了一大笔款子，由法国寄到上海。党中央决定让毛泽民带几个同志去取回这笔款子。他接受任务后，便立即化装，经西安赴沪。冒着白色恐怖的危险，一年后成功地将几十万美元外汇分批兑换成国民党的法币，并安全地带回解放区。毛泽民由于长期积劳，本来身体就不好，在长征路上又染上了严重的支气管炎，加之这次劳苦奔波，身体越来越坏，这时支气管炎又发作起来。从上海回到西安时，身体已经支持不住。经请示党中央，组织决定送他到苏联去养病。

1938年初，毛泽民准备经新疆去往苏联。当时，正是卢沟桥事变后不久，全国燃起了抗日的烽火。新疆军阀盛世才为了巩固自己的统治，竭力伪装对外亲苏，对内亲共，愿与我党合作抗日，并要求我党派干部到新疆去协助工作。我党为了团结新疆各族人民联合抗日，答应同他建立统一战线，并派了以中央委员陈潭秋为代表的100多名共产党员到新疆开辟工作，其中就包括将要去苏联疗养的毛泽民。毛泽民留在新疆后，参加八路军驻新疆办事处的领导工作，由于有长期理财经验，他担任了新疆财政厅厅长。当时的新疆财政极为混乱，官僚、地主横征暴敛，贪污成风，伪币泛滥成灾，物价一日数涨，人民生活极其困苦。面对这个局面，毛泽民一边大力整顿，一边着手拟定新疆经济发展的三年计划，开始建设新疆。这样，仅一年多时间，就出现了全疆收支基本平衡，物价也比较稳定，生产得到了恢复发展的局面。一些工矿企业如新疆独山子油矿、阿勒泰金矿、头顿河铁工厂，也在毛泽民的直接关怀下开创起来。

毛泽民在新疆工作4年多，条件极为艰难，斗争极其复杂。他经常带病工作，虽身为厅长，但在生活上却从不搞特殊，始终保持艰苦朴素的作风。他不抽烟，也不喝酒，每月的薪金绝大部分交作党费。他戴着一项旧皮帽，从内地戴到新疆，一直到入狱就义。抗战进入相持阶段后期，国共两党关系愈加紧张，蒋介石接连掀起两次反共高潮，在这种形势下，新疆土皇帝盛世才也撕下了亲苏联共的伪装，暗地与蒋介石勾结，对新疆的共产党人动手。顿时，新疆的上空布满了阴云。

1942年9月的一天，突然一部小车开进办事处，盛世才的一个副官从车里钻出来，说要请陈潭秋、毛泽民等人去"开会"。大家深感"请"的蹊跷，毛泽民也知道此去凶多吉少，但依旧镇定自若。在嘱咐留下来的同志要相互照顾、团结一致、坚持斗争后，毅然上了车。党中央得知我党在疆工作人员被捕的消息，立即正告新疆政府，要求他们马上释放我被押的全体人员。盛世才反诬蔑我驻疆办事处要在新疆搞"叛乱"，对中共中央的电报置之不理。

敌人诬蔑毛泽民等阴谋暴动，并利用叛徒出来搞假"对质"。毛泽民义正词严，对叛徒大声呵斥，接着，他又以法庭当讲堂，慷慨激昂宣传我党抗日救国的统一战线，愤怒地揭示了国民党反动派破坏抗日、投降卖国、反共反人民的滔天罪行。敌人见这一招不行，便花言巧语地进行利诱，并点出了毛泽民的真实姓名，妄图叫他妥协投降。毛泽民听后，严正地回答："为了祖国、为了人民，我全家参加了革命。你们这帮刽子手，杀害了我的嫂嫂、弟弟和妹妹，杀害了我们无数的阶级兄弟姐妹，我和你们仇深似海。叫我背叛党、背叛人民，与你们同流合污，那是妄想！"敌人听了，恼羞成怒，便疯狂地对毛泽民实行各种酷刑，残酷地折磨他70多天。而毛泽民却越斗志越坚，不管敌人怎样凶神恶煞，他始终坚贞不屈。1943年9月的一个晚上，敌人下了毒手。他们做贼心虚，不敢开枪，以"提审"为幌子，把毛泽民等同志押出监狱，竟残忍地用麻绳将他们活活勒死。3天后，盛世才又命爪牙把烈士的遗体挖出来，一个个进行拍照。然后把胶卷送给宋美龄，向蒋介石报功领赏。毛泽民就这样光荣地走完了自己的一生。虽然他的宝贵生命被国民党反动派扼杀了，然而他那高大的英雄形象，那英勇无畏的革命精神，那脚踏实地、埋头苦干的作风，将永远活在人们的心中。

赤都金刚——毛泽覃

毛泽覃生于1905年农历八月二十七，是毛泽东的二弟，字润菊，童年时代是在家乡韶山度过的，曾在韶山清溪寺、瓦子坪和湘乡东山等地读书，从小机灵可爱，时常跟随大人到田间做些农活。他同情劳动人民的苦难，具有一种"喜欢打抱不平"的反抗精神。在大哥毛泽东的带领下，毛泽覃13岁来到长沙，进入第一师范附小学习。从进一师附小到离开长沙，整整5年，毛泽覃一直生活在大哥毛泽东的身边。在革命新思想的影响和毛泽东的教育下，毛泽覃幼小的心灵里开始有了红色种子的萌芽。在这期间，他加入了社会主义青年团。

1922年秋，毛泽覃进入湖南自修大学附设补习学校学习，在毛泽东的直接关怀和教育下，进步很快。1923年，从自修大学毕业后，毛泽覃离开长沙，到水口山从事工农运动，任水口山工人俱乐部教育股委员，兼任工人学校教员，向工人宣传马列主义，帮助他们学习文化科学知识。在水口山，为了维护工人阶级的利益，谋求工人阶级的解放，他不畏强暴，经常组织工人与反动矿局进行斗争。1923年10月，水口山党组织讨论和通过了毛泽覃的入党申请。从此，他成了一名光荣的中国共产党党员。

入党以后不久，毛泽覃被调回长沙，担任社会主义青年团长沙地委书记处书记。1925年秋，毛泽覃跟随毛泽东到广州从事革命活动，曾先后在黄埔军校和广东区委工作，还在广东省农民协会和省港罢工委员会工作过。1927年夏，毛泽覃又转移到武汉进行革命活动，曾在国民革命军第四军政治部工作，是上尉军衔，秘密从事该军我党组织方面的工作。

1933年初，由王明把持的临时中央从上海迁到瑞金。在"左"倾路线的指导下，临时中央一到瑞金，就开展所谓反对"罗明路线"的斗争。罗明当时是中共福建省委代理书记。因为他坚持党在边缘地区的政策应不同于中心地区的政策，而被"左"倾领导错误地说成是对革命悲观失望的机会主义，是取消主义的逃跑退却路线。这实质是把矛头指向毛泽东。在中央苏区，王明"左"倾路线推行者以邓小平、毛泽覃、谢维俊、古柏4位同志是"罗明路线"在江西的执行者为由，开展了一个声势浩大的所谓反对邓、毛、谢、古"反党的派别和小组织"的斗争。但是，毛泽覃等人刚正不阿，泰山压顶也誓不弯腰，始终坚持自己的正确意见，针锋相对地与王明"左"倾路线作了坚决的斗争。

1934年10月主力红军长征以后，毛泽覃按照中央的安排，义无反顾地留在中央苏区坚持游击战争，担任中央苏区分局委员和红军独立师师长。当时，红色故都瑞金和整个中央苏区都已经落入敌手，敌人将我游击队重重包围和封锁，形势十分危急。我游击队处于转战频繁、生活极苦的艰难斗争环境之中。在那艰难的岁月里，毛泽覃率领红军游击队转战在闽赣边界、武夷山区，并取得了若干难得的胜利。

然而，由于当时的整个形势是敌强我弱，再加上红军长征以后，留下来担任中央分局书记的项英继续推行王明"左"倾路线，不是将红军独立师化整为零，分散活动，而是依然将部队集中起来，与优势敌人硬拼，结果使留下来的红军不断遭到损失。1935年4月上旬，毛泽覃所率领的独立师一部在腊口西分水坳被敌人包围，经过激战，遭到重大伤亡，毛泽覃率部完成掩护任务突围后，又遭敌人伏击，毛泽覃只带了10余名战士再次突出重围，来到瑞金县内的一片大山之中。4月25日，毛泽覃等人到达黄鳝口附近的一个后来取名"红林"的大山中，由于叛徒出卖，敌毛炳文军二十四师一个排，包围了毛泽覃等人。毛泽覃等人虽经顽强抵抗但终因寡不敌众，大部牺牲。毛泽覃本来可以突围出去，但为了掩护自己的同志，他光荣地献出了自己年轻的生命。

巾帼英烈——毛泽建

1905年10月，毛泽建出生在一个贫苦农民的家里。这时正是深秋季节，韶山冲里漫山遍野的菊花迎风盛开。这个刚生下来的女孩，父母亲给她取了个乳名，叫菊妹子。

菊妹子从小泡在苦水里。他的父亲毛蔚生给地主当了一辈子长工，39岁的时候被地主活活折磨死了。母亲陈氏，是一个勤劳的家庭妇女，因积劳成疾，得了严重的肺病，带着她和三个弟弟相依为命，过着饥寒交迫的生活。毛泽建六七岁时，由毛泽东的父母亲接过来当作亲生的女儿抚养。她勤劳俭朴、聪明机智，得到了毛泽东全家的喜爱。1920年，由于毛泽东的父母亲相继去世，毛泽建的姑母把她接走，打算送给别人当童养媳。

1921年，毛泽东回到了韶山，在他的鼓励下，毛泽建决定跟着这位大哥出去闯一闯。毛泽东帮助毛泽建解除了不合理的婚约，把她带到长沙，安排在长沙市的一所女子职业学校读书。毛泽建的革命生涯从此开始了。1921年年底，毛泽建加入了中国社会主义青年团，1923年她又加入了中国共产党。在大哥毛泽东的教导下，毛泽建热心投身于农民运动，1926年她担任了衡阳县委妇女运动委员。

1927年四五月间，风云突变，国民党反对派相继发动反革命政变，对共产党人、革命人民实行疯狂的血腥镇压。衡阳，也笼罩在一片白色恐怖之中。面对敌人的反革命兽行，毛泽建从血的教训中，深刻地认识到掌握革命武装的极端重要性，更加坚定了与敌人浴血奋战的钢铁意志。不久，在毛泽东领导的秋收起义和向井冈山进军的伟大战略行动鼓舞下，她深入妙溪、麻町和集兵滩一带，组成了几千人的农民自卫军，成立了衡北游击师，使用大刀、梭镖、鸟铳、土炮，击败挨户团等反革命武装，并在当地召开群众大会，声讨国民党反动派的滔天罪行，处决了周德翠、周凤鸣等一批反革命分子，沉重地打击了敌人的反动气焰，革命武装力量威慑四方。

10月底，中共湘南特委派陈芬和毛泽建到衡山县，主持召开全县临时党的代表会议，改组和重建了衡山县委。会上，批判了原县委推行的右倾机会主义路线，作出了开展武装斗争，进行土地革命的决定。由陈芬任县委书记兼军委书记，毛泽建任县委妇运委员。从此，他们两人就在革命的道路上共同前进，结成了终身的伴侣。在陈芬、毛泽建等的具体领导下，县委迅速地组织了衡山工农军游击队，他们贴布告，撒传单，破坏敌人的电信设备，用土炸弹炸伪县政府，使敌人惶惶不安。

在艰苦斗争的岁月里，毛泽建始终注意学习。时常坐在桐油灯下，聚精会神地看书。有时直至东方发白，还手不释卷。有一次，她对住户说："我今天给自己取了一个名字叫毛日曦，我们共产党员就要和初升的太阳一样红红烈烈。"平时，毛泽建给战友和亲人写信、写条子时，下面落款总是画着6把剑。陈芬感到奇怪，问她是什么意思？毛泽建回答说："'建'和'剑'，同音，'泽建'就是'泽剑'。我喜欢利剑，它所向披靡。我们革命者就要像利剑一样，对敌人毫不留情。"这些都充分表现了毛泽建对人民、对革命的耿耿丹心，对敌人、对反动势力的无比仇恨。

1928年3月，毛泽建根据上级党委的指示，又在南岳组织了一次武装暴动，并且挫败了敌人的反扑。但是，革命的道路是曲折复杂的。南岳战斗结束后，中共湘南特委遭到了敌人的破坏，衡山县委也因叛徒出卖而暴露。为了保存和蓄积革命力量，坚持斗争，毛泽建和陈芬等同志冲破敌人的重重封锁，于1928年3月来到耒阳工作。她和陈芬一起，组织游击队，并亲自担任游击队长。

1928年初夏，毛泽建和陈芬领导游击队在耒阳县夏塘铺的一次作战中，陷于敌人重围，终因寡不敌众，他们两人先后被捕。不久，年仅25岁的陈芬在耒阳敖山庙贯武桥上英勇就义。陈芬牺牲后不久，井冈山革命根据地派来部队，夜袭耒阳县团防局和所属的夏塘铺挨户团，把毛泽建营救出狱。敌人随即拼凑力量反扑。为了不拖累同志们，保证部队安全转移，怀孕和负伤的毛泽建坚决要求留了下来，不幸再次被捕。初夏的一个深夜，在一间小破茅屋里，毛泽建生下一个男孩，由于刚生下来就没有奶吃，这个烈士的后代也不幸夭亡。

敌人抓到毛泽建后，梦想从这个"共产党头目"和女游击队长身上捞到我党重要机密和军事行动计划，但毫无所获。在狱中一年多，尽管敌人对毛泽建施行种种酷刑，但毛泽建无所畏惧，毫不屈服。敌人又妄想用做官和金钱来引诱，毛泽建更是嗤之以鼻，坚贞不渝。1929年8月20日，敌人终于下了毒手，在壮烈的口号声中，优秀的共产党员、我国最早的女游击队长，时年

24岁的毛泽建英勇地牺牲了。她也是毛泽东一家最早为革命作出牺牲的人。

当时，伪衡山县县长蔡庆煊限令3天之内不准收殓毛泽建的尸体。但革命群众冒着生命危险，在当天下午就把毛泽建的遗体抢了出来，安葬在衡山县城南湘江畔的西溪桥头，半年后，又将毛泽建烈士墓迁移到金紫峰麓的雷打石山上，并刻有石碑为记，上面写着："民国十八年刊，毛达湘女士墓，原籍湘潭人氏。"

楚天雄鹰——毛楚雄

毛楚雄是毛泽东的侄儿，毛泽覃的儿子，1927年9月8日，诞生在小吴门松桂园小巷的一栋小楼里。1928年春，楚雄出生不到半岁，母亲周文楠因参加党领导的革命斗争被国民党反动派逮捕入狱。小楚雄每天由年迈的外婆抱到监狱里去吃奶。不久，母亲因反动派的残酷折磨，得了重病，小楚雄突然断奶，也病了。孤苦的外婆只得每天熬点米汤抚育这个小生命。为了防止反动派对这棵革命幼苗的摧残，外婆便让楚雄从母姓周。在凄风苦雨的日子里，楚雄依偎着外婆度过了3个年头。

1930年红军攻下长沙城，周文楠同志被救出监狱。小楚雄见到了妈妈，可是，母子亲近没几天，红军退出长沙时，妈妈又参加红军，随部队撤回苏区，母子再次分离。1930年11月14日，伯母杨开慧，在长沙英勇就义了。当楚雄从外婆口中得知这个消息时，祖孙俩哭作一团。

红军长征后，毛泽覃留在中央苏区，担任红军独立师师长，

1935年在瑞金的一次战斗中，为掩护同志们突围而壮烈牺牲了。外婆得悉后，万分悲痛。当外婆把爸爸牺牲的消息告诉小楚雄时，他才8岁。1936年冬天，楚雄的母亲从苏区回到长沙。不久，楚雄的堂哥和一位堂叔，遵照韶山地下党组织的指示来长沙，把楚雄一家接到韶山。在韶山，楚雄度过了8年多时光。直到1945年8月，王震率领的南下支队到湘潭时，把楚雄带到部队上。

1945年9月间，楚雄随军北上了。他绕过烟波浩渺的洞庭湖，跨过滚滚滔滔的长江，来到了湖北省黄陂县。直到1946年元月，他们都在这一带打游击。当时，部队的供应很困难，生活极为艰苦。入冬了，楚雄还是一条军裤，一双草鞋。但他很能吃苦耐劳，行军途中，他不仅背着背包和枪，还背了7天的干粮。班长见他年纪小，又刚刚参军，没经过长途行军的锻炼，要他少背点，他坚决不肯，说："你年纪大，我年纪轻，你应该少背点，我多背点，锻炼锻炼嘛！"说得大家都笑起来。

1946年6月，国民党反动派挑起全面内战，大举围攻我鄂东、豫南地区的中原解放军，妄图"一举围歼"。我军奋起应战，但因敌我力量悬殊，部队分路突围。6月底，楚雄随突围部队，从湖北宣化店出发，紧急行军20多天，7月中旬到达河南省淅川县。随后，楚雄就跟着王震继续西征，奔赴延安。一路上毛楚雄作战勇敢，受到了王震的高度赞扬。

当中原部队胜利突出重围、进入陕南秦岭山区以后，国民党反动派又玩弄起"和谈"的花招。他们派飞机四处散发传单，声明邀请中原军区司令李先念派代表到西安谈判。为了表示我军和谈的诚意，王震电报党中央，经批准特派中原军区干部旅旅长、原军调部第九执行小组我方代表张文津为代表去西安，吴祖贻（化名吴毅）作为张的译员、毛楚雄（化名李信生）作为张的警卫员一同前往。

8月初，他们3人打点行装，从陕西省镇安县西部的杨泗庙起程，准备经宁陕，沿旬河北上西安。走了一天，他们机警地通过了几道反动派的哨卡。黄昏，来到赴西安的必经之路东江口镇。见日色不早，他们便决定在此住宿。他们来到古城门口，被哨兵阻拦。毛楚雄上前说明来意，并出示证件和介绍信。哨兵即向团部报告。胡宗南部六十一师一八一团团长岑运应开初弄不清张文津等人到底是何等人物，不敢造次，还是以礼相待。但暗中他还是派人将旅馆包围，并向胡宗南报告。张文津等3人的目的地是西安，此地只是路过，不必久留。所以，第二天清晨即去团部辞行。没想到气氛和前一天大不一样，他们一到团部即被关进一间小屋里。原来岑运应已得到胡宗南的复电：暂扣押，等待处理。我中原军区领导人和中共中央闻讯后，十分关心，多次指示有关部门设法营救，均未奏效。最终此事被蒋介石知道，他马上密令胡宗南：立即就地秘密处决。

就这样，1946年8月22日，胡宗南瞒天过海，一方面举行记者招待会，发表声明：绝无扣押中共和谈代表事。一方面发电给岑运应秘密处决张文津、吴毅、李信生，免留后患。岑运应当日接到密电后，立即命令刽子手将张文津、吴祖贻、毛楚雄及带路的农民共4人五花大绑，堵住嘴巴。于当晚夜深时悄悄地押到偏僻的城隍庙背后，活埋在石坎下的小渠旁。面对刽子手们的淫威，毛楚雄毫无畏惧，想起父亲及几位亲人的惨死，一种强烈的复仇雪恨的责任感支撑着他，"继父之志，报父之仇"，昔日的志愿，成了今日的力量。年仅19岁的毛楚雄为了中华民族的解放慷慨赴死。

  对于毛楚雄的牺牲，1950年5月，毛泽东曾说："楚雄年龄不大，为国捐躯，虽死犹荣。"毛楚雄这只雏鹰，用自己的生命续写了毛泽东一家人为国舍身的壮歌。

中国共产党的主要缔造者

十月革命一声炮响，给中国送来了马克思列宁主义，中国各地也开始有了共产主义的组织。在湖南，毛泽东通过组织新民学会会员的讨论会、创办文化书社、成立俄罗斯研究会、开办工人夜校，以极大的热情和精力宣传十月革命的胜利，传播马克思列宁主义，为无产阶级政党的建立作思想上和理论上的准备。

1920年底，正当毛泽东确立了马克思主义信仰，决心为中国的现实另辟道路、另造环境的时候，他收到了一封寄自法国的信。原来，1920年7月5日，蔡和森、萧子升等留法的新民学会会员在法国的蒙达尼公学召开了一次会议，就新民学会"改造中国与世界"的发展方针进行了激烈的争论。以蔡和森为首的一派拥护马克思主义，赞成俄国的十月革命道路；而以萧子升为首的另一派则主张温和革命，即以教育为工具，为人民谋全体福利的革命。两派的意见针锋相对，争执不下，蔡和森、萧子升分别写信给毛泽东阐述了自己的观点。

毛泽东接到蔡和森的信之后，在12月1日复了一封长信。对蔡、萧之间的争论表明了自己的态度。他认为萧子升的观点和英国的资产阶级哲学家罗素不久前在长沙演讲的内容相同，希望革命不流血，就能取得胜利。但这事实上做不到，因为历史上凡是专制主义者，或帝国主义者，或军国主义者，非等到人家来推倒，自己绝对不会收场的。毛泽东对蔡和森等人所主张的组织共产党，实行阶级斗争，走俄国人的道路，则明确表示赞同。认识一旦确立，毛泽东就开始付诸实际的缔造党的行动。40年后，他回忆自己当时的认识，曾对英国元帅蒙哥马利说："革命不是哪里想干不想干的问题，我最初就没有想过干革命的问题。我那时当小学教员，当时也没有共产党，是因为形势所逼，不能不干。"

1920年5月，陈独秀在上海首先成立马克思主义研究会。随着上海建党活动的开展，各地的共产党早期组织也纷纷建立。不久，毛泽东收到陈独秀的来信，陈独秀委托毛泽东在湖南建立同样的组织。毛泽东接信后，经过缜密的工作，很快物色了5名新民学会会员，于1920年11月，与何叔衡在长沙正式成立了共产党早期组织。在此前后，北京、武汉、广州、济南等地也相继建立了共产党早期组织。这就为中国共产党的成立奠定了组织基础。对于当时各地小组的情形，当时有人评价说："长沙的组织是比较统一而整齐的。"

1921年6月29日下午6时，毛泽东和在长沙通俗教育馆任馆长的何叔衡一同来到长沙小西门码头，乘着暮色登上了开往上海的小火轮。旅费由新民学会会员熊瑾玎协助筹集。他们走得很突然也很秘密，与何叔衡一起在《湖南通俗报》工作的谢觉哉曾对此回忆道："一个夜晚，黑云蔽天作欲雨状，忽闻毛泽东同志和何叔衡同志即要动身赴上海，我颇感到他俩的行动'突然'，他俩又拒绝我们送上轮船。"他曾在日记里记了这么一句："午后6时叔衡往上海,偕行者润之,赴全国〇〇〇〇〇之招。"这5个圆圈,谢觉哉后来解释说是"共产主义者",当时他知道这是件大事,怕泄露,只能以圈代意。

后来,毛泽东在与美国记者斯诺的谈话中,道出了自己这次神秘出行的原委:"1921年5月(阴历),我到上海去出席共产党成立大会,在这个大会的组织工作中,起领导作用的是陈独秀和李大钊,这两个人都是当时中国知识界最出色的领导人。……在上海这次具有历史意义的会议上,除了我之外,只有一个湖南人。其他出席会议的人有张国焘、包惠僧和周佛海等。我们总共是12个人。"

陈独秀和李大钊是这次会议的实际组织者。他们两人在毛泽东确立马克思主义信仰的过程中起着重要的作用。但1921年7月23日中共第一次全国代表大会召开的时候,李大钊和陈独秀都没能亲自到会。参加大会的有上海、北京、武汉、长沙、济南、广州、日本7地共12位代表,每地两人,其中广州一人,日本一人,他们是:李达、李汉俊、张国焘、刘仁静、董必武、陈潭秋、毛泽东、何叔衡、王尽美、邓恩铭、陈公博、周佛海。另外还有陈独秀指派的包惠僧,共产国际代表马林和尼科尔斯基。

代表们以"北大暑期旅行团"的名义住在上海法租界的博文女校(那时该校已放暑假,校中只有一个校工和一个厨夫在),会址设在不远处李汉俊的哥哥、同盟会元老李书城家里,门牌是贝勒路树德里3号(现为兴业路76号)。大家推荐张国焘主持会议,毛泽东和周佛海做记录。会议开到还剩最后一天时,引起了法租界巡捕的注意，代表们于是转移到距离上海不远的浙江嘉兴南湖上一只游船中继续举行。

　　这是一次年轻人的会议，最年长的何叔衡不过45岁，最年轻的刘仁静才19岁。15位与会者平均年龄28岁，正好是毛泽东当时的年龄。正是这些年轻人成立的中国共产党改变了以后中国的整个命运。中国共产党的第一次会议上，不少人常常引经据典，侃侃而谈。不过，在会上担任记录的毛泽东开口的机会并不多。的确，毛泽东有着许多实际活动经验，但他不像在座的李汉俊、刘仁静、李达等精通外文，饱读马克思著作。他只作过一次发言，介绍长沙共产党早期组织的情况。他给与会者留下的印象是老成持重，沉默寡言。他很注意思考和消化同志们的意见，常在住的屋子里"走走想想，搔首寻思"，乃至同志们经过窗前向他打招呼的时候，他都不曾看到，有些同志不能体谅，反而说他是个"书呆子""神经质"。

　　大会最后决定党的名称为中国共产党，并通过了党纲，规定党的奋斗目标是"以无产阶级革命军队推翻资产阶级"，"采用无产阶级专政，以达到阶级斗争的目的——消灭阶级"。大会确定党成立后的中心任务是组织工会，领导工人运动。大会还选出了由陈独秀、张国焘、李达组成的党的最高领导机构——中央局，陈独秀为书记，张国焘和李达分管组织和宣传工作。大浪淘沙，经过血与火的岁月，参加中共一大的12位正式代表中，后来周佛海、陈公博沦为汉奸，刘仁静成了托派分子被开除出党，李汉俊、邓恩铭、王尽美、何叔衡、陈潭秋先后被杀，李达当了教授，张国焘走上了叛变革命分裂党的道路，作为非正式代表的包惠僧后来也做了国民党政府的高官。1949年10月1日，中国人民推翻了三座大山的压迫，最终取得了革命的胜利，当中华民族从此屹立于世界民族之林的时候，走上天安门城楼的一大代表是毛泽东和董必武。

会议结束后，毛泽东到了杭州，游览了美丽的西子湖。8月中旬，毛泽东回到湖南，他辞掉了第一师范附小主事一职，同何叔衡积极着手筹建中共湖南地方党组织的工作。毛泽东他们建立了湖南自修大学，招收培养大量革命青年，并以自修大学为依托积极发展党员、团员。夏曦、郭亮、陈昌、夏明翰、蒋先云、毛泽民、黄静源、杨开慧等中共著名党员，都是在这个时期入的党。经过一段时间的努力，1921年10月10日，中共湖南支部正式成立了，毛泽东被选为书记。这是在中国诞生的第一个中国共产党的省支部。到1922年5月，湖南（包括江西萍乡安源）已有中共党员30人。毛泽东和何叔衡又在中共湖南支部的基础上建立了中共湘区执行委员会，毛泽东任书记。

自从有了中国共产党，中国革命的面貌就开始焕然一新了。从此作为党的缔造者之一的毛泽东就更是义无反顾地投入到中国革命的洪流当中，开始了他光辉的革命生涯。

投身工运

1921年8月中旬，为实现中共一大提出的开展工人运动的目标，"中国劳动组合书记部"作为公开领导工人运动的机关在上海成立。10月，长沙成立湖南分部，毛泽东任主任。年底，毛泽东开始尝试着发动和领导反对帝国主义和反对由帝国主义豢养的封建军阀的工人罢工。他把自己投身工运的初次实践选在了安源煤矿。

安源煤矿在当时已是有着多年历史的煤矿。自1898年清政府开采以来，官僚买办和德国、日本的资本家在这块"黑金"宝地留下了一部残酷剥削与压迫的历史，1.7万路矿工人过着地狱一般的生活。

毛泽东初来安源，除了"沾亲带故"的毛紫云之外，他谁也不认识。毛紫云是毛泽东的老乡，是西平巷的工段长，人称毛师爷。这样，毛泽东住进了安源八井方44号毛紫云的家中。毛紫云开口闭口"润之先生"，十分客气。加之"先生"待人随和，所以备受人们尊重。

来到安源，毛泽东顾不得旅途劳顿，随即换上短衫，提着油灯，以毛师爷"客人"的身份来到井下。毛泽东来到工人最集中、环境最恶劣、危险性最大的采煤掌子面时，工人们正在拼命地干活,透过闪烁的油灯,毛泽东看到了奴隶般的"煤黑子":一个个赤身裸体,瘦骨嶙峋,身上沾满了煤灰,汗水似一条条小溪,从头往下淌。有的弯腰曲背紧贴着煤壁,有的匍匐在石头和煤块中间……

毛泽东亲切地喊了一声:"工友们辛苦了!"这一声亲切的问候,却使得在场的工友们都愣住了,纷纷抬起头来望着毛泽东,心里想:这位先生招呼谁呢?常年当牛做马的矿工们,还从来没有听到过有人问一声辛苦,也从来没有被人称为工友。

这时,领路的工人告诉大家:"这是从湖南来的毛润之先生,今天特意下井来看望工友们。""啊!湖南来的毛先生。"大家露出了高兴的神情,纷纷放下手里的工具,朝着毛泽东围过来。一个工友热情地拍着一根坑木说:"毛先生,这边坐。"

毛泽东招呼大家一同坐了下来,他看到工人们一个个赤身裸体,全身沾满煤灰,只是头上围条手巾,就关切地问道:"你们为什么不穿衣服呀?"

"穿什么衣服哟,"那位工友一声叹息,"劳工3尺布,又当帽子又当裤。在井底我们用这块布当包头和矿帽,出井围在下身当遮羞布。"

"你们这样在井下一天干多长时间?"毛泽东问。

"天没亮下井,天黑了上去,少说有12个小时。"

"一天能挣几个钱?"毛泽东又问。

"8个毫子。这点钱只够吃猪狗食。"

工友们怒不可遏,你一言我一语地说开了。

"我们像牛马一样干活，还经常挨洋人、把头的皮鞭子打。"

"真不是人过的日子，命苦呀……"

"不是命苦，"毛泽东拍着一位老人的背说，"受苦不是命里注定的，而是洋人、老板、把头剥削我们！"

"剥削？"工人们对这个词还很陌生。

"对。"毛泽东解释，"比方说，你们一个人一天挖30筐煤，卖掉后，洋人、老板和把头都把钱拿走了，只给你们不到半筐煤的钱。这就是剥削。"

工友们头一回听到这种说法，感到很新奇又很有道理。

"他们不劳动，为什么能吃好的、穿好的呢？"毛泽东进一步启发说，"就是因为剥削了工人的挖煤钱。"

工友们交头接耳，议论纷纷，似乎悟出了一点道理。

"毛先生，我们的苦命能改变？"

"能啊，"毛泽东把拳头握紧，"只要工友们团结起来。"

"团结？"工人们还不理解。

"对，团结。比如说吧，路上有颗小石子，老板一脚就可以把它踢到边上去。但如果把许多小石子掺进石灰，粘成一块大石头，就会像磐石，不要说小老板，就是大老板、洋人也搬不动了。只要我们捏成团，就比大石头更难对付了。"一席话，既生动，又深入浅出，工友们顿时豁然开朗。

离开西平巷，毛泽东又来到东平巷。从早上8时至下午2时，毛泽东在井底下待了6个小时。傍晚时分，毛泽东又来到工人餐宿处。一天观闻，毛泽东目睹了工人的深重苦难……安源真是一方蕴藏着无限潜力的工人运动的处女地。通过几天的耳闻目睹，毛泽东更加重视这个地方了。

1921年12月，毛泽东和李立三等再次来到安源，和工人们住在一起。白天，他们深入各处访问工人，晚上约一些工人到饭店里座谈。毛泽东对围坐在小方桌旁的工人们嘘寒问暖，十分亲切地询问他们的生活、家庭等情况，并由浅入深地讲述革命道理。经毛泽东提议，大家决定组织"安源路矿工人俱乐部"，把路矿两局全体工人团结起来，并当即商定由李立三常驻安源指导一切。另外，按照毛泽东提出的"先办夜校，启发工人的觉悟，然后把他们组织起来"的意见，1922年1月，李立三创办了安源第一所工人补习学校，有学员60余人。通过文化知识的传授和思想上的教育以及实际斗争的考验等方式，吸收了一些积极分子加入了中国共产党。改写安源历史的时刻终于来临。

1922年2月，中国共产党在产业工人中的第一个支部——中共安源路矿支部成立，有党员6人，李立三任书记。同年5月1日，安源路矿工人第一次在党支部的领导下举行盛大集会和游行，纪念五一国际劳动节，宣告工人俱乐部成立，李立三任俱乐部主任，朱少连任副主任。

5月中旬，毛泽东第四次来到安源，召开中共安源路矿支部会议，听取工作汇报。当听说"五一"游行喊的口号中有"中国共产党万岁"时，他告诫大家，一定要稳当，一下把共产党公开出去，要是反动派向你们要共产党怎么办？有的人就会害怕。在这样复杂的环境中，要讲究斗争策略，不然就要吃亏。现在要紧的是把工人组织起来。

　　为了进一步发动工人，5月里，毛泽东从长沙又陆续派了一批重要的干部到安源来工作，其中有刘少奇、蒋先云、毛泽民等。党组织的活动，引起了路矿当局的警觉，他们密谋取缔工会，训令俱乐部自行停闭。同时又拖欠工人几个月的工资，加紧压榨工人，工人们实在忍无可忍，纷纷要求起来与反动当局斗争。9月的一个深夜，安源山牛角坡的一间小平房里灯光明亮，毛泽东又一次到安源。在这里，毛泽东主持召开安源党支部会议，详细规定了罢工的斗争策略。

　　在会上，毛泽东坚定而又沉着地指出：从目前安源的实际情况来看，举行罢工斗争的条件已经成熟。要使反动当局让步，非罢工不可。但在罢工斗争中胆子要大，心要细，要有勇有谋，有勇无谋就会站不住脚。罢工中必须运用"哀兵必胜"的道理，要提出"哀而动人"的口号，动员全体工人坚决地同资本家做义无反顾的斗争；要争取社会上绝大多数人的同情，争取社会舆论的支持。

　　9月9日和11日，为加强对罢工斗争的领导，李立三、刘少奇来到安源。根据毛泽东的指示和要求，李立三、刘少奇等一起研究制定了周密的大罢工计划。成立了罢工指挥部，李立三任总指挥，刘少奇为俱乐部全权代表，应付一切。同时，起草了《罢工宣言》，提出了17项条件。其他各项准备工作也都在加紧进行。9月14日零时，震撼全国的安源路矿工人大罢工开始了。

　　安源山下汽笛怒吼，工人们高举着斧头、手镐，像潮水般冲出工房，呼喊"罢工！罢工！""从前是牛马，现在要做人！"，同路矿当局进行斗争。

俱乐部以"萍矿全体工人"的名义致电汉冶萍公司，声明罢工的理由和复工条件，并将罢工宣言邮寄全国各报馆，吁请各界声援。长沙、上海、北京等地的报刊都在显著位置，刊登了安源大罢工的报道。一时，安源大罢工的消息传遍了全国，并得到了广泛的声援。路矿当局玩弄种种手法破坏罢工，当地反动政府派出军队成立戒严司令部，伺机进行武力镇压。但由于罢工斗争有党的坚强领导，执行了毛泽东提出的"哀而动人"的斗争策略，加上工人们团结和严守纪律，到9月18日，迫使路矿当局接受了工人们提出的要求，从而取得了大罢工斗争的胜利。

由于罢工胜利的巨大影响，工人俱乐部成员也由700人猛增至1.2万余人。以后，工人俱乐部还通过合法的斗争，增加了工人的工资，并迫使矿局每月津贴工会教育经费1000元。俱乐部用这笔经费设立了7所工人学校读书处和1个图书馆，建起了能容纳2000人的大讲演堂。安源成为当时全党聚集和保存干部的堡垒，培养人才的学校，创造经验、指导工人运动的基地，被誉为"中国的小莫斯科"。如今90余年过去了，安源人民依然传诵着当年那首脍炙人口的歌谣：

    直到一九二一年，忽然雾散见青天。
    有个能人毛润之，打从湖南来安源。
    他和工友把话谈，解除苦难不为难。

提议要给办工会，劳动工界结成团。

　　毛泽东指导的安源路矿工人大罢工取得胜利后，1922 年 10 月，毛泽东又亲自领导了长沙泥木工人为争取营业自由而进行的罢工斗争，并取得了胜利。当年底，毛泽东以"湖南全省工团联合会"总干事的身份，正面向湖南省政府及省长赵恒惕本人作一次说理斗争，逼迫赵恒惕在工人运动和集会、结社等问题上，公开重申自己曾经立下的"不予干涉"的诺言，同时就势解决一些具体纠纷事件。直到 1923 年 4 月，赵恒惕秘密派兵来抓他，毛泽东才离开清水塘，秘密地前往上海，随后又到了广州，去参加中共三大的筹备工作。

　　经过两年工人运动的锻炼，毛泽东已经成为一个老练的革命家。他领导的湖南工人运动，罢工 10 次，胜利和半胜利的有 9 次，只有一次失败。在斗争实践中，他亦积累了难得的实际工作经验。后来毛泽东身上表现出来的出色的领袖才干，这时已初见端倪。毛泽东对湖南工人运动的领导，使他在湖南党内威望日升。此时，毛泽东的名字不但为社会注目，而且深为党内同行们所钦佩。

依靠农民

发动农民、组织农民、解放农民，这是毛泽东矢志不渝的愿望。实际上，1923年，中共三大讨论与决定国共合作的方针问题时，毛泽东已获得一种新的认识，一种独到的不同于其他人的认识——依靠农民。毛泽东指出："湖南工人数量很少，国民党员和共产党员更少，可是漫山遍野都是农民。历代的革命和造反，每次都以农民暴动为主力，因此，中国共产党不能只看见局处广州一隅的国民党，而应重视全国广大的农民！"张国焘后来回忆这段历史时也不得不佩服地说，这是毛泽东这个农家子弟对于中央极大的贡献。

由于毛泽东等人的呼喊，中共三大委托毛泽东与谭平山起草了农民问题的决议案。但这时全党对农民运动认识是很不够的，仍仅仅认为农民斗争只具有"牵制"帝国主义的作用。毛泽东毅然决定回到家乡去，把农民群众组织起来！

1924年12月底，毛泽东自上海回到湖南。这一年的春节，毛泽东是在长沙县板仓乡杨开慧的家中度过的。毛岸英、毛岸青依偎在父亲怀里，岳母及妻子开慧在准备着丰盛的团圆饭，中国人满足地将这叫做"天伦之乐"。1925年2月6日（正月十四）毛泽东带领全家回到韶山，同行者还有毛泽民。

毛泽东的到来，使苦难深重的韶山乡亲感到兴奋，纷纷前来探望。

毛泽东用通俗易懂的语言和贫苦农民促膝谈心。毛泽东的工作进展很快。通过翻山过坳，走亲访友，广泛接触群众，他迅速发现和培养了许多积极分子。其中有从安源煤矿回乡的共产党员毛福轩，有穷郎中毛新枚，有小学教员李耿侯和庞叔侃，还有一个被乡里人称作"硬汉子"的农民钟志申。钟志申是毛泽东小时候的同学，前些年为了抗缴烟灶捐，冲进团防局造反。遭到土豪、湘潭西二区上七都总团防局长成胥生通缉，在外避了几年难，刚刚回来。不久他们就成立了秘密农民协会，并先后借用当地公校和族校的房屋，创办了20多所夜校，用最明白易懂的语言，宣传着最浅显也是最深刻的革命道理。

在韶山开办夜校的同时，毛泽东十分重视在同土豪劣绅的斗争中挑选、培养骨干。"五卅惨案"前后，全国人民反帝反封建的斗争更加波澜壮阔，许多地区相继成立"雪耻会"，庞叔侃、钟志申等在毛泽东的亲自指引下，在韶山也组织了各级"雪耻会"，利用"雪耻会"的合法性，喊出了"打倒列强，洗雪国耻"的响亮口号，积极开展群众工作，同军阀、官僚和土豪劣绅开展针锋相对的斗争。毛新枚、李耿侯、钟志申、庞叔侃等，也在斗争实践中迅速成长，成为领导韶山农民运动的骨干。就在这样的情况下，毛泽东认为在韶山发展党员和建立党支部的时机已经成熟。初夏的一天早晨，毛泽东再次来到毛福轩的家，找毛福轩研究在韶山建立党支部的问题。两年前，毛福轩由毛泽东介绍到长沙的湖南自修大学当校工,后来,毛泽东又派他到安源路矿和毛泽民一起从事工人运动,进一步接受了革命斗争的锻炼和考验,并加入了共产党。这次,在毛泽东回乡之前,上级党组织已先派他回韶山,等候毛泽东回来以协助工作。他们俩商量决定,在韶山发展一批积极分子入党,并建立韶山党支部。

1925年6月的一个晚上,毛泽东亲自主持了毛新枚、李耿侯、钟志申、庞叔侃4位同志的入党仪式。4人宣誓后,毛泽东宣布中共韶山支部成立。大家推荐毛福轩任支部书记,并由其主持了第一次支部会议,讨论了当前的形势、今后的任务以及斗争的策略,确定了党支部的代号为"庞德甫",决定筹措一笔活动经费,由钟志申负责,迅速在银田寺开办一个"合作书店",作为与上级通信和联系的秘密据点。韶山党支部是毛泽东亲手在农村创建的第一个党的基层组织。韶山地区的革命斗争,从此进入了一个崭新的历史时期。韶山党支部的这些最早成员后来都先后为革命献出了自己的生命。在延安的时候,毛泽东谈起1933年被国民党杀害的毛福轩曾说:"一个农民出身的同志,学习和工作都那样努力,一直担任到党的省委委员的工作,是很不容易的。"

韶山党支部成立后,迅速投入到发动组织群众,开展反帝爱国的行动中去。在湘潭原有的20多个"雪耻会"的基础上,7月10日,五六百农民、教师和学生聚集在郭氏祠堂召开了更大规模的"湘潭西二区上七都雪耻会"成立大会。大会由庞叔侃、李耿侯、贺尔康等主持,选举了执行委员会,通过了雪耻会的宗旨、章程。毛泽东亲临大会讲话,他着重叙述了"五卅惨案"真相,号召韶山地区人民团结起来，深入开展反对英、日帝国主义的斗争。会后，农民迅速组织起纠察队、演讲队，查禁洋货，宣传爱国。一时间，湘潭各地的农民运动开展得有声有色，颇具影响。

不过，农民更关心的还是自己的切身利益。毛泽东深知这一点，1925年七八月间，韶山一带大旱，一个多月没有下雨，田地龟裂，青黄不接时节，很多农民断了粮，没有饭吃，饥民遍野。可是，地主豪绅却把这看成是大捞一把的好机会，他们不但照样吃喝玩乐，而且囤积粮食，高价出售。原来一升米60文，现在涨到160文。穷苦的农民本来就无钱买粮，这样一来更是饥饿难挨，告贷无门。他们有的上街乞讨，有的走投无路，要寻短见。正在韶山的毛泽东，看在眼里，急在心上。这样下去怎么行？毛泽东决定召开党支部、雪耻会干部会，共同研究度过灾荒的办法。

面对天灾和人祸，采取一个什么样的应急之策呢？有人提出，韶山附近真正掌握粮仓命脉的是上七都总团防局长成胥生。成胥生家财万贯，人很坏，经常利用手中的权力欺压百姓。在当地，成胥生引发的民愤极大，而且，自韶山人民办夜校、搞雪耻会以来，成胥生也是一直和人民作对，不准办夜校，不准做反帝、反封建的宣传，坏极了。因此有人提出："吃他的排饭！"

毛泽东想了想说："不行。现在从整个湖南来讲农民运动还没有搞起来，全省只有为数不多的几个地方有农民协会。反动势力还很强大，硬碰硬我们会吃亏的。"

毛泽东又说："能不能采取平粜的办法，先派两个人去见成胥生，请他平粜。如果他平粜，其他的人就不敢再抬高米价。如果他不肯，那我们就再想法子逼他平粜。"

大家认为毛泽东的这个主意可行，于是就先派共产党员、小学教员钟志申、庞叔侃两人去见成胥生。第二天，钟志申和庞叔侃来到成胥生家里，直截了当地告诉他，雪耻会决定平粜、阻禁，要他照办。但成胥生压根就不把这些农民放在眼里，断然拒绝了大家的要求。

看来成胥生是敬酒不吃吃罚酒，毛泽东他们决定采取第二步方案，逼他平粜。一天夜里，成胥生命家丁偷偷地把粮食运到银田镇，准备从水上运到湘潭再高价出售。这时毛泽东率领数百名早已等候在此的农民突然冲了出来。成胥生被这突如其来的阵势吓坏了，连忙派团丁赶到银田镇。团丁一看农民人多势众，慌忙朝天开枪，妄图把农民吓跑。附近的农民闻声赶来，声势更大。成胥生最终没办法，只好把粮食运回，平价卖给农民。

成胥生的粮食被平粜了，其他的土豪们吓得魂不附体，只好硬着头皮将自己的粮食拿出来平粜。但是，永义亭的大地主何乔八仍然不甘心把自己的谷米平价卖给农民。毛福轩知道了这个情况后，便把永义亭一带的农民集合起来，冲进何乔八的家，杀猪宰羊，煮大锅饭吃。大锅饭才吃了两天，何乔八便急忙跑回家，答应把仓里的谷米平价卖给农民。这样，由雪耻会出面领导的平粜、阻禁斗争，取得了胜利，从而使韶山一带的农民顺利地度过了夏荒。韶山农民个个扬眉吐气。这也就是韶山历史上一次有名的"平粜阻禁"斗争。

1925年8月，转眼间，毛泽东回到韶山已经半年多了。毛泽东这次回乡，本来是党组织让他回来养病的，但他实际上却没真正休息过一天。半年多来，他辛辛苦苦，日夜操劳，使韶山成为当时湖南省农民运动开展得最好的地区。毛泽东在韶山从事的一系列革命活动，引起了地主豪绅们的刻骨仇恨，尤其是成胥生，他带头诬蔑毛泽东在韶山组织"过激党"，想方设法向赵恒惕告密。赵恒惕得知在韶山煽动农民造反的人正是他曾通缉过的毛泽东时，立即命令成捉拿毛归案。8月28日下午，毛泽东和毛福轩一起正在距韶山30多里的潭家冲开会，忽然得到消息赵恒惕即日要派县团防局来抓他，大家连忙把毛泽东送回家。毛泽东回到家里，吩咐把毛福轩找来，在向他详细交代了今后韶山的一些工作安排后，直到掌灯好久了，才换了一件衣服，由两个农民护送，带着杨开慧还有毛岸英、毛岸青两个孩子趁着月色离开了上屋场。在一个叫九江庙的地方，毛泽东一家和护送的农民依依分手，坐船前往长沙。短暂停留后，他取道湖南衡阳、宜章等地到了广州。

韶山之行，毛泽东心潮起伏，他在韶山虽从事农民运动的时间不长，但他已看到农民运动对旧中国统治基础的冲击是多么巨大，要想使中国摆脱帝国主义的压迫，通过革命使中国走上独立自主、人民当家作主的新社会，非依靠农民不可。毛泽东后来回忆说："以前我没有充分认识到农民中间的阶级斗争的程度，这次回湖南，我才体会到湖南农民变得非常有战斗性，于是，发动了一个把农村组织起来的运动。"

国民党的"候补中委"

"二七"大罢工的失败，使中国共产党从血的教训中进一步认识到仅仅依靠工人阶级的孤军奋战是行不通的，应该争取一切可能的同盟者，建立工人阶级和其他民主力量的统一战线，才能取得革命的胜利。此时，毛泽东已认识到，中国革命的路还很长；共产党目前首先要做的应该是采取积极的步骤去联合孙中山领导的国民党，共同完成反对帝国主义和封建军阀的民主革命任务。

1923年6月12日至20日，毛泽东以湘区党代表的身份，出席了在广州召开的中共三大。会议最后决定，共产党和强大的、在社会上有威信并在南方建立了根据地的由孙中山领导的国民党实行联盟，具体办法就是，在保持党组织的独立性的前提下，全体共产党员以个人名义加入国民党。在这次会议上，毛泽东当选为中共中央执行委员，又被选为中央局秘书。中央局相当于后来的政治局，由陈独秀、毛泽东、罗章龙、蔡和森、谭平山5人组成。三大通过的《中国共产党中央执行委员会组织法》规定：党内下发一切函件必须由陈独秀和毛泽东两人签字。这也就意味着毛泽东第一次进入了中共的领导核心。这时他刚好30岁，而立之年。

三大后，中共中央机构暂留广州。从此，毛泽东开始接触廖仲恺、覃振、谭延闿等一些国民党的上层人物。毛泽东通过他们加强了对国民党内部情况的了解。这时，国民党本部刚好要派国民党元老覃振回湖南，毛泽东便托他带信给李维汉，要湘区委协助覃在湖南筹备国民党组织。9月16日，毛泽东回到湖南，随即开始具体发展湖南的国民党组织。在毛泽东的指导下，10月初国民党长沙支部成立，随后宁乡、安源等地分部和湖南总支部也相继成立，使湖南在大革命时期成为国民党组织最发达的省份之一。

这次回湘，毛泽东与妻儿团聚3个月，就接到中共中央的通知，离湘赴上海。1924年1月，他又来到广州，以湖南国民党地方组织代表的身份出席了国民党第一次全国代表大会。会议期间，毛泽东被指定为章程审查委员之一，他的座位是39号。他多次发言，除就组织国民政府、出版及宣传、设立研究会等问题发表意见外，还针对国民党内的右派观点申明自己的主张。1月28日，讨论国民党章程时，广州代表方瑞麟提出不能党中有党，要求写上国民党党员不能加入其他政党的条文。这个提案显然是针对共产党员跨党，是反对孙中山容共政策的。李大钊率先驳斥对方的谬论，廖仲恺等人起而支持。在大会气氛有利于国共合作的情况下，毛泽东趁机发言："主席！主席！39号发言，本席主张停止讨论，即付表决。"结果方瑞麟的提案被轻易否决了。毛泽东在会上的表现，受到孙中山和一些国民党人士的赏识和注意。30日上午，选举中央执行委员和候补委员时，孙中山亲自拟了一个候选人名单，交付大会表决，其中就有毛泽东。他被选为国民党中央候补执行委员。

大会结束后，毛泽东被派往上海参加国民党上海执行部的工作。他于2月中旬到上海，同蔡和森、向警予、罗章龙等住在闸北香山路三曾里中共中央机关内。6月初，杨开慧和母亲带着毛岸英、毛岸青从长沙到上海，一家便住在英租界慕尔鸣路甲秀里（今威海路五八三弄）。当时，中共中央领导机构也设在上海。毛泽东担任中央组织部长。

毛泽东在国民党上海执行部成立后干的第一件事，是党员重新登记。老党员也都要经过填表和审查后才能成为改组后的国民党员，发给党证。作为组织部的秘书，毛泽东具体负责这件事。有些老党员摆资格，认为"毛头小伙子不配问我们的履历"。据罗章龙回忆："一天，一个人冲到楼上，胡汉明、汪精卫都起来打招呼，他们三人交谈，我和润之不认识此人。那人说，我从同盟会开始，革命几十年还要填表？可不可以免填？一打听，才知是辛亥革命后当过四川省长的谢持，现在是国民党中央监察委员，实际上是个反对改组的右派。他到我们这里说了一遍，大家都不以为然地说，党员人人都要填。"因为未得许可，谢持便一怒而去。"润之说，派人送张表去，要秘书好好解释一下，可以放宽点。给了这个台阶，谢持还是填了表。那些以老党员自居的人也都按规矩办了。"

右派分子自然仍不会善罢甘休。执行部三个常委之一的国民党右派叶楚伧等同毛泽东为代表的共产党人的斗争日益激烈。而孙中山因北上事繁，又染重病，无暇处理此事。叶楚伧等人愈发猖狂，"用尽办法、把毛赶走"。加上此时积劳成疾，毛泽东就在12月请假回湖南老家养病。叶楚伧很高兴，特地宴请上海执行部的一些右派分子，"以志祝贺"。

中共四大结束后，国民党内左派和右派也进一步分化。以1925年8月国民党左派领袖廖仲恺被暗杀为标志，国民党内部逐步形成以蒋介石、戴季陶、胡汉民为代表的新右派。这就使国共合作的关系更加复杂了。正是在这种情况下，毛泽东从湖南来到广州，并于10月担任国民政府代理宣传部长。在毛泽东的主持下，国民党的宣传工作很快出现生气勃勃的局面。当时担任国民党中央常务委员会秘书长的林伯渠，在1926年5月15日国民党二届二中全会上作党务报告时，欣喜地说：有一件事可以乐观，就是本党在海内外的宣传工作很有进步，"本党在以前对于指导民众运动的宣传工作不很统一"，现在可以说比较统一了，在深入民众宣传反帝反军阀方面，"本党也都可以指导而有成效"。

在主持宣传工作的同时，毛泽东在理论宣传上也做出了可贵的努力。1925年12月1日，在国民革命军第二军司令部编印的《革命》第四期上，发表了国共合作以来他的第一篇最重要的文章——《中国社会各阶级的分析》。文章劈头就说："谁是我们的敌人？谁是我们的朋友？这个问题是革命的首要问题。"在逐一分析了中国社会各阶级的经济地位和政治态度后，毛泽东指出：一切勾结帝国主义的军阀、官僚买办乃是我们的敌人，一切小资产阶级、农民、无产阶级乃是我们的朋友。文章还以戴季陶的两面行动为例，特别提醒人们注意，中产阶级对中国革命具有动摇不定的矛盾态度。"我们要时常提防他们,不要让他们扰乱了我们的阵线。"这个分析是深刻的,在当时是独具特色的。几十年后,作者把它作为开卷篇收入《毛泽东选集》。除此之外,1925年12月,在反击新老右派的斗争中,毛泽东还以国民党中央宣传部的名义创办了《政治周报》,并亲自撰文,揭露国民党右派分裂的历史必然性。

1926年1月,国民党第二次全国代表大会在广州召开。会前,毛泽东被指定为大会资格审查委员会五位成员之一,并为国民党中央起草了《中国国民党对全国及海外全体党员解释革命策略之通告》,严厉批评"西山会议派"的言论和行为。在这次会议上,毛泽东再次当选国民党中央候补执行委员。国民党中央常委会批准毛泽东继续代理宣传部长。但是,这次大会由于陈独秀等人的右倾错误,国民党新右派非但没有被触动,相反倒是更加猖獗。二大结束后才两个月,蒋介石就制造了"中山舰事件",逮捕了代理海军局长、共产党员李之龙,并解除工人纠察队的武装,包围苏联领事馆。事件发生当天晚上,毛泽东就赶到苏联军事顾问团的住所,同顾问团代理团长季山嘉商量对策。中共广东区委书记陈延年也在那里,他们俩都主张反击,毛泽东建议动员在广州的国民党中央执监委员,密赴肇庆叶挺独立团驻地开会,通电讨蒋,削其兵权。但遭到拒绝。随后,他又到国民革命军第二军副党代表李富春家里了解情况,正好碰上第一军副党代表兼政治部主任周恩来。周恩来回忆说:"我在富春家遇毛,毛问各军力量,主张反击。我听了毛的话找季山嘉,他说不能破裂。"

面对中共领导人的妥协退让,"中山舰事件"后不到两个月,蒋介石就在国民党二届二中全会上借口避免"党内纠纷",提出一个《整理党务案》,规定共产党在国民党省、市以上高级党部任执行委员的人数不得超过1/3,共产党员不能担任国民党中央各部部长。中共中央派张国焘、彭述之来指导出席二中全会的中共党团。在讨论是否接受此案时,一连7天都没有结果。最后,张国焘按照他和苏联顾问鲍罗廷以及陈独秀商定的意见,要求与会的共产党员签字接受,毛泽东没有签字,全会表决时也没有举手。具有讽刺味道的是,何香凝、柳亚子、彭泽民等国民党左派都激烈地反对《整理党务案》,以至声泪俱下。但会议最后还是通过了此案。

根据《整理党务案》,1926年5月25日,毛泽东离开国民党中央宣传代理部长的位置。此后,直到蒋介石发动"四一二"反革命政变,毛泽东再未回国民党中央工作过。

考察农运

　　1926年冬，在北伐战争节节胜利的影响和推动下，农民运动犹如暴风骤雨，席卷中国中部、南部和北部各省，把几千年封建地主的特权打得落花流水。湖南省，这个全国农民运动的中心，农村大革命更是轰轰烈烈。1926年11月，湖南农民协会会员由7月初的20万人发展到136万人。到1927年1月，会员猛增到200多万人，能直接领导的群众逾1000万人。猛然兴起的农民运动引起了反动派的不满和恐慌，他们大肆造谣惑众，诬蔑农民和农民运动，攻击农民运动"糟得很"，是"痞子运动"，狂叫要"取缔农民运动"。一些中间分子也开始动摇起来，说农民运动已经"越轨"了，应该加以限制，防止被人利用。

　　共产党人的态度又如何呢？1926年12月，中共中央在汉口召开特别会议。党的最高领导人陈独秀不加分析，也错误地认为当前的主要危险是农民运动兴起并日益左倾，农民运动"过火""幼稚"。共产国际代表也支持了这种意见。毛泽东以中共中央农委书记的身份与会，他坚决主张实行土地革命，支持湖南区委关于实行土地革命的建议，但是根本没有引起重视。1926年12月17日，毛泽东偕夫人杨开慧回到长沙，参加湖南全省第一次农民代表大会。毛泽东一到长沙，就受到了农民代表热烈的欢迎。大会通过了40个与汉口会议的决定"背道而驰"的议案，明确指出：农村形势已发展到革命和反革命决战的时候，必须毫无保留地去支持这场伟大的运动。12月20日，湖南省第一次工人代表大会和第一次农民代表大会联合举行了欢迎大会。欢迎会后出版的日刊这样介绍毛泽东："毛先生泽东奔走革命，卓著勋绩。对于农民运动，尤为注意。去岁回湘养疴，曾于湘潭韶山一带，从事农民运动。湘省之有农运，除岳北农会外，实以此为最早。"欢迎大会主席在致词时，称毛泽东为"中国革命的领袖"。毛泽东在会上也作了近两个小时的长篇讲演，对湖南农民运动所取得的成绩表示钦佩和赞赏。

为了回答党内外对农民运动的种种攻击、怀疑和指责，毛泽东决定亲自到农村去走一走、看一看。从1927年1月4日开始，毛泽东以国民党中央候补执行委员的身份，由国民党湖南省党部监察委员戴述人陪同，考察了湘潭、湘乡、衡山、醴陵、长沙5县的农民运动，历时32天，行程700多公里。农村革命的沸腾生活像磁铁一样吸引了他，在考察中，他亲眼看到许多过去闻所未闻、见所未见的奇事。

银田寺考察

1月4日，毛泽东从长沙出发，当晚乘船到湘潭县城。第二天一大早，毛泽东从县城步行至湘潭第一区农协所在地银田镇，拉开了他考察的序幕。

这天晚上，毛泽东召集了第一区以及各乡农协的代表30多人，在银田寺开会座谈。靠近银田寺的宁乡、湘乡等地农会干部也闻讯赶来。大家围坐在毛泽东周围，有说有笑。毛泽东翻开他的笔记本，根据事先拟好的调查提纲，一个问题一个问题地和大家讨论，听大家汇报。

当他问到农会同地主豪绅在经济方面作了些什么斗争时，宁乡高露乡的代表汇报说，农民协会办起来后，许多农民成群结队地到地主家去吃排饭。土豪劣绅如敢于同农会对抗，一群人就拥进去，杀猪出谷。连土豪劣绅的小姐、少奶奶的牙床，也敢上去滚一滚。

毛泽东听后非常高兴，大声说："滚得好！"高露乡的代表听了很受鼓舞，又接着说："我们那里原有平粜米，后来被取消了。一个叫欧二宝的皮匠，带头起来闹，要地主豪绅恢复平粜，结果石家湾国民党区党部指使团防局，把欧二宝抓起来，关到宁乡县的班房里去了。目前，我们正打算到县政府去示威，要求释放欧二宝，实行平粜米。"

有农民代表气愤地说：取消了平粜米，就是不要民生主义，少了民生主义，那三民主义不就成了"二民主义"啦？这也把孙中山先生所提出的联俄、联共、扶助农工三大政策中的"扶助农工"给丢了。毛泽东表示赞成农民代表的意见，到县政府去示威，要求释放欧二宝，实行平粜米。并嘱咐坐在一旁的戴述人，赶快派人去处理这个问题。

继高露乡汇报之后，银田寺乡农协负责人汇报了原团防局局长汤峻岩破坏农运、滥杀无辜的事，农民对他恨之入骨，一致要求法办。对这一意见，毛泽东当即表示赞同，并鼓励农民坚决与这些反对革命的土豪劣绅作斗争。在毛泽东的支持下，高露乡争取平粜米和银田寺人民镇压土豪汤峻岩的斗争最后均获胜利。

韶山考察

结束了银田寺的考察后，7日一早，毛泽东风尘仆仆直奔家乡韶山冲。得知石三伢子要来，韶山特别区第一、二乡半夜里就敲响了挂在乡农协前面的古钟，大家都纷纷敲着锣、打着鼓，走到五六里之外去迎接。毛泽东在第一乡农协所在地毛震公祠接见了大家。他仔细询问了乡里的农运情况，听说韶山地区的农运开展得红红火火，非常高兴，对在座的乡亲们说："革命不是请客吃饭，不是绘画绣花，农民协会就是要办得激烈些。地主是极少数，我们贫苦农民是大多数。穷人团结起来，就能打倒土豪劣绅。"

午饭后，第三、四乡农协组织了二三百人的队伍前来迎接毛泽东去视察。在第三乡农协所在地毛鉴祠堂举行大会。在欢迎会上，毛泽东用风趣的语言，鼓励农民破除迷信，解放思想，自己解放自己。他说："过去，遇到旱灾，就拜菩萨，结果还是不能解决问题。现在农民修了塘坝，解决了一些问题。看来还是要靠自己动手。民国十四年，我回韶山开展农民运动，一些人对我讲：我们八字不好，坟山不贯气。现在，农民运动搞得轰轰烈烈，只几个月光景，土豪劣绅、贪官污吏一齐倒台了。过去穷人没得饭吃，农民一搞起来，减租减息，也有饭吃了！难道这几个月以前土豪劣绅贪官污吏走好运，他们的坟山都贯气，这几个月忽然又走坏运,坟山也一齐不贯气了。神明吗?那是很可敬的。但是,不要农协会,只要关圣帝君、观音大士,能够打倒土豪劣绅吗?那些帝君、大士们也可怜得很,敬了几百年,一个土豪劣绅不曾替你们打倒!现在你们想减租,请问你们有什么法子,信神呀,还是信农会?"这些话,说得大家都笑起来了。因为答案是明摆着的。会后,毛泽东又在韶山自己家里开了座谈会,专门听取韶山党组织的汇报后,特别指出农民建立自己武装的重要性,告诫农会领导一定要抓住枪杆子、刀把子,否则会出乱子,同时要大力发展党的组织,以壮大力量。在韶山期间,为了获取充实的材料。毛泽东还先后到坝子头、坪里冲、徐家湾等地考察。

湘乡考察

1月9日,毛泽东一行人离开韶山,经湘乡县瓦子坪到达已经去世的母亲文七妹的娘家唐家圫。在这里,他作了短暂的停留,毛泽东把自己的表兄、表嫂都叫到一起,讲建农会的好处,他说:"唯有合群斗争,推翻地主武装,建立农民武装,才有出路。"

11日,毛泽东一行到达湘乡县城。一到县城,毛泽东顾不上休息,就召集有关人员在湘乡饭店开会,听取汇报。县农会负责人谭天民首先发言。他从农会组织的迅猛发展,说到农民阻禁,又从平粜阻禁的情况,讲到斗争土豪劣绅。他还说,宋塘有个姓朱的地主婆对抗农会,农会用纸扎了个猪头的假面具,勒令她戴着去示众,把地主的体面威风都扫尽了。毛泽东听后非常高兴,号召大家就应该像这样去和土豪劣绅斗。

群众斗争，放走土豪劣绅龚义伯之事，令毛泽东非常生气，指出这是一个很大的错误！农会是为贫苦农民办事的，罪大恶极的土豪劣绅、反动阶级的嚣张气焰压不下去，农民就发动不起来，农会也不会办得好。他建议农会应该专门成立一个审判土豪劣绅的委员会，也可以叫做特别法庭，负责处决土豪劣绅。通过考察，毛泽东日益认识到要推翻地主武装，必须建立农民自己的武装。他要求农会大力发展农民武装。没有武器可以用梭镖，可以缴县里团防局的枪。不久，毛泽东还通过省农协派了一位黄埔军校的学生到湘乡，帮助培训农民自卫军。

衡山醴陵考察

衡山县是农民运动开展得很好的一个县。1923年春，毛泽东派刘东轩、谢怀德等工人运动的骨干深入到衡山岳北一带，同年9月创建了湖南农民革命运动的第一个组织——湖南衡山岳北农工会。在湘乡县城考察后，毛泽东15日离开湘乡，经萧家冲，至衡山白果。当晚，毛泽东在白果的区农协所在地关圣殿里，召开农协干部座谈会，仔细听取汇报。

在湖南乡下，夫权思想特别严重，妇女是没有什么地位的。毛泽东一直很关心妇女的命运。到白果后，毛泽东特地在离镇子不远的芳山公祠开了一次妇女座谈会。

大家都进屋坐下后，毛泽东便和妇女们拉起话来。这些妇女分别向毛泽东讲了当地妇女们怎样成立女界联合会，和男人们一起打土豪以及反封建礼教的事。毛泽东一边听，一边连连称赞说："做得好！做得好！"妇女们听了都深受鼓舞。

毛泽东看到祠堂里的妇女如此兴高采烈，也很高兴地说："今天妇女同志来得不少。过去妇女受压迫，封建思想又作怪，妇女不能进祠堂。现在打倒了族权，妇女翻了身，能进祠堂了。这真是一件大好事呀。"

"是的，是的。"提起妇女进祠堂，大家更活跃了。一个女青年走到毛泽东跟前说："毛委员，你说到我们心里去了。"

毛泽东一看眼前说话的这个女青年，举止大方，干净利落，猜想她很可能就是前几天农会干部汇报中，提到的那个朱棣棠。于是，便笑着问她："你叫朱棣棠，是女界联合会的秘书，到祠堂里去吃酒，是你打的头，对不对？"

毛泽东这一问，朱棣棠反倒觉得不好意思了。她低着头回答说："毛委员，先前不要说我们不能进祠堂吃酒，连祠堂的门也不能进呢。就说这个芳山公祠吧，它是大军阀赵恒惕的祖祠，族长是赵恒惕的叔父赵南八。他依着赵恒惕这个靠山，无恶不作，有不顺他眼的，就被提到祠堂里问罪，轻的打个半死，重的就沉塘。农民运动起来了，我们妇女才闹了翻身。"

这时，毛泽东插话，让她具体谈谈进祠堂吃酒的事。朱棣棠兴奋地说了起来：冬至那天，芳山公祠大摆酒席，开堂祭祖。正当那班穿着长袍马褂的地主豪绅，拜过祖先，准备坐席吃酒的时候，我们白果女界联合会 30 多名会员，一窝蜂似的拥了进去。赵南八一看，都快气疯了，连声斥责我们"不成体统"。我们哪里听他那一套！愤愤地说："女子不能吃酒。这个旧规就是要打破。"那班地主豪绅气得直瞪眼，可又拿我们没办法，只好听我们的便。吃完酒席，我们又把赵南八五花大绑，戴上高帽子，罚他游街。妇女们总算出了口气，真是痛快极了。

毛泽东听完了这一经过后，兴奋地说："这个老例破得好，这个反造得好，你们带了个好头，要把你们的斗争精神推广到全国去，使全国的妇女都和你们一样，捆紧把子抱成团，和男子们一起闹革命，推翻旧世界，建立新世界。"两个月之后，毛泽东就把白果妇女结队拥进祠堂吃酒的事，写进了他的《湖南农民运动考察报告》里。

从16日至19日，毛泽东沿途考察了刘家祠堂、福田铺、宋家桥（世上冲）等地。1月20日，毛泽东到达衡山县城。晚上，听取中共衡山县委书记向钧和其他负责人汇报。第二天，毛泽东在衡山县委的欢迎会上再次强调建立农民武装的重要性。在衡山，毛泽东视察农民运动讲习所，召开座谈会。鼓励农讲所学员要办好夜校，编写适合农民的教材。毛泽东还找到县衙门的小职员交谈，听到了许多过去闻所未闻的监狱故事。他后来还念念不忘这件事，说："使我第一次懂得中国监狱全部腐败情形的，是在湖南衡山县做调查时该县的一个小狱吏。"毛泽东得知衡山县监狱关了农民协会委员长和委员一事后，立即要求释放，并放爆竹迎接他们出狱。

1月23日，带着一大堆笔记和各种材料，毛泽东离开衡山，风尘仆仆地回到长沙望麓园，把笔记和材料交给杨开慧整理。在家仅仅待了3天。1月27日,毛泽东冒着纷纷大雪又开始了对醴陵县为期8天的考察。和前几次考察一样他极力支持当地的农民运动,号召农会团结最广大的群众,建立自己的武装,敢作敢为,建立乡村自治机关,真正当家做主。毛泽东还结合其他各县的农运情况,充分肯定了迅速发展的农民运动:哪里愈"糟"就愈好,哪里愈"糟"就证明哪里的农运搞起来了。

培养农运骨干

中国共产党早期领导人瞿秋白曾经说过，毛泽东是"农民运动的王"。这个评价恰如其分地反映了毛泽东在中国农民运动的理论和实践上的杰出贡献。

早在1925年初，毛泽东就利用回故乡韶山过春节的机会，开办农民夜校，组织农民协会，在这一基础上发展了韶山第一批党员，建立了中共韶山支部，领导韶山人民开展了各个方面的初步斗争。这些，给毛泽东在1925年底写出《中国社会各阶级的分析》一文奠定了实践基础。在文中毛泽东系统阐述了自己对农民及农运的认识，明确地提出，自耕农、半自耕农、半贫农、贫农、雇农，都"是我们真正的朋友"。毛泽东既有实践又有理论，所以当时无论党内党外，都公认他是搞农运的专家。

1926年2月，经国民党中央农民部提议，成立了指导全国农民运动的机构——农民运动委员会，毛泽东为委员。3月16日，国民党中央农民部农民运动委员会第一次会议，讨论农民运动讲习所问题，决定任命毛泽东为第六届农民运动讲习所所长。农民运动讲习所，是大革命时期，国共两党合作创办的培养农民运动骨干的学校，目的是培养农民运动人才，使之担负各地实际的农民运动工作。从1924年7月至1926年9月，广州农民运动讲习所共办六届，第一至五届的名称是"中国国民党中央执行委员会农民运动讲习所"，最初的主办人是彭湃。第六届扩大规模，增加招生，并更名为"中国国民党农民运动讲习所"。校址设在广州市番禺学宫。

1926年2月上旬，毛泽东开始筹办第六届农讲所的工作。2月6日，国民党中央农民部发出第二号通告，决定扩大农民运动讲习所，并通告各地按照所提的4条具体要求选派学生。5月3日，第六届农民运动讲习所正式开学。学生来自全国20个省区，共327人（其中9人中途退学，毕业时有学生318人）。由于讲堂被广东省第二次农民代表大会借用，所以5月15日才正式开课。这届农讲所共开设25门课程，内容都是围绕中国革命的基本知识，其中关于农民运动的课程占8门，教员多是有实际经验的农民运动领导者，如彭湃、阮啸仙等。毛泽东亲自讲授"中国农民问题""农村教育""地理"3门课，其中"中国农民问题"是所有课程中授课时间最多的，共23个课时。毛泽东从6月初开始讲这门课。从保存下来的学员课堂笔记里反映出，毛泽东严肃地回顾并总结了历史经验，指出以往革命党人都没有注意研究农民问题，辛亥革命、五卅运动之所以失败就是由于没有得到三万万二千万农民的拥护。他从人口、生产、革命力量、战争关系、革命目的五个方面系统地阐明农民问题在国民革命中的地位。指出："国民革命的目标，是要解决工农商学兵的各阶级问题；不能解决农民问题，则各阶级问题也无由解决。""可以说中国国民革命是农民革命"，"故土地问题为本党中心问题"。

毛泽东把全部心血都倾注在农讲所里，倾注在对学员的教学工作上，他除了亲自授课外，还指导学生进行理论研究。当时发给学生的课外参考书有31种，多数都是他和萧楚女搜集选定的。毛泽东曾组织编印了一套《农民问题丛刊》，供全国各地从事农民运动的人参考。

毛泽东历来注重学生自学，特别强调学生要从事实际问题的调查研究。1926年7月，毛泽东组织50个学生赴韶关实习了一个星期。当时，彭湃领导的以广东海丰为中心的东江农民运动最为成功。8月，他又组织全体师生赴那里实习了两个星期，大大加深了对农民运动的了解。《中国农民》报道说："赴海丰实行在将毕业之时，学生于上课已久、接受各种理论之后，亲入革命的农民群众中，考察其组织，而目击其生活，影响学生做农民运动之决心极大。"为了进一步提高广大学生分析问题解决问题的能力，农讲所还将学生按地区组成13个农民问题研究会，还主持拟定了租率、田赋、地主来源、抗租减租、农村组织状况、农民观念、民歌等36个调查项目，要求学生根据家乡的实际情况填写。毛泽东很珍视这些调查材料，后来丢失了，到60年代谈起时还说很可惜。

农讲所师生关系融洽，革命情深。毛泽东经常利用课余饭后和学生们一起散步，交流思想。这时，毛泽东虽然已成为在全国有影响的农民运动权威，但他态度谦逊，毫无架子，同学们都乐意接近他，向他敞开自己的心扉，接受他的教诲。

在毛泽东潜心教学之时，北伐军相继在汀泗桥、贺胜桥击溃吴佩孚的主力部队，前锋直指武汉。农讲所的目的，本来是要把经过训练的干部派回农村，向农民宣传革命，发展农民运动。为了配合快速推进的北伐战争，第六届农讲所在9月间结束。学员们分赴各地，直接投身农民运动。在结业式上毛泽东发表长篇讲话，勉励学员："拜农民为老师，同农民做朋友，脱掉知识分子的皮衣，放下臭架子；敢于同反动势力作斗争，不怕艰苦，不怕牺牲，为农民求解放，为农民谋利益，这才是我们的好学生。"

广州农民运动讲习所结束后，随着北伐战争的节节胜利，随着革命形势的迅速发展，革命的中心已由广州移至武汉，毛泽东遂决计在武昌筹办农民运动讲习所，并得到了中共中央的批准。11月下旬，毛泽东联络湖南、湖北、江西的国民党省党部、省农民协会筹办湘鄂赣三省农民运动讲习所，得到了三省党部和农民协会的支持。各省都推选了干部，提供了经费。1927年2月毛泽东赶赴武汉，住进武昌都府堤41号，为主办农民运动讲习所日夜操劳。由于全国各地众多热心农民运动的青年纷纷投考，根据毛泽东的提议，国民党中央决定将湘鄂赣农民运动讲习所扩大为"中国国民党中央农民运动讲习所"。国民党中央农民运动委员会推选邓演达、毛泽东、陈克文3人为常务委员，并决定学员名额扩大为800人，学制4个月。3月7日，国民党中央农民运动讲习所正式上课，来自全国18个省市的800余名学员共分4个班。4月4日，在武昌北城角校内举行开学典礼。

在武昌农民运动讲习所，毛泽东成为讲授农民问题等课程的主力教员，他的课时占全部课时的60%。此外，他还编了一本《中国佃农生活举例》，纳入《中央农民运动讲习所丛书》，供学员及全国各地农运工作者自学参考。书中以生动形象的例子分析了佃农的悲惨生活，并且得出结论："中国佃农比世界上无论何国之佃农为苦，而许多佃农被挤离开土地变为兵匪游民。"

武昌农民运动讲习所继承了以往历届农讲所的光荣传统和良好学风。尤其在军事训练上，早在广州时毛泽东就十分重视学生的军事训练。农讲所设有专门的军事课，聘请专职军事教官负责对学生进行正规的军事训练。武昌中央农讲所的《规约》中，赫然写明："为将来发展农民武装起见，所以要受严格的军事训练"，"不接受这种严格的军事训练，便是对革命没有诚意"。每个学员还发了一支汉阳造七九式步枪，规定每天训练两小时，每周野外军事演习一次。"四一二"反革命政变发生后，军事训练每天增至4个小时。这期有许多学员在半年后成为各地农民武装起义的骨干。其中有一个陈慕平回乡后在井冈山袁文才的农民自卫军里做事，对后来毛泽东与袁文才的会面起了很大作用。

在蒋介石背叛革命，残酷屠杀共产党人和革命群众的风云突变的形势下，农讲所学员除完成学习任务外，还积极参加了当时的革命斗争。1927年5月17日，国民革命军独立第十四师师长夏斗寅在蒋介石策动下，勾结四川军阀杨森发动叛乱，偷袭武汉。在这紧急关头，毛泽东果断地将农讲所学员400余人编入中央独立师第二团第三营，参加平叛，对保卫武汉革命政府的安全作出了贡献。5月底，毛泽东调集中央农讲所300多人赴麻城，配合武汉政府所派的一营军队，镇压地主武装民团和土匪叛乱，支持了麻城农民运动。经过 3 个多月紧张的学习、实践和战斗生活，农讲所学员的政治觉悟和工作能力大大提高。6 月 18 日，中央农民运动讲习所举行毕业典礼。毛泽东等向全体学员颁发刻有"农村革命"4 个大字的铜质五星证章，勉励他们到农村去，开展农民革命运动。大革命失败后，农民运动讲习所的不少学员都参加了中国共产党领导的武装起义，成为农村革命根据地和工农红军的骨干。

  周恩来曾对毛泽东主办的农讲所作了这样的评价："一九二五年五卅运动以后，工人运动、农民运动在全国得到了空前的大发展，规模之大是过去从来没有的。从这个运动中，能看到革命的发展是走向农民的革命战争，能看到革命发展这个全局的在我们党内的代表是毛泽东同志。他接办农民运动讲习所，进行农民土地问题的调查研究，出了二十几种小册子。历届讲习所的学生后来分散到湖南、湖北和其他各地，发动了广大的农民运动。"农讲所被誉为"革命的摇篮"。

第三章
星火井冈

1926年冬，随着北伐战争和农民革命运动的迅猛发展，蒋介石日益暴露出他反革命的丑恶面目。在得到帝国主义和江浙买办阶级的支持以后，他开始向革命、向农民运动发起了疯狂的进攻。1927年夏，继蒋介石发动"四一二"反革命政变后，汪精卫也叛变革命，大肆捕杀共产党员和革命群众。以国共合作为基础的大革命失败了。白色恐怖笼罩全国，刚刚开始的中国革命运动走向了低潮。

毛泽东以其坚定的政治信仰和对斗争形势的准确判断，高举共产党的红旗，领导湘赣边界秋收暴动严重受挫后，成功地转兵上井冈山，把枪杆子与农民运动结合起来，创建农村革命根据地，实行"工农武装割据"。

霹雳一声暴动

面对大革命的失败,毛泽东也曾"心情苍凉,一时不知如何是好",但他以革命家的坚定信念,执着的探索精神,积极地思索着中国革命的出路。通过对中国社会,特别是对中国农民的深切了解,毛泽东逐渐认识到,中国共产党不能再妥协退让,要旗帜鲜明地反对国民党,进行针锋相对的斗争。

1927年8月7日,在共产国际的帮助下,中共中央在汉口召开了紧急会议,即著名的"八七会议"。毛泽东参加了会议。会议总结了大革命失败的经验教训,结束了陈独秀右倾机会主义在中共中央的统治,确定了土地革命和武装反抗国民党反动派的总方针,并把发动农民举行秋收起义作为当前党的最主要任务。在讨论共产国际代表的报告时,毛泽东是第一个站起来发言的。他对陈独秀在革命统一战线中自动放弃领导权、反对农民革命,致使大革命失败的严重错误,进行了揭露和批判;阐明了革命的统一战线必须由我党领导,由工农大众做主人,没收地主的土地以满足广大农民的要求;提出了"须知政权是由枪杆子中取得的"著名论断。这次会议选举产生了临时中央政治局,毛泽东被选为政治局候补委员。会议最后决定:为挽救中国革命,在湖南、湖北、江西、广东等革命基础较好的省份发动武装暴动,反击国民党反动派的进攻。

8月9日，毛泽东出席了由瞿秋白主持召开的临时中央政治局第一次会议，会议进一步讨论了湘、鄂、赣、粤4省秋收起义问题和各地党的工作。在会议的过程中，瞿秋白提议毛泽东去上海党中央工作。但这时的毛泽东已下定决心到农村中去接受挑战，去实施他的"上山"策略。会议结束后，毛泽东离开武汉，星夜直奔长沙，准备领导湘赣边界秋收起义。

毛泽东回到湖南不久，便根据临时中央政治局的决定，同彭公达一起改组中共湖南省委，并召开新省委会议，对秋收起义的一系列问题进行热烈的讨论和研究。8月20日，毛泽东根据当时的形势，以中共湖南省委的名义致函中共中央，指出：这次秋收起义，"我们不应再打国民党的旗子了。我们应高高打出共产党的旗子"。因为"国民党的旗子已成为军阀的旗子，只有共产党的旗子才是人民的旗子"。8月30日，中共湖南省委常委召开会议。到会的绝大多数同志最终同意毛泽东提出的正确主张，会议决定在湘潭、宁乡、醴陵、浏阳、平江、岳州、安源等地区组织武装起义，并任命毛泽东为中共湖南省委前敌委员会书记（前委书记）。30日星夜，毛泽东身着旧青布工人服装，肩负着在湘东赣西发动群众组织起义军的重任，在长沙乘火车到株洲，他向当地党组织负责人传达了"八七会议"精神和省委会议的秋收暴动计划。在听取了有关株洲的情况汇报后，毛泽东又指示当地党组织，要把株洲的工人及近郊的农民发动起来，夺取警察局的枪支，炸毁易家湾铁路桥，以断绝长江与株洲之间的交通，防止敌人从长沙增援。

随后，毛泽东离开株洲，风尘仆仆地前往安源，组织秋收起义的骨干军事力量。毛泽东一到安源，就在张家湾召集安源市委及有关负责人开会，报告了"八七会议"的经过及会议精神，省委改组的情况和自己来湘东、赣西的任务。会议在充分讨论的基础上，缜密地研究了秋收起义的军事行动，确定了起义部队的编制和进军路线。参加秋收起义的部队，统一编为工农革命军第一军第一师，下辖一、二、三团，由驻修水、安源、铜鼓的工农革命武装和原国民革命军第二方面军总指挥部警卫团组成，在前敌委员会领导之下，由毛泽东任党代表，卢德铭为总指挥，第一团团长是钟文璋，第二团团长是王新亚，第三团团长是苏先俊。经过一段时间的努力，起义的准备工作基本上做好了。

1927年9月11日，暴动的时刻终于到来了。毛泽东指挥第三团高举镰刀斧头的红旗，在铜鼓举行武装起义。瞬间，"暴动，打倒国民政府""暴动，打倒蒋介石、汪精卫""暴动，农民夺取土地""暴动胜利万岁"等口号响彻古老的山城。县城周围的四乡农民，手持梭镖、大刀、扁担、鸟枪、木棒，纷纷赶来为工农革命军助威。

按照安源军事会议制订的计划，第一团由修水向平江进攻，第二团由安源取醴陵、浏阳，第三团由铜鼓向浏阳进击。然后，3个团合力攻下长沙，成立湖南省革命委员会。白沙是铜鼓去浏阳的必经之道，驻有国民党军队一个连以及部分地主武装。第三团在毛泽东、苏先俊指挥下，以大无畏的精神向白沙守敌猛攻。

敌人凭借有利地形负隅顽抗，滚滚硝烟弥漫在白沙的上空。

"这是第三团的第一仗，一定要打赢！"战斗激烈进行时，毛泽东冒着枪林弹雨在前线指挥战斗。经过全团官兵奋不顾身的冲杀，终于击溃敌人，胜利占领白沙镇。

攻下白沙后，第三团直奔东门市。距白沙20余里的东门，是一个山清水秀的村子，居住着数百人。12日，艳阳高照，晴空万里，第三团一鼓作气地扑向东门。风闻白沙失守，东门守敌无心恋战，纷纷向浏阳方向溃逃。没费多大代价，第三团顺利占领了第二座集镇。

第一、二团也进展迅速，连获胜利。第一团由师长余洒度、副师长余贲民及团长钟文璋率领，9日在修水起义后，直奔湖南的平江，12日抵达龙门、金坪一带。一路上，全团上下士气旺盛，精神亢奋。王新亚领导的第二团，是中秋节那天举行暴动的。他们从安源张家湾出发，进攻萍乡、醴陵。12日攻取醴陵县城，13日成立了醴陵县革命委员会。随后，他们高呼口号向浏阳挺进。

在工农革命军第一师举行暴动的同时，湘东赣西工农群众也动员、组织起来，支持工农革命军的军事行动，在湘赣边的辽阔区域，武装暴动的烈火熊熊燃烧起来。

目睹秋收起义部队旗开得胜、进展顺利，毛泽东的喜悦心情也油然而生。他一边走在队伍中间，一边低声地吟起了自己写的《西江月·秋收起义》：

军叫工农革命，旗号镰刀斧头。匡庐一带不停留，要向潇湘直进。地主重重压迫,农民个个同仇。秋收时节暮云愁,霹雳一声暴动。

秋收起义的枪声,震动了旧世界。由此,一场历经22年的抗击帝国主义侵略,粉碎国民党"围剿"的中国当代武装斗争的序幕拉开了。

浏阳遇险

1927年9月初,毛泽东来到安源张家湾,召集安源市委及有关负责人开会,传达了"八七会议"的精神、湖南省委改组的情况和在湘东、赣西举行秋收起义的任务。

毛泽东在安源做好安排后,身穿白色的褂子和长裤,装作安源煤矿的张采购员,由浏阳县委书记潘心源陪同赶往铜鼓,去领导起义。安源到铜鼓,足足有200多里路程,沿途都是崎岖山路。两天下来,他们的双脚磨破了皮。加之骄阳似火,走得又急,全身都是汗水。为了按时赶到铜鼓,他俩咬紧牙关,忍着疼痛和炎热,急急赶路,到了浏阳和铜鼓边界的张家坊,在客店住了一夜。

第二天一早,他们正在吃早餐,忽然3个手持梭镖的挨户团团丁跨进屋,其中一个恶狠狠地问道:"你们从哪儿来,来干什么的?"毛泽东异常镇定,不慌不忙地回答:"我们是安源煤矿的采购员,吃完饭准备去铜鼓采购夏布、桐油的。"说着便随手从衣袋里取出一张字条,递给那个团丁:"这是我们的证明。"团丁看后又盘问一番,未见破绽,到铺房里看了一看,就出门了。毛泽东等总算松了口气,继续吃早饭。不一会儿,另外2个团丁又进来了,说是要他们到民团总部走一趟。本地人潘心源开口质问:"不是刚才查问了,怎么又来烦人呀!"其中一个吆喝道:

"别多话，这又不是做买卖，还讲什么价钱，要是惹火了老子，只能用绳子绑着走了。"毛泽东觉得弄僵了反而要吃苦头，给潘心源使了一个眼色后说："好吧，就走一趟，无非是耽误一些时间。"两人走出客店一看，民团已经抓了一些人，尽是些做小本生意、走亲戚的人，而且都用绳子绑着。几个团丁也要用绳子来绑毛泽东等人，其中一个团丁说："他们两人有证明，就算了。"

团丁有20来个，他们把毛泽东二人作为有证明信的"嫌疑犯"，放在抓来的这一串人后面走，不过也同样有梭镖抵着脊梁骨。刚离张家坊时，团丁们盯得很紧，走了一段后，他们各自抽烟、说话，对"犯人"稍有放松。太阳渐渐西斜，照得西边一片通红。"要想办法甩掉他们，否则，到了团部更难摆脱。"毛泽东边走边思忖怎样虎口脱险，以便如期赶到铜鼓。忽然一个大胆的计划在脑中形成，他向后看了一眼潘心源，用眼神表达了自己的意思，轻声地问："钱好拿吗？"潘心源回答："捆在里面，一下子拿不出来。"毛泽东接着说："也罢！"其实，毛泽东自己身上有些钱，此举无非是通一点"要逃"的信息。潘心源心领神会，也开始紧张地做准备。他们打算用钱来贿赂押送他们的团丁，以求逃脱。

这段经历，毛泽东在30年代曾向美国记者斯诺谈过："我从一个同志那里借了几十块钱，打算贿赂押送的人释放我。普通的士兵都是雇佣兵，枪毙我对他们并没有特别的好处，他们同意释放我，可是负责的队长却不允许。因此我决定设法逃跑。但是，直到离民团总部大约不到200米的地方，我才找到机会。

我一下子挣脱出来，往田野里跑。"此时，潘心源等人也一哄而散。

毛泽东拼命地跑了一阵，跑到一个高地，下面是一个水塘，周围长满了很高的草，他就躲进了草丛里。过了一会儿，潘心源等人被抓住了，并且被捆绑起来。这时，民团队长才觉得那位尚未抓到的张先生才是"共党头子"，于是自己亲自指挥团丁上山搜寻"共党头子"。团丁有好几次走到水塘边了，有一两次毛泽东用手几乎都可以摸到团丁的脚。但最终也没发现毛泽东，团丁们弄得又饥又饿，疲惫不堪，只得停止搜寻，下山去了。

毛泽东待人声听不见了，就从水塘草丛中走出来，为避免暴露目标又进到山沟里往上爬。翻过山岭，又从一条山沟往下走，鞋也丢了，脚底被戳破还流着血。在一条小路旁边的石头上坐下来，又饥又累，正在发愁，一个农民从山坞里挑着一担柴走过来，毛泽东站起来凑近去问路。农民说，天快黑了，到铜鼓城里还不近哩！并对毛泽东从头到脚打量了一番，怀疑地问：你怎么走到这山坞里来了！两个人于是交谈起来。毛泽东把被团丁押送和途中脱险的事说了一遍，并说自己是农民协会的委员长，恳请农民兄弟帮个忙。打柴的很惊讶："怎么帮忙？"毛泽东说："这是两块钱，一块请你买一双草鞋，一块请你买一点饭，并请你带路，把我送到江西地界。"打柴的答应了。天快黑了，这位农民把毛泽东接到了家里，并按照毛泽东的吩咐买来了饭和鞋，当晚毛泽东就在这户农民家休息。第二天一早，这位农民送毛泽东启程，过了浏阳和铜鼓的边界，一直进入铜鼓界才返回。

麻烦还没有完。走了一天，到了一个市镇，那地方情况也有些紧张。毛泽东没有行李,身上穿一件短褂,一件汗衫,他便把短褂脱下来扎成包袱模样,横背在肩上。每走到一家店门口时,就问:"老板,歇得客吗?"老板眼睛一瞪:"歇不得!"连碰了几个钉子。直到街尾最后一家店时,他索性不问了,走进去坐下,大声喊:"老板!打水来洗脚!"老板无可奈何,只得由他住下。

新的一天到了,毛泽东一个人继续往前走,中午时分,停下来吃点东西,买碗凉茶喝。傍晚,走到离铜鼓县城不远的地方,几个平江工农义勇队的战士,手提枪杆喊"站住",并对这位素不相识的前委书记问道:"干什么的?"毛泽东回答:"同你们一样搞暴动来啦!"又问:"有介绍信吗?"回答说:"介绍信给民团没收了。"他们说:"没有介绍信只好先抓起来再说。"毛泽东倒是不怕被这些义勇军抓,说:"要见你们的大队长陈知峰。"毛泽东被黑布蒙了眼睛,押到陈知峰的面前,陈知峰问:"你是哪一个?"回答:"我是毛泽东。"陈知峰赶快叫队员松绑,解下蒙眼的黑布。陈知峰仔细一看,果然是毛委员,歉疚地说:"哎哟哟,弄错了,弄错了。"那几个队员也站在一旁发愣。毛泽东用手擦了擦眼睛,说,你部下的警惕性还是蛮高的。接着,风趣地说:"陈知峰,你可知道,我这是第二次当'在押犯',所以迟到了。"就这样毛泽东终于虎口脱险,到了准备起义的前敌委员会,于是轰动世界的湘、赣边界的工农起义,拉开了序幕。

去当红色"山大王"

1927年9月9日,湘赣边秋收起义在毛泽东领导下爆发了。但由于当时暴动计划的主要目标是进攻敌人力量比较集中的长沙,所以,暴动一开始就遭到远比起义部队强大的反革命军队的抵抗。部队在攻占醴陵、浏阳等县城之后,由于兵力分散,各自为战,很快便受到了严重的损失,再加上缺乏实战经验又指挥失当,从5000多人减少到1500余人,队伍"竟至溃不成军"。

面对如此严峻形势,毛泽东在冷静分析工农革命军的处境之后,果断决定放弃攻打长沙,让各团火速退兵浏阳县文家市。9月19日前后,参加起义的部队相继会合到了文家市。连日来,起义军连续失利的阴影还笼罩在大家的心头。"下一步往哪里去?""部队的前途和命运如何?"更是困扰着大家,不少官兵愁云满面,忧心忡忡。

几天来,毛泽东也在思考,把这支千余人的队伍带到哪里去,去干什么。大革命时,轰轰烈烈的农民运动,使毛泽东首先想到了农村。对,把队伍带到农村去,在那里发动农民,开展游击战争。19日晚上,毛泽东在文家市的里仁小学召开前委会议,研究部队的行动方向,统一全军的思想。师长余洒度第一个发表了意见:继续执行省委的决定,直攻长沙。总指挥卢德铭当即站起来表示反对。两人开始激烈争论，但毫无结果。最后大家还是把目光投向了毛泽东。毛泽东把队伍带到农村去的心意已定，他站立起来，神情严肃地说道：在目前情况下，凭工农革命军这么一点兵力，去攻打长沙，只能是飞蛾扑火，自取灭亡。眼下我们应到统治力量薄弱的农村去开展斗争，去当红色的"山大王"，一方面保存、发展武装力量，一方面发动农民群众，进行广泛的游击战争。

"你这是逃跑主义！"副师长余贲民表示极力反对。此言一出，台下也开始议论纷纷。毛泽东从容镇定，胸有成竹，面对着各种各样的目光，侃侃而谈："走，不是逃跑，不是临阵退缩。三十六计，走为上计。这个'走'字，其实大有奥妙。走，就是流动，就是游击、声东击西。今天我们在处于劣势的时候实行战略转移，正是为了明天更好地进攻敌人。我们工农革命军深入到广大农村，一边游击敌人，一边发动群众，星星之火也可形成燎原之势，就有可能烧毁整个旧世界。这就是我们'走'字的内涵，也即是战略转移的意义所在。"不少人对毛泽东的讲话啧啧称赞，佩服之至。最后，看到大家的态度都倾向于毛泽东的意见，余洒度和余贲民只好表示赞同。这样，毛泽东主持的前委会议，一致同意工农革命军停止进攻长沙的军事行动，向南退却到农村开展斗争。

那么部队开到哪里去扎根呢？总不能走到哪，算到哪吧！其实毛泽东早就胸有成竹，只见他用手指着地图的一个地方说：我们就到这里去扎下根来。这个像眉毛一样的地方，是罗霄山脉的中段，适宜我们落脚。这里地势险要，森林茂密，进可以攻，退可以守，而革命的一举一动又可以影响到湘赣两省。并且这里有自给自足的自然资源，有较好的群众基础，特别是井冈山地区，是积草屯粮、聚集革命力量的好地方。毛泽东讲话分析透彻，入情入理，参加会议的同志纷纷表示赞同。

前委已经统一了认识，还得向广大指战员宣布前委的决定。第二天一大早，工农革命军就聚合在里仁小学的操场上，听取毛泽东的讲话。

"咦，怎么不打长沙了？""为什么要去农村？""武装斗争的目标不就是城市吗？"毛泽东宣布的前委决定，在不少指战员中引起了不小的震动。他们心中布满疑团，不知怎样理解前委书记讲话的用意。

望着一张张满是疑云的脸，毛泽东向全体官员详细解释为什么前委要作出这样的决定。同时，针对部分指战员情绪低落，毛泽东信心百倍地跟大家说：打几个败仗算什么，胜败乃兵家常事。只要镰刀斧头的红旗还在，只要我们这支队伍还在，善于从失败中汲取教训，那么，就会由小到大，由弱变强，最后打败国民党反动派。这时，毛泽东打了一个通俗的比喻："工农革命军好比是一颗小石子，蒋介石反动派好比是一口大水缸。但总有一天，我们这块小石头，一定要打烂蒋介石那口大水缸！"

最后，毛泽东着重指出：起义原计划要去攻打长沙，大家也想进长沙。长沙好不好？长沙好，可长沙打不下来。目前长沙那样的城市，还不是我们蹲的地方，那就不要去了。我们要到敌人

171

统治薄弱的农村去,在农村建立革命的战略基地,站住脚跟,养精蓄锐,发展我们的武装力量。我们马上就要出发了,到罗霄山脉中段去建立革命根据地。

参加大会的还有300多名群众,他们听了毛泽东的讲话,深受激励鼓舞。当场有不少群众要求参加工农革命军。部队离开时,群众还主动帮助工农革命军抬伤员、带路。这样,工农革命军就在毛泽东的率领下,向罗霄山脉中段进军,去当红色的"山大王"。

三湾奠军魂

1927年9月底,毛泽东率领工农革命军向罗霄山脉中段进军。部队走到江西省萍乡的芦溪镇时,遭遇反动军队朱士桂部一个营和地主反动武装5000余人的偷袭,受到很大损失,总指挥卢德铭也牺牲了,部队冲出包围后,只剩下千余人,士气很低落。

当时,又正好赶上暑天行军,天气炎热,起义部队水土不服,不少战士都病了。从文家市出发,指战员带的粮食很少,加之沿途的老百姓不了解这支部队,一看见他们到来就四处躲藏,所以,部队的给养日渐困难。余洒度、苏先俊等人不仅继续坚持自己的主张,而且向指战员们吹冷风,在战士中散布悲观情绪,诬蔑向罗霄山脉中段进军是逃跑。部分平江、浏阳的农军害怕远离家乡,产生了思乡情绪。部队也不断发生逃亡现象,当年在这支队伍里行进的赖毅后来回忆说:"那时,逃跑变成了公开的事,投机分子竟然互相询问:'你走不走?''你准备往哪儿去?'这真是一次严重的考验。"

毛泽东和普通战士一样,一直走在队伍中,他今天跟这个连走,明天跟那个连走,一路上不是和这个谈心,就是帮着那个背枪挑担子,对队伍中发生的一切都了如指掌。几天来,他吃不下饭,睡不着觉,苦苦思索着怎样才能改变部队的这种状况。他认为，革命要靠自觉，不能勉强。大浪淘沙，不坚定的走了，留下来的才是金子。我们需要一支精干的、可靠的队伍，以此为核心去开创艰苦卓绝的事业。部队再也不能这样走下去了，必须着手解决出现的一些问题。

9月29日，工农革命军经过9天的行军和战斗，来到了江西永新的三湾村。毛泽东征求了余洒度等人的意见后，决定先开一个干部会议，形成统一的意见。当晚，毛泽东顾不上休息，就在一家名叫泰和祥的小杂货店里召开了前敌委员会会议，决定采取坚决措施，对部队进行改编。他在会上总结了右倾机会主义分子陈独秀放弃党对军队领导的教训，分析了部队的思想状况，提出了对部队进行改编和政治建军的一整套主张。会议一直开到鸡叫三遍才结束。

第二天一早，部队全体官兵都集合在村里钟家祠堂门口的枫树坪，毛泽东走到部队前的土坎上，向大家宣布前敌委员会的决定，并宣布了革命自愿的原则，愿留则留，愿走则走，要回家的，每人发给路费。他说："我毛泽东干革命，一不图升官，二不图发财，三不图养家糊口，只图天下劳苦大众得到解放。此行前去，山高水长，任重道远，你们跟着我去井冈山搞根据地，可能很艰苦，很危险，但是也很光荣。人各有志，不能强求，有愿意跟我走的，请站到左边来，我热切欢迎；有愿意回家的，请站到右边去，我热烈欢送，而且发给路费！"队伍中共产党员、共青团员和一些意志坚定的战士在党代表宛希先带头下，首先走到枫树坪的左侧。他们举起手中的武器，高呼"跟着毛委员打天下，坚决革命到底"的口号，表示坚决革命到底。接着，张子清、伍中豪、陈伯钧、何长工等部队骨干，也站到了左边。余洒度和余贲民虽然仍对上井冈山想不通，但他们略为犹豫了一下，也站到了左边。最后，绝大多数战士都愿意留下，清点了一下，队伍还有近千人，700多支枪，48匹马。部队经过整编，人员虽然减少了，但战斗力却大大增强了，成了一支坚强团结的人民军队。

10月3日，毛泽东又在枫树坪向经过改编的部队发表讲话。在分析了工农革命军进入罗霄山脉中段地区后的政治形势后，他宣布：将原来的工农革命军第一军第一师改编为工农革命军第一军第一师第一团，由陈浩任团长，何挺颖任党代表，韩昌剑任参谋长，余贲民任副团长。余洒度和苏先俊担任新成立的军事委员会委员。全团辖一、三两个营及特务连，由前委统一指挥。接着他说，现在，敌人只是跟着我们后面放冷枪，这没什么了不起，大家都是娘生的，敌人有两条腿，我们也有两条腿。我们都是起义出来的，1个可以当敌人10个，10个可以当敌人100个。大家听了这番话，受到很大鼓舞。有的说："毛委员不怕，我们还怕什么？"有的说："贺龙两把菜刀能够起家，我们几百人还不能起家吗？"

接着，毛泽东开始在部队中建立党的各级组织，班排设有小组，连有支部，营、团建立党委，在连以上各级设置了党代表，负责党务工作和士兵的思想政治工作，并且成立了党的"前敌委员会"，毛泽东仍担任书记。从而，确保了军队的无产阶级性质，确保了党对军队的绝对领导。为了扫除旧军队的不良影响和习气，毛泽东还亲自领导部队进行民主改革，确立了士兵委员会等集中指导下的民主制度。

工农革命军刚到三湾时，群众摸不清底细，纷纷往山上跑。他们藏在密林中，观察着村里的动静。不久他们发现，这些衣衫褴褛的大兵，和以往的国民党军队截然不同。进了村后，他们不砸老百姓的门，不抢老百姓的东西，而且很有组织纪律性，还帮助躲进山里的群众收拾好耕牛和农具，打扫房子和道路。渐渐地几位胆大的老人想进村看看。临走前交代山上的人："如果我们下山后，没有喊你们下来，你们千万别下来。即使吊打我们，你们也不能下来。"

下山后，老人看到工农革命军果真与国民党军队不同。于是，他们胸中的疑虑与恐惧一扫而光，忙上山把大家都叫下来。顿时，三湾村喧闹起来。群众把自己的房子和床铺让给战士睡，把自家种的菜给战士吃。群众还到处打听，这样好的兵是哪一个长官带的，一位战士回答："是毛泽东带的兵，我们不叫他长官，叫他毛委员。"

群众笑着说："我们习惯将带兵的人叫司令，我们就称他毛司令。"这样，"毛司令"的称呼很快在三湾传开了，群众还编了一首歌谣，赞扬毛泽东带领工农革命军在三湾领导穷人闹革命："天上降了北斗星，漫山遍野通通明；一九二七那一年，三湾来了毛司令。毛司令哟真英明，带来将官带来兵；红旗飘飘进村来，九龙山沟闹革命。"

这就是在中国革命史上著名的"三湾改编"，三湾改编是建设新型人民军队的重要开端,在人民军队的建军史上有重大意义。经过这次改编,部队面貌焕然一新,战士们精神抖擞。10月3日,这支工农革命军,在毛泽东的带领下,迈开雄健的步伐,踏上了新的征程。

之后,毛泽东总结打茶陵的经验教训,为部队制定了"三大任务";总结打遂川的经验,提出了"三大纪律六项注意"等。确立了不少重要的建军原则,使部队日益发展壮大,在创建农村根据地的斗争中发挥越来越重要的作用,也为中国共产党提供了宝贵的建军经验。

结交"绿林"朋友

1927年10月初,毛泽东带领工农革命军到达了井冈山。井冈山山高林密,山上有袁文才、王佐两支农民武装,各有150多人、60支枪。王佐部驻在山上的茨坪和大、小五井等处,袁文才部驻在井冈山北麓的宁冈茅坪,他们互相配合,互相呼应。工农革命军在井冈山落脚,不得到袁文才、王佐的允许是根本不可能的,而事情并不那样简单。他们两人虽然参加过大革命,袁文才还是共产党员,但他们对前来的这支工农革命军毕竟没有多少了解,还担心这支比他们力量大得多的部队上山会"火并山寨",夺取他们原有的地盘,两人心中难免存有疑虑。怎样说服和争取这两支农民武装?毛泽东决定先从已加入中国共产党的袁文才入手,再通过他去做王佐的工作。所以,毛泽东一到三湾,在第二天中午饭后就写了一封信,并特地找来与宁冈袁文才熟悉的地下党员钟老相去送这封信。

信当晚就到了袁文才手里。袁文才接到毛泽东的信后,心里还是没底,于是,他就召集头领们开会,讨论这封信。虽然大家意见不一,但袁文才最终还是下决心先见见毛泽东再说,于是他就派了曾经在武昌中央农讲所当过学员,现农民自卫军司书陈慕平代表自己与宁冈县党组织负责人龙超清一块儿去见毛泽东。

这天上午，当知道宁冈来了两个人时，毛泽东立即出门迎接。大家一见如故，寒暄之后，龙超清、陈慕平分别介绍了宁冈县和袁文才的情况，毛泽东听了他俩的话很高兴，就简单介绍了秋收起义受挫、转移到这里来的情况。双方谈得投机，最后，双方商定工农革命军可先开往古城。

10月3日下午，工农革命军进抵古城，毛泽东在文昌宫召开了前委扩大会议，会议讨论和确定了在以宁冈为中心的罗霄山脉中段建立革命根据地的战略方针，同时也讨论了应该如何对待袁文才、王佐部队的问题。当时工农革命军中有人曾提议，解除袁、王的武装，把他们解决，他们那几十支枪，一包围缴械就完了。毛泽东说，谈何容易，你们太狭隘了，度量太小啦。我们不能采取大鱼吃小鱼的吞并策略，三山五岳的朋友还很多呢！历史上有哪个能把三山五岳的绿林中人都吃掉？三山五岳联合起来就是大队伍。不能只看到几十个人、几十杆枪，这是个政策问题；对他们只能用文，不能用武，要积极地争取改造他们，使他们变成跟我们一道走的真正革命武装。这是关系到工农革命能不能在井冈山地区站住脚跟的关键性决策。毛泽东精辟而又深刻的分析，统一了大家的思想认识。于是，团结和改造袁文才、王佐部队的方针确定了。毛泽东决定结交绿林朋友。由于伤病员较多，要争取尽快安顿下来。虽然袁文才的代表表示了欢迎，但毕竟还没有得到袁文才本人的点头，更没有得到王佐的同意。为此，毛泽东和龙超清商定6日在东源大仓村直接同袁文才会面，当面做他的工作。

　　拿什么当见面礼呢？这是毛泽东考虑的主要问题之一，从与龙超清、陈慕平的谈话中知道，枪是他们的命根子，而本部队枪支恰恰有多余，就在"送枪"上做文章吧。他想，送少了不解决问题，狠下决心送他100支，现在袁文才总共也只有60支枪，送这些枪几乎可以把他们全部武装起来了，一定能够消除他的戒心与顾虑。

　　6日这天，袁文才起了个早。但他心里还是有顾虑，生怕毛泽东乘机率领大部队把自己的武装给吃了，于是预先在林家祠堂埋伏下20多人，20多条枪。但当他老远看见毛泽东只带了两个人走过来时，心里很是激动，立即暗示伏兵撤回茅坪，并大步向前，紧紧地握住了毛泽东的手。和袁文才寒暄几句后，毛泽东与他进行了长谈。毛泽东谈到了国内的形势和工农革命军的任务，谈到了革命的前途和当前的工作要求。

　　"毛泽东不愧是中央的人才，有水平，有能力。"原先袁文才有顾虑，搞不清工农革命军的底细，一开始很拘谨，也有戒备。听了毛泽东的一番话，眉头渐渐展开，话也多了起来。他向毛泽东介绍了自己的身世，谈了队伍的组成和状况，明确表示欢迎工农革命军到井冈山安家。会见后，毛泽东代表工农革命军赠送100支枪给袁文才，还派了徐彦刚、游雪程、陈伯钧3位军事干部帮助他练兵。袁文才回赠了一笔现金，并且答应把工农革命军的伤员安顿在茅坪。10月7日，毛泽东率领工农革命军进入了茅坪。

通过袁文才，毛泽东又和王佐取得了联系。王佐和袁文才虽然都是农民自卫军的首领，却有着不同的坎坷人生，王佐的出身很苦，从小学做裁缝，后来，在朱聋子的绿林武装里混饭吃。过了一年，他自己拉起了一支队伍，当上了山大王。王佐为人热情、爽直，尽管没有文化，但也粗中有细，善于算计。在风风雨雨之中，他的队伍渐渐壮大，成了湘赣边界屈指可数的一支武装。10月下旬，当王佐得知毛泽东率领工农革命军即将上山，忙赶到双马石迎接他们。王佐的情况，袁文才已经向毛泽东介绍了很多。双方一见如故，热情地交谈起来。在交谈时，毛泽东向王佐介绍了工农革命军上山的打算和工作安排，王佐谈到了自己的经历以及部队的现状。虽说是初次接触，然而，毛泽东的形象在王佐的脑中留下了深深印记。

与此同时，毛泽东又派出何长工去茨坪做改造王佐部队的工作。起初，王佐对共产党认识不清，对何长工的到来十分戒备，老怕吃掉自己。他以"保护"为名，将何长工软禁起来。何长工牢记毛泽东的嘱咐，不急、不气、不灰心。后来，通过王佐的母亲及袁文才做工作，终于有了进展。

为了快一些做好王佐部队的改造工作，毛泽东又决定帮助王佐消灭土匪尹道一。这个尹道一是井冈山的一霸，兵多枪多，整天千方百计想吞掉王佐。王佐与他有深仇大恨，他一听说要帮他消灭尹道一，十分高兴。立即与工农革命军紧密配合。在旗锣坳设下埋伏，采取诱敌深入，出其不意，一举歼灭的战术，把尹道一的警卫团打了个落花流水，连尹道一的脑袋也砍了下来。这一仗对王佐的教育很大，他下定决心跟着毛泽东走。

在改造两支农民武装的过程中，毛泽东经常找袁文才、王佐交谈，向他们讲政治形势，讲共产党的任务，讲革命军队的性质，讲革命的前途，讲无产阶级的纪律，等等。毛泽东的每一次谈话，对于转变他们的思想都起了积极的作用。

一天，阳光灿烂，气候宜人，毛泽东和王佐又在一起长谈。"毛委员，枪是好东西，一可以报仇，二可以解决自己的物资来源。"交谈中，王佐流露出留恋过去的绿林生活的思想情绪。毛泽东听后笑了笑："枪虽然是好东西，但是，如果掌握得不好，也会坏事。"接着，他耐心开导王佐，绿林的人，其结果并不很好，不是被反动势力吃掉或"招安"，就是自相残杀，互为仇敌。只有在中国共产党领导下，坚持正确的方向，努力为广大劳苦大众谋利益，才是农民武装的唯一出路。

在接触中，毛泽东了解到王佐在山上占了不少田地，引起了当地农民群众的反感。于是，他又一次找到王佐，反复讲清："土地是农民用汗水开垦出来的，应该归还给农民耕种。这样，才能得到他们的拥护和支持。如果占了农民开垦的土地，等于把自己推到农民的对立面，造成自己的孤立。"

在毛泽东的启发下，王佐很快把多余的土地都退了出来，让当地农民耕种。他还兴冲冲地跟别人说："毛泽东是最有学问的人，跟他谈上一次，真是胜读十年书啊！"

经过不断耐心的思想教育和卓有成效的改造工作，袁、王部队的政治面貌发生了很大的变化，部队成分日渐纯洁，各种不良习气逐渐得到克服。1928年2月中旬,这两支部队被改编成中国工农革命军第一师第二团,成了人民军队的一个组成部分。毛泽东身为前委书记,任命袁文才为团长,王佐为副团长,何长工为党代表。这样,袁文才和王佐这两支农民武装,经过团结改造后就成为一支革命的队伍,在毛泽东的领导下,共同开创了井冈山革命根据地。

伟大的会师

　　毛泽东率领秋收起义部队上了井冈山后，一直非常关心周恩来、朱德、陈毅等同志领导的南昌起义的部队。因为，参加南昌起义的部队有2万多人，不但人多武器好，而且部队训练有素，是著名的能征善战之旅。如果这支部队能够与井冈山地区的武装斗争相互配合，那对今后的革命事业将会产生巨大的影响。于是，上山后不久，毛泽东就派何长工同志去寻找南昌起义部队的下落。

　　何长工遵照毛泽东的指示，于1927年10月从井冈山出发，先到长沙，向中共湖南省委汇报了秋收起义后的情况，然后绕道南下，12月中旬辗转来到了广州，正赶上了张太雷、叶挺、叶剑英同志领导的广州起义。敌人被革命的声势吓坏了，慌忙调了江西和湖南的军队到广州去进行镇压，形势非常混乱，从广州到韶关的火车也不通了。何长工在旅馆老板的掩护下，躲过搜捕，10天后到了韶关。一天，何长工在洗澡时，意外地从军阀范石生部下几位军官闲谈中，听到了朱德的军队在犁铺头的消息，他兴奋极了，于是他连夜赶去见到了朱德、陈毅等人。

　　犁铺头在韶关西北，相隔40多里路。何长工一口气跑到犁铺头。朱德部队的哨兵把他带到了司令部。朱德听说井冈山派人来了，十分高兴，马上出来见了何长工，陈毅、蔡协民、王尔琢也都兴奋地围了上来。大家像多年没见面的老朋友，热烈交谈起来。何长工转达了毛泽东对朱德、陈毅等同志的问候，讲了井冈山的情况，他说："毛委员一直很关心南昌起义的这支部队，盼望能到井冈山和工农革命军会师，一道发展井冈山革命根据地。"朱德高兴地说："好极了。这些日子，我们跑来跑去，也没有个地方落脚。从敌人的报纸上，我们才知道了井冈山的消息，我也正要找毛泽东同志呢，前些天刚派毛泽覃同志到井冈山去联系了。"原来，1927年11月朱德率部到达了赣南崇义，忽然有一天听说毛泽东的部队就在附近，大家兴奋极了，陈毅亲自化装前去探听情况，到了那里一看，原来是张子清、伍中豪率领的秋收起义部队的一个营。他们也是在战斗中与大部队失去了联系，暂时驻扎在此。这下朱德更有信心找到毛泽东了。于是，他派出毛泽东的弟弟毛泽覃，根据从报纸上得到的消息，向井冈山方向寻找毛泽东。毛泽覃在1927年11月来到了井冈山，两支艰苦转战的部队终于联系上了。

何长工胜利完成了任务，心里非常痛快。第二天，朱德给了他一封信和一些路费，依依不舍地握着何长工的手说："希望你赶快回到井冈山，和毛泽东同志联系。我们正在策动'湘南暴动'。"

1928年1月上旬，何长工回到井冈山，毛泽东听完他的汇报后，十分高兴，并告诉他，毛泽覃已经来了。1928年3月底湘南起义失败后，朱德首先想到的是，把队伍带上井冈山，和毛泽东的部队会合，投入保卫井冈山红旗的斗争。当他把自己的想法告诉陈毅时，得到的回答是肯定的："根据目前形势，只有到井冈山和毛泽东部会合，才是唯一出路。"

接着，朱德、陈毅研究分几路上井冈山，以减少敌人的注意。4月下旬，湘南起义部队陆续在宁冈砻市会合。不久，毛泽东也率领部队赶到砻市，和朱德部会合。1928年4月24日，天气特别晴朗，巍峨的井冈山也显得特别清新。毛泽东和朱德会见的地点是在宁冈砻市的龙江书院。一早，朱德、陈毅就先到了龙江书院，等候仰慕已久的毛泽东。当毛泽东到来时，朱德和陈毅赶忙出门来迎接。朱德抢前几步，毛泽东早早把手伸了出来，他们的手紧紧地握在一起，使劲地摇着，那么亲切。这历史性的一握，握出了威震全国的"朱毛红军"。

"你好，朱德，你们辛苦了！"魁伟高大的毛泽东紧紧握住朱德那久经风霜的双手。两位历史巨人互相凝视，眼中充满着激动的泪花，流露出无限的信任、敬仰。从此之后，他们在漫长的革命征途中并肩战斗，休戚与共，为中国人民的革命事业树立了一座座丰碑。"你好，陈毅，你们一路上历尽艰难，饱经风霜不容易呀！"毛泽东转向陈毅、王尔琢、胡少海、邓允庭、蔡协民、黄克诚等一批跟随朱德上井冈山的英豪，和他们一一握手，向他们致以亲切的问候。

"毛委员，你举起了井冈山的红旗，在农村建立根据地，这是开天辟地以来绝无仅有的，很了不起呀！"朱德、陈毅向毛泽东、何挺颖、宛希先、何长工、袁文才等一一致意。

两军会师后，毛泽东、朱德、陈毅等进行了一系列紧张的工作，着手组建新的军队。

在讨论两军合并后的番号时，朱德提了一个很好的建议："我主张用第四军的番号。北伐战争时期，叶挺所在的第四军所向披靡，屡建奇功，被誉为'铁军'。我们沿袭第四军的番号，表明我们决心继承叶挺部队的光荣传统，为中国人民的解放事业再立新功。"

大家还决定，第四军下设两个师一个教导大队，旋即取消师部，改为6个团由军部直接领导。原南昌起义部队编为第二十八团，原秋收起义部队编为第三十一团，袁、王部队编为第三十二团，湘南农军分别编为第二十九、三十、三十三团。

对于第四军的领导人员，互相谦让了一番。毛泽东主张由朱德当军长。他说："朱德有丰富的军事斗争的经验。早期还专门学过军事理论，接受过军事训练，出任军长最适合。"

宛希先也表示同意："早在十几年前，朱德就是一个名扬川贵湘的旅长。现在当个军长，可说是绰绰有余。"

听大家这么一说，朱德着急了："不、不，这里群星灿烂，人才济济，不少人都是杰出的军事指挥员，还是让别人出任军长吧。"

"玉阶兄，能者多劳嘛，你就不要推辞了。"朱德在云南讲武堂学习期间，取名"玉阶"，后来不少人都喜欢这样称呼他。

军长人选确定之后，又议论了党代表的人选。朱德、陈毅发表了相同的意见："毛泽东是中央委员，有很强的组织、领导能力，深得军民的拥护，党代表和军委书记非他莫属。"

"是呀，润之兄是井冈山根据地的创始人，政治思想性强，理论水平高，这个位子别人坐不了。"大家都同意朱德、陈毅的意见。

毛泽东虽然表示自己无法胜任，还是另请高明，可是，他的意见并没有被大家采纳，最后还是通过了朱德、陈毅的建议。毛泽东任党代表，陈毅任教导大队大队长，王尔琢任军参谋长。此外，各团的负责人名单也一并定夺，还决定在5月4日召开大会，庆祝朱毛两军会师及第四军成立。

5月2日，毛泽东以军委书记名义写信给党中央，报告两军会合的经过及第四军组建的概况。不久，中央发出指示，各地的武装力量统一称为红军。这样，中国工农革命军第四军改称为中国工农红军第四军，简称红四军，全军有1万多人。红军的声势和实力都大大增强了，从此，井冈山革命根据地出现了蓬勃发展的崭新局面，革命斗争的烈火越烧越旺。

打垮江西"两只羊"

1928年4月下旬，毛泽东和朱德在井冈山胜利会师，进一步壮大了井冈山的革命武装力量。红军先后打垮敌军一个团，歼灭敌军一个营，并乘胜两度占领根据地北面的永新县城，成立了永新县工农兵政府。接着，在5月下旬又粉碎了江西敌军的第三次"进剿"，成立了湘赣边界工农兵政府，袁文才任主席。至此，边界武装割据的形势日新月异，蒸蒸日上。

根据地的发展震惊了蒋介石，他似乎从中嗅出了点不寻常的气息，感到这是个比张作霖的奉系军和李宗仁、白崇禧的桂系军更需认真对待的"心腹之患"。当蒋介石获悉永新县城两番被红军占领后，又是恐慌，又是恼怒。他觉得事不宜迟，必须趁"朱毛"羽毛未丰之际"剿灭"，否则将后患无穷。他急令湖南的军阀吴尚带3个团，从西面向宁冈进犯；绰号"两只羊"的江西国民党军第九师杨池生、第二十七师杨如轩率5个团，从东面向永新扑来。东西两向分进合击，对井冈山革命根据地进行"联合会剿"，妄图把红军扼杀在摇篮里。

会师后的井冈山工农红军，力量虽然比以前壮大了许多，但总共1万多人，面对数倍敌人的两面夹击，究竟是打还是退，对于新生的革命武装来说，无疑是异常严峻的考验。

"喔，这次还惊动了湖南军阀，这不是太抬举我们了？"毛泽东和朱德看过地方党组织送来的军事情报后，都有同感。他们随即开始仔细讨论应敌之策。共事一个多月来，毛泽东与朱德处处相互尊重，遇到什么重大问题，总是先征询对方的意见。他俩成了红四军的两根擎天柱，有人还干脆把红四军称作"朱毛红军"。久而久之，不明个中原委的人竟把"朱毛"当作是一个人。

红四军和地方党组织的领导在新城城隍庙召开会议，研究红四军的作战方针。听说这次要与劲敌正面交锋，不少同志当即摩拳擦掌，求战心切。但在究竟打杨池生、杨如轩这"两只羊"，还是吴尚这条"鱼"问题上，同志们产生了两种针锋相对的意见，一时谁也说服不了谁。没办法，大家最后只得把目光集中在毛泽东身上，等他定夺。

从前一天起，毛泽东一直在思考如何打破敌军新的进攻。会议一开始，他在房内来回踱步，脑中仍在不断地完善自己的想法。上井冈山几个月来，毛泽东总结开展游击战争的经验教训，已经提出了带朴素性质的游击战术。这下子应该能派上用场了。

看到大家期待的目光，毛泽东在地图前停了下来，开门见山地说道：根据敌情，我建议对湖南敌人取守势，对江西敌人取攻势。这叫做"雷公打豆腐，专挑软的欺"。

"湖南敌人的战斗力更强些，我们就防而不攻。江西敌人不经打，我们就集中力量，以攻为守。"毛泽东的话与朱德的想法不谋而合。

陈毅、王尔琢也赞同地说道："赣敌的战斗力本来就要弱一些，经过几次较量他们惧怕红军，军心不稳。我们来一个避强就弱，区别对待。"

接着，毛泽东阐述了对湘敌取守势、对赣敌取攻势的具体策略。会上，还明确了各路红军的防守地点和任务，并且，提出了地方武装协助红军作战的要求。大家都满怀信心，盼望着在战斗中能好好教训这"两只羊"。

6月23日凌晨，红四军主力第二十八、二十九团及三十一团第一营，在朱德、陈毅率领下快速奔向永新龙源口附近的新、老七溪岭，迎战杨池生、杨如轩两部。毛泽东带领三十一团第三营，在永新龙田、潞江一带担负抗敌、牵制任务。

杨池生和杨如轩见我军由永新撤回到宁冈大陇，以为我红军主力已到湖南去了，当下决定进攻宁冈，一个任前敌总指挥，一个任前线指挥，分两路进击，气焰极为嚣张。新七溪岭上，战斗异常激烈。朱德身先士卒，冒着敌人密集的炮火，手提他那挺远近闻名的"花机关"（冲锋枪）向敌人猛扫，战士们更是个个奋勇争先，用刺刀、用梭镖、用大刀，同敌人展开了惊心动魄的肉搏战。在英勇的红军战士面前，刚才还杀气腾腾的敌人，此刻不禁魂飞魄散，落荒而逃。

老七溪岭上，枪声如麻，弹雨纷飞，硝烟滚滚，杀声不绝，战斗更是惨烈。由于杨如轩的两个团已抢先占领了制高点，红军连续三次冲锋都失败了，团长王尔琢愤怒得眼珠子都几乎喷出火来。他从党员和骨干中挑选了100多人组成"敢死队"，向敌人阵地发起了更猛烈的轮番冲锋。经过一个多小时的激战，终于拿下了山头。

杨如轩领着败兵，慌不择路，一头便朝毛泽东早就设下的"羊圈"逃去，马上便受到早已埋伏于此的袁文才和紧追不舍的王尔琢前后的猛烈攻击。杨如轩也中了一枪，手下那帮残兵乱作一团，丢盔卸甲，狼狈逃窜。

毛泽东站在高坡上，看着敌人完全是按照自己的设想行事，原来一直紧皱的双眉此刻完全松弛了下来。他放下手中的望远镜，不失时机地下达了三十二团和二十八团乘胜出击的命令。刹那间，红军战士、赤卫队员、暴动队员，如猛虎下山，一齐跃出工事。有的挥旗呐喊，有的击鼓助威，从四面八方向敌人合围过去。敌人成了瓮中之鳖，一个个吓得不知所措，不辨东西南北，被团团围困在龙源口的桥边。逃无处逃，躲无处躲，乱成一片，死的死，伤的伤，降的降，一个不剩，全部被歼。这一仗，共歼敌一个团，击溃两个团，缴枪1000多支，子弹几万发，彻底打垮了江西"两只羊"，取得了创建井冈山革命根据地以来的第一个大胜利。井冈山革命根据地由此进入了全盛时期。

望着堆成小山的枪支和一群群垂头丧气的俘虏，朱德非常高兴，顺口编了一首歌谣：

毛委员领兵在井冈，红军力量坚又强，
不费红军三分力，打垮江西"两只羊"。

很快，这首歌谣便在井冈山地区军民中传唱开了。

三战三捷

1928年夏,由于"左"的思想指导失误以及具体政策的偏差,红四军冒进湖南,遭敌军堵截,损失严重,导致了"八月失败"。毛泽东得知这一消息后,亲自带领一支部队前去接应,才使红军转危为安,撤离湘东,回师井冈。就在红四军返回井冈山前后,毛泽东亲自指挥,分别在9月13日、10月1日和11月9日击败赣敌刘士毅、周浑元等部,三战三捷,用军事上的胜利重振了红四军的军威,挽救了"八月失败"造成的部分损失,使根据地得以迅速恢复。

"神机军师"不神机

1928年9月,毛泽东从湘南迎回红军大队,返回井冈山途中,毛泽东得知有的红军战士因为饥饿,吃了农民地里的苞米,就通知部队集合,就地进行群众纪律教育。他亲自在一块竹牌上写道:"因为我军肚子饿了,为了充饥,把你的苞米吃光了,违反了纪律,现在把两元钱(光洋)埋在土里,请收下。"

当月8日,红军到达井冈山下的黄坳宿营。正在这时,有人报告背后发现赣敌独立第七师刘士毅部追了上来,前锋已到遂川。送到嘴边的鱼,岂有不吃之理。毛泽东立即召开了干部会议。在会上，毛泽东向大家详尽地分析了敌情，作出了将计就计诱敌包围，然后分兵合击歼灭敌人的战斗部署。9月13日凌晨，部队从宿营地出发。两支队伍一前一后，似两把锋利钢刀，向着敌人的心脏刺去。

赣敌独立第七师先头部队由一个姓廖的指挥。这位廖指挥在第七师也算是个"神机军师"之类的人物了，只因听说毛泽东用兵如何如何厉害，所以特别卖力地领头追赶，一心要和毛泽东比一比高低。他听说毛泽东只有一个本事，就是依靠井冈山天险打埋伏，所以，他自己就也想来个以其人之道还治其人之身——用伏击战让你毛泽东也尝尝厉害。主意拿定，廖指挥立即传令部队迅速撤出遂川城，在县城四周各有利地形埋伏起来。另外，他派出一支部队前往迎战，并规定只许败，不许胜。步步退后，引诱毛泽东的部队进入伏击圈，以一举全歼。

上午10时左右，只见远处烟尘滚滚，红旗飘动，二十八团在草林圩附近遇上了前来引诱红军的小股敌人，只见红军浩浩荡荡杀奔而来。枪声骤响，敌人一边还击，一边往县城方向退却。红军指战员、赤卫队员按照毛泽东的战斗部署，步步逼近，到了遂川城西的天子地一带，红军突然以排山倒海之势向引诱之敌发起冲击，一口气追杀敌人20多里。这一切，廖指挥在望远镜里看得真真切切。心想这次一定要把红军主力困于小小遂川城中，等待着大部队来一口吃掉。

这时，红军的后勤、炊事人员都挑着饭锅碗勺等炊事用具，跟在红二十八团的后面，毫无顾忌地走进天子地一带。廖指挥看得真切，以为红军后续部队已走尽，引诱包围红军的计谋就要成功，随即朝天鸣枪，发出了围攻的信号。然而，正当敌人靠拢县城时，毛泽东率领的红三十一团三营和赤卫队二分队，分兵两路，乘虚向敌人后院发起猛烈进攻。一路直捣廖指挥的指挥部，一路占领了遂川大桥，截断了敌人南逃赣州的去路。立时枪声大作，红军发起左右夹攻，这一突如其来的打击，使敌人手忙脚乱、晕头转向。红二十八团在朱德率领下，听到枪声，立即猛烈回戈。刘士毅前锋的5个营被红军来了个反包围，腹背受击，左右挨打。廖指挥聪明反被聪明误。他想学毛泽东，没想却落入毛泽东布下的包围圈。廖兵被围走投无路，纷纷窜下遂川江，妄图涉水逃命，被淹死、打死无数。

下午2时左右，战斗胜利结束。这一仗，刘士毅独立第七师和先遣队5个营，被歼灭3个营，击溃2个营，生俘敌营、连长各一名，俘虏敌兵200多名，缴枪250多支。那位自命不凡的"神机军师"也早已没了神机，吓得逃之夭夭。

活捉张宗昌

1928年9月底，毛泽东和红军主力回到井冈山茅坪后没几天，突然接到报告抓了两名女探子。毛泽东和朱德经过仔细分析，认为敌军显然是想趁红军主力未归之机，偷袭茅坪。毛泽东就准备将计就计，放掉女探子，让敌人以为红军主力未归，我们则在坳头垅摆个"布袋阵"，把敌人引进口袋，消灭来犯之敌。

坳头垅位于茅坪附近，是新城进入茅坪的必经要道。那是一条长五六里的山间坳冲，两旁高山耸立，起伏连绵，一直伸入茅坪村里。一路上山深谷狭，进口小，里面大，地势十分险要。毛泽东向红军部队作了动员，立即命令部队展开。刹那间，数以千计的人隐藏在这山坳里、道路边，村里却又看不到半点紧张备战的迹象。

驻扎在新城的是赣敌周浑元旅二十七团独立营，共6个连。营长张宗昌，出身土匪，打仗有种天塌下来都不怕的蛮劲。前一阵子他真是让毛泽东他们给整苦了，捉迷藏似的跑来跑去，累得半死常常扑了空，还时不时被反咬一口，周浑元大骂他无能。他呢，求战不得求退不许，憋了一肚子火无处发泄，只恨不得抓住共军大打一场。张宗昌听了两个女侦探红军主力未归的报告，心想这次到茅坪走一趟，既可以到周老头那儿报功，又可以捞他一把！于是第二天拂晓就带着全营官兵耀武扬威地窜向茅坪。

张宗昌虽然认为红军主力还没回到茅坪，显得大胆和骄横，但他前一段时间与毛泽东几次较量后，也确实吃过不少苦头。他带领全营人马走到坳头垅外面，还是先派出3个装扮成老百姓的尖兵，进村了解情况。但是，由于红军事先早有准备，3个敌兵一点也没看出什么名堂。不久，张宗昌接到报告后，也就率领大队人马全部开进了坳头垅。张宗昌哪里知道他们已经进入红军的伏击圈内。

发出了攻击的信号，担任正面阻击的朱德率领的红二十八团首先向敌人发起攻击。冲锋号一响，埋伏在两边高山上的红军指战员和赤卫队员、暴动队员如同猛虎下山。敌人遭到这突如其来的打击，立刻乱作一团，有的掉头就跑，有的往草丛密林里乱钻。张宗昌慌忙指挥白军后撤。这时，袁文才带领三十二团的红军从坳口的高山上杀下来，阻住了敌军的退路，把敌人锁在了"袋子"里。顿时，峡谷震动，群山轰鸣，枪声和杀声响彻云霄，红军战士手持大刀、长矛冲向敌人。激战不到1小时，张宗昌全营被歼灭，张宗昌被俘，士兵100余人投降，缴获枪支110支。少数残敌逃向永新，毛泽东、朱德率部乘胜追击，收复了宁冈全县。

进军永新

毛泽东、朱德率领主力红军在宁冈坳头垅巧妙地歼灭张宗昌全营后，各部打土豪筹款子，构筑工事，加强井冈山军事根据地，准备同敌人作长期斗争。

11月初，红军各路部队回到井冈山，在毛泽东和朱德率领下，红二十八团和红三十一团又转战在宁冈茅坪、砻市、古城一带，准备向永新发展。

11月上旬的一天，毛泽东、朱德接到侦察人员报告：熊式辉第五师第十四旅二十七团已从永新经龙源口，越过七溪岭，窜进了宁冈新城。新城坐落在七溪岭北麓，是进军永新的要塞。因此，打垮新城守敌，在政治上和军事上都有重要意义。

毛泽东和朱德接到报告后，立即召开军事会议，分析了敌我兵力状况，指出：熊式辉的第五师是蒋介石的嫡系部队，战斗力要比朱培德部强得多。我们对他们必须攻其不备，出其不意，速战速决。

这天，朱德集合红二十八团和红三十一团全体同志讲话。朱德环顾了一下几百只向他注视的眼睛，用缓慢而有力的口气说："现在我们枪很少，子弹也很少。我们要找第五师去借借枪，借借子弹，大家有决心没有？""有！"大家一声响亮的回答。朱德又告诉大家应该立即做好准备，夜里1点钟吃饭，3点钟出发。

黑夜里，毛泽东指挥着部队，通过崎岖的山路，来到新城。这时天刚蒙蒙亮，正是敌人将要出操的时间。红军战士悄悄地摸到敌人操场的西面，毛泽东命令部队隐藏在离操场不远的沟里，不许动，也不许咳嗽，等到东面信号枪一响，每人只许打一枪。

敌人出操了，大约有一营人扛着枪围着操场跑了两圈，然后就向左转向右转走队列，最后站成横排，面向红军埋伏的方向。毛泽东一面沉着地注视着敌人的动作，一面用左手向部队做手势，意思是叫大家一定趴好，不要动。

"啪"一声，一颗白色的信号弹，从东南冲上天去。憋得快忍受不了的指战员们几乎每个人同时都打响了第一枪，跟着毛泽东冲了上去。敌人顾不上拿枪，便向城外逃去。这时，毛泽东指挥一部分部队收缴了敌人的武器，撤回井冈山。朱德则率领红军主力，继续追击退入城内的敌人。敌兵抵挡不住，向城南败退，窜上新七溪岭，在山口上架起数挺机枪，负隅顽抗，企图封锁住红军前进的道路。为了避免过多伤亡，朱德命令红军派出少量部队轮流在正面与敌人周旋，大部队隐蔽待战。并且派出一部红军，从左翼翻山越岭，对固守新七溪岭的敌人实行迂回突击，摧毁了敌人的机枪火力点。敌人经不住根据地军民的两面夹击，立时乱了阵脚，纷纷往永新方向溃逃。永新城驻有敌军周浑元旅的二十八团，他们得知二十七团大败而归的消息，赶紧出城接应，并与二十七团残部合兵一处，在城郊东华岭、南屏山设置防线，在早已筑好的战壕工事中架起机枪，封锁住路面。企图阻挡红军进攻，固守永新城。但是，红军指战员和赤卫队、暴动队在朱德的指挥下，发扬敢打敢拼、不怕牺牲的革命精神，与敌人展开了顽强、持久的激烈搏斗，终于在下午3时，摧毁了敌人机枪火力点，突破敌人设置的防线，打垮了固守东华岭、南屏山的敌人，敌二十八团溃逃。红军前锋部队的两个连冒着枪林弹雨，从县城南关浮桥强渡禾水河，直插永新城。至此，在毛泽东、朱德指挥下，红四军接连在新城、新七溪岭、烟阁镇取得胜利，又一次夺取了永新城，恢复了新城和永新大片土地，把周浑元旅二十七团歼灭，将二十八团击溃，击毙敌营长一人，俘虏敌副营长两人、连长一人，缴获大批武器和其他军用物资。

  一年多来，朱毛红军粉碎了敌人多次进攻，获得了丰富的经验，其中有成功的经验，也有失败的教训。毛泽东总结了井冈山斗争的经验，写下了《中国的红色政权为什么能够存在？》和《井冈山的斗争》等文章，阐述了建立农村根据地、实行"工农武装割据"的理论。

第四章
挥师闽赣

井冈山斗争的恢复与发展，不仅震惊了赣、湘两省国民党当局，也使在南京的蒋介石坐立不安。他任命何键为湘、赣两省"会剿"代理总指挥、金汉鼎为副总指挥，集中湘、赣两省兵力约3万人，分5路向井冈山发动进攻。

面对严峻的局势，毛泽东于1929年1月上旬，在宁冈县柏路村主持召开前委、湘赣边界特委等联席会议，着重研究如何粉碎国民党军队这次"会剿"的部署。会议讨论决定采取"攻势的防御"方针，留红三十团和红三十二团守井冈山，毛泽东、朱德率主力红二十八团和红三十一团出击赣南，而后转战闽西，实行"工农武装割据"。

毛泽东总结赣南、闽西革命实践的新经验，主持制定《古田会议决议》，写下《星星之火，可以燎原》等文章，进一步论述了"以乡村为中心"实行"工农武装割据"，提出了"农村包围城市"革命道路的基本理论。并且，在革命实践中，他还分别总结出建党、建军、建政和土改的具体路线。经过三次反"围剿"的胜利，红军的全部作战原则形成了。到1931年，"农村包围城市"的革命道路已经开辟了。

大柏地大捷

1929年1月4日，在宁冈柏路村，毛泽东主持召开了前委、特委、军委及地方党组织联席会议。会议开了3天，大家一致赞同毛泽东的主张，决定由毛泽东、朱德、陈毅率红四军主力向赣南进军，留下彭德怀的第三十团和袁文才、王佐带领的红四军三十二团留守井冈山。

1月14日，一场大雪过后，毛泽东、朱德率领红四军主力3600多人，乘国民党"会剿"部队还没有合围，离开井冈山，出击赣南。这时，红四军主力已脱离原有的根据地，周围环境和井冈山斗争时期完全不同：既没有共产党的组织，又缺乏群众斗争的基础，连报信的群众也没有。红军一时很难适应这种状况，不久即在大余遭敌李文彬第二十一旅三个团攻击，因事先没有得到报信，仓促应战，兵力未能集中，战斗失利，受到不小损失。

在这样危险的环境下，红四军前委曾一度准备分散活动，但是分散可能被敌人各个击破，因此又放弃了这个计划。部队以每日45公里的速度强行军进入闽、粤、赣三省交界的罗福嶂山区时，在这里召开红四军前委会议。为了应付紧急军事行动时指挥能够敏捷，会议决定"军委暂停办公"，由前委直接领导军内各级党委。一天的会议刚刚开完，寻乌县委书记古柏前来报告,"追剿"的敌军正在前来包围罗福嶂。红四军主力立刻往北朝瑞金转移。这时,国民党方面误以为红军已难坚持,"追剿"军第十五旅旅长刘士毅得意地向"会剿"军总司令致电报捷:朱毛部"自寻乌属之吉潭圩附近被职旅给予重创后,即狼狈向项山罗福嶂逃窜",仍未能立足。他宣称:该旅现正分路堵截"追剿","以绝根株"。正在得意忘形的刘士毅怎么也没有料到,厄运即将降临到他的头上。

红军采取盘旋式或打圈子的做法,并不只是为了摆脱强敌跟随,更重要的是要在运动中调动敌人,使它兵力分散,暴露出弱点来,以利于红军在有利时机和地点集中兵力歼其一部,恢复主动地位。这种机会果然来了,那就是大柏地战斗。

大柏地在瑞金以北,有一条10余里长的峡谷,山高林密,是打伏击战的好场所。红四军主力在2月9日抵达大柏地。这天,正是旧历除夕,当地群众不了解红军,都跑到山上去了。紧紧尾随红军的刘士毅旅两个团,态度骄横,孤军冒进,穷追不舍,想抢头功。红军指挥员纷纷向军部请战。毛泽东主持前委扩大会议,认为可以在大柏地打伏击战,决定布置成长形口袋阵,以主要兵力埋伏在瑞金通往宁都道路两侧的高山密林中,以一部分兵力引诱刘士毅进入伏击圈。当晚,红军各部分别进入预定阵地。为了防止意外,毛泽东特别命令林彪率一个装备最好的加强营绕到山口外埋伏,以作机动奇袭之用。

布置妥当后,毛泽东通知部队开饭。为了打好这一仗,他亲自作了战前动员。望着连日奔波征战、缺粮少觉、消瘦困倦、军容不整的红军干部战士们，他以水当酒敬给大家，表示等打败刘士毅，请大家吃一顿丰盛的宴席。干部战士们受毛泽东鼓舞，精神振奋，高呼着"消灭刘士毅，杀敌贺新年"的口号。全军上下不论男女，能背枪的全都背枪上阵。贺子珍和战士们一起，修筑工事，严阵以待。毛泽东自己也背着一支枪，准备参加战斗。

一个月来，刘士毅的部队一直被红军拖得东跑西颠，又受到何键的斥责，急于寻找红军主力作战，哪管什么埋伏不埋伏。当天下午刘士毅就带着两个团扑到大柏地。他本人一马当先，身边的军官们骑着高头大马，大队士兵穿着整齐的军装，身挎乌黑闪亮的钢枪，威风凛凛，全然没把红军放在眼里，大摇大摆地开进毛泽东布下的包围圈。

待刘士毅部队全部进入"口袋"后，发令枪一响震荡峡谷，紧接着枪声炒豆般响了起来。激烈的大柏地战斗开始了。刘士毅旅的确挺厉害。战斗突然打响，刘旅并未乱作一团，在当官的督战下士兵们就地卧倒，各自寻找掩体向两面的山坡上射击，很快进入胶着状态。红军所占地形虽有利，但装备太差，有不少人没有枪。刘旅虽地处低处，但武器精良，火力猛烈，又有山炮掩护，步步逼近红军阵地，战斗初期红军也是伤亡严重，并未占多大优势。

10日下午，战斗打响后，毛泽东负责指挥左翼阵地，朱德负责指挥右翼阵地，毛泽东通过掩体观察孔，看到敌人已接近我军阵地，便果断发挥红军近战的优势，通知参谋长命令梭镖队和大刀队出击。敌军几次接近毛泽东的指挥所，警卫员们几次催促他转移都未成功。

激烈的拉锯战从下午3时持续到天黑。正在双方厮杀得难解难分的时候，山谷口突然枪声大作，林彪率生力军从敌人后面掩杀过来，攻势猛烈。因为天黑，刘士毅的部队搞不清红军到底有多少人马，乱了阵脚。毛泽东见时机已到，当即命令发起总攻。顿时喊杀声响彻云霄，山上红军也奋勇杀下山来，敌人顷刻间土崩瓦解。

大年初二下午，战斗胜利结束。可此时，干部和战士却不见了毛泽东，朱德更是急得不得了，到处寻找毛委员。奇怪的是毛泽东身边的警卫战士也一个都找不到了。朱德和林彪急忙爬上山，找到毛泽东的指挥所，眼前的景象使他们目瞪口呆：这里横七竖八躺满了敌人和我军战士的尸体。原来，前一天夜晚刘士毅的部队虽然受到了四面合击，但狡猾的刘士毅派出突击队摸黑悄悄绕到了山后，对红军的指挥所发起了偷袭，然后冲下山，对我军来个反包围。毛泽东率领的部队顽强地突破敌人包围，并将其切成两段，轮番攻击，最后将敌人击垮。毛泽东和警卫战士一面同敌军拼杀，一面撤退到一个简易工事里，才免于意外。看到毛泽东安然无恙，朱德和林彪这才放下心来。这是红四军自井冈山南下以来打的第一个硬碰硬的大胜仗。红军歼敌800多人，缴枪近千支，活捉敌两名团长，战果辉煌。这次胜利，使红四军转危为安，从此扭转了下山以来的被动局面，打出了红四军的军威，为开辟赣南新的根据地，打下了基础。陈毅在给中共中央的报告中说："是役我军以屡败之余作最后一掷，击破强敌。官兵在弹尽援绝

205

之时，用树枝石块空枪与敌在血泊中挣扎始获得最后胜利。为红军成立以来最有荣誉之战争。"

大柏地不是红军的根据地。由于当地群众几乎都跑到山上去了，红军虽然打了大胜仗，指战员的吃饭却成了问题。毛泽东、朱德鉴于这种特殊情况，采取灵活办法，批准各部可以动用群众家里的粮、油、菜，同时，留下借条，出布告，说明日后偿还。毛泽东十分重视要取信于民。事隔三个月，当红四军第二次路过大柏地时，他命令军需处按借条向老百姓赔还现洋，只能多给，不许少付。军需处干部挑着现大洋，办完了这件事，产生很大的政治影响。当地老百姓说：红军与国民党军队根本不一样，借条兑现，说话算话。

红四军大获全胜，又恰逢佳节，全军上下，喜气洋洋。胜利的喜悦也使毛泽东心情豁然开朗，后来毛泽东曾就此仗填词一首《菩萨蛮·大柏地》：

赤橙黄绿青蓝紫，谁持彩练当空舞？雨后复斜阳，关山阵阵苍。当年鏖战急，弹洞前村壁。装点此关山，今朝更好看。

直下龙岩上杭

毛泽东在其《清平乐·蒋桂战争》中曾挥笔写下"红旗跃过汀江，直下龙岩上杭。收拾金瓯一片，分田分地真忙"的词句，这几句词所描绘的正是红四军指战员势如破竹、进军闽西，开展土地革命建立红色政权的真实图景。

大柏地大捷后，军心大振。毛泽东、朱德指挥部队乘胜马不停蹄地回师宁都。宁都守敌赖世琮部正在大摆宴席，庆贺"朱毛共军已在赣南大柏地被刘士毅部一举全歼"。敌军营房里美酒佳肴，香气四溢，官兵吆五喝六，酩酊大醉。在过年的鞭炮声中，红军端着刀枪冲进敌军营房，敌人还浑然不觉。战斗十几分钟便告结束。晚宴换了主人，毛泽东在大柏地战前的诺言——"打败刘士毅，请大家吃一顿丰盛的宴席"，在这里兑现了。红军攻克宁都后，突然挥师东进武夷山，3月进入闽西，直逼汀州城。

汀州，就是现在的福建长汀。当时为土著军阀郭凤鸣旅盘踞。该旅粮草充足，武器精良，前有汀江，背靠长岭寨，被称为"金城汤池"。为了给闽西根据地的建立举行一个奠基礼，补充红军的给养，毛泽东和朱德决心啃下这块硬骨头。3月14日，红军向长岭寨发起攻击，战斗从清晨打到中午，仍难解难分。双方伤亡都较大。战斗打到白热化时，毛泽东预先安排的毕占云特务营从郭凤鸣部队的后面发动了猛烈的攻击，出其不意地打进汀州城。郭凤鸣忙抽调部队抢救自己的老巢。毛泽东、朱德抓住战机，指挥红军一鼓作气突破了敌军阵地。敌军防线崩溃，狼狈逃窜，2000多敌人全部被歼，郭凤鸣本人亦被红军击毙。汀州群众亲眼见了郭的尸体，无不拍手称快：

三月里来气象新，红军浩荡入长汀。
郭逆凤鸣不量力，长岭寨下命归阴。

红四军在长汀还筹到大批款项和物资。红军战士每人发了一套缀有红领章的灰色军装，一顶缀有红五星的军帽，一副绑腿布，这是红四军创建以来第一次统一了服装，"士气非常振发"。

不久，蒋桂战争、中原大战相继爆发。军阀混战，蒋介石自顾不暇。毛泽东瞅准战机，立即回师赣南，出长汀、越武夷、抵瑞金。连克于都、兴国、宁都各县，建立三县红色政权，初步形成赣南革命根据地的核心区域。5月，毛泽东借粤桂军自相残杀时，率军二次入闽，占领龙岩，建立闽西革命根据地，开展了轰轰烈烈的土地革命运动。这时，出征广东的军阀陈国辉闻讯后院龙岩被占，慌忙回师闽西。毛泽东率部主动让出龙岩城，陈国辉带领疲惫之师回抵龙岩，屁股还没坐稳，红四军又杀个回马枪，重占龙岩城，再歼陈国辉旅2000余人，陈化装潜逃。这是红四军进军闽西以来的又一大胜仗。后来陈毅曾为此赋诗："闽赣路千里，春花笑吐红。孤军气犹壮，一鼓下汀龙。"至此，毛泽东率红四军基本上肃清了闽西的地方军阀武装。土地革命浪潮席卷闽西。

朱红毛军在赣南闽西闹起天翻地覆的革命，气得蒋介石直骂娘，没有办法，他只得重新策划"三省会剿"，命闽、粤、赣三省军队联合进攻红军。但地方军阀中一部分军队早已尝到了和红军打仗的苦头，其他大部对朱毛红军的厉害也都有耳闻，不愿意死心塌地地替蒋介石玩命。"三省会剿"只是徒有虚名，不久即被红军粉碎。

但这时，一支在上杭城由卢新铭临时拼凑起来的地方武装，却凭借上杭的险要地势，表示要和红军"顽强奋战，周旋到底"。当地流传着一首民谣："铜铁上杭，固若金汤。东无退路，西无战场。南有河道，北有鱼塘。嘱咐子孙，莫打上杭。"诸路强敌的进攻都被打败，毛泽东朱德等又怎会惧怕地方军阀卢新铭！但战略上藐视敌人，战术上却要重视敌人。红军随即进行了缜密的部署，除在城外大量准备攻城器具外，在城内则秘密到敌军内部做策反工作，组织暴动队，策应红军攻城。1929年9月20日晚，中秋节刚过，朱德指挥红四军攻打上杭城的战斗开始。红军4个纵队及地方武装、支前大队1万多人，从三面冲向上杭城。经过两个多小时的激战，上杭城的东西大门先后被突破，红军战士蜂拥而入，一阵激烈的巷战后，残敌纷纷缴械投降，狂傲的卢新铭狼狈而逃。"铁城上杭"被红军踩在脚下。闽西的地方武装基本被扫清，赣南、闽西根据地连成一片，为创立中央革命根据地打下了良好的基础。

攻打上杭期间，毛泽东因疟疾病倒了，红军占领上杭后，他留在上杭临江楼继续治病。经过一位名医吴修山10多天的治疗，病情有了好转。当时正逢重阳节，看到院中黄菊盛开，毛泽东就填了一首《采桑子·重阳》以抒壮怀：

人生易老天难老，岁岁重阳。今又重阳，战地黄花分外香。一年一度秋风劲，不似春光。胜似春光，寥廓江天万里霜。

毛泽东这次病开头来势很凶。在转往苏家坡的途中，他对曾志说过：看起来我这个人命大，总算过了这道"鬼门关"。国民党却造谣说，他已死于肺结核病。共产国际在莫斯科也听到毛泽东病故的误传，1930年初在《国际新闻通讯》上发了近千字的讣告，对毛泽东作出很高的评价："据中国消息：中国共产党的奠基者，中国游击队的创立者和中国红军的缔造者之一的毛泽东，因长期患肺结核而在福建前线逝世。""这是中国共产党、中国红军和中国革命事业的重大损失。""毛泽东是被称之为朱毛红军的政治领袖。他在其领导的范围内完全执行了共产国际六大和中共六大的决议。""作为国际社会的一名布尔什维克，作为中国共产党的坚强战士，毛泽东完成了他的历史使命。"

这个"讣告"，虽因传闻失实而来，但它透露出一个不容忽视的事实：那就是毛泽东在中国革命和中国共产党中的重要地位不仅为国内而且已为共产国际所承认。以后，毛泽东虽多次遭受"左"倾负责人的错误打击，但他们仍不敢完全抹煞毛泽东的历史地位，同这个事实多少也有关系。

★ 1918年,毛泽东(四排左四)与湖南省立第一师范的同班同学合影

★ 1919年,长沙新民学会部分会员合影,毛泽东(后排左四)是新民学会创立者之一

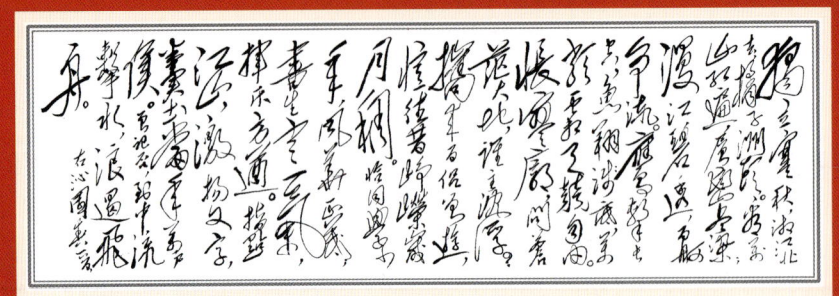

★ 毛泽东诗词手迹《沁园春·长沙》

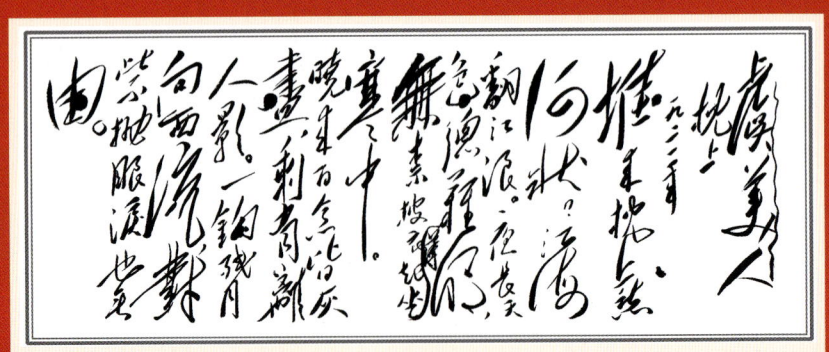

★ 毛泽东诗词手迹《虞美人·枕上》

★ 油画《北大钟声》。1917年1月蔡元培任北京大学校长后,北京大学成为新文化运动中心

★ 《新青年》杂志——新文化运动代表性刊物

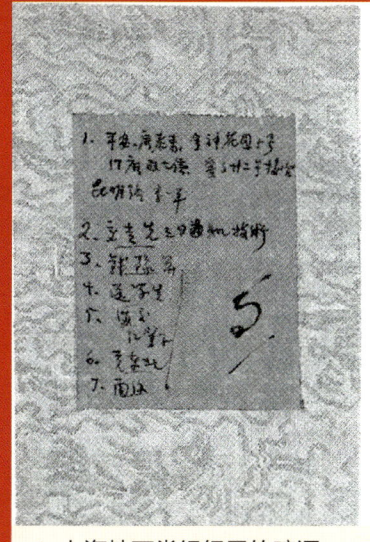

★ 上海地下党组织用的暗语

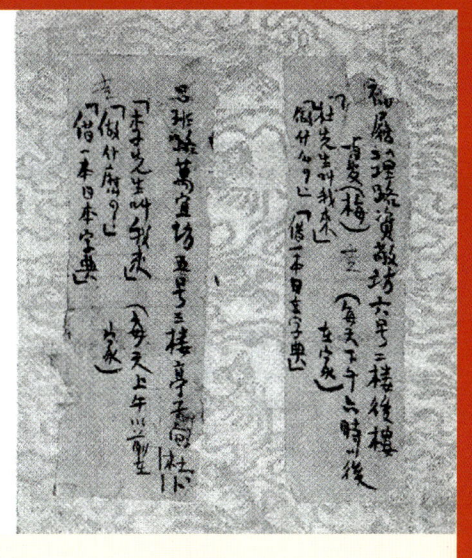

★ 1920年1月18日,毛泽东(左四)与湖南进步团体"辅社"在北京的同人游览陶然亭时的合影

★ 八七会议会址——武汉市汉口三教街 41 号（今鄱阳街 139 号）

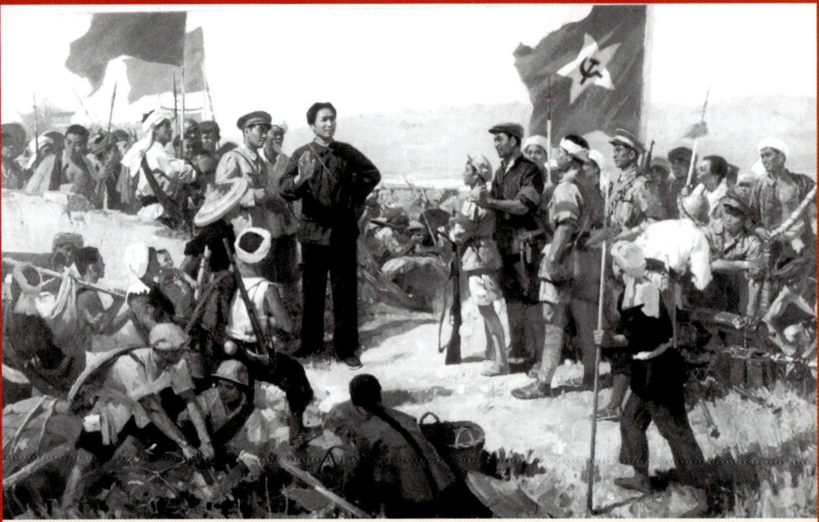
★ 秋收起义相关油画

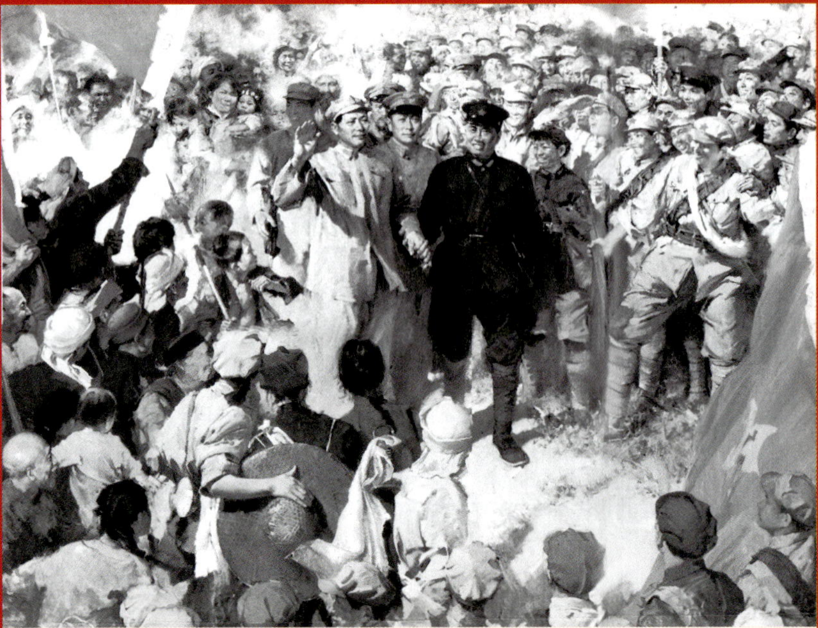
★ 井冈山会师相关油画

★ 毛泽东与马海德在延安（与外国友人接触）

★ 毛泽东在延安会见外国记者团（与外国友人接触）

★ 1947年3月，延安军民举行保卫延安动员大会

天兵怒气冲霄汉

毛泽东、朱德率领红四军下井冈山，开辟赣南、闽西根据地，经过古田会议确立了新的建军路线，革命根据地和红军队伍不断壮大，1930年8月在湖南浏阳正式组建红一方面军，由毛泽东任总前委书记兼总政治委员，朱德任总司令。随后创建中央革命根据地，土地革命不断深入，春风野火，形成燎原之势。

对毛泽东、朱德在赣南闽西的"大肆活动"，蒋介石又惊又怒又恐慌。他感到，"匪祸之炽，唯江西最烈"，是心腹大患，如不赶紧扑灭，势必动摇自己的统治。于是，1930年10月，蒋、冯、阎中原大战结束后，蒋介石立即掉过头来，兴兵10万，分兵8路，采取"分进合击、长驱直入、外线作战、猛进猛打"的16字方针，从江西吉安、福建建宁线，由北向南，对中央根据地发动了第一次大规模的"围剿"。而此时，红一方面军不过4万人，正在赣西南开展工作。

敌强我弱，是胜是败，首先取决于有无正确的战略方针。怎样在战略防御中争取胜利，毛泽东颇费心思。在听取了不同意见后，毛泽东认为，在全国范围内敌强我弱和湘敌强、赣敌弱的基本情况还未改变的条件下，对于敌人的大规模"围剿"应采取避实就虚、诱敌深入的战略方针。即先退却，后反攻，先把敌人引到根据地内部来，依靠苏区人民的力量，选择和造成有利于我而不利于敌的条件，使敌我力量对比发生变化，然后集中兵力实施反攻，在运动中各个歼灭敌人。当然，退却会打烂一些坛坛罐罐，会丧失土地，给根据地人民带来暂时的损失和困难。他举了一个通俗的比喻："市场交易，买者如果不丧失金钱，就不能取得货物，卖者如果不丧失货物，就不能取得金钱。"如果"不在一部分人民家中一时地打烂坛坛罐罐，就要使全体人民长期地打烂坛坛罐罐"。最后，在朱德、彭德怀等主要红军将领的支持下，这一具有战略意义的作战方针才确定下来。红军挥戈东下，渡过赣江，开始向根据地作战略退却。

11月1日，就在毛泽东和朱德命令红军东移赣江进入根据地时，敌军开始进攻了。7日，各路敌军分别到达红一方面军原驻地。由于主力红军已按计划先后于5日、6日渡过赣江，实行战略退却，杀气腾腾的敌人扑了一场空。鲁涤平发觉主力红军已转移，便急忙调整部署，令一个纵队留在赣江西岸继续进攻，另两个纵队于10日至12日东渡赣江，尾追红军。由于红军主力再次转移，敌人又一次扑空。

敌军发动大规模进攻后，红军除以少数兵力协同地方武装迷惑、迟滞、消耗、疲惫敌人外，主力按照"诱敌深入"的方针，继续避敌退却。12月1日，红军主力到达退却终点——宁都西北部之黄陂、小布地区。至此，主力红军完成了战略退却任务，稳稳当当地聚集在根据地养精蓄锐。12月9日，蒋介石亲抵江西南昌，召开"剿匪军事会议"，研究制定"第一次剿共作战计划"，任命国民党江西省主席鲁涤平为总司令,号称"铁军师"的国民党十八师师长张辉瓒任前线总指挥,决心剿灭"朱毛共军"。然而,事物的发展总是与蒋介石的愿望相悖。国民党军队采取"长驱直入"的战略,深入中央苏区腹地,战线拉得很长,兵力亦分散。加上沿途受到根据地军民的阻击、袭扰以及受到各地坚壁清野的困扰,给养十分困难,敌军士兵和下级军官疲惫饥饿,军心动摇,士气低落。这些,为红军转入战略反攻创造了有利条件。

到12月下旬,主力红军已休整了20多天,而敌军却尾随红军整天东奔西跑,始终找不到主力红军决战。敌军气喘吁吁,除占领了红军主动放弃的地盘外,一无所获。敌军做梦都没有想到,自己在战略上已被红军牵着牛鼻子,正亦步亦趋地直往毛泽东布下的大口袋里钻。

临战的气氛越来越浓了。毛泽东亲自主持,在小布召开苏区军民歼敌誓师大会。会场设在小布村外一个宽阔的河滩上,紧靠着一片梨树林。此时虽然已进入寒冬,但会场上气氛十分热烈,河滩上万头攒动,红旗招展,枪矛林立。主席台上挂着毛泽东亲笔拟定的对联:右联是"敌进我退,敌驻我扰,敌疲我打,敌退我追,游击战里操胜算";左联是"大步进退,诱敌深入,集中兵力,各个击破,运动战中歼敌人";横幅是"苏区军民歼敌誓师大会"。面对着情绪激昂的数万军民,毛泽东在会上兴致勃勃地讲述了取得反"围剿"胜利的八大有利条件。随后,他又高声地逐条解释。他的每一句话,都给大家增加了信心,他的每一个手势,都给大家增添了力量。

为了打好第一仗，毛泽东对敌我双方态势作了详细的分析、研究。最后，他决定先打张辉瓒、谭道源两个师，以实行中间突破。目标已定，时机如何选择？12月24日，红军得到情报，谭道源第五十师有明显进犯小布之势。红军总部认为这是一个好机会，于当日发出红字第九号命令，预备在小布附近设伏歼敌。可是足足等了两天，狡猾的谭道源始终躲在工事里不出来，并电告鲁涤平和张辉瓒请求救援，急得战士们直跺脚。

打谭道源的伏击不成，毛泽东便挥师转移到他事先亲自踏勘选择的另一阵地——龙冈，拟打张辉瓒的伏击。

龙冈位于永丰县南端，有五六百户人家。镇子后面是座大山，前面是条两丈来宽的小河，河对面又是一座坡度不大的小山，整个地形像个漏斗，易守难攻，便于隐蔽和集中兵力。红军主力开进这里后连夜赶修工事，并派出一小部分武装会同地方游击队，去引诱张辉瓒上钩。

张辉瓒身为前线总指挥，又率领着德国装备的大名鼎鼎的"铁军师"，其气焰十分嚣张，急欲同红军交手。就在这时，张辉瓒的部队突然遭到红军引诱部队的袭击，同时又收到谭道源发来救援的电报。张断定共军主力就在这附近，当即命令部队开拔，就这样，张辉瓒率部队大摇大摆地闯进了龙冈红军的包围圈。毛泽东获悉后非常高兴地对负责诱敌的军长罗炳辉说："你们辛苦了！路上有没有吃亏？"罗答："在路上没有吃亏，不过，为了引诱敌人，我们给他们'做了'一顿饭。"

毛泽东听说，会心地笑了。原来这里头还另有一段小插曲。

战略反攻决策之后,有一天,毛泽东来到红十二军军部,对军长罗炳辉说:"给你一个任务,你率领三十五师,牵着张辉瓒的鼻子,把他引到龙冈去。"毛泽东特别强调:"切记,在引敌途中,只许打败仗,不许打胜仗。"罗炳辉心领神会,在引敌途中命令战士故意丢掉一些包袱、大刀、马灯、草鞋,造成红军节节败退的假象,引诱敌人拼命追赶。一天,部队牵着敌人翻过一座大山,在上第二座大山时,炊事员特意把香喷喷的萝卜炖肉和雪白的大米饭,一盆盆摆在路旁的大树底下。敌军追到这里,见有现成的饭菜,高兴极了,立即你争我夺,狼吞虎咽地吃了起来。敌军官看到红军被追赶得连饭都来不及吃,更是得意。可还没吃上几口,即遭到红军的袭击,只好舔舔嘴,放下碗筷继续追赶红军。就这样,敌军拼命地追,红军不断地退,陆续进入龙冈山区。引敌的红军在龙冈南面过完河后,立即拆掉浮桥。敌军无法继续南进,只好集中在龙冈镇上。此时,镇上300多家铺屋空无一人,找不到一星半点的食物和用具。

反攻的时机终于来到了,指战员们的心情既紧张又兴奋。12月29日下午,张辉瓒率师部开到龙冈镇安营扎寨。而此时毛泽东早已布下了天罗地网。30日,激烈的反"围剿"战斗打响。枪声密集,流弹呼啸。四周红军部队向龙冈镇里的敌人猛烈进攻,一支红军部队火速从镇后卡住敌人的退路。张辉瓒的"铁军师"到底不一般,凭借新式武器进行顽强的反抗,多次组织反击,企图突围。但在红军的优势兵力面前,这种挣扎只能是徒劳。

30日凌晨,黑幕还未退尽,毛泽东即带着警卫员上路,赶往附近的黄竹岭。这里有一幢干打垒的普通民房，红一方面军的前线指挥所就设在这里。来到黄竹岭，东方开始泛白，毛泽东站在指挥所门前，借助望远镜向龙冈方向眺望。只见远山峰峦叠嶂，在茫茫雾海中若隐若现，近处，满山枫叶红似火，傲霜挺立，好不壮观。此情此景，使毛泽东心潮澎湃，浮想联翩。他联想起三国时的赤壁大战，学着京腔，对站在身旁的朱德总司令风趣地说："总司令，你来看，真是天助我也！三国时，诸葛亮借东风火攻曹营。今天，我们借晨雾全歼张敌啊！"说完，两人爽朗地相视而笑。

上午9时，龙冈山区仍然云雾蒙蒙。张辉瓒见无桥过河，只好率部向东进军。不料，刚出动即陷入红军的重重包围之中，只好凭借各种武器顽抗。下午3时，红军开始全面反攻。霎时军号齐鸣，炮声隆隆。红军战士个个似猛虎下山，从四面八方冲向敌阵。枪声伴随着"缴枪不杀"的吼声，在敌营中回荡。敌军阵脚大乱，全线崩溃。担任正面攻击的红三军团乘机直捣张辉瓒师部。

黄昏前，战斗全部结束。清点战场，全歼敌十八师师部和两个旅共9000余人。这次战斗还缴获各种武器9000余件和大量弹药、医疗器械、马匹、口粮。此外，还缴获到敌军的电台并俘虏了报务人员。从此，开创了红军拥有无线电台的历史。30日下午6时，毛泽东以中共工农革命委员会主席名义发布《红军胜利捷报》。

在清点俘虏时，唯独不见师长张辉瓒。红军战士们便上山四处搜查。原来张辉瓒见败局已定，赶紧扒下将军服，套上士兵的破棉袄，抱头鼠窜躲进一片丛林中。结果，还是被红军战士发现而活捉。

毛泽东得知张辉瓒被擒，便吩咐人将他押来。张辉瓒在北伐时与毛泽东有过交往，一见面便连连打躬，口称："润之先生！久仰……"毛泽东打断张的话，用幽默的语气审问道："师长先生，你是怎样指挥的呀？你从湖南到江西，又从南昌到龙冈，今天就叫你进到龙冈为止啊！你气势汹汹叫嚣要围攻我们，你可没有想到红军的厉害哟，你的'围剿'反而被我们给围剿了。你在东固搞'三光'政策，我们没有会到面，想不到今天在龙冈见到你。你在龙冈墙壁上到处写要剃朱、毛的头，现在到底是你剃朱、毛的头，还是朱、毛剃你的头呢？"

张辉瓒吓得全身发抖，面如土色，连说："有罪！有罪！"他非常害怕红军杀他，苦苦求饶，一再表示只要免他一死，他情愿捐款、捐枪、捐西药。周围的群众纷纷来到镇上争看张辉瓒的丑态，有人还编了一首打油诗：

龙冈小圩场，红军大胜仗。
活捉张辉瓒，全师被缴枪。

国民党大军第一次"围剿"惨败和红军活捉张辉瓒的消息很快传遍全国，引起蒋介石南京政府的一片恐惧和叫骂。张的老婆朱性芳，千方百计通过各种关系，决心倾家荡产用巨款赎回其夫。蒋介石也派人送信要求释放张，说：只要放回张辉瓒，他就释放大批在押的"政治犯"，并愿付20万元巨款。

但对这个杀人如麻的"张屠夫"，人民岂肯饶恕他。1931年1月28日，在东固召开的万人公审大会上，张辉瓒被盛怒的群众枪毙，放在一块木匾上，丢入赣江，让其顺流漂向南昌。2月2日，被驻防在吉安的国民党哨兵发现打捞上来，送给坐镇吉安指挥的鲁涤平。鲁见状，如丧考妣，迅即报告蒋介石、何应钦。蒋十分痛惜失去了这个死心塌地的反共干将，命令按陆军仪式大殓，在南昌举行追悼会，还"公祭"3天，并为其建墓立碑。

张辉瓒的十八师被歼灭后，红军又乘胜追击，歼灭狼狈逃跑的谭道源师的一半，俘敌3000余人，缴获各种武器2000余件。其他各路敌人争相溃逃，蒋介石的第一次"围剿"被彻底粉碎。

毛泽东曾诙谐地说："伦敦和汉阳兵工厂，我们是有权利的，并且经过敌人的运输队送来。"此话，在第一次反"围剿"战斗中得到了验证。

龙冈、东韶战斗后，鲁涤平鉴于嫡系主力张辉瓒十八师几乎全军覆灭，谭道源五十师也损失过半，加之其他几路"围剿"军被根据地军民迟滞，尚在数百里之外无法到齐，自知败局已定，被迫下令退兵，辞职回乡。

刚在"中原大战"中击败冯玉祥、阎锡山的蒋介石，怎么都想不通，自己处心积虑、绞尽脑汁策划的大"围剿"，何以在1930年12月30日至1931年1月3日这5天当中被共军打得一败涂地。

土地重新回到人民的手中，根据地不仅恢复而且扩大了。毛泽东的预言应验了,根据地的军民笑了,毛泽东也笑了。大战大胜的喜悦激起毛泽东的诗兴,他挥笔写下《渔家傲·反第一次大"围剿"》的著名词篇:

万木霜天红烂漫,天兵怒气冲霄汉。雾满龙冈千嶂暗,齐声唤,前头捉了张辉瓒。二十万军重入赣,风烟滚滚来天半。唤起工农千百万,同心干,不周山下红旗乱。

横扫千军如卷席

　　1931年4月23日,毛泽东、朱德率红一方面军主力3万余人从宁都、广昌、石城地区向东固地区集合。东固对毛泽东来说并不陌生,它地处吉安、吉水、兴国、泰和、永丰五县交界的山区。这里四面群山环抱,到处是茂密的杉木和竹林,好似一座天然的屏障;这里地势险要,北有东固岭、钟鼓山,东南有山势陡险的"狐狸十八歇",南有大乌山、方石岭,西南有白云山,西有观音崖、东固山,腹地有养军山,宛如一个脚盆。东固周围仅有5条羊肠小道通向山外,类似于井冈山的五大军事要隘。无论由哪一条道进山,都要攀越大山,穿过隘口,可谓是"一夫当关,万夫莫开"的天险。更为重要的是,东固地区有良好的群众基础,它是赣西南创建最早的根据地之一。早在1929年1月,红四军主力向赣南挺进时,就曾在这里安全地休整过一个星期。

　　这次进军东固情况大不一样了,红军主力发展到3万余人,赣南、闽西的红色区域不断扩大,红军刚取得第一次反"围剿"斗争的胜利,士气正旺。部队在行军途中作短暂休息时,毛泽东点燃一支香烟,望着远处起伏的群山,他思绪万千,苏区中央局对于第二次反"围剿"作战的决策闪电般地在脑海中掠过。

　　1931年1月29日,蒋介石指令军政部长何应钦代理总司令职权，指挥南昌、武汉两行营，赴赣组织湘鄂赣闽四省"围剿"事宜，狂妄叫嚣要在"三个月内消灭共军"。2月4日，何应钦由南京抵达南昌，立即召开军事会议，制订对中央苏区的"围剿"计划。他迅速调集18个师又3个旅，约20万兵力，在西起赣江，东至福建建宁的漫长战线上，布下了一条弧形阵线，对中央苏区的红一方面军采取包围之势，开始了第二次军事"围剿"。经过第一次"围剿"的失败，蒋介石也长了一点见识，将前次以"长驱直入"为核心的16字方针减半，调整为"稳扎稳打、步步为营"的方针。这正是"二十万军重入赣，风烟滚滚来天半"。

何应钦按照蒋介石的方案，分兵4路由各地出发，占领了从江西吉安到福建建宁的800里弧形地带，将赣南苏区像下网似的圈起来，然后慢慢收拢。敌人各路大军推进到富田、东韶、广昌一线后，便筑起坚固工事，不再前进，想引红军脱离根据地，前去攻坚。

这时红一方面军主力3万余人，正在南丰、广昌、建宁一带开展工作，分散筹款。在敌我力量悬殊的情况下，如何粉碎敌人的军事"围剿"呢？为此，中共苏区中央局在青塘举行扩大会议，讨论第二次反"围剿"的战略方针问题。会上意见纷杂，争论激烈。毛泽东力排众议，反复阐明自己的观点：敌人虽然强大，但我们完全可以找到敌人的薄弱环节，抓住战机各个击破。经反复讨论，苏区中央局最后接受了毛泽东的正确意见，决定仍采取"诱敌深入"的战略方针，利用根据地的有利条件，集中兵力到东固一带设伏，先打弱敌王金钰部的第四十七师和二十八师，然后从敌人后方自西向东横扫过去。

这时，一阵清脆的马蹄声打断了毛泽东的回想。警卫员把战马牵到跟前报告说：毛总政委，部队已继续行军，请上马。毛泽东甩掉手中的烟蒂，跨上坐骑，踏上征程。红军主力集结东固隐蔽下来后，派兵严守各山口，随后在深山之中悄然待命。毛泽东随红一方面军总部来到了东固的敖上村。这里离敌人很近，西、北、南三面皆有国民党军。西面王金钰部第四十七师和二十八师驻扎在富田一带，离东固仅 40 里；北面郭华宗四十三师已进至水南白沙，离东固约 70 里；南面蒋光鼐、蔡廷锴的第十九路军驻扎在兴国县城。毛泽东指挥红军大胆地潜伏在敌人眼皮子下，可以说这是下了一步险棋。

时间一天一天地过去，隐蔽在深谷丛林中的红军指战员一面开展政治学习，整修武器，进行军事训练，一面帮助苏区群众耕地插秧。这时，有的指战员沉不住气，求战心切。面对部队这种急躁情绪，5 月 11 日下午，红军总部在东固敖上村的樟树下，召开军民誓师大会。毛泽东耐心细致地向指战员们分析敌情：在敌强我弱的情况下，要战胜强敌，我们只能引敌进入对我有利的地形时才能反击，在运动中各个歼灭敌人。现在，我们三面都有敌军。左、右两翼之敌对我们虽构成一定的威胁，但他们各怀鬼胎，只图保存实力，对我不会尽力相拼，只要正面之敌王金钰部一出动，我们就打他个出其不意，杀他个人仰马翻。我们一定能够钻透敌人的"牛角尖"。顿时，会场上爆发出一阵雷鸣般的掌声。

会后，毛泽东把彭德怀叫到自己住地，请他吃"辣椒宴"。"老彭啊，这次战役够辣的哟。"毛泽东夹起一只朝天椒放到彭德怀的饭碗里，彭德怀把辣椒连同一大口饭扒进嘴里，辣得鼻尖上直冒汗。他咽下这口饭，这才说话："越辣越好，老子就喜欢辣。"站在一旁的贺子珍扑哧一声笑了，说："老彭，不晓得蒋介石吃不吃辣的？""老蒋啊，江浙佬，只吃甜的。"彭德怀埋头扒饭，但并不妨碍讲话，"给他点辣的尝尝，他就喘不上气来。"贺子珍被逗得略略笑。毛泽东也笑了，说："游击战是青椒炒肉，溜到肚里辣。运动战是爆烤朝天椒，进口就呛人，从头辣到脚。"

"我懂了。"彭德怀吃饱了，搁下饭碗，说："这次反'围剿'，是继续游击运动战。我们要将老蒋的部队打得落花流水！"

"老毛，你说吧，要我打哪？二十八师，还是四十七师？""你说呢？"毛泽东含笑反问。"让我挑？当然是打公秉藩。四十七师不够辣，不过瘾。""你要是打完公秉藩还不过瘾呢？""那就打孙连仲！""好！打完孙连仲再打刘和鼎，横扫千军，从江西打到福建去，你敢不敢？""你不用激我的将，"彭德怀一拍桌子，震得碗筷碟子叮当响，"我老彭，这顿辣椒是白吃的吗？"毛泽东满意地点点头，握住这位同乡的手，把他送到门口，一直望着他那魁梧的身影消失在翠竹碧树之中。

再说蒋介石，久等不到前线胜利的消息，他急了。5月初，他给何应钦、王金钰等各路军总指挥发出最后通牒："限令5月15日国民会议召开之前各省赤匪须一律肃清！"何应钦、王金钰不敢怠慢，接二连三地电令公秉藩的二十八师即刻向东固进军。军令如山倒，不容抗辩。公秉藩心里愤愤不平，但嘴里却连大气也不敢出。他先是多次派出密探到东固一带侦察，回报都说人鬼不见。公秉藩满心怀疑，无奈又电请何应钦派飞机侦察东固、龙冈一带，结果也告知"东固无人"。公秉藩越发胆战心惊："共军主力明明就在这一带，怎么会'空无一人'呢？难道他们会地遁，从地底下钻出我20万大军的包围圈？绝不可能！"

5月16日，已经超过蒋介石规定的时限，再不进军，就要军法处置。公秉藩万般无奈，才勉强打起精神，率军从富田动身，试试探探地朝东固进军。公秉藩自怨自艾，和副师长并驾缓行，走在队伍的中后部位。一个加强特务营负责保卫。前呼后拥，以防不测。还好，走了七八里地，从山坑到中洞，直达头陂，居然一路平安。前面就到东固岭，探哨回马来报：东固岭没有发现伏兵。公秉藩脸上紧绷的肌肉放松了一些，和左右幕僚商量一下，便传令急速进军，跑步穿过东固岭！他到底是心有余悸，不敢在这险要之地多待。

其实，在5月13日，红一方面军总部就得到了敌人将向东固进犯的消息，全军上下斗志昂扬，个个摩拳擦掌。14日下午6时，红一方面军总部报务员又截获了敌二十八师准备15日向东固进犯的准确情报。这份重要情报马上送到了毛泽东和朱德手中。毛泽东看到战机已到，立即和红一方面军总司令朱德研究了具体的战斗部署，调兵遣将，在公秉藩师必经之路上布好了"口袋"。为了确保打好这一仗，毛泽东当晚赶到红三军，同黄公略军长一起，找向导勘察道路和地形。这一带重峦叠嶂，沟壑纵横，毛泽东等人好不容易在东固通向中洞大道的南侧又找到了一条可以缩短半天行程的山径小路，随即确定彭德怀率红三军主力改由这条小路隐蔽前进，对沿大道而来的进犯之敌实施右侧突然攻击。红三军指战员像一支离弦的箭，迅速出动，终于抢先占领了制高点。在当地独立团、赤卫团的帮助下，赶修了工事，严阵以待。

16日清晨，敌二十八师万余人，飞蛾扑火般地扑进东固岭，迅速进入红军的伏击圈。这时，只见彭德怀猛喊一声"打！"，突然间从山坡上、草丛中、密林里拱起一群群红军战士，喊杀声与枪声齐吼，刚从张辉瓒部队缴获的马克沁重机枪"突突突"地喷出猩红的火舌，打得敌人前锋如草般一排排地倒下。

就在这当儿，毛泽东也带着警卫人员和总部的一部分直属队，进驻白云山实地指挥战斗。毛泽东肩上斜背着挎包和一把油纸伞，朱德把一顶竹叶斗笠推在脑后，手里提着一尺多长的望远镜。这两位出生入死同呼吸共命运的革命战友，每逢重大的战斗，总是亲临前线，指挥作战。他俩走得很快，时而停下来看看地形，时而交谈几句，不知不觉走到了白云山脚下。这时，一个电话兵气喘吁吁地跑来，报告说："正前方小桥以西的大路上发现敌人的尖刀排。"朱德立即从腰间拔出驳壳枪，带着直属队和警卫队快速占据有利地形，准备阻击敌人。毛泽东迅速率通讯排和电台工作人员向白云山顶峰登去，占据制高点，设立指挥所，指挥战斗。战斗从上午10时开始，到下午5时左右结束，歼敌二十八师大部，俘敌4000余人。公秉藩眼看大势已去，便慌忙脱下呢质中将服，将公文包往山腰上的茅草棚里一塞，换上一件伙夫的衣裳，混进了乱糟糟的后勤队伍中，很快就加入了俘虏的行列。后来在释放俘虏时，他佯称自己是营部书记，次日晨领到了3块银元路费，获释逃跑。打扫战场时从缴获的公秉藩的文件担子里，查出了他的私章。后来，这枚私章在第一次工农兵苏维埃代表大会胜利品展览馆里展出，红军战士对这位丢盔弃甲、化装逃跑、连私印也丢了的师长，讥讽道：

万人出发一人回，
"剿赤"收场悔不该。
提笔起呈心猛省，
叫人快刻私章来。

取得第二次反"围剿"的首战胜利后，毛泽东率红军主力乘胜穿过富田，直下水南，于19日凌晨追敌到白沙地区。部队稍作休整，就向敌郭华宗师发起攻击。战斗很快结束，这一仗同样打得干脆、痛快，一举全歼郭华宗整师人马。红军打了第二个胜仗。

毛泽东指挥红军连连出击，继续向东横扫。5月22日，驱敌到永丰县的中村，很快击败了敌第二十七师一个旅，活捉敌旅长王恩布，俘敌官兵2000余人。中村之战后，红军马不停蹄，日夜向东疾进。5月27日，我大军直逼广昌城下。

在广昌城，红军与朱绍良的第六路军展开激战。敌人凭借城外山头坚固工事疯狂地堵截红军，掩护主力撤退。红军冒雨强攻山头，反复争夺，几易其手。激战整整打了一天，才把城外敌人赶跑，接着乘胜攻占广昌城。此战只消灭胡祖钰师一个团，我军也付出较大代价，与前几战比较，占便宜不大。此后，红一方面军又继续挥戈向东猛扑，一路锋芒所向，敌人望风披靡，红军一鼓作气打到福建建宁城，歼灭敌刘和鼎师大部，漂亮地结束了第二次反"围剿"的最后一仗。

至此，红一方面军在毛泽东、朱德的指挥下，在东固伏兵25天，而后从东固一直打到闽北建宁，在敌军后方的补给线上，由西向东横扫700里，15天打了5个大胜仗，共歼敌3万余人，缴枪2万余支，蒋介石的第二次大"围剿"被红军痛快淋漓地、彻底地粉碎了。毛泽东满怀胜利的喜悦，拂去满身的征尘，挥毫写下了《渔家傲·反第二次大"围剿"》词一首，以志胜利：

白云山头云欲立，白云山下呼声急，枯木朽株齐努力。枪林逼，飞将军自重霄入。七百里驱十五日，赣水苍茫闽山碧，横扫千军如卷席。有人泣，为营步步嗟何及！

神机妙算挫强敌

1931年7月上旬的一天，正值盛夏季节，天气异常燥热。在闽西建宁城天主教堂的红一方面军总部，传令兵穿梭般地进进出出，无线电报务员戴着耳机，汗流浃背地紧张工作着，不停地将收到的电报抄送给红一方面军总前委书记兼总政治委员毛泽东批阅。从红军传令兵和报务员们那种繁忙紧张的气氛中，人们在猜想：又有大仗要打了。

果不出所料，红军得到确切情报：在第一、第二次"围剿"中惨遭失败的蒋介石恼羞成怒，区区几万"朱毛共军"，真让他伤透了脑筋。蒋介石这次决定亲自担任"围剿"军总司令，调集30万人马，其中有10万是他的嫡系精锐，如陈诚、罗卓英、赵观涛、卫立煌、蒋鼎文等部5个师；其次如蒋光鼐、蔡廷锴、韩德勤部等等，都是在北伐中能征惯战的劲旅。他还聘请了英、日、德等国的军事顾问，兵分三路，采取"长驱直入""分进合击"的战术，杀气腾腾地向中央苏区扑来。蒋介石赌咒发誓说："这次'围剿'如不获全胜，就舍命疆场或解甲归田。"他决心要亲自和毛泽东较量一番。

大军浩浩荡荡地向前推进，蒋介石发出通告：凡对"剿灭朱毛彭共军"有功者，不管是官是兵，是军事人员还是非军事人员，一律晋升一级，有大功者另外加官晋爵。他甚至追封张辉瓒为陆军上将，以激励"为党国效忠杀身成仁"的风尚，号令三军发奋砥砺，精诚团结，与"共军"血战到底！

当时，红一方面军主力3万余人刚刚经过第二次反"围剿"的苦战，还未得到休息和补充，正分散在远离江西苏区的建宁一带开展群众工作。敌人大兵压境，形势十分紧张。此刻，在红一方面军总部全神贯注工作的毛泽东，坐在桌前，一会儿用红笔批阅文件，一会儿查阅军事地图，一会儿低头沉思……身边的警卫、参谋们从他皱眉深思的脸庞看得出，一个重大的决策正在他的脑海里酝酿着。毛泽东经过反复思考并和朱德、叶剑英等商量研究后，决定采取"诱敌深入"的作战方针和"磨盘战术"，首先绕道千里，由闽西经广昌、石城、瑞金、宁都、于都，回到敌人后侧兴国，而后趁其不备，向北反攻，打破敌人的这次"围剿"。7月10日，毛泽东、朱德率红军以急行军速度，沿闽西、赣南的山岭小道向西疾进。这是一次大规模的战略行动，也是一次艰苦的进军。

就在毛泽东指挥红军主力向兴国转移时，蒋介石还蒙在鼓里，指挥"围剿"军狼奔豕突20余日，一直找不到红军主力在哪里，而且常常遭到地方红军和赤卫队的阻击与袭扰，弄得昼夜不安，风声鹤唳，草木皆兵，锐气大减。到7月底，蒋介石才发现红军主力已转移到兴国地区，立即命令其主力部队掉转头来追寻红军主力决战，企图压迫红军于赣江边而消灭之。他在《告全国同胞一致安内攘外书》中得意地宣称："预计本月内，必可全部歼灭，以期消除国家之根本大患。"面对重兵围困,毛泽东自有自己的对策,在他一手布置下,红军主力从兴国出发,大胆地穿插于敌人重兵之间,由万安方面绕到北面的富田,决定在富田打敌人一个歼灭战。可是行军途中,又得知富田已有敌军两个师组织坚固防御。毛泽东当即和朱德商定,敌变我变,对这个有准备的敌人放弃不打,部队折回高兴圩地区,另寻歼敌机会。于是,3万多红军又赶紧掉头撤退,隐藏在高兴圩一带的深山密林之中。派出去的侦察员不断来报告:敌人12个师正从东、南、北三面向红军包围而来,而且包围圈越来越小,红军西临赣江,三面受敌,有背水作战的危险。

情况越来越危急,毛泽东当机立断,决定红军趁敌人还来不及合拢包围,利用夜幕作掩护,突破兴国方向20里的缺口,迎歼正向兴国前进而战斗力又较弱的敌第五路军。天色渐渐暗下来了,万顷山冈落入暮色之中,只有天上的星星在眨着眼睛。除山风发出呼啸声外,几乎听不到什么声音。黑夜里,红军指战员沿着崇山峻岭快速前进,翻过一个又一个山头,神不知、鬼不觉地穿越了敌军两地约20里的间隙向东突进,竟连一声狗叫声都没有。事后才知道,为了掩护红军主力的这次秘密行动,苏区群众一夜之间把红军经过的沿途村庄的狗统统打死或送进地窖里,以免吠叫,惊动敌人。

8月6日清晨,3万红军陆续抵达莲塘西南一带,然后又隐蔽在深山密林之中。毛泽东一面派出先遣部队向北警戒,占领有利地形,一面亲自观察地形。随即,毛泽东、朱德在莲塘"黄氏宗祠"召开团以上干部会议，部署莲塘战斗的具体方案。毛泽东边讲边打着手势说：这次千里回师，走得并不冤枉，我们现在要捏紧拳头，狠狠地打出去，打他个措手不及。

此时，敌上官云相师正大摇大摆地向莲塘方向进发。但敌人哪里知道，灭亡的厄运正在等待着他们呢！7日拂晓，天色微明，毛泽东、朱德向各部队发出了总攻的命令。正躺在床上做美梦的敌师长上官云相听见激烈的枪声，连忙爬起来，吓得浑身像筛糠一样发抖。这时，传令兵进来报告说："我们已遭共军包围，莲塘外围已被突破。"上官云相一听，如梦初醒，慌慌张张地带着几个副官、警卫跳上马，一溜烟逃到离火线几十里地的龙冈。敌军群龙无首，纷纷丢盔弃甲，大部分被红军俘虏。接着红军奇袭郝梦龄师，将其一举击垮。然后急奔3天赶到黄陂，又打得毛炳文师一败涂地。战后，苏区军民高兴地唱起山歌：

哎呀嗨——
毛总政委好主张，
红军兴国摆战场，
避敌主力打虚弱，
调兵遣将蒋贼慌……

红军在5天之内，连续取得了莲塘、良村、黄陂三战三捷的胜利，歼敌1万余人。敌人开始一直蒙在鼓里，糊里糊涂，不知红军的主力在哪里。直到输了三战之后，才恍然大悟，急忙掉头东进，追寻红军主力决战。

敌军从东西南北四面八方铁桶般地向黄陂围过来，红军又重新陷入敌人的重兵包围之中，怎么办？毛泽东决定来一个声东击西，以罗炳辉红十二军伪装成主力向东北方向的乐安佯攻，吸引敌人的注意，诱惑调动敌人，把敌人牵走；红军主力则秘密向西返回兴国。果然不出毛泽东所料，正在寻觅红军主力决一雌雄的蒋介石，听信了飞机的侦察报告，真把红十二军当成红军主力。于是，调兵遣将，尾追不舍。敌人被调开后，毛泽东、朱德率红军主力于8月15日晚在崇山峻岭之中，蜿蜒而进，终于突出了敌军的重围，安全抵达兴国一带集结休整，以逸待劳。

此时，敌军主力正被红十二军牵着鼻子奔波在绵亘起伏的山岭中，疲劳不堪，叫苦不迭。当时正是炎夏，天气很热，江西又到处是起伏的山岭，山路荆棘丛生，碎石遍地，敌人行装笨重，补给困难，又没有山地行军经验，全被拖得精疲力竭，"肥的拖瘦，瘦的拖死了"。而我军上下，个个精神抖擞，浑身是劲，人人都有一个坚定的信念：暂时多受点累，拖垮敌人，粉碎"围剿"。敌一军官在家信中诉苦说："剿共简直是无期徒刑，一天要走八九十里路，我现在瘦得不像人。"待蒋介石发现红军主力已转移到兴国境内时，气急败坏地命令其部队赶快掉头夹击红军主力，但为时已晚。一方面，"围剿"军已被拖得士气沮丧，无力还击；另一方面，蒋介石后院起火——两广陈济棠和李宗仁发动了反蒋的"两广事变"；石友三也乘机由河北率部南下，直指徐州、南京。蒋介石束手无策，只好于9月初下令总退却。

　　这时，我军主力经过半个多月的休整，兵强马壮，士气正旺，从上到下都做好了大反攻的准备。毛泽东见敌人要夹着尾巴逃跑，就决定追歼逃敌，给敌人以更大的打击。9月7日，红军主力兵分三路向兴国往北逃跑的敌军展开攻击。左路军（红三军）在老营盘与敌军展开战斗，不到半天的时间就消灭了蒋鼎文的一个旅。右路军（红三军团）在高兴圩以西，中路军（红一军团）在高兴圩以北同时与敌蒋光鼐、蔡廷锴展开了激战。毛泽东亲临高兴圩西南的山峰上，俯瞰高兴圩地区数十里的战场，指挥战斗。

　　战斗中，一颗炸弹在贺子珍及古柏的夫人曾碧漪身边爆炸，两人当时都失去了知觉，等她们苏醒过来赶上队伍，已是第二天黎明了。毛泽东看到她们平安归来，又惊又喜，诙谐地说："通信员向我报告说，亲眼看到你们被炸弹炸死了。我还打算战斗结束后，为你们开个追悼会。你们这是人回来了，还是鬼回来了？"在场的人听了，都哈哈大笑起来。贺子珍说："我们不但人回来了，文件箱也平安回来了。"事后，毛泽东对贺子珍说："我还以为这回连你的尸首都找不回来了。敌人要是认出这是我的老婆，还不拿你的头去领赏呀。"

　　9月15日，红军追歼逃敌至东固山的方石岭附近，全歼韩德勤的第五十二师，韩德勤当俘虏后化装成伙夫逃脱。至此，由蒋介石"御驾亲征"的第三次"围剿"又以失败而告终。蒋介石在南京对其部下训话时说："我们10个人不能抵1个共军，我们30万兵打不过朱、毛的3万兵，真气死我也！"至此红军连续粉碎了蒋介石发动的三次"围剿",使赣南、闽西两块根据地连成一片,进一步巩固和扩大了中央革命根据地。三次反"围剿"的胜利,红军的全部作战原则形成了,标志着毛泽东军事思想有了重大发展。

"没有调查，没有发言权"

众所周知，"没有调查，没有发言权"是毛泽东的一句名言。实际上，它来源于毛泽东寻乌调查的过程中。早在 1930 年 5 月，毛泽东就利用红四军一、二、四纵队分兵寻乌、安远和广东平远做发动群众工作之机，在寻乌开展了大规模的调查工作。当时，由于党内"唯上""唯心"和"按本本办事"的思想发展，在对待农村政策和城市工商业上，"左"倾思想与政策又有新的发展，致使许多自食其力的经营者和手工业劳动者也遭受了损害。基于上述情况，毛泽东为了正确制定在农村对待富农的政策和在城镇中对待小商业者的政策，亲自选定了地处闽、粤、赣三省交界的寻乌县城，进行实地调查。

调查工作是在中共寻乌县委书记古柏陪同和协助下进行的。为了深入了解寻乌各阶层的具体情况，毛泽东采取开调查会的方式做深入的调查。开会的地点在城郊马蹄岗西井天主教堂，这是一栋用石头砌起来的两层楼房。毛泽东就住在靠东面的一间小房子。请来参加调查会的，有工农出身的区、乡苏维埃干部，有过去县衙门的办事员，有穷秀才，有店员，还有破了产的商会会长等各阶层人士。人到齐后，古柏叫大家围坐成一圆形，毛泽东坐在中间。古柏将与会的人逐一介绍后，毛泽东首先打开了话匣子："我这次到寻乌来，主要任务是做一次社会调查，在座诸位都是深切了解社会情况的人，我有许多问题要向大家请教……"说着，便摊开几张写满了提纲的纸和一个小本子，问道：寻乌县城有多少个行业？多少家大小商店？这些行业、商店是怎样发展起来的？店主的政治态度如何？开始大家有点拘束，谁都不肯第一个发言。但后来在毛泽东的鼓励下，发言一个接一个，开始活跃起来。毛泽东边听边用小本记录，有时还插问一两句。碰到听不懂的方言时，古柏便在旁边解释一下。有时大家对一个问题有不同意见，便不免有些争论。毛泽东等大家的意见接近统一后，就归纳性地说出自己的观点。

这样的调查会开了10多天，会场并不是固定不变的。有时吃了饭就接着谈，有时就直接到商会、苏维埃政府、工会那里去开会座谈。内容包括政治、经济、交通、旧有土地关系以及文化教育、风俗习惯等。毛泽东在调查中对寻乌县7个区21户大地主、111户中地主的剥削形式、剥削手段及其压迫群众、反对革命的劣行表现逐户问得清清楚楚。在寻乌调查期间，他还抽空与群众一起劳动，开展田头调查。在与老农一同劳动时，了解他们的生活、生产情况。

进行寻乌调查期间，毛泽东写出了他的名作《反对本本主义》（原题是《调查工作》，20世纪60年代公开发表时改成这个名字）。这是毛泽东多年来从事调查研究的理论总结。文章劈头就提出一个重要命题："没有调查，没有发言权。""你对于某个问题没有调查，就停止你对于某个问题的发言权。"他倡导要到群众中去进行社会调查，指出：一切结论产生于调查研究的末尾，而不是在它的先头。只有蠢人，才是他一个人，或者邀集一堆人，不做调查，而只是冥思苦索地"想办法""打主意"，须知这是一定不能想出什么好办法、打出什么好主意的。换一句话说，他一定要产生错办法和错主意。毛泽东用了一个生动的比喻：调查就像"十月怀胎"，解决问题就像"一朝分娩"，调查就是解决问题。

当时，《调查工作》一书由闽西特委翻印，在红四军中和中央革命根据地广为流传。后来，由于反"围剿"作战频繁，这篇重要文章找不到了。毛泽东一直以此而惋惜。直到1957年2月，福建省上杭县一位叫做赖茂基的农民，把自己珍藏了27年之久的一本油印的《调查工作》小册子，作为革命文物贡献出来，这篇重要的历史文献才得以重新问世。毛泽东听到这个消息之后，非常高兴，他比喻说："失散多年的'孩子'终于找回来了。"1961年3月，毛泽东在广州召开的中央工作会议上回忆这篇文章时说："这是1930年的一篇老文章，是为了反对当时红军中的教条主义而写的。那时没有'教条主义'这个名称，我们叫做'本本主义'。这篇文章是经过一番大斗争写出来的。我对自己的文章有些并不喜欢，这篇我是喜欢的，看来还有些用处，印若干份供同志们参考。"

继寻乌调查后，1930年10月，毛泽东率红一方面军抵达江西新余罗坊，毛泽东又做了兴国调查。当时，毛泽东从兴国县送来当红军的农民中找了8个人，在罗坊开了一个星期的调查会，主要了解土地斗争后农村的经济和政治状况。毛泽东先是对这8

个人的家庭情况做详细的调查，对家庭成员的政治面貌、经济情况、家庭内部团结等问题作了"每事问"。接着又对兴国县第十区（永丰区）各阶级在土地斗争中的表现做了详细的调查。每天开会两次到三次，有时开到半夜三更，主要调查土改前后的土地情况以及苏维埃政权的建设、农村军事化等情况。按照原定的调查提纲，毛泽东本来还要在兴国对儿童状况、妇女状况、交易状况和物价比较以及土地分配后的农业生产状况进行调查，但因蒋介石已调集10万兵力开始对中央苏区发动第一次大规模的军事"围剿"，其先头部队已进抵罗坊附近，红一方面军主力遂于11月4日撤离罗坊，东渡赣江。兴国调查就在这种极为严峻的形势下提前结束。

1931年11月，在中央苏区召开的中华工农兵苏维埃第一次全国代表大会上，毛泽东被选为中华苏维埃共和国中央执行委员会主席兼人民委员会主席。从此，人们对毛泽东的称呼，由"毛党代表"（红军党代表）、"毛委员"（红一方面军总政治委员），改为"毛主席"。但是由于王明等"左"倾领导人的排挤，毛泽东不久就在宁都会议上遭到了批判，并失去了党内、军内的职务，只能做政府工作。常言道："无官一身轻。"可毛泽东并没有轻松下来，他又开始了他的调查研究工作。

1933年11月18日，毛泽东率中央政府检查团来到兴国县的长冈乡，就苏维埃选举运动、群众生活、劳动力的调剂与耕牛问题、公债的推销与合作社运动等问题进行了为时7天的社会调查，对长冈乡的工作成绩表示满意。后来，毛泽东曾在第二次全国苏维埃代表大会上号召说,"兴国长冈乡的同志们创造了第一等的工作,值得我们称赞他们为苏维埃工作的模范","要造成几千个长冈乡,几十个兴国县。这些就是我们的巩固的阵地"。

结束长冈乡调查后,1933年11月下旬,毛泽东接着到福建省上杭县的才溪乡进行了10天周密的社会调查研究。毛泽东在才溪乡召开了各种类型的调查会。在会上,毛泽东边问边记,同大家展开热烈的讨论。毛泽东那平易近人的作风,亲切和蔼的态度,给参加调查会的人们留下了永远不能忘怀的印象。毛泽东在开完调查会之后,还深入到农户、学校和田间,同工人、农民、教师、妇女等各界群众进行交谈。有一次,毛泽东去访问一户群众,进到院子里,看到老乡正在劈柴,毛泽东走到他跟前说:让我试试看。毛泽东一边帮老乡劈柴,一边问:一担柴卖多少钱?可换多少米、盐、布?你们砍柴,又要烧,又要卖,栽不栽树?并说,要有计划砍,今年砍这块,明年砍那块,要边砍边栽,烧柴要节约。

毛泽东在中央苏区的这些调查,仅仅是他领导中国革命和建设宏伟壮阔的画卷的一部分,他的这种不信书本,只信实践的调查作风在新中国成立后依然保持,值得后人永远学习。

与人民心连心

毛泽东对劳动人民具有深厚的感情。不论在什么情况下，只要人民群众有困难，他都想方设法给予解决。这里叙述的是他在中央苏区期间的几件小事，就足以表明苏区人民和他们敬爱的毛主席之间心连心般的情谊。

一篮鸡蛋

1932年秋，毛主席在汀州治病，住在北山下老古井休养所里。重阳节那天，老乡们手提装满点心的竹篮，来看望毛主席。毛主席盛情接待了老乡，和他们亲切握手。两鬓斑白的王大娘握着毛主席的手，激动地说："今天过节，我们没有什么好东西，大家商量，送点煎薯粑、油炸糕给你尝尝。"毛主席看着满桌的东西，风趣地说："啊，这么多，我吃得了？"边说边招呼老乡们屋里坐。

老乡们坐下后，毛主席开始关切地问着乡亲们的生活。接着深情地对大家表示感谢："大家刚翻身，生活并不富裕，要好好计划安排。我这里有吃的，东西还是带回去吧！"老乡们你一言，我一语，说什么也不肯带回去。大家走后，毛主席还是交代警卫员，把东西送还老乡。

第二天清早，当警卫员打开大门时，却突然发现门外放着一个装满鸡蛋的竹篮，竹篮中还有一张字条。打开一看，写着"请收下我们一点心意"。警卫员明白了，这篮鸡蛋是老乡们送给毛主席的。但毛主席知道后，立即让警卫员把东西送还老乡。

警卫员提着鸡蛋挨家挨户地问，但走了半天，白费劲，这篮鸡蛋的主人究竟是谁还是没着落。警卫员提着鸡蛋扫兴地往回走。毛主席一见警卫员的表情，心里就明白了。警卫员讲完经过，毛主席笑着说："你为什么不问问王大娘？"一句话使警卫员恍然大悟，用手拍着自己的脑袋，高兴地说："我怎么没想到。"于是，提着竹篮又回去了。

找到王大娘，警卫员说明了来意，王大娘起初显出吃惊的样子，接着又故意说："啊，鸡蛋没人要，我要。"警卫员听了心里着急，慌忙说："大娘，究竟是谁的？"王大娘看警卫员急成那个样子，就拉着他坐在一条长凳上，认真地说："毛主席工作那么累，身体不好，生活又艰苦，你是警卫员，要好好保护毛主席的身体健康啊！平时我们拿不出什么东西，过节，乡亲们这点心意你就该叫他收下嘛。"一席话，说得警卫员哑口无言，只得又把鸡蛋拿了回去。

警卫员提着鸡蛋走回来，见了毛主席就劝说："老乡们的一片心意，我们就收下吧。"毛主席听了，立刻严肃起来，对警卫员说："眼下老乡的生活比我们艰苦得多，我们还能给他们增加困难吗？人民是我们的衣食父母，我们必须珍惜和爱护他们对红军的每一份感情。"停了停，又说："别看十几个鸡蛋，对他们生活有影响，应该送回去。"毛主席见警卫员依然显得十分为难，就鼓励他："做群众工作要耐心细致，再去一次，把道理向王大娘讲清楚，她是会理解的。"

当警卫员再次来到王大娘家，王大娘死活不肯收下这篮鸡蛋，二话没说就拉着警卫员去见毛主席。来到毛主席住处后，王大娘带着埋怨的口气说："主席，你为革命操碎了心，我们这点心意你不收，实在不应该。"在这种情况下，毛主席只好把鸡蛋收下，王大娘才愉快地回家。事后，王大娘才知道，这篮鸡蛋，毛主席也没舍得吃，叫警卫员送给福音医院的伤病员了。

送　盐

1933年春节前夕，根据地人民喜气洋洋地忙着准备过年。有一天，毛主席和警卫员冒着寒风细雨，走到沙洲坝村军属杨大娘家。毛主席叫警卫员帮杨大娘烧火做饭，自己则同她拉起家常来。毛主席问杨大娘生活上有没有什么困难，有没有柴烧。杨大娘连声回答，没有困难，也不缺柴烧。毛主席又问她盐够不够吃。由于国民党反动派对中央革命根据地实行了残酷的经济封锁，再加上投机奸商的破坏，盐一时间竟贵重得成了宝贝。杨大娘也连声说："够吃，够吃。"

毛主席站起来，走到杨大娘的灶边，看了看盐钵，便问：就剩下这么一点了，怎么能够吃呢？原来，是杨大娘不愿意给政府增加负担，平时只凑合着吃些酸菜辣椒，有客人来时才在菜里放点盐。现在她见毛主席知道了底细，也就无话好说。毛主席常到她家，知道她的心思，便没有再问下去，接着又去慰问别的红军家属。

毛主席回到住处，马上召开干部会，商量解决红军家属当前所面临的缺盐困难。毛主席说：我们应该深刻地注意群众的生活问题，特别要优先解决红军家属的困难。干部们纷纷提出建议，最后决定开展捐献活动。群众热烈拥护毛主席的号召，有的捐钱，有的将自己家中的食盐省出一部分献给红军家属。几天之后，毛主席带领乡、村干部，把筹集起来的食盐分别送到缺盐的军属家里。

劳动竞赛

1933年春，部队来到上杭才溪乡。那天上午，毛主席走得很疲倦，警卫员打开行李后，就想请他休息一会儿。不料，毛主席却发现房东老大爷正蹲在院子里整理稻秧，准备去插秧，就决定带领警卫战士一块儿下地去给老大爷插秧。巧的是，房东老大爷正有其意。他把警卫战士领到田里后，问道："同志，你们会栽禾吗？"

毛主席笑了笑说："请你多加指教！"说着，他就脱掉草鞋，挽起了裤脚，又向警卫战士招呼道："我们来个竞赛，看谁栽得快、栽得匀、栽得直。"警卫战士一拥下田，劳动竞赛就开始了。房东老大爷见警卫战士们干活都有股子虎劲儿，就笑盈盈地站在田边上看着。看了一会儿，他发现大家真都是庄稼地里的内行，到了中午时分，秧苗插了绿油油一大片，他看了看毛主席插的那一片稻秧，又匀、又直，才伸出了大拇指，夸奖说："同志，你是这一份的！"

这天下午，毛主席又带领警卫战士去帮房东老大爷耕田，临行前，毛主席对大家说："这次看谁耕得好，耕得快，耕得直。"房东老大爷一听，就跟在大伙后面看个究竟。开始，警卫战士们觉得，我们都是种田打长工出身，耕个田难不住我们！可是，看看自己耕过的两三行，再和毛主席耕的那两行一比较，就看出好坏来了。这时房东老大爷也说话了："看你们这些后生耕的田，歪歪斜斜的，快把我的田变成蚯蚓窝了！"他指着毛主席刚耕过的田说："你们看看这位同志耕的田，又好又匀，直得像一条线！你们要好好地学一学！"说得大家有点不好意思了。毛主席又在劳动竞赛中获了胜。

红　井

在江西瑞金的沙洲坝，村子附近有一口井，井台上至今竖着一块纪念碑，碑上刻着两行醒目的大字："吃水不忘挖井人，时刻想念毛主席。"这口井，可不是一口普通的井，它有着一个动人的故事。

1933年4月，毛主席随同中央工农民主政府和中央军委从瑞金县的叶坪迁到沙洲坝。一天傍晚，毛主席正坐在一棵大樟树下，和村里的耕田队长聊天，一个老汉挑着一担水走了过来。当他经过毛主席身边时，毛主席扭头一看，忽然发现他挑的这担水很浑浊，于是便疑惑地问："这么脏的水，做什么用呀？"

"吃的。"挑水老汉回答。

毛主席听了不由皱起了眉头,他弯下身子,又仔细看了看桶里的水,发现水不仅脏,而且还有小虫爬动,忙直起身来问:"不能到别的地方挑点干净水吗?"

耕田队长接上去说道:"主席,不瞒你说,我们沙洲坝就是缺水呀。人吃、浇地、洗菜,全都是靠塘里的这点水!外乡人给沙洲坝编了两句话:'有女莫嫁沙洲坝,有河无水洗被帕。'河里存不住水,到哪里去挑呀?"

挑水老汉朝北面山脚下努了努嘴说:"那边乌鸡嵤下有一股山泉水,就是路远水少,半天才能挑上两担,中央机关来了后,村子里一下子多了上千人,吃水用水更困难了。"

毛主席抬起头来,向山脚下望了望,果然看到那边黑压压一大帮人在挑水。

耕田队长叹了口气说:"主席,红军来了,我们的日子好过了,可就是天旱缺水把我们害苦了。"

毛泽东听了,若有所思地点点头。几天后的一个早晨,毛泽东带着几位同志沿着沙洲河步行而上去找水源。沙洲坝是一个前连丘陵、后依高山的村庄,前面村边蜿蜒而过的沙洲河满河砂石、滴水不存。毛泽东一直走到离村庄四五里远的鹅公嵤山腰上,才找到一股泉水。回村后,毛泽东当即发动中央机关的工作人员到山上砍毛竹,打通节后连接在一起,把山泉的水引进村来,再用一个能盛几十担水的大木桶接住,先暂时解决一下群众的吃水问题。

一天晚饭后,毛泽东让乡政府主席找来了村里的几个老年人,一块儿商量解决吃水难的问题。毛泽东先把早晨在村里村外察看过的地形说了一遍,然后提议:"能不能在村里打口井?"几个老人听说打井,都为难地说:"沙洲坝自古以来都没有打过井,再说也没有人会打井啊!"

毛泽东启发大家说:"我小时放牛的时候,很喜欢在河边沙滩上掏个坑,玩沙坑里渗出来的水。这打井就和掏沙坑差不多,只要位置选得对,就准能打出水来。"说起掏沙坑玩,大家都笑了,种田出身的人,谁小的时候没玩过。你一言,我一语,顿时议论开来,都认为毛泽东说得有道理,可以先试试。

接着,乡里召开了群众大会,决定在村前大塘前面挖井。讨论中,毛泽东还特别叮嘱:一定要与大塘土地的主人打招呼,要征得同意。土地的主人杨石顺听了十分感动,激动地说:"毛主席为咱沙洲坝人民谋幸福,还要征求我这普通百姓的意见,我双手拥护!"

翌日清晨,天上的星星还在闪烁,毛泽东就提早起床,带领身边的红军干部和战士扛起工具,借着月光来到村头,破土动工了。毛主席敞开衣襟,挥动锄头带头挖起来。村里的老百姓、红军战士和中央机关的工作人员,也挖的挖、铲的铲、挑的挑,干得热火朝天。在挖井的那些天里,毛主席虽然工作很忙,但只要有一点空闲时间,就来参加劳动。大家又感激、又心疼,一次又一次地劝阻,但都被毛主席谢绝。

当井身挖到两丈多深喷出大股泉水时,毛主席亲自下到井底,同干部、群众一起铺沙子、垫木炭，搞滤水设施。经过10多天奋战，水井挖成了，井水清澈碧透。人们欢呼、跳跃，兴高采烈，争着要喝一口又甜又美的清泉水。沙洲坝的人民为了让子孙后代铭记共产党和毛泽东的恩情，解放后在人民政府的支持下，重修了"红井"，并且在井台上竖起这块刻有"吃水不忘挖井人，时刻想念毛主席"的纪念碑。

第五章
长征路上

　　1934年10月，由于博古、李德在军事上的错误指挥，导致中央红军第五次反"围剿"失败，被迫长征。在极其艰难的情况下，毛泽东站出来力挽狂澜，纠正博古、李德的错误指挥。经过通道、黎平、猴场三次预备会议，终于开成了遵义会议。在遵义会议上，纠正了王明的错误路线，取消了"三人团"，确立了毛泽东在党中央和红军中的领导地位。遵义会议后，毛泽东指挥红军开始了胜利的"长征"，其足迹印在了南岭山地、云贵高原、横断山区和黄土高原。在这漫漫长征路上，毛泽东和他领导的红军战士利用天险，避开了直面而来的钢铁烈火，揭开了中华民族解放史上新的一页。

担架上的"计谋"

1933年下半年，蒋介石经过半年准备，调集100万军队，发动对中央苏区的第五次大规模军事"围剿"。这时，中央苏区红军主力已发展到8万多人，尽管形势严峻，然而比起前几次反"围剿"来说，还是要好一些。如果红军能够采取正确的符合实际的战略策略，仍有可能打破这次"围剿"。但中共临时中央却准备以冒险主义的进攻路线来打破这次"围剿"。中共中央领导人博古并不懂得军事，完全依靠于9月到达中央苏区的由共产国际派来的德国人李德（原名奥托·布劳恩）。他们放弃过去几次反"围剿"战争中行之有效的积极防御方针，提出"御敌于国门之外""分兵把口""短促突击"的方针，结果经过一年的苦战，红军也未能打破敌人的"围剿"。1934年10月上旬，敌军又发动了新的进攻，局势更加恶化。"左"倾领导者在敌人的步步进逼中，此时畏敌如虎、惊慌失措，于10月10日仓促下达红军退出中央革命根据地的命令。

1934年10月18日，这是中国工农红军史上，中国革命史上难忘的一天！就在这一天，中央红军分别从江西省的瑞金、会昌、兴国、宁都，福建省汀州等地出发，开始了"搬家"式转移。在当时，谁都不知道叫"长征"，谁也不知道要走那么遥远的路到陕北去。

在长征开始前,毛泽东就因身体不好,卧病在床,他是被抬着走上长征路的。尽管此前还接连遭受批判和不公正的对待,处境艰难,但毛泽东考虑的不是这些,他深深焦虑的是红军以及整个中国革命的危险处境,他认识到争取大多数同志,获得在反对"左"倾问题上的一致是工作的当务之急。

在1934年10月初红军转移前夕,毛泽东就向周恩来、朱德征求意见,明确提出了向湖南中部进军,以调动江西敌人到湖南予以消灭的建议,获得了两人的赞同。这是最后争取打破敌人第五次"围剿"的一项正确行动的建议,可惜被"左"倾领导博古、李德拒绝了。红军长征突破了敌人第一、二、三道防线,进入潇水、湘水地区。蒋介石判明红军西进的意图,立刻部署"追剿"和堵截。毛泽东又提议扎根群众基础较好的湘南地区,组织力量进行反击,以扭转战局。博古、李德又拒绝了这些建议,消极避战,丧失了一次较好的战机。

湘江之战,使红军付出了沉重的代价:8万多红军渡过湘江后,只剩下3万多人。在干部特别是高级干部中,酝酿着要求纠正错误、改变领导的意见,认为不解决这个问题,党和红军就难以摆脱极为被动的局面。而惨痛的事实使毛泽东深刻体会到,要想使自己的正确主张被接受,使红军转危为安,就必须尽快做工作。但当面给当时中央的"左"的领导人提建议不行,就必须同多数红军领导人进行交流,以争取他们的支持。这样,担架上的毛泽东就开始了他拯救红军、拯救中国革命的"计谋"。具有军事指挥权的王稼祥和中央政治局常委张闻天成为毛泽东争取的主要对象。

长征开始,毛泽东和王稼祥又同编在"红安"纵队,两人经常在担架上讨论红军的战略战术和组织问题。张闻天也参加了一些讨论。王稼祥和张闻天针对"左"的错误提出了自己的一些想法,毛泽东表示赞赏,并针对现实情况,谈了马列主义的普遍真理必须与中国革命实践相结合的道理。这给王稼祥和张闻天以新的启示,也更加坚定了他们支持毛泽东的决心。经过多次交谈和商讨,他们三人在许多问题上已有趋向一致的成熟意见。在即将进入湖南省西部边境的通道县城时,"计谋"开始升级,毛泽东和王稼祥、张闻天已经更深入地谈起红军如何摆脱面临的困境问题。

毛泽东先和王稼祥交谈,他痛心疾首地说:"不从实际出发,和敌人死打硬拼,这方面的惨痛教训,我们太多啦。去年10月,咱们开始的第五次反'围剿'斗争,在敌人的碉堡群里,苦苦挣扎了一年,牺牲了多少同志,流了多少鲜血,最后连个地盘也保不住,来个大搬家,弄到了现在这步田地!现在,蒋介石已经布置好一个大口袋,等着我们去钻。我们不能当傻瓜,硬要去钻口袋,我们要另辟生路。"

毛泽东接着说:"贵州方面敌兵不多,没有什么堡垒工事,我们为什么不可以改变行军路线,不去湘西,折向贵州,让蒋介石口袋阵失灵呢?"

王稼祥边听边说:"应该这么办,来个避实就虚!"接着王稼祥坦率地向毛泽东表示了自己对当前形势的忧虑，认为这样下去不行，并建议应该开个会，把李德轰下台！

王稼祥主张把李德轰下台，正合毛泽东的意思。毛泽东认为："他（李德）根本不了解中国，却到处发号施令，净干蠢事。要不是因为李德独断专横，支持王明路线，我们也许不会丢失苏区，被迫战略大转移。"王稼祥去找张闻天交谈，认为应该撤换博古和李德，改由毛泽东来领导。张闻天也认为领导中国革命还是毛泽东行，他也支持召开中央政治局会议。王稼祥与因脚伤坐担架的聂荣臻一同行军，互相交谈，共同认为，事实证明博古、李德等人不行，必须改组领导。王稼祥说，应该让毛泽东出来领导。聂荣臻说："我完全赞成，我也有这个想法。"王稼祥又找周恩来和朱德交换意见，周、朱本来就佩服与敬重毛泽东，他们毫不犹豫地赞成王稼祥的意见。

当议论到未来领导人由谁担任合适时，王稼祥对毛泽东说："我看最好由你来指挥。"毛泽东听后认为，当前应先解决红军去向问题，关于指挥权应放在以后再说。后来张闻天在延安整风时，把遵义会议前的这段经历，称作是"形成了以毛泽东同志为首的反对李德、博古领导的'中央队'三人团，给遵义会议的伟大胜利打下了物质基础"。长征途中，王稼祥对身处逆境的毛泽东的支持非常重要，因为他是从"左"的桎梏中挣脱出来的，他说话更有说服力。为此，陈毅曾把他比作楚汉相争中的韩信："在楚则楚胜，归汉则汉兴。"

遵义会议召开前夕，毛泽东也找过其他一些同志交换看法。

红五军团政委李卓然从桐梓赶到遵义时会议已经开始,他来到毛泽东的卧室。毛泽东当时正患感冒、发着烧,头上裹着一条毛巾,但他仍然专注地听取李卓然的汇报。李卓然汇报了长征两个多月来红五军团部队的情况,在湘江战役中折损了整整一个师的兵力,指战员浴血奋战,连连失利,指战员怨声载道,责怪中央领导不力,等等。毛泽东认为他讲的情况很重要,就说:"那你明天在会上讲一讲,好不好?"按照毛泽东的意见,李卓然在后来的会议上对"左"倾军事路线进行了深刻的批判。就这样,在毛泽东的多方努力下,中央大部分领导人对于中央军事指挥的错误问题,基本上取得一致意见。残酷的事实教育了人们,使人们不仅在革命胜利时认识到了毛泽东的正确,更在革命失败中进一步认识到了毛泽东的正确。

1935年1月,中共中央召开了具有历史意义的遵义会议。这次会议,结束了王明"左"倾冒险主义在党中央的统治,实际上确立了以毛泽东为代表的新的中央的正确领导,把党的路线转变到马克思列宁主义的正确轨道上来,因而在危急关头挽救了红军,挽救了中国共产党,成为中国共产党和中国革命生死攸关的一个转折点。担架上的"计谋"终于取得了胜利。毛泽东在身处逆境的情况下,经历了长时间被孤立的痛苦磨炼,他深切地领悟到团结大多数人的极端重要性。长征路上,他在中央领导层中一个人一个人地做工作,让正确的意见为大多数人所接受,这才实现了遵义会议的巨大转折。贺子珍说:"遵义会议后,毛泽东对我感叹地讲:'办什么事都要有个大多数啊!'"她比别人更清楚地察觉到"毛泽东在遵义会议以后,有很大的变化,他更加沉着、练达,思想更加缜密、周到,特别是更善于团结人了"。

遵义会议上的斗争

1934年11月,秋风萧瑟,乌云沉沉,中国工农红军第一方面军带着沉重的辎重正艰难地跋涉在湘西崎岖坎坷的山路上。这支队伍曾在毛泽东的领导下,经历了千辛万苦,开辟了中央革命根据地。而后又在毛泽东神机妙算下,诱敌深入,各个击破,取得了三次反"围剿"的胜利。在斗争实践中,毛泽东也赢得了红军广大指战员的信赖和崇敬。

而此时"左"倾错误领导者在严峻的形势面前变得一筹莫展,把希望寄托在与湘西的红二、六军团会合上。蒋介石调集了6倍于红军的重兵布下口袋,等候一举消灭红军。毛泽东力主放弃与红二、六军团会合的计划,改向敌人力量薄弱的贵州前进。这一主张得到了大部分同志的赞同。于是,部队在12月占领湘西南的通道城后,立即向贵州前进,一举攻克黎平。1935年1月7日拂晓,遵义城被红军攻克。第二天,全城被占领。1月9日红军总司令部,毛泽东和其他领导人也都先后到达,红军举行了隆重的入城式。雨一直在下,战士们满身泥污。他们在城外停下,洗脸洗手,然后高唱《红军纪律歌》进了城。

国民党王家烈部第二师师长柏辉章的豪华住宅,成了红军的司令部。这是一座二层柱廊式的灰砖建筑,屋檐略微突出,二层

255

上有带顶棚的走廊，四周有围墙，外院是青砖地，房子旁边有一株古槐。中央军委和红一方面军都在这里设了办公室。周恩来和他的妻子邓颖超住在二楼一间带阳台的房间里。朱德和妻子康克清也住在柏宅。另外还有刘伯承和其他军事指挥员如张云逸、彭雪枫等人。毛泽东没有住在这个大宅里，而是住在另一个军阀黔军旅长易少荃的宅子里。在那栋房子里，同时还住着王稼祥、洛甫。这是黎平会议以后，中央分配给毛泽东在长征路上住过的最好住房。新的住房也象征着毛泽东的地位大大提高了。

中央决定1月15日召开一次政治局扩大会议，地点就在柏辉章的住宅里，这次会议的主要议题是：决定和审查黎平会议所决定的暂时以黔北为中心，建立苏区根据地的问题；总结在第五次反"围剿"中与西征（长征）中军事指挥上的经验与教训。这是一次牵动广大红军指战员的心、关系到中国革命前途和命运的会议。

1月15日晚饭后7时整，20个人来到了柏宅一间长方形的房间。因为天冷，地板上还烧着一盆炭火。从某种意义上说，这20个人在这里开会，是为了正式确定长征的领导和方向的彻底改变。从更深远的意义上说，则是中国共产主义革命运动的领导和方向的彻底改变，这是整个中国革命史上最重大的一个事件。

会议主持人是28岁的中国共产党总负责人和名义上的领袖博古。他长得很瘦很瘦，戴一副深度近视眼镜（他由此得了个"黑面木偶"的绰号）。他聪明、用功，在莫斯科中山大学的4年学习使他能说一口流利的俄语，早年曾在上海一所大学里学习过，所以英语也不错。他受共产国际中国处的苏联领导控制，是德国军事顾问李德的亲密伙伴和坚定拥护者。第二个人是毛泽东，第三个人是周恩来。在历时3天的会议里，屋子正中始终坐着这3个人，其他与会者却不断地调换座位，哪儿方便就坐哪儿。"洋顾问"李德坐在门旁边，他的椅子放在一个很别扭的地方，"处在一个被告位置"。翻译伍修权挨他坐着。有两个人是躺在担架上来开会的，其中一个就是王稼祥。他自1933年4月第四次反"围剿"时在乐安县古公村负伤后一直躺在担架上。大家都知道，王稼祥是支持毛泽东的，人们普遍传说"王、毛成亲了"。

参加会议的人，除了政治局委员和候补委员毛泽东、朱德、陈云、周恩来、洛甫（张闻天）、博古（秦邦宪）、王稼祥、邓发、刘少奇，共青团领导人何克全（凯丰），共10人以外，还有7位红军指挥员：刘伯承、李富春、林彪、聂荣臻、彭德怀、第三军团政委杨尚昆以及第五军团政委李卓然。红军报纸《红星报》的编辑、新任命的党中央秘书长邓小平也出席了会议。李德和翻译伍修权，他们是列席代表。总共20人出席了会议，中国革命的前途就取决于他们做出的决定。

会议首先由博古作了关于反对敌人第五次"围剿"的总结报告。他没有稿子，是即席发言。他谈了蒋介石的第五次"围剿"，过分强调客观困难，把共产党的失败归咎于国民党在数量上的绝对优势和中央苏区以外的共产党军队配合不灵，拒不承认在军事指挥上犯了严重错误。然后周恩来就军事问题作了副报告。他承认政策不对头，特别是不应当打阵地战。他说，这是造成红军第五次反"围剿"失败的原因。他自我批评的态度很坦率,丝毫不想推卸责任。他愿意承担责任的态度给同志们留下了很好的印象。接着,张闻天也在会上作了报告。

毛泽东一向总是等到最后才发言,这次一反常态,他首先讲了话,作了一个多小时的发言,比任何人讲得都长。他尖锐地批评李德和博古的领导方法"极端的恶劣",批评李德"包办了军事委员会的一切工作","把军委的集体领导完全取消",对不同意见"不但完全忽视,而且采取各种压制的方法",因而"下层指挥员的创造性是被抹杀了"。还指出军委内部及各军团首长"不止一次提出了正确的意见,而且曾经发生过许多剧烈的争论",然而这对于博古和李德是"徒然的"。毛泽东指责他们无视红军打运动战的传统政策,反驳了李德认为失败是由数量上的劣势造成的这一观点。第一、二、三和第四次反"围剿"中,红军都是同数倍于己的敌人作战并取得胜利的。所以问题不是数量,而是战术。毛泽东发言说,领导者最重要的任务是解决军事方针问题。而博古和李德根本不顾这样明白的现实,即战士也是人,也要用双脚走路,也要吃饭、睡觉。假如一个指挥员不了解实际地形和地理情况,只知道根据地图布置阵地和决定进攻时间,他"肯定要打败仗"。毛泽东还猛烈抨击了未能和十九路军联合这件事。

毛泽东长达一个多小时的发言赢得了热烈的掌声。他说出了多数指挥员长久以来没有说出的心里话。他的发言,确定了会议的主旨和基调,高屋建瓴,富有说服力,也反映了大家的共同想法和正确意见,受到了与会绝大多数同志的热烈拥护。陈云后来说：在遵义会议上，"只有毛主席讲得很有道理，内容就是《中国革命战争的战略问题》。""主席讲话很有把握，而博古他们讲的是'洋道理'。"毛泽东的讲话深深刺痛了李德。他意识到自己的处境很不利。他远远地坐在门旁，被有意地排斥在中国人圈子之外了。他只能通过伍修权的翻译来了解他们在说什么。而此时的博古脸变得煞白，一根接一根地抽烟。

王稼祥接着毛泽东发言。在遵义会议之前，他已经对聂荣臻说过："到时候要把他们轰下去，把李德拉下台！"他拥护毛泽东和他的立场是大家意料中的事，因为他们一直注视着王稼祥在担架上与别人讨论的情况。他明确地说，博古和李德必须让位，由毛泽东来指挥红军。王稼祥对开好这次会议起了关键作用。30多年后，在"文化大革命"中，毛泽东说在遵义会议上王稼祥投了"关键的一票"。

李德的发言继续为"左"的作战路线进行辩护，但在谈及失败责任时，他却认为是中国领导人把事情搞糟了，任何责任都应由他们承担，他个人只是作为一个顾问被共产国际派到中国来的，应受谴责的是中国人，是中共中央委员会，等等。他没承认任何错误，也断然拒绝了一切批评。会议对"左"倾冒险主义的批评持续了3天，一般都是晚上7时开始一直持续四五个小时。随着会议的进行，越来越多的人站到了毛泽东的一边。很多指挥员指出了长征缺乏思想准备的问题。他们认为，部队的严重损失，特别是开小差造成的损失，主要是由于新兵在思想上没有做好充分准备。

张闻天和朱德发言坚决支持毛泽东。周恩来再次发言，认为毛泽东对博古和李德的"左"倾路线的批评是正确的，并提议毛泽东任红军总指挥。作为在湖南工作时期的老朋友李富春也发了言，表示坚决支持毛泽东。聂荣臻也是躺在担架上来开会的。他发言时表现得很气愤。每次见到李德他就恼火，因为这使他想起李德的瞎指挥，李德对每门炮的位置以及哨兵设在哪里等具体细节都要作指示，而这些细节连军指挥员也无须亲自过问。聂荣臻作为第一军团的政委，对李德的那种只允许和敌人正面作战的命令，并不是一概照办的。有时，他们用传统的朱毛战术诱敌深入，因而仍然打了一些胜仗。彭德怀对只会瞎指挥的李德早就嗤之以鼻，气愤地称这些人是"崽卖爷田心不疼"，他在发言中严厉批评博古和李德，坚决支持毛泽东。刘伯承也是如此。令人奇怪的是，李德倒觉得，和其他人的发言相比，朱德、彭德怀和刘伯承还是比较"温和的"。在遵义会议上，另外一个参加会议的林彪却并没有起多大作用。

　　会议所有的参加者当中，只有何克全几乎完全支持博古和李德。他曾在莫斯科学习过，是个"正统的布尔什维克"。他承认他们确实犯了错误，但不同意解除他们的职务。聂荣臻认为何克全"相当狂妄自大"，因为何曾对毛泽东说："你懂得什么马列主义？你顶多是看了些《孙子兵法》！"毛泽东反问他："你读过《孙子兵法》没有？你知道《孙子兵法》一共有几篇？"凯丰无言以对。他对会议持保留意见，会后一段时间仍坚持错误立场，他对博古说："对路线错误的批判，我还是

260

接受不了，中央的大印不能就这样交出去。"毛泽东在20世纪60年代初曾多次讲到凯丰当时用反批评的方式来维护博古、李德。他说："遵义会议时，凯丰说我打仗的方法不高明，是照着两本书去打的，一本是《三国演义》，另一本是《孙子兵法》。其实，打仗的事，怎么照书本去打？那时，这两本书，我只看过一本——《三国演义》。另一本《孙子兵法》，当时我并没有看过。那个同志硬说我看过。我问他《孙子兵法》共有几篇？第一篇的题目叫什么？他答不上来。其实他也没有看过。从那以后，倒是逼使我翻了翻《孙子兵法》。"

博古在会上虽然没有完全彻底地承认自己的错误，但他还是照顾大局、讲党性、守纪律的。他是会议的主持人，在主持会议时没有利用职权压制不同意见。会后他同意把中央的印章和文件交给中央新的负责人，他说："中央已经决定了，我们应该服从。"后来经过实践的教育，博古和凯丰都转而拥护以毛泽东为代表的正确路线，在反对张国焘分裂主义的斗争中，坚决站在以毛泽东为代表的党中央一边。

在遵义会议上，李德受到了应有的批评。会后，他要求随一军团行动，以体验毛泽东的战略战术。毛泽东仍然很尊重他，在重大军事行动问题上有意识地经常征求他的意见。然而他在很长时间内一直对遵义会议不满意，甚至到70年代初期，他在《中国纪事》一书中谈到遵义会议时，仍然充满愤懑，说："在遵义，人们根本就不把我看成是共产国际执行委员会的代表。"

会议经过激烈的争辩，毛泽东的正确思想终于被大多数到会者所接受。会议最后改组了中央领导机构，一致选举毛泽东为中央政治局常委，并撤销了李德和博古的军事指挥权。在遵义会议之后，2月5日，红军抵达黔滇川三省交界处一个鸡鸣三省的村子——水田寨，常委开会分工决定以洛甫代替博古负总责。毛泽东正式被确定"协助"周恩来作军事决策。3月11日，毛泽东与周恩来、王稼祥一起被任命为"三人军事指挥小组"成员，负责指挥全军行动。当然，毛泽东在其中是起决定性作用的，实际上是最高决策者和指挥者。

遵义会议胜利结束了党中央达4年之久的王明"左"倾冒险主义的统治，确立了毛泽东在党中央和红军的领导地位，开始了以毛泽东为代表的党中央的领导，在最危急的关头挽救了党，挽救了红军，挽救了中国革命，是中国共产党历史上生死攸关的根本转折点。从此，中国共产党开始独立自主地运用马克思列宁主义基本原理制定自己的路线、方针、政策，根据中国实际情况独立自主地解决中国问题，走上了马克思列宁主义普遍真理同中国革命具体实践相结合的正确轨道，使中国革命从胜利走向胜利。

四渡赤水出奇兵

遵义会议期间，蒋介石对红军的围追堵截又做了新的部署，调集40万兵力，企图将中央红军3.7万人围歼于乌江西北地区。红军周围的局势变得更加严峻了。在这种情况下，中革军委决定，部队从1月19日开始逐次向北转移，在川黔交界处的赤水、土城地区集中。红军分三路在27日全部推进到赤水河以东地区。毛泽东在向土城镇行军途中，同朱德、周恩来、刘伯承等商议，认为道路两边是山谷地带，如果追兵孤军深入，红军可以在土城以东的青杠坡利用有利地形，集中优势兵力，围歼川军郭勋祺师。

这场战斗是由毛泽东提议而经红军总部决定的，以红三、五军团为作战主力。战斗在28日凌晨打响，川军遭到重大打击，红军也付出不小的代价。经过连续几个小时激战，没有取得较大战果。后来从俘虏的番号中发现，原来的情报有误，敌军不是4个团6000多人，而是6个团1万多人；对川军的战斗力也估计不足，它的增援部队又即将开到，战局逐渐对红军不利。红军立刻由陈赓、宋任穷率领军委纵队干部团上前增援。在朱德亲临前沿阵地指挥下，干部团猛打猛冲，终于打退了川军的进攻，稳住了阵地。毛泽东在山头上看到这种情景，称赞道："陈赓行，可以当军长。"接着，原已北上进攻赤水县城的红一军团赶回参战，把阵地巩固了下来。这就是土城战斗。当我军阵地得到巩固以后，毛泽东立即召集政治局几位主要领导同志开会。根据当时各路敌军追堵的新情况，原计划由赤水北上，北渡长江的方案已不可行。因此，毛泽东在会上果断地提出："为了打乱敌人尾追计划，变被动为主动，不应与敌人恋战，作战部队与军委纵队应立即轻装，从土城渡过赤水河西进。"到会同志一致赞同毛泽东的主张。

赤水河是川、黔、滇交界地区的一条重要水道，源出云南，沿川、黔边境北入长江。次日凌晨，红军撤出战斗，西渡赤水河，迅速避开了尾追之敌。当追赶的敌人来到赤水河边时，见到的是汹涌波涛，只有隔河兴叹。

中央红军一渡赤水后，进入川南地区。这时，川军潘文华部36个团已部署在长江南岸的赤水、古蔺、叙永一带，防止红军从这里北渡长江。毛泽东和军委领导人认为在这种情况下，不应恋战，立刻指挥各军团避实就虚，摆脱川军，进入云南省威信县扎西地区。毛泽东随中央军委纵队于2月9日进驻扎西镇，出席在这里举行的中央政治局扩大会议。毛泽东在会上总结了土城战斗失利的教训。他提出回师东进、再渡赤水、重占遵义的主张。他的理由是：应该利用敌人错觉，寻找有利战机，集中优势兵力，发扬红军运动战的特长，主动地消灭敌人。为此必须整编部队，实行轻装，精简机构，充实连队。

红军西进扎西以后，蒋介石突然失去目标，一时不明我军去向。红军则利用这段时间进行了整编，精简了机关，充实了基层，还补充了3000多名新战士，提高了部队的机动性和战斗力。当蒋介石得知我中央红军已进入扎西地区后，又急忙调整战略部署，命中央军、川军、滇军向扎西逼近，实行分进合击。正当气势汹汹的敌人从各方向红军扑来，尚未完成合围部署的时候，毛泽东率红军出敌不意，挥戈东进，二渡赤水，重返贵州，巧妙地跳出了敌人的包围圈，进到了敌人力量最薄弱的地区——黔北地区。

1935年2月25日，红一方面军在毛泽东带领下占领桐柏坡，开始进攻由此入川的交通要道——娄山关。此关位于遵义城北，地势险要。

次日一早，毛泽东就率领队伍直奔娄山关。这时，天尚未放亮，一轮明月还高挂天空，霜雪满地，西风阵阵。虽然山高路滑，寒气袭人，但战士们一想到有毛泽东的亲自指挥，心里就充满必胜的信心和勇气。这一个多月来，在毛泽东的指挥下，我军重新获得生机，左右逢源，处处主动，连着打了几个胜仗。遵义会议虽然已经过去一个多月了，但战士们迄今还兴奋不已。一个战士感慨万千地说道："毛主席要是早点指挥那该多好啊！"另一个马上接着说道："对，只要有毛主席领导，我们就一定能胜利！"战士们越来越强烈地感到，随着遵义会议的召开，黑暗即将过去，曙光就在前头！大家自第五次反"围剿"以来的种种疑虑和不满情绪一扫而光了。

队伍在迅速推进。毛泽东感觉有些热，便随手解开衣领上的扣子，使劲吸了一口清晨的新鲜空气，回头压低声音下达命令：

"加速前进，一定要在天亮前赶到目的地。"中午战斗打响了，双方厮杀持续到黄昏，我军胜利攻占了娄山关。火红的夕阳给石碑上的"娄山关"几个大字镀上了一层金色。刚才还枪声、杀声震天的关口，此刻却变得异常寂静。在浩浩荡荡的铁流中，毛泽东、周恩来、朱德、彭德怀相继扬鞭策马而来。毛泽东昂首远望，山外青山；俯视脚下，一线雄关。他心情格外激动，自长征以来，千回百折，命运多舛的毛泽东，心情一直是沉郁的。遵义会议拨正了中国革命的航向，形势昭然开朗。至此，毛泽东对未来的信心陡增。眼下，娄山关大捷使毛泽东感到信心大增，他在极短的时间里脱口吟出了在长征中的第一首词《忆秦娥·娄山关》，以抒壮怀：

西风烈，长空雁叫霜晨月。霜晨月，马蹄声碎，喇叭声咽。雄关漫道真如铁，而今迈步从头越。从头越，苍山如海，残阳如血。

接着，红军又进行了著名的遵义战役，歼灭和击溃敌人2个师又8个团，俘敌3000人，取得了长征以来第一次重大胜利。蒋介石气急败坏，暴跳如雷，声称遵义战役是"国军追击以来的奇耻大辱"。3月2日，他急忙从武汉飞到重庆，亲自策划对中央红军新的围攻，重整部署，调兵遣将，指挥多路敌军向我逼近，企图压迫红军于遵义和鸭溪的狭小地区内围而歼之。毛泽东对敌人的企图早有预料。当疲惫不堪、恼羞成怒的敌军向遵义扑来时，毛泽东率领红军从遵义地区向西疾进，迅速跳出敌军的合围，再次转兵西进，于3月16日下午至17日中午分别从茅台附近3个渡口第三次渡过赤水河，重入川南。敌军再次扑空，为了进一步迷惑敌人，调动国民党军队西移，红军渡过赤水河，向西进入川南古蔺地区，并派一个团伪装主力继续向西北挺进，主力却在附近山沟丛林里隐蔽集结。蒋介石得到飞机侦察的情报，果然误以为红军又要北渡长江，急忙调集各军迅速会聚川南古蔺地区，合力"进剿"红军。20日，蒋介石还得意地声称，"剿匪成功，在此一举"。当蒋介石调集大军，遍筑碉堡，围歼我军的部署还没有完成时，毛泽东又抓住时机，出敌不意，率军再次回师东进，四渡赤水河，重返贵州。这样，又把敌人刚刚集中起来的重兵甩在川南。在毛泽东等的英明指挥下，红军忽而河西，忽而河东，在几十万敌军的围追下，穿插迂回，避实就虚，灵活机动地与敌人周旋。而自恃强大的敌军，却像一头蠢牛，被毛泽东一会儿牵到河东，一会儿牵到河西，东闯西突，被动挨打，士气低落，疲于奔命。

"四渡赤水"，充分显示出中央红军在遵义会议后一反以前的情况，好像忽然获得了新的生命和活力。它是毛泽东在军事指挥中的"得意之笔"，是毛泽东指挥的运动战的光辉典范，也是毛泽东高超的军事指挥才能的充分体现。此后，毛泽东指挥红军以一部分兵力留在乌江以北迷惑、牵制敌人向北，主力红军乘敌人还未弄清红军真实意图之时，南渡乌江，直逼贵阳。这次，毛主席又成功地运用了声东击西的灵活的战术，"示形"于贵阳之东，造成敌人的过失。正在贵阳督战的蒋介石急调滇军驰援贵阳，红军则兵分两路,直插云南,进逼昆明。蒋介石又调兵救援,红军却绕过昆明向川西南前进,并于1935年5月胜利地渡过了金沙江。至此,红军完全跳出了数十万敌军围追堵截的圈子,实现了渡江北上的战略部署,为完成伟大的长征奠定了胜利的基础。

坚持北上　反对分裂

1935年6月17日晚，在懋功达维镇外喇嘛寺附近的坡地上，歌声、笑声、锣鼓声在夜空中回荡。备尝长征艰辛的中央红军与红四方面军，正在举行盛大的庆祝会。红一、四方面军的会师，是红军长征史上的一件大事，它大大增强了红军的力量，使集结在这个地区的红军兵力达到10多万人，为开创中国革命的新局面创造了有利条件。

两军会合后红军的行动方向应当指向哪里？是就地发展，还是继续北上？这是关系到红军今后命运的头等重要的问题。不料，恰恰在这个大问题上，发生了严重的、难以调和的分歧。

毛泽东对当时的形势进行了分析：此时的中国，正处于革命高潮的前夜。红军两大主力会师，表明中国革命进入了一个新的阶段。而日本帝国主义由东北深入华北，中华民族危机日益严重，国民党统治集团内部也在发生分化，国内阶级关系出现了新的变动。北上川陕甘，举起抗日大旗应是当时唯一可行的方针。而红四方面军领导人张国焘却反对这一北上方针，他提出红军应北攻阿坝、组织远征军、占领青海和新疆，或暂时向南进攻。这样重大的问题，在往来电报中自然是难以解决的，因此，中共中央在电报中请张国焘立即赶来懋功，以便商决一切。

平心而论，自从1931年中央把张国焘派往鄂豫皖建立红色武装以来，张国焘已远离中央多年。虽然，红四方面军经过艰苦斗争，发展成为三大主力红军之一，部队已有8万多人，而且装备较好，粮草充足，但在蒋介石军队和四川军阀部队的多次"围剿"下，也时感力不从心。张国焘未尝不想早日见到新的中央领导，以及中央红军的广大指战员，和他们并肩战斗。但来到两河口，他的态度就慢慢发生了变化。

6月25日，毛泽东和中央其他领导人到懋功县城以北的两河口，欢迎从茂县前来的红四方面军主要领导人张国焘，并举行两大主力红军会师大会。朱德致欢迎词，说明两大主力红军会师的重大意义和北上的方针。张国焘在讲话中却公然提出同中央相悖的西进方针。毛泽东和张国焘都是中共一大的代表，已经多年不见了，但一见面谈话却并不投机。中央红军连一门大部队作战所必需的大炮都没有，长途跋涉后的战士们看上去更是个个骨瘦如柴，更让面色红润、身材魁梧、衣着合体的张国焘感到意外的是，新当选的中央领导人也是莫不如此，尤其是毛泽东，面色憔悴，穿的那套老军服又破又旧，缀满补丁，看上去不像是40出头的人。这让张国焘陡然间增添了不少的骄傲。两河口会议刚结束3个小时，午饭后，周恩来找到张国焘，建议两个方面军组成统一指挥部，由张国焘担任军事委员会副主席，并建议合并某些部队。张国焘表面同意，可是却在幕后加紧分裂党中央分裂红军的活动。当得知中央红军还不到3万人，张国焘心里更是踏实了许多。张国焘回去后，打着传达两河口会议精神的名义，在一个天主教堂召开了师以上干部会，实际上讲的是自己反对北上的主张。他指责"中央有错误""右倾逃跑"。张国焘还私下对他的秘书黄超说："他们办了几十碗菜，还请我喝了当地出的酸酒。他们请我吃，我就吃，我们不仅不请他们吃，还要跟他们好好算算账。他们这些人把兵都带光了，还要往北跑，不能允许他们这样无止境地逃跑。这是仍然坚持错误路线。"张国焘已经充分意识到自己的军事优势，并以此为资本，一步一步开始向党中央要权。

两河口会议后，中央红军继续北上，红四方面军却按兵不动。7月9日和18日张国焘的亲信连续两次以"川康省委"的名义，要求改组中央军委和红军总司令部，提出让张国焘出任军委主席，张的助手陈昌浩出任红军总司令部总政委。毛泽东经历过无数次政治风浪，对张国焘的一举一动都看得清清楚楚，因此，离开达维时，让彭德怀、林彪从不同地方前进，其中就包含着对张国焘的防范与警惕。张国焘公开要权，这是迟早的事，党中央理当断然拒绝。

大敌当前，毛泽东还是尽量耐心地争取张国焘。7月18日，周恩来让出红军总政委职务，由张国焘担任。为了消除分歧，统一认识，8月初，中共中央又在一个叫沙窝的藏族村庄召开政治局会议。针对张国焘的错误倾向，会议通过的决议强调：必须进一步加强党的绝对领导，提高党中央在红军中的威信；必须在部队中坚决反对各种右倾机会主义的动摇。这次会议虽然没有公开点张国焘的名，但张国焘知道说的是谁。沙窝会议后，张国焘满肚子不高兴，经徐向前好说歹说，张国焘总算还没有公开翻脸。8月20日，中央政治局在毛儿盖再次举行会议。次日夜，红军全部向茫茫草地开拔，继续北上。

按照预定计划，红军分为左、右两路军前进，左路军向阿坝前进，右路军向班佑前进，然后在草地上另一端的巴西会合。而张国焘阳奉阴违，口是心非，继续坚持自己的错误意见，一再违抗中央指示。9月3日，张国焘突然发来了一份电报，说因为驻地白河河水上涨，他无法渡河，而且各部粮草已绝，再北进，不但时机已过，且恐多阻碍，他已命令部队停止行动，决定于4日晨起分3天全部赶回阿坝。他"建议"中央放弃北上和东进，而重提他南下的主张。张国焘所提的撤军理由是不能成立的，因为在张国焘所在的左路军中，有一支100多人的造船队，打造简易的渡河工具不成问题。朱德还亲自派人到白河下游测量，发现水虽涨了一些，最深也不过齐马肚，队伍完全可以通过，因此多次向张提出迅速北上，张国焘全然不理。这样，张国焘与党中央的矛盾公开化了。在这紧要关头，中共中央政治局在周恩来住处开了一次非正式会议，并于晚上10时发报给张，要求他继续北上，并服从中央委员会的决定。电报一个接一个。在一份电报里，中央委员会甚至提出派人支援张，帮助他们渡河。

渐渐地，大家愈来愈觉察到张国焘有鬼！当彭德怀的第三军团到达巴西后，他把十一团隐蔽在毛泽东住处的附近，以防万一，并且从那时起每天去看望毛泽东。他担心会和第一军团失去联系。因为大权在手的张国焘，早已以集中统一指挥为名，收缴了各军团的密电本。

9月9日上午，张国焘见中共中央北上方针毫无动摇的可能，于是以红军总司令部的名义密电陈昌浩，要他们"彻底开展党内斗争"。这实际上是要分裂中央。毛泽东迅速同张闻天、博古等磋商，一致认为在这种情况下再想继续说服并等待张国焘率部北上，不仅没有可能，而且必将导致严重后果。

在这千钧一发之际，毛泽东以无产阶级革命家的雄才大略，沉着自如地指挥着一切。首先他以看地形为名，火速赶到巴西附近第三军团所在地牙弄，然后毛泽东、周恩来及其他领导同志立即召开了政治局紧急会议，分析了当时的危险处境，决定率领红一、三军团和军委纵队连夜转移，脱离险境。毛泽东连夜起草的中共中央《为执行北上方针告同志书》指出："对于红军，南下是没有出路的，南下是绝路"，"只有中央的战略方针是唯一正确的，中央反对南下，主张北上"。号召红军指战员，"坚决拥护中央的战略方针，迅速北上，创造川陕甘新苏区去"。凌晨2时，大家分头行动。

与此同时，在班佑的前敌总指挥部作战科，叶剑英找到副科长吕黎平，要了当时唯一的一份甘肃省地图，以备党中央北上时使用。叶剑英还想把军委纵队的同志一起带走，于是他立即召开军委纵队干部会议，布置凌晨2时出发"打粮"。

北上红军凌晨2时出发，毛泽东率部在前，彭德怀率部在后掩护中央机关北上。天明时，毛泽东看到叶剑英率军委纵队一部赶了上来，十分高兴地说："哎呀！剑英同志你来了，好！好！"后来，他引用"诸葛一生唯谨慎，吕端大事不糊涂"的话，来赞扬叶剑英的这次历史功绩。有一次，毛泽东还用手摸了摸自己的脑袋风趣地说："叶剑英同志在关键的时候是立了大功的。如果没有他，就没有这个了。"

这时，陈昌浩也已发现中央红军出走了，当时就找到徐向前问："一方面军开拔了，我们是不是派部队追上去？"徐向前坚定地回答说："哪有红军打红军的道理！无论如何不能打！"避免了事态的进一步恶化。可是张国焘、陈昌浩还是一意孤行，他们派红四方面军副参谋长李特去追赶已经北上的红军。当时在场的伍修权回忆道："正谈话时，李特骑马赶来了。他大喊：'原四方面军的同志，回头，停止前进！不要跟机会主义者北上，南下吃大米去！'毛主席劝阻他，他就同毛主席吵架。""毛主席还是规劝、开导他，说北上的方针是中央政治局决定的。但是李特就是不听，强拉原四方面军的同志跟他走。""当时有的同志对李特的行为很生气。毛主席还说：'捆绑不成夫妻。他们要走，让他们走吧！以后他们自己会回来的。'"这次北上，连李德都表示同意。他对宋任穷说："我同你们中央一直有分歧，但在张国焘分裂的问题上，我拥护你们中央的主张。"

毛泽东的行动使张国焘恼怒万分。他把队伍拉到阿坝，在阿坝喇嘛寺里开了一次群众大会，叫嚷"反对毛（泽东）、周（恩来）、张（闻天）、博（古）北逃"。在此次会议上，张国焘煽动红军批判毛泽东，并要朱德表态。朱德说："北上是中央委员会作出的决定。我本人不能违背这个决定，我也不会带领红军反对这个决定。人家都叫'朱毛、朱毛'，我朱德怎么能反毛泽东？"张国焘气愤至极，骂朱德："你竟是这么个老顽固！"1935年9月中旬，张国焘擅自率师南下了，后来又悍然成立第二"中央"，自封"主席"。中央红军到达俄界后，中央政治局即召开扩大会议，通过了《关于张国焘同志的错误的决定》，批评了张国焘向西南地区退却的逃跑主义错误，并号召红四方面军的同志团结在中央周围，同张国焘的错误倾向作坚决的斗争。随后，毛泽东率领党中央及中央红军继续北上，突破天险腊子口，占领哈达铺，通过渭河封锁线，翻越六盘山，于10月19日到达陕北革命根据地吴起镇，与陕北红军胜利会师。

事实正如毛泽东所分析的那样，南下是没有出路的。到1936年二三月间，红四方面军已由南下时的45个团约8万人，减少到28个团约4万人。南下建立根据地的计划失败了。而此时毛泽东已率中央红军在陕北落脚，建立了根据地。在事实面前，广大红四方面军干部战士逐渐觉醒，认识到北上是正确的。在朱德、任弼时、贺龙等人的坚决斗争和红四方面军指战员的强烈要求下，张国焘被迫取消第二"中央"，一同北上。1936年10月，红一、二、四方面军在甘肃会宁会师，长征结束。

对于红四方面军的南下，毛泽东曾说过，他们自己会回来的。一年后，他们终于回来了。1936年12月1日，朱德、张国焘率领红军总部来到陕北保安。见到毛泽东后，毛泽东语重心长地对他们说："你们这一年，多吃了些苦，多爬了些山，革命的道路不是一点弯子也没有的啊！四方面军也是党领导的部队，今后中央还要尽可能多地派一些同志去工作，和你们团结在一起，共同进步。"

奔向陕西

1935年9月中旬，俄界会议后，中共中央率陕甘支队迅速北上。在突破天险腊子口后，20日上午，毛泽东与周恩来、彭德怀率领的主力部队，进驻了甘肃南部小镇哈达铺。

按理说，红军爬了雪山，过了草地，又在同张国焘分裂主义的斗争中取得了胜利，心情应该轻松一些，可是，红军领导人却心事沉重。6月份的两河口会议说，红军北上的目的是创建川陕甘苏区根据地，但这只是一个战略方针，而不是具体目标。红军下一步究竟去哪里？在部队进入哈达铺之前，聂荣臻曾向军团直属侦察连连长和指导员布置任务，要他们到哈达铺侦察敌情，筹集粮食和物资。毛泽东这时也在场，他说："我补充一点，指导员你注意，给我打点'精神食粮'来。国民党的报纸、杂志只要近期和比较近期，各种都给搞几份来。"毛泽东一生酷爱看书报，但在雪山草地却无法搞得到报纸。当走出草地之后，他想方设法弄些书报来看，以了解外界讯息。他的期望没有落空，毛泽东从收缴的一些国民党的报纸上得知，陕北还有很大一块革命根据地，它的领导人刘志丹还活着。这真是天大的喜讯！9月20日，第一、三军团和中央军委纵队团以上干部在哈达铺的一座关帝庙里开会。毛泽东作政治报告。随后，中央正式确定把中共中央和陕甘支队的落脚点放在西北。有了明确的前进方向，不用再去东跑西颠，每一位红军指战员都非常高兴。随后，部队进行了休整，战士们都洗了澡、理了发，每人领到了两元大洋。毛泽东在一次讲话中还特别指出："大家都要吃好！"

红军在哈达铺休整了几天后，日夜疾行，不久就到达了通渭。通渭虽是一个县城，但并不大，人口也比较少，县城四周都是黄土坡，很少见到树木。车辆和队伍从土路上走过，便尘土飞扬，呛得人连气也喘不过来。毛泽东在两个警卫员的护卫下，策马来到通渭，看到陕甘支队第一纵队第一大队（即红一团）政委萧华、大队长杨得志，下马跟他们热情地打招呼，交谈了几句。随后，又跟其他指战员谈情况去了。得知毛主席的到来，大家还真不知道该怎样接待他，当时通渭城街上只有卖梨的，杨得志就赶紧让机关的同志买了些梨，洗好后，请毛主席吃梨。

毛泽东一边吸烟，一边看着铁盆里的梨子说："梨子呀，好东西，你们有辣椒粉吗？"杨得志感到奇怪，毛泽东怎么看到梨子想起辣椒粉来了？"有。"杨得志说着，便让人去拿。毛泽东接过辣椒粉，说："杨得志同志，你这个湖南人没吃过辣椒粉拌梨子呀？"

"我没有吃过。"

"哎，好吃得很呀！"毛泽东说着，把辣椒粉撒到梨子上。

"不是说有酸、甜、苦、辣四大味吗？我们这一拌，是酸甜辣，没有苦了。来，你们尝尝看。"他说罢，很有兴致地吃起来。

红军在通渭休息了一天。第二天上午9时，红军陕甘支队继续北上，跨过西（安）兰（州）公路，攀登海拔3000米高的六盘山，冲破了国民党军队的最后一道封锁线，陕北苏区已经在望。毛泽东登上六盘山顶峰时，心潮澎湃，写下了《清平乐·六盘山》词：

天高云淡，望断南飞雁。不到长城非好汉，屈指行程二万。六盘山上高峰，红旗漫卷西风。今日长缨在手，何时缚住苍龙？

陕甘支队一越过六盘山，就遇到新的对手：国民党的骑兵。10月7日下午，在青石咀，侦察到有两连敌军骑兵正在下鞍休息，毛泽东立刻到前沿阵地指挥。他穿着一件蓝布长袍子，手里拿着一根细棍。第一纵队政委聂荣臻和参谋长左权，以及下属一、五大队的大队长、政委都在旁边。聂荣臻回忆道："随后，毛泽东也上了我们站的这个山头。他叫把各大队的领导干部都召集来，决定要消灭这股敌人。他亲自命令一大队和五大队从两侧迂回兜击，四大队从正面突击。3个大队像猛虎扑食似的扑下山去，把敌人解决了，缴获了100多匹马。大家对打骑兵有信心了。我们用缴获的马匹装备了纵队的侦察连，我们也开始有自己的骑兵部队了。"后来，东北军和马鸿宾的3个骑兵团又尾追而至。毛泽东认为，让敌军骑兵一直跟着红军进陕北苏区于我们不利。他提出要"切尾巴"，不要把敌人带进根据地。彭德怀指挥第一、二纵队，坚决果断地击溃了国民党骑兵2000多人，使他们在一段时间里不敢再来侵扰。毛泽东兴奋地赠诗一首：

山高路远坑深，大军纵横驰奔。

谁敢横刀立马？唯我彭大将军！

10月19日下午四五点钟，毛泽东随部队进驻吴起镇（今吴起县）。

吴起镇是陕北的一个穷山镇。镇西有一条洛河流过，镇东房子大些，人也多些。这天下午，阳光明媚，风暖如春，一行人来到镇东区苏维埃政府驻地时，镇苏维埃政府主席耿洛源同志和几十名群众敲锣打鼓，热烈欢迎中央红军的到来，看到陕北人民欢乐的笑脸和一间窑洞门口挂着工农民主政府的牌子，同志们觉得真是到了家了。22日，中共中央在吴起镇举行政治局会议，正式批准了榜罗镇会议关于落脚陕甘的战略决策，宣告了中央红军长征的结束。对此，毛泽东的《七律·长征》写道：

红军不怕远征难，万水千山只等闲。五岭逶迤腾细浪，乌蒙磅礴走泥丸。金沙水拍云崖暖，大渡桥横铁索寒。更喜岷山千里雪，三军过后尽开颜。

中央红军长征的传奇性胜利，在国内外产生了广泛影响。在上海的鲁迅向中共中央发来贺电："英雄的红军将领和士兵们，你们的英勇斗争，你们的伟大胜利是中华民族解放史上最光荣的一页！全中国民众期待着你们更大的胜利。"

共产国际也高度评价中国工农红军的长征是"英雄斗争的

模范"。11月5日,毛泽东率红一军团到达象鼻子湾,他向随行部队讲话,对长征作了总结。他说:"我们从瑞金算起,总共走了367天。我们走过了赣、闽、粤、湘、黔、桂、滇、川、康、甘、陕,共11个省,经过了五岭山脉、湘江、乌江、金沙江、大渡河以及雪山草地等万水千山,攻下许多城镇,最多的走了二万五千里。这是一次真正的前所未有的长征。敌人总想消灭我们,我们并没有被消灭,现在,长征以我们的胜利和敌人的失败而告结束。长征是宣言书,长征是宣传队,长征是播种机。它将载入史册。我们中央红军从江西出发时,是8万多人,现在只剩下1万余人了,留下的是革命的精华,现在又与陕北红军胜利会师了,今后,我们红军将要与陕北人民团结在一起,共同完成中国革命的伟大任务!"

第六章
陕北岁月

从中央红军和陕北红军胜利会师后落脚陕北，到解放战争的中期，陕北一直是中国革命的中心。毛泽东在这片贫瘠的黄土地上布阵演兵13年，以盖世的文韬武略打击国民党反动派的军事进攻，领导抗日战争，开展外交活动，演绎出一幅幅辉煌而艰苦卓绝的历史画卷。

直罗镇大捷

1935年11月下旬，中央红军长征胜利到达陕北，和陕北红军会师。蒋介石企图把红军消灭在长征路上的计划彻底破产了。但是他并不善罢甘休，又调集东北军、西北军配合胡宗南的5个师，从东西两个方向气势汹汹地向红军发动了新的进攻，想趁红军刚刚长途跋涉、人困马乏、立足未稳之时，把红军消灭掉。局势看起来十分危急，毛泽东却指挥若定。他和周恩来、彭德怀决定：集中兵力，向南作战，先在鄜县的直罗镇打一场歼灭战，消灭沿葫芦河东进的敌军一至两个师，再视情况转移兵力，各个歼敌以打破这次"围剿"。毛泽东还援引《水浒传》中林冲在柴进家中打王教头的故事，风趣地说：林冲打王教头，不是先过去，而是先后退两步，这就是为了避其锋芒，攥紧拳头，发现弱点，一下子击中对方的要害。直罗镇战役的部署，就是这个道理。

直罗镇是一个不过百户人家的小镇，三面环山，一条从西而来的大道穿镇而过，北边是一条小河。为了打好这关键的一仗，毛泽东和周恩来、彭德怀同志亲临前线指挥战斗。他们把指挥所设在离直罗镇不远的一座山上。他们把地图铺在山坡上，用铅笔在上边指点着。警卫员们在四周警戒，不远处不时传来阵阵敌人的枪炮声和敌机的盘旋轰鸣声。

按照部署，红军除了一小部分在直罗镇附近引诱敌人，其他主力都集中到了离镇不远的张村驿一带养精蓄锐，等待命令。战士们听说是毛泽东亲自指挥战斗，个个摩拳擦掌，士气十分高昂。

11月20日下午，东北军一〇九师在几架飞机的掩护下，大摇大摆地开进了直罗镇。当天夜里，趁敌人睡觉的工夫，红军开始行动了。中央红军由北向南，陕北红军由南向北，连夜急行军，去占领镇两侧的山岭，在拂晓前包围直罗镇。临出发前，毛泽东叮嘱各部队的指挥员："这个仗，一定要打好！""我们要的是歼灭战，不是击溃战！"

21日拂晓，战斗打响了，两路红军从两侧的山上突然出击，顿时枪声大作，山上山下响遍了红军战士的喊杀声。敌人虽有防备，但没料到红军会这么快，一不留神，被困在狭长的山谷中。往北突围，北边挨打；往南突围，南边也挨打，根本无法脱身。战斗进行了不到两个小时，敌人就纷纷缴枪投降了。敌师长牛元峰率领残部逃入镇东头的一个小寨子里负隅顽抗，并紧急发报请求其他师增援。可他哪里知道，增援的另外两个师，还没到直罗镇就被红军击退了。红军向小寨子发起了猛烈进攻。这时，毛泽东和周恩来等领导同志从山坡上走来，边走还边用望远镜向东小寨观察着，战士们着急地说："毛主席，这儿战斗还没结束，你怎么就来了？"毛泽东风趣地说："怎么，我们就不能来凑个热闹？"又安慰战士们说："不要紧，敌人主力已被你们消灭了。"周恩来同志也兴奋地用拳头做成夹击的手势说："在中央红军和陕北红军的合击下，这股敌人已成了瓮中之鳖了。"毛泽东接着说："中央红军和陕北红军的会合和团结，是我们胜利的保证。"战士们听了这些话，都自豪地笑了。

果然如毛泽东讲的那样，敌师长牛元峰待援无望，两天后带领部队突围，在红军战士的围追堵截下，全军覆灭。

直罗镇战役胜利结束了，这次战役共歼灭了敌人一个整师和一个整团，迫使其他几个师退回到了甘肃境内。望着山上山下成群结队的俘虏和到处堆积的缴获的枪支弹药，战士们心中别提有多高兴了，两路红军战士，拥抱在一起，共同分享胜利的喜悦，齐声赞扬毛泽东领导的英明伟大。当天晚上，当部队撤离战场，路过毛泽东住的村庄时，只见毛泽东住的窑洞还亮着灯，打了胜仗，毛泽东仍然没有休息，又在部署新的战役了。

11月30日，红军在东村教堂召开祝捷大会，毛泽东作了《直罗战役同目前的形势与任务》的总结报告。在谈到这次战役的重大意义时，毛泽东肯定地说，这次胜利彻底粉碎了敌人对陕北的第三次围攻，打破了国民党军队对陕甘根据地的"围剿"，"给党中央把全国革命大本营放在西北的任务举行了一个奠基礼"。

"刀下留人"

一道道山来一道道水，

咱们中央红军到陕北。

1935年10月19日傍晚，毛泽东率领中央红军进驻保安县境的小镇——吴起镇（今吴起县）。吴起镇是陕甘革命根据地的边缘小镇。长征以来，大家做梦也想找个落脚点，然而一直是艰难而无止境的跋涉，现在总算到家了，大家都感到非常兴奋。但是，就在此时，毛泽东得知了陕北红军领导人刘志丹被抓的消息。

原来，就在一个多月以前，这里受王明"左"倾路线的影响，陕甘红军和陕甘根据地创建人之一、西北革命军事委员会主席刘志丹等一大批陕北根据地党政军的领导干部被认为是"白军军官"而被抓。

毛泽东的心情十分沉重，已经有不少无比焦急和义愤的边区干部、群众向他反映了这个严重情况。是的，要把革命推向前进，消灭敌人是件大事，搞好革命阵营内部的工作同样是件大事。毛泽东不禁想起自己和一批同志在中央革命根据地时受到的批判，想起这些给党和红军所造成的巨大损失：放弃中央根据地，被迫进行长征。"这样的事不能让它再出现了！"经过反复考虑，毛泽东、周恩来立即指示西北保卫局："刀下留人！停止捕人！"并派王首道任西北保卫局长，让他具体负责解决这个紧要问题。

王首道等同志接到通知后，匆匆来到毛泽东的住处。听了毛泽东交代的任务后，王首道等深感事关重大，毛泽东刚到陕北，来不及休息，在紧张的军事斗争中，他还分心考虑解决刘志丹等人的问题，这足以说明此事在毛泽东心中的分量。毛泽东又具体指示说，你们马上到瓦窑堡去，先把事态控制下来，再全面调查这个事件。一定要把刘志丹等同志的事情弄清楚，尽量挽救革命同志。临行前，毛泽东再三嘱咐，语气沉重地说："杀头可不像割韭菜，韭菜割了还可以再长起来，人头落地就长不拢了。如果我们杀错了人，杀了革命同志，那就是犯罪啊。大家要切记这一点。要慎重，要做好调查研究工作。"

王首道等同志遵照毛泽东的指示，立即展开了慎重而深入的调查研究工作。

经调查了解，大量材料充分证明，刘志丹是我们党的一个好同志。他从青年时代起就投身革命，1925年加入中国共产党，党把他派到著名的黄埔军校学习。以后，他和一些同志组织了陕西渭南、华县的武装暴动，开始领导陕北的革命运动。他是陕北革命根据地的创始人、陕北红军的领导者。在陕北军民中，刘志丹有很高的威望。陕北还流传着这样的民谣："正月里来是新年，陕北出了个刘志丹。刘志丹是清官，他领导大家上了横山，一心闹共产。"连普通老百姓都知道"一心闹共产"的刘志丹等人，在王明"左"倾机会主义路线执行者的眼里却成了坏人。在陕甘边区错误肃反中，刘志丹他们受到残酷斗争、无情打击，还被加上"右派""反革命"的罪名而被捕。

　　在掌握大量事实后，王首道等同志得出了这样的结论：刘志丹是无辜的，如果刘志丹和他的战友们都是反革命，那么，陕北这块革命根据地是怎么建立和发展起来的？在强大的敌人面前又是怎么坚持下来并取得胜利的呢？就在他们被捕之前，刘志丹还指挥陕北红军连打了两个大胜仗，消灭了敌人1个师和4个营，为党中央和中央红军落脚陕北创造了较好的条件。这些事实，就连"左"倾机会主义路线执行者也承认并不能自圆其说。

　　就在这时，毛泽东亲自指挥下的中央红军和西北红军取得了直罗镇大捷，敌人的又一次"围剿"被粉碎了。很快，毛泽东来到了瓦窑堡，了解到调查研究的结果。党中央和毛泽东指出，逮捕刘志丹等同志是完全错误的，是机会主义者的陷害，是"疯狂病"。同时，决定对被捕的同志立即释放，并恢复职务。而对造成这一事件的"左"倾分子则撤销职务，并给予处分。1935年12月初，刘志丹等党、政、军领导干部100多人获释出狱了。"刘志丹同志得救了！"革命军民奔走相告，把这个好消息传遍了陕北。

　　不久，毛泽东还亲自会见了刘志丹，刘志丹备受鼓舞，表示坚决跟着党走，要革命到底。这次会见后，刘志丹特意让妻子连夜给毛泽东做了一双厚实的棉鞋以御寒。此后，刘志丹被任命为西北革命军事委员会后方办事处副主任（周恩来兼任主任）、红军北路军总指挥兼红二十八军军长。1936年4月，刘志丹在山西省中阳县三交镇战斗中牺牲,年仅33岁。后来,毛泽东谈到这次会见,无限怀念地说:"我到陕北只和刘志丹同志见过一面,就知道他是一个很好的共产党员。他的英勇牺牲,出于意外,但他的忠心耿耿为党为国的精神永远留在党与人民中间,不会磨灭的。"

1943年,毛泽东还为刘志丹题词:群众领袖,民族英雄。

会见洋朋友

1936年7月,美国记者埃德加·斯诺和美国医生马海德(乔治·海德姆)经宋庆龄的介绍,通过共产党地下组织的安排和联系,从北平出发,经过西安、延安,终于冲破了国民党军队的重重封锁线,冒着生命危险来到号称"红都"的保安县。他们分别成为第一个来到被蒋介石严密封锁,当时被称为"未知世界"的陕北进行采访的外国记者和医生。

党中央和毛泽东,对斯诺和马海德能够冒着生命危险来根据地采访,甚为重视。因为斯诺是一位外国记者,可不受国民党新闻检查的控制,能够把中国共产党的基本政策、活动,如实地在国外发表出来,然后还可以转译成中文,这样就可以使民党对共产党的一切造谣诬蔑现出原形,使党的事业得到人民群众的支持。他们到达保安的当日,也就是1936年7月13日,毛泽东就在他的住处接见了这两个从大洋彼岸来的客人。

当斯诺和马海德怀着激动的心情,走进毛泽东住的院子时,毛泽东已经在门口微笑着迎接他们了。毛泽东用有力的大手握住斯诺和马海德的手,高兴地说:"欢迎!欢迎!"

见到毛泽东,斯诺和马海德十分激动。斯诺后来是这样描述头两次看到毛泽东时的印象的:"他是个面容瘦削,看上去很像林肯的人物，个子高出一般的中国人，背有些驼，一头浓密的黑发留得很长，双眼炯炯有神，鼻梁很高、颧骨突出。我在一刹那间所得的印象，是一个非常精明的知识分子的面孔，可是在好几天里面，我总没有证实这一点的机会。我第二次看见他是傍晚的时候，毛泽东光着头在街上走，一边和两个年轻的农民谈着话，一边认真地在做着手势。我起先认不出是他，后来等到别人指出才知道，南京虽然悬赏25万元要他的首级，可是他却毫不介意地和旁的行人一起在走。"

欢迎过后，毛泽东把客人带进了窑洞。

毛泽东看着还带着旅途倦意的斯诺和马海德，笑着说："蒋介石对我们造谣诬蔑、封锁得很厉害，你们能到我们这里来，真不容易呀！"翻译吴亮平把毛主席的话翻译给斯诺和马海德时，他们都非常激动。确实，能得到中国共产党领袖的褒奖，这是对他们的最大安慰。当从毛泽东口中获得可以到根据地任何一个地方去采访的消息后，斯诺更感到意外。

毛泽东谈话的风趣、幽默使斯诺和马海德很快就感到不拘谨，变得随便了。在笑声中，毛泽东又点燃一支烟，吸了两口，看着马海德，突然问道：

"你这个医学博士，搞过哲学吗？"

马海德抱歉地笑了笑，回答道："我不过是一个业余的哲学爱好者。"

毛主席接着说："我们的医疗技术很落后，设备很差。在考察的时候，请你要多批评指导我们的医疗工作。"马海德十分自豪如此受到共产党领袖的敬重，非常高兴接受了任务。在接下来的日子，马海德十分关心红军的医疗卫生事业，他考察了前方后方，经过反复调查研究之后，写出了一份《苏区医疗卫生工作考察报告》。

他们的谈话一直持续到深夜。夜深了，贺子珍把采摘来的许多山杏煮熟煮软，亲自端上来款待客人。不料马海德刚吃一口，就被山杏酸得直咧嘴。1949年以后，每当北京鲜杏上市的时候，马海德都想起这幕往事。有一次他对儿子说："那可是真酸哪！因为那时候整个苏区都缺糖，毛主席也没有那么多的糖吃啊！"

斯诺与马海德在红色区域调查访问4个月，毛泽东和他们进行了多次会谈。除了斯诺7月下旬和9月中旬去前线采访外，毛泽东几乎每天都和斯诺会面。他们谈话的内容十分广泛。他们谈时局、谈政策、谈红军等等，毛泽东还向他谈起了自己的经历。毛泽东深入浅出的讲解，使这两个年轻的美国人几乎入了迷，他们对毛泽东如此熟悉政治、军事、历史、地理、文学、哲学，具有如此渊博的知识，非常钦佩。他们敏锐地认识到，中国的革命一定能胜利！毛泽东一定能成为中国人民最伟大、最杰出的领袖！

一天夜里，毛泽东吸着烟，踱来踱去，看着这个同情中国人民的美国青年，突然问道："你为什么要漂洋过海到中国来？"

斯诺闪动着一双炯炯有神的蓝宝石似的眼睛，笑了笑说道："我开始是盲目地到中国来'撞大运'的，想写一本畅销世界的书，成为一个作家。"

毛泽东幽默地说:"我看你到我们红区里来,是撞上大运啦,保准能写出一本畅销世界的书。"斯诺高兴地点了点头。

接着他们谈到了中国社会,谈到了整个中华民族的方向,谈到了他们都敬仰的鲁迅先生。这时,警卫员给他们送来了简单的晚饭。因为有客人,特地又加了一碟西红柿炒辣椒和一碗炒白菜。

斯诺看着西红柿炒辣椒,惊奇地问:"呵,保安还有西红柿?"

警卫员说:"保安没有西红柿,这是周副主席从东线指挥部给主席捎回来的。今晚为了招待客人,主席让炒了一点。"

毛泽东接着说:"延安天主教堂的神父给东北军送来了两篮子西红柿,东北军里的同志又给恩来同志送了几个,恩来没有舍得吃,又给我送回来了。"斯诺听毛泽东说起周恩来,脸上就立即出现了动人的表情,他知道毛、周之间的革命情谊非常深厚。

毛泽东请斯诺坐在饭桌前,亲自将小米干饭盛在碗里递给斯诺:"你要习惯吃小米,不习惯吃小米,就不懂得红军,就不懂得我们共产党人为什么能以小米加步枪,对付国民党的飞机加大炮,还要打败有优良装备的日本侵略者。"

斯诺说:"我已经习惯了吃小米。"他边说边大口地吃起来。

毛泽东夹了几块西红柿,放在斯诺的碗里,说道:"这西红柿在我们这里来说,是非常新鲜的蔬菜,是不容易买到的东西。你应该多吃一些。"

斯诺看着毛泽东,感激地说:"主席应该多吃一些,西红柿的营养是很丰富的,我在北平倒是不难吃到西红柿。"

毛泽东一边吃饭,一边说:"西红柿从欧洲传入我们中国才

293

有几十年时间，在民间还没有开始大量栽种。"他吃了两口饭，问："传入你们美国可能比中国还要晚一点吧？"

斯诺抱歉地笑了笑："我还没有考证西红柿传入美国的时间，我想不会比中国晚多少，因为西红柿的老家在南美洲秘鲁的森林里。它是16世纪才被一个英国公爵从南美洲带到欧洲的。"

毛泽东点了点头，说道："听说西红柿原来有个很可怕的名字，叫'狼桃'，是吗？"

斯诺说："对！西红柿未被人们发现能食用之前，就是叫'狼桃'。"毛泽东知识这么丰富，使他感到惊讶。毛泽东接着讲起了西红柿的发现经历，并且特意赞扬了第一个敢于品尝西红柿的名气不大的法国画家的冒险精神。

斯诺听后，立刻明白了毛泽东巧妙的寓意，毛泽东是借此赞誉他敢于第一个冒险到红区采访的勇气，他更加钦佩毛泽东的才能和智慧。

这时，毛泽东诙谐地说道："你也是下定了死的决心来我们红区，准备'品尝'我们共产党领导的中国革命喽！"

斯诺点了点头。毛泽东哈哈地笑了起来，然后又风趣地说道："蒋介石老兄把我们说得比'狼桃'还可怕呀！"

斯诺被毛泽东风趣的话语逗得直笑，笑了一阵后，说道："我那时候确实是冒着掉脑袋的危险来红区的。因为当时没有一个非共产党的观察家，能够准确、真实地讲清红区的情况。红区当时是一块'未知之地'，是一个最大的谜。为了探明这块'未知之地'的真实情况，难道不值得我冒一次生命危险吗？"

毛泽东高兴地说："你这个'险'冒得好！你将会和那个法国画家一样，成为世界上传奇式的人物。"斯诺激动地说："红区的一切都是新闻，都是世界上的头号新闻。这些新闻报道出去以后，一定会和西红柿一样风靡世界。"毛泽东看着激动的斯诺，说道："你到中国来不是为了'撞大运'的吗？我看你已经撞上大'运'了。"斯诺不明白地看着毛泽东。毛泽东又说道："你将我们红区的一切，我们党的抗日民族统一战线，向全世界如实地报道出去，就是一本世界上最畅销的书，这不就是撞上大运了吗？"斯诺突然明白了毛泽东的意思，毛泽东是要用西红柿这个话题，让斯诺敢于用实际行动来支持中国人民的革命斗争。

毛泽东和斯诺一边吃着饭，一边谈着话。因为有辣椒，毛泽东多吃了一些小米干饭。斯诺吃辣椒比不上毛泽东，所以头上沁出了汗珠。一次，毛泽东向斯诺说："吃辣椒多少能反映一个人的斗争精神，革命者都爱吃辣椒。因为辣椒曾领导过一次蔬菜造反。我们家乡湖南出辣椒，爱吃辣椒的人也多，所以'出产'的革命者也不少，如黄兴、陈天华以及红军中的刘少奇、任弼时、彭德怀、罗荣桓、贺龙等。而在世界上爱吃辛辣食物的国家，往往盛产革命者，如法国、西班牙、墨西哥、俄国等等。"他说到这里，哈哈大笑，并情不自禁地唱起一首他最喜爱的《辣椒歌》："远方的客人，你请坐，叫我唱个辣椒歌。远方的客人，你莫见笑，湖南人待客爱用辣椒。虽说是乡里的土产货，天天可不能少。要问辣椒有哪些好？随便都能说出几十条。去湿气，安心跳，健脾胃，醒头脑，油煎爆炒用火烧，样样味道好，没得辣椒不算菜呀，一辣胜佳肴。"

斯诺听了，反问说："意大利人也是以爱吃辣椒和大蒜出名，怎么现在不出革命家，反而出了墨索里尼？"

毛泽东笑了，用一句中国俗话回答："辣椒是穷人的大荤。"

92天的采访给斯诺留下了终生难忘的印象。斯诺写的以毛泽东谈话为主要内容的《红星照耀中国》（中译本名为《西行漫记》）一书于1937年10月，由英国伦敦戈兰茨公司出版，1个月之内印刷了5版，受到世界各国的重视和广大读者的欢迎。根据地新鲜气息传播出去了，红色中国的大门终于敞开。而埃德加·斯诺也是外国记者采访毛泽东的第一人，成为毛泽东的第一位美国朋友，两人从此建立了长期而深厚的友谊。

后来，毛泽东又先后接见了来陕北的史沫特莱、尼姆·威尔斯、厄尔·H·利夫、托马斯·阿瑟·毕森、拉铁摩尔、菲力普·贾菲等新闻界人士，广泛宣传中国共产党关于抗日民族统一战线的主张，阐述中共对国际国内形势的看法，分析抗日战争的规律。通过这些交往，更加扩大了中国共产党在世界范围的影响。

"赶毛驴上山"

1931年"九一八"事变以后，随着日寇的猖狂进攻，国民党内部要求抗日的呼声也越来越高，蒋介石一意"剿共"的政策受到越来越多的指责。中国共产党紧紧抓住蒋介石与日本侵略者之间的矛盾，及时调整政策，一方面积极从各种渠道寻求与国民党谈判的机会，一方面向蒋介石发出和平的信号，要求国共联合一致抗日。然而，毛泽东内心十分清楚，要蒋介石联共抗日不是一件容易的事，蒋介石岂肯轻易放过共产党这个"心腹大患"。

毛泽东决定采用陕北老乡赶毛驴上山的办法，对蒋介石这个老对手"一打二推三拉"，非要把他赶到共同抗日的山上不可。

1936年12月12日，国民党爱国将领张学良、杨虎城在西安为逼迫蒋介石停止内战、联共抗日，发动了一场震惊中外的兵谏，扣押了蒋介石，囚禁了从南京来的几十名国民党军政要员，并向全国发出关于救国8项主张的通电。这一事件史称"西安事变"或"双十二事变"。

就在西安事变爆发的当天，毛泽东在保安古城，收到了中共驻东北军代表刘鼎从西安发来的急电。同时，也收到了张学良的急电。真是天赐良机！毛泽东立即抓住这个机会，努力促使蒋介石转变态度。在随即召开的政治局常委扩大会议上，大家反复讨论，共商决策。蒋介石不顾民族危亡，背叛革命，坚持内战，"剿共"已达10年之久，对人民欠下了数不清的血债。如今抓住了蒋介石，可谓一件大快人心之事。但是除蒋还是放蒋？任何决策都需谨慎从事，会议没有形成成熟的意见。但毛泽东最后强调：为了争取群众，我们不轻易地发表宣言。我们不是正面反蒋，而是具体地指出蒋的错误，不把反蒋与抗日对立。就在这天深夜，党中央、毛泽东决定，复电张、杨，赞扬他们的正义行动，并应其要求，委派周恩来作为中共中央代表，前往西安。毛泽东、周恩来致张学良的复电中说："恩来拟来西安与兄协商尔后大计。"周恩来一行离开保安之后，党中央、毛泽东密切关注形势的发展变化，他和周恩来通过空中电波频繁地交流情况，分析事态的发展，商讨我党的对策。12月19日，中共中央召开西安事变后的第二次政治局会议。根据中共中央政治局会议讨论的结果，毛泽东提出了和平解决西安事变的基本方针，并决定立即通电全国，表明我党和平解决西安事变之立场；同时命令红军主力进驻延安地区，准备开赴关中一带，以便与张、杨部队一起，粉碎亲日派的武装挑衅，确保西安事变向有利于抗日的方向发展。而此时在西安的周恩来也不负重托，他经过与多方面的人物接触、商谈、说服、研讨，终于使各方面同意了我党和平解决西安事变的方案。

对于和平解决西安事变，特别是好不容易抓住了蒋介石又把他放了，党内和红军内有些人想不通。为此，毛泽东到红军大学作关于和平解决西安事变的报告并回答有关疑问。

毛泽东说，蒋介石罪恶滔天，欠下全国人民无数的血债，大家要求杀他，可以理解，不算过分。但是，蒋介石是不能杀的。在现在的情况下，杀了蒋介石，正中日本帝国主义和亲日派的下怀。国民党中的亲日派正打着"讨伐叛逆"的旗帜，纠集大批军队开赴潼关，进逼西安，扬言要炸平西安，阴谋用这种手段置蒋介石于死地，以便取而代之。各派军阀之间的争权夺利，大打内战，必然给日本帝国主义一个最好的侵略机会，其结果是不言而喻的，即中国将会沦为日本的殖民地。我们共产党就是要以整个中华民族的利益为重，不记私仇，以德报怨，迫使蒋介石改变反动政策，团结一致，共同抗日。

有学员问，不杀蒋介石，为什么这样快就把他放掉？毛泽东说，我们必须明白，这次抓蒋介石是出其不意，乘其不备，他的军事实力还原封不动地保留在那里。如果我们不杀他，把他放回去，通过谈判，逼他改变态度，把他的军事力量用到抗日上去，岂不更好！

对有人提出蒋介石会不会真的抗日，毛泽东作了深刻分析。他说，日本侵略者，国民党内亲日派，他们唯恐我们不会杀掉蒋介石，而蒋介石又最怕死，在这种生死攸关的时刻，蒋介石会认识到抗日则生，不抗日则死。接着，毛泽东打了个生动的比喻，把蒋介石比作陕北的毛驴，要拉得紧，推得有力，打得得当，驴子就能被赶上山了，蒋介石也就抗日了。但是，驴子是会踢人的，我们要提防它，这就是既联合又斗争。毛泽东的报告形象生动，深入浅出。大家听后，心中的疑虑消失了，对党的方针政策也进一步理解了。

西安事变的和平解决，迫使蒋介石停止了"剿共"的内战，接受了抗日救亡的条件，从而形成和发展了全国抗日民族统一战线，促成了全国的抗日战争。正如毛泽东所说："西安事变的和平解决成了时局扭转的枢纽。""10年的内战，以什么来结束内战？就是西安事变。"而毛泽东在和平解决西安事变的过程中高瞻远瞩，洞察一切，不为一党私仇所扰，从中华民族的前途和根本利益出发，使国共两党再次握手言和，携手抗日的大智大谋，更体现了他作为一位伟大战略家的风范。

"我应该和大家一样"

由于蒋介石反动派多年的严密封锁，延安的物质生活条件一直十分困难，在这种极其困难的情况下，毛泽东以身作则，和战士们同甘共苦，吃一样的饭菜，穿一样的衣服，从不搞特殊。

1936年7月至1937年1月，毛泽东住在保安炮校山下石壁上凿进的一孔窑洞里。由于年久失修，窑洞的门窗已破旧得不成样子。窑里被烟熏得乌黑，四壁滴着水珠。睡觉的炕，也是从石壁上凿进去的，又小又低，上炕只能坐着，不小心头就碰上了窑顶。地下只放着一张白木桌子和一个粗制凳子，供毛泽东办公用。首长们来这里开会，就临时搬几个木墩子凑合着坐。

由于一年的长途跋涉和极端艰苦的生活，当时毛泽东的身体很瘦弱，还有病。自长征到达陕北以来，一直没有得到休息。到保安后，更是夜以继日地开会、找人谈话、写文章，有时还到红军大学去作报告，深夜才能回来。看着毛主席一天天消瘦下去的面容，警卫员们真是心疼极了！但是有什么办法呢？没有专门的炊事员，没有厨房，几个警卫员在院里放上三块石头支起来当灶用。这倒罢了，可毛主席的伙食费就是那么一点，再加上本来就很贫穷的保安，一下子又聚集了这么多机关这么多人，即便有钱也买不到东西。有时要跑很远，才能买回一点干豆角、山药蛋。

再这样下去,毛主席的健康和工作就要受大影响呀!几个警卫员急得团团转,想不出好办法来。

一天早晨,毛泽东又经过了一个不眠之夜的紧张工作后,从窑洞走了出来,到外面散步。看见场坪上战士们正席地而坐,热热闹闹地吃早饭,毛泽东信步走了过去,笑着问道:"哦,吃得蛮香的哩!你们吃的是什么呀?"战士们纷纷停下了手中的筷子,异口同声地答道:"钱钱饭!"

对"钱钱饭",毛泽东并不陌生。在延安时,它就是毛泽东和战士们饭桌上的常客。这种陕北农村里的家常饭,做起来也不复杂,它是用小米同黑豆压成铜钱般大小的片片熬成的一种稀饭。可现在粮食这么紧张,别说小米,连黑豆也不易找到了。炊事员便学着当地老乡的办法,将米糠、谷同瓜菜混在一锅,加点黑豆片片熬成稀糊糊,也叫做"钱钱饭"。

毛泽东朝战士们的碗里看了一眼,就笑着对炊事员说道:"我也来一碗'钱钱饭',好吗?"

毛泽东接过一碗"钱钱饭",边吃边笑着说:"这饭好吃!这饭好吃!"停了一会儿,毛泽东又语重心长地对战士们说:"现在正是我们最困难的时候,今天大家吃些苦,正是为了能换取将来的甜啊!"

毛泽东的这些话,大家听来备感熟悉和亲切。年纪大一点的同志不由想起毛泽东以前也讲过同样的道理。那还是在井冈山斗争时期,条件比陕北还要艰苦,天当被,地当床,时常只能以野菜充饥。但大家在那样极为艰苦的条件下,却始终保持着坚强的决心和坚定的信念，顶住了敌人的"围剿"，取得了井冈山斗争的胜利！想到这里，大家的"钱钱饭"吃得更香了。

吃完饭后，毛泽东特意把管理员找了来，嘱咐他说，以后他就吃跟大家一样的"钱钱饭"。看着毛泽东愈来愈消瘦的身体，管理员不禁面有难色。他口里虽然勉强答应了，可心里想，毛主席工作这样繁重紧张，粮食再困难，也不能让他吃这样的糠菜糊糊呀！管理员想尽办法，总算给毛泽东弄来了一点小米。毛泽东知道后，对管理员说："你这样做不对哩！老乡们吃不上小米，机关、部队也吃不上小米，你给我做小米饭，我吃得下去吗？"

一天，地方上送来一点大米。数量虽然很少，可在当时却显得特别珍贵。管理员尽管知道毛泽东肯定是不会同意的，但看到毛泽东一天三餐吃的都是糠菜糊糊，心想，为了毛主席的健康自己受多少批评也值了，便做主收了下来。管理员拿着大米，正准备叫炊事员去熬些稀饭，恰好被毛泽东看见了。这一回，毛泽东的口气不免带些严肃的味道了："同志，不是早就给你说过了吗，不要这样做嘛！这里的老乡生活这样苦，粮食本来就没有多少，我们的机关、部队人又这么多，老百姓的负担本来就够重的了，我为什么要那样特殊呢？战士们吃什么，我就吃什么，这就行了嘛！"说着，毛泽东又以不容置疑的口吻对管理员说："'钱钱饭'一定要给我做！我就吃它。"说完，毛泽东让管理员把那点大米给伤病员送去。

就这样，在转战陕北的艰苦岁月中，毛泽东经常通宵达旦地工作和连续急行军，得不到休息，营养又很差，常常和战士们一

303

样，吃的是粗粮野菜，身体更加消瘦。周围的同志们都看在眼里，急在心头。

有一天，警卫员听说离这里几十里路的永宁山一带能买到鸡。这可是个好消息，几个人一商量，决定买只鸡给毛主席补补身体。果然，到了下午，警卫员们就提回了两只肥墩墩的鸡，顺便还捎带了一些毛主席最爱吃的红辣椒。有了鸡，几个警卫员就七手八脚地忙了起来。有的杀鸡，有的烧水，不一会儿，鸡就做好了。虽然鸡里边只放了一点咸盐，大家还是给它起了个好名字，叫"白酥鸡"。开晚饭了，警卫员把一盘"白酥鸡"和一盘烧辣子高兴地端了上来。毛泽东一看，奇怪地问："嗬，哪里来的鸡？"警卫员把买鸡的经过告诉了他。他摆了摆手说："大家的生活都很苦嘛，我应该和大家一样，不应该特殊嘛！"警卫员们一看毛主席不动筷子，都急得快要哭了。毛主席一看同志们这样，就亲切地安慰大家说："这次买下了，下次可不要再买了。剩下的，你们把它吃了，下次端上来，我可不吃了。只要有辣椒，我就可以多吃饭！"警卫员们答应了下来，但他们心里都感到非常难受。

1937年1月，毛泽东和中央机关进驻延安。后来，由于日寇的野蛮进攻和国民党反动派的经济封锁，陕甘宁边区的财政经济发生了很大困难。毛泽东和边区军民同甘共苦，共渡难关。在1943年以后，经过大生产运动，延安的群众生活都改善了，可是毛泽东仍然坚持每月3元钱的伙食费。同志们多次提议给他增加伙食费，他总是说：伙食标准是供给部门统一规定的，大家都一样，我怎么能特殊呢？现在虽然边区的情况好了些，可是河南还在闹灾荒，蒋管区的人民生活更苦啊！我们3元钱的伙食费也就不算少了，井冈山时期，每天才5分钱呢！

不管怎么说，3元钱的伙食费总是太少了！当时，既管买东西又负责做饭的炊事员同志好为难啊，稍微给毛主席吃好一点，伙食费就超支了。每次超支，毛泽东都要批评。最怕的还是招待了客人，往往弄到月底毛主席就没菜吃了，有时只好烧点辣椒，蘸盐面当菜吃。为了不使伙食超支，后来毛泽东干脆规定由警卫员代管伙食，并嘱咐他们：10天一小结，一月一大结，前10天超了，后10天补，这月超了下月补。总之只能压缩，不能超支。这么一点伙食费，毛泽东能吃到什么样的饭菜呢？每天的主食，主要是小米饭，菜也就是土豆、白菜、辣椒，再不然就变变花样，把土豆切成块，和小米一起蒸，既当饭，又当菜。就算是锅巴，他也舍不得丢掉，让炊事员煮成稀饭给他吃。

在那艰难困苦的战争年代里，毛泽东始终和群众过着一样的生活。这种艰苦朴素的作风为我们树立了光辉典范。

处决黄克功

1937年10月11日,延安陕北公学的大院里,聚集了许多群众,陕甘宁边区高等法院正在召开公审大会。会上,陕甘宁边区高等法院院长雷经天以审判长的身份严正宣判:"判处杀人犯黄克功死刑!"

这就是当时在延安轰动一时的"黄克功案件",这个使很多人深感震惊的判决,是在毛泽东的支持下作出的。

黄克功少年时就参加了红军,是井冈山时期的红军老战士。在革命队伍里,他学文化,练本领,进步非常快。他参加了二万五千里长征,还带领部队参加过多次战役和战斗,立过不少战功。这光荣的历史,受到了大家的肯定。他到了陕北后,担任了抗日军政大学第六队队长。这时,在人们眼中,黄克功是一位"资格老、功劳大"的人物。

被害者刘茜是一位不到20岁的爱国女青年。她在"七七"卢沟桥事变后从蒋管区来到延安,先在黄克功担任队长的抗大第六队学习,后编入陕北公学。她活泼开朗,长得也很秀气。由于陕北公学和抗大经常有联谊活动,黄克功便认识了刘茜,并在心里喜欢上了这位女学生。他盘算着一定要和她交朋友,建立恋爱关系。但没想到当黄克功向她说出了自己的想法,却碰了钉子。

本来，这件事情就应该平平静静地结束了。然而，黄克功不愿就此善罢甘休，他继续追求刘茜，决定找她作最后的"谈判"。不久，他下定了决心，又一次邀请刘茜与他见面。这次，刘茜明确表示了拒绝。结果黄克功竟恼羞成怒，完全丧失了理智，拔出随身带的手枪向刘茜射去。

黄克功像做了一场梦。当这位身经百战、前途无量的年轻指挥员大梦初醒时，直感到大地在摇晃。他知道等待他的将会是什么。

当时，罗瑞卿是抗大的副校长，主持抗大的日常工作。他平时很器重黄克功，因为黄出身贫苦，工作有干劲，能打仗，参加过井冈山的斗争和长征，而且年轻，不过二十六七岁。但是，罗瑞卿并没有因为私人感情而放弃党的原则，他把案情原原本本地向毛泽东作了报告。

毛泽东当即命令逮捕黄克功，依法惩办。

被捕后，法院的同志根据法律和群众的强烈要求，拟判处黄克功死刑，但又考虑到黄克功投身革命较早，也有过不少战功，眼下全面抗战刚开始不久，正是用人之际，为一件情杀案枪决有功之臣，是否能被黄克功的战友们接受呢？陕甘宁边区高等法院院长、黄克功案件的审判长雷经天几经踌躇，最后，他还是写信给毛泽东主席，希望从毛泽东这里得到一个明确的态度。

同时，另一封信也转到了毛泽东手里，这是黄克功写来的。打开了黄克功的来信，毛泽东不由得锁紧了眉头。信上，黄克功承认自己犯了罪，要求重上前线，死在抗日战场上以赎回自己所

307

犯下的罪行。毛泽东感受到这件案子的分量。他认为，不能小看这件事的影响，要让边区的人民了解正确处理这件案子的重要意义。毛泽东的心情十分沉重，他将信放在桌子上，又拿起来，在窑洞里来回踱着步子。对黄克功犯罪之事，他既感到惋惜，又十分气愤。这样一个对革命有功的人，为了个人恋爱问题，不顾目前抗日救国的重大责任，破坏红军的纪律，违反革命政府的法令，以极其残忍的手段枪杀革命同志。对于这样的罪犯，如果不以法律加以惩处，用什么教育群众？用什么来保证革命队伍坚如磐石进而保证革命的成功呢？毛泽东主张依法办事。在公审黄克功大会的前一天，也就是1937年10月10日，毛泽东给雷经天院长写了回信，并请他在公审大会上，当着黄克功及到会群众，除了宣布法庭判决外，同时宣读他的这封信：

你的及黄克功的信均收阅。黄克功过去斗争历史是光荣的，今天处以极刑，我及党中央的同志都是为之惋惜的。但他犯了不容赦免的大罪，以一个共产党员、红军干部而有如此卑鄙的，残忍的，失掉党的立场的，失掉革命立场的，失掉人的立场的行为，如为赦免，便无以教育党，无以教育红军，无以教育革命者，并无以教育做一个普通的人。因此中央与军委便不得不根据他的罪恶行为，根据党与红军的纪律，处他以极刑。正因为黄克功不同于一个普通人，正因为他是一个多年的共产党员，是一个多年的红军，所以不能不这样办。共产党与红军，对于自己的党员与红军成员不能不执行比较一般平民更加严格的纪律。当此国家危急革命紧张之时，黄克功卑鄙无耻残忍自私至如此程度，他之处死，是他的自己行为决定的。一切共产党员，一切红军指战员，一切革命分子，都要以黄克功为前车之戒。请你在公审会上，当着黄克功及到会群众，除宣布法庭判决外，并宣布我这封信。对刘茜同志之家属，应给以安慰与抚恤。

第二天，公审大会在庄严的气氛中进行。审判长雷经天当众宣读了毛泽东的信，并作出了公正的判决：处黄以死刑，立即执行。会场上先是出奇地安静，后来慢慢骚动起来，突然，一阵如暴风雨般的掌声席卷整个会场。广大与会者，不管是工人、农民、战士，还是干部或学生，都为党的领袖的英明伟大，深感欣慰自豪，有这样的党和领袖的领导，我们的革命事业肯定会无往不胜！当时，"左联"宣传部长、《芒种》杂志主编徐懋庸目睹了这场公审。他后来曾回忆说，这次公审大会"使我特别感动"。

3个月后，在抗大的一次宴会上，毛泽东谈起此事，说："这叫做否定之否定。黄克功一粒子弹，否定了刘茜，违反了政策，破坏了群众影响。我们的一粒子弹，又否定了黄克功，坚持了政策，挽回了群众影响，而且使得群众更拥护我们了。"

会见白求恩大夫

1938年春天的一个深夜，大地已熟睡了，但在中国革命圣地延安的杨家岭的一个小窑洞里还不时传出打字机轻快的嗒嗒声，办公桌前，一位身穿八路军制服的外国人正在记下这天的日记："我在那间没有陈设的窑洞里和毛泽东面对面地坐着，倾听着他那从容不迫的谈话的时候，我回想到长征，想到毛泽东和朱德……怎样领导着红军经过二万五千里的长途跋涉，从南方到了西北山区的黄土地带……我现在才明白，为什么毛泽东那样感动着每一个和他见面的人。这是一个巨人！他是我们世界上最伟大的人物之一。"

这个远渡重洋来到延安的外国人，就是中国人民的伟大朋友、我们都熟知和爱戴的诺尔曼·白求恩同志。就在这一天，他受到了毛泽东的亲切接见。

白求恩是加拿大共产党员，著名的胸外科专家。他参加过国内工人反对资本家的罢工斗争，参加过西班牙反法西斯的民族解放战争。当"七七"卢沟桥事变的消息震动世界，日本开始了全面侵华战争后，他受加拿大共产党和美国共产党的派遣，率领一支医疗队，穿洋渡海，不远万里来到中国，支援中国人民的抗日战争。早在来华之前，他就阅读了埃德加·斯诺的《西行漫记》、史沫特莱的《红军在长征》等书籍，在东方那块古老的土地上发生的事情深深地吸引了他，所以，当国民党反动派企图留他在武汉时，他严正拒绝了，表示：一定要到延安去，到抗日前线去。在周恩来的周密安排下，白求恩终于冲破了国民党反动派的重重阻挠，来到了延安。"在延安，我（白求恩）见到了一个崭新的中国。"

到达延安后的第二天，他就得到了一个意料之外的好消息，毛泽东要在这天晚上会见他。白求恩心里激荡着无限的欣慰和喜悦，见见这位神往已久的伟大革命者，是他来中国时的心愿之一，但没有想到这么快就实现了。

晚上 11 时，白求恩走到一孔普通的窑洞门口时，毛泽东已迎了出来。毛泽东紧紧握着白求恩大夫的手，把他请进了窑洞。这就是领导中国革命军民创造了许多震惊世界奇迹的人吗？白求恩眼前的这位魁梧而有些消瘦的人，虽穿着一身常见的灰布棉衣，袖口和膝盖上还打着补丁，但眉宇间透出勃勃英气，眼里闪着坦诚和智慧的光芒。白求恩庄重地向毛泽东行了一个西班牙国际纵队的战斗敬礼。

毛泽东打开白求恩递交给他的那个皮夹，那是一个加拿大共产党党员的党证。毛泽东感动了，他体会到了这位共产主义战士的一片赤诚。毛泽东请白求恩大夫坐下，高兴地说：你们来解放区说明了加拿大人民、美国人民和中国人民的团结与战斗友谊，说明了资本主义国家的无产阶级和殖民地半殖民地人民之间的深厚感情。

白求恩向毛泽东转达了加拿大人民和美国人民的亲切问候，详细介绍了加拿大、美国人民的革命斗争情况。毛泽东认真地听着，不时点头，表示钦佩和赞赏。接着，毛泽东向白求恩介绍了中国抗日根据地蓬勃发展的情况，并一一回答了他关心的问题。当谈到部队目前在医疗方面的需要时，白求恩说："在中国的抗战中，我觉得最能发挥作用的方式是组织战地医疗队，在前线附近工作，照顾重伤员。"

毛泽东沉思着，八路军目前还没有战地医疗队，而且，由于敌人的各种封锁，药品、器械和医护人员极为缺乏。按西方的标准，八路军简直没有什么医疗机构。

"如果没有战地医疗队，重伤员怎么办呢？"白求恩担心地询问。

毛泽东的心情很是沉重，他告诉白求恩："很不幸，目前重伤员中死亡的人太多了。"在许多后方医院，几乎没有头部和腹部受重伤的士兵，这当然不可能是前线没有这样的伤员，而是在转移到后方的路上，伤员就牺牲了。

"但是，他们有很多是能够救活的。"白求恩激动地接上去说。

毛泽东的眼睛热情地注视着白求恩，非常关切地听着。

"根据我在西班牙的经验，只要在前线附近拥有战地医疗队，重伤员中百分之七十五一定可以复原。"

"百分之七十五？"毛泽东显然被这个数字吸引住了。这不就等于我们的战士可以有两次，或更多次的生命以打击敌人吗？想到这里，毛泽东更是激动。白求恩则期待着毛泽东的决断。

毛泽东果断地说："白求恩同志，那就请您立刻组织战地医疗队吧。"

"好！"白求恩爽快地答应了。

夜是漫长的。毛泽东和白求恩的谈话越来越热烈，他们没有间断地促膝交谈了3个多小时。毛泽东渊博的知识、敏锐的思维和平易近人的谈吐使白求恩印象极为深刻，他从内心感受到了这位中国共产党领袖的独特魅力。

毛泽东的会见，使白求恩激动得难以入睡。

不久，白求恩东渡黄河，到了晋察冀边区。在敌后的晋察冀根据地、冀中根据地，活跃着一支以一个外国人为首的八路军战地医疗队，在每一次激烈的战斗中都有他们的身影。与此同时，诺尔曼·白求恩这个伟大的、可亲的名字，在根据地军民中传颂着。他带着战地医疗队，转战各个战场，冒着枪林弹雨，在极端艰难的情况下抢救了千千万万的伤病员。

毛泽东一直关心着这位将中国人民的解放事业视为己任的外国同志，他在给晋察冀边区聂荣臻司令员的电报中指示："请每月给白求恩同志100元，同意任命白求恩同志为军区卫生顾问。对其意见、能力完全信任。一切请视伤员需要斟酌办理。"并写信鼓励白求恩。

白求恩也很感谢毛泽东对他的关心，对于每月发的100元，他写信给毛泽东，表示谢绝。他在信中说："我自己不需要钱，因为衣食一切均已供给。该款若系加拿大和美国汇给我私人的，请留作烟草费，专供伤员购置烟草及纸烟之用……"

不幸的是，在白求恩来华的第二年冬天，这位曾帮助无数重伤员战胜死神的人，在一次为伤员施行急救手术时，手指被碎骨划破而受到感染，因为败血病的侵袭而倒下了。

1939年11月12日，在白求恩生命的最后时刻，他握住周围同志们的手说："请转告加拿大人民和美国人民，最近两年是我生平中最愉快、最有意义的时日！请转告毛主席，感谢他和中国共产党给我的帮助。在毛主席的领导下，中国人民一定会获得解放。"

毛泽东听到白求恩牺牲的消息后，非常悲痛。在延安各界为白求恩大夫举行的追悼会上，毛泽东亲笔写了挽词："学习白求恩同志的国际精神，学习他的牺牲精神、责任心与工作热忱。"12月，毛泽东又写下了《纪念白求恩》一文，"我们大家要学习他毫无自私自利之心的精神。从这点出发，就可以变为大有利于人民的人。一个人能力有大小，但只要有这点精神，就是一个高尚的人，一个纯粹的人，一个有道德的人，一个脱离了低级趣味的人，一个有益于人民的人。"高度赞扬了白求恩同志共产主义、国际主义精神和革命精神，号召每一个共产党员都要向他学习。

造就抗日英才

黄河之滨，集合着一群中华民族优秀的子孙。人类解放救国的责任，全靠我们自己来担承。

这就是中国人民抗日军事政治大学（简称"抗大"，现中国人民解放军国防大学前身）的校歌。唱起这支校歌，无不激起人们一种强烈的革命责任心、民族自信心和自豪感。而作为抗日战争时期中国共产党培养造就广大抗日英才的摇篮，抗大的发展壮大与党的领袖毛泽东的精心培育是分不开的。中国人民抗日军事政治大学原名中国人民抗日红军大学，1936年6月1日成立于瓦窑堡。1937年1月，"红大"随中共中央迁驻延安，改称抗大。同年3月2日，毛泽东出席抗大第二期开学典礼，并在会上讲话，制定了"坚定正确的政治方向，艰苦朴素的工作作风，灵活机动的战略战术"的教育方针。同时，规定了"团结、紧张、严肃、活泼"的校风，并特别强调学校要注重政治思想教育，实行理论联系实际、教育与生产劳动相结合。当时，毛泽东兼任抗大教委会主席，直接领导学校的教育与建设工作。

每当到抗大来的青年学生上一二百人时，毛泽东就要亲自去出席开学典礼。毛泽东总是语重心长地告诉新来的同学们最朴实的道理。他常说，同学们来到延安找共产党，方向是对的，很不容易哟，这是个很大的考验！进抗大没有考试，但大家通过敌人的封锁线到延安来，这就是最好的考试。他还说：延安的抗大和你们北平所有的大学不一样，北平的北大、清华、燕京大学，那里有礼堂，有教室、实验室、图书馆、桌椅板凳。我们这里什么也没有。但我们学的是革命的理论，理论联系实际，学了就要用。我们这个大学理想远大，要打走日本帝国主义，要建立社会主义社会，实现共产主义呀。毛泽东的话鼓舞人心，催人奋进，学员们思想豁然开朗，坚定了为革命而学的信心。

抗大的课程都是由毛泽东亲自确定的，一共4科：列宁主义、政治经济学、中国革命运动史、辩证法唯物论。毛泽东虽然工作繁忙，但他还是经常到抗大讲课。其中辩证法唯物论的课程，就是毛泽东亲自主讲，著名的《实践论》《矛盾论》，就是他在抗大讲演时讲授提纲中的两部分，整个讲授提纲就叫《辩证法唯物论》。

1938年3月15日，抗大第三期学员就要结业了，毛泽东为满足学员的要求，在城外一个傍山的旷地上接见了全校2000多名师生。

毛泽东的讲话就从毕业讲起。他微笑着说道：你们到抗大来学习有3个阶段，要上3课。从西安到延安800里，这是第一课；在学校里住窑洞，吃小米，出操上课，这算第二课；现在第二课上完了，但是最重要的还是第三课，这便是要到斗争中去。

毛泽东还针对抗大的教育方针，作了具体的阐述。他引用《西游记》的人物作比喻说：唐僧这个人，一心一意去西天取经，遭受了九九八十一难。百折不回，他的方向是坚定不移的。但他也有缺点，麻痹、警惕性不高，敌人换个花样，他就不认识了。猪八戒有许多缺点，但有一个优点，就是有艰苦精神，他用大鼻子把几百里长，满是烂柿子的臭柿胡同拱开了一条路。孙猴子很灵活，能机动，但他最大的缺点是方向不坚定，三心二意……

毛泽东特意提到了那匹白马。他说：你们别小看了那匹白龙马，它不图名，不为利，埋头苦干，将唐僧一直驮到西天，把经取了回来，这是一种朴素、踏实的作风，是值得我们效法的。毛泽东的分析，通俗易懂，给学员们留下了难以忘怀的印象，博得了全场的热烈掌声和欢笑声。

毛泽东对抗大学员十分爱护，同时也要求很严格。1938年春，有的青年刚来延安，吃不了苦，生活一段时间后，思想问题就反映出来了，甚至发牢骚讲怪话。学校领导把学员的思想动态向毛泽东作了汇报，他决定召集一次全校师生大会，亲自做思想工作。比如，当时有些学员反映对抗大出早操就是爬山产生了厌烦的情绪，毛泽东就从作战的需要讲起，指出要对抗日军就得靠经常练习爬山，以增强体质，提高战斗力。他还结合红军长征的历史谈这个问题，认为红军长征时，就是依靠爬山速度快，才打了许多胜仗，甩掉了前堵后追的数十万敌人，胜利到达陕北。所以这是红军的光荣传统，必须继承。

毛泽东讲课方式独特，在摆明自己观点后，他并不强迫学员接受，而是叫大家对遇到的问题出主意、想办法，考虑如何解决。

如果谁有不明白或怀疑的地方，可以将问题写在便条上，由值班员汇集起来，交给他，他再专题回答。这样，学员们听他的课，消化得特别快，遇有思想问题也很快就想通了。

毛泽东讲课、作报告，每次都是半天时间，中间只休息一次，大约20分钟。他的休息时间实际上是没法休息的，往往利用这个空隙，和学员们交流谈心，征求大家对他讲话的意见，有时还要为学员签名留言。

1939年7月，抗大总校教职员工分批离开延安，挺进敌后办校。毛泽东最后一次在延安抗大总校讲话，要求大家务必坚持统一战线、武装斗争、党的建设三大法宝，抗战到底。

在抗日战争时期，抗大共培育学员10余万人。他们从抗大汲取思想甘露和知识营养，在人生观和知识修养方面都有长足的进步。后来，他们绝大多数成为党、政、军各方面的骨干人才，为中华民族的解放事业作出了不可磨灭的贡献。

奋笔著雄文

陕北现在保存有毛泽东住过的土窑洞。这具有特殊意义的旧址，引起了无数参观者的驻足沉思。有人还发出了这样的感叹："窑洞的主人早已离去，离去后就没能再回来；留下这油灯、石砚，默默地讲述着那个时代。灯熄灭，砚枯干，人去远，历史却能昭示未来。"

美国记者安娜·路易斯·斯特朗在访问毛泽东后，也抒发这样的感受：党的负责干部住在寒冷的窑洞里，凭借着微弱的灯光，长时间地工作。那里没有讲究的陈设，很少有物质享受。但是住着头脑锐敏、思想深刻和具有世界眼光的人。也许你难以想象，毛泽东的许多名著竟诞生在这样的窑洞里！

1937年7月7日夜，日本侵略军在北平西南卢沟桥制造借口突然袭击当地中国驻军，蓄谋已久的全面侵华战争爆发了。在民族危亡的紧急关头，由于共产党的努力和诚意，国共两党实现了第二次合作。但在抗日救亡的问题上，党内外一直存在着悲观投降的"亡国论"和盲目乐观的"速胜论"。面对这种情况，抗日战争将会如何发展、怎样进行、结局如何？这些问题就成了必须正确回答的头等重要的问题。为此，从1938年年初开始，毛泽东就开始夜以继日地潜心写作《论持久战》，用翔实而充分的论述来纠正人们思想认识上的错误，并解开人们心头上的种种疑团。

又是几天没有休息了。窑洞里的小油灯从黄昏一直亮到天明。毛泽东正全身心地投入《论持久战》的写作中。警卫员劝过，秘书劝过，毛泽东总是那句话："好，好，过一会儿我就睡，你们忙去吧！"可他总不离开办公桌，大家觉得，一味"迁就"而累垮了毛泽东的身体，就是自己的严重失职。于是，几个警卫员凑在一起商议了好一阵子，终于想出了一个好办法。只是这个办法没有人自告奋勇去实施，推来推去，大家把目光盯在年龄最小又最讨毛泽东喜欢的警卫员王来音身上。小王虽然年纪轻，个子小，可对革命事业忠心耿耿，人又勤快、活泼。毛泽东有什么事，总喜欢找小王办理。小王看大家信得过自己，也决心去试一试。

夜已深了，毛泽东仍然没有离开办公桌的意思，或凝神静思，或笔舞龙蛇。小王进去倒过两次水，他都没注意。小王再一次进到办公室后，望着埋头写作的毛主席，鼓起了极大的勇气，尽量压低嗓门但又坚决地说："主席，鸡都叫了，您该休息了！"

毛泽东停下手中的笔，抬起头看了小王一眼，笑了笑说："噢，是小王啊，好，好，你们先睡，再有几个字就写完这段了。一会儿再睡……"

不等毛主席说完，小王又固执地说："不行！我们要为组织负责。您的身体累坏了，我们担不起这个责任。"说着，端起办公桌上的煤油灯就走进了毛主席的寝室。

毛泽东见他那认真的样子，便伸了伸腰，无可奈何地说：

"好，好，我马上就睡。"说着上了床，拿起一张报纸翻看着——这是毛泽东临睡前的习惯。

"小王，你也休息吧。"毛泽东看了仍是一脸严肃的王来音，催促说。

"不，等您睡了我再走。要不，我就站到天亮。"小王执拗地说，没有一点商量的余地。

毛泽东终于让步了，他放下报纸，躺下了。小王轻轻地给他盖好被子，吹熄了灯，蹑手蹑脚地退了出来。

成功了！小王长长地出了一口气。然后带着完成任务后的喜悦，很快就进入了梦乡。

清晨，小王走来看到主席办公室的窗户上映出一丝光亮，以为是主席刚起床又开始办公了。这时，外边值班的哨兵悄悄地告诉他说："咱们商定的办法又失败了，你刚走不一会儿，主席就起来了，整整工作了一夜，你看，灯还亮着哩！"

就这样，大概写到第八天的半夜，毛泽东把警卫员叫了过去，交给他一大卷用报纸卷着的稿子，让他过延河送到清凉山解放社去。两三天后，解放社送来了校样，毛泽东拿到后，又不分昼夜地斟酌修改。1938年5月26日至6月3日，毛泽东在延安抗日战争研究会上以此为题发表了演讲，《论持久战》这部5万多字的巨著诞生了。

《论持久战》深刻分析了中日双方的情况，指出了中国人民经过长期抗战取得最后胜利的客观依据，科学地预见到抗日战争将经过战略防御、战略相持、战略反攻三个阶段，并且分析每个阶段的特点。《论持久战》强调"兵民是胜利之本"，指出抗日战争胜利的唯一正确道路是充分动员和依靠群众，实行人民战争。它以强大的说服力及时回答了抗日军民头脑里种种问题，给了人民以战胜侵略者的信心、勇气、力量和战略战术。抗日战争的全过程证明，《论持久战》是完全正确的。半个世纪以来，它获得了无数国内外读者的青睐。

而就是在陕北的窑洞里，伴随着微弱的烛光，毛泽东先后写出了《实践论》《矛盾论》和《新民主主义论》等光辉著作。

毛泽东曾经说过，马克思主义有几门学问，但基础的东西是马克思主义哲学。我们应该把学习哲学作为把革命和建设推向前进的一件不可忽视的大事。革命需要理论，更需要哲学思考。特别是到了陕北后，中国共产党领导革命已有10多年的历史，积累了丰富的正反两个方面的经验教训，毛泽东决定从哲学高度对这些经验教训进行总结。1937年7、8月间，毛泽东撰写出了著名的《实践论》《矛盾论》。为写《实践论》和《矛盾论》，毛泽东不仅读马列经典原著，还认真读中外学者的著作，写下大量批注，如李达的《社会学大纲》，毛泽东自己说读过10遍，写下3500多字的批注。他还读了艾思奇的《思想方法论》，苏联米丁的《辩证唯物论与历史唯物论》等。《实践论》和《矛盾论》是我党成立以来，两条思想战线上斗争的总结，也是毛泽东将马列主义哲学原理与中国革命实践相结合的典范。毛泽东对中国革命经验的哲学思考及其成果培育了党的干部，为全党提高理论水平，担当起历史赋予的重任，也为迎接抗日战争的到来，作了最重要的准备。

在《论持久战》发表一年多后,1940年1月,在陕北的窑洞里,毛泽东的《新民主主义论》也诞生了。这篇文章对中国应该建立一个怎样的国家,这个国家的政治制度、经济制度、文化制度应该是怎样的,这个国家的前途是什么等问题,作了系统的回答,明确地阐述了共产党的观点,提出了新民主主义革命这个重大理论问题。对新中国的建立及以后的建设实践都产生了重大的影响。

正是这窑洞里的微弱烛光,见证了一代领袖毛泽东无与伦比的雄才大略。

"还是自己动手吧"

1940年前后,是抗日战争最艰苦的时期,由于日本侵略军的"杀光、烧光、抢光"的"扫荡",由于国民党顽固派的军事包围和经济封锁,八路军的后方根据地——陕甘宁边区遇到了极大的困难。边区范围内,不是山,就是沟,荒凉贫瘠,人们面临着没饭吃,没衣穿,没被盖的危机。

人民的生活会怎样呢?毛泽东关注着左邻右舍。1939年春天,他怕自己的了解不全面,又专门派人挨家挨户了解群众的口粮怎样,生产工具怎样,有没有开春的谷种。他发现,群众的生活也非常苦。

1939年2月,毛主席在延安军政生产动员大会上,尖锐地提出:饿死呢?解散呢?还是自己动手呢?饿死是没有一个人赞成的,解散也是没有一个人赞成的,还是自己动手吧——这就是我们的回答!

毛泽东亲自领导边区军民开展大生产运动,并提笔书写了"自己动手,丰衣足食"8个大字。由于青壮年要参军参战,边区劳动力非常缺乏。土地委员会指令"要动员妇女、儿童、老人来协助参加从开荒到农业生产活计的各种任务",在农忙季节,边区每一个干部、战士、游击队员都被动员起来参加,至少一星期有一天的农业劳动。

当时，在延安的所有机关、部队、工厂、学校，都主动参加大生产运动，警卫员、勤务员、通信员也不例外。不用说，毛泽东自己也推开繁重的公务，亲自参加了劳动。1939年春，警卫班战士进行生产动员，毛泽东叮咛：订生产计划，可不要忘了我啊！我不能远走，你们在近处给我分一块地！警卫员们都跑来劝说："主席工作忙，身体又弱，不一定参加生产啦。"毛泽东坚定地说："不行，生产是党的号召，我应该和同志们一样，响应党的号召，参加生产。"在他的坚持下，警卫员只好在他住的窑洞下面给他分了一亩地，这块地的原主人是郭方成。

郭方成是一字不识的农民，由于同住一个村子，经常见到毛泽东。能和毛泽东住在一块儿，他够高兴的了。听说毛泽东要耕自己的地，更是备感荣幸，但他不主张毛泽东也亲自耕地，以免让毛泽东再多费心思，并建议让他替毛泽东种，但遭到了婉言谢绝。

有了地，毛泽东心里很高兴。一清早，他就扛着锄头出门开荒，挖了一会儿地，回到窑洞办公。办一阵公，又出去挖地。警卫员、勤务员一见毛泽东下地，急忙回到窑洞里，拿起锄头赶上去，和毛泽东一起挖。毛泽东立刻阻止说："你们有你们的生产计划，我有我的生产任务，这点地，你们都挖了，我没有挖的了。"大家一边笑，一边挖。毛泽东满脸淌下汗水，衬衫都被浸湿了，还是不肯放下锄头。

耕田种地对毛泽东来说并不陌生。从6岁起他就开始学着做农活，即使到8岁进私塾念书，他也同山村的农家子弟一样，边读书，边参加劳动。13岁时，农田里缺少劳动力，父亲让他停了学，翻地、锄草，什么活儿都干。现在手握锄头，毛主席有一种说不出的亲切感。在分到的那块地里，毛泽东及时播种、浇水、施肥、锄草。他那一亩地里的红豆、玉米、西红柿、辣椒都长得很好。

有一天，天色快黄昏的时候，地里的活忙完了，毛泽东乐呵呵地走到地边，亲切地招呼大家休息。"来，来，来吸烟。"毛泽东给战士们敬烟，然后关心地问："你们一天明就上山生产，夜晚还要放哨，很疲苦了吧？"

大家争着回答说："咱们青年人，都是庄稼汉出身，不觉得疲苦。"毛泽东细细地问着："你们警卫排订了生产计划没有？除了开荒种谷子、糜子之外，是否还种菜、养猪、打柴、烧炭呀？"排长回答说："咱们排根据大队部（中央教导大队）的指示订了计划，养猪、打柴、烧炭，我们去年就这样干了。"毛泽东接着说："耕田种地也要讲究技术，深耕细作，多犁地、多锄草、多上粪才行。老百姓不是说嘛，'一籽下地，万籽归仓'，你们说对不对？"大家一齐回答："对，一点也没有错！"毛泽东接着问："你们谁会种菜？"排长指着一位班长说："他是延安县的人，在家就种过菜。"毛泽东笑着说："那很好，我就拜你做师傅。西红柿我还不会种，你教教我好吗？"那位班长马上脸红了，低着头，不好意思地告诉毛主席说："种菜我是种过，可种得不好。"毛泽东目光柔和地看着小班长说："经验不多不要紧，我们大家一起来研究研究吧！研究嘛！三个臭皮匠，合成一个诸葛亮呀！"大家都被这话引笑了。

农历五月的一天，毛泽东要警卫员把邻居们请到自己的院子里，好好感谢他们。这天，毛泽东头戴黑粗布军帽，上身穿一件黑粗布衫，下身穿一条旧灰粗布裤子，这也是当时普通战士的穿戴。郭方成也来了。他是正准备下地时让警卫员请来的，一高兴，锄头也忘了往地下放，给扛到院子里来了。

毛泽东笑了起来："您贵姓？"

"姓郭。"郭方成答。

毛泽东开玩笑地说："那你是郭子仪了！"

郭方成虽不识字，但知道有一曲戏里有个叫郭子仪的，听毛泽东这么一说，也笑了。

"主席，"警卫员说，"您种的就是他的地呀。"

"是吗？"毛泽东乐了，问，"您贵庚？"

"46岁。"

"我也是46岁了，咱俩同岁。"毛泽东想不到今天遇了个老庚（即同龄人）。又问："您念过书没有？"

郭方成如实相告："小时候连饭也吃不上，想也不敢想念书的事。"毛泽东接着挨个问其他人的情况，然后感慨地说："你们劳动辛苦啊。"时间不早了，毛泽东顺便问起了庄稼的事。就在毛泽东和大家亲切交谈的时候，旁边一位同志拿起照相机将这一场景摄入了镜头。1976年毛泽东逝世后，郭方成难受得痛哭不止。他看不懂报纸，就一遍又一遍地翻看报纸上的毛泽东的照片。当看到"1939年毛主席在延安和杨家岭农民亲切谈话"这

327

张照片时,他失声痛哭:"照片中那个扛锄头的人就是我呀!"

以身作则,处处保持劳动人民的本色,不搞特殊化,是毛泽东参加革命以来一直坚持的行为准则。在毛泽东身体力行的激励下,根据地克服了严重的经济困难,为战胜日本帝国主义,夺取抗日战争的胜利打下了物质基础。

会见华侨领袖陈嘉庚

1940年5月31日，延安迎来了南洋的华侨领袖，他就是南洋华侨筹赈祖国难民总会主席、国民参政员陈嘉庚。

陈嘉庚是一位著名的爱国华侨领袖。1937年全面抗战爆发后，他就领导并组织了"南洋华侨筹赈祖国难民总会"（简称"南侨总会"）这一团体，积极动员南洋华侨踊跃捐款，购买救国公债，选送华侨司机回国，在滇缅公路运输抗战物资，为祖国的抗战作出了巨大贡献。尽管如此，陈嘉庚却因对国内的抗战状况、民众生活知之不详，又没有派代表回国慰劳抗战将士及饱受战争创伤的民众，总觉得未尽义务。于是已年届古稀的他仍不辞辛劳，毅然于1939年冬发起组织了南洋华侨回国慰问考察团。

考察团先到重庆，对国统区作了一番考察。看到国民党政府的贪污腐化、挥金如土，陈嘉庚感到非常震惊和失望。当时在重庆的中共负责人董必武、林伯渠、叶剑英特地去拜访陈嘉庚，并赠送陕北出产的羊皮衣3件。陈嘉庚对他们表示谢意，并表示想去延安访问毛泽东主席。不久，毛泽东从延安打来电报，正式邀请陈嘉庚到延安去。但一行人在西安时，国民党制造障碍，不准其他人前往，只让他们3人进入边区。费尽周折，陈嘉庚终于来到了延安。

来延安之前，国民党官僚的守旧专制、贪污腐化对陈嘉庚刺激很深，如今到了延安，他自然想看看毛泽东领导的共产党、八路军到底怎么样？毛泽东、共产党关心不关心老百姓的生活？陕北老百姓拥护不拥护毛泽东、共产党？……他是带着一大串疑问来的。

到延安的第二天，6月1日下午，百忙中的毛泽东就在杨家岭寓所里亲切接见了陈嘉庚。

毛泽东衣着朴素，面容消瘦。他的卧室兼办公室也极简朴，墙壁上挂着一张地图，室内一张办公桌，几把木椅和一条长板凳。这难道就是赫赫有名的毛泽东的全部家当？陈嘉庚几乎不相信自己的眼睛。客人坐定后，毛泽东拿出香烟，亲自为陈嘉庚敬烟、点火。两人谈笑风生。直到日落时分，两人才结束了谈话。毛泽东在自己窑洞的院子里请陈嘉庚用餐。宴毕，毛泽东和朱德陪同陈嘉庚来到中央党校内的中央大礼堂，参加"延安各界欢迎陈嘉庚先生晚会"。整个礼堂没有一把椅子，所有座位都是钉在木桩上的长木板。陈嘉庚紧挨毛泽东坐下，感受着边区人民的热情与朴实。此后几天，毛泽东、朱德多次与陈嘉庚进行深入交谈，他本人也四处参观，目的就是弄清中国共产党的真实面目，解答自己心中的疑问。

陈嘉庚参观了延安的医院、工厂、商业区和学校等地方，多次与延安华侨联合会的华侨青年交谈，抗大学员也向陈嘉庚赠送了一套八路军的灰色军服，以表达敌后浴血抗战的军民对坚决支援抗战的爱国侨胞的敬意。陈嘉庚每天从早忙到晚，不停地观察，不停地思考。延安的精神面貌和勤俭持家的作风，与重庆国民党政府萎靡颓废、挥金如土的风气，形成了鲜明的对照。抗战时期，共产党的领袖除了特有的机智和勇武，几乎和普通群众没有两样。尤其是毛泽东等共产党人真诚的谈吐，朴素的作风，与人民群众打成一片、平等相处的民主作风，深深地打动了这位饱经沧桑的爱国华侨的心。陈嘉庚亲眼看到毛泽东有一根烟抽了过半，有客求见，舍不得扔掉，把烟头的火灭掉，放在烟灰碟上，客人走后，又接着点上抽掉；招待陈嘉庚用餐，用的是一张旧方桌，4张白纸覆盖桌面以代桌巾，开宴之前，一阵风把白纸吹落，就干脆不用，桌上的鸡居然是邻居老大娘送的；和毛泽东第一次交谈，一些青年学生进来参加，他们不用敬礼，随便地坐下来，毫不拘束；在另一次谈话中，一位勤务兵晚到了，发现长板凳上毛泽东身边略有空隙，就侧身挤了进去，毛泽东笑着看了他一下，把自己的身体稍稍移开，让勤务兵坐得更舒服些。

陈嘉庚一行在延安前后共停留了8天，所见所闻，给他留下了鲜明的印象。他后来曾写文章说："本人往延安前多年，屡见报载中国共产党凶恶残忍，甚于盗贼猛兽，及至重庆，所闻更觉厉害，谓中共无恶不作，横行剥削，无人道无纪律，男女混杂，同于禽兽，且有人劝我勿往，以免危险。及到延安，所见所闻，则完全与所传相反，由是多留数天，多历陕北城市农村，多与社会领袖及公务员接触，凡所见闻，与延安无殊，即民生安定，工作勤奋，风化诚朴，教育振兴，男女有序，无苛捐杂税，无失业乞丐，其他兴利除弊，难于尽述，实为别有天地，大出我意料之外。"

延安之行，成了陈嘉庚一生的重要经历，也是陈嘉庚政治态度的转折点。他已经由对国共不偏不倚的态度转而倾向共产党，由坚决拥护蒋介石变为将民族的命运寄希望于中国共产党的领袖毛泽东了。所以，一出延安界，陈嘉庚就感慨地对随行团员们说："我未往延安时，对中国的前途甚为悲观，以为中国的救星尚未出世，或还在学校读书。其实此人已经四五十岁了，而且做了很多大事了，此人现在延安，他就是毛主席。"返回南洋后，陈嘉庚向广大华侨介绍了国内的抗战情况，尤其介绍了延安的所见所闻。在他的带动下，南洋华侨的爱国运动大大向前推进，有力地支援了国内的抗日战争。后来，毛泽东称赞陈嘉庚是"华侨旗帜，民族光辉"。

1949年6月，在毛泽东的邀请下，陈嘉庚离开新加坡，毅然返回北平参加了新中国的筹建工作。

精兵简政

1941年，中国人民的抗日战争面临着严重的困难局面，如何团结广大民众，振奋精神，同心协力，战胜困难，争取胜利，是摆在中国共产党面前的根本任务。在这种形势下，陕甘宁边区第二届参议会于11月6日在延安大礼堂开幕了。毛泽东迈着坚毅、有力的步伐来到会场。

在一阵阵掌声过后，毛泽东从容登上讲台，开宗明义道："参议会的目的，只有一个，就是要团结全国人民群众，打倒日本帝国主义，建设新民主主义的中国，也就是革命的三民主义的中国。"

他指出，为了完成这个艰巨的任务，必须以极大的努力，巩固抗日民主根据地。而其中一个重要问题就是必须大力克服当前党内一些人存在的关门主义和宗派主义倾向。就此，毛泽东还特别强调："共产党员必须倾听党外人士的意见，给别人以说话的机会。别人说得对的，我们应该欢迎，并要跟别人的长处学习；别人说得不对，也应该让别人说完，然后慢慢加以解释。"毛泽东的演说生动而深刻，听众都报以热烈掌声。会议期间，毛泽东的工作更加繁忙了。白天他用全部精力去参加大小会议，找参议员个别谈话，仔细听取他们对党、对政府的批评建议，晚上还要研究各位参议员的提案和意见。参议员们提出了各种各样的提案，毛泽东总是逐一加以整理，细细分析研究，决不轻易放过一本提案，一条意见。

毛泽东的演说和会后的言行深深打动了一位老人的心。这位老人拄着拐杖，矮小的个子，一双炯炯有神的眼睛透着聪明、干练和耿直。他，就是米脂县参议会议长、陕甘宁边区第二届参议会议员李鼎铭先生。毛泽东要求参议员知无不言、言无不尽，特别是实行党内外民主合作，团结抗战，共渡难关的决策，使李鼎铭激动不已。他正为老百姓负担过重的状况焦急不安，他对政府机构中的某些人浮于事的现象颇有意见。李鼎铭反复思忖着"怎么办？""提不提？"，他还找过其他参议员交换过意见，但意见不一致。毛泽东的演说萦绕在他的耳际，他终于下了决心，提交了"精兵简政"的提案。

1941年隆冬的一个深夜，喧闹的延安已沉入了酣睡，只有凌厉的西北风呼呼地刮个不停。毛泽东在小油灯下，聚精会神地研究党外人士李鼎铭先生提交的"精兵简政"提案。

李鼎铭先生在提案中说，为了减轻老百姓的负担，使机关工作人员更少脱离生产，使队伍更精干，边区应该实行精兵简政，避免入不敷出和经济紊乱之现象。

李鼎铭在提案中还提出："在财政经济力量范围内和在不妨碍抗战力量条件下，对于军事应实行精兵主义，加强战斗力，以兵皆能战，战必能胜为原则，避免老弱病残废，滥竽充数等现象。对于政府应实行简政主义，充实政府机构，以人少事精，胜任职责为原则，避免机关庞大，冗员充塞，浪费人力财力等现象。"

毛泽东把李先生的提案反复看了几遍，并把重要内容用红笔圈出来，认真地记在本子上。最后，他在李鼎铭的提案旁批上了这样一段话："这个办法很好，恰恰是改进我们的机会主义、官僚主义、形式主义的对症药。"

提案当即交参议会讨论。会上，李鼎铭阐述精兵简政的发言一结束，毛泽东就站了起来，他一边鼓掌表示赞同，一边走到台前。首先，他对精兵简政的必要性进行了深刻而生动的阐述。同时，对一些不正确的批评又展开了反批评。毛泽东明确指出，在抗战初期，采取精兵主义自然是不对的，但现在情况不同了，全面抗战已经四五年了，人民经济有很大困难，而我们的大机关和不精干的部队，又不适合今天的战争环境。教条主义就是不管环境发生什么变化，还是死啃不合时宜的条文。

毛泽东的一些话，使支持"精兵简政"提案的人更加明确而坚定了。原来不大清楚提案是否正确、能否行得通的人，思想上豁然开朗了。原来表示怀疑以至反对的人，也从毛泽东的话里悟出了点什么，收回了自己的意见。

毛泽东还在会上严肃地指出，我们的党是为人民服务的，不论谁提出的意见，只要对人民有好处，我们就照办。李鼎铭激动得热泪盈眶，他深情地望着毛泽东主席，更加坚定了与共产党患难与共的决心。精兵简政这个提案终于在参议会里通过了。

12月，中共中央发出精兵简政的指示，要求切实整顿党、政、军各级组织机构，精简机关，充实连队，加强基层，提高效能，节约人力物力。根据中共中央的指示，陕甘宁边区先后进行 3 次精简，取得很大成效。经毛泽东提议，李鼎铭先生在这次参议会上当选为陕甘宁边区政府副主席。不久，他举家迁到延安，把家产全部献给了国家。毛泽东笑称李鼎铭"真是开明人士"。

1942年9月7日，毛泽东亲自为延安《解放日报》写了题为《一个极其重要的政策》的社论，进一步阐发了精兵简政的重大意义，有力地推动了精兵简政政策的贯彻执行。

陕甘宁边区的建设对其他抗日根据地产生了巨大的示范作用。党中央把精兵简政这个办法推广到我党所领导的各抗日根据地去。精兵简政，大大减轻了人民的负担，调动了人民群众的抗日积极性，增强了部队的战斗力，提高了机关工作的效率，对度过抗日战争最艰苦的阶段起了很大的作用。

不抓"反革命"

毛泽东一贯倡导密切联系群众，他总是身体力行地注意了解群众的情绪，倾听群众的呼声，以此来改进自己的工作。

1942年9月以前，党中央为减轻农民负担，进行了两次"精兵简政"，但效果都不太理想。农民的负担不但没有减轻，反而在加重。以农民的公粮负担为例。1937年征收公粮1.4万石，每人平均负担1升，这是很轻的。以后逐年增加，1938年1.5万石，1939年6万石，1940年10万石，1941年激增至20多万石，平均每人负担1斗4升。这样重的任务，群众确实负担不起，部分群众因此产生了不满情绪，说："救国公粮任务太重，群众要饿肚子了。""共产党的经是好经，让歪嘴和尚给念歪了。"负担过重伤害了群众的生产积极性，也损害了党和群众的关系。

1941年6月的一天，延安边区政府召开的征粮工作会议正在南关参议会大礼堂举行。会场气氛格外热烈。各地区的代表你一言，我一语，互不示弱。大家纷纷表示，为了支援咱们军队打败敌人，当年的征粮任务一定要保证完成。突然，天空浓云密布，电光闪闪，一声巨响，雷电从东西屋角穿入会议室内，所有到会人员受巨雷震动，头晕目眩。延川县代县长李彩云，被雷电击中不幸身亡。

说也奇怪。过了不久，一位安塞老乡拉着毛驴到延安南关赶集，想买点粮食。不料，他拴在木桩上的毛驴也被雷电打死了，老乡心里十分恼火，便在大庭广众之下出言不逊，指名道姓地骂了毛泽东。他一边哭一边数落着："老天爷瞎了眼，为甚不让雷公打死毛泽东。偏要打死李县长，打死我的毛驴……"这话像长了翅膀，很快就传遍了延安城。

雷电击死人和牲畜，本属偶然，是一种自然灾害，没有什么奇怪的。可这次李县长之死，再加上这位老乡的哭骂，却引起了轩然大波，街头巷尾，传言四起。

有人说："这是老天爷对人间的惩罚，是一种报应，是大难临头的不祥之兆。"

有人说："共产党、毛泽东领导八路军抗战，是为了咱们老百姓过好日子，可也不能不管咱们的死活呀！收公粮也收得太多了！"

很快，这件事也传到了毛泽东周围的战士们那里。战士们更是群情激愤，有的说："谁反对毛主席，谁就是反革命，我们一定要把他抓出来！"有的说："谁反对毛主席，我们坚决不答应，我们要坚决保护好毛主席！"大家摩拳擦掌，情绪异常激动。

李彩云触电身亡时，毛泽东正在别处开会。他接到报告后，心情十分沉痛，好一会儿没说出话来。他深深地为失去这样的一位好干部感到痛惜不已。但当他听说下面一些干部群众要追查"反革命"时，赶忙把大家找了来，了解其中的缘由。

大家很快便来到了毛泽东的住处，还没坐定，便争先恐后地说开了。一些同志在毛泽东面前更是抑制不住自己对这件事的激愤心情。毛泽东异常平静，他让大家别着急，慢慢讲。大家这才一五一十地向毛泽东汇报。有的介绍了这件事的来龙去脉，有的说到下面干部群众对此事的反映，有的则提供了现在初步查到的一些线索。照大家想来，一般人挨骂后总会不高兴的。但没想到毛泽东了解清楚这件事情的原委后，就没有让其他同志再说下去，当即表示："不能这么做嘛！打骂之事，是民间常见的，大部分是因气盛所致。至于迷信，当然不可信，还是个教育和认识问题。"然后毛泽东还特意把军委总部负责保卫的同志找来，嘱咐停止追查这件事情，也不准再抓什么"反革命"。

看大家一时还想不通，毛泽东又语重心长地说"群众有意见，反映了我们工作有毛病。群众意见这么大，说明我们工作中的毛病可能还不小，这就需要我们认真去解决。要容许人家讲话，讲错了也不要紧。何况人家说的公粮任务太重，确是实际情况嘛！"说到这里，毛泽东停了一会儿，看了看大家，接着又说道："总之，我看这件事并不是坏事，而是天大的好事！大家想想看，自开天辟地以来，都是老百姓受官府的气，受当兵的欺侮。现在他们敢向我们提意见，敢于批评我们工作中的不足，这是多么了不起的变化啊！这个事实说明，我们边区的民主深入到群众中去了。我们有广大群众做老师，我们的工作就不会犯大错误，我们的边区就大有希望。"一席话说得大家终于明白过来了。就连刚才还坚决主张要追查这件事的同志也不住地点着头，心里在想，是啊，要不是主席发现得早，我们差一点要给主席添乱，帮倒忙哩！

但这件事也使毛泽东陷入了沉思。作为农民的儿子，老百姓的喜怒哀乐时时牵动着他的心。现在，抗战正处于艰苦阶段，不解决好农民问题，将直接影响到这场战争的胜败。早在抗战初期，毛泽东就清楚地意识到广大农民在这场战争中的作用，他把解决农民的利益问题，放在重要位置上。毛泽东极其精辟地指出："抗日战争，实质上就是农民战争。""抗日的一切，生活的一切，实质上都是农民所给。"为此，以毛泽东为首的中共中央结合抗日战争的实际情况，将减租减息作为党在抗日战争时期关于农民问题的基本政策，并于1939年开始在各根据地普遍实行。农民的积极性也调动起来了。但是现在，为什么边区的群众还有情绪及怨言，以至于当众骂人呢？显然是边区政府内部出了问题。

不久，根据毛泽东的指示，西北局组成一个考察团，从延安出发，深入农村进行社会调查，随后，向中央作了情况汇报。毛泽东在掌握了大量的第一手材料之后，立即采取措施，指示边区政府减征公粮。边区政府认真贯彻执行毛泽东的指示，很快召开了一系列会议，做好各级干部的思想工作，决定减征公粮4万石，从原定20万石减少到16万石。就是这个数额，也是经过大量的调查研究，确信边区群众能够承担时，毛泽东才放下心来。

这件事的处理，使毛泽东在群众中的威信更高了。事后，那个骂人的老乡也悔恨万分，连连拍着自己的脑袋说："是俺错了！是俺错了！俺千不该万不该，不该骂主席！"

视察南泥湾

来到那南泥湾，南泥湾好地方……

这首婉转动人的歌曲，很多人都耳熟能详，甚至可以说是家喻户晓了。

南泥湾在延安东南90余里的地方，是延安的南大门。这里方圆几百里，历史上曾经一度繁荣、地肥水美、人烟稠密、农业发达。到了清朝由于战乱频繁，逼得广大群众离乡背井，相继逃亡。这里就变成了野兽出没、荒无人烟的"烂泥湾"了。

一二〇师三五九旅，原是八路军一支主力部队。1939年秋，从华北抗日前线返回到陕甘宁边区担负保卫党中央和保卫边区的任务。1941年春，在旅长王震率领下，身带"一把锄头一支枪"，响应党中央毛主席"自己动手，丰衣足食"的号召来到南泥湾进行屯垦。经过两年的艰苦奋斗，指战员们用自己的双手和汗水，把荒无人烟的南泥湾，变成了到处是庄稼，遍地是牛羊的陕北"好江南"。三五九旅开垦南泥湾取得的突出成绩，引起了毛泽东的极大兴趣，他决定亲自去看一看。

1943年10月，南泥湾遍地是一番丰收的景象。一块块绿油油的稻田，一片片玉米、大豆，在微风中摇动。山上的海棠、红枫、栗子树，衬托着山下的田园，使得美丽的南泥湾更加可爱。一天中午，三五九旅的干部正冒着酷暑，在玉米地里锄草，从旅部跑来一个通信员，老远就气喘吁吁地喊着："快点！旅长叫你们回去几个人！"

这时董廷恒在三五九旅旅部当四科长，听说旅长叫快点回去，心想：一定有紧要的事，不然旅长怎么会叫人跑20多里路来通知。大家几乎像长了翅膀，一气就"飞"到了旅部驻地——金盆湾。

旅长王震像是刚刮过脸。大家一进窑洞，他就说："你们回来了，快准备，明天毛主席要来！"小董一听，简直要跳起来，生怕自己的耳朵听错了，又问了一句："是毛主席要来吗？"

"是毛主席！"王震笑了，"怎么？高兴吗？"

真的太高兴了，一时竟不知说什么好了。"毛主席要来南泥湾看望大家了！"这消息像长了翅膀，很快传遍了整个南泥湾，战士们乐得合不拢嘴。接受了旅长的吩咐，大家忘了吃饭，赶忙去准备，好迎接毛主席。

第二天中午时分，毛泽东来到旅部所在地，等候的人们顿时欢呼着拥上来。一路上亲眼所见的丰收景象早令毛主席兴奋不已，这时，他微笑着同大家握手，大声地赞叹说："你们的庄稼长得蛮好啊。祝贺同志们丰收！"

开饭的时间到了。旅部的同志们请毛泽东到新盖的房子里休息并在这里摆上了准备好的午饭。桌上炒的、煎的、炖的各种菜，摆得满满的，都是自己亲手生产出来的。连锅碟碗筷，桌椅板凳也是自己造的。毛泽东看了，格外高兴。

毛泽东一边吃着饭，一边详细地向三五九旅的领导干部了解部队的生产情况。旅长王震告诉主席：刚来的那年，平均每人种3亩地，今天每个战土平均开荒30亩。去年的口号是"不要公家一粒粮、一寸布、一文钱"，今年每人生产的指标是6石1斗细粮，6斤皮棉，口号："耕二余一"。意思是说种两年的地，要打出够吃3年的粮食。对这一可喜情况，主席不时点头微笑，说："困难，并不是不可征服的怪物，大家动手征服它，它就低头了。大家自力更生，吃的、穿的、用的都有了。目前我们没有外援，假定将来有了外援，也还是要以自力更生为主。我们不能像国民党，他们连棉布都靠外国人。"

如果说毛泽东在吃饭，倒不如说在谈工作。毛泽东还特别关注地问："战士们每人每天多少油？能吃多少粮？多少菜？"

"平均5钱油。"王震旅长说，"粮食、菜随便吃！"

"战士们在冬天能否穿暖？"

"冬天，我们都穿得很暖和。"

毛泽东点点头，又问道："星期天要改善生活吗？"

王恩茂副政委回答："午饭，多半是吃大米、白面。有时杀口猪，有时宰只羊，几个单位分着吃。"毛泽东关切地问："有没有发生柳拐病？"这种病当地群众称拐腿病，即大关节病。

"没有！"旅部领导同志肯定地回答。他们怕毛泽东主席不放心，又重复地说："一个也没有。"毛泽东很风趣地说："国民党要困死我们，饿死我们，他们越困，你们越胖了。看，困得同志们连柳拐病都消灭了。"说得大家都高兴地笑起来，谈起南泥湾更美更好的未来。

吃过饭，毛泽东毫无倦意，又和王震、王恩茂等旅的干部谈了一阵话，然后就走出窑洞到金盆湾附近视察。他边走边对旅领导们说：在来的路上，就下车看了玉米、豆子、瓜菜，庄稼都生长得很好，只是有的豆子秧上有虫子，要注意灭虫保苗。

毛泽东来到了通信连驻地，见一座座新开的窑洞刷得雪白，问石灰从哪里来的。战士们骄傲地告诉他，是从山里取石头自己烧的。毛泽东又问窑洞里的桌子是不是战士们自己做的。回答说全是自己做的。毛泽东拿起桌上一个笔记本，看了上面写的字，摸摸"纸"的厚度，高兴地说："这是桦树皮吧？看，倒真像纸哩！"

王震说："同志们都叫它不花钱的油光纸。"

毛泽东高兴地说："你们这里什么都不花钱，可人家蒋委员长什么东西还要买外国的呢！同志们靠自己的双手创造了一切，真了不起！"

后来，毛泽东又来到通信连厨房和猪圈，仔细询问连队的伙食和牲畜饲养情况，对同志们的辛勤劳动给予鼓励和肯定。毛泽东一共在南泥湾视察了5天，当他返回延安时，特地带回了三五九旅的战士们送给他的一支又大又长的黄澄澄的谷穗。

毛泽东的视察，使三五九旅全体指战员受到了极大的鼓舞。全旅上下又掀起了更大规模的生产高潮。1944年，他们不仅实现了"耕二余一"，而且向政府上缴公粮1万石，创造了历史奇迹，成为陕甘宁边区和各解放区军民学习的先进典型。

"向大家赔礼道歉"

1942年起，党中央、毛泽东领导了全党整风运动。这是一次普遍的马克思主义教育运动，是我党历史上极其光辉的一页。毛泽东把整风运动的作用概括为这样三句话：战胜目前的困难，迎接未来的光明，创造一个新的世界。但是，在实际工作中，由于过分严重地估计了敌情，由于抗日根据地处于同外界隔绝的状况，对干部的历史状况的调查研究十分困难，出现了严重的偏差，一个时期搞得"特务如麻"。7月15日，康生在中央直属机关大会上作了危言耸听的《抢救失足者》的报告后，更出现相当普遍地搞"逼供信"的过火斗争，使整风运动中的审干工作变成了抢救失足者运动，单在延安地区十几天内就造成一批冤假错案，使审干工作大大偏离了正确的轨道。

中央党校副校长彭真和中央社会部副部长李克农看到问题的严重性，向毛泽东作了报告。毛泽东听完后说：我看是扩大化了。我们要很快纠正这一种错误做法。我们的政策是一个不杀，大部不抓。这些同志的问题是会搞清楚的，现在可不能随便作结论。我们如果给哪一个同志作错了结论，那就会害人一辈子。现在作错了我们要给人家平反，给受害的同志道歉。要彻底纠正这种扩大化的错误。

为了深入全面地了解情况，毛泽东让有关的同志将一些人的口供材料送给他，认真仔细地翻阅，斟酌纠正错误的方式方法。

一天，他派人将李克农和师哲找来，对他们说："你们送来的6份口供材料，我只看了一份，第二份我就看不下去了，以后也不要再给我送来了。"李克农等人听后，受到很大打击，觉得毛泽东给他们泼了冷水，一时感到莫名其妙。毛泽东顿了顿又说："为什么不想看？我看这些材料像是写文章，不像是口供，有些话不实在。"

当师哲说"一句两句错，恐怕难免，但这无关紧要"时，毛泽东耐心地解释道："如果有一句是假话，会不会有十句假话？有十句假话，会不会有一段假话？有一段假话，会不会全篇都是假话？我写了一篇文章，不到1000字，贴到墙上，每天改几个字。一个月后就改得面目全非。这还是自己写的，自己和自己打仗。他们写的全对吗？写口供不是写小说，不能编假的。你们回去对写口供的人说，一个字如果是假的，就改正一个字；一句话是假的，改正一句话；一段话是假的，改正一段话；全篇是假的，那就全部推翻。你们把他们的口供交给他们，叫他们自己去改，但要说明，一个字、一句话都不要假的。"最后，毛泽东还反复强调："我们要弄清的是真反革命，不是假反革命；要的是真材料，不是假材料。"师哲等人按照毛泽东的谈话精神，向写口供的人一了解，才知道其中果然有假，有的口供竟然全部是假的。

毛泽东知道这些真实情况后，就亲自着手给那些被审查错了的同志平反。中央军委三局绝大多数同志都是从大后方和敌占区来的青年知识分子。他们为寻求救国救民之真理，冲破敌人的重重封锁，跋山涉水，来到延安。在整风运动中，认真学习马列主义理论，树立了党的理论联系实际、密切联系群众以及批评与自我批评的作风。没料到，他们也受到了错误对待，或被关禁闭，或遭到轮番围攻，或被拘留审查。毛泽东提出"反对逼、供、信"和"一个不杀，大部不抓"的方针后，这才挽救了一大批革命同志。但不少同志还思想不通，尤其是有的同志对王诤局长有意见，认为三局的事情与他有关，尽管他最后也被打成了"特务"。因此，同志们思想上有包袱，情绪不振，严重地影响了工作。当中央军委将三局的情况汇报之后，毛泽东决定利用春节的机会解决这一问题。

　　那天，三局的同志排着整齐的队伍来到了枣园，刚围成一圈，毛泽东在窑洞的石阶路上出现了。他健步向同志们走来，微笑着向大家挥着手说："同志们，过年好！"

　　大家异口同声地说："毛主席，过年好！"

　　毛泽东在场中央的一把椅子上坐下，讲了几句话后又很快地站起来。他首先强调了三局通信工作的重要性，称赞通信战士是"无名英雄"，勉励大家要热爱技术工作。接着便说起了"抢救运动"中的问题。

　　毛泽东说道："听说你们三局整风出了问题，不少同志受了委屈，有的同志还被戴错了帽子，大家有些怨气是不是？还有的同志对王诤局长有意见。这里，我告诉大家，王诤同志对党对革命对人民的贡献可是很大哟。是他给我们红军带来了第一架电台，

347

我们的通信才起家的。王诤同志是我们党的一位好同志嘛！"

毛泽东看看大家，又接着说："'抢救运动'把敌人的力量估计过大了，而把自己的力量估计过小了，搞得草木皆兵，伤害了自己的好同志。"说到这里，毛泽东停住了，会场上显得格外寂静。然后，他语气沉重地说："同志，是我打错了你！这个错误的责任不在哪个单位的领导，责任要由中央来负，但主要由我负责，因为我是发号施令的。"毛泽东又提高声音说："同志们，我这里给那些受了委屈的同志行个脱帽礼，向大家赔礼道歉了！"毛泽东一边说着，一边摘下帽子，恭恭正正地行了个鞠躬礼。霎时，同志们都怔住了，不知如何是好。特别是那些在运动中受了打击而满腹怨气的同志，一滴滴热泪扑簌扑簌地夺眶而出……

这时，毛泽东又风趣地说："现在，我把帽子摘下来了，行一个礼，赔一个不是。那么，受了委屈的同志，你怎么办呢？你应该还一个礼吧？你不还礼，我的帽子可只好老拿在手里啦……"毛泽东的几句话把大家都逗笑了，会场上的气氛也随之活跃起来。他见大家的情绪轻松了许多，也就戴好了帽子，紧接着说："我们党有一条规矩，叫做坚持真理，修正错误。一切从实际出发，凡是做对了的，就要坚持。凡是做错了的，就要纠正。对所有那些戴错帽子的同志，都要向他们承认错误，赔一个不是。这是我们的进步，是我们全党的一个进步。中国革命要胜利，就要采取这种态度。"

毛泽东还语重心长地说："许多被戴错帽子的同志，最后证明没有什么问题，是经过锻炼的好干部。那么，你手里就有理，理在你手里，你就要放下包袱，开动机器，轻装上阵。大敌当前，我们不能背着包袱跟敌人拼，因为背着包袱，手脚就不灵便，跟敌人打起仗来就会打不赢；反过来，如果把包袱放下来，轻装上阵，那就动作灵活，能打胜仗。"会场上以热烈的掌声结束了毛泽东的会见。

对延安审干工作中出现的偏差，在其他场合，毛泽东也主动承担了责任，多次向受到错误伤害的同志"脱帽鞠躬""赔礼道歉"。1944年5月，他在中央党校讲话时说：整风中的一些问题，是则是，非则非，搞错了的，摘下帽子，赔个不是。说到这里，他向大家行礼赔不是。同年10月，他再次在中央党校讲话，说：去年"抢救运动"，搞了十几天，我们马上就使它停止了。"抢救运动"的基本错误是缺乏调查研究和缺乏分别对待这两点。1945年2月，他又一次在中央党校讲话，说：在审干中，"整个延安犯了许多错误，谁负责？我负责，因为发号施令是我。别的地方搞错了谁负责？也是我，发号施令的也是我"。"我是党校的校长，党校也搞错了，如果在座有这样的同志，我赔一个不是，因为搞错了。"毛泽东的自我批评，使"左"的错误做法得到了纠正，化解了许多人心中的怨愤，重新实现了同志之间不存芥蒂的团结，推动了革命事业的胜利发展。

追悼张思德

1944年秋天，延安城乡到处是一片欢乐繁忙的景象，男女老少齐动员，喜迎大生产运动以来的又一个大丰收。突然，一个不幸的消息从安塞传到了枣园，中央警卫团的战士张思德同志，在烧木炭的时候因炭窑崩塌，光荣牺牲了。顿时，人们陷入了无限的悲痛之中。

张思德是四川省仪陇县人，1915年生，1933年参加革命，1937年加入中国共产党，曾任战士、炊事员、警卫员，跟随毛主席经过长征，长征时负了伤。1940年春，他被分配到中央军委警卫营任通信班长，多次出色地完成了任务。同年7月，奉上级命令，他带领通信班到延安南面60里的土黄沟执行烧炭任务，以解决中央机关和警卫部队的冬季取暖问题。1941年秋，中央军委警卫营加入了大生产的洪流，他又和通信班战士随部队来到南泥湾的阳湾开荒种地。1942年秋，军委警卫营和中央教导大队合并，成立中央警卫团。此时正是精兵简政的时候，张思德由通信班长下到警卫团里当战士，他愉快地接受命令。1943年调至枣园，在毛泽东窑洞的灯光下，经常能见到张思德的身影。在毛泽东身边工作，张思德进步很快。

张思德个头不高，不太爱讲话，可是工作认真负责，吃苦耐劳，不计名利，在同志中威信很高。1944年春，党中央准备次年在延安召开中国共产党第七次全国代表大会，为了给代表们准备防寒取暖用的木炭，同时也解决中央领导同志的取暖问题，中央机关和枣园警卫人员组织了一支小分队，赴离延安70多里的安塞山中去烧炭，由张思德和另外两位同志负责，没想到出了意外事故。张思德献出了自己年轻的生命！这一年，他刚满29岁。

不幸的消息传到警卫队。队长古远兴很难过，急忙跑去报告毛泽东。毛泽东听了古远兴的报告，从桌前站起来，生气地责备道："前方打仗死人是没有办法的，后方生产劳动死人就是不应该的。这件事你向上级汇报了吗？"

"没有，我想直接报告主席就行了。"

"这不行，要向你们上级报告。"毛泽东又补上一句，"张思德是个好战士，还陪我外出过，很熟悉，什么时候开追悼会，告诉我，我去参加。"古远兴请示能否把张思德的遗体挖出来就地安葬，毛泽东沉思了一会儿，掰着手指头指示说："第一，给张思德身上洗干净，换上新衣服；第二，搞口好棺材；第三，要开个追悼会，我要去讲话。"并让警卫员坐上他的汽车，把张思德的遗体运回了枣园。

9月8日下午，风冷云薄，大地静穆。中共中央直属机关在枣园后沟西山脚下的操场上，为张思德举行隆重的追悼大会。下午2点多钟，全团的指战员都怀着沉痛的心情，集合在大会场上。会场四周放满了各单位送的花圈，会场充满庄严肃穆的气氛。台上搭起了布棚，台里挂着一面有镰刀锤头的鲜红党旗，党旗下挂着张思德的遗像，台前挂着"张思德同志追悼大会"的横幅，在秋风中沙沙作响。中央机关的同志都参加了大会，大家都低着头，寄托对烈士的深切怀念和无限哀思。

人们刚刚到齐，毛泽东就从他枣园的住所内缓缓地走了出来。这天他步子走得缓慢，面容十分沉重，一句话也不说，微微低着头登上主席台。

追悼大会开始了。在庄严的《国际歌》乐声中，全体肃立，毛泽东和大家一起向烈士默哀致敬。接着毛泽东把他送的花圈献在烈士遗像前，花圈一边写着"永垂不朽"，另一边写着"向为人民利益而牺牲的张思德同志致敬"。和大家一起向烈士默哀后，毛泽东凝视着烈士的遗像，沉默了很久。

警卫团政治处张主任报告了烈士的简历和牺牲经过后，毛泽东缓步登上一个土墩，以清晰洪亮的声音发表了追悼张思德的讲话，这篇讲话就是著名的《为人民服务》。

毛泽东开宗明义地说："我们的共产党和共产党所领导的八路军、新四军，是革命的队伍。我们这个队伍完全是为着解放人民的，是彻底地为人民的利益工作的。张思德同志就是我们这个队伍中的一个同志。"

接着，毛泽东又引用了司马迁在《报任安书》中的一段话："人总是要死的，但死的意义有不同。中国古时候有个文学家叫做司马迁的说过：'人固有一死，或重于泰山，或轻于鸿毛。'为人民利益而死，就比泰山还重；替法西斯卖力，替剥削人民和压迫人民的人去死，就比鸿毛还轻。张思德同志是为人民利益而死的，他的死是比泰山还要重的……"毛泽东用浅显易懂的道理阐述了为人民服务的深刻含义，号召一切革命同志向张思德学习。

毛泽东平时很关心爱护警卫战士，对张思德以身殉职，心里很悲痛，在追悼会上还动情地强调："今后我们的队伍里，不管死了谁，不管是炊事员，是战士，只要他是做过一些有益的工作的，我们都要给他送葬，开追悼会。这要成为一个制度，这个方法也要介绍到老百姓那里去。村上的人死了，开个追悼会。用这样的方法，寄托我们的哀思，使整个人民团结起来。"

毛泽东的讲话，使在场的每一位官兵深受感动，张思德同志的形象，高高地树立在人们的心中。主席的讲话短短几百字中反复倡导的"为人民服务"的主题思想，使大家受到极大的鼓舞和教育，并且教育着中国一代又一代的人，成了一切革命同志的座右铭。

挑灯论文艺

　　毛泽东生于中国，长于中国，他最关心的是中国老百姓。他不仅为穷苦人翻身解放苦苦求索、不懈奋斗，也为老百姓的文化娱乐，费尽了心血。

　　1942年5月2日，延安城里春意盎然。在杨家岭中央大礼堂毛泽东亲自主持召开了延安文艺座谈会。可以说，这个座谈会，主要是解决文艺为老百姓服务这个问题的。毛泽东把马克思列宁主义的文艺理论应用到中国，把中国共产党的路线、方针、政策贯彻于文艺，从而使这个座谈会成为中国现代文艺运动史上的里程碑。这天，许多著名的文艺人士都收到了请柬，前来参加会议。

　　中央大礼堂坐落在杨家岭的山上，墙壁和屋顶全是石头结构，是中共中央为准备召开党的第七次全国代表大会而修建的，也是延安当时最雄伟的建筑。那一天，大礼堂里显得格外明亮，前面摆了一张铺着白布的长方形桌子做主席台，主席台后放了许多椅子，朱德等中央领导同志就坐在桌子后面。

　　上午8点多，毛泽东迈着雄健稳重的步子来到会场，到会的人都站了起来，毛泽东和其中很多人都熟悉，能叫得出名字来。不等主持会议的同志介绍，他就和大家一一握手问好。

然后用洪亮的声音宣布:"大家都来了,开会吧!"

会议开始了,毛泽东站在主席台前,幽默地讲了一段话作为"引言",他说:"我们有两支军队,一支是朱德总司令的,一支是鲁迅总司令的。文化的军队是团结自己,战胜敌人必不可少的一支军队,为此就需要解决文艺工作的立场问题、态度问题、工作对象问题、工作问题和学习问题,求得革命文艺的正确发展,求得革命文艺对其他革命工作的更好的协助,借以打倒我们民族的敌人,完成民族解放任务。"毛泽东的"引言"亲切、中肯,打消了一些人心头的顾虑,会场气氛顿时活跃起来。

他讲了这次会议的主题以后,又强调说:文艺工作者应站在无产阶级和人民大众的立场。对于共产党员来说,也就是要站在党的立场,站在党性和党的政策的立场。文艺作品在根据地的接受者,是工农兵以及革命的干部。这就发生一个了解他们、熟悉他们的问题。"许多同志爱说'大众化',但是什么叫做大众化呢?就是我们的文艺工作者的思想感情和工农兵大众的思想感情打成一片。"毛泽东以自己做例子,详细讲述了像他这样一个学生出身的人参加革命后在思想感情上逐步发生变化的经验。然后说:"我们知识分子出身的文艺工作者,要使自己的作品为群众所欢迎,就得把自己的思想感情来一个变化,来一番改造。没有这个变化,没有这个改造,什么事情都是做不好的,都是格格不入的。"他强调文艺工作者要学习马克思列宁主义和学习社会,只有这样才能使我们的文艺有丰富的内容和正确的方向。

原来，全民族抗日战争爆发以后，许多文艺人士从上海的亭子间，从大后方来到延安，投身革命。初到革命根据地，他们的热情很高，但如何适应新的革命环境、如何与工农兵相结合、如何开展革命文艺活动等诸多问题困扰着他们，得不到解决，甚至走了一段弯路。这次毛泽东召开座谈会，好似旱地里下了一场及时雨，大家各抒己见，畅所欲言，无拘无束地谈起来。发言又踊跃，又热烈，各种各样的内容都有，有问题，也有争论。毛泽东坐在主席台后，一面认真地听大家发言，一面做记录。一天的时间很快过去了，可有的人还没谈完。接着，与会的代表又召开了几次座谈会。

按照计划，5月23日举行最后一次会议，要由毛泽东做总结。消息传出去，参加会的人比前两次又多了许多，杨家岭的礼堂里坐满了人，一些坐不下的人只好站在门外。这一天，在大家发言之后，朱德和陈云同志都讲了话。这时已经快近黄昏了，夕阳斜照，会场气氛仍然热烈。负责摄影的同志邀请大家到广场上去和毛泽东等中央领导同志拍照，毛泽东见参加会的人实在太多了，就决定在广场上做总结。

晚饭后，广场的篮球架上挂起两盏煤气灯，毛泽东手里拿着一沓写有提纲的白纸，开始讲起来："同志们，座谈会开了三次，开得很好，可惜座位太少了，下次多做几把椅子，请你们来坐。我对文艺是小学生，是门外汉；向同志们学习了很多，前两次是我出题目，大家做文章。今天是考我一考，大家出题目，要我做文章。题目就叫'结论'……"

毛泽东边走动，边做手势，边讲着，他针对前两次会上提出的问题和延安文艺界目前存在的状况，总结了"五四"运动以后革命文艺运动发展的经验，从马克思列宁主义的理论高度，把文艺为什么人的问题作为一个根本问题提了出来。明确指出革命文艺必须为人民大众服务，首先是为工农兵服务，这个根本问题不解决，其他问题也无法解决。

毛泽东深刻地指出："鲁迅的两句诗，'横眉冷对千夫指，俯首甘为孺子牛'，应该成为我们的座右铭。"他号召："一切共产党员，一切革命家，一切革命的文艺工作者，都应该学鲁迅的榜样，做无产阶级和人民大众的'牛'，鞠躬尽瘁，死而后已。"

对于有几位同志在座谈会上提到"普及"与"提高"、"歌颂"与"暴露"等具体的文艺理论问题，毛泽东都从不同的角度，深入辩证地给予了解答。毛泽东肯定了普及工作对群众是"雪中送炭"，在目前条件下更为迫切。紧接着，毛泽东又说，普及和提高是不能截然分开的，在搞好文艺普及的同时，要意识到广大群众的文化水平也是在不断提高的。人民要求普及，跟着也就要求提高，要求逐年逐月地提高。对"歌颂"与"暴露"问题，毛泽东则一针见血地指出："一切危害人民群众的黑暗势力必须暴露之；一切人民群众的革命斗争必须歌颂之。"

广场上听毛泽东讲话的人越来越多，会场上的汽灯和天空中的月亮星星相辉映，照着一张张兴奋的面孔，大家有的坐在简陋的长条凳上，有的站着，屏气敛息地听着。毛泽东精彩的讲话，博得大家一阵阵热烈的掌声,使许多人感到思想上豁然开朗,在眼前展现出一个新的天地。会议结束后,许多同志还觉得意犹未尽,大家细细品味、琢磨着毛泽东的讲话,决心投身到火热的斗争生活中去,彻底改造自己头脑中的非无产阶级思想,创作出更多更好、受广大人民群众欢迎的文艺作品。

延安窑洞话民主

1945年，抗日战争已进入末期，胜利在望，而国共合作，由于国民党的种种破坏已濒于破裂，常驻重庆的中共代表周恩来也已回到延安。6月2日，中共七大正在延安杨家岭进行之中，毛泽东和周恩来收到了黄炎培、褚辅成、傅斯年、章伯钧等7名国民参政会参政员的电报。内容是号召国共两党合作抗日、合作建国。为此，中共中央正式邀请黄炎培等人访问延安，共商国是。毛泽东和黄炎培的交往就这样戏剧性地开始了。

黄炎培，字任之，江苏川沙（今上海浦东新区）人，比毛泽东大15岁。1917年在上海创办中华职业教育社，希图以职业教育造福人民。1940年参与发起组织中国民主政团同盟，当时任国民参政会参政员。延安之行正是为促进国共两党和谈，促进国内的和平、民主。

7月，黄炎培等6人（王云五因病未能同行）从重庆飞赴延安。飞机一降落，毛泽东、朱德、周恩来、叶剑英、林伯渠等中央领导人就走上前去热烈欢迎。第二天下午，他们一行6人，被邀请到杨家岭毛泽东住所做客，宾主双方聊起话来相当投机。令黄炎培等大为惊讶的是：毛泽东的会客室中竟然挂着一幅画，上有黄炎培七绝题诗和沈钧儒次子沈叔羊画的一把酒壶，壶上写着"茅台"二字，壶边有几只杯子。这幅画是1943年当国民党掀起第三次"反共"高潮时，沈叔羊为他父亲"画以娱之"。在请黄题词时，黄忽然想起长征中，共产党人曾在茅台酒池里洗脚的传说。针对这，他题道："相传有客过茅台，酿酒池中洗脚来。是假是真我不管，天寒且饮两三杯。"没想到，这幅画竟挂在中共领袖的客厅里，也说明中共是特意安排的。此时此地看到这幅画，黄炎培顿觉一股知遇之感涌遍周身。

接下来几天，毛泽东、周恩来与黄炎培等一行人进行了多次促膝长谈。他们无所顾忌，畅所欲言，令黄炎培感触颇多。而对于延安街头的那井井有序的气象和人们普遍奋发向上的精神面貌，黄炎培更觉得样样都很新鲜。尤其是延安街上的意见箱，黄炎培在国统区从未见到，延安每个百姓都可以把自己的意见建议直接向毛泽东表达，这使他深深地感到："政府对于每个老百姓的生命和生活好像都是负责的"，做到了这些，"在政治上更没有其他问题了"。从这里，他看到了中国的希望。

7月4日下午，毛泽东在百忙中邀请黄炎培到他家里做客，作了最后一次长谈。毛泽东一边抽烟，一边说话，说完，他问黄炎培："来延安考察了几天，你有什么感想？"

通过几天的交往，黄炎培对毛泽东已十分了解，认为毛泽东是一位思想丰富而敏锐，又勇于将理论付诸实践的人，彼此谈话也很随意。黄炎培坦诚地向毛泽东谈起了兴亡周期率问题："延安充满勃勃生机，大出我的意料。我生六十多年，耳闻的不说，所亲眼看到的真所谓'其兴也浡焉'、'其亡也忽焉'，一人，一家，一团体，一地方乃至一国，不少单位都没有能跳出这周期率的支配力。大凡初时聚精会神，没有一事不用心，没有一人不卖力，也许那时艰难困苦，只有从万死中觅取一生。继而环境渐渐好转了，精神也就渐渐放下了。有的因为历时长久，自然地惰性发作，由少数演为多数，到风气养成，虽有大力，无法扭转，并且无法补救。也有为了区域一步步扩大了，它的扩大，有的出于自然发展，有的为功业欲所驱使，强求发展。到干部人才渐见竭蹶，艰于应付的时候，环境倒越加复杂起来了，控制力不免趋于薄弱了。一部历史，'政怠宦成'的也有，'人亡政息'的也有，'求荣取辱'的也有。总之，没有能跳出这周期率。中共诸君从过去到现在，我略略了解了的，就是希望找出一条新路，来跳出这个周期率的支配。"黄炎培这一席耿耿诤言，掷地有声。

听了黄炎培的话，毛泽东略略沉思，胸有成竹地说："我们已经找到了一条新路，我们能跳出这周期率。这条新路，就是民主。只有让人民来监督政府，政府才不敢松懈；只有人人起来负责，才不会人亡政息。"

用民主跳出这种兴亡周期率，使黄炎培听后为之一振并心悦诚服。他后来曾言："这话是对的。只有大政方针决之于公众，个人功业欲才不会发生。只有把每一地方的事，公之每一地方的人，才能使地地得人，人人得事。用民主来打破这周期率，怕是有效的。"这是黄炎培观察了几十年，思考了几十年，读千卷书，行万里路之后得来的，他也正是为了和平，为了民主才来延安的。在离开延安的时候，黄炎培写了一篇《韬奋逝世一周年哀词》。词尾，黄炎培满怀信心地写道："民主！民主！君所大声疾呼者，虽不获见于生前，终将实现于生后。"他坚信这一点。这种自信源于他与毛泽东的谈话，他从中看到了希望的曙光。延安之行，特别是与毛泽东的谈话，已经使黄炎培看到了中国共产党人用民主跳出历代从艰苦创业到腐败灭亡周期率的绝妙科学构思与实践。

黄炎培离开延安后，到处作报告，讲他在延安的所见所闻，还在很短时间中，写成《延安归来》一书出版，以事实告诉民众，边区是那么自由、温暖和光明，共产党的领袖和鼎鼎大名的将领又都那么温文尔雅。

《延安归来》一书，初版2万册，很快就被抢购一空，成为大后方轰动一时的畅销书。而且，由于这是第一本拒绝把原稿送交国民党审查而自行出版的书，从而引发了一场"拒检运动"，迫使国民党中央常委不得不通过决议，宣布此后撤销对新闻和图书杂志的审查制度。

1949年2月，黄炎培在地下党的帮助下，逃脱了国民党特务的严密监视，潜离上海，经香港转赴解放区参加新中国的筹备工作。

深入虎穴谋和平

1945年8月27日,一架草绿色的三引擎飞机在延安上空嗡嗡盘旋,越飞越低,人们已经能够看到飞机上的标志了。原来是一架美国飞机,它来延安干什么?人们这样问。

后来人们知道这是当时美国驻华大使赫尔利的专机。赫尔利和国民党政府军事委员会政治部部长张治中,专程从重庆飞到延安,接毛泽东主席去重庆与蒋介石进行和平谈判。

国共两党最高级别的谈判,是在抗日战争取得最后胜利的大背景下举行的。1945年8月15日,日本政府宣告投降。中国人民经过艰苦卓绝的浴血奋战,付出巨大的民族牺牲,终于打败了侵略者,迎来抗日战争的最后胜利。然而,谁也没有料到,此时,蒋介石却想用和谈阴谋,拖延时间,以充分准备内战。1945年8月14日、20日、23日,蒋介石以国民政府主席的名义三次电邀中共中央主席毛泽东到重庆举行和平谈判,共商国是。

而毛泽东早已洞察蒋介石的阴谋。8月26日,中共中央发出了由毛泽东起草的《中共中央关于同国民党进行和平谈判的通知》。当天,新华社向全国、全世界庄严宣布:为了商讨团结建国大计,中国共产党中央委员会主席毛泽东决定偕周恩来、王若飞同志赴重庆。毛泽东感到自己亲赴重庆,能更好地揭露国民党的阴谋，宣传中国共产党的主张，教育广大人民，同时经过努力，可能争取和谈取得某些进展，至少可以推迟内战全面爆发，利大于弊。

然而，许多同志还是深深地为毛泽东去重庆的安全担忧，因为这是关系全党全军全国人民安危的重大问题。有的解放区的部队和地方党负责同志得知消息后，急忙打电报向党中央提出建议：请毛主席不要去重庆。毛泽东当然知道他此番重庆之行可能会有危险，然而他深信这样一句古话："不入虎穴，焉得虎子。"

为了中国和平、民主的来临，为了四亿五千万同胞的自由、幸福，毛泽东把自己的安危置之度外，毅然决然深入虎穴。

8月28日下午3时45分，经过4个多小时的飞行，毛泽东一行到达重庆九龙坡机场。虽然经过多个小时的飞行，毛泽东仍然精神饱满，容光焕发，他向欢迎的人们频频招手致意，人群中爆发出热烈的掌声。在乔冠华的介绍下，毛泽东同到机场欢迎的蒋介石的代表周至柔，国民参政会的代表邵力子，民主党派领导人及无党派人士张澜、沈钧儒、黄炎培、郭沫若等一一握手答礼，互道想念之情。毛泽东与他们大多曾有过交往，可以说是老朋友了。随即毛泽东在机场发表了书面谈话，阐明了自己到重庆的目的，他强调指出：目前最迫切者为保证国内和平，实施民主政治，巩固国内团结。希望中国一切抗日政党及爱国人士团结起来，为实现上述任务而共同奋斗。话毕，毛泽东被记者、友人、群众团团围住，无法脱身。周恩来急中生智，他向大家喊道："毛主席给你们带来了礼物，请这边来领取！"这一招果然奏效，许多人围到了周恩来身边。周恩来向他们分发了重要的礼物：毛主席抵渝的书面讲话。记者们持续20分钟之久的摄影竞赛结束了，赫尔利对毛泽东说："好莱坞！"的确，这样的情景只有在好莱坞影片中才会出现。

下午4点来钟，毛泽东一行终于离开了九龙坡机场。毛泽东先到曾家岩张治中公馆——桂园小憩，然后又驱车前往红岩村13号第十八集团军驻渝办事处。办事处的同志们为毛泽东接风洗尘，在办事处小礼堂开了一个简短的欢迎会，迎接毛泽东的到来。毛泽东高兴地与战斗在国民党统治区的同志握手，向他们表示慰问。晚上8点多钟，毛泽东驱车前往蒋介石在歌乐山的别墅——山洞林园赴宴。蒋介石故作姿态，亲自到大门口迎接毛泽东。毛泽东的车队到了，他刚走下车，蒋介石就迎了上去。国共两党的两位最高领袖，两位争斗了十几年的老对手，在分别了十几年之后，又一次握手。这是一个重要时刻。

"润之，你好！你我多年不见了，很高兴能再次见到你。"蒋介石寒暄道。

"蒋先生好，我们又见面了。"毛泽东回答。

两人边走边谈，走进客厅。毛泽东与美国大使赫尔利、驻华美军司令魏德迈将军及国民党党政要员见面，互相寒暄，气氛轻松、友好。不多时，宾主进入宴会厅，宴会正式开始。蒋介石、毛泽东先后致词，都表示要努力建设和平民主新国家。席间，毛泽东、蒋介石频频举杯互祝健康。宴会气氛相当热烈。宴会结束后，蒋介石挽留毛泽东在他的别墅下榻。这样毛泽东、周恩来就在蒋介石的山洞林园别墅住了两个晚上。蒋介石住1号楼,毛泽东、周恩来住2号楼。

对于毛泽东以超人的胆略和勇气赴重庆谈判、谋求国内和平,各家报纸纷纷发表评论,多有赞誉。大家认为毛泽东的到来,是民主中国的曙光。《华西晚报》报道说:"毛泽东的到来,使整个重庆改观,不只是表面上,即在人民的心理上也起了剧烈的变化……"

毛泽东在重庆,面对乌云笼罩的时局,充分显示了无产阶级革命家的雄伟胆略和斗争艺术。为了表明中国共产党的态度,毛泽东在红岩村复信路透社记者,直截了当地回答了人们最为关注的国共谈判的前途问题。毛泽东明确讲道:我对谈判有充分的信心,无论在什么情形之下,中国共产党方面都将坚持避免内战的方针。为此目的,中国共产党愿意作出重大让步,包括缩减解放区的军队在内。而对于国民党此前的军事挑衅,毛泽东的方针也是明确的,那就是"针锋相对,寸土必争"。邓小平、刘伯承根据毛泽东的作战方针,对上党战役进行了精心的组织与实施,取得了很大的胜利。此次战役,共歼敌3.5万人,俘敌第十九军军长史泽波、击毙敌十七集团军副总司令彭毓斌。

在中共的斗争和国内外人民和舆论的压力下,经过43天的激烈谈判,唇枪舌剑,蒋介石不得不于10月10日同中共代表签署了《政府与中共代表会谈纪要》,就12个重大问题达成了协议,被迫承认了中国共产党提出的和平建国的方针,同意结束国民党的训政,召开政治协商会议,取消特务机关和释放政治犯等。这一切尽管是纸上的东西，但却使我党在政治上获得了极大的主动，国共谈判取得了初步成果。因为这一会谈纪要签订时间为10月10日，所以人们习惯上又称它为"双十协定"。

在重庆谈判期间，毛泽东广泛接触各民主党派和各界人士。8月30日下午，毛泽东与民盟主席张澜促膝而谈，彼此倾吐心曲。张澜郑重地说："蒋介石在演鸿门宴，他哪里会顾得上一点信义，前几年我告诉他：'只有实行民主，中国才有希望。'他竟威胁我说：'只有共产党，才讲实行民主。'现在国内外形势一变，他也喊起'民主'来了！"毛泽东风趣地说："民主也成了蒋介石的时髦货！他要演民主的假戏，我们就来他一个假戏真演，让全国人民当观众，看出真假分出是非，这场戏也就大有价值了！"张澜方才领悟道："蒋介石要是真的回心转意，弄假成真，化干戈为玉帛，那就是全国人民之福！"

冯玉祥是被蒋介石排斥打击的一位知名人士。他同周恩来、董必武早有来往。当他在重庆第一次见到毛泽东时，同毛泽东久久握手，向毛泽东热情问候，举杯敬酒，称颂毛泽东的到来象征了国内团结、和平。随后，他又设宴欢迎毛泽东。毛泽东对冯玉祥进步倾向大加赞许，鼓舞了他在晚年向人民靠拢的勇气。柳亚子是毛泽东在广州工作时期的老朋友，他一见到毛泽东就兴奋地流出了热泪，促膝畅谈后当即赋诗一首赠给毛泽东："阔别羊城十九秋，重逢握手喜渝州。弥天大勇诚能格，遍地劳民战尚休。霖雨苍生新建国，云雷青史旧同舟。中山卡尔双源合，一笑昆仑顶上头。"后来，毛泽东应柳亚子的索求，把写于1936年2月的《沁园春·雪》手书赠给他。这首气势磅礴的伟大诗篇，从此很快传遍中外。

百忙中，毛泽东还在桂园接见了工商业界的代表，向他们分析了中国民族资本发展的趋势，并希望他们转告工商界，要搞好同工人的关系，中共对于爱国的民族资本家并不是作为敌人，而是作为朋友来对待的。毛泽东这一席话，不但擦亮了这些资本家的眼睛，而且稳定了他们不安的心情。

毛泽东同国民党的各种人物接触，还包括跟顽固派头目打交道。毛泽东提出要见陈立夫、戴季陶等国民党右派。对于这一做法，毛泽东身边的工作人员感到费解。毛泽东解释说：不错，这些人是反共的。但是我到重庆来，还不是为跟反共头子蒋介石谈判吗？国民党现在是右派当权，要解决问题，光找左派不行，他们赞同与我们合作，但他们不掌权。解决问题还要找右派。不能放弃和右派接触。有一次，毛泽东去找陈立夫。一见面，毛泽东先以回忆往事的口气，谈起大革命前国共合作的前景，然后批评国民党背叛革命，实行"反共剿共"的错误政策。毛泽东说，我们上山打游击，是国民党"剿共"逼出来的，是逼上梁山。就像孙悟空大闹天宫，玉皇大帝封他为弼马温，孙悟空不服气，自己鉴定是齐天大圣。可是你们却连弼马温也不给我们做，我们只好扛枪上山了。毛泽东谈笑自若，而陈立夫却窘迫得无一措辞，他不得不表示，要对这次国共和谈"尽心效力"。

重庆谈判期间，一些不满意国民党腐败统治的美国飞行员，也渴望见到毛泽东。有3个美国飞行员，霍华德·海曼、爱德华·贝尔、杰克·埃德尔曼了解到毛泽东抽烟，特地带了美国香烟，在香烟盒里放了一张字条，上面写有："祝毛先生好！""祝国共会谈圆满成功！"毛泽东在红岩村抽出一个下午的时间，热情地接待了他们，还欣然答应了他们的合影要求。这一张象征着中美人民友谊的照片，至今还陈列在红岩村八路军办事处纪念馆和珍藏在爱德华·贝尔家里。

10月11日上午9点半，毛泽东由张治中将军和我方人员护送，从重庆飞返延安，中午安抵延安机场，2万多名干部、群众会集到延安机场迎接这位人民的领袖，人们朝思暮想的毛泽东平安回来了。中国共产党的真心实意，毛泽东"不入虎穴，焉得虎子"的豪情壮举，促成了重庆谈判的成功，从此全国人民更加紧密地团结起来，在中国共产党的领导下，积极地为争取建设一个自由、民主、统一、富强的新中国而斗争。

送子学农

毛泽东一向注重理论与实际相结合,尤其反对脱离中国实际的本本主义。他经常教育党的干部,多接触实际,了解中国国情,即使对自己的儿子,也不例外。多少年来,延安人民一直传颂着毛泽东送儿子上"劳动大学"的故事。

1946年1月,毛泽东的大儿子毛岸英从苏联莫斯科学成回到延安王家坪与父亲相见了。毛泽东清楚地记得,自1927年领导秋收起义离家,此后就一直未见过自己的孩子,当时岸英才5岁。此时此刻,凝视着站在自己面前的这个高高的个子,浓黑的头发,两只眼睛透彻明亮的英武年轻人,毛泽东感到无比欣慰。

毛泽东亲切地拉着儿子坐在院子里的石桌旁,微笑着听取毛岸英的汇报。毛岸英告诉父亲,在苏联时他从未间断过学习,并在苏联受到侵略时,向斯大林申请上前线,参加苏联军队反抗德国法西斯的侵略。身为苏军中尉的他,由于在大反攻中作战英勇,回国前受到斯大林的接见,这位苏军统帅还亲自送给他一支手枪,作为奖励。毛泽东听了频频点头,学成回国,为中国人民服务,这正是他所期望的。

询问了毛岸英在苏联的生活、工作情况后,毛泽东慈祥地对儿子说:"岸英,你在苏联长大,又在苏联大学读书,国内的生活你不熟悉，况且学的只是书本上的知识，这是不完全的。你还需要上另一个大学，这个大学中国过去没有，外国也没有，这就是'劳动大学'。你应该到农村去拜农民为师，在那里能学到外国学不到的有益的东西。"

毛泽东接着说："我已经请好了一位老师，就是陕甘宁边区的特等劳动英雄吴满有，在延安县的吴家枣园。他种庄稼学问很深，你就上他那里去学习，怎么样？"

实际上毛岸英早有深入农村体验生活的念头，此时听父亲这样说，他很快领会了其中的良苦用心，爽快地回答："好！我也早想到农村去，向农民学习，锻炼锻炼……"

毛泽东听了非常高兴，以风趣的口吻提醒说："你在莫斯科睡得那么好，一人一个床，到了延安，就是炕上摊一张芦席子，底下烧火，不要怕。老百姓家有虱子呀，也不要怕，有水就多洗一洗，没水就用手多捉几个。"听到这里，毛岸英也不禁笑了起来。

上"劳动大学"的事就这样决定了。临行前，毛泽东把儿子又叫到跟前，说："岸英，你要和老乡们一同吃，一同住，一同劳动，从开荒一直到收割后，再回来，等你'劳动大学'毕了业，再上'延安大学'，好不好？"

"好！"毛岸英痛快地答应了，然后背起行李，告别了父亲。

从王家坪到吴家枣园，足有20多里路。警卫员准备好了马，准备给毛岸英驮行李，可是他就是不肯。他认真地说："这就是劳动的开端。从现在起，我就要锻炼自己。"说完，他就迈开大步上路了。一路上，毛岸英一直背着行李：铺盖卷加上小米、衣服总共有50多斤，背包里还有1斤多重的菜籽、瓜籽，是从苏联带回来，要分给群众种的。通信员让他把背包放到马背上，他不依；同行的另一位首长看着心疼，要帮他背，也被他拒绝了。就这样，他一直走到了吴家枣园。

从此，毛岸英开始了他的"大学"生活。到了"劳动大学"第二天就跟吴满有上课了。

第一课就是上山刨地。他学着老农的样子，穿着单衣，打着赤脚，抡着老镢头，使出全身的劲，追着老农干。没想到，一阵工夫，他两只手全打起了血泡。吴满有发现后关切地问："岸英，你累了吧？"

"不累。"毛岸英说着，手却没有停。

"手打泡了！疼得厉害吧？"

毛岸英笑着说："不碍事。"

吴满有听着毛岸英满不在乎的回答，看他那挥动老镢头的劲头，过意不去地说："这可让娃受苦了。"毛岸英用衣袖抹了抹脸上的汗水，说："全国的农民都在这样干，不知干了多少年。我才开始学着干，劳动还没几天，算受啥苦啊！"

说归说，干归干，毛岸英开头几天，真有些不习惯。晚上躺在炕上，全身骨头像散了架，手上磨的血泡，也火辣辣地疼。但一想起爸爸的教导，浑身又来了劲。他咬着牙，坚持干，渐渐地适应了。

20多天的第一课上完了，接着是学吆喝毛驴驮粪。先从学打粪、装粪开始。装好粪袋，毛岸英便问能不能背着走，"先生"

说不能，路太远了，便教他如何捏口袋、绑口袋，如何把粪袋搭在驴鞍子上。一回生，两回熟。吆喝着毛驴驮了几趟以后，毛岸英就都学会了。于是便什么都抢着干。别人和他争时，他还满口的道理：让我多干点儿吧，自己动手才能获得真正的经验，才能学会种庄稼。接着，便是学习种地。犁地、点籽、施肥，毛岸英很快就都掌握了。"先生"教得好，学生学得也快，从"先生"那儿，毛岸英学到了许多种庄稼的本领，以及许多生产知识。

过了一段时间，毛岸英抽空到爸爸那里，汇报自己的学习收获。在这期间，毛泽东一直关心着儿子的进步。有一次去南泥湾视察时，还去了一次吴家枣园，对儿子提了许多要求。毛泽东很关心毛岸英的情况。他曾把吴满有请到家里，询问儿子在乡下的表现。吴满有夸赞地说："小伙子真能吃苦，快和受苦人一样了。你放心吧，准会毕业的。"

到了1946年上半年，由于形势所迫，毛岸英不得不回中央去，可他总认为没能充分锻炼，没能从"劳动大学"毕业。毛岸英回到了延安，完全变了模样，再不是那个白白净净的书生了。他头上用白羊肚毛巾扎着个英雄结，穿着灰土布汗褂子，两条又粗又黑的胳膊闪着黝黑的油彩，脸上也黑不溜秋的，手上起了厚茧，身子也比以前更壮实了，完全是一个地道的陕北青年农民的模样！毛泽东高兴地连连说："好！好！"并风趣地说："白胖子变成了黑胖子！"送毛岸英回来的村长赞不绝口："岸英是个好后生，不仅农活学得好，还利用空余时间组织村里青年人学政治、学文化。上山劳动回来，还总要捎回一捆柴，送给烈军属。

岸英在"劳动大学"毕业啦!"

后来,吴满有到毛泽东家做客时说:"刨地、驮粪、犁地等庄稼活岸英都学会了,他在'劳动大学'毕业了。"毛泽东说:"活到老,学到老。庄稼知识是学不完的。有机会还要叫他经常去学习。"

谈纸老虎

1946年8月的一天，天气晴朗而炎热，干燥的风带着黄土地的热浪不时袭来。下午3时许，一位金发碧眼的女洋人来到延安杨家岭毛泽东的寓所，引起不少人好奇的观望。这位外国客人就是美国女记者、作家，名叫安娜·路易斯·斯特朗，她是前来采访中共中央主席毛泽东的。

斯特朗女士这是第五次踏上中国这块神奇的土地了。1923年，斯特朗首次来华。在广州，她亲眼看到了中国大革命的开始。1927年，斯特朗再次来到中国，在武汉，她又目睹和经历了大革命的失败。根据这两次来华收集到的材料，她写成了《千千万万中国人民》一书，向全世界报道了中国大革命的真相。1937年至1938年，斯特朗第三次来到中国。这次来华，她访问了山西八路军总部，会见了朱德、彭德怀、刘伯承、贺龙等人，撰写了《人类的五分之一》一书，颂扬了中国人民伟大的抗日斗争。1940年底，斯特朗第四次来华。在重庆，她会见了中共代表周恩来。周恩来向她介绍了国民党破坏抗日统一战线的情况。斯特朗回到美国后，及时报道了国民党破坏抗战的真相，引起很大反响，对避免中国抗日统一战线的全面破裂起了一定的作用。

斯特朗这是第一次到延安，第一次见到中国共产党的领袖毛泽东。而这时，第二次世界大战结束刚刚一年，美帝国主义自恃暂时垄断着原子弹，积极进行反苏战争的宣传和准备，世界上也正流行着一种"恐美病"；蒋介石反动派在美帝国主义的支持下，凭借优势的兵力和精良的武器，在一个多月前，大举围攻中原解放区，挑起内战，并扬言要在三至五个月内消灭人民革命力量。一时，国内外乌云翻滚，人民都热切盼望共产党能够驱散这股乌云，但又担心她没有足够的力量。面对人民的渴望与忧虑，共产党的领袖毛泽东能给一个什么样的回答呢？斯特朗也就是抱着这样的目的，来采访毛泽东的。

毛泽东跟往日一样，穿着整洁的深蓝色棉布衣服，显得十分安详、和蔼而又自信。谈话一开始，他就向客人询问了美国各方面的情况。毛泽东对美国社会的了解，使斯特朗感到惊讶，因为她几星期前才离开美国，而许多情况，毛泽东知道得比她还详细。

斯特朗在回答了他的提问以后，就开始向毛泽东发问。

这时候，有几个小孩钻在附近20来米的树丛中，偷看这位美国朋友。

"那里有谁？"她指着有响动的树丛问。

毛泽东抬头望望，笑着说："是另外一家，他家的孩子对我的外国客人发生了好奇。"斯特朗不好意思地环视了一下周围环境，这是一个极普通的小山村啊，而毛泽东不过是这些普通居民的友好邻居。一阵微风吹过，使人感到非常惬意和舒适。毛泽东开始从容不迫地回答斯特朗提出的问题。这是一次亲切、自然的交谈。但谁又能想到，这次交谈，竟有着历史性的意义。

主客间在相互交流了对中国内战和前途的看法后，话题由国内形势转到国际形势方面。毛泽东滔滔不绝地发表了自己对国际形势、苏美关系的看法。他神情从容坚定，不时挥舞着他那有力的手，用以强调所说的重点。

当谈到帝国主义的本质的时候，斯特朗提出这样一个问题：如果美国使用原子弹进攻苏联，如果美国从冰岛、冲绳岛以及中国的基地轰炸苏联，情况会如何？毛泽东自信地告诉斯特朗："一切反动派都是纸老虎。"这个著名的论断由此诞生。这句名言有力地武装了中国人民，也武装了世界人民。斯特朗在14年后十分感慨地说："这句话照亮了这14年世界大事的进程。"

毛泽东对斯特朗说："原子弹是美国反动派用来吓人的一只纸老虎，看样子可怕，实际上并不可怕。当然，原子弹是一种大规模屠杀的武器，但是决定战争胜败的是人民，而不是一两件新式武器。"毛泽东告诉斯特朗：从长远的观点看问题，真正强大的力量不是属于反动派，而是属于人民。蒋介石和他的支持者美国反动派也都是纸老虎。提起强大的美帝国主义，人们似乎觉得它是强大得不得了的，中国的反动派正在拿美国的"强大"来吓唬中国人民。但是美国反动派也将要同一切历史上的反动派一样，被证明为并没有什么力量。

翻译把"纸老虎"一词译成了"Scarecrow"，即"稻草人"的意思。斯特朗一时不理解，她望望翻译，又瞧瞧毛泽东，脸上显露出迷惑的神情。毛泽东看出有什么地方不对劲了，忙要斯特朗解释Scarecrow在英文中所指的是什么。

377

"Scarecrow 是用稻草扎成的人形，农民把它竖在田里来吓唬乌鸦、麻雀。"斯特朗回答。毛泽东一听，立刻摇了摇头，说："不，不，这样译不够好，这不是我要表达的意思。纸老虎并不是吓唬乌鸦一类的死东西。它是用来吓唬小孩子的，看起来像只可怕的老虎，可实际上是纸板做的，一受潮它就会发软，一阵大雨就会把它冲掉。"

为准确表达自己的意思，毛泽东撇开翻译，自己用英语说出"Paper tiger"。

"Paper tiger，太好了！"斯特朗高兴得差一点跳起来。她这回完全领会了毛泽东的真意，同时又为毛泽东创造的这一词而兴奋。

毛泽东说：照中国的情形来说，我们所依靠的不过是小米加步枪，但是历史最后将证明，这小米加步枪比蒋介石的飞机加坦克还要强些。虽然在中国人民面前还存在着许多困难，中国人民在帝国主义和中国反动派的联合进攻之下，将要受到长时间的苦难。但是这些反动派总有一天要失败，我们总有一天要胜利。这原因不是别的，就在于反动派代表反动，而我们代表进步。

毛泽东侃侃而谈，斯特朗认真地听着、记着……她深深地感到：毛泽东的魄力让人信服，由他领导的中国共产党的事业一定会成功，由他领导的中国人民一定能战胜一切艰难险阻，战胜一切强大的敌人。

谈话结束时，已是午夜时分。毛泽东站起身，用马灯照着路，将女记者送到卡车旁。告别之后，还不离去，一直等到卡车向坡下驶去，消失在夜幕之中。

　　后来，斯特朗撰写了《中国人征服中国》一书，介绍了她在延安的所见所闻及这次访谈。她向全世界传播中国、中国共产党解放区的真实信息，传播毛泽东"一切反动派都是纸老虎"的著名论断。人们无不钦佩毛泽东这位民族英雄的超人气魄。而毛泽东的论断更像一把犀利的剑，一盏明亮的灯，刺破浓密的乌云，让全国人民看到了希望的曙光，从而增强了战胜帝国主义和一切反动派的信心。

撤离延安

战争年代，毛泽东总是以最大的勇猛精神去迎接挑战。他藐视敌人是因为相信自己的力量、自己的未来。他为自己内心深处不可动摇的信念所驱使，常常会有惊人之举。

延安是中共中央所在地，被誉为"革命圣地"。清清延河水，巍巍宝塔山，因吸引着千千万万热血青年和爱国民主人士，而成为蒋介石集团的眼中钉、肉中刺。1947年3月中旬，国民党军队在全面进攻受挫的情况下，变全面进攻为重点进攻。在陕北，胡宗南奉蒋介石之命调动约25万人马，分5路进攻边区，并在西安集中一支伞兵，准备突袭延安。而当时，人民解放军在西北战场的部队总共才2.6万多人，双方兵力悬殊。毛泽东和党中央从整个战局出发，作出了主动撤离延安的战略决策。

3月12日清晨，凄厉的防空警报响过不久，一架架敌机由远到近呼啸着掠过延安的上空，它们依仗着空中优势，有恃无恐，飞得很低，机翼上那令人厌恶的青天白日徽记也清晰可见。一枚枚重磅炸弹和燃烧弹，使整个延安响声隆隆、硝烟弥漫、尘土飞扬。就在这一天，毛泽东让朱德、刘少奇等领导人带领一部分机关迁到瓦窑堡办公，自己却和周恩来、彭德怀留在王家坪的人民解放军总部办公。警卫人员几次请毛泽东转移，他不走，总是那句话："我还要看看胡宗南的兵是个什么样子呢。"

3月13日,胡宗南15个旅兵分两路,向延安发动猛攻,45架飞机又对延安轮番轰炸了一整天。狡猾的敌机仿佛早有准备,对延安城区狂轰滥炸之后,很快把机头一转,将目标集中对准了党中央所在地杨家岭和毛泽东的居住地王家坪一带。在阵阵剧烈的爆炸声中,毛主席办公的窑洞附近落下了好多炸弹。窑洞的玻璃哗啦啦地碎了一地,到处都是溅落的弹片和扬起的石块,一股呛鼻的浓烟扑了进来。院子里窑洞前的大槐树也被削去了一大块皮。在敌机轰炸中,警卫人员可担心了,毛泽东对这一切全不在意,仍然在窑洞里专心致志地工作着。警卫人员冲进浓烟笼罩的窑洞,见毛主席像什么事情也没有发生似的:左手端着的茶杯竟动也没动,杯子里的水不曾洒出一星半滴,而他右手的那支大号红蓝铅笔仍在地图上移动着。当时,受爆炸惊吓之后的工作人员见此情景,不由得又吃一惊——被毛泽东的沉着惊得目瞪口呆。毛泽东向冲进来的警卫人员问:"客人走了吗?"警卫人员被毛泽东问得愣住了:"客人?谁来过吗?"毛泽东手指夹着铅笔朝上指了指:"飞机呀!喧宾夺主,讨人嫌。"警卫人员被毛泽东的幽默逗乐了,顿时轻松了许多。毛泽东继续与周恩来、彭德怀研究起作战方案来。

敌机飞走后,毛泽东和彭总一起走出窑洞,来到布满大弹坑的河滩。有个警卫人员说:"这几天来轰炸的敌机驾驶员都是被迫的,他们不愿炸延安,所以把炸弹都扔在沙滩上了。"另一个不同意,说:"这是他们技术不高明,如果他们不愿来轰炸,为什么不起义呢？"

毛泽东听了议论走过去说："你们两方面的意见都有道理，国民党的兵大多数是不愿打内战的。开飞机来轰炸我们，有一部分是被迫的，这些人也可能有意识地不把炸弹丢在房子上而丢在河滩上。但你们也应当想到，他们炸不准恐怕主要还是技术不高明。"

警卫员们都佩服毛泽东的分析，同时也为毛泽东的安危深深担忧。警卫参谋贺清华拿来一块落在院里的锯齿状炸弹皮给毛泽东看："主席，多险哪，你必须马上转移了！"毛泽东不在意地说："不要紧，窑洞壁厚着哩，炸弹炸不到这里。"毛泽东接过炸弹皮，在手里掂了掂，用不无幽默的口吻笑着说："是块好钢啊，分量还不轻，满可以打两把好菜刀哩！"看着毛泽东镇定从容的神态，战士们焦虑的心情稍稍减轻了一些，但不禁又一次进来催促主席赶紧到防空洞去躲一躲。

第二天夜里，毛泽东正在批阅总参谋部送来的文电，负责警卫的叶子龙轻轻地走进来说："准备今晚9点钟动身出发，您看是不是……"

毛泽东抬起头来，不解地问道："出发？要到什么地方去呀？"

叶子龙连忙解释说："是这样的，这两天敌机对延安轰炸得十分厉害，大家都十分关心您的安全。恩来同志、弼时同志也都有这个意思。大家商议后，想请您早些离开延安，转移到后方去。"

毛泽东严肃而又亲切地说："大家都还没有动，我为什么要先走,我和大家不一样吗?别看敌人吹嘘它的'战略轰炸'有多厉害,延安的市民、机关和部队不全都很好吗?中央警卫团这两天打得也很出色嘛!有什么可怕的?"说到这里,毛泽东把话头一转,高兴地说:"听总参说,延安防空部队昨天击伤的两架敌机,就坠落在洛川附近。你马上去通知总参,送两口大肥猪去犒劳他们!"

叶子龙告诉毛泽东,防空部队击落敌机的重机枪,是战士们用普通的平射机枪装上高射架子和瞄准具改装而成的。毛泽东听了更为高兴:"那就更应该奖赏!"

这时,警卫团的一位排长进来请示:"主席的东西已装到汽车上了,什么时候能出发?"

毛泽东很快说道:"今天晚上我不走,你们慌什么?"说着,毛泽东又把手在桌上轻轻一击,"不要说了,我有言在先,我是要最后撤离延安的!"

16日中午,毛泽东正同周恩来、彭德怀讨论战争形势,突然,敌机投下的两颗重磅炸弹在门前不远处同时爆炸。门窗玻璃全部震碎,气流像强台风一样冲进来,警卫人员猝不及防,赶忙过去看首长,毛泽东正用手将身上的尘土轻轻拂掉,还自言自语道:"他们的风不行,连我一个人也吹不动。我们的风刮起来就不得了,要将他们连根拔哩!"这一番话把大伙都逗笑了。

毛泽东自己却没有笑。他说:"好多地方来电报,催我过黄河,中央有个安全的环境,对指挥全国作战的确有好处。不过我有点想法。我们在延安住了十几年,都一直是处在和平环境之中,

383

现在一有战争就走，怎么对得起老百姓？所以，我决定和陕北老百姓一起，什么时候打败胡宗南，什么时候再过黄河。我不离开陕北，还有一个理由，现在有几个解放区刚刚夺得主动，如果蒋介石把胡宗南投入别的战场，那里就会增加困难。中央留在这里，蒋介石就会多下些本钱。这样，咱们负担重些，就能把敌人拖住，不让他走，最后还要消灭他。"

胡宗南向延安进攻，虽说每天进展不了10里路，但毕竟是一天天逼近了。毛泽东依旧是泰然自若，丝毫看不出要转移的意思。他看战报、批电报，给前线部队写慰问信，或者对着地图抽烟沉思，就是不说什么时候离开。敌机对延安的轮番轰炸，整整持续了一个星期。毛泽东对身边的警卫战士下令说："敌机来时，不许打搅我的工作。他扔他的炸弹，我办我的公！"在炸弹爆炸的轰隆声中，毛泽东的工作更加紧张了。

3月18日清晨，枪炮声越来越近了。我主力部队正在延安外围的三十里铺、劳山一带顽强地阻击胡宗南匪军，掩护党中央和延安市民、机关的撤退。傍晚，最后一批机关工作人员和延安市民陆续转移出去了，延安已成一座空城。突然，东南方向枪声大作，敌人的先头部队已经进逼到延安附近的七里铺和吴家枣园了。毛泽东窑洞里的灯火依旧通亮，一点没有出发的迹象。

再不走就晚了，这时，一阵沉重急促的脚步声传来，彭德怀跑步赶到。彭老总是个急性子，说话像打机关枪一样，但他极少有这种焦急跑步的情况。这一次，他喘着粗气吼道："怎么主席还不走？快走快走，一分钟也不要待了！"

同志们都感到了形势的严峻。龙飞虎来不及报告，破门而入："主席，彭总发脾气了，请你立刻出发。"

王震忙说："主席，今天就谈到这里。你必须尽快撤离。"

周恩来也劝道："主席，时候到了，该走了。"

毛泽东稳稳坐在椅子上，问："机关都撤完了吗？"

"早撤光了。"好几个声音抢着回答。

"群众呢？"

"走了，全撤离了。"

"嗯。"毛泽东满意地哼了一声，"好吧，吃饭！"

毛泽东有言在先，要最后一个撤离延安。现在已经是最后一个撤离。可他又要吃饭！糟了，首长和卫士们突然想到毛泽东还有一句话，他还要看看胡宗南的兵是个什么样子呢。

枪声已经近在耳畔，一阵紧似一阵，中间还夹杂着手榴弹的爆炸声。同志们火烧屁股一般急。饭菜早已装在饭盒里准备带到路上吃，这时不得不拿出来，匆匆摆放在毛泽东面前。毛泽东吃饭历来是狼吞虎咽，有名的快，可这天却细嚼慢咽，他是下决心要看看"胡宗南的兵是个什么样子"。周恩来劝说不成又请回了彭德怀。

彭老总一进门就吼起来："老毛怎么还不走？龟儿子的兵有什么好看的？走走走，部队代你看了，你一分钟也不要待了，马上给我走！"毛泽东望望心急如火的彭德怀，固执地继续往嘴里拨饭。彭德怀像是要去夺他的筷子，到底还是忍住了，猛地转头，瞪着秘书和警卫人员吼："还愣什么？把东西搬出去！"秘书们

385

急忙清理办公桌，而窑洞外，汽车马达已经轰隆隆震响。

毛泽东皱了皱眉说："把房子打扫一下，文件不要丢失。带不了的书籍可以留下摆整齐，让胡宗南的兵读一读马列主义也有好处。"

毛泽东放下筷子，很不情愿地站起身来，环顾一遍打扫过的居室，一声不响地走出窑洞，站在门前的高坡上。他先打量一遍周围的每个人，然后双手一背，深情地凝望着夜色中分外静谧的延安城和宝塔山。良久，他朗声问道："乡亲们和机关工作人员都走完了吗？"

战士们抢着答道："早就走完了，现在只剩下我们了！"

毛泽东满意地点了点头，嘴角一沉，现出两道深深的表示轻蔑的纹路，对站立身边的周恩来及所有工作人员说："我本来还想看看胡宗南的兵是个什么样子，可是彭老总不答应，他让部队代看。我惹不起他，那就这样办吧！"

随后，他慢慢地走下坡，登车之际，毛泽东突然转回头，像发表宣言一样大声说："同志们，上车吧，延安是我们的，我们一定还会回来的！"说完，踏上了转战陕北的征途。

第二天，胡宗南在付出了伤亡5000多人的重大代价后，进占了延安这座空城。

转战陕北

敌人进占延安之后,虽然费尽九牛二虎之力得到的只是一座空城,但依然不可一世,扬言要在一个月之内彻底消灭中共的枢纽机关。20多万胡匪如蝗虫般肆虐陕北,形势骤然紧张。

1947年3月29日晚上,毛泽东和党中央的其他负责同志,转移到了枣林则沟。

首长们刚刚放下行李,就集合到毛泽东住的地方,开起了紧急会议。会议研究了一个十分重要的问题,就是在蒋介石调动几十万兵力进犯陕甘宁边区,延安已经落入敌人手中后,党中央到底转移到何处。

会议开始,周恩来、朱德和任弼时都从保证党中央、毛主席的安全角度考虑,再三提出请毛泽东率领党中央和解放军总部转移到黄河以东的解放区去。会议从半夜一直开到第二天上午,最后终于决定:为了防止发生意外,中央一分为二,由朱德、刘少奇率中央机关一部,东渡黄河去华北根据地进行中央委托的工作。毛泽东、周恩来、任弼时留在陕北,指挥全国的解放战争。

会后,各机关立即传达了党中央紧急会议的决定,开始了各项准备工作。中央警卫团也在抓紧分配其兵力,谁留陕北,谁去河东,一时显得十分热闹。毛泽东对警卫团的团长说:"你们给我留一个班就行了，其余的都随总司令过河，保卫总司令要紧。"朱德也找到警卫团的几个领导交代说："要把身强力壮、有战斗经验的战士留在陕北，保卫党中央，保卫毛主席！"他还指示警卫团的团长，政委和参谋长都要留在陕北。

警卫团长深为毛主席、朱总司令互相关心的革命友情所感动，但也很为难，到底听谁的好呢？最后，还是按照总司令的指示，把各连的力量重新调整了一下，留下了一个手枪连、一个骑兵连和两个步兵连保卫毛主席，其余部队保卫朱总司令过河。朱总司令走了之后，毛泽东把中央机关编成4个大队，成立了司令部。毛主席委任任弼时同志为司令员，陆定一同志任政委，叶子龙同志任参谋长，番号叫三支队，中央警卫团的番号叫九团。整个部队取了个代号叫"昆仑纵队"。

一切安排妥当后，毛泽东、周恩来和任弼时等人研究了下一步的行动。最后，周恩来提议说："为了保密，咱们每个人也都应该起个代号。"

毛泽东表示同意，略加思索后笑着说："我们一定得胜利，我就叫李得胜。"

"我叫胡必成，"素来反应机敏的周恩来马上接口道，"我们的事业必然成功。"

任弼时同志一时没有想出代号，他摸着下巴说："我叫个什么好呢？"

主席对任弼时同志说："你是昆仑纵队的司令，就叫'史林'；定一同志是政委，就叫'郑位'吧！"说罢，大家都不由哈哈大笑起来。

从此，毛泽东率领中央总部机关仍然留在陕北，继续指挥全国的解放战争，一直鼓舞着边区军民奋勇杀敌。在毛泽东的亲自指挥下，我军转战陕北，同比自己多达10倍的国民党军队从容周旋，在短短的40多天的时间里，就相继取得了青化砭、羊马河和蟠龙三大战役的胜利，消灭胡匪1.4万多人，缴获大批军用物资，给不可一世的敌军以沉重的打击。对于这段历史，美国政府在1949年发表的白皮书中曾经作过这样的评述：国民党军"攻占延安曾经宣扬为一个伟大的胜利，实则是一个既浪费又空虚的、华而不实的胜利"。台湾1959年编写的《戡乱战史》也说：在西北战场上，"我军主力始终被匪牵制于陕北，一无作为，殊为惋惜"。这些时隔几年、十几年后所作的评述，倒是多少说出了一些真情。

胡宗南的部队在3月19日占领延安后，蒋介石兴高采烈地庆祝了一番，还授予胡宗南"二等大绶云麾勋章"，要他立刻指挥军队对陕北进行"清剿"。不仅如此，他和夫人宋美龄还极力促成胡宗南的婚事，原来，这个胡宗南是个极端的反动分子，曾发誓不消灭共产党不成婚。20年来，他死心塌地为蒋家王朝卖命，不承想"共匪"越"剿"越多，一晃五十了，还是光棍一条。眼下他费了九牛二虎之力拿下延安，自以为大功告成，终于娶了军统头子戴笠生前送给他的一个女特务。毛泽东当然是不能去参加胡宗南的婚礼啦！不过他还是精心为这位蒋介石的黄埔系心腹爱将准备了这份青化砭、羊马河和蟠龙惨败的"贺礼"，足足让胡宗南和蒋介石伤心数日。敌人伤心之日，便是我们开心之时，蟠龙大捷后，毛泽东走出窑洞，半躺在帆布椅上，脱去棉衣，沐浴着明媚的阳光，轻松愉快地说："来，晒晒太阳，照张相。"支队参谋长叶子龙连忙取出相机，"咔嚓"一声，记录下这极其珍贵的历史一瞬。

转眼几个月过去了。在这些日子里，毛泽东料事如神，彻底摸清了敌人的规律，不仅指挥着自己的部队，同时也在指挥着敌人，一次又一次给胡宗南以沉重打击。胡宗南要消灭我中央枢纽机关的计划不仅一再落空，而且损兵折将，连遭败绩。胡宗南不禁恼羞成怒，下令让刘戡率领部队紧追我中央总部机关。

敌人从绥德追到米脂，又从米脂追到茂县，一直追到黄河边上。双方最近的距离时常还不到10里。有一次，刘戡率4个半旅疯狂扑来。用"流星探马"形容我方骑兵侦察员一点也不为过，他们一会儿一报："敌人距我们还有30里！""敌人已迫近到20里！""敌人已经不到10里！"……毛泽东想大事的时候是容不得人去打搅的。可是形势紧迫，一名卫士便接连几次进屋"打搅"毛泽东，报告敌情。"打搅"过3次，毛泽东发脾气了，大手重重地拍在铺满军用地图的木桌上，呵斥道："什么十里八里？我这里有960万公里！你去吧，不要在这里干了。婆婆妈妈的，你去站岗还比较合适。"就这样，这名卫士变成了站岗的警卫战士。

摆脱了追兵，毛泽东带队开始向一座高山攀去。任弼时命令身边的刘参谋："让后面的部队把上山的痕迹擦掉。"

不料这句话被走在前面的毛泽东听到了，他马上回身吩咐道：

"擦什么，就在这里竖块牌子，写上：毛泽东由此上山！"

大家劝毛泽东还是擦掉为好，省得再添麻烦。

"给我竖！"毛泽东戳着柳木棍说，"我看他敢追，我看刘戡到底有多大本事！"

每当遇到这类事情，最终还要靠周副主席来解决。他待毛泽东走远了，才扯了一下刘参谋小声交代："为了毛主席的安全，部队过后，你照史林同志说的办，把痕迹消除干净。"

走到半山腰，又传来几声枪响。毛泽东听到枪响索性坐在一块石头上，不走了。"好吧，我等着！我倒要看看刘戡是什么鬼样子！"

不一会情况弄清了，原来是我们民兵打的枪，弄误会了。

毛泽东这才缓缓起身，不无遗憾地说："没有事？那我们就走！"

就这样，毛泽东拖着几十万敌人在陕西的高坡深沟之间展开了武装大游行。毛泽东特意将其称为"蘑菇战术"，他要把敌人肥的拖瘦，瘦的拖垮。

这天晚上，战士们在黄河渡口上紧急准备了一批船和水手，准备接送毛泽东和党中央抢渡黄河。大家知道，只要到了黄河那边，莫说七八个旅的敌人，就是再多几个旅，也难伤及毛泽东和党中央的一根毫毛了。

天放亮时，部队到达乌龙铺。正逢集市，人来人往，买卖东西，非常热闹。显然，敌人还没来过这里。有人认出走在队伍前面的那个高大身影就是毛泽东！不知是谁先惊喜地喊了一句："毛主席！毛主席！"马上一传十，十传百，整个乌龙铺都沸腾了。人们亲眼看到，在这最艰难的日子里毛泽东仍然留在陕北，和大家同甘共苦。他那安详的笑容，镇定的神态，就像黑夜里的光明一样，给每一个人带来了无穷的信心和力量！人群陡然掀起波澜，镇子里的人丢下算盘秤杆，丢下货物不顾，拔腿就朝镇外跑，人们立刻汇成奔腾的洪流；已经在镇外的群众抢先一步朝骑在马上的毛泽东拥过来，欢呼声惊雷一般响彻云霄："毛主席万岁！毛主席万岁……"队伍完全卷入热情的人流中，几乎都挪不动脚步了。这是群众的一次自发的呼喊。毛泽东在马上朝群众招手，脸上露着微笑，但是他眼睛有些湿润。同志们的眼睛都湿润了，并且也感到光荣自豪。因为这是群众对我们的领袖，对我们党，对我们军队，对我们为之奋斗的事业的拥护和热爱。

1947年8月，正当毛泽东牵着刘戡7个旅的兵力在陕北打转转时，我西北野战军主力在彭德怀指挥下，趁敌兵力分散之机，一举包围了陕北北部重镇榆林。这一招可把火烧到了胡宗南的屁股上，他急得像热锅上的蚂蚁，忙调帐下一员"虎将"钟松率三十六师火速增援。

钟松是蒋介石的嫡系，黄埔一期学生，这个人有股子狠劲，同时也挺滑头。他受命增援后亲率一支轻装队伍，绕道长城外面，一头扎进了大沙漠，顶烈日，忍酷渴，拼了老命地往前赶，竟躲开了彭总设下的伏击圈。敌变我变，彭总当即下令撤围；西北野战军为诱敌深入，大踏步地南下了。

因为钟松解榆林之围有功，受到蒋介石嘉奖。这一下钟松飘飘然了，进了榆林后他人不停步、马不卸鞍，一路追踪而来，并狂妄地叫嚣要一战结束陕北战争。他哪里知道等在他面前的是毛泽东早已设计好的圈套。为了歼灭钟松部队，毛泽东直接与彭总通了话。他抓起电话，第一句话便是："是呀，我是毛泽东！"他不再使用化名李得胜了。这也意味着陕北战争将开始出现一个伟大的转折点！这更标志着蒋家王朝的覆灭已为期不远了。

毛泽东对彭总作了许多具体指示，很详细，连挖不挖战壕，挖在哪里都讲到了。

放下电话，毛泽东回头问李银桥："银桥，我们还有酒吗？"

毛泽东不善饮酒，喝一杯葡萄酒也会脸红脖子粗，所以极少喝酒。但是有两种情况例外。一是安眠药用完的时候，他为了睡觉，要喝一杯。喝一杯就可以晕，喝三杯肯定躺倒。不用白酒，葡萄酒或白兰地就行。还有一种情况，就是打仗或者写作，连续几天不睡觉，也需要喝酒。酒对毛泽东既能提神又可以安眠，关键是掌握好用量。这段时间恰好安眠药用完了，李银桥为他备着不少酒。

"有酒。要什么酒？白酒行不行？"李银桥问。

"不要白酒。"毛泽东摇头，"钟松没有那么辣。"毛主席依然在掂量敌人的分量。

"那就拿葡萄酒？"

毛泽东想了想，又摇头："这一次敌我主力都集中在这片狭小地区，我们又是侧敌侧水，仗也没有那么好打。"他沉吟一下，问："有白兰地吗？"

"有，还是外国货呢。"

"我看就是白兰地吧！"毛泽东的手指头敲在地图上，敲在被红箭头包围的蓝圈里，就像敲打钟松的脑瓜壳：看你有白兰地的水平？

沙家店战役打了三天两夜,毛泽东足不出户地守在办公室里，不上床，不合眼。最终的结果是他早已料到的：钟松的三十六师主力6000余人被歼灭。用毛泽东自己的湖南话说，陕北战争已过坳了。

那瓶放在桌上的白兰地也陪伴毛泽东度过了这段难忘的时光。可是到了末了，毛泽东晃了晃剩下的大半瓶白兰地叹道："唉！拿错酒了！"毛泽东认为钟松的辣劲还不到40度！毛泽东就是这样迎接挑战，指挥战斗的。

从撤离延安到东渡黄河前往西柏坡，毛泽东、周恩来、任弼时率领的中央机关，在极其艰险的环境中转战陕北，共371天，行程1000多公里，居住过12个县境内的38个村庄，他们从这里开始领导全国解放战争的胜利进行。

东渡黄河

在转战陕北的日日夜夜里，全国各地的同志们都关心毛泽东的安危，无数次地请求他东渡黄河。可是在昆仑纵队，特别是毛泽东身边的人绝没有一个人敢提这件事的，只要听到"黄河"二字，毛泽东就会发脾气。他有言在先，不打败胡宗南决不过黄河！然而历史的车轮转到1948年，革命的形势也迫切要求毛泽东把自己的大本营放到对全军全国解放战争更为有利的华北地区去。恰巧，这年初，我西北野战军取得宜川大捷，给胡宗南以致命一击。毛泽东也就同意过黄河，去华北与一年前相别的刘少奇、朱德等中央后委、工委会合了。

毛泽东就要离开杨家沟，离开陕北了！3月21日上午，杨家沟的山顶上，堤畔上，大路两旁，到处是欢送的人群。这些祖祖辈辈给地主当牛做马，在共产党和毛主席的领导下才翻了身的贫苦农民，多么舍不得毛主席走啊！

毛泽东、周恩来、任弼时等同志，走出窑院，来到小桥滩的时候，人潮从四面八方涌了过来。毛泽东扬起手臂，向大家招手，无限深情地说："陕北的小米，我吃了13年，实在不愿离开这个地方。但是，为了全国的解放，我们又不得不离开。"领袖的话，感人肺腑。几个农会干部，走到毛泽东身边，含着眼泪说：

"主席呀，你在陕北是为了全国人民。你离开这里，也是为了全国解放事业。毛主席，你走吧！全国人民需要你离开这里。将来你进了北平，我们再去看望你！"

队伍已经走出很远很远了，毛泽东才离开恋恋不舍的送行人群。走几步，又回过头来，向大家招手，直到转过一道弯，才跨上战马，向黄河渡口奔去。

经过两天的奔波，1948年3月23日，毛泽东一行来到渡河地点——吴堡县川口村南的元子塔。川口渡口的坡上挤满了送别的男女老少。毛泽东心里也不平静，在黄河滩上不停地来回踱着步，一会儿眺望远方的对岸，一会儿回头凝视陕北大地，依依惜别之情溢于言表。

下午，开船的时间到了。毛泽东、周恩来、任弼时等首长同送行的区镇干部们一一握手，向送行的乡亲们挥手致意。

毛泽东登上船舱，亲热地向船工们打招呼："劳累你们了！"

这时，一位老船工两眼直勾勾地瞅着毛泽东，半晌儿才认出来，这么眼熟的人原来是毛泽东。他激动地说："主席好！"

木船起锚了，毛泽东站在船尾，不停地朝乡亲们挥手。他长久地凝视两岸，把无限的眷恋和感激永远留在了这里。离岸渐远，水面失去平静，木船开始摇晃了。李银桥赶忙扶住毛泽东："主席，快坐下吧。"

毛泽东推开他的手，望望浊浪滔滔的黄河，又望望渐渐远离的西岸和岸上聚集的人群，变得呼吸有声，两眼也大放光彩，这时情绪开始起伏了。他忽然朝支队参谋长叶子龙说："脚踏黄河，背靠陕北，怎么样？给我照一张相吧！"

"对，应该照一张。"叶子龙匆匆亮出照相机。

毛泽东倏地敛去笑容，站稳身体，脸上显出庄严肃穆的神色。于是，叶子龙手中的照相机快门及时地"咔嚓"响了一下。

"好啊。"毛泽东点头笑道，"把陕北的高原和人民，把黄河水照下来，这是很有意义的纪念。"

说话间，行船已近中流，黄河渐渐露出了本性，浪头越来越高。水面骤然起了变化，咆哮的河水夹裹着冰块冲下来，撞击在船身上，砰砰作响，木船颠簸得厉害。黄河似乎在发出挑战，而一生最具有挑战精神的毛泽东当然不能无动于衷。随着胸膛的猛烈起伏，他深深地吸了一口气，突然转身望着随行的警卫人员："你们谁敢游过黄河？"

警卫人员中有几个水性好的。石国瑞自告奋勇："发大水时我游过延河。"

有人说："马汉荣行。发大水那次他游过黄河给彭老总送信，他能游。"

一向沉稳的孙勇瓮声瓮气地说："我在枯水季节游过黄河，还可以试一试。"

"那好极了！"毛泽东顿时兴奋起来，"咱俩不用坐船，游过去吧！"

毛主席这么一说，可把大家吓坏了。李银桥本是搀扶着毛泽东，闻声一哆嗦，吓得差点叫起来。幸亏没叫，毛泽东是听不得叫的，若叫喊，他一旦认真起来，后果就不得而知了。

那一刻，船上出现了尴尬的沉默。不知谁小声嘀咕："今天不行的，现在是凌汛期。"这时孙勇醒悟过来，忙说："今天不行，河里有大冰块，不能游了！"

毛主席哈哈大笑："不能游了？你们是不敢游啊！"但他最终还是没有下去。在久久地凝视河水之后，长吁一声道："你们可以藐视一切，但是不能藐视黄河。藐视黄河，就是藐视我们这个民族……"

正说着，行船已渐渐靠近东岸。当双脚踏上了华北广袤的土地时，大家都热切地望着东岸成群结队赶来欢迎的群众，毛泽东又情不自禁地回首眺望波涛翻滚的黄河，深情地说："黄河真是一大天险啊！如果不是黄河，我们在延安就住不了那么长时间，日本军队打过来，我们可能又到什么地方打游击去了。过去，黄河没有很好地得到利用，今后，应当利用黄河灌溉、发电、航运，让黄河为人民造福。"显然，他的心已在越来越多地思考着中国的未来了。

就这样，毛泽东离开了生活和战斗了13个春秋的陕北高原。

1949年10月1日，开国大典的礼炮声传到延安上空，延安人民更加怀念自己的领袖毛泽东。第二天，延安各界立即向毛泽东发去贺电。百忙之中的毛泽东仍惦记着陕北人民。当他看到贺电后，十分高兴，于10月26日亲自给延安人民发了复电。红色电波传来，延安城乡一片欢腾："毛主席来信了！""毛主席仍惦记着咱延安人民！"人们含着热泪奔走相告，兴奋不已。毛泽东主席同陕北人民10多年朝夕相处、心心相印的往事，又一幕幕地展现在人们的眼前。

人民的领袖爱人民。陕北人民把自己对领袖的无限感激和深切怀念之情寄予在歌声里：

东方红，太阳升，
中国出了个毛泽东。
他为人民谋幸福，
呼儿咳呀，
他是人民大救星。

我的爷爷毛泽东（下）

毛新宇 著

湖南人民出版社·长沙

目录

第七章　进发北平

002 / 接见《晋绥日报》编辑人员
007 / 在五台山
013 / 城南庄遇险
019 / 在西柏坡的日子里
025 / 决胜千里
032 / "进京赶考"
039 / 礼贤下士天下归心
045 / 建国群英会
051 / 开国大典

第八章　在新中国

059 / 制定新中国外交方针
068 / 首次出访苏联
077 / 土改与镇反
084 / 共产党不能搞裙带关系
088 / 宴请赛福鼎

093 / 决策抗美援朝

102 / 送子参战

110 / 紫云轩主人

115 / 尊　师

119 / 六拒颂扬

123 / 惩治腐败

130 / 为藏族人民谋福

137 / 关心祖国统一大业

144 / 筹划港澳回归

151 / 禁绝社会丑恶现象

155 / 建设人民铁路

160 / 一定要把淮河修好

165 / 关心黄河治理事业

169 / 心系三峡工程

175 / 建立强大海军

181 / 大力发展科学技术

188 / 我们要有自己的核武器

195 / 把钢铁工业搞上去

200 / 甩掉贫油帽子

205 / 确定"双百"方针

210 / 万里长江横渡

214 / 送瘟神

220 / 长波电台与联合舰队

228 / 炮击金门

236 / 回韶山

242 / 大兴调查研究之风

248 / 与人民共命运

253 / 建好"防风林" 培养接班人

262 / 还债 10 年

266 / 重上井冈

272 / 接见李宗仁

278 / 号召工业学大庆和农业学大寨

283 / "决心学习，至死方休"

290 / 红墙内的普通人

297 / "小球"推动"大球"

314 / 提出"三个世界的划分"理论

321 / 晚年时光

参考文献 / 329

后　记 / 337

第七章
进发北平

　　1948年，西北野战军宜川大捷后，革命形势发展很快，迫切要求毛泽东把陕北大本营移师华北，以统领全面的解放战争。3月23日毛泽东率领中共中央机关依依不舍地离开陕北，东渡黄河，经晋绥边区首府——兴县蔡家崖和五台山北麓的坝强村、平山县西柏坡村，准备向北平进发。毛泽东以战略家的胸襟，抓住有利于我军的战略先机，展开了与蒋介石最后的较量，并赢得了解放战争战略决战的决定性胜利，从而把中国革命推向了建设新中国的新征程。

接见《晋绥日报》编辑人员

3月26日，毛泽东率领中央机关驱车到达晋绥边区首府——兴县蔡家崖。蔡家崖是个不满百户的英雄村庄，坐落在县城西南15里的元宝山下。金色的蔚汾河绕村而过，秀丽的八角塔挺立村东。在抗战中，晋绥边区巍然屹立于华北敌后，成为陕甘宁边区的屏障，为保卫党中央、保卫毛主席建立了不可磨灭的功勋。为此，蔡家崖也获得了"小延安"的光荣称号。早在1940年1月，蔡家崖就已成为晋绥边区行政公署所在地，中共中央晋绥分局和晋绥军区司令部也先后设在这里。

毛泽东在蔡家崖逗留的短短8天时间里，先后召开了贫农团代表、土改工作团代表和地方干部等参加的5次座谈会，在对晋绥土改和整党工作进行了深入细致的调查研究的基础上，召开了晋绥干部会议，作了"必须紧紧地掌握党的总路线"的著名讲话。在这里，毛泽东还亲切地接见了《晋绥日报》的编辑人员。

《晋绥日报》是中共中央晋绥分局的机关报，创刊于1940年9月18日，原名《抗战日报》，1946年7月1日改名为《晋绥日报》。当时《晋绥日报》只有三四十人，一部分同志还经常轮流在外参加土改和整党工作。由于贯彻了全党办报的方针，各地工农通讯员通过来信来稿，不断把群众中的新问题、新情况、新经验、新事物反映到编辑部，真正做到依靠广大群众办报，使报纸充满了群众的声音，内容丰富，评论尖锐泼辣，受到了广大读者的好评。党中央和毛主席一直很关心《晋绥日报》的发展和成长情况。早在3月下旬的一天下午，跟随毛泽东来到晋绥边区的中央宣传部的同志，来到《晋绥日报》编辑部所在地——兴县高家村看望大家。大家怀着无比激动的心情，殷切地提出一个共同的愿望：想见见毛泽东主席。4月1日，毛泽东在晋绥干部会议上讲完话之后，晋绥的有关领导在向毛泽东主席汇报工作时，再次谈到《晋绥日报》编辑部的同志们想见见毛主席，并请毛主席讲讲如何办报的问题，毛泽东当即就答应了。

毛泽东对报纸和刊物是很关心的。在延安的时候，因为晋绥抗日根据地离延安很近，晋绥的报纸和刊物还能及时地送到延安。转战陕北的时候，报社仍每天给毛泽东寄报纸，上边写着"中央李得胜同志收"。《晋绥日报》由于办得很有生气，曾多次得到毛泽东的赞扬："我很愿意看它！"

4月1日晚上9点多钟，一阵清脆的电话铃声传来了振奋人心的消息：毛泽东第二天上午要接见报社的同志们。希望变成了现实，人们欢笑着，蹦跳着，拥出窑洞，奔走相告。整个编辑部沸腾在欢乐的气氛中。

4月2日清晨，太阳刚刚露出笑脸，编辑部的十几名同志早已匆匆吃过早饭，怀着极度兴奋的心情，沐浴着初春灿烂的阳光，一溜小跑地向蔡家崖进发。20里山路，不觉一会儿就到了。一进军区司令部大院，贺龙司令员就满面春风地迎了上来："请同志们稍等一下，主席很快就来！"边说边把大家引进了西面的接待室里。

上午10点钟，毛泽东在贺龙司令员的陪同下，快步走进接待室。大家只觉得眼前一亮，"哗"的一声都站起来，室内顿时响起了雷鸣般的掌声。

这次被接见的，除了报社编辑人员外，还有搞宣传工作的、搞写作工作的同志。毛泽东看到有这么多人时，便问："你们编辑部有这么多人吗？"贺龙司令员说："主要是编辑部的人，其他人说他们也有关系，也想见见主席，也想听听主席的讲话。"毛泽东笑着说："你们编辑部如果有这么多人，那就应当精减了。"

随即，毛泽东微笑着和同志们一一握手，亲切地询问每个人的姓名。总编辑常芝青同志一一向毛主席作了介绍。当听到一个姓阮的同志的名字时，毛泽东风趣地说：啊！是梁山泊上的阮氏兄弟吗？当又听到一个同志姓"水"名"江"时，毛泽东笑着说：那你可不缺水呀！毛泽东亲切而幽默的话语，使会场上响起了一片笑声，屋子里拘束的空气一下子变得活跃起来。

毛泽东坐在靠窗口的沙发上，点燃一支香烟，慢慢地审视着同志们提出的问题。当看到"如何贯彻全党办报方针""报纸如何联系实际"等问题时，他和蔼地笑了：办报，你们是先生，我是学生，先生不了解学生，不会出题嘛！当看到"关于团结民族资产阶级和开明绅士"的问题时，他转过身来问道：这个问题，我已为中央起草了个文件，你们还没有看到吗？晋绥分局宣传部长张子意回答说：中央指示已经收到了，很快就发给他们。这时，毛泽东站了起来，亲切地说："我们的政策，不光要使领导者知道，干部知道，还要使广大的群众知道。……群众知道了真理，有了共同的目的，就会齐心来做。"他着重指出："善于把党的政策变为群众的行动，善于使我们的每一个运动，每一个斗争，不但领导干部懂得，而且广大的群众都能懂得，都能掌握，这是一项马克思列宁主义的领导艺术。我们的工作犯不犯错误，其界限也在这里。"他还强调："报纸的作用和力量，就在它能使党的纲领路线，方针政策，工作任务和工作方法，最迅速最广泛地同群众见面。"

为了引起大家对这一问题的高度重视，毛泽东还以黄河上的老艄公为例，十分形象地阐述了这一问题。他说：在惊涛骇浪中，黄河上撑船的老艄公不管风吹浪打，眼睛总是望着前方，双手总是紧紧地握着舵把。如果老艄公不是这样，而是望着足下的浪花，就要手忙脚乱，就可能把船弄翻。毛泽东用这一生动的譬喻，再次叮嘱大家无论任何时候，都要紧紧地掌握党的总路线和总政策，不要在政治上迷失方向。

接着，毛泽东关切地询问了《晋绥日报》有多少通讯员，每天能收多少稿件，教育大家要讲群众路线，要认真办报。他说："办报和办别的事一样，都要认真地办，才能办好，才能有生气。我们的报纸也要靠大家来办，靠全体人民群众来办，靠全党来办，而不能只靠少数人关起门来办。"鼓励报社的同志们要投身到火热的斗争中去，认真改造自己："报纸工作人员为了教育群众，首先要向群众学习。"

最后，毛泽东十分中肯地谈到了《晋绥日报》的优点和存在的问题。他满腔热忱地肯定了《晋绥日报》内容丰富、评论尖锐泼辣、有朝气、旗帜鲜明的优点，同时也明确地指出：《晋绥日报》前段时间内的主要缺点是把弓弦拉得太紧了。拉得太紧，弓弦就会断。古人说："文武之道，一张一弛。"现在"弛"一下，同志们会清醒起来。说到这儿，他站了起来，微笑着做了一个拉弓的姿势，两只手在胸前一开一合。这一形象的比喻，使大家不禁笑了起来。毛泽东谈笑风生，兴致勃勃地一口气谈了两个多小时。直到工作人员多次催他吃饭，才结束这次谈话。

这时大家才知道，为了挤出时间参加这次谈话，毛主席连早饭都还没有顾得上吃呢！正当大家满怀激情地向毛主席告别时，毛主席又热忱地留大家一起进餐。1948年4月2日这一天，对《晋绥日报》编辑人员来说，是一个历史性的纪念日，毛泽东接见他们时的音容笑貌，他们永世不忘。

在五台山

1948年4月7日,毛泽东经繁峙县到达五台山北麓的伯强村,沿途受到晋绥军区司令贺老总和各地干部群众的欢迎和款待。眼下再翻过五台山,就可以进入河北了。但忽遇大雪,只得暂停前进。毛泽东在这里写了《再克洛阳后给洛阳前线指挥部的电报》。天气略有好转后,毛泽东决定于4月11日由伯强村起程,强行通过五台山。军区的部队为了毛主席和首长们能安全翻过五台山,动员了许多战士沿途扫雪。

积雪算是打扫干净了,周恩来还不放心,先行出发上了五台山。临走时约好,如果一去不回,说明可以通过了。午后,不见有人返回,大伙料定一切顺利,毛泽东便乘上汽车出发了。不料走到半山腰,天气骤变,大片大片的乌云铺天盖地地压下来,狂风发出尖厉的呼啸声横扫山麓,接着鹅毛大雪纷纷落下。原来打扫干净的路面又被大雪覆盖了。

雪地行车看不见雪下的坑洼沟坎,一旦陷进去,免不了一场麻烦。没办法,警卫人员都下车去清扫积雪。清一段,走一段,一个钟头走了不到两里地。

越往上走,风雪越大。怒吼的山风把年轻力壮的战士刮得东摇西晃,一不留神就会被刮倒。连成吨重的吉普车也在风中瑟瑟发抖了。司机周西林这时比任何人都紧张，既担心汽车打滑翻到沟里，又害怕这风把汽车刮翻。车厢里只有毛泽东若无其事地取出一沓文件认真批阅着。

　　行至最高处，也是风雪最猛烈的地方，车开不动了，战士们用力推，车轮打滑，战士们脱棉衣垫。吉普车的方向越发难控，司机老周手上出了汗，紧握方向盘，行在队伍前。突然，吉普车失控，滑向路边悬崖。周西林连打方向盘仍控制不住，他速闭眼睛，猛踩刹车，狠扳手刹，吉普车在悬崖边上停住了。他急喊一声："快让主席下车！"阎长林连忙打开车门，毛泽东下车后，老周才松了一口气。同志们跑过来，人人吃惊不已："哎呀！汽车到悬崖边了，一个前轮已经悬空。"后边的车跟上了，大家把毛主席坐的车拉回路上。毛泽东用感谢的口气对司机说："这次你救了我一命。"脸色煞白的老周连连说："主席命大，主席命大！"这算是毛泽东一生中又一次遇险吧！同无数遇险时处变不惊一样，毛泽东什么也没说，穿上件皮大衣，迈开大步上了路。阎长林同石国瑞赶紧一人一只手扶住主席。

　　风雪扑面而来，毛泽东戴上一副眼镜仍然睁不开眼。阎长林就把转战陕北时用过的草帽取来，举在头前给毛主席挡风。

　　"这草帽真解决问题！"毛泽东嘴上这么夸奖着，心里却过意不去。他能体谅举着草帽的战士手臂一定会累得发酸。走了不远，他又说："咱们挽着臂走，风是刮不倒咱们的。"于是，领袖和战士手挽手、肩并肩，顶风冒雪迎接着大自然的挑战。

　　走到一个拐弯处，迎面来了两个骑兵。他们是奉周恩来的命令来接毛泽东的。

"这路上能骑马吗?"毛泽东好奇地问。

"慢点骑没关系。"

"那你们去后边接任弼时和陆定一同志吧,他们在后边可能更困难,把他们接来,咱们一块走。"

领袖之间就是这样,周恩来副主席时时事事总是替毛泽东着想,从不考虑自己;而毛泽东也从不顾及自己,总是最先想到任弼时,因为他身体不好,有高血压和心脏病。

又前进了一段,遇到一处山洞。哨兵一见毛主席来了,忙说:"首长到洞里避避风吧。"

一进洞,毛泽东就乐了:"现在,这个洞就是天堂了,洞里最暖和,最保险,再大的风也是刮不倒的。"

毛泽东在洞里休息的时光,司机老周居然一个人把汽车开了上来。毛泽东见老周技术高超,便笑着问:"老周,我上去你敢开吗?你敢开,我就敢坐。"

但老周可不敢负这个责,说:"前面是下坡,汽车更难掌握了,主席还是骑马吧。"

"那就走吧,在这风雪地里,是锻炼身体、磨炼意志的最好机会。"说完,他那高大的身影又闯进了狂风暴雪之中。

在快到目的地的时候,遇到周恩来派出的第二批骑兵。这时任弼时一行也赶上来了。有意思的是他不是骑马上来的,而是揪着马尾巴,让马拽上来的。最后,周恩来赶来迎接。人们总算又闯过了一道难关。

五台山是我国佛教的四大名山之一。这里有东西南北中五座高山,五座山的顶部都较平坦,故称之为五台。五台之间环抱着一个小镇,这便是佛教圣地的中心台怀镇。这一夜,毛泽东等中央首长就在中台下的寺院前院住了下来。这里十分宽敞,院内整洁,房屋很多,许多屋子都是日本人改造过的。

在这个寺庙群落中间,最负盛名的建筑之一恐怕要算大白塔了。这塔通体用汉白玉砌成,气势磅礴,蔚为壮观。塔顶上有数百个风铃,微风轻拂便会叮当作响,声传数里。这一晚,周恩来很担心风铃,这么大的风雪,风铃还不知响成什么样。

毛泽东倒满不在乎,他边洗脸边笑着对周恩来说:"没有关系,它响它的,我有办法对付。实在不行,就多吃一片药嘛,能睡三五个小时也就行了。"可是夜深人静了,毛泽东并没有睡觉。他依旧伏在案前,借着昏黄的烛光工作,直到很晚。

在民间,广泛流传着毛泽东登五台山求签算卦的故事,其实那都是虚构的情节。若一定要问毛泽东在五台山上有何奇遇的话,次日给他当导游的两位方丈值得一提。

翌日清晨,风停雪住,阳光给银装素裹的群山、给红墙绿瓦的庙宇又镀上了一圈金色的光环。

吃罢早饭,周恩来带着两位年事已高的方丈前来给首长们当导游。两位方丈见到毛主席,一齐合十施礼,毛泽东也抱拳回了礼。

令人感到吃惊的是两位老和尚在冰天雪地中只穿了件薄薄的袈裟,帽子也不戴。微风中,他们宽大的衣袖猎猎飘舞,当真一派仙风道骨的模样。普通人穿着棉袄,外罩皮大衣,还感到寒气彻骨，他俩却像没事一般。

毛泽东感到好奇，关心地问："穿这么少，冷不冷？"

"不冷，不冷。"

方丈带领一行人从大白塔介绍起，走一路讲一路。毛泽东对我们这个民族的文化遗产有着广泛的兴趣和相当透彻的了解。他饶有兴致地参观了塔院寺的大雄宝殿、藏经阁、万佛阁，看见许多经卷和各种贡品，毛泽东叮嘱当地干部要好好保护这些文物，不可丢失。在一座大庙后面，毛泽东看见中间的一尊菩萨胸前被挖了一个大洞，问两位方丈："这是怎么回事？"他们回答说："这是土改时翻身农民同寺庙清算，听人说神像胸腔里藏有黄金，就挖开找金子。"毛泽东听后幽默地说：原来是菩萨得了心脏病，群众来给他施行手术医疗，要好好保护起来，原封不动，以便对日后来参观的群众作解释，说他害了什么病，为什么给他施行手术。

他们又来到龙王殿，只见庙内灯火辉煌，香烟缭绕，比起其他颇为萧条的庙宇来，似乎甚是隆盛。毛泽东问庙里的住持："这座庙宇遭到过破坏吗？"回答是不仅没破坏，而且农民曾派来专人护庙，秋毫无犯。毛泽东说："你们看，从这里应得到的结论是多么明显！群众对山上的菩萨和山下的这位龙王的态度是多么地不同。山上的那位菩萨同农民群众的利益距离太远了，而龙王管着天雨，同农民的关系太密切了。群众就是这样认为，这样对待问题的。"这时，方丈又告诉大家："龙王殿建于清代，殿内供的是金脸龙王老五。传说五爷最爱看戏，所以，在五龙王殿对面还专门搭了个大戏台，每逢 6 月庙会时要连唱一个月的戏。"

"噢！"毛泽东眨眨眼说，"五龙王连看一个月的戏，他不累吗？"一句话把大家都逗乐了，连老方丈也开心地笑起来。

时间过得飞快，还有许多地方未能看到，毛泽东和周恩来就必须回去工作了。方丈热情地挽留毛主席，要首长们一定去看看碧山寺，要不然可就遗憾了。

周恩来游兴未尽，说："是啊，可惜我们今天没有时间去，太遗憾了！"

毛泽东也有同感："我是很想多看一看，可时间不允许我们在这里久留。再说路又不好走。战士们清扫道路也很困难呀。"

游兴未尽的毛泽东在谢过两位方丈准备离去时，还留下话："五台山也到了，又实地看了一些古迹，这总比听传说要实际多了。以后有机会，我们一定再来看看。"

城南庄遇险

1948年5月,毛泽东等从五台山下来,进驻晋察冀军区司令部所在地阜平县城南庄。军区大院坐落在一座大山的南面,里面整整齐齐地盖了4排崭新的平房,军区司令员聂荣臻把毛泽东安排进自己的住房里。毛泽东的到来,使城南庄变得格外引人注目。

1948年5月1日,蒋介石在"行宪国大"上宣誓就任总统;而早在1948年4月30日毛泽东就在城南庄发布《五一劳动节口号》,号召:"打到南京去,活捉蒋介石!"蒋介石气得发抖,授意特务机关把魔爪悄悄伸向毛泽东。

5月中旬的一天,东方刚呈现鱼肚白,工作了一夜的毛泽东写完最后一份文件——关于召开全国政协会议的通知,服下两片安眠药,很快睡沉了。可是,毛泽东才睡着没多久,城南庄北边的山顶上,防空警报突然响起来。警卫员李银桥心里咯噔一下,紧张得立刻屏住了呼吸。城南庄和延安不一样,在延安时,敌机一进陕甘宁边区,电话就打到延安,延安可以及时拉警报防空,而且延安的窑洞都是打在黄土坡上的,一般的炸弹奈何不得。城南庄却不一样,它距北平很近,而且只有在山头上发现敌机的时候才能拉警报,时间已经很紧张,毛泽东的住房距防空洞100多米，动作稍一迟缓都是很危险的。也许有人会说那还不简单吗？把毛主席叫醒，钻进防空洞不就行了吗？事情偏偏就不这么简单，长期以来毛泽东的睡觉是个老大难的问题，入睡难，又易于惊醒，他发脾气，十有八九是因为睡觉不好。要是吵醒了他，而万一敌机又不是来轰炸，他一定大发雷霆，毛泽东发脾气是真正的"雷霆之怒"，吼声像打雷，而且以老子自居："老子揍去！""老子不要你！""你给老子站着去！……"发这么一次火，是很伤他的身体的，会影响几天，精神不振。

李银桥急得没了主张，在毛泽东的屋门前团团转。

警卫排长阎长林跟着跑过来，急风急火又是小心翼翼，压着嗓子问："怎么办？怎么办？叫醒不叫醒老头？"

跟随毛主席多年的警卫们私下里都亲昵地称他"老头"。

"他吃了安眠药刚睡着啊！"李银桥一个劲儿地搓手。

"我的娘！"阎长林更急了，"万一敌机来轰炸怎么办？"

"万一不来呢？"

正拿不定主意，3架敌机已经临空，就在头上盘旋。警卫员个个呆若木鸡，不躲不避。可敌机转了两圈，就哼哼着朝北平方向飞走了。这3架敌机显然是侦察机，警卫员顿时全身一阵轻松，舒过气来。但轻松转瞬即逝，侦察之后，轰炸机随后就会飞临。想到这儿，大家又紧张起来。

情况万分紧急，必须刻不容缓地作出决定。大伙一协商，最后敲定：暂时不叫醒毛主席，人员做好一切准备，担架放在宿舍的门口，警报再响说明轰炸机来了，那时不管三七二十一，抬上毛主席就往防空洞跑。

主意定了下来,正是早饭的时候,但警卫员谁也没有去吃。

果然,上午8点多钟,北山上的防空警报器又拉响了。再不能犹豫了,阎长林喊了声:"照彭老总说的办!"话音还没落,李银桥已冲进了毛泽东的卧室。还是在撤离延安时,彭德怀不放心毛泽东的安全,曾特地叮嘱阎长林在特别危急的时候,不管毛主席同意不同意,把他架起来就走,到了安全地方再讲道理。

李银桥叫醒了毛泽东。

"哪个?"毛泽东睡觉从来都很轻,容易被惊醒。他拖着浓重的湖南乡音,语气中已有几分不悦。阎长林不容分说扶他起身:"主席,敌机要来轰炸了,刚才已经来过3架侦察机,现在防空警报又响了,肯定来的是轰炸机,请主席赶快到防空洞里去防空。"

李银桥手忙脚乱替毛泽东穿衣裤,他却伸出手:"拿烟来,给我点一支烟吸。"天哪!李银桥叫起来:"主席,来不及了!"

毛泽东皱起眉头,似有怒色:"已经丢炸弹了?"

阎长林急得直跺脚:"哎呀,主席,轰炸机一到就丢炸弹,丢下来跑都来不及。你听……"这里正说着,门外传来急切的喊声:"快!快!飞机下来了!飞机下来了!"

"听什么?点烟!"毛泽东有点火了。

经历过战争的人都知道,飞机下来就是开始轰炸前的俯冲,投弹不过是几秒钟后的事情。

几个警卫员不得已动了粗,李银桥粗鲁地将手一下插入毛泽

015

东腋窝下，阎长林顺手往毛泽东身上披了一件棉衣，石国瑞和孙振国便搀扶住毛泽东另一只胳膊。4个人连架带搀，拖起毛泽东便朝门外跑。刚出门，见聂荣臻司令员在前面急喊："快呀！快！飞机要丢炸弹了！"

聂老总的话音刚落，只听有人"啊"的一声惊叫，接着头顶上传来炸弹下落时发出的一种特有的嘶嘶尖啸。听声音就在头顶正上方。大家本能地一缩脖，朝后倒步。还没弄清怎么回事，脚下的黄土地猛烈一颤，耳畔响起磕破臭鸡蛋一般的钝响。于是，大家犹如吃了定身符，全都僵住了。李银桥猛醒过来，定睛看时，刷地冒出一身冷汗。天哪！一枚集束炸弹就落在毛泽东的房前，伸手可及！但谢天谢地，这个大家伙居然是个臭弹，没响！接着，叫人无法想象的事情发生了："它怎么了？"毛泽东盯着炸弹，像哲学家在思考什么重大问题，满腹狐疑地想弯下身去。他对那炸弹尾部呼呼飞旋的陀螺发生了兴趣，伸出一根指头，似乎要拨弄那个陀螺。

"快呀，快！飞机又丢炸弹了！"聂老总在防空洞那边急得直挥手。

4名警卫员也像被火钩子捅了一下似的，叫起来："快跑！"他们架着毛主席冲出了院门。毛泽东的那件棉袄差点颠落，但警卫员不敢停步，也不容毛泽东停步，他们一边架起毛泽东胳膊，一边用手扶住他背上的棉衣，继续猛跑。毛泽东显然极不适应这种"形象"，连连命令："放开，放开我，我不要跑！"可是在这个节骨眼上，谁也不听他的话了。他们一溜烟似的把毛泽东架到了防空洞口。正在这时，身后传来了震耳欲聋的巨响，遮天蔽日的滚滚黑烟完全淹没了小院子。

"你们蠢嘛！"毛泽东借机甩脱战士们，喘息着说，"它轰炸的目标是房子，我们出了院子就安全了，还急什么？"

眼见敌机又冲下来，大家不听他说，架起他跑得更快了。刚跑到洞口，身后又一声巨响，距离很近。大家架着毛泽东进洞，又被他挣脱了。洞口相对来说安全许多，大家不再"强迫"他，改为劝说："主席，到里边去吧。"

毛泽东充耳不闻，说："给我点支烟吸，我还没吸烟呢！"

阎长林已经给毛泽东穿好棉袄，替他点燃一支烟。

这时聂荣臻司令员走过来，又劝："主席，快进防空洞吧。"

"看，我一来敌机就把你的大院炸了！"毛泽东幽默中略带几分歉意。

聂总这会儿哪里还有心思开玩笑："主席，快到防空洞里去吧。"正说着，敌机又俯冲下来。院子里火光一闪，余烟未散黑烟又起，翻腾着四散弥漫。毛泽东这才转身走进洞去了。而此时，敌机也差不多投光了炸弹，返航了。

敌机飞走后，大家跑回大院，首先去看毛泽东的住处。没爆炸的炸弹，尾部陀螺似的东西还在风中转。后来投下的炸弹爆炸后，弹片飞到毛泽东屋里不少，硝尘遍地，两个暖瓶全打碎了，水流了一地，看来敌机投下的是杀伤弹。若不是把毛泽东硬架走，后果简直难以想象。看到这些，聂荣臻也真觉得后怕："如果不是当机立断，事情的后果是不堪设想的。"

敌机轰炸之后，聂荣臻就给毛泽东换个地方，搬到离城南庄20多里的一个很隐蔽的小村子花山村。

这次敌机轰炸，令聂荣臻十分警惕。他认为这里肯定有特务搞鬼，便召来军区保卫部长，要他们查个水落石出。不久，我军攻占了保定，从缴获敌人的档案中查出了线索。原来，军区小灶食堂的司务长刘从文，被一个潜伏在军区后勤部大丰烟厂的副经理、军统特务孟宪德拉下了水。这个姓孟的曾把毒药交给刘从文，让他在军区首长的饭菜里下毒。刘从文害怕露马脚没敢下手。毛主席进驻城南庄后，聂司令员采取了更严密的防范措施，特务们没办法，只得把情报送到军统保定站，引来飞机轰炸。真相大白后，经聂荣臻司令员和薄一波政委审核、批准，军区召开了公审大会，两名特务被依法枪毙。这是他们罪有应得的下场。

在西柏坡的日子里

西柏坡位于河北省建屏县（今平山县）西部、太行山东麓、滹沱河北岸的柏坡岭下，是一个居住着七八十户人家的小山村。在抗日战争的烽火中，这里就有了中国共产党建立的根据地，曾被誉为"抗日模范村"，而最使西柏坡人自豪的，是1948年6月至1949年3月这一段时光，它成了中共中央和中国人民解放军总部所在地。它是毛主席、党中央进入北平之前的最后一个农村指挥所。后来诗人们赞颂它为"中国黎明前的红色首都"。

毛泽东是1948年5月27日到达西柏坡的，此前，周恩来、任弼时已经率中央机关部分人员先期抵达西柏坡。毛泽东在西柏坡的住宅是一座小院，院门朝东开，每日迎着初升的朝阳。院里有北、南、西屋各两间。毛泽东住北屋，较小的一间约16平方米，是卧室；较大的一间有20平方米，用作办公。朱德、刘少奇为了给毛泽东创造一个良好的工作与休息的环境，特意安排人力为他修了这座宽敞明亮的新窑洞，周围环境十分优美。但是毛泽东到达西柏坡后，硬是将新房让给了年岁大的朱德，两人互让良久，还是毛泽东坚持着，让朱总司令住进了新的窑洞，而毛泽东自己却住进了原被鬼子烧掉房顶，刚修葺起来的一处旧民房。人们看到当年井冈山会师、并肩领导中国人民革命的两位伟人互相谦让的情景，无不为之感动。

毛泽东曾说过："蒋介石不打倒，什么事也干不好，觉也睡不踏实，所以还是先把他打倒再说。"为此，在西柏坡，毛泽东经常是通宵工作，白天再补觉。当时中央的文电大都由毛泽东亲自起草，很少让秘书代劳。三大战役期间，有时连几个小时的觉都保证不了，前线的电报接连不断。他要阅读、复电、发指示，所以常常是通宵达旦。在党中央移驻西柏坡到进入北平之前的10个月里，在毛泽东统一指挥下，中国人民解放军各野战军先后进行了23个重要战役。毛泽东仅为前线起草的作战方针指示和各种重要文电，就达190多篇。与此同时，他还先后写了《将革命进行到底》《在中国共产党第七届中央委员会第二次全体会议上的报告》等光辉著作，其中被收入《毛泽东选集》的就有20篇。

8月的西柏坡，白天非常炎热，毛泽东经常几天无法安眠，极度疲劳，这令在他身边工作的警卫战士很着急。于是，有人就想出了一个主意，让毛泽东白天到户外的树林里去休息。这个法子一试还挺灵。在野外的树荫下，毛泽东仰靠在躺椅上，先看看书、文件，不一会儿就能睡着。但这个办法实行起来也有麻烦，因为老乡们知道毛泽东在西柏坡，都想见见毛泽东。毛泽东也很喜欢与老乡聊天，所以双方一碰上，一谈就忘了时间。为了让毛泽东休息好、养足精神，警卫战士便拿出打游击的看家本事，每天换一个地方。这样不知不觉便度过了炎夏。

毛泽东到西柏坡那年，正遇上大旱，于是他提出"抗旱备荒、节约粮食"的口号，并及时号召各级干部向群众宣传节约的意义。他自己以身作则，虽说夜以继日地工作，但仍和大家一样，一天吃7两半粮食，通常每顿饭也就是一碟菜、几个辣椒，有时加一碗清汤。有一次，食堂管理员看到他日夜为革命操劳，担心营养不足影响他的身体健康，因而在早晨破例为他做了3个平时最爱吃的菜（辣椒炒豆腐、菠菜拌粉丝、肉丁炒油菜），让警卫员端去。毛泽东问清事由后笑着说："告诉管理员同志，我的身体很好，不要提高我的伙食标准。中午、晚上就不要再做菜了，到时候把这些菜热一热，一顿吃一个就行了。"管理员知道毛泽东的脾气，那天中午、晚上再没有为他炒新菜。但在西柏坡的时候，毛泽东的饮食，比在陕北时还是有所改善。一个主要原因就是前方打胜仗多，按照多年的传统，打了胜仗，便得设"庆功宴"。在西柏坡期间，各战场的胜利消息不断传来：一会儿是歼灭廖耀湘兵团；一会儿是俘虏东北"剿总"副总司令范汉杰；一会儿是消灭黄百韬部；一会儿是活捉了杜聿明。所以，大师傅经常得做好菜。为此，毛泽东曾风趣地说，前方的战士们"胃口"好，一口就"吃下"蒋介石几个师、几个军，我们的胃口也跟着沾光。

　　毛泽东在西柏坡住的小院里有棵梨树，毛泽东和警卫员经常为之浇水、修枝。梨子熟的时候，毛泽东就让警卫员摘下来给房东送去，自己一个也不吃。警卫员嫌院子里的猪圈、鸡窝影响卫生，就主张把它们拆掉。毛泽东则嘱咐警卫员："不要拆，要保护好，将来老乡还要用。"一次毛泽东散步时，发现有些杨柳树被马啃过，便立即派人去调查怎么回事。当得知是前一年开土地工作会议时，有些代表把马拴在这些树上，便严肃地说："《三大纪律八项注意》的歌光会唱还不行，还要照办。"于是他要生活科长按被啃树的多少、大小，分别予以赔偿。这件事使乡亲们很受感动，他们商议后决定用这些钱买柏树苗，栽在毛主席经常散步的地方，永远纪念毛主席关怀群众的恩情。

在工作之余，毛泽东很喜欢外出散步，与老乡闲聊。一天，毛泽东散步走出了村外，来到滹沱河边与一位正在挑水浇地的农民拉起家常来。毛泽东问河里有鱼吗，老乡答有。毛泽东一听就来了兴趣，四下张望了一下，便迈步朝前走去。不一会儿来到一个池塘前，毛泽东回头对警卫战士说："你们说，这里面有鱼吗？"一位战士回答："没有，这塘水太清，'水至清则无鱼'。"毛泽东说："那我们就实践一下，如果摸不到鱼，就说明你那条道理有一定的普遍性。"一边说着，一边就动手脱外衣，几位战士先跳到水里，说："我们来抓，只要有鱼，准能抓到。"大家扑腾了半天，倒是老碰到鱼，但赤手空拳，加上鱼身又滑，只抓到一两条，效果不理想。毛泽东在岸上喊："把水搞浑，浑水摸鱼嘛。"下水的战士手脚并用，一会儿工夫就把水塘搅得黄乎乎的。果然，鱼被呛得在水底待不住了，纷纷浮出水面，大口大口地喘气。这样只一会儿，战士们就抓了十几条大鱼。毛泽东高兴得连连叫好，像孩子一样开心。这天晚饭，大家吃上了香喷喷的红烧鱼。

毛泽东在西柏坡的生活，有紧张、繁忙的一面，也不乏轻松、欢快的色彩。西柏坡地处偏僻山沟，农民文化生活极端贫乏。所以，每逢中央机关放映电影、搞文艺演出，毛泽东总忘不了叮嘱机关的同志预先通知乡亲们来机关大院观看。有时还指示给群众安排专场，或组织军民联欢。自从党中央、毛主席进驻西柏坡之后，这个小山村便日益活跃起来，到处能听到欢笑声。

在西柏坡期间，毛泽东还导演出了一幕"一纸退敌10万兵"的奇剧。

1948年10月，毛泽东日夜注视的东北战场节节胜利。国民党军在东北战场的主力之一廖耀湘兵团10多万人全军覆灭，蒋介石在北平急得吐血，回到南京后又连续吐血。东北失利，蒋介石想在华北捞回一点面子，他就命华北"剿总"总司令傅作义策划偷袭石家庄。由于北平至石家庄之间，我军没有部署主力部队，傅作义的骑兵是有点名气的，行动迅猛，而且又有蒋介石的中央军相协同。因此，党中央和毛泽东的安全就受到威胁。

毛泽东仍然以主要精力对付东北之敌，对傅作义的袭击似乎根本没放在心上。当形势已经十分危急时，他叫警卫员收起东北地图，备好纸笔。

"给他点颜色看看！"毛泽东心里自有妙计。他为新华社写了一篇述评，题目叫《评蒋傅军梦想偷袭石家庄》，毛泽东以辛辣的文笔写道："蒋介石不是项羽，并无'无面目见江东父老'那种羞耻心理。他还想活下去，还想弄一点花样去刺激一下已经离散的军心和人心。亏他挖空心思，想出了偷袭石家庄这样一条妙计。""傅作义出骑兵，蒋介石出步兵，附上些坦克和爆炸队，从北平南下了。真是异常勇敢，一个星期到达了望都地区，指挥官是郑挺峰。从这几天的情报看来，这位郑将军似乎感觉有些什么不妥之处，叫北平派援军。""这里发生了一个问题：究竟他们要不要北平？现在北平是这样的空虚，只有一个青年军二〇八师在那里。通州也空了，平绥东段也只稀稀拉拉的几个兵了。总之，整个蒋介石的北方战线，整个傅作义系统，大概只有几个月就要完蛋。他们却还在那里做石家庄的梦！"毛泽东立即命令把这篇评论在电台广播。

傅作义派出的先头部队满以为能成功地偷袭石家庄，不想前进途中在我地方武装的阻击下，两天才行几十里，行动很不顺利。当他们想到解放军"诱敌深入，聚而歼之"的警告，心中很是不安。如今毛泽东写的这一述评，更使他们忧惧。傅作义一看解放军已有准备，急令已经出动的主力第九十四军，新编骑兵第四师等先头部队、装有大量炸药的 500 辆汽车，以及后续部队第三十五军、十六军、九十二军的 3 个师往后撤退。

就这样，毛泽东的一篇述评吓退了傅作义十几万人马。

为了将革命进行到底，迅速夺取全国的胜利和商讨胜利后建立新中国的问题，中国共产党于 1949 年 3 月 5 日至 13 日在西柏坡召开了具有重要历史意义的七届二中全会。七届二中全会之后，党中央决定迁往北平。1949 年 3 月 23 日，毛泽东率领中央机关告别了指挥解放全中国的最后一个农村指挥所——西柏坡，向北平进发。

决胜千里

1948年下半年，中国人民的革命战争已经走过了最艰难的旅程。如果说一年前还处在"爬山坡"的时刻，那么，从1948年9月起，犹如自然界进入金秋一样，也到了收获的季节。1948年七八月间，毛泽东以战略家的远大目光统揽全局，敏锐地察觉到历史发展大势，开始精心筹划新的方略。在军事上，他思考着要打具有决定意义的大仗，开始筹划即将到来的大决战，根据这个目标作出全盘的部署。毛泽东在河北省平山县西柏坡村的茅屋里连续通宵地工作，中华大地成了一个无比巨大的棋盘，毛泽东要同他的老对手蒋介石作最后的较量。

任何事物发展都有序幕和高潮，如果说战略决战是解放战争的高潮的话，刘邓大军千里跃进大别山就是解放军转入战略反攻的序幕。早在1947年初，毛泽东就有了让部队打到外线去的想法，随着战场形势的迅速改变、人民解放军转入战略进攻条件的日益成熟，毛泽东更是把眼光放到了外线战场，放到了国民党统治区——中原战场。经过多次筹划，毛泽东亲电刘伯承、邓小平等前线指挥员，下决心不要后方，大踏步南下，千里跃进大别山："除扫清过路小敌及民团外，不打陇海，不打新黄河以东，亦不打平汉路，下决心不要后方，以半个月行程，直出大别山，占领大别山为中心的数十县，肃清民团，发动群众，建立根据地，吸引敌人向我进攻，打运动战。"1947年6月30日，刘伯承、邓小平率领晋冀鲁豫野战军主力4个纵队12万余人，发起鲁西南战役，取得胜利后，不再与敌纠缠，而于8月7日突然甩开敌军，兵分三路，向南疾进，粉碎数十万国民党军的堵截后，于8月末胜利地到达大别山，并很快完成在大别山区的战略展开，这一战略行动，恰似一把利剑插入蒋介石反动统治的心脏。在刘邓千里跃进大别山的同时，陈赓、谢富治率领的晋冀鲁豫野战军一部，陈毅、粟裕率领的华东野战军外线兵团也分别在豫陕边地区和豫皖苏边地区实现战略展开。由此，三路大军在黄河、长江、汉水、淮河之间，布成"品"字形阵势，互相配合，协同作战，为最后的战略决战奠定了胜利的基础。1948年9月，华东野战军许谭兵团顺利攻夺济南城，则直接拉开了战略大决战的序幕。

人们期待已久的战略大决战终于来到了。

这次大决战从1948年9月12日开始，到1949年1月31日结束，是由辽沈、淮海、平津三大战役一环紧扣一环地组成的。当决战开始时，国民党军队的数量还多于人民解放军，装备更比人民解放军好。南京政府仍统治着全国3/4的地区和2/3的人口。但毛泽东不仅看透这个表面上的庞然大物其实已异常虚弱，无法摆脱战略上全面被动的地位，并且敏锐地察觉他们正打算实行战略撤退而一时还举棋不定，难下决心。正是在这种稍纵即逝的关键时刻，毛泽东依据对客观形势的冷静分析，毫不犹豫地把东北作为国共决战的第一个战场。

那时候，东北战场上的国民党军队还有卫立煌集团的4个兵团、14个军、44个师，加上地方武装共55万人，但已经被分割和压缩在长春、沈阳和锦州三块互不联系的据点和地区内。东北人民解放军不但在1947年的夏季攻势、秋季攻势、冬季攻势中歼灭了国民党军队近30万人，自身也迅速壮大，野战部队已发展到53个师，加上地方部队已超过100万人，经过近半年的大练兵，部队的军事素质和政治素质有了很大的提高。人民解放军在东北地区已占有显著优势。毛泽东将战略决战方向，首先指向东北战场的卫立煌集团，这就将战略决战的初战胜利放在稳妥可靠的基础上。而面对东北困境，蒋介石进退两难，他深知毛泽东的厉害，对自己50多万军队孤悬东北非常担心，可又怕撤回关内政治影响不好，造成军心动摇，只得抱侥幸心理，迟迟未动。

毛泽东当机立断，明确要求东北人民解放军把作战重点放在沈阳至北京之间的铁路线上的锦州至唐山段，尤其要尽快攻克锦州。实现这个目的，就可以把东北50多万国民党军同华北的上百万国民党军分隔开来，使东北敌军不能撤入关内，关内敌军不能增援关外，把敌人进出东北的大门关死，形成关起门来打狗的有利态势。

大决战之际，毛泽东特别紧张繁忙，他不仅要阅读各战场发来的一件件电报，了解信息，掌握战场动态，而且要频繁开会研究决策。当五大书记（毛泽东、刘少奇、周恩来、朱德、任弼时）一起开会时，朱老总年纪大，任弼时血压高，熬夜对他们来说，实在太累了。朱老总有时累得睡着了，毛泽东也不让叫醒他，总是关切地说:"我们这段会议多,少数人做主不行,咱们一起打一段疲劳战。总司令开会时稍微休息一会儿,精力更充沛,这是一件好事嘛。"毛泽东发挥集体智慧,以巨大的魄力为东北战场制定了前所未有的大决战方案。而蒋介石却还指令他的部队"彻底集中兵力,确保辽东、热河"。殊不知他那50多万人马将成瓮中之鳖。毛泽东定下打锦州的决策,是置东北之敌于死地的关键一步棋。可是东北野战军领导人林彪却不想依计而行,认为沈阳至北平的铁路线上,敌军过于密集,作战有困难,执意要打长春,结果也未能打下来。在毛泽东多次电示和批评后,林彪才转过来,决心打锦州,并据此调整了部署。毛泽东等军委领导人指出:"这样做,方才算是把作战重点放在锦州、锦西方面,纠正了过去长时间内南北平分兵力没有重点的错误。"

为了确保东北战场的胜利,毛泽东还特意找到华北军区的负责人聂荣臻、杨成武谈话,向他们交代了"东北打,华北牵"的任务。指出:现在中央的战略决策是,先解放东北,然后再回过头来解放华北。因此,你们目前的战略任务就是配合东北作战。他还问杨成武有什么困难,杨成武回答说:"没有困难,保证完成中央交给的任务。"毛泽东笑了笑,说:"不对,出兵绥远,困难是很多的!"他一一作了分析:绥远是傅作义的老窝,他搞坚壁清野,你们去了会吃不上饭;要华北供给支援你们,也是很困难的;还有战斗可能很不顺手。毛泽东要他们把困难想透,想出解决困难的办法,做好充分的准备。杨成武听后,很受感动:"毛主席日理万机,全国各个战场都需要他呕心沥血,真所谓运筹帷幄之中，决胜千里之外。他既向部下交代任务，又为部下把执行任务的困难想透。他是那样了解情况，全国的各个战场上就如同一盘棋，全在他的手掌之中。"

10月上旬，攻击锦州的战斗打响了。敌军在飞机、坦克支援下作困兽之斗，东北野战军阻断了锦州东西两边的援敌，猛攻锦州守敌。敌军拼死挣扎，常常把同伴的尸体垒起来做工事，同人民解放军进行肉搏。人民解放军打得十分壮烈，有的班打得只剩一人。伤员们不肯下火线，坚持战斗，有的用枪弹头在掩体墙上刻画"毛主席万岁！""与阵地共存亡"的口号。毛泽东给了解放军战士无比巨大的精神动力。10月15日，人民解放军如期攻克锦州，共歼敌9万人。毛泽东得知后，充分肯定了作战的成功，致电林彪等：锦州作战"部队精神好、战术好，你们指挥得当，极为欣慰，望传令嘉奖"。锦州的解放，对于辽沈战役的胜利具有决定性的意义，它就像关上了东北的大门，把国民党方面在东北战场和华北战场这两大战略集团分割开来。东北"剿总"副总司令兼锦州指挥所主任范汉杰被俘后说："这一着非雄才大略之人是做不出来的，锦州好比一条扁担，一头挑东北，一头挑华北，现在是中间折断了。"

锦州的丢失，令蒋介石又气又急，他在当天的日记上写下了"规复锦州"四字，决定出动部队夺回锦州。10月18日，他第三次飞抵沈阳督战，他的瞎指挥，哪里斗得过毛泽东的神机妙算。在锦州被攻克后，困守长春的国民党第六十军举行起义，新七军投诚，郑洞国率领残部放下武器。10月21日，长春和平解放。

029

从沈阳出兵西进，企图夺回锦州的廖耀湘兵团很快被人民解放军分割包围，蒋介石眼睁睁地无法救援，他在10月26日的日记中无可奈何地哀叹道："东北全军，似将陷于尽墨之命运。寸中焦虑，诚不知所止矣！"

11月2日，人民解放军攻克沈阳，至11月12日东北全境解放。52天我军歼灭国民党军47万多人。毛泽东在《关于辽沈战役的作战方针》中曾指出："为了歼灭这些敌人，你们现在就应该准备使用主力于该线，而置长春、沈阳两敌于不顾，并准备在打锦州时歼灭可能由长、沈援锦之敌。""长、沈之敌倾巢援锦……则你们便可以不离开锦、榆、唐线连续大举歼灭援敌，争取将卫立煌全军就地歼灭。"战事发展，完全如毛泽东预想的那样。

辽沈决战的结果，对国民党统治集团是致命的一击，引起了全国战局的急转直下。蒋介石在北平和南京两次吐血。他后来在《苏俄在中国》一书中写道："东北一经沦陷，华北乃即相继失守，而整个形势也就不可收拾了。"路透社记者评论道："国民党在满洲的军事挫败，目前已使蒋介石政府比过去20年存在期间的任何时候都更加接近崩溃的边缘。"

沈阳解放那天，毛泽东等几位领导人的炊事员在一起做了一顿丰盛的晚餐。毛泽东在大战之后有个习惯，就是吃碗红烧肉，要肥一点的，来补补脑子。那天伙房还为他们做了酸菜炒肉丝和滹沱河的鱼。毛泽东拿起筷子，讲了一句话："东北告捷，蒋介石完蛋的日子不远了。"

不久，在淮海平原和平津大地就又传来了胜利的消息：历时4

个月零19天的三大决战，以歼灭国民党正规军144个师（旅），非正规军29个师，共154万多人的辉煌战绩而圆满结束。这是中国人民革命战争历史上，也是世界战争史上罕见的壮丽篇章。三次大决战从根本上摧毁了国民党的反动统治基础，加速了人民革命战争胜利的步伐。这场气势磅礴的大决战，生动地体现出毛泽东作为卓越的军事家那种高瞻远瞩、全局在胸的战略眼光和多谋善断的惊人胆略。对此，时任华东野战军副参谋长的张震回忆道："毛泽东的战略思想、作战方针和作战指导原则，是克敌制胜的根本依据。前线指挥员的胆略、智慧和威望，也是不可缺少的。他们从战场实际情况出发，积极贯彻和补充作战方针，并根据情况变化，采取机断处置，适时调整部署，这个环节如稍有失误，也不可能取得战役的全胜，甚至弹打鸟飞，功亏一篑。毛主席十分重视了解下情和发扬集体智慧，善于集中下级的正确意见，充分发挥前线指挥员的主观能动性，并给他们以临机处置的权力，使中央军委的战略意图得到更好的贯彻，这更证明了毛主席的伟大英明。"

1949年4月，中国人民解放军百万雄师，又胜利地进行了威震中外的强渡长江战役。第二、第三野战军，在西起江西湖口、东至江苏江阴的敌千里江防线上，以锐不可当之势，一举突破长江天堑，截断浙赣线，直捣南京城，摧毁了国民党反动统治的政治、经济、文化中心，解放了华东南的广大地区。此役，我军以伟大的胜利，宣告了蒋介石独裁政权的彻底垮台，为人民解放战争在全国范围内取得最后胜利奠定了基础。

"进京赶考"

时间进入公元1949年,人民解放战争已经取得了决定性的胜利,新中国的曙光正向人们招手,恰在此时,为了在胜利面前保持清醒的头脑,统一全党的认识,毛泽东在西柏坡领导召开了具有伟大历史意义的党的七届二中全会,着手解决了如何实现党的工作重心的转移等许多重大问题。此次会议上,面对新的工作环境和形势,毛泽东告诫全党同志,必须经受住来自两方面的巨大考验。第一,我们很不熟悉的和平建设工作摆上了议事日程,这就要求全党同志,尤其是领导干部用极大的努力去学会自己原来不懂的东西。并指出,如果我们在生产工作上无知,不能很快学会生产工作,发展生产,改善人民的生活,那么我们就不能维持政权,我们就会站不住脚,我们就会失败。第二,必须保持谦虚谨慎的作风,戒骄戒躁,防止自满情绪。就在这次会议上,决定党中央由西柏坡迁到北平。此时,北平已经解放一个多月了。

1949年3月23日,是一个不平常的日子。按照计划,毛泽东、党中央将告别西柏坡,启程前往北平。在步行出村的路上,周恩来问毛泽东:"又没有休息好吧?"

毛泽东说道:"休息好了,睡四五个小时,精神就很好了。"

"多休息一会儿好,长途行军坐车也是很累的。"周恩来说。

毛泽东说:"今天是进京的日子,不睡觉也高兴啊。今天是'进京赶考'嘛,'进京赶考'精神不好怎么行呀!"

周恩来笑道:"我们应当能考及格,不要退回来。"

毛泽东把手一挥:"决不能退回来,退回来就是失败。我们不能当李自成,我们都希望考个好成绩。"

是啊,在毛泽东的心目中,进北平不仅仅是一个胜利的标志,更重要的是一个新的考验的开始,这个考验很严峻啊!在中国革命取得全国胜利之际,即将进北平前,毛泽东想起了305年前的李自成攻入北京城后的情景。毛泽东十分重视李自成农民起义失败的教训。早在1944年他就把郭沫若写的《甲申三百年祭》列为整风学习文件,要全党引以为鉴。郭沫若的《甲申三百年祭》叙述了明末李自成领导的农民起义军攻入北京后,部分首领腐化,内部发生宗派斗争,最后导致彻底失败的过程。现在,恰好也是进北平,毛泽东又想起了这一历史教训。为了防止中国共产党人产生胜利时骄傲的错误,毛泽东提议:不做寿;不送礼;少敬酒;少拍掌;不以人名作地名;不要把中国同志和马克思、恩格斯、列宁、斯大林平列。他的这一提议得到全党一致拥护,被定为六条重要规定。这是毛泽东在胜利之时向全党敲响的警钟。

毛泽东笃信"其身正,不令而行;其身不正,虽令不从"的古训。凡是要求别人做到的,他自己首先做到,也要求身边的工作人员率先做到。

在北平和平解放之后,大家都忙着做进城的准备。毛泽东身边的警卫战士们整天也乐呵呵的,等着进北平去开开眼。临行前,有一天，毛泽东散步时，他问警卫员："你们的进城工作准备好了吗？"

警卫员说："搬迁的工作早准备好了，大家还进行了认真学习和讨论，都说进城一定保持光荣传统。"

这么一说，毛泽东很高兴，并说："早做准备，还有几天时间我们就要出发了，要抓紧时间把准备工作做好。"

散步回来，毛泽东走进警卫班的屋子，四下一望，说："你们进城的工作都准备好了，可是，这房子里不像要搬家的样子嘛。"

警卫员说："大家不用的东西已经打了两个大包，到时候往汽车里一放就行了。棉衣和被褥已经拆洗过了。我们这里也没有老百姓的家具，桌椅板凳都是公家的，到时候交给行政科就行了。"毛泽东满意地点点头。

一天，毛泽东叫来了警卫排排长，叫他写一份警卫战士的名单送来。排长很快将名单送来了，共20名。这些战士，不少已跟随毛泽东近10年了。

毛泽东接过名单，提笔在上面圈了起来，一共圈了14个名字，对警卫排排长交代说："这14位同志，先去文化学校学习；等他们回来了，你们剩下的6名再去。"停了一下，毛泽东接着说："马上就要进城了，以后的工作重点就是搞建设，没有文化不行。你们很年轻，打仗也很勇敢，但不学习就要落后。"

过了几天，毛泽东得知14名战士就要动身去上学了，很高兴，他叫来摄影师，与大家照相留念。照完相后，毛泽东让战士们拿来笔记本，给每人题上了"现在努力学习，将来努力工作"12

个刚劲有力的大字。午饭时，毛泽东还专门到机关食堂聚餐，为去上学的战士送行。席间，毛泽东再三叮嘱大家，一定要好好学习，争取成为知识分子。

离开西柏坡的头几天，毛泽东让身边的工作人员分头开会，讨论讨论进城后的打算，交流交流思想。

一天，警卫战士们正在开会，毛泽东走了进来，接着又问："进北平以后干什么，你们想过了没有？你们有没有进城享福的思想？"

当时，担任警卫排长的阎长林代表大家作了回答："我们在讨论的时候，都认为在进城以后要提高警惕，做好保密、保卫工作，防止敌人的破坏、捣乱，对大城市的花花世界，要做到贫贱不能移，决不中糖衣炮弹。"

毛泽东又挨个问战士们有什么想法，大家七嘴八舌地说："进城以后，少出门，防止车祸。"

毛泽东说："不对，应当多见世面，这样才能长知识。"

还有的说："进城后，不能看太阳上下班了，要看表按时间办事了，要买一块手表。"

其中一个战士说："进城以后，就不用吃小米了吧？我吃小米实在吃伤了，看见小米就饱了。"

毛泽东笑着指着他的鼻尖说："我看你的享乐思想抬头了。有了钱买块手表是可以的。吃小米吃了那么多年，不要忘掉我们是用小米加步枪，打败了日本侵略者和美蒋反动派的，它可是我们的法宝啊。就是革命胜利了，进了大城市，可能在粮食上有些调剂。但中国现在还很落后。在短时间内也很难完全做到想吃什么就吃什么。"

毛泽东接着又以极其严肃的态度说："我们进城后，还要建立新中国的政府。很多人要在政府里做官。不管多大的官，做什么样的工作，都是为人民服务，都是革命工作，都需要努力奋斗。可不要以为进城了，当官人就不求上进，不愿再过艰苦的生活了，艰苦奋斗的作风一定不能扔。那样，可就成了李自成了。"

战士们争着告诉毛泽东，周恩来早给中央机关做了规定，所有的人员，3个月内一律不准进城。

毛泽东说："好，好。还要有纪律做保障。你们，还有我，谁也不例外。"

临走，毛泽东要求大家把屋子收拾干净，把老乡的东西清点好，弄坏了的一定要赔偿。

离开西柏坡，毛泽东等共坐了11辆小汽车和10辆大卡车，毛泽东坐的是第二辆中吉普。车队出了山区，就进入华北大平原。行车途中，毛泽东很高兴，在车上不断同警卫人员说笑。他说："今天又是3月份，为什么老在3月份咱们有行动呢。你们记得这几次行动的时间吗？你们说说。"警卫排长阎长林说："1947年3月18号撤离延安啊。""去年3月份呢？""去年3月21号，由陕北米脂县的杨家沟出发，向华北前进啊！"毛泽东接着说："今天是3月23号，与去年3月21号只差两天，我们又向北平前进了。3年3次大行动都是在3月份。明年3月份应该解放全国了。等全中国解放了，我们再也不搬家了。"他又问："进北平是要进的，但是没有想到有这么快。你们想到了吗？"阎长林说："我们也没有想到撤离延安两年就进北平了。"毛泽东沉默了一会儿，说道："咱们没有想到，蒋介石更没想到。他天天想消灭我们，反而被我们消灭了。""人心向背，这就决定了我们必定胜利，蒋介石必定失败。"

那天本来是准备赶到保定的，因为路不好走，天黑以前就在唐县附近的一个村庄住下了。毛泽东住在村民李大明家里。他的警卫员回忆："这一夜毛主席没有休息，前半夜同村干部座谈；后半夜坐在小凳子上，趴在用木板支的床上写材料。"

第二天中午时分，车队开进了保定城。看到这一支长长的车队，街上的行人都注目观看，不少人还围上来，欲看个究竟。考虑到刚解放不久，国民党特务还没彻底肃清，警卫员要求司机开快一点。毛泽东赶忙制止，说："行人多，车开快了会撞人的。老百姓看看有啥不好？过去日本人、国民党的汽车，老百姓不仅不看，可能还要躲得远远的。"

当天傍晚，车队来到了河北省的涿县。晚饭后，简单听取了当地领导人的工作汇报并稍作休息后，凌晨2时许，毛泽东改乘火车继续北上。3月25日清晨，天还未亮，火车到达丰台。借着星光，可以看见北平的城墙。毛泽东点燃一支烟，若有所思地说："30多年，弹指一挥间。1918年我头一次进北京的时候，还是个青年，懂不了多少事情，只有救国救民的一腔热血。到北京后，看了不少书，拜访了不少人，知道了不少道理，脑子开窍了，回去就大干革命，一干就干到底。"

天色大亮的时候，火车到达清华园车站。毛泽东改乘汽车，到颐和园益寿堂，出席北平市委举行的接风宴会。毛泽东兴致很高，举起酒杯，建议大家干一杯，庆祝这个值得纪念的日子。下午，毛泽东和中共中央其他领导人到西苑机场，同各界代表1000多人见面，并且举行了盛大的阅兵式。当夜，中共中央和解放军总部机关在香山驻下，毛泽东住在香山的双清别墅。他在这里住了半年，到9月21日才移居北平城内中南海的菊香书屋。

礼贤下士天下归心

1949年初,"新中国航船的桅顶已经冒出地平线了",毛泽东一面指挥全国解放战争,一面筹划建国大计。为了团结各方面的人才共兴大业,他连连致电、致函海内外,邀来各界爱国民主人士,亲自迎接,亲自叙谈,共商国是。

1949年1月,经过多方面的艰苦努力,北平终于实现了和平解放。消息传到西柏坡,毛泽东兴奋不已。2月23日,在北平率部起义的傅作义将军乘飞机到达石家庄,然后换乘汽车前往西柏坡拜会中共领导人。毛泽东、周恩来专门委派人前往石家庄迎接,并陪同傅将军前往西柏坡。毛泽东说:"傅作义将军做得很好嘛,在国民党中带了一个头。我们不能亏待人家啊。"傅作义将军到达西柏坡的时候,周恩来前往村口热情迎接,高度称赞他的义举,并设宴为他接风。

当天下午,毛泽东一觉起来,便亲自去见傅作义。傅作义将军在门口等候,毛泽东一下车就跨步向前,同傅作义紧紧握手。傅作义异常激动,内疚地说:"主席,我半生戎马,除抗日外,罪恶不小。"毛泽东摆摆手说:"和平解放北平,宜生功劳很大!"落座之后,毛泽东笑着对傅作义说:"过去我们在战场见面,清清楚楚;今天,我们是姑舅亲戚,难舍难分。蒋介石一辈子要码头，最后还是你把他甩掉了。""我们现在合作了，这很好嘛，其实我们的合作早就有过，我们一起打过日本侵略者。当然，我们之间也打过仗。权衡起来，你有功有过，功大于过。"傅作义听了很激动，连连点头。

傅作义问他可不可以继续留在北平。毛泽东笑道："当然可以。从现在开始，我们就是一家人了。你看，我们的朱总司令、彭德怀、刘伯承、贺龙等，以前都是国民党部队的军官，现在已经是我们优秀的指挥员了。所以，关键是立场问题，革命不分先后，当然，越早越好。"毛泽东接着说："不久我们也要到北平了，那时我们可以更好地合作，建设我们的国家。召开政治协商会议，成立中华人民共和国，你可以被邀请参加，也可以在政府里工作。"

毛泽东问傅作义，新中国成立之后愿做什么工作。傅作义答："在军队里工作恐怕不合适了，希望回黄河河套去做水利工作。"毛泽东说："军队工作你还可以干，因为你有这方面的才干，你可以参加领导我们国防军的建设。你对水利工作感兴趣，也很好。中国是个农业大国，水利不搞好不行，你可以当水利部长嘛。"双方你一言我一语，越谈越融洽，仿佛成了一对老朋友。傅作义离开西柏坡后，对身边的人说："毛泽东真了不起！我傅作义的后半生，一定要在共产党领导下，为人民多做好事。"

毛泽东进京之后，先住在香山的双清别墅里。双清别墅位于香山公园西南面的山坡上，是一座古色古香的大院，里面一排有6间平房，坐北朝南，条件虽说不算太好，但与毛泽东以前的住处比起来,应该说已有了很大改善。在双清别墅居住的一个多月里,毛泽东除了指挥正在进行的渡江战役外,另一件重要的事便是会见各方面的代表人士,商量召开新政协大会,建立人民共和国。

3月25日,毛泽东等从西柏坡移住北平,当晚,征衣未解,毛泽东就设宴款待在北平的沈钧儒、黄炎培等20多位民主人士,欢叙旧时的友谊,畅谈重逢的快乐。第二天晚上又邀黄炎培纵论时局,至午夜方散。黄炎培心潮澎湃,感动不已。

6月7日,毛泽东又在香山住处会见从南洋回来的华侨领袖陈嘉庚先生。他们从延安一别,9年未谋面。此次故人重逢,分外亲切。毛泽东关切地问候陈嘉庚先生的起居饮食。陈嘉庚心情激动,向毛泽东介绍了南洋华侨的情况,并对家乡福建的解放特别关切,希望中央派得力人才去管理。毛泽东很理解陈嘉庚先生的心情,当即告诉陈嘉庚先生,已决定派张鼎丞、叶飞去福建主持工作。陈嘉庚先生深感毛泽东对自己的信赖。

不久,毛泽东邀请张治中将军担任即将成立的中央人民政府的职务。张治中谦虚地说:"过去这一阶段的政权是我们负责的。今已失败成为过去,我这个人也应成为过去了。"毛泽东笑着对这位老朋友说:"过去的阶段从你发表了声明,等于过了年三十,今后还应从年初一做起!"从而给张治中增添了信心,此后他积极地从事参政议政工作,向毛泽东提出过不少有益的建议。

人民政协开幕前夕,起义的国民党长沙绥靖公署主任兼湖南省主席兼湖南战区司令程潜动身北上了。9月10日晚10时,程潜将军乘坐的火车开进前门车站，毛泽东和周恩来、李济深等各界人士100余人到车站欢迎。当程潜走下火车后，毛主席快步迎上去，紧紧握住他的双手。就在握手的刹那间，程潜的泪水流了下来，激动得说不出话来。还是毛主席先开了口，风趣地说："多年未见，您历尽艰辛，还很康健，洪福不小啊！这次接你这位老上司来，请你参加政协，共商国家大事。"接着，毛泽东把程潜扶进车里，两人同乘一辆车，来到中南海的菊香书屋共进晚宴。

此外，对北平其他各民主党派的领袖人物，毛泽东均很尊重。他在周恩来的陪同下，曾先后专程进城拜访了张澜、李济深、沈钧儒、陈叔通、郭沫若、柳亚子等人，令这些知名人士非常感动。前来拜访的社会名流，毛泽东事先都派工作人员到山下去接，他本人则提前站在房门口或院子门口恭候。对有些年纪大的人，毛泽东总是亲自替他们开车门，然后搀扶他们走上台阶到屋里落座。在会见会谈中，毛泽东态度谦和，向客人们请教有关新中国成立的意见，有时还拿出笔，做下记录。毛泽东的这种风度，令这些人大为赞叹和折服。他们说，我们这些老人，有的都活了几个朝代，但没有哪一个朝代的领导人能像中共领导人、特别是像毛泽东这样有学识、有修养，与人平等地、平心静气地讨论问题，毫无胜利者的骄横自负。

毛泽东与宋庆龄是同时代的人。他们伟大的生涯是同中国革命事业的艰难历程和辉煌胜利融合在一起的，也是同他们之间的革命情谊联系在一起的。众所周知，宋庆龄是孙中山先生的夫人。孙中山先生去世后，宋庆龄被尊称为"国母"，在民众中享有极高的威望。

更为重要的是，宋庆龄信守孙中山先生的教导，对中国共产党一直采取理解、支持的立场。例如在蒋介石发动震惊世界的"四一二"政变之后，宋庆龄不顾国民党反动派的威胁，置个人生死于度外，毅然公开发表声明，严厉谴责蒋介石的倒行逆施。在抗日战争时期，宋庆龄以保卫中国同盟为阵地，从道义和物资等方面，积极支持在敌后从事抗日活动的八路军。上海解放前夕，宋庆龄断然拒绝了来自国民党的关于撤往台湾或移居海外的要挟，义无反顾地留在上海。此举再度表明了宋庆龄对中国共产党的信任。

所以，无论是战争年代还是解放以后，毛泽东对宋庆龄也一直怀有很深的敬意。早在1949年1月，人民解放军还未打过长江去，毛泽东、周恩来就联合发出电报邀请宋庆龄参加新政协会议。宋庆龄收信后立即亲笔复信表示感谢。但因健康问题，宋庆龄未能立刻启程。1949年5月上海解放后，毛泽东专门致电给陈毅，让他尽快登门拜访宋庆龄，并出于当时治安状况的考虑，要求陈毅专门给宋庆龄派去一支由精干战士组成的警卫队，为她站岗放哨，以保证其安全。

随着筹建新中国和召开新政协时间的临近，毛泽东越来越迫切地希望宋庆龄能来北平共商国是。由于北平在宋庆龄心中有一段伤心的记忆，1925年孙中山先生在北京逝世后，宋庆龄曾发誓再不踏上北京的土地。反复思虑之后，毛泽东、周恩来决定派与宋庆龄私交较深的邓颖超专程前往上海，拜会宋庆龄，转达毛泽东的盛情邀请。

在邓颖超出发前，毛泽东亲笔书信一封，期盼宋庆龄能北上共谋建国大计。读到这封热情洋溢、诚挚感人的书信，宋庆龄很激动。她深切地感到毛泽东等共产党人的一片诚意，最终还是下决心乘火车来北平。8月26日，传来了宋庆龄从上海启程的消息，毛泽东兴奋异常。

1949年8月28日下午，毛泽东特意换了那一套平时不穿、只有迎送知名人士时才穿的浅色中山装，还有新皮鞋，亲自到火车站迎接宋庆龄。当天晚上，毛泽东主持宴会，欢迎宋庆龄的到来。宋庆龄也再次感谢中国共产党和毛泽东的盛情邀请与热情款待。宋庆龄表示，相信中国在共产党的领导下将兴旺发达，她本人愿为此而竭尽全力。

正是毛泽东和各界爱国民主人士坦诚相见，既尊重又民主，才使得广大爱国民主人士无不深深感佩，从四面八方聚集到北平参加新中国的建国大业。

中国人民政治协商会议第一届全体会议上，宋庆龄、李济深、张澜被选为中央人民政府副主席；黄炎培被任命为政务院副总理兼轻工业部部长；张治中任国防委员会副主席；沈钧儒被任命为最高人民法院院长；程潜任湖南省军政委员会主席、中南军政委员会副主席；傅作义任水利部部长；陈嘉庚任政协全国委员会副主席、中央人民政府委员；司徒美堂任中央人民政府委员等职。一大批爱国民主人士进入中央人民政府、全国人大、全国政协、国防委员会等领导机构，与共产党人一起，在长期共存、互相监督、肝胆相照、荣辱与共的原则指导下，为新中国的繁荣富强共同奋斗。

建国群英会

建立一个新中国，是中国人民多少年来梦寐以求的理想。但在长时间内，由于反动力量远远大于人民革命力量，这种目标还只是个美好的远景。随着解放战争走向全面胜利，随着建立新中国已成为越来越多人的共同要求，这个问题便提到现实的议事日程上来了。

毛泽东在领导波澜壮阔的人民解放战争的同时，早已看清时局发生的深刻变化，着手筹划怎样建立一个新中国的问题。1947年10月，当人民解放军全面转入战略进攻后不久，毛泽东便在《中国人民解放军宣言》中提出，"打倒蒋介石独裁政府，成立民主联合政府"。1948年4月30日，经毛泽东审定的中共中央纪念五一劳动节口号，发出"迅速召开政治协商会议"，讨论"成立民主联合政府"的号召。5月1日，毛泽东致信中国国民党革命委员会主席李济深和中国民主同盟中央常务委员沈钧儒（在香港主持盟务），提议由中共中央、民革中央、民盟中央发表联合声明倡议召开政治协商会议，"成立民主联合政府"，"拟定民主联合政府的施政纲领"。中共中央的倡议，得到了各民主党派及爱国民主人士和海外华侨的热烈响应。

1949年3月25日，中共中央各机关进驻北平之后，毛泽东就开始领导新中国成立工作。6月5日,新的政治协商会议的筹备会议在北平中南海勤政殿的大厅里开幕。

6月16日,由周恩来主持的新中国政治协商会议筹备会常委会第一次会议在中南海举行。

经过周密的准备,1949年9月21日,决定中国人民今后命运的中国人民政治协商会议第一届全体会议,开始在中南海怀仁堂隆重举行。这次会议有中国共产党、各民主党派、各人民团体、各地区、人民解放军、各少数民族、国外华侨及其他爱国分子的代表662人参加,它的召开,标志着新民主主义革命在全国的胜利。

9月21日晚,经过修缮装饰的怀仁堂充满喜庆气氛。7时整,政协筹备会主任、中共中央委员会主席毛泽东从主席台的座位上站起来,面带微笑地宣布大会开幕。毛泽东的胸前,别着一枚刚刚赶制出来并已分发给委员代表的新政协徽章。大会开始了,毛泽东用含有浓重湖南口音的"普通话",以沉稳、缓慢而又庄严的语调说:"诸位代表先生们,我们有一个共同的感觉,这就是我们的工作将写在人类的历史上,它将表明:占人类总数四分之一的中国人从此站立起来了。"毛泽东这些话,说出了中国人民此时此刻的共同心声。他所说的"中国人从此站立起来了",使许多人热泪盈眶,代表们不时报以热烈的掌声。

大会代行全国人民代表大会职权,通过起临时宪法作用的《共同纲领》,选举了中央人民政府委员会,毛泽东当选为中央人民政府主席,朱德、刘少奇、宋庆龄、李济深、张澜、高岗当选为副主席，并决定定都北平，将北平改名为北京。

实际上，为迎接北平的新生，1948年底，即在北平解放的前夕，中国共产党、毛泽东就打算把北平定为中国的首都。毛泽东提出："蒋介石的国都在南京，他的基础是江浙资本家。我们要把国都建在北平，我们也要在北平找到我们的基础，这就是工人阶级和广大劳动群众。"1949年初，东北局城市工作部部长王稼祥抵达西柏坡后同夫人一起去看望毛泽东。毛泽东也曾征询王稼祥意见：西安、开封、南京、北平，我们的首都定在哪里最为合适？最终，王稼祥的想法与毛泽东的一致，定都北平。并且他认为：北平离社会主义苏联和蒙古人民共和国近些，国界长而无战争之忧；而南京虽虎踞龙盘，地势险要，但离港、澳、台近些；西安又似乎偏西了一点。所以北平是最合适的地方。毛泽东听后，不住地点头表示同意。所以，1949年3月的中国共产党七届二中全会就决定，把中共中央所在地从西柏坡迁往北平。

在政协筹备会议期间，由叶剑英、郭沫若负责召集第六小组成员和部分专家，负责国旗、国歌和国徽等方案的拟订工作。经过研究决定，公开发布征求国旗图案、国徽图案、国歌词谱启事，并定于8月20日为截止日期。

自登报征稿后，社会上反响强烈，仅一个月便收到几千件稿件。其中，国旗1920件，图案2992幅；国徽112件，图案900幅；国歌632件，歌词694首。应征者遍及国内外。来稿者中，既有以文言文写作的老先生，也有工人、农民、机关干部，还有大学教授、中小学教师、作家、自由职业者，以及解放军战士、海外华侨。就连小学生也以稚嫩的字迹写来了意见稿。这充分表明了全国各族人民对于人民政权的拥护，对新中国的国旗、国徽、国歌的诞生的热情关心。

收到稿件后，第六小组在9月14日前先后召开了4次会议以及若干次座谈会，进行了热烈的讨论和紧张的评选工作。9月14日，第六小组在北京饭店召开了全体会议。主持会议的马叙伦传达了毛泽东和其他中央领导的意见，他说："毛主席说，国旗上不一定要表示工农联盟，在国徽上可以表明。"陈嘉庚在知道毛泽东的意见后，仍提出了自己的见解。这种畅所欲言的场面显示了当时的民主气氛之浓。

马叙伦在对毛泽东等中央领导的意见稍稍解释后接着说："对国旗图案，今天在会上要做出决定，提交常委会。再就是由我们讨论后印成小册子发给政协代表，分组讨论以第六小组为召集人。毛主席也认为，这样做比较好一些。"随后沈雁冰、李立三、郑振铎等又提出了一些建议和看法。

9月25日，毛泽东和周恩来在丰泽园召集政协筹备会第六小组座谈。在谈到国旗问题时，毛泽东说："过去，我们的脑子老想在国旗上画上中国的特点，因此画上一条以代表黄河。其实许多国家的国旗也不一定有那个国家的什么特点，苏联的镰刀、斧头也不一定代表苏联特征，哪一个国家也有同样的镰刀、斧头。美、英的国旗也没有什么该国的特点。因此，我们这个图案……"毛泽东这时拿起了五星红旗的式样，指着说道："这表现我们革命人民大团结。现在要大团结，将来也要大团结，因此现在也好，将来也好，又是团结，又是革命。"

毛泽东的话音刚落，会场上响起了热烈的掌声，表示赞成这个意见。

在国歌的确定问题上，讨论是非常热烈的。

马叙伦开门见山地说："我们中央人民政府就要成立了，而国歌一下子还制定不出来。是否我们可用《义勇军进行曲》暂代国歌。"

毛泽东抽着烟，微笑着点了点头。随后大家直抒己见，发表各自的看法。在是否需要修改歌词上，大家意见不一致。在田汉说完之后，周恩来发了言："要么就用旧歌词，这样才能鼓动情感。修改后唱起来就不会有那种情感。"

毛泽东接着他的话，一句一顿地说："改还是改，但旧的还是要。"

讨论后,大家对用《义勇军进行曲》暂代国歌形成了一致意见。

在国徽问题上，尽管经过充分讨论，最后仍未形成一致的意见。会议决定仍保留原小组，继续设计。9月27日，政协一届全体会议在中南海怀仁堂举行。出席会议的662名代表一致通过了由周恩来代表主席团提出的国都、纪年、国旗、国歌的决议草案。其时掌声如雷，响彻了整个会场，经久不息。直到1950年6月23日，在中南海怀仁堂召开的政协一届二次会议上国徽才得以制定通过。9月毛泽东发布命令，公布国徽通过。

9月29日，政协第一届全体会议一致通过《中国人民政治协商会议共同纲领》，《共同纲领》包括总纲、政权机关、军事制度、经济政策、文化教育政策、民族政策、外交政策7章。这是一部中国人民的临时宪法。9月30日，政协全体会议，选出毛泽东等为政协全国委员会委员；选举毛泽东为中央人民政府主席，朱德、刘少奇、宋庆龄、李济深、张澜、高岗为副主席，周恩来、陈毅等56人为中央人民政府委员。

中华人民共和国在第二天就要诞生了。这是100多年来无数志士仁人前仆后继、流血奋斗所换来的。当夜幕将要降临时，毛泽东和政协全体代表一起来到天安门广场，为人民英雄纪念碑举行隆重的奠基典礼。在这个庄严肃穆的场合，毛泽东满怀激情地朗声宣读了由他撰写的碑文："人民英雄永垂不朽！""三年以来，在人民解放战争和人民革命中牺牲的人民英雄们永垂不朽！三十年以来，在人民解放战争和人民革命中牺牲的人民英雄们永垂不朽！由此上溯到一千八百四十年，从那时起，为了反对内外敌人，争取民族独立和人民自由幸福，在历次斗争中牺牲的人民英雄们永垂不朽！"

这一夜，毛泽东彻夜未眠。第二天黎明，他将迎来中国历史上一个新世纪的开始。

开国大典

1949年10月1日,北京迎来了历史性的一天。清晨6时,东方露出了橘红色的曙光,毛泽东缓步走出办公室,在院里边抽烟边散步。看上去,他的确是有些疲倦了。因为这些天来连续开会,非常紧张。前一天晚上,虽说没有召开会议,毛泽东本想早点休息,以便当天精力充沛地出席开国大典,但是,因为手头上临时有了重要的事情需要处理,他也没有休息成,在办公室里一直又工作到天亮。

在毛泽东夜间工作的时候,警卫员几次走进办公室里去提醒他,他只是口头上答应休息,可就是不离开办公桌。后来,周恩来几次来电话让警卫员负责催促毛泽东休息,说下午2点还要开会,3点还要上天安门。警卫员把周恩来的话对毛泽东说过以后,毛泽东这才停止了工作,站起身来,走到院子里。

毛泽东虽然有些疲倦了,但看上去他的心情是很愉快的。因为当天是一个不寻常的日子,当天就要举行开国大典了。

1947年3月18日晚上撤离延安时,毛泽东就带着肯定的语气说过:"在不久的将来,延安还是我们的!全中国都是我们的!"时间才过去两年多一点,这个伟大的预言就变成了现实,此时此刻,不要说毛泽东高兴,全国人民都是特别兴奋。

平时，毛泽东一般都是下午3点起床。当天早晨，毛泽东在院里散步时，告诉值班的警卫员说：

"下午1点钟叫我起床。"

说完，他转身回房间去休息了。

见时针已经指到1时，阎长林便进了毛泽东的卧室，站在床头轻轻地喊道："主席，到1点了。"

他听到喊声，立即坐了起来。

他揉了揉眼睛说："这么快呀！"说完，便下了床。很快刷牙洗脸，吃了饭，穿上了礼服，这礼服还是毛泽东为了参加开国大典，特意做的一套中山制服。料子是黄色美国将校呢，是由住在王府井附近的王子清师傅亲手缝制的。

一切都准备好了以后，毛泽东稍稍歇息了一下，2点钟，步行走进了勤政殿。朱德、刘少奇、任弼时、张澜、李济深、宋庆龄等国家领导人已在这里集合。接着在毛泽东主持下召开了中央人民政府委员会第一次会议，一致决议接受《中国人民政治协商会议共同纲领》为政府施政方针，选举林伯渠为中央人民政府委员会秘书长，任命周恩来为中央人民政府政务院总理兼外交部长，毛泽东为中央人民政府人民革命军事委员会主席，朱德为人民解放军总司令，沈钧儒为中央人民政府最高人民法院院长，罗荣桓为中央人民政府最高人民检察署检察长。委员们随即宣布就职，并宣布中央人民政府于本日成立。

会议结束以后，毛泽东、朱德、刘少奇、周恩来等领导人，离开勤政殿，到天安门参加开国大典。在离开勤政殿之前，叶子龙主任对毛泽东说："主席，稍休息一会儿，按时正点到天安门就行了。"

毛泽东笑着说："好嘛，事情反正是一个接一个。我们打了几年的疲劳战，打出来了一个中华人民共和国。今天又是新中国成立的第一天，又是一个疲劳战。到天安门上还要连续站几个小时。看来，咱们的命运就是打疲劳战吧。"

周恩来总理说："这就是高效率的疲劳战，3年解放战争，消灭了敌军好几百万，建立了盼望已久的中华人民共和国，这个效率还不高呀？"

2点30分，领导人分别上车，车队从勤政殿的门口出发，开出了中南海的东门，从故宫西华门往南拐弯，在中山公园后门进了故宫阙右门，5分钟后便到了天安门城楼的后边。

毛泽东、周恩来等党和国家领导人下了汽车，从西头上了100个台阶，来到了天安门城楼上。天安门已被粉饰一新，焕发出夺目的光彩。广场上是穿着节日盛装的群众，蓝天下翻卷的红旗犹如红色的海洋。整个广场洋溢着一种节日的气氛，但又显得庄严而隆重。

3点整，毛泽东等准时来到了天安门城楼上。当他登上最后一个台阶的时候，广播员激动不已，大声说："毛主席来了！毛主席健步登上了天安门城楼！"顿时，天安门上下掌声如雷，经久不息。无数双眼睛一齐射向天安门。异常欢喜的人们等待的时刻就要来临了！

那时的天安门广场是个十字形，东西从太庙到中山公园，南北从中华门到天安门的一个大十字,可容纳20万到30万人。从天安门城楼上远远望去,无数面翻卷的红旗汇成一片波浪起伏的大海。红旗下面,穿着各种颜色服装的方队五彩缤纷,像精心规划的花圃。天安门城楼上举行开国大典,不少领导人和工作人员事先做了许多准备工作。周恩来总理还到天安门城楼上检查和布置过工作。林伯渠、彭真和罗瑞卿等同志,也检查督促过好几次。

毛泽东登上天安门不大一会儿,林伯渠秘书长就宣布典礼开始。接着,毛泽东走到麦克风跟前,庄严地向全世界宣布说:

"中华人民共和国中央人民政府今天成立了!"

刹那间,广场欢声如雷,呼声如潮,与城楼上相互呼应。从鸦片战争以来,一直在水深火热的半殖民地半封建社会中苦苦挣扎、艰苦奋斗的,占人类总数四分之一的中国人民从此站立起来,当家作主了。这是新时代的最强音。这声音越过高山、大川,传到祖国各地,同时向世界宣告了中国人民蒙受屈辱的历史彻底结束!

接着,在30万人的热烈掌声中,毛泽东带着庄严神圣的表情,按动装在城楼上的电钮,亲手将中华人民共和国第一面五星红旗徐徐升起。这一面红旗,长460厘米,宽338厘米,用红色绸料做旗面,用黄色缎料制成五角星,鲜红中泛着金光。

随着五星红旗的徐徐升起,礼炮在军乐声中惊天动地地鸣响了。由54尊大炮同时发出28响,将那伟大、庄严、团结的气氛推向了高潮。据说54尊大炮代表全国当时已确认的54个民族,象征全国各族人民坚如钢铁的团结。那28响代表28年,即中国共产党从1921年诞生，领导全国人民经过28年奋斗，到1949年终于建立了新中国。伴着隆隆礼炮声，天安门广场上的人群在尽情欢呼。欢呼声一浪高过一浪。

"中国人民从此站立起来。"显示了中华民族自立于世界民族之林的能力与信心。

礼炮响过，毛泽东向全世界宣读了中央人民政府第一号公告，明确指出中央人民政府是代表中国人民的唯一合法政府，它愿意与任何遵守平等、互利及互相尊重领土主权等原则的外国政府建立外交关系。

接着阅兵式开始了，朱总司令担任检阅司令员，聂荣臻同志担任总指挥。在《中国人民解放军进行曲》的军乐声中，受阅部队一个方阵接一个方阵由主席台前的金水桥边走过。

阅兵式进行了3个小时，直到黄昏。天安门广场上忽地一下子灯火齐亮，花炮竞响。在热烈的气氛中，欢呼的群众开始游行。游行队伍经过天安门时，人们都高兴得手舞足蹈，万岁声一阵高过一阵：

"中华人民共和国万岁！"

"毛主席万岁！"

工人们在呼喊，农民们在呼喊，所有的人都在呼喊。听到这声声的欢呼，毛泽东的心情无比激动。他理解人民的情感，并为这种情感而激动。他有力地挥动着右臂高声地喊道："同志们万岁！""人民万岁！"

听到毛泽东的声音，游行的群众兴奋得热泪盈眶。他们欢呼雀跃，热情地、用力地鼓着掌。人民群众和领袖的欢呼声，在天安门广场上空回荡着，经久不息。

毛泽东在天安门城楼上，已经站了好几个小时了。尽管已经很累了，但他一直站在那里，一步也没有离开主席台。在周恩来再三劝说下，毛泽东才走进休息室。在休息室里，他坐下刚点燃一支香烟，就跟程潜先生交谈起来。他们说了几句话，还没有来得及喝口水，周恩来又进来请毛泽东出去，原来游行的群众看不见毛主席，他们就停下来不前进了。毛泽东起身说："好吧，再疲劳也得去啊！"他把烟头熄灭，向程潜先生抱歉地笑了笑，又回到了主席台上。

游行的群众队伍看见毛泽东，一边欢呼着，一边又继续前进了。从午后3点到晚上10点（除了吃饭时），毛泽东一直与人民在一起。他举着一只手，时而庄严地停在空中，时而迅速有力地挥动几下，右手举累了就换左手。楼下的万岁声越呼越响，情绪越来越激烈，毛泽东情不自禁探身栏杆外，伸手招呼群众。他面对麦克风高呼："同志们万岁！""人民万岁！"

退场群众发现领袖仍在他们中间，并且通过广播高声和他们讲着亲切的话，想尽情地看看毛泽东和其他国家领导人的英姿、风采，接受他们的检阅，便改变了原来向东西分走的路线，像潮水涌到了天安门前的金水桥下边，拼命喊："毛主席万岁！"他们多么盼望时间能不流逝，使自己和领袖的交流固定在这一瞬间！广播员的催促声已经失去了任何作用。只是由于后面游行队伍的推动，前面的队伍才恋恋不舍地从天安门前缓缓走过……这时，毛泽东也激动地走下主席台的台阶，沿着城楼上烟道先走到城楼的东头，又从东头走到了西头，微笑着向天安门城楼下的人们招手。

大典结束后，毛泽东乘车回到菊香书屋，激动地说："人民喊我万岁，我也喊人民万岁，这才对得起人民呀。"毛泽东，作为中国人民的领袖，他深深地理解人民群众在历史上的作用。没有人民，就没有中国革命的胜利；没有人民，就没有整个社会历史的进步和发展。

这以后，中国人民在毛泽东领导下，开始了建设新中国的新长征。

第八章
在新中国

毛泽东把进京建国兴邦比喻为"进京赶考",寓意深刻,成了当时全党全军同志的"座右铭"。在新中国成立后领导社会主义革命和社会主义建设的伟大征程中,他默默地躬身实践自己的诺言,在发展政治、经济、军事、外交和促进祖国统一、民族团结等方面不断开拓前进,奉献了毕生的精力。

制定新中国外交方针

中国新民主主义革命的历史性胜利，冲破了帝国主义在东方的战线，并由此引起了帝国主义阵营的极大恐慌。其不甘失败，继续变换手法，甚至企图操纵联合国来干涉中国内政。面对这种局势，毛泽东鲜明地提出"不允许任何外国及联合国干涉中国内政"的外交主张，表明了中国人民维护国家主权、独立的坚强决心。1949年1月19日，毛泽东在中共中央关于外交问题的指示稿上，特意加写道："最后，也是最重要的一项，不允许任何外国及联合国干涉中国内政。因为中国是独立国家，中国境内之事，应由中国人民及人民的政府自己解决。"毛泽东这一事关全局的外交主张，从根本上划清与旧中国殖民地屈辱外交的界限。

1949年初，毛泽东提出了新中国的一个重要外交主张："另起炉灶。"这就是说，不搞外交继承，不承认过去国民党反动政府同各国建立的旧的不平等的外交关系。新中国将要在相互尊重主权、平等互利的基础上同世界各国建立新的外交关系。新中国在建交问题上的这一原则立场，在世界上产生了良好的反响。1949年10月2日，苏维埃社会主义共和国联盟政府宣布，断绝同国民党"广州政府"的外交关系，自广州召回苏联的外交代表。

与此同时，苏联副外长葛罗米柯受苏联政府委托致电周恩来表示："苏联政府由于力求与中国人民建立真正友好关系，始终不渝的意愿，并确信中国中央人民政府是绝大多数中国人民意志的代表者，故特通知阁下，苏联政府决定建立苏联与中华人民共和国之间的外交关系，并互派大使。"

新中国成立的第二天就收到了世界上最大社会主义国家的建交信，毛泽东当然十分高兴，他决定趁此良机大造舆论，在国际上展开一个强大的外交攻势，争取有更多的国家和中国建交。毛泽东很有信心地说："据我估计，随着苏联和我国建交，所有社会主义国家都会和我国建立外交关系的。接着，我们要通过这连续的建交宣传，再争取更多的国家，尤其是和我国为邻的亚洲国家建立外交关系。"刚上任的外交部长周恩来表示赞成毛主席的想法，并且共同确定了中国驻苏联第一任大使王稼祥。

正如毛泽东所估计的那样，继苏联与我国建交之后，保加利亚、罗马尼亚、朝鲜、匈牙利、捷克斯洛伐克、波兰、蒙古、德意志民主共和国等国家在10月底以前相继同中国建立了外交关系。南斯拉夫联邦人民共和国政府在1949年10月5日发表声明，承认中华人民共和国，并且电告周恩来外长。由于照顾到欧洲各国共产党和工人党情报局关于南斯拉夫的决议，中国同南斯拉夫建交暂被搁置。就这样，我们同所有社会主义国家建立了外交关系，不仅确立了中华人民共和国在世界诸国的外交地位，而且也增加了社会主义阵营的力量。

10月16日在我国外交史上是值得纪念的日子，苏联派驻中华人民共和国的第一任大使罗申向中央人民政府主席递交国书。由于这是第一位大使递交国书，毛泽东十分重视这次接受国书的礼仪。是日，毛泽东身着中山装，在外交部长周恩来、我国驻苏联大使王稼祥等同志的陪同下，在中南海勤政殿举行了接交国书的仪式。当时，毛泽东双手接过苏联大使罗申递交的国书之后，当即发表了自己亲笔起草的《接受苏联驻华大使罗申呈递国书时的答词》。

1949年底和1950年初，缅甸、印度、巴基斯坦、锡兰、阿富汗等国相继承认中华人民共和国，并表示愿意同中国建立外交关系。对同这些非社会主义国家建立外交关系，毛泽东采取了既积极又慎重的态度。由于当时的一些国家对国民党政府的态度尚不明确，有的甚至企图制造"两个中国"，毛泽东及时提出了与这些国家建交的两条原则：（一）必须愿意同国民党政权断绝外交关系。（二）在建交前须互派代表进行谈判，然后依商谈结果再定建立外交关系。这样，经过严格的谈判，新中国同上述国家中愿意接受中国建交原则的大多数国家，在新的基础上建立了外交关系。"另起炉灶"的外交方针，使中国彻底摆脱了半殖民地半封建社会的形象，中华人民共和国以一个崭新的姿态登上国际舞台。

为了彻底清除帝国主义对中国的控制权及其反动影响，毛泽东于1949年初还提出了"打扫干净屋子再请客"的方针。这就是关于帝国主义国家对中国的承认问题，不要急于解决。在与这些国家建立外交关系之前，先把帝国主义在中国的残余势力打扫干净，不妨给其留下活动的余地。这是毛泽东依据中国的历史和现实所做出的英明重大的外交决策。旧中国是一个长期为帝国主义所控制和欺侮的半殖民地半封建国家，帝国主义对旧中国的控制表现在政治、经济、军事和文化等各个方面。随着国民党反动政府在中国大陆的垮台，帝国主义的控制也被打倒，"但帝国主义者直接经营的经济事业和文化事业依然存在，被国民党承认的外交人员和新闻记者依然存在"，帝国主义在中国100多年来所形成的势力和影响，也不可能自动退出历史舞台或自行消失。这些问题如果不能给予正确的处理，新中国的外交和主权必然受到影响。因此，毛泽东指出：必须分别先后缓急，给以正当的解决。不承认国民党时代的任何外国外交机关和外交人员的合法地位，不承认国民党时代的一切卖国条约的继续存在，取消一切帝国主义在中国开办的宣传机关，立即统制对外贸易，改革海关制度……剩下的帝国主义的经济事业和文化事业，可以让它们仍暂时存在，由我们加以监督和管制，以待我们在全国胜利以后再去解决。对于普通外侨，则保护其合法的利益，不加侵犯。鉴于帝国主义绝不会甘心于自己的失败，总想保留一些在中国的特权，想钻进来进行捣乱和破坏的现实，毛泽东制定了相应的对策："关于帝国主义对我国的承认问题，不但现在不应急于去解决，而且就是在全国胜利以后的一个相当时期内也不必急于去解决。我们是愿意按照平等原则同一切国家建立外交关系的，但是从来敌视中国人民的帝国主义，决不能很快地就以平等的态度对待我们，只要一天它们不改变敌视的态度，我们就一天不给帝国主义国家在中国以合法的地位。"根据毛泽东"打扫干净屋子再请客"的方针，新中国对与帝国主义国家建立外交关系采取了极为慎重的态度，同时开始有步骤地清除帝国主义在中国的特权、势力和影响。其中包括收回帝国主义国家驻中国兵营的地产权，征用兵营和其他建筑；加强海关管理；由国家管制对外贸易；实行进出口许可制度；颁布外籍轮船进出口的管理办法；停止同新中国无外交关系又无互惠协议的外国报纸、刊物、通讯社、广播电台的记者在中国的活动；规定外侨户籍管理办法和外国侨民旅行和申请入境、出境办法；对同新中国没有外交关系的前外国驻华使馆人员只作为普通外国侨民看待；等等。

新中国清除帝国主义在中国的残余特权的措施，引起了帝国主义的恐慌和反抗。1950年，当北京市军管会征用美国兵营时，美国国务院指责北京市军管会的决定"违反了1901年给予美国的、并在1943年《中美条约》中加以重申的、久已存在的权利"。他们竟然要把八国联军镇压义和团时强加给中国人民的枷锁，继续强加在已经站起来了的中国人民头上。又如，中国司法机关对从事间谍活动，现今又没有外交官身份的前美国驻沈阳总领事瓦尔德进行司法审理和判决，并将其遣送出境，也遭到美国方面的攻击。美国竟以它的"外交官"被逮为理由向中国提出抗议，并向许多国家发出照会，向新中国施加压力。在保留还是废除帝国主义在华特权的问题上，一些顽固分子仍然企图用对待旧中国的态度，来对待新中国，这就注定他们要碰得头破血流。已经站起来了的中国人民根本不承认帝国主义者过去在旧中国所制造的一切不平等条约和各项侵略特权,不管他们高兴也好,不高兴也好,新中国的这个正义立场是不会改变的。正如毛泽东所说:"中国必须解放,中国的事情必须由中国人民自己作主张,自己来处理,不容许任何帝国主义国家再有一丝一毫的干涉。"

1949年6月30日,在中国共产党成立28周年前夕,毛泽东在《论人民民主专政》一文中提出了"一边倒"的外交方针,旗帜鲜明地向全世界宣布,新中国将站在以苏联为首的社会主义阵营之内。关于"一边倒"外交方针产生的背景和中国共产党人的战略思考,毛泽东指出:"一边倒,是孙中山的40年经验和共产党的28年经验教给我们的,深知欲达到胜利和巩固胜利,必须一边倒。积40年和28年的经验,中国人不是倒向帝国主义一边,就是倒向社会主义一边,绝无例外。骑墙是不行的,第三条道路是没有的。我们反对倒向帝国主义一边的蒋介石反动派,我们也反对第三条道路的幻想。"

首先,"一边倒"是从全球总体格局出发的一种战略思想。第二次世界大战以后,国际上形成了以苏联为首的社会主义阵营和以美国为首的资本主义阵营尖锐对立的局面。美国政府历来企图控制中国,敌视中国人民革命,直至出钱、出枪,支持国民党反动派发动屠杀中国人民的国内战争;而苏联则在中国革命的长期斗争中始终给予中国人民以深切的同情和支持。在这种客观局势下,新中国站在以苏联为首的社会主义阵营一边,乃是正确的抉择。唯有如此,才能"使我们的保障人民革命胜利成果和反对内外敌人复辟阴谋的斗争不致处于孤立地位",并且"使各资本主义国家不敢妄动"。

其次,"一边倒"方针是为了解决中国共产党人所面临的紧迫任务——巩固和建设新中国。对此,邓小平当时也有过一段精辟的论述。1949年7月19日,他在写给华东局诸同志的一封信中指出:帝国主义的各种花样直到封锁,其目的在于迫我就范,我们的斗争也在于迫使帝国主义就范。我们绝不会就帝国主义之范,而一个多月的经验看出,帝国主义就我之范亦非易事。这一时期双方斗争实际上都是试探的性质,直到英美摊出封锁的牌。封锁,在目前说来,虽增加我们不少困难,但对我仍属有利,即使不封锁,我们许多困难也是不能解决的。但封锁太久了,对我则是极不利的。打破封锁之道,毛主席强调从军事上迅速占领两广云贵川康青宁诸省,尽量求得早日占领沿海各岛及台湾。同时我们提出的外交政策的一面倒,愈早表现于行动则对我愈有利(毛主席说,这样是主动的倒,免得将来被动的倒);内部政策强调认真的从自力更生打算,不但叫,而且认真着手做(毛主席说,更主要的从长远的新民主主义建设着眼来提出这个问题),毛主席说这两条很好,与中央精神一致。我们这样做,即占领全国、一面倒和自力更生,不但可以立于坚固的基础之上,而且才有可能迫使帝国主义就我之范。邓小平的论断说明,"一边倒"的方针是帝国主义和反动派敌视中国共产党领导的人民革命和新生中国的必然产物,也是中国共产党及其领导下的新中国用以打破帝国主义封锁的一个锐利武器。

还应指出的是,当时新中国同苏联结盟,实行"一边倒"的方针，是在特定的历史条件下采取的特殊政策，是战略上的联合，这与新中国奉行独立自主的外交方针与原则并不矛盾。这是因为：第一，"一边倒"的方针是以在对外交往中平等、互利和互相尊重领土主权为基础的。新中国是以苏联为首的社会主义阵营中的一个重要成员，但同时又是一个完全独立、自主，领土主权完整的国家，仍然保持着新中国外交上的独立自主的地位。毛泽东和周恩来曾一再指出，中国要用自己的脑袋思考，要用自己的腿走路。第二，新中国虽然确定要坚定地站在以苏联为首的社会主义阵营一边，但并不排斥与其他国家在平等的基础上建立外交关系，尤其是经济关系。只是由于当时来自世界各国的反应各有不同，新中国在建交问题上才采取了区别对待的政策。至于"同外国人做生意，那是没有问题的"。1949年12月，毛泽东在苏联访问期间曾向中央建议："在准备对苏贸易条约时应从统筹全局的观点出发，苏联当然是第一位，但同时要准备和波、捷、德、英、日、美等国做生意，其范围和数量要有一个大概的计算。"第三，"一边倒"在战略上虽是联合，但战术上不是没有批评。周恩来在中国外交部成立大会上曾特别针对这一问题指出："就兄弟国家来说，我们是联合的，战略是一致的，大家都要走社会主义的道路。但国与国之间在政治上不能没有差别，在民族、宗教、语言、风俗习惯上是有所不同的。所以要是认为同这些国家之间毫无问题，那就是盲目的乐观。"因此，周恩来提醒："对兄弟国家战略上是要联合，但战术上不能没有批评。"事实上，新中国在处理同苏联的关系的问题上是讲原则的，并没有因联合而失掉自己国家的独立性，也没有盲从和照搬苏联经验。由此可见，"一边倒"的外交方针与中国人民要求实现国家的完全独立、自主和领土完整的原则立场是并行不悖、目标一致的。

毛泽东在新中国成立前夕提出的这一系列外交政策主张，贯穿着一条红线，那就是独立自主。它从根本上回答了新中国外交所亟待解决的基本问题，即怎样划清同旧中国屈辱外交的界限，建立起新的对外关系，怎样有步骤地清除帝国主义国家的影响以及如何处理同它们的关系，怎样在平等的基础上联合苏联和其他社会主义国家以打破帝国主义的封锁，等等，从而构成了新中国外交的基本蓝图，为在战火硝烟中诞生的新中国争取了一个良好的国际环境。

首次出访苏联

1949年10月1日,中华人民共和国中央人民政府成立。苏联,作为当时世界上第一个社会主义大国,率先承认了新中国。继而保加利亚、罗马尼亚、匈牙利、朝鲜、捷克斯洛伐克、波兰等国家也纷纷用最快的速度拍来贺电,正式承认这个新生的人民民主政权。资本主义国家想孤立新中国的幻想彻底破灭了,毛泽东对此感到无限欢欣,兴奋地对周恩来说:"人逢七十古来稀,在斯大林同志将近七十大寿的近黄昏年龄,还是给我们带来了曙光。"

毛泽东早有出访苏联的想法,之前忙于新政权的建立而未能成行。现在时机成熟了,恰好12月21日又是斯大林的生日,许多社会主义国家的党和政府领导人都要到莫斯科去为斯大林祝寿。中共中央也就做出了毛泽东出访苏联的决定。12月6日,毛泽东的出国专列缓缓驶出北京西直门火车站。列车穿过茫茫的西伯利亚,在路上运行了整整10天,于12月16日12点到达莫斯科。

当天下午6点,斯大林在克里姆林宫他的办公室小会客厅会见毛泽东。这是毛泽东与斯大林的第一次会晤。但两人神交已久,过去斯大林对中国革命有帮助,但也设置了不少阻碍。让那些不愉快的事情灰飞烟灭吧,毛泽东更看重现在和未来。

两位共产党巨人的手紧紧地握在一起。斯大林端详着毛泽东，称赞说："你很年轻，红光满面，容光焕发，很了不起！伟大，真伟大！你对中国人民的贡献很大，是中国人民的好儿子！"这几句话给毛泽东留下了深刻的印象。他像见到久别的兄弟，向斯大林一吐衷肠："我是长期受打击排挤的人，有话无处说……"没等毛泽东讲完，斯大林连忙说："胜利者是不受审的，不能谴责胜利者，这是一般的公理。"斯大林的插话使毛泽东没有把内心的话讲出来。

双方海阔天空地聊了一阵子以后，斯大林再三问毛泽东这次来有些什么想法和愿望。

毛泽东表示："这次来，一是为祝贺斯大林同志七十寿辰，二是看一看苏联，从南到北，从东到西都想看一看。"

斯大林说："你这次远道而来，不能空手回去，咱们要不要搞个什么东西？"不久前，刘少奇访问苏联时，斯大林在和刘少奇的谈话中已明确表示要等毛泽东到苏联后签订一个条约。这次毛泽东访问苏联的一个非常重要的目的，就是要签订新的中苏条约，以替代苏联曾经和国民党政府在1945年8月签订的《中苏友好同盟条约》。

新中国成立前夕，毛泽东为新中国的外交提出了3个重要原则：一个是另起炉灶，因为旧中国的外交都是屈辱外交，磕头外交，丧权辱国外交，所以毛泽东提出来另起炉灶，重新干；二是打扫干净屋子再请客，由于不平等条约遗留下来的许多问题还存在在那里，还在起作用，要逐渐消除，有许多事情要做，没有办好，就马上建交，跟人家来来往往是不合适的；三是"一边倒"，1947年冷战开始，世界上出现了以苏联为首的社会主义阵营和以美国为首的帝国主义阵营，两大阵营对立。在这个情况下，确定社会主义发展方向的新中国，自然要倒向苏联一边。毛泽东非常明白，"一边倒"只是表明新生的政权是属于社会主义阵营的，但这并不等于说，我们在任何方面都要服从于苏联，或跟随着苏联的旨意，按苏联的旨意来行事。任何有损中国利益的事，毛泽东是决不会答应的。签订一个新条约来代替一个旧条约，就是要表明一个新生的政权和旧的联系完全是割断的，要求苏联真正承认这个新生的政权，给它以平等的地位，而要真正放弃和旧有的所谓国民党政权所签订的条约的一切权利。

斯大林并不愿意放弃从旧条约中得到的某些权利，所以在和毛泽东的谈话中还不愿先提出自己的想法。毛泽东认为，苏方较有经验，应该主动提出帮助我们，不提是不诚恳的。所以，他也不肯明说，而是含蓄地讲："恐怕是要经过双方协商搞个什么东西，这个东西应该是既好看，又好吃。"这话充满了哲理和幽默。为了使苏方人员能够明白，师哲在翻译时作了解释："好看就是形式上好看，要做给世界上的人看，冠冕堂皇；好吃就是有内容，有味道，实实在在。"斯大林和在场的苏方人员仍然不明白那是什么东西。

毛泽东向斯大林提出，他想叫周恩来总理到莫斯科来一趟。斯大林不理解毛泽东的意图，态度冷淡，惊讶地问："如果我们不能确定要完成什么事情，为什么还叫他来，他来干什么？"毛泽东没有回答斯大林的问话。隔阂和不愉快由此产生了，使两位领袖的第一次会晤就罩上了一层阴影。

中苏会谈陷入了僵局，10多天没有取得任何实质性进展。毛泽东除了参加斯大林七十寿辰庆祝大会外，没有参加什么公开的外事活动。他非常焦急，虽然苏联医生一再劝他禁烟、禁酒、禁肥肉，但在那段日子里他烟抽得更凶了。有一次，陪毛泽东一起来莫斯科的苏联人柯瓦廖夫和费德林去看他，一向热情好客的毛泽东，幽默风趣不见了，态度严肃得怕人，脸上没有一丝笑容，生气地对他俩说："你们把我叫到莫斯科来，什么事也不办，我是干什么来的？难道我来这里就是为天天吃饭、拉屎、睡觉吗？"

柯瓦廖夫和费德林离开后，毛泽东高兴地对师哲说：我如此教训一番柯瓦廖夫，其目的是使他向斯大林反映我们的不满。

果然不出毛泽东所料，柯瓦廖夫回去后写了一封长信给斯大林。随后，苏联部长会议副主席莫洛托夫来到别墅，名义上是来看望毛泽东，实际上是来摸中国代表团的底。

这时，中苏两国领导人之间的会谈已引起了国际舆论的种种猜测，英国通讯社甚至造谣说：斯大林把毛泽东软禁起来了。为了澄清事实，同时也为了向国际社会正面说明毛泽东访苏的目的，毛泽东决定以他答塔斯社记者问的形式阐明中国代表团的主张。毛泽东在答记者问中指出："我逗留苏联时间的长短，部分地决定于解决有关中华人民共和国利益的各项问题所需的时间。""在这些问题当中，首先是现有的中苏友好同盟条约问题，苏联对中华人民共和国贷款问题，贵我两国贸易和贸易协定问题，以及其他问题。"至此，毛泽东访苏的目的已广为周知。

1950年1月2日，也就是毛泽东《答记者问》发表的当天晚上8点，苏联部长会议副主席莫洛托夫、米高扬拜访毛泽东，询问毛泽东对签订中苏条约等事的意见，他们赞成毛泽东关于签订新的中苏条约，以新条约代替旧条约的意见，并同意周恩来到莫斯科来。

中苏会谈出现了转机，毛泽东兴奋不已。莫洛托夫他们走后，毛泽东于晚上11点致电中共中央："最近两日这里的工作有一个重要发展。斯大林同志已同意周恩来同志来莫斯科，并签订新的中苏友好同盟条约及贷款、通商、民航等项协定。"1月3日，毛泽东签订新的中苏友好同盟条约以及各项协定的基本思路及其意义再电中共中央，从而成为中国方面进行谈判的指导思想。

1月20日，周恩来到达莫斯科。经过周密准备之后，1月22日，毛泽东、周恩来与斯大林举行会谈，决定各项原则问题及工作进行方法。谈判期间，蒋介石派飞机袭击了上海。中方要求苏方派空军保护。斯大林答应给予支援，但要签个秘密的《补充协定》，规定在苏联的远东和中亚地区，中国的东北和新疆，"不给予外国人以租让权利，并不准许第三国的资本或其公民以直接或间接形式参加之工业的、财政的、商业的及其他的企业、机关、社会与团体的活动"。斯大林把苏联与中国东北和新疆接壤的两个地区作为对等是故作姿态，实际上有谁会去苏联远东和中亚那些地方呢？其目的无非是想在中国的东北和新疆搞两个势力范围。周恩来当即问道:"第三国指的是哪些国家?东北住有很多朝鲜民族的居民,他们算不算第三国公民?更不用说外来的蒙古人。"斯大林被问得措手不及,忙说:"主要是指美、英、日。"

关于贷款问题,毛泽东主张多借不如少借,中方只提出3亿美元,3年内还清。斯大林说,偿还期3年太短,可延长为10年,并在利率上给予优惠,年利率1%。但苏方在贷款谈定后却要求中方提供苏方所缺少的战略原料钨、锡、锑,偿还贷款。为此,双方签订了一份秘密议定书。

毛泽东清楚地了解斯大林对他有不信任的偏见,特意请斯大林派一位有理论修养的苏联同志来华,帮助《毛泽东选集》的编辑工作。斯大林欣然同意,派了苏联科学院院士尤金来华工作。毛泽东的用意并不是要尤金从理论上进行指导,而是要让苏联人来中国看看,中国是真正的马克思主义,还是半真半假的马克思主义。

经过多天恳切、友好、紧张的协商,谈判在相互谅解的气氛中达到了预期的目的。根据周恩来的提议,将条约定名为《中苏友好同盟互助条约》。周恩来对条约的基本思路和大体内容作了阐述。可是,后来苏方拿出的条约草案,并没有按照周恩来阐述的基本思路和内容去写,而是仍然以1945年8月国民党政府和苏联政府签订的条约为基础草拟的。周恩来看后很生气,并向毛泽东作了汇报。毛泽东明确指示:"把我们起草的条约马上译成俄文交给苏方,他们拿的那个草案对我们无效。"1月24日,中方的条约草案交给了苏方。苏方没有想到我们会拿出这么内容充实的条约草案，只好出人意料地同意了。双方于1950年2月14日签订了《中苏友好同盟互助条约》《中苏关于中国长春铁路、旅顺口及大连的协定》和《中苏关于苏联给予中国贷款的协定》。

《中苏友好同盟互助条约》以及一系列新协定的缔结，是中苏关系史上的一件大事，它对于加强和巩固两国的友谊与合作，保障两国的国防安全，维护世界和平都具有十分重要的意义。同时，也提高了中华人民共和国的声誉，使新中国在政治上、经济上都处在一种有利的地位，正如毛泽东所说："这次缔结的中苏条约和协定，使中苏两大国家的友谊用法律形式固定下来，使得我们有了一个可靠的同盟国，这样就便利我们放手进行国内的建设工作和共同对付可能的帝国主义侵略，争取世界和平。"

签字仪式后，中国政府决定以王稼祥大使夫妇出面，举行一个盛大的鸡尾酒会，以庆祝中苏条约的签订和毛、周访苏的成功，也作为告别的答谢宴会。

斯大林从不轻易会见外国首脑，对于答谢宴会之类的活动更是拒不出席。他还有一个恪守了一生的信条：决不出席任何国家不在克里姆林宫举行的任何宴会和招待会。有时斯大林非常奇怪和固执，也显得目空一切。

毛泽东在某种程度上同斯大林有一定类似之处，他自尊心极强，尤其涉及一个民族的尊严时，更是如此。作为一个主权国家的首脑，他坚决不在克里姆林宫举行招待会。

可是，斯大林不出席中国方面的招待会，后果是难以想象的。

为了维护中华民族的尊严，又为了使斯大林能出席招待会，王稼祥和毛泽东都作了极大努力。

早在数天前，王稼祥就特地找到莫洛托夫，并呈上请帖，请斯大林出席中国大使馆为毛泽东访苏圆满成功而举行的酒会。

斯大林接到请帖后，颇费心思，他为难地对政治局的同志说："我出席中华人民共和国的宴会，是中国同志的愿望。"

毛泽东也竭力争取斯大林参加中国大使馆的宴会，有一次，他与斯大林在孔策沃别墅进行夜间交谈时，曾邀请斯大林出席。

"斯大林同志，条约签字后，我们准备举行一个小型招待会。"毛泽东说。

"当然。"斯大林答得干脆。

"但不在克里姆林宫，而在另外的地方，比如大都会饭店。"毛泽东望着斯大林。

"为什么不在克里姆林宫？"斯大林直视着毛泽东。

"斯大林同志，您要明白，克里姆林宫是苏联政府举行国宴的地方。对于我们这个主权国家来说不完全合适。"毛泽东不卑不亢地答道。

"是的，可是我从来没有出席过在饭店或是外国使馆举行的宴会，从来没有……"斯大林强调着。

"斯大林同志，我们的宴会要是没有您出席……这简直是不可想象的。我们请您，殷切地请您务必同意。"毛泽东坚持说。

谈话暂时停住了，斯大林没有急于作出答复，他好像在作慎重考虑，一个70岁的老人，让他打破信守一生的东西，显然是不容易的。毛泽东目不转睛地望着斯大林，诚恳地等待着斯大林的答复。

"好吧，毛泽东同志，如果您这样希望，我去参加。"过了许久，斯大林终于说出这样的话。

2月14日那一天，斯大林果然到了中国大使馆参加宴会。

2月17日，毛泽东、周恩来动身回国。毛泽东这次访苏，尽管在同斯大林会晤和谈判过程中，一度出现僵局和曲折，但最后的结果还是圆满的，增进了他同斯大林的了解和友谊，加强了中苏两国在平等互利基础上的团结与合作。

土改与镇反

土地改革、镇压反革命和抗美援朝是新中国成立初期我党开展的三大运动，这三场运动巩固了新中国的政权基础，消除了社会不稳定因素，对国家迅速医治战争创伤、重塑新的国际形象具有极其重要的意义。

提出和实施土地改革是中国共产党之所以迅速得到最广大人民群众支持的重要因素之一。作为中国共产党的创始人之一，毛泽东为改变我国半殖民地半封建的经济基础——2000多年以来少数地主垄断大部分土地的现实，自井冈山时代起，就亲自动手搞调查，草拟出了有关土改的法规。后来，尽管中国革命有沉浮，时代大势有变迁，但他始终没有忘记要让中国绝大多数的贫下中农有地种，真正做到耕者有其田。毛泽东即使在出访苏联期间，还在考虑新解放区的土改，尤其是对江南富农的处理问题。为此，他不仅审定了有关土改的各种大法，而且还写下了许多很有指导性的意见和批示。他考虑到新老解放区的不同情况，要求"所有华东、华中、华南、西北、西南的新解放区，由于准备工作及群众的觉悟还未达到应有的程度，决定在1950年秋收以前，一律不实行分配土地的改革"，并对上述地区依照具体情况分为三类，依次解决，以保持社会的稳定。同时，还明确规定："所有新解

077

放区，在实行分配土地以前，应一律实行减租。"

由于江南的地主不仅与大中城市的民族资产阶级有着千丝万缕的联系，而且与各民主党派的负责人也有着各种血缘或朋友的关系，所以自实行减租以来，各民主党派的负责人都或多或少地收到了来自家乡的上告信，非难实行减租以来出现的所谓过火行为。像黄炎培、张澜、程潜、陈叔通等知名人士，都采取不同的方式向毛泽东作了反映。其中，陈叔通还在中央统战部举行的座谈会上作了发言。

毛泽东看到了陈叔通等人的发言记录，也收到了黄炎培等人转来反映土改情况的信。为此，他多次给这些与共产党风雨同舟的老朋友写信，还随时介绍有关各地土改方面的材料请他们看，希望能帮着这些从旧社会过来的志士仁人转变立场，积极投身到这场伟大的土改运动中去。由于黄炎培位居政务院副总理，又是毛泽东的诤友，所以，毛泽东还多次听取黄炎培的汇报，并朋友式地商讨有关情况。一次，黄炎培说到激动处，当面向毛泽东请缨，想亲自回到生养他的江南水乡做调查研究。毛泽东听后十分感慨地说道："黄老，你的精神我是敬佩的！共产党多有几个像你这样的诤友，我们就会少犯错误，事情就会办得好些。"

"听主席的话音，是同意我下江南做调查了？"

"同意了！不过，我有几句话送给黄任老下去调查做参考。"

"请主席直言相告。"

"一、黄任老官至副总理，没有乾隆皇帝的官大，所以此次下江南，用不着微服私访；二、你毕竟是七十有四的高龄了，也用不着像年轻人那样安营扎寨做调查,能骑马观花走一趟就不容易了;三、如身体条件许可,除了走亲访友,不妨多走几家翻了身的农民。"

"请主席放心,这次下江南考察,一不住亲朋好友家,二绝不住在地主的家庭。主席还有什么嘱托吗?"

"我希望黄任老以副总理的身份关注江南的文物古迹,在这个问题上,一定要教育农民提高认识。"

"时下,我国还没有制定有关的文物大法,不知主席个人对这个问题有什么意见?"

"有!"毛泽东沉吟片刻,郑重地说,"举个例子说吧,过去,尽管蒋某人的手下挖了我的祖坟,今天,我要把蒋介石的祖坟当作文物保护起来。"

毛泽东十分重视黄炎培下江南调查土改之事,为此,他亲笔给华东局书记饶漱石以及陈丕显写信:"黄炎培先生收到许多地主向他告状的信,我将华东局去年12月所发关于纠正肃反工作中缺点的指示及1月4日关于纠正土改工作中缺点的指示送给他看,他比较懂得了一些。黄先生准备于本月内赴苏南各地去巡视,我已嘱他和你们接洽,到时望将全面情况和他详谈。"黄炎培以70多岁高龄下江南巡视,仍随队员住进农舍,同农民兄弟实行三同:同吃、同住、同劳动。那里的条件较差,考察团的成员挤在一间小土房里。房中只有一张木床,大家就把黄炎培的行李搬到床上,希望他睡在床上。可是,黄炎培硬是不肯,愿意和大家挤在地铺上,还美其名曰:有福一起享,有苦一起吃。垒砖、搭铺，忙前跑后，他还幽默地对大家说："我一向高喊劳工神圣，双手万能，不会搭铺还怎么算万能？别忘了，我除了任之，还叫韧之呢！任之嘛，听之任之以外，就是担当大任；韧之呢，就是坚韧不屈，不畏苦，不畏劳，我可不能徒有虚名噢！"黄炎培经过自己亲身的考察，得出了与家乡地主全然不同的结论。他回到北京以后，写出了《访察苏南土改报告》，呈送毛泽东。

他在这份报告中首先肯定："我们访察到的苏南土改，认为基本上是办得好的。好在哪里？农民站起来了"，"每个人都在想搞好，大体上已经搞好起来了"。土改之所以办得好，在于"土改之前，生产救灾"，取得人民信任。至于有人提出的"和平土改"，"不能说是绝对做不到"，"但是这样基础太脆弱，靠不住"，"必须发动群众，必须唤起农民自觉，建立群众力量"，故"'有领导地放手发动群众'，我们应认定这是一句名言"。毛泽东看了黄炎培写的报告满意地笑了。

在亲自做黄炎培工作的同时，毛泽东还多次与张澜、程潜等老朋友谈心，送转有关土改的材料给他们，使之认识到了土改伟大而深远的意义。

到1953年春，全国除一部分少数民族地区外，土地改革都已完成。全国3亿多无地少地的农民（包括老解放区的在内）无偿获得了约7亿亩土地和大量生产资料，免除了过去每年向地主缴纳的约700亿斤粮食的苛重地租。在我国延续了几千年的封建制度的基础——地主阶级的土地所有制，至此彻底消灭了。这是一个伟大的历史性的胜利。

毛泽东领导的这场伟大的土改运动，不仅从真正意义上使"土地还家"，完成了耕者有其田这个了不起的革命任务，更为重要的是，通过这场翻天覆地的革命，提高了全民族的文化思想水平。另外，通过上述这些经历过清朝、北洋政府、中华民国的"三朝元老"们的思想变化，还看到了毛泽东那高超的统战艺术，使人不能不发出这样的感叹：毛泽东真是得人心者得天下的楷模！

1950年底，中国人民解放战争已经在大陆上基本结束，但是，国民党反动残余在帝国主义指使之下，仍在采取武装暴乱和潜伏暗害等方式进行活动。他们组织特务土匪，勾结地主恶霸，或煽动一部分落后分子，不断地从事反对人民政府及各种反革命活动，以破坏社会治安，危害国家与人民的利益。自从朝鲜战争爆发以来，各类恶性案件直线上升，且发展到暗杀各地乃至于中央党政军的负责人的地步。毛泽东看了公安部关于敌人匪特大搞暗杀阴谋的报告，感到异常吃惊，为此，他在这份报告上作了批示："兹将中央公安部政治保卫局6月11日关于匪特暗害阴谋及我保卫工作报告一件发给你们。请你们加以充分注意，指导所属加强保卫工作，彻底粉碎国民党匪特的暗害的阴谋，有效地保卫一切党的领导同志、工作干部及党外民主人士，是为至要。"

毛泽东作出上述批示之后，又请来政务院总理周恩来和公安部部长罗瑞卿，听取有关国民党匪特大搞暗害阴谋活动的情况汇报，并仔细研究，作出针锋相对的措施。首先，毛泽东开门见山地对罗瑞卿说道："今天，我和总理请你来，是想听听近期尤其是朝鲜战争爆发以后，全国范围内的治安情况。"

罗瑞卿取出有关材料进行汇报：自"（朝鲜）战争爆发以后，残留在大陆的政治土匪、国民党特务以及各种反动会道门势力错误地估计了形势，认为第三次世界大战即将爆发，蒋介石'反攻大陆'的机会到了，于是便纷纷从阴暗的角落里跑出来，进行各种反动活动。他们炸毁桥梁，破坏工厂矿山，烧毁仓库器材，抢劫粮食财物，残害基层干部和积极分子，甚至组织武装骚扰和暴乱事件。1950年下半年始，河北交河县发生反动地主反攻夺地事件93起；福建省发生19起反革命武装暴乱；广西各地干部3000多人被杀"等。最后，罗瑞卿说道："更不能容忍的是，他们还把暗害的矛头对准了党和国家的主要领导人。"毛泽东听后震怒不已，他极力地控制住自己的情绪，说道："恩来，我们手软是不行的。从目前形势发展来看，你我从苏联回国之后，以中共中央的名义，发个镇压反革命的文件是很不够的！"

"是的，"周恩来严肃地指出，"看起来，我们必须坚决地肃清一切公开的和暗藏的反革命分子，才能建立与巩固革命秩序，才能保障人民民主权利，才能顺利地进行生产建设与社会变革。"

经过缜密研究，最后决定由周恩来主持召开政务院和最高人民法院会议，明令颁发镇压反革命活动的文件。接着，政务院、最高人民法院于10月10日发布了《关于镇压反革命活动的指示》，具体明确了对反革命分子的处理决定。随着政务院、最高人民法院公布镇压反革命活动的指示，结合国内、国际尤其是朝鲜战争发展的大势，从当年12月份开始，全国范围内大张旗鼓地开展了一场镇压反革命运动。到1951年2月，中央人民政府又颁布了《中华人民共和国惩治反革命条例》，使镇反斗争有了法律的武器和量刑的标准。

1951年10月，全国范围内的镇压反革命运动基本结束。镇压反革命运动基本扫除了国民党反动派遗留在大陆的反革命残余势力，曾经猖獗一时的匪祸，包括旧中国历代政府都未能肃清的湘西、广西土匪，以及许多城市的黑社会势力，都被基本肃清。我国社会秩序获得前所未有的安定，有力地支持、配合了土地改革和抗美援朝斗争。

共产党不能搞裙带关系

1949年新中国成立之后,毛泽东不仅是中共中央主席、中央军委主席,而且被选为中央人民政府主席,受到了全国各族人民的爱戴。毛泽东的家乡人民和亲友,更是有一种特殊的荣耀感。

全面抗战爆发后,毛泽东就在给表兄文运昌的信中说:"家境艰难,此非一家一人情况,全国大多数人皆然,惟有合群奋斗,驱除日本帝国主义,才有生路。吾兄想来工作甚好,惟我们这里仅有衣穿饭吃,上自总司令下至火夫,待遇相同,因为我们的党专为国家民族劳苦民众做事,牺牲个人私利,故人人平等,并无薪水。如兄家累甚重,宜在外面谋一大小差事俾资接济,故不宜来此。道路甚远,我亦不能寄旅费。在湘开办军校,计划甚善,亦暂难实行,私心虽想助兄,事实难于做到。前由公家寄了20元旅费给周润芳,因她系毛泽覃死难烈士(泽覃前年被杀于江西)之妻,故公家出此,亦非我私人的原故,敬祈谅之。我为全社会出一些力,是把我十分敬爱的外家及我家乡一切穷苦人包括在内的,我十分眷念我外家诸兄弟子侄,及一切穷苦同乡,但我只能用这种方法帮助你们,大概你们也是已经了解了的。"

新中国成立后,毛泽东担任了国家主席,尽管日理万机,但还是挤时间写信邀请家乡人民和亲友上北京，到家里做客，或者寄钱、赠衣物。但有一些亲友出于解决个人困难的考虑，写信要求毛泽东介绍他们到北京参加工作，毛泽东都未答应。他说这样做"人民会说话的"。杨开智是毛泽东夫人杨开慧之兄。杨家不仅有恩于毛泽东，且有功于革命。但毛泽东对他也不准特殊照顾。1949年10月，毛泽东在给长沙军管会副主任王首道的信中说："杨开智等不要来京，在湘按其能力分配适当工作，任何无理要求不应允许。"同时写信给杨开智："希望你在湘听候中共湖南省委分配合乎你能力的工作，不要有任何奢望，不要来京。湖南省委派你什么工作就做什么工作，一切按正常规矩办理，不要使政府为难。"

1950年，毛泽东二舅的儿子文南松写信给毛泽东，要求毛泽东出面给其胞兄文运昌介绍工作。毛泽东与斯诺谈话时曾称赞文运昌在引导他接触新思想过程中，起过关键作用。常人看来，给予一点关照，也不过分。但是毛泽东觉得这件事自己不能决定，应得到群众认可才行。他在复信文南松时说："运昌兄的工作，不宜由我推荐，宜由他自己在人民中有所表现，取得信任，便有机会参加工作。"

毛森品是毛泽东少年时的同学，关系很好。1950年毛森品写信给毛泽东，希望推荐他工作。毛泽东复信委婉而又恳切地说："吾兄出任工作极为赞成，其步骤似宜就群众利益方面有所赞助表现，为人所重，自然而然参加进去，不宜由弟推荐，反而有累清德，不知以为然否？"

085

毛泽东的亲戚、学友，曾经因为当地政府按政策办事，不合他们个人利益而要求毛泽东撑腰讲话时，毛泽东就写信晓之以理。赵浦珠是毛泽东的大舅母的侄儿，他的堂妹赵先桂又与毛泽覃指腹为婚。辛亥革命后，赵浦珠与毛泽东在湖南新军辎重营一同当兵。解放后，他给毛泽东多次写信，反映其生活困难，毛泽东给他寄过300元钱。赵浦珠因乡政府的减租土改工作涉及个人利益，写信给毛泽东请求出面帮助解决。毛泽东于1950年5月7日给他的信上说："弟因不悉具体情形，未便直接干与，请与当地人民政府诸同志妥为接洽，期得持平解决。"

解放初期，毛泽东外祖家的亲戚，经常到北京去看望毛泽东。有的人从北京回到湘乡以后，非常神气，摆架子，不把当地政府放在眼里。当毛泽东了解到这一情况以后，便于1954年4月29日给石城乡党支部、乡政府写信道："我的亲戚唐家圫文家，过去几年常有人来北京看我。回去之后，有些人骄傲起来，不大服政府管，这是不对的。文家任何人，都要同乡里众人一样，服从党与政府的领导，勤耕守法，不应特殊。请你们不要因为文家是我的亲戚，觉得不好放手管理。""如有落后行为，应受批评。"

新中国成立初期，随着国民党各级地方机关的垮台，人民政权的各级地方机构迅速建立起来，需要的干部和工作人员是很多的。许多老干部的家属和亲友来投身革命，只要历史无问题的，经人介绍不少人参加了工作。当毛泽东身边的人向毛泽东介绍这些情况时，毛泽东说："我们共产党的章法，决不能像蒋介石他们一样搞裙带关系，一个人当了官，沾亲带故的人都可以升官发财。如果那样下去，就会脱离群众，就会和蒋介石一样早晚要垮台。"他为全党树立了清正廉洁的风范。直到晚年，他还向全党各级干部强调，权力是人民给的，要全心全意为人民服务。

宴请赛福鼎

在新疆流传着这样一首歌谣："让天下的森林都变成笔，让天下的海洋都变成墨，让天下的人都变成诗人，也写不完毛主席、共产党的恩情。"

的确，毛泽东一生心系天山，心系新疆各族人民，为新疆的解放，为新疆的社会进步和经济发展，倾注了大量的心血。毛泽东关心新疆人民，重要的一环是重视新疆少数民族革命领袖在政治生活中的地位和作用，尊重他们，使用他们。1949年9月，以新疆三区革命（系指1944年秋在新疆伊犁、塔城、阿山爆发的维吾尔、哈萨克等少数民族反对国民党在新疆反动统治的武装起义）主要领导人阿合买提江为首的三区各族特邀代表团，在前往北平参加全国政协第一次会议的途中，不幸因飞机失事而遇难牺牲。毛泽东又邀请赛福鼎率第二个特邀代表团来到北平。

9月17日，毛泽东等中央领导人在中南海接见了赛福鼎等特邀代表团成员。当赛福鼎等人来到接见厅时，毛泽东等中央领导人马上离座肃立，与特邀代表团成员一起，以沉痛的心情，向阿合买提江等死难烈士致哀。入座后，毛泽东怀着惋惜和悲痛的心情，对赛福鼎说："阿合买提江等同志的牺牲，不仅是新疆各族人民的一大损失，也是全国人民的一大损失。他们的精神永垂不朽！"

接见中，毛泽东高度评价了新疆三区革命，他说："你们在新疆解放区所进行的斗争，是中国人民民主革命的一部分。你们钳制了国民党在新疆的10多万军队，对解放大西北乃至全国做出了贡献。"毛泽东把新疆三区革命这朵小小的浪花看作是中国人民民主革命大潮的一部分，这对赛福鼎是一个极大的鼓舞。他内心的感激之情油然而生，激动得泪如泉涌。毛泽东的伟大胸怀，使赛福鼎进一步认识到了共产党与国民党的根本区别，更加坚定了他跟共产党走的决心，他渴望成为中国共产党的一名党员。10月15日，他庄重地写好了一份入党申请书。

会议结束了，赛福鼎要返回新疆。离京的前一天，他去向毛泽东辞行，郑重地向毛泽东呈交了他的入党申请书，并诚恳地对毛泽东说：不知我具备不具备共产党员的条件，请主席批示。毛泽东十分高兴地接过赛福鼎的入党申请书，连声说道："好！好！"

毛泽东对赛福鼎关怀备至，为了保证他的安全，毛泽东指示周恩来：今晚和苏联专家再组织一个检查组对机组人员和飞机再进行一次深入的检查和了解，做到绝对有把握后再起飞。并对赛福鼎说："明天，你在未得到恩来同志可以起飞的通知前不准上飞机。"

第二天，赛福鼎接到周恩来"飞机可以起飞"的电话后，按时来到了飞机场。周恩来前来送行，他握着赛福鼎的手高兴地说："祝你们一路平安。还要告诉你一个好消息，你的入党要求毛主席批准了。"说着取出毛泽东的批示，他知道赛福鼎读汉文有困难，就一个字一个字地读起来："同意赛福鼎同志入党。此信由赛本人带交彭德怀同志即存彭处。待新疆分局成立后，由赛同志向分局履行填写入党表手续。毛泽东1949年10月23日。"读完后，周恩来把毛泽东的批示交给赛福鼎，紧紧握住他的手说："祝贺你成为中国共产党的一名党员！"毛泽东的批示，周恩来的祝贺，使赛福鼎激动的泪水夺眶而出。他感觉到这是他一生中政治生命的重大转折，他暗自告诫自己："毛主席是我走向共产主义的引路人，我将风雨无阻地跟随毛主席走完自己一生革命的征程。"

毛泽东视赛福鼎如兄弟，两人关系密切，友情深厚，情同手足。1950年夏天，中央人民政府委员会在中南海紫光阁胜利闭幕。赛福鼎就要回新疆去了，他想去和毛泽东告别，听听毛泽东对新疆工作还有什么指示。但他看见不少外地来京的同志都争先恐后地挤上去和毛泽东握手。毛泽东一边往外走，一边和大家握手告别，还不时地左顾右盼，好像在寻找什么人。赛福鼎想挤上去，但他犹豫了：新中国成立伊始，百废待兴，毛主席的时间多么宝贵呀，我不能再去打扰他了。正在这时，毛泽东看见了赛福鼎，他高兴地向他走去，赛福鼎神采飞扬，赶忙紧跑几步迎上来。两双大手紧紧地握在一起。

"你什么时候回去？"毛泽东亲切地问赛福鼎。

赛福鼎回答说："我明天就回去，不知主席有什么指示。"

"没有什么，走，我们谈谈。"毛泽东说。

他们两人一前一后边说边往外走。毛泽东一直把赛福鼎领到自己家里。

饭菜已经摆到了桌子上。毛泽东对家里人说:"把现在的菜都撤下去,准备清真菜,请赛福鼎同志一起吃饭。"

赛福鼎没有想到毛泽东请他到家里做客,更没有想到毛泽东十分尊重他这个维吾尔族人的生活习俗,把已经摆上桌的饭菜全部撤掉,改做清真菜。赛福鼎既感动,又不安,实在过意不去,对毛泽东说:"不要麻烦了。我还是回饭店吃吧。您今天太累了,也该休息了。"

"随便聊聊,这也是一种休息的好办法。"毛泽东背靠沙发,安详地抽着烟,饶有兴致地和赛福鼎聊了起来。

毛泽东知识渊博,十分熟悉新疆和维吾尔族的历史和现状,他对新疆这片热土的深情,对维吾尔族同胞的厚爱溢于言表,这使赛福鼎十分钦佩,同时也使他增添了作为中华民族一员的自豪感。但是,旧新疆战乱、贫困、愚昧和民族仇杀,犹如沉重的枷锁,紧紧地套在各族人民的脖子上。想到这些,毛泽东的心情沉重起来,他狠狠地吸了一口烟,气愤地说:"因历代反动统治阶级,尤其是清朝和国民党,还有一个盛世才,长期以来,对新疆各族人民进行了残酷的剥削和压迫,使各族人民处在悲惨的境地。"

毛泽东沉默了一会儿,又深深地吸了一口烟,直了直腰,充满信心地说:"让各族人民摆脱目前的困境,使他们的生活一天天好起来,是我们共产党人的任务。"

赛福鼎专心地聆听着毛泽东的讲述和教诲,他感到毛泽东的胸怀博大无比，心里时刻装着全国各族人民；同时，他也感到共产党人肩上的担子多么沉重而光荣，因为它肩负着中华民族兴旺发达的重任。

工作人员报告："可以吃饭了。"

毛泽东请赛福鼎入席。这是一餐普通的家宴，一色的清真菜。维、汉两个民族的同胞同桌共餐，就像一家人一样。大家边吃边聊，十分开心。在毛主席家做客给赛福鼎留下了永生难以忘怀的美好记忆。在纪念毛泽东诞辰100周年时，身为全国人大常委会副委员长的赛福鼎撰文颂扬毛泽东对新疆各族人民的关心和厚爱："毛主席每时每刻都在关心着新疆各族人民，他将一颗伟大的爱心无私地奉献给了新疆各族人民。"

决策抗美援朝

1950年6月25日,朝鲜内战爆发。朝鲜人民军迅速打过"三八线",3天后便解放了汉城。李承晚政权面临灭顶之灾,美国人坐不住了,6月27日,杜鲁门宣布美国海、空军立即参战,并派第七舰队封锁台湾海峡。随后美国陆军第八集团军直接参加了地面作战。

美国的军事干涉最初并没有能阻止朝鲜人民军的凌厉攻势。到8月初,朝鲜人民军已经解放了朝鲜90%以上的国土。很多人在为朝鲜人民军的胜利欢欣鼓舞之时,一直关注着这场战争的毛泽东,却摇着头对身边的工作人员说:"越是在这时候,越是要预防不测。现在需要休整一下,调整军队部署后再战。"

在美军参战后,毛泽东为了"预防不测",决心将人民解放军第十三兵团调到东北。7月上旬,毛泽东委托周恩来两次召开国防会议,决定由军委战略预备队的三十八军、三十九军、四十军和四十二军共25.5万人组成东北边防军,由粟裕任司令兼政委,萧劲光任副司令,萧华任副政委,同时还组成东北空军司令部,于7月底全部调往安东、辑安、本溪等地集结,屯兵鸭绿江畔。

李承晚军队残部在美军的支持下,收缩在洛东江三角洲正作拼死顽抗。一种直觉告诉毛泽东,战局的背后潜伏着危机。他再次要求东北边防军："务于9月30日以前完成一切准备。"

8月23日午夜时分，周恩来带着总参作战参谋雷英夫来到菊香书屋，详细向毛泽东汇报了当前朝鲜战场上双方的作战态势。毛泽东一面仔细倾听，一面微微地点头，直到雷英夫汇报结束，才肯定地说了6个字："有道理，很重要。"在听了周恩来的意见后，毛泽东站起身来，一边来回踱步，一边慢慢地说："看来美军要有重大的行动了，很可能就在最近。"他的目光又一次转向雷英夫。雷英夫知道毛泽东是在向他征询进一步的答案。他如实地汇报了作战部对情况的分析："美军很可能于9月15日在仁川登陆。"毛泽东立即对雷英夫汇报中的分析表示出极大关注，他追问道："如此精确，说得再具体一些。"在听了雷英夫的陈述后，毛泽东深深地吸了一口手中的香烟，随着缓缓吐出的烟团，然后发出了3道命令："第一，立即通知情报部门，严密监视朝鲜战场和美、英、日的动向。第二，通知斯大林和金日成，希望人民军对美军在仁川登陆预作准备。第三，我军第十三兵团加紧作战准备，一旦有事能立即行动。"

在连续发出3道命令后，毛泽东的思路似乎在向更深更远的地方延伸。他又提出了一些作战方面的具体问题，甚至问到麦克阿瑟的性格和指挥作战的特点等。雷英夫说到麦克阿瑟是个"好战分子""倔老头"时，毛泽东若有所思地"哦"了一声，显然是在考虑着这个未来对手，他惯用的战术、他的弱点："骄兵必败！他越好战、越倔，对我们越有利。"……汇报快结束了，毛泽东满意而意味深长地对周恩来说："不要什么都认为美国如何如何，美国人没啥了不起，我们作战部的小参谋也可以大有作为。这也是对少数犯'恐美症'的人的最有力的教育。"周恩来会心地点了点头。此刻也许只有他知道，毛泽东终将作出一个历史性的决定。

一切都像总参作战部所预料的那样精确无误，9月15日拂晓5时，麦克阿瑟亲自指挥美海陆空7万兵力，在200多艘舰艇和500多架飞机的掩护下，开始在仁川登陆，16日下午占领了仁川。与此同时，沃克的第八集团军在洛东江地区开始发动反攻。朝鲜人民军受到美军的南北夹攻，加之后方供应断绝，伤亡严重，被迫向北撤退。9月26日，美李军攻占汉城。9月27日，经杜鲁门亲自批准，美军参谋长联席会议授权麦克阿瑟可以在三八线以北朝鲜境内采取军事行动，消灭"北朝鲜的武装力量"。

1950年10月1日，正是年轻的中华人民共和国成立一周年之际，举国上下沉浸在一片欢乐之中。然而在庄严静谧的中南海，毛泽东主席和党中央却面临着一个艰难而伟大的抉择。就在这一天，毛泽东接到金日成首相请求"出兵援助"的来信以后，他反复阅读了几遍，眉头紧锁。唇齿之邦向我们发出紧急求援的呼吁，怎能见死不救呢？

"出兵朝鲜"，此前毛泽东和中央主要负责人周恩来、刘少奇、朱德等虽然反复商量过，并取得了一致意见，但这的确是非同小可的举动！新中国刚刚诞生不久，百废待兴，困难很多，这个决心可不容易下哟！毛泽东思忖：一声令下，三军出动，那就关系到数十万人的性命。常说人命关天嘛，如果这一仗打得不好，危及国内政权,甚至丢了政权,那我毛泽东对历史、对人民都没法交代呀!

为了慎重起见,也为了广泛听取意见,统一思想,毛泽东于国庆之夜和10月2日下午,两次主持召开了政治局紧急会议,向中央领导人通报朝鲜的形势,讨论出兵朝鲜问题。发言中多数人不赞成出兵,理由:一是国内刚打完仗,困难多;二是我军装备与美军相比太悬殊。最终大家也没形成一致的意见。

根据毛泽东的指示,10月4日,中央派人去西安把彭德怀请到北京来。专机是下午4时飞抵北京的。彭德怀驱车径直来到中南海,这时会议已开始1个小时了。彭德怀进入会场,毛泽东对他说:"你来得正好,美军已开始越过三八线了,现在正在讨论出兵援朝问题,请你准备谈谈你的看法。"彭德怀坐定,发现会议的气氛很不寻常,多数人发言认为出兵问题应慎重从事,所以他没有发言,只是侧耳静听。会议结束前,毛泽东讲话:"你们说的都有道理,但是别人处于国家危急时刻,我们站在旁边看,不论怎么说,心里也难过。"

10月5日,中央政治局在颐年堂召开关键性的会议。毛泽东在会上作出最后决定:"现在是美国人逼我们打这一仗,我们面前只有一条路,不管冒多大的风险,有多大的困难,也要立刻出兵!"10月8日,毛泽东正式发布命令:"为了援助朝鲜人民解放战争,反对美帝国主义及其走狗们的进攻,借以保卫朝鲜人民、中国人民及东方各国人民的利益,着将东北边防军改为中国人民志愿军,迅即向朝鲜境内出动,协同朝鲜同志向侵略者作战并争取光荣的胜利。"

同一天,彭德怀飞赴沈阳部署第十三兵团入朝。周恩来乘飞机前往苏联会见斯大林,购买武器装备和争取苏联空军支援志愿军入朝作战。毛泽东很快接到周恩来从苏联发回的电报。周恩来报告说,经与斯大林会谈,苏方表示尽快向志愿军提供20个师的装备,但不能在朝鲜战场提供空中掩护,如中国出兵有困难,可让金日成到东北组织流亡政府。周恩来在电报中请中央根据这种情况对出兵问题再作考虑。毛泽东读着电报,立即明白了斯大林不肯提供空中支援就是怕与美国发生直接的军事冲突。他既震惊又气愤。毛泽东转向站在一旁的代总参谋长聂荣臻:"要老彭立即回北京,令十三兵团就地训练,暂不出动。"

13日下午,毛泽东又一次主持召开了中央政治局会议,讨论出兵问题。毛泽东在会议上全面分析了出兵的利弊得失。他说:"我们已经向美国发出警告,敌人也向我们发出了'哀的美敦书'。现在我们与美国已经是短兵相接,狭路相逢。如果让敌人压到鸭绿江边而我们表现得无能为力,软弱可欺,国内国际反动气焰高涨,对各方都不利,首先是对东北更不利。我的意见是即使没有苏联的空中支援,也要立即出兵。"到会的同志一致同意毛泽东的分析,"抗美援朝,保家卫国",会议决定志愿军25.5万人马于10月19日开始进入朝鲜。会后毛泽东打电报坚定地告诉尚在苏联的周恩来:"我们认为应当参战,必须参战,参战利益极大,不参战损害极大。"当周恩来将毛泽东的决定通知斯大林时,斯大林竟激动得流下泪来,这时他才真正理解了中国共产党人,理解了毛泽东。

18日下午，毛泽东首先听取了周恩来关于与斯大林会谈的报告，然后又听取了彭德怀和高岗关于出兵准备工作的报告，直到这时他终于作出了最后的决断："不论有天大的困难，志愿军也要按原计划渡江，时间决不能再推迟了。"晚9时，毛泽东发出特急绝密电报，命令志愿军自19日起渡过鸭绿江。新中国成立后与世界头号强国——美国的第一次军事较量就这样拉开了序幕。

19日黄昏，如箭在弦上的中国人民志愿军，在夜暗中跨过了鸭绿江，发起了著名的第一次战役。

在战争年代，毛泽东就养成了夜间工作的习惯，他称自己是"按月亮的规律办事"。夜里十一二点钟吃一次饭，又继续办公，直到清晨四五点钟才睡觉。上午10点钟左右起床，一天最多睡四五个钟头。有时忙起来一天只吃一顿饭，一连几天几夜不睡觉，他办公室的灯光经常彻夜不熄。在中国人民志愿军入朝作战的日子里，毛泽东更是废寝忘食，运筹帷幄于中南海，指挥我人民志愿军将士与朝鲜人民军官兵一起抗击美国侵略军。

1951年11月的一天，毛泽东的办公室里烟雾弥漫，警卫员已经给他倒了两缸烟灰了，可他还在一根接着一根地吸烟。他的一切心思都在前线，正在酝酿着一个重大的决策。毛泽东身边的工作人员都知道，在这种时候，谁也不敢打扰他，免得影响了他的思路，引起他生气、发脾气。

想尽一切办法保证毛泽东的适度睡眠和按时用餐，是工作人员的职责。在正常情况下，一般容易做到。但在当天却是一件棘手的事。不过，工作再难也得做。警卫员李家骥胆怯地请示："主席，该吃饭了。""好。"毛泽东不假思索地回答后，又在继续思考他的问题。警卫员第二次请示，毛泽东没吭声，只是机械地点点头。看样子毛泽东根本没有想到吃饭的事。警卫员不敢再催了，只好见机行事了。

过了一阵子，李家骥望见毛泽东从沙发上起来，嘴巴动了几下，像是想吃东西的样子。他心里十分高兴，马上走到毛泽东身边，等待毛泽东吩咐上饭。可是，毛泽东看都没看他一眼，径直走到办公桌前，拿起铅笔飞快地写起来。李家骥扫兴地退了回去。

出自对毛泽东的感情和工作职责的要求，李家骥做好了挨批的准备，正要劝毛泽东吃饭时，秘书来了。毛泽东把刚起草好的一份电文交给秘书，说："马上发出，等候回电。"李家骥喜出望外，见缝插针，赶紧说："主席，利用这个间隙吃饭吧。""好，吃饭。"毛泽东痛快地答应了。李家骥很快就把早已准备好的饭菜端了上来。毛泽东实在是太饿了，饭菜一上桌，他就上手开吃。李家骥一边给他夹菜，一边劝他慢点吃。吃了一会儿，毛泽东抬起头来看了一眼李家骥，问道："怎么还是你值班？"听了毛泽东的问话，看了毛泽东那饥不择食的样子，李家骥心里难受极了，他为自己没有尽到责任让领袖吃好饭、睡好觉而内疚。"主席，我这是又上一班了，您已经两天两宿未睡觉了。"

毛泽东聚精会神地思考问题，全身心地工作，无暇顾及周围的变化，包括他吃了多少饭，睡了多少觉，警卫员谁值班，以及过了几个白天和黑夜，他都不清楚。

毛泽东吃完饭，一抹嘴，又来到办公桌前。李家骥劝毛泽东睡一会儿再干。毛泽东说："唉，没办法，还有事没办完。"他一边看文件，一边问："几点钟了？""快8点了。"李家骥回答。"又过了一天。"毛泽东自言自语地说。其实是又过了一夜，毛泽东把白天和黑夜弄颠倒了。

李家骥刚收拾完碗筷，叶子龙来了，并吩咐说："聂代总长要来，你安排一下。"李家骥满脸不高兴，埋怨说："主席两天两宿没睡觉了，怎么还安排事？"

"你懂个什么，不安排行吗？"叶子龙不客气地说。

不一会儿，聂荣臻匆匆来到毛泽东的办公室。一进屋，聂荣臻就指着地图向毛泽东报告说："我们的部队已进入指定阵地。"毛泽东询问而又带有命令地说："敌人部署怎么样？要让敌人按我们设计的方案行动！"两人就作战问题进行了讨论。

聂荣臻走了，医护人员又劝毛泽东休息，毛泽东生气地说："我还有事，你们去吧，我也不想这样，有什么办法呢？是他们（指美帝国主义者）逼得我这样，你们要劝就劝他们吧。"一直到上午10点多钟，毛泽东处理完必办之事，才向卧室走去。

抗美援朝战争的胜利，凝聚着毛泽东无限的感情、巨大的心血和丰富的智慧。中国人民志愿军在毛泽东与党中央、中央军委的正确领导和指挥下，高举国际主义和爱国主义旗帜，紧紧依靠中朝两国人民，以无比的勇敢精神和智慧，克服了各种常人难以想象的困难，在武器装备落后的情况下，在美军占尽了空中优势的情况下，同朝鲜人民军并肩作战，经过2年9个月的艰苦抗击，终于打败了完全现代化装备的美国侵略军，赢得了战争的胜利，维护了世界和平。

送子参战

1950年9月15日，美军在仁川登陆，10月7日美军越过三八线，24日麦克阿瑟下令取消有关不准美军在朝鲜北部边境地区作战的禁令，指示美军要"一鼓作气"打到鸭绿江边，嚣张气焰达到了顶点。美国迅速参战，把战火烧到了中国边境，并阻挠中国人民解放台湾，严重危害了中国主权和安全，经过多方权衡，中共中央、毛泽东最终确定了"抗美援朝，保家卫国"的决策。

1950年10月8日，中国人民革命军事委员会主席毛泽东发布命令，将东北边防军组成中国人民志愿军，任命彭德怀为中国人民志愿军司令员兼政治委员，待命出发，赴朝作战。此时，毛泽东的长子毛岸英正在北京机器总厂担任党委副书记。他结婚不久，对未来的生活充满了希望和信心。他受到父亲的教育和熏陶，具有很高的政治觉悟。他曾在给舅舅的信中说："反动派常骂共产党没有人情，不讲人情。如果他们指的是这种帮助亲戚朋友、同乡同事做官发财的人情的话，那么我们共产党正是没有这种'人情'，不讲这种'人情'。共产党有的是另一种'人情'，那便是对人民的无限热爱，对劳动人民的无限热爱。"当他得知志愿军将赴朝作战时，再也坐不住了，马上向父亲请求上战场。当时很多同志都劝毛泽东，说毛岸英在单位里有重要责任，离不开，不要参战了。毛泽东讲了应该去的道理，又说道："谁叫他是毛泽东的儿子！他不去谁还去？"毛泽东历来有支持亲人勇赴国难之气概。

出征前夕，毛岸英随彭德怀自东北回北京，向毛泽东和党中央汇报工作。报告结束，已是下午6点。毛岸英骑上车，先匆匆赶到北京机器总厂，向领导和工友告别；然后赶往北京医院，看望因动阑尾手术住院的妻子刘思齐。到医院时，天早已黑下来了。

望着新婚不到一年的妻子，毛岸英心里有种说不出的滋味，出国作战是军事秘密，毛岸英不好随便透露，却又禁不住告诉了她。

毛岸英坐在病床前的凳子上，掏出手绢不断擦着脸上的汗说："明天我将要到一个很远很远的地方出差。我走了，通信不方便，如果你没有接到来信，可别急呀！"

妻子忙问他去哪里。毛岸英叫她不要问，然后说："你知不知道有个朝鲜半岛？美国侵略者在那里打得很厉害。""怎么，你……"妻子已经感觉到一点什么。毛岸英连忙岔开话题："啊，不，不，我这是考考你政治呢！"

临走时，毛岸英叮嘱妻子病好后要常常去看望爸爸，并照顾好弟弟岸青。然后又骑车去岳母张文秋家辞行。

向着慈祥的岳母，毛岸英深深鞠了一躬："您没儿子，我和岸青没有妈妈，我们兄弟就是您的儿子。"岳母把一直珍藏的一块手表送给了女婿，作为送行的纪念物。

10月19日，毛岸英作为第一批志愿军战士，雄赳赳、气昂昂，跨过了鸭绿江，奔赴朝鲜参战。毛岸英在志愿军司令部担任俄语翻译兼机要秘书。

志愿军入朝后，不失时机地组织了第一次战役，给不可一世的美军以迎头痛击。敌人在遭到沉重打击后，出动大批飞机实行"绞杀战"。这样，设在前线的志愿军首脑机关随时都处在敌机狂轰滥炸的威胁中。周恩来得知了志愿军指挥机关驻地的诸多不安全因素后，急忙起草了给志愿军司令部的指示电，要求他们注意安全："负责同志必须进入地下室，任何同志不得违背。"电报于21日发往了志愿军司令部。然而不幸的事到底发生了：11月25日，毛岸英牺牲了，他死在美军飞机的狂轰滥炸之下。

志愿军入朝作战打响第二次战役的头一天，毛岸英正在设在前线的志愿军总部作战室值班。这时，4架美军轰炸机嗡嗡震响着掠过志愿军总部的上空，肆无忌惮地对地面目标实行疯狂扫射。当美机飞过作战室上空时，扔下了几十颗凝固汽油弹。毛岸英和他的战友还没有来得及出来，炸弹就在房顶上及房子前后爆炸了。顿时，木板房燃着了，周围的松树也燃着了。木板房的门被火封死了，浓烟滚滚，火光冲天。还没等扑灭大火，毛岸英和他的战友高瑞欣已经倒在熊熊的烈火之中，壮烈牺牲了。从毛岸英跨过鸭绿江到不幸牺牲，仅仅37天时间。但正是这37天却奏响了他28年生命交响曲中永不消逝的最强音。

当日下午，战友们将毛岸英、高瑞欣两位烈士安葬在山脚下。彭德怀率司令部全体人员在墓前脱帽久久伫立，他沉痛地说："毛岸英是我们志愿军的第一个志愿兵，党中央、毛主席刚任命我当志愿军司令员，他就找我报名了！"

众所周知，毛泽东喜欢长子毛岸英。毛岸英小的时候，毛泽东就对他寄予厚望。毛岸英长大以后，毛泽东从多方面对他加以培养和教育，使毛岸英迅速成长为一个优秀的共产党人。大革命失败以后，毛泽东带领秋收起义的部队上了井冈山，小岸英成了国民党监狱里的小囚徒、上海十里洋场的流浪儿。毛泽东十分心疼地说："为了革命事业，这孩子从小就吃百家饭，走万里路啊！"

1936年，上海地下党组织通过各种关系，把毛岸英和他的弟弟毛岸青送到莫斯科去学习。毛泽东在繁忙的工作之余，时常惦念着心爱的儿子。有人从苏联带回来儿子的照片，毛泽东欣喜万分，一遍一遍地看着，仔细端详着长大了的儿子，激动得热泪盈眶。此后，毛泽东经常给儿子写信、寄照片、捎东西，父子间常有书信往来。

毛泽东在1941年1月31日给儿子的信中写道："岸英文理通顺，字也写得不坏，有进取的志气，是很好的。唯有一事向你们建议，趁着年纪尚轻，多向自然科学学习……只有科学是真学问，将来用处无穷。"并亲自挑选了21种共60本书给儿子捎去。毛泽东望子成才报效祖国的心情溢于言表。

1941年冬末，根据联共（布）中央的建议，毛岸英的老师劝他加入苏联国籍。毛岸英坚决地说："我是中国人，我爱我们的祖国。只要祖国一声令下，我就要回到祖国去。如果加入了苏联国籍就不方便了。"

1946年，毛岸英回到延安，来到日夜思念的父亲身边。毛泽东为了让儿子了解农村，认识国情，先把他送进"劳动大学"，后又让他参加中央土改工作团。新中国成立后，为了能直接参加祖国的建设，毛泽东支持儿子下基层，在北京机器总厂担任党委副书记。正当毛岸英雄心勃勃要大干一番事业的时候，朝鲜战争爆发了。毛泽东决定送儿子去朝鲜前线。

26日晨，在操劳中还未睡觉的周恩来接到了志愿军司令部的关于毛岸英牺牲的电报。拿着这令人震惊的电报，周恩来的心在震颤，手在发抖，眼泪禁不住地流淌。毛泽东已经有包括妻子在内的5位亲人为革命而捐躯了，现在，他最喜爱的长子也为国捐躯了，这对他的心灵该有多大的打击啊！周恩来不忍心把电报给带病还在通宵达旦工作的毛泽东看，他和刘少奇决定暂时把毛岸英牺牲的消息隐瞒下来。直到1951年1月2日，毛泽东病愈后，周恩来才把毛岸英牺牲的电报送给毛泽东，并附一封安慰信。当时经常在毛泽东身边工作的雷英夫对此回忆说："当志愿军司令部将这一情况报告军委后，周总理向刘少奇同志报告后马上采取措施，告诉中央办公厅主任杨尚昆和在毛主席身边工作的同志，暂时不要把毛岸英牺牲的消息报告毛主席。因当时毛主席正患感冒，又在集中精力指挥第二次战役，加上毛主席最喜欢毛岸英，总理和中央怕过于突然，影响毛主席的健康和分散毛主席的精力。1月初，我军发起的第三次战役已经越过三八线并取得了胜利，毛主席感冒也好了，总理见时机成熟了，即马上向毛主席正式报告。"毛泽东听到这个消息后先是一怔，盯着工作人员一声不响，大家也没敢说一句劝慰的话，不约而同地垂下了头。毛泽东的眼圈湿了，却没有流出眼泪，只是发出了催人泪下的一声叹息："唉，谁叫他是毛泽东的儿子呢……"

同年2月，彭德怀回到北京向毛泽东汇报朝鲜战况时，也谈到了毛岸英牺牲和安葬的情况，并说："他工作很积极，可我对你和恩来几次督促志司注意防空的指示不重视，致岸英和高参谋不幸牺牲，我应承担责任，我和志司的同志们至今还很悲痛。"

听着彭德怀的诉说，毛泽东沉默不语。他伸手拿烟，两次都没有将烟从烟盒里抽出来，最后是警卫员帮他取出香烟。他大口地抽着，凝望着窗外已经萧条的柳枝，轻轻背诵起《枯树赋》："昔年种柳，依依汉南；今看摇落，凄怆江潭。树犹如此，人何以堪！"然后抬起头来沉痛而缓慢地说："岸英积极响应党中央'抗美援朝，保家卫国'的号召，主动报名参加中国人民志愿军，与朝鲜人民一起浴血奋战，这个行动是可贵的。岸英是1922年生的，刚够28岁。为了中朝两国人民的共同革命事业，为了打败美帝国主义侵略军，献出了年轻的宝贵生命，作为无产阶级战士、共产党员，他尽到了自己的责任。"毛泽东又续上一支烟，深深地吸了几口，接着说："革命战争，总是要付出代价的。为了国际主义，反击侵略者，中国人民把自己最优秀的儿女，组成志愿军，开赴朝鲜前线，抗美援朝，保家卫国，牺牲了多少个优秀的战士。岸英是属于革命烈士中的一员，作为无产阶级战士、共产党员，他尽到了自己的责任。你回去要讲，岸英是志愿军的一名普通战士，不要因为是我的儿子，就当成一件大事。不能因为是我、党的主席的儿子，就不该为中朝两国人民的共同事业而牺牲。世上哪有这样的道理呀！哪个战士的血肉之躯不是父母生？"

说到这里，毛泽东面向彭德怀，既是安慰彭德怀，又是自我安慰地说："战争嘛，总要死人的。朝鲜战场上我们有多少优秀的儿女献出了生命，他们的父母难道就不悲痛吗？为了革命，为了保家卫国，他们死得光荣，我们做父母的也感到光荣啊！"彭德怀静静地听着，他深知，毛岸英的牺牲，对党，特别是对毛泽东是一个永远也无法挽回的巨大损失。毛泽东忍受着老年丧子的巨大悲痛。

毛泽东强忍着悲痛，把心血倾注在国家的大事上。然而，儿媳刘思齐每周必到的看望，对他是一场情感上的无尽煎熬。开始毛泽东总是装作若无其事，最后，毛泽东不得不吐露了真情。他先向刘思齐谈到为革命牺牲的烈士：杨开慧、毛泽民、毛泽覃、毛泽建、毛楚雄……当刘思齐得知了毛岸英牺牲的消息后，痛不欲生，不停地哭。毛泽东木然地坐在沙发上，脸色苍白，心潮翻滚。周恩来无意碰到了他的手，心里一惊，急忙对刘思齐说："思齐，你要节哀啊，你爸爸的手都冰凉啦！"刘思齐一愣，又哭着去安慰毛泽东……

对于毛岸英遗体的安葬，彭德怀经过周密考虑，给毛泽东写信提出了自己的意见。他在信中写道："我意即埋在朝鲜，以志司或志愿军司令员刊碑，说明其自愿参军和牺牲经过，不愧为毛泽东的儿子。与同时牺牲的另一参谋高瑞欣合埋一处，似此教育意义较好，其他死难烈士家属亦无异议。原电报已送你处，上述意见未写上,特补告,妥否请考虑。"

  毛泽东同意了彭德怀的意见,并指出:岸英的遗体没有运回国内,埋在朝鲜国土上,体现了我们与朝鲜军民同甘苦、共患难的革命精神,也说明我们中朝两国人民的友谊是用革命烈士的鲜血凝成的。你们做得对,做得很好。于是,毛岸英就葬在了朝鲜平安道桧仓郡的志愿军烈士陵园里。他永远地安息在他生前用生命和鲜血捍卫过的友好邻邦——朝鲜民主主义人民共和国的土地上。领导人的榜样具有最强的说服力。自人类的文明史开始以后,战场上阵亡者遗体的安葬问题,往往是一个难以处理的棘手问题。活要见人,死要见尸,这也是中国历代的传统。可是在抗美援朝战争中,这个问题处理得最顺利。10多万牺牲的中华儿女,几乎都就地安葬在朝鲜战场上。有些牺牲者的家属也提出要亲人的遗骨,可是当他们知道毛主席的儿子也埋在朝鲜的时候,就没有人再说什么了。毛泽东和他的爱子毛岸英以他们的实际行动为国家和人民展示了"青山处处埋忠骨,何须马革裹尸还"的悲壮一幕。

  如今伟大的抗美援朝战争已经胜利多年了,毛泽东的儿子毛岸英也静静地长眠于异国的土地上多年了。但岁月可逝,精神万古,毛泽东送子参军的爱国主义和国际主义精神却永远地留在了人间,教育着后来人。

紫云轩主人

北平的建筑分布，是以帝王宫殿紫禁城为中心的，它象征着封建皇权的无上权威。中南海位于紫禁城西面。从清代起，中南海便成为重要的政治活动场所。近代史上著名的"戊戌变法"失败后，慈禧太后便把光绪皇帝赶出了紫禁城，囚禁在中南海内的瀛台中，一直到死。后来袁世凯称帝，皇宫便定在中南海。民国期间，中南海也曾被不少显赫一时的达官贵人选为自己的官府。所以，在中国近现代史上，"中南海"三个字便代表着政治权力。

在中南海高大的院墙内，有许多相对独立的建筑群。从中南海的南门——新华门往里走，顺着南海西岸的马路行至北头，便会看到一个大院，院门口上方的黑色大匾上，书写着三个金色大字——"丰泽园"，落款是乾隆皇帝。

随着历史的推演，很多人又把毛泽东的名字与丰泽园联系起来，并注入了某种迷信色彩。有人说，毛泽东的名字寓意着恩泽东方的意思，所以他自应成为东方的救星；也有人说，毛泽东只有入住享有丰厚恩泽之地的丰泽园，才能成为中华民族真正的领袖；等等。但是，真实的历史是：周恩来进入中南海之后，丰泽园是他的临时下榻之处。就在毛泽东决定搬进中南海之前，细心而周到的周恩来查看了有关的住地，认为丰泽园中菊香书屋的条件比较好，主动请毛泽东入住丰泽园，而自己搬到西花厅去居住和办公。因此，这一搬和一进，体现了周恩来的为人以及对毛泽东的尊重。

丰泽园是一座相对独立的建筑群，它由许多小院落组成。丰泽园大院的东侧，有一个小院，叫"菊香书屋"，它便是毛泽东居住的地方。

菊香书屋是一座标准的北方建筑风格的四合院，由东、西、南、北方向的4排房子组成，每排房子5间。毛泽东的起居室在北房。5间屋的当中一间门中挂有"紫云轩"的匾额，所以，在毛泽东身边的工作人员也称毛泽东为"紫云轩主人"。

毛泽东是很不情愿地搬进中南海的。那时，他的理由很简单：他不当李自成，不住皇帝住过的地方。并且，毛泽东也极不适应这里的新环境。当年，他在延安或西柏坡的时候，住在一个小小的院子里，无论是窑洞还是房间都不大，和其他领导人接触十分方便，甚至在院里喊一声就行了。如今住的是深宅大院，各种规矩多得不得了，他想见谁以及谁想见他，都需要经过几道关卡。因此，毛泽东的活动范围除去参加大型会议或外出视察以外，基本上就是在菊香书屋的周围；他所接触的人也就是朝夕相见的卫士、警卫和秘书。诚如他的卫士所回忆的那样，毛泽东想出中南海，必须报告汪东兴、叶子龙等，公安部要派人保卫。如果离京必须报告杨尚昆。

毛泽东想借用出其不意、攻其不备的兵法"冲出"这座戒备森严的中南海，到郊区看看与他同命运、共呼吸的农民，卫士们既不敢违反中南海里的规矩,又不敢和全国人民的领袖毛泽东对抗,怎么办?只好为难地解释道:"主席,我和你不一样,我必须执行给我规定的纪律,不然,我的领导要批评、处分我的。"

对此,毛泽东能说些什么呢?唯有长长地叹一口气。他沉吟片刻,说道:"这个规定没有错,但把我和群众分隔开不行啊!我见不到群众就憋得发慌。我是共产党的主席,人民的领袖,见不到他们还算什么主席、还算什么领袖?我们共产党人、我们各级领导是鱼,人民群众是水,鱼离不开水,离开水鱼就得渴死。"

毛泽东或许想得太多了,抑或是他那天生的个性受到了前所未有的压抑,又感慨地说:"我见到群众,和他们唠嗑,不仅是工作而且是一种享受啊!不知你们是不是理解我的心情。唉,我这个主席不如你们好,我没有自由啊!"这就是毛泽东入住中南海后的真实写照。实事求是地说,他这种在革命中与人民群众结下的鱼水之情,直到他驾鹤西去都常驻在他的心中。正因为如此,住进中南海后,毛泽东一再告诫身边的同志,要保持艰苦朴素的作风,这样才不至于脱离群众。

由于年代长久,加之保护不善,中南海里的建筑比较破旧,工人们正在加紧抢修。毛泽东工作之余喜欢散步,看见干活的工人,便凑过去闲聊。

勤政殿是中南海里最高的建筑,正厅面积较大,可供上百人开会。当时新政协的筹备会议,便选在此处召开。有一天,毛泽东散步走到勤政殿前,停下脚步,对工作人员说:"过几天就要在这里开会了,咱们先进去看看。"勤政殿过去是皇帝休息和办公的场所，因而装饰比较豪华。进了大门，通过院子，便来到过厅。过厅很大，宽10米，长50米，两旁摆放着名贵的花瓶、古物和工艺作品。毛泽东走近前去一一观看，摇摇头，长长叹息一声，说道："过去的皇帝，只管自己的排场，可苦了老百姓啊。"

负责检修工作的负责人迎上来，领着毛泽东大体参观了勤政殿的各个建筑，最后问毛泽东有何指示。毛泽东说："总而言之就是一条，少花钱，多办事。"

毛泽东正式迁入之前，菊香书屋里的大部分房间用作办公。毛泽东搬入后，指示工作人员对室内布置作了一些调整。

毛泽东用作起居室的房间在菊香书屋北房的东侧，一共两间，互相贯通。依照老习惯，毛泽东让工作人员放上一张大木床。这张床既供毛泽东休息，也是他看书、批阅文件的地方。除了这张大木床外，毛泽东的起居室里还摆放了一张办公桌、一套沙发和几组书架。

北房西侧的两间房，一间是江青的卧室，另一间是毛泽东的书房。江青卧室的摆设，毛泽东不管；毛泽东的书房，则摆满了书架，里面收藏了许多书籍。

毛泽东正式办公、会客的地方，在东房的北侧，也是两间相通的房间，很宽敞。毛泽东迁入前，这两间屋是公共场所，布置得比较漂亮，摆放着许多鲜花。毛泽东对工作人员说："这些花不用摆这么多了。我这里来的人多，有干部，有工人、农民。他们来了，见我办公的地方搞得这么漂亮，就会上行下效，向我看齐。久而久之，会搞成一种风气，这就很危险了。"

严格地讲，当初菊香书屋的生活设施并不齐全。例如在办公室和卧室附近，没有厕所，需要时得走到后院，距离挺远。毛泽东和来访的客人都很不方便。毛泽东对此倒不在意，但身边的工作人员却过意不去。他们与有关方面协商，在毛泽东办公室后面盖了一间卫生间，与办公室打通，这才解决了难题。毛泽东有一天睡醒觉，看到这个变化，连声称好。

菊香书屋原来的设计是烧地炉取暖。由于年代太久且维修不力，这套设备基本上失效了。后勤部门经过研究，决定在菊香书屋里的一处空地方砌座小锅炉，这才解决了冬天供暖，平时供热水、开水的问题。

毛泽东居住的北房卧室和东房办公室之间，隔着院子。遇到冬天冰冻或雨天泥泞，走动起来很不方便。工作人员几次与毛泽东商量，想盖一条走廊，毛泽东坚决反对。他说："我看没那个必要。这里是古建筑，它的面貌要尽可能保存好。况且，修走廊，讲舒适，花钱太多，与艰苦奋斗的作风不符合嘛！"

尊　师

尊师，是中国人民的传统美德。被世人尊为伟人、巨人的领袖毛泽东，也有过许多老师，他对自己的老师一直非常尊敬。

毛泽东小时候读过几年私塾，邹春培、毛润生、周少希、毛宇居、毛简臣、毛麓钟等都曾当过他的塾师。后来他又先后在湘乡县立东山学校、湘乡驻省中学及省立第一中学、第四师范、第一师范读书。谭咏春、李元甫、贺岚岗、符定一、杨昌济、黎锦熙、方维夏、徐特立、王季范以及张干、袁吉六、罗元鲲等都曾是他的授课老师。

杨昌济是我国近代著名学者和教育家，是毛泽东在湖南一师的老师，也是他的岳父。毛泽东十分钦佩杨昌济先生，对其治学严谨、道德高尚、学识渊博的品质尤为推崇。杨昌济先生病逝以后，毛泽东对这位尊敬的老师无比怀念。1936年，毛泽东曾对赴延安访问的美国记者斯诺这样说过："给我印象最深的教员是杨昌济，他是从英国回来的留学生，后来我同他的生活有密切的关系。他教授伦理学，是一位唯心主义者，一位道德高尚的人。他对自己的伦理学有强烈的信仰，努力鼓励学生立志做有益于社会的正大光明的人。"毛泽东认为，自己主要是在杨昌济先生的熏陶和教育下，立志救国，勤奋刻苦地学习，不断进取，为一生的事业打下坚实的基础。

德高望重的无产阶级革命家、"延安五老"之一徐特立也曾是毛泽东的老师。在徐特立六十诞辰之际，毛泽东怀着崇敬的心情特意写信给这位湖南省立一师的老师祝寿。在信中毛泽东写道："你是我二十年前的先生，现在仍然是我的先生，将来必定还是我的先生。"在历述徐特立"革命第一、工作第一、他人第一"的革命品德和高尚情操之后说："所有这些方面我都是佩服你的，愿意继续地学习你的，也愿意全党同志学习你。"字里行间洋溢着尊师之情。解放后，毛泽东虽然身居高位，思想和学术均超过徐特立同志，但他一直对徐老以师长事之。

对其他的老师也是如此。毛泽东担任党和国家主席以后，日理万机，工作十分繁忙，但对老师们或书来信往，体贴问候，汇款寄物；或亲邀来京，聚首畅谈，虚心请教。在这些老师面前，他坚持执弟子之礼，表现了一片赤诚和过人的谦虚。

毛泽东就读一师时，因驱逐校长张干一事轰动全校，张干为此十分恼怒，曾下令开除毛泽东等17名闹事学生的学籍，幸亏一些老师的坚决反对，毛泽东才未被开除。事隔30余年后的一天，徐特立、谢觉哉、王季范、熊谨可和周世钊等同志去看望毛泽东，当谈到张干仍在长沙任教且生活困难时，毛泽东深表同情，连声说："对张干这个人应该照顾。张干这个人很有能力，很会讲话，三十几岁就当一师校长，很不简单。原来我不高兴他，我是估计他一定要向上爬。现在看来，他解放前吃粉笔灰，解放后还吃粉笔灰，难能可贵呀。"他颇有几分自责道："现在看来，当时赶走张干没有多大必要。因为要每个师范生交10元学杂费的事，也不能归罪于张干一人。至于让学生多读半年书，有什么不好呢？"事后，毛泽东不计前嫌，想办法帮助张干。

1952年9月间，毛泽东特意邀张干和自己的老师李漱清、罗元鲲及私塾同学邹普勋赴京会面。4位师友一到北京，毛泽东立即派人亲临住处，安排为他们赶制衣服、皮鞋，分发了零用钱，并嘱咐这些开支都从他自己的稿费里支付。

为了畅叙师生情谊，毛泽东抽出时间请他们吃了一顿饭。那天，毛泽东派车接4位师友来到中南海丰泽园。车一到，身材魁梧、精神焕发的毛泽东立即迎上前去，和他们一一握手问候。久别重逢，大家都很激动，但也有些拘谨，甚至有人内疚不安。

毛泽东将4位师友请到客厅后，力主让李漱清、张干坐上座，自己坐下座，对这种谦和的尊师之情，张干尤为不敢当，说什么也不肯坐上座。

这时，毛泽东把自己的女儿李敏和李讷叫了进来，向两个孩子一一介绍自己的校长和师友们。毛泽东高兴地说道："你们平时常说，你们的老师怎么好，怎么好，你们看，这是我的老师，我的老师也很好！"接着，毛泽东又诙谐地说："我的老师，你们要叫太老师哟！"几句话，将老先生们初见时的拘谨场面打破了。

李敏、李讷也笑了，她俩恭恭敬敬地说了声"太老师好"，随后便退了出去。

对当年那场学潮和要开除毛泽东之事，张干深感自责，他几次找机会想把憋了几十年的心里话说出来，可一看这久别重逢的欢乐气氛，又不由得把到嘴边的话咽了下去。但后来，他还是鼓足勇气，用沉重的语调缓缓地对毛泽东说："一师时，我曾主张开除你，真对不起呀……"

毛泽东见张干仍时时自责，便笑着摆摆手说："我那时年轻，看问题片面。过去的事，咱们不提了。"随后又引用"谁言寸草心，报得三春晖"的古诗说："我这颗'寸草心'怎么也难报答老师的'三春晖'啊！"

李漱清等人被毛泽东的敬师之情深深感动，张干更是激动不已，眼里满含泪花。同时，张干又感到，几十年的心理负担如今总算卸掉了，感到轻松多了。而这情境，都是因为有了毛泽东这样平凡而伟大的后起之秀啊！

毛泽东和4位师友从过去谈到现在，从生活谈到工作，谈得那么开心。餐桌上，饭菜虽非山珍海味，但也很丰盛，鸡、鱼、肉都有，还特意加了一盘海参。毛泽东频频为先生夹菜、敬酒。饭后，又请他们参观了中南海并观看电影。事后，张干在日记里这样写道："毛主席优待我们，可谓极矣。我们对革命无所贡献，而受优待，心甚惭愧！"

毛泽东的这次接见给4位师友，特别是给张干留下了不可磨灭的印象，也在我国尊师的历史上留下了一段佳话。

六拒颂扬

抑或是毛泽东太受人民爱戴了，也许是跟着他打天下的各级干部太敬仰自己的领袖了，随着中华人民共和国的建立，各种颂扬毛泽东的诗、画和文章越来越多，这种歌功颂德的封建思潮与他的思想本质是不相容的。这令毛泽东非常不安，总想找个机会表达一下自己这种不安的心情。所以，进北京城前后，他曾不容争辩地6次否决了颂扬他的动议，狠狠地刹了一下这种错误思潮。

1948年8月，华北大学成立典礼前夕，校长吴玉章致电周恩来，希望在学校成立典礼仪式上提出学习毛泽东主义的号召，并与毛泽东、刘少奇商量，赐以指示。吴玉章是中国共产党内的五老之一，毛泽东对他很尊敬。看了吴玉章的电报，毛泽东立即严肃地指出："那样说是很不适当的。现在没有什么毛泽东主义，因此不能说毛泽东主义。不是什么'主要的要学毛泽东主义'，而是必须号召学生们学习马恩列斯的理论和中国革命的经验。""另外，有些同志在刊物上将我的名字和马恩列斯并列，说成什么'马恩列斯毛'，也是错误的。你的说法和这后一种说法都是不合实际的，是无益有害的，必须坚决反对这样说。"毛泽东认为这是原则性的错误，因此，不留情面地将这个动议否决。

1950年5月，也就是在毛泽东筹划召开党的七届三中全会的前夕，田家英双手捧着一份公文走进菊香书屋，往写字台上一放，有些为难地说道："主席，沈阳市政府报来了一份文件。"毛泽东听后一怔，放下手中的笔，沉吟片刻，问道："噢，沈阳市政府有什么大事啊，为什么一定要报给我呢？"

　　"是这样的，沈阳市各界人民代表会议决定：为纪念中华人民共和国成立，在市中心修建一座纪念塔。"

　　"像这样的事，他们自己就可决定嘛！大不了，再报给东北局书记高岗同志就解决了嘛。"

　　"主席，您还不知道，他们要在这座纪念塔上，铸上一座主席您的铜像。"

　　"什么？"毛泽东听后大惊，"他们要在纪念塔上铸上我的铜像？""对！他们在报告上提出：请摄影家代摄主席的8寸站像4幅，寄给他们。"

　　"一幅也不给！"

　　毛泽东说罢感到问题严重了，他打开这份报告，一边看一边用毛笔批示。历史留下了如下这段重要的批示：在"修建开国纪念塔"旁批写"这是可以的"；在"铸毛主席像"旁批写"只有讽刺意义"；在报告的上端大笔一挥，写下："铸铜像影响不好，故不应铸。"毛泽东看罢这份沈阳市的报告并批示完毕以后，用力把这份报告一推，严肃地说道："原件退回！"

　　"是！"田家英双手拿起了这份报告。

　　"告诉有关部门，这是违反七届二中全会精神的，今后，谁再做这类事情，要通报批评！"毛泽东又一次严词制止了不恰当的动议。

1950年9月20日，毛泽东听说长沙地委和湘潭县委在他家乡为他建一所房屋并修一条公路。他立即写信给湖南省委书记黄克诚和省人民政府主席王首道等，指出："如属实，请令他们立即停止，一概不要修建，以免在人民中引起不良影响。是为至要。"在他的心目中人民的利益高于一切。此时此刻，他心里挂念的是治理淮河。

1951年底，中央办公厅秘书处写了一份报告呈送毛泽东，报告反映：从入城以来，收到许多致敬信，极其动人地反映出群众对党和主席的爱戴。但是当年，发现有一部分致敬信是由地方党政机关动员群众写的。另外还有各阶层群众送的礼品，有土产、工艺品、著作、字画、锦旗、日用品、食品等，希望制止。毛泽东阅后，带着怒气严厉指出："某些党政机关动员群众写致敬信、发祝贺电，以及机关团体和群众给中央送锦旗礼品的事情，不但是一种浪费，而且是一种政治错误。"接着中共中央根据毛泽东批示精神向全党发出《关于制止动员群众向中央写致敬信、发贺电和送礼的指示》，及时制止了这一错误浪潮。

毛泽东喜欢游泳世人皆知。但1953年，他在玉泉山自己的住处发现新修了一个游泳池时，立即沉下脸问："怎么回事，哪里来了这么个池子？"当听说是专为他游泳修的时，毛泽东大发脾气："给我个人修？为什么不报告？我们抗美援朝，搞第一个五年计划，要节约每一分钱,我说过多少次。为什么给我个人修？"

他硬是下令封闭了那个游泳池，并从自己的稿费中扣除了修游泳池的费用。

　　1954年8月，华南分局致电中央请示说，广东省人民代表大会，有代表提出"请全国人民代表大会给予毛主席以最高荣誉勋章"的提案，他们是否可以通过该提案，并向全国人民代表大会提出。毛泽东指示邓小平："请即复不要通过此提案。"

　　毛泽东连续否决了这一系列的错误动议，使全党在长时期内保持了谦虚谨慎的清醒头脑。

惩治腐败

1949年初春，在革命即将成功，人民政权即将建立的前夕，毛泽东以无产阶级革命战略家的远大胸怀，高瞻远瞩，谋划革命胜利后巩固政权之大计。中国共产党是执政党，要保证人民政权的无产阶级性质，必须首先把党建设好。1949年3月，毛泽东在党的七届二中全会上讲了一段警钟长鸣的话，他说：夺取这个胜利，已经是不要很久的时间和不要花费很大的气力了；巩固这个胜利，则是需要很久的时间和要花费很大的气力的事情。"敌人的武力是不能征服我们的，这点已经得到证明了。资产阶级的捧场则可能征服我们队伍中的意志薄弱者。可能有这样一些共产党人，他们是不曾被拿枪的敌人征服过的，他们在这些敌人面前不愧英雄的称号；但是经不起人们用糖衣裹着的炮弹的攻击，他们在糖弹面前要打败仗。我们必须预防这种情况。"毛泽东预感到全国胜利后，全党将面临执政的考验。他的这一番郑重的忠告确实比其他人站得更高，看得更远。

果然不出毛泽东所料，新中国成立后，由于地位和环境的变化，在革命队伍中有那么一小部分干部革命意志衰退，滋生了享乐主义思想、官僚主义思想，一些人甚至利用手中的权力，侵吞公款、大肆贪污，以满足个人私欲。中共中央开始着手进行反腐败的工作。东北局率先开展了反贪污蜕化、反官僚主义的斗争。在此过程中，发现各级党政军机关内存在着相当严重的贪污、浪费和官僚主义现象。如沈阳市在运动初期，仅工商局各公司就揭发出 3000 余人有贪污行为，贸易部仅检举和坦白的贪污款额达人民币 5 亿元（旧币）。浪费也很严重，东北铁路系统因管理不善，造成巨大的损失，等等。毛泽东阅罢这些材料，震惊之余，认为我们党的某些干部已经中了敌人的糖衣炮弹，在金钱面前打了败仗，被资产阶级从思想上缴了械。另外，他也从这些案件中得出了结论：官僚主义是干部贪污、浪费的滋生源。因此，在反贪污、反浪费的同时，必须大张旗鼓地反对官僚主义。

1951 年 12 月 1 日，党中央作出了《关于实行精兵简政、增产节约、反对贪污、反对浪费和反对官僚主义的决定》。12 月 8 日，毛泽东又为中央起草了《关于三反斗争必须大张旗鼓进行的指示》，强调：应把反贪污、反浪费、反官僚主义的斗争看作如同镇压反革命的斗争一样重要，一样发动广大群众包括民主党派及社会各界人士去进行，一样大张旗鼓去进行，一样首长负责，亲自动手，号召坦白和检举，轻者批评教育，重者撤职、惩办，判处徒刑（劳动改造），直至枪毙一大批最严重的贪污犯才能解决问题。从此，全国各地逐步开展了揭发各级机关内存在的贪污、浪费和官僚主义的"三反"运动。

正当毛泽东独自寻思党内究竟有多大的贪污犯的时候，河北省揭露出了天津地委原书记刘青山、现书记张子善严重腐败的案件。

刘青山是天津地委前任书记，张子善是天津地委现任书记。他们是30年代初入党，经历过土地革命、抗日战争和解放战争严峻考验的老党员、老干部。他们曾经为革命坚贞不屈、出生入死地战斗过，为新中国的诞生做出过自己的贡献，表现了共产党员的英雄气概。但是，进城以后，他们在资产阶级思想和生活方式的腐蚀下，开始腐化堕落，贪图享受，由革命功臣变成了人民的罪人。经查实，刘、张盗用飞机场建筑款、水灾区造船救济贷款，以及克扣地方干部家属救济粮、民工供应粮等共计171亿元（当时1万元等于现在1元），用于经营他们秘密掌握的所谓机关生产。以49亿元巨款倒卖钢材，使国家蒙受21亿元损失。为了从东北盗购木材，他们不顾灾民疾苦，占用4亿元救灾款，并派人冒充军官进行倒买倒卖，以高薪诱聘国营企业的31名工程技术人员，成立非法的建筑公司，从事投机活动。在兴建潮白、永定、大清、海河等工程中，将国家发给民工的好粮换成坏粮，抬高卖给民工的食品价格，从中渔利达22亿元，挥霍共3.7亿元以上。

刘、张问题一经发现，即引起了毛泽东的高度重视，他曾与刘少奇、周恩来、朱德、彭德怀、薄一波等商量过，认为像刘青山、张子善这样的大贪污犯，不论他们曾有多大功劳，都是不可饶恕的。清除了他们，不是党的损失，而是党的胜利；不是降低了党的威信，而是提高了党的威信。只有坚决地、毫不手软地这样做，才能使我们的党和人民革命的队伍坚强和巩固起来，才有可能不再受剥削阶级思想的侵蚀。

1951年11月30日，毛泽东在一份关于刘青山、张子善贪污犯罪材料上的批示中警告全党："必须严重地注意干部被资产阶级腐蚀发生严重贪污行为这一事实，注意发现、揭露和惩处，并须当作一场大斗争来处理。"同一天，他在一份电报中强调："需要来一次全党的大清理，彻底揭露一切大、中、小贪污事件，而着重打击大贪污犯，对于中小贪污犯则取教育改造不使重犯的方针，才能停止很多党员被资产阶级所腐蚀的极大危险现象，才能克服二中全会所早已料到的这种情况，并实现二中全会防止腐蚀的方针。"

在弄清刘、张主要犯罪事实的基础上，中共河北省委于1951年12月14日向华北局提出了处理意见："刘青山、张子善凭借职权，盗窃国家资财，贪污自肥，为数甚巨，实为国法党纪所不容，以如此高级干部知法犯法，欺骗党，剥削民工血汗，侵吞灾民粮款，勾结私商，非法营利，腐化堕落达于极点。若不严加惩处，我党将无词以对人民群众，国法将不能绳他人，对党损害异常严重。因此，我们一致意见处以死刑。"

鉴于刘、张的地位和影响，华北局在考虑对他们的量刑时，十分慎重，又专门征求了天津地委的意见。天津地委在家的8位委员，一致同意处以死刑。参加讨论的552名党员干部的意见是：同意判处刘青山死刑的535人，死缓的8人，无期徒刑的3人，有期徒刑的6人；同意判处张子善死刑的536人，死缓的7人，无期徒刑的3人，有期徒刑的6人。根据征求意见的情况，12月20日，华北局向中央提出了对刘、张的处理意见：原则同意河北省委关于判处刘、张死刑的意见，仅提出或缓期二年执行。

给中央决策时留出回旋余地。

12月29日,河北省委的报告、华北局的报告和天津地委的意见,都堆放在了毛泽东的案头上。毛泽东默默不语,神态严肃,心情沉重,他一支接一支地吸烟,来回在屋里踱步。在"三反"运动紧张的日子里,毛泽东几乎每天都要听汇报、看材料,还亲自参加各种会议。国家机关工作人员,特别是党员领导干部蜕化变质的事实触目惊心,给毛泽东敲响了警钟。像刘青山、张子善这样的高级领导干部堕落到如此地步,更令他痛心。究竟怎样处理刘、张呢?他们毕竟是革命的有功之臣呀!毛泽东陷入了沉思。

毛泽东左右权衡,反复思考。他想得很深很远:如何维护党的事业,如何挽救犯错误的干部,如何有效地防止干部队伍的腐化……这一系列的问题围绕着毛泽东。我们党决不做李自成!决不放任腐败现象滋长下去!决不让千千万万先烈用鲜血和生命换来的江山改变颜色!这个决心毛泽东早就下定了。

毛泽东将吸剩下的烟蒂熄灭在烟灰缸里。他的目光落到了天津地委党员干部对刘、张二犯处理意见的报告上,五百多人同意判处死刑,这是人民的呼声,民意不可违呀!毛泽东下了最后的决心。他毅然决定:同意河北省委的意见,由河北省人民法院宣布、经最高人民法院核准,依法判处刘青山、张子善死刑,立即执行。他说:"非杀不可。挥泪斩马谡,这是万不得已的事情。"这时,胡乔木送来了关于刘青山、张子善罪行报道的新闻稿,并注明拟在《人民日报》公开发表。毛泽东看完稿件,提笔在新闻稿上批示:"照发!应于30日见报。"

在公审大会召开之前，曾在冀中担任过区党委书记，看着刘、张成长起来的天津市委书记黄敬去找薄一波。他对薄一波说，刘、张错误严重，罪有应得，当判重刑。但考虑到他们战争年代出生入死，有过功劳，在干部中影响较大，是否可以向毛主席说说，不枪毙，给他们一个改造的机会。薄一波说，中央已经决定了，恐怕不宜再提了。黄敬同志坚持要薄反映。薄一波只好如实地把黄敬的意见转报毛泽东。毛泽东说，正因为他们两人的地位高、功劳大、影响大，所以才要下决心处决他们。只有处决他们，才可能挽救20个、200个、2000个、20000个犯有各种不同程度错误的干部。黄敬同志应该懂得这个道理。在毛泽东心目中，国法、党纪重如泰山。延安时代的黄克功也好，今天的刘青山、张子善也好，虽然曾经是功臣，但谁也不允许居于国法之上。

1952年1月1日，毛泽东从关系党和国家前途和命运的高度出发，在元旦献词中向全党全国人民发出号召："我国全体人民和一切工作人员一致行动起来，大张旗鼓地、雷厉风行地开展一个大规模的反对贪污、反对浪费、反对官僚主义的斗争，将这些旧社会遗留下来的污毒洗干净。"1月4日，《人民日报》发表重要社论，进一步阐述毛泽东关于拓展反腐败斗争的指示，强调指出，对于腐败现象，"如果不加以彻底肃清，它们就要腐蚀我们的党，腐蚀我们的政府，腐蚀我们的军队，腐蚀一切财政经济机构和一切革命的群众组织，使我们的许多干部人员身败名裂，给我们的国家造成极大的灾害，一句话，这就有亡党、亡国、亡身的危险"。

2月10日,在保定市举行了河北省公审刘青山、张子善二犯大会,随着两声枪响,刘、张二犯受到了法律的严厉制裁。

为藏族人民谋福

北京的金山上光芒照四方,毛主席就是那金色的太阳,多么温暖,多么慈祥,把我们农奴的心儿照亮,我们迈步走在社会主义幸福的大道上……

这是从西藏人民心头涌起的对人民领袖毛泽东无限感激的颂歌。毛泽东没有到过西藏,但在西藏高原上,毛泽东的名字最响亮。是他为藏族人民谋福,领导西藏人民摆脱了帝国主义的侵略和封建主义的压迫,把百万农奴从水深火热中解救出来,并领导他们走上了社会主义的康庄大道。

西藏是伟大祖国领土不可分割的一部分,西藏民族有着悠久的历史和灿烂的文化。但是,由于自然地理环境的限制,西藏一直处于半封闭的状态。近百年来,由于帝国主义的侵略和挑拨,西藏地方政府和中央政府之间一直处于分裂状态,西藏内部也派别林立,纷争不断。长期的变乱和闭塞的环境使这片多难的世界屋脊步履维艰,饱受苦难的藏族同胞,盼望早日从苦海中解放出来,过上自由幸福的生活。

为早日和平解放西藏,使西藏民族和西藏人民摆脱帝国主义侵略和封建统治、压迫,毛泽东不仅在方针政策方面决策,而且做西藏领袖人物的工作。毛泽东和朱德于1949年11月23日复电班禅额尔德尼："西藏人民是爱祖国而反对外国侵略的,他们不满意国民党反动政府的政策,而愿意成为统一的富强的各民族平等合作的新中国大家庭的一分子。中央人民政府和中国人民解放军必能满足西藏人民的这个愿望。希望先生和全西藏爱国人士一致努力,为西藏的解放和汉藏人民的团结而奋斗。"同年11月23日,又在彭德怀给班禅额尔德尼的复电中,加了一句话:"尚望先生号召藏族人民,加紧准备,为解放自己而奋斗。"

毛泽东处理西藏问题的第一个重大决策是和平解放西藏。但是,帝国主义是不甘心放弃侵略西藏的野心的。为维护祖国神圣领土的完整、驱逐西藏的帝国主义侵略势力,为和平解放西藏创造条件,毛泽东决定人民解放军进军西藏。1950年1月2日,毛泽东亲自起草给中共中央西南局和西北局关于向西藏进军及经管西藏的指示,对进军西藏的时间、军力配备、藏族干部训练等问题,都作了具体的安排。他指出:"进军及经管西藏是我党光荣而艰苦的任务。"

在进军西藏的过程中,对涉及民族、宗教政策与策略性的问题,毛泽东十分慎重,都是精心布置,及时指导。1950年5月13日,毛泽东看了一份关于西藏情况的报告,其中反映北京藏语广播有不利于对上层宗教人士进行统战工作的言论,他及时批转李维汉,要他"负责审查藏文广播,并规定该项广播内容及方针"。1950年9月23日,毛泽东在中共中央给中共西南局及中共青海省委的指示电中,加了一段重要内容,对派去西藏工作和帮助班禅工作的人员,要加以选择和教育,"使他们充分认识党的民族政策,具有热忱帮助西藏人民的决心和良好的工作态度。如有和西藏人不能团结者，须予撤回"。

解放军进藏部队取得昌都战役胜利后，帝国主义和西藏分裂主义分子的阴谋破产了。1951年1月25日，我驻印度大使馆报告，在国外滞留的西藏代表团有愿意来北京谈判的动向与要求，毛泽东确定的方针是："一应接见，二应同意来北京。"

1951年4月下旬，西藏地方政府代表团来到北京。毛泽东亲自指导了和平解放西藏的谈判。他亲自接见了谈判代表，亲自审阅并修改《关于和平解放西藏办法的协议》草案。双方经过多次磋商，于1951年5月23日在中南海勤政殿，举行了庄严的签字仪式，正式签订了《关于和平解放西藏办法的协议》，即"十七条协议"。协议签订后的第二天，毛泽东在中南海正式接见了代表团，同他们进行了长时间的亲切谈话，向代表们介绍了党和国家的民族政策，说明共产党和中央人民政府对西藏一切工作的宗旨，就是为西藏民族和西藏人民谋利益。

5月26日，毛泽东还亲自修改了《人民日报》于1951年5月28日发表的《拥护〈关于和平解放西藏办法的协议〉》的重要社论，加写了许多重要段落，论述党的民族、宗教政策以及和平解放西藏的具体方针、政策。

在执行"十七条协议"中，毛泽东一直关注着西藏的工作，并在许多方针政策性的大问题上，给予了英明的指导。协议签订以后，毛泽东指示入藏的人民军队，努力做好上层统战工作，不断发展壮大爱国统一战线，从而使入藏部队在西藏站稳了脚跟。

逐步改革西藏的社会制度，是藏族人民的迫切要求，有利于藏族的发展进步。为此，他亲自对西藏地方政府的上层人物进行了耐心的说服教育工作。

毛泽东告诉他们："农奴制不好，对西藏人民不利，一不人兴，二不财旺。""坐在农奴制的火山上是不稳固的。"毛泽东还告诫他们：西藏只有改革才有前途，改革是为了帮助西藏人民发展经济、文化，是为了西藏民族的进步与繁荣。

具体到西藏的民主改革，毛泽东也多次作出指示，提出要用革命的两手在西藏实行社会改革，"要用一切努力和适当办法，争取达赖及其上层集团的大多数，孤立少数坏分子，达到不流血地在多年内逐步地改革西藏经济、政治的目的"，同时"也要准备对付坏分子可能率领藏军举行叛变，向我袭击"。考虑到西藏的具体情况，毛泽东指出："西藏的政治经济改革工作要逐步进行，耐心等待。""西藏的事情要商量着做。"

1954年9月，达赖喇嘛和班禅额尔德尼来北京参加第一届全国人民代表大会和第二届政协全国委员会。达赖喇嘛当选为全国人大常委会副委员长，班禅额尔德尼当选为全国政协副主席。这一年，达赖刚满19岁，班禅才16岁。

毛泽东在中南海勤政殿接见了他们及其随行的高级官员。两位活佛心情十分激动，他们把这一天当作吉祥喜庆的日子，把毛泽东的接见看成是自己一生中最光荣最兴奋的一件事。

毛泽东热情真诚地把他们当成好朋友，肝胆相照，促膝谈心。在谈话中，毛泽东给他们讲述了释迦牟尼不做王子而去出家的故事。毛泽东说，释迦牟尼主张普度众生，为了免除众生的痛苦，他不当王子，创立了佛教，为众生免除痛苦。

毛泽东讲完故事，看着这两个稚气十足的年轻人，风趣地说："你们是最年轻的国家领导人。"勉励他们说："你们两位都很年轻，前途远大，要好好团结，谦虚谨慎，戒骄戒躁，努力学习，大胆工作。我们共同努力，把西藏的事情办好，把全国的事情办好。"

1955年3月，达赖喇嘛准备从北京返藏的时候，毛泽东亲自赶往他下榻的宾馆，为他送行。达赖及其随行人员感动得不知所措。达赖激动地对毛泽东说："主席突然到这里来，我好像在做梦。经过和主席的几次见面谈话，我的内心起了极大的变化，我回去之后，一定把这些指示变成实际行动。"毛泽东又去班禅额尔德尼在北京的住处看望了他，同他进行了推心置腹的交谈。

毛泽东的领导艺术和平易近人的长者风范给达赖喇嘛和班禅额尔德尼留下了深刻的印象。达赖喇嘛曾赋诗颂扬毛泽东：

啊！毛主席！您的光辉和业绩像创世主大梵天和众敬王一样，只有从无数的善行中才能诞生这样一位领袖，他像太阳普照大地。您的著作像珍珠一样宝贵，像海洋一样汹涌澎湃，远及天涯。

尽管我们在西藏做到了仁至义尽，但是西藏反动派看到广大农奴群众日益觉醒，改革迟早终会发生，居然孤注一掷，在1959年3月策动了叛乱。4月间，阿沛·阿旺晋美和班禅额尔德尼到北京参加二届全国人大一次会议并向中央汇报工作。毛泽东详细询问了西藏叛乱的情况，并教导说，反动派的本性是不会改变的，既然叛乱已经发生，也没有什么可怕的。他还就今后边平叛边改革的方针政策，征求了两人的意见，并一再强调，虽然发生了叛乱，和平民主改革的方针仍要坚持，不管参叛的是什么人，我们仍旧是一个不杀。1959年国庆节，阿沛·阿旺晋美和班禅额尔德尼到北京参加庆祝活动，毛泽东又专门找他们谈话，询问民主改革情况，并说：和平民主改革是"十七条协议"的一条原则。虽然"十七条协议"被西藏反动派撕毁了，但我们仍要沿着和平民主的道路走下去，仍要按协议执行。

按照毛泽东这些指示的精神，中央制定了民主改革的方法、步骤和许多具体政策。除对叛乱的农奴主实行没收政策以外，对未参加叛乱的农奴主和其他上层人士，实行了赎买政策，这也是在解决我国民族问题方面一项成功的创举。通过民主改革，推翻了罪恶的封建农奴制，百万农奴彻底翻身解放。毛泽东把马列主义解决民族问题的根本原理和西藏的具体实际相结合，把坚定的革命原则和灵活的策略相结合，创造性地为西藏民族的发展进步，为西藏人民的自由幸福做出了巨大贡献。

西藏进入社会主义革命时期后，为稳定和发展西藏，毛泽东根据当地的实际情况，制定了不同于内地的特殊政策措施，使西藏农牧业经济得到迅速恢复和发展，为社会主义改造也做好了准备。对于西藏的社会主义改造问题，毛泽东于1970年亲自指示中央有关部门派人到西藏进行实地考察，广泛征求意见，并亲自批示了西藏社会主义改造的文件，使西藏在1975年胜利地进行了民主改革和社会主义改造，完成了从封建农奴制到社会主义的伟大变革。此后，为了帮助西藏人民发展经济、文化和人口，使西藏的改革稳步进行，在毛泽东的亲切关怀下，国家从物质、技术、人力等方面，给了西藏以巨大的支持。

如今，西藏已经和平解放多年了，西藏高原发生的巨大变化，无疑都凝聚着毛泽东对祖国、对藏族同胞的深情厚爱。巍巍喜马拉雅山、滔滔雅鲁藏布江将永远铭记毛泽东的不朽功绩。

关心祖国统一大业

毛泽东生前十分重视祖国统一大业，主导和筹划了我党的对台工作，并坚持不懈地探讨和寻求祖国统一的方式和途径，为和平解决台湾问题的方针的形成、确立和发展做出了不朽的贡献。

两岸的对峙和隔绝，是两岸的中国人民都不愿意看到的事情。台湾自古以来就属于中国，是中国不可分割的一个组成部分，毛泽东是始终坚持这一点的，无论在国际或国内遇到了多大的压力和困难，他都坚定祖国必定统一的信念。

1950年6月25日，朝鲜战争爆发。27日，美国总统杜鲁门发表声明，声称"台湾地位未定"，并命令美国海军第七舰队进驻台湾海峡和空军第十三航空队进驻台湾，明目张胆干涉中国内政，企图以武力阻止我国解放台湾。毛泽东坚决顶住美国的压力。6月28日，毛泽东在中央人民政府委员会第八次会议上严正指出："美国对亚洲的侵略只能引起亚洲人民广泛的和坚决的反抗。"中国总理兼外长周恩来也多次发表严正声明，表示：台湾是中国神圣不可侵犯的领土，决不容许美国侵占，也决不容许交给联合国托管。解放台湾是中国的主权和内政，决不容许他国干涉。中国政府和人民反对美帝国主义侵略台湾和干涉中国内政的斗争，得到了世界人民的广泛支持。

进入50年代中期,国际形势开始发生一些值得注意的变化:1953年7月,朝鲜停战达成协议;次年春,柏林会议召开;4月至7月,日内瓦会议签订越南停火协议。国际紧张对峙局面有所缓和。面对这一新的形势变化,毛泽东不失时机地提出和平解放台湾的设想。

1954年7月,毛泽东主持召开中共中央政治局会议,研究日内瓦会议后的形势。根据毛泽东的意见,中共中央决定发动一场声势浩大的解放台湾的运动,以粉碎美国制造"两个中国"的阴谋。1955年4月,周恩来率中国政府代表团赴印尼参加万隆会议。毛泽东和中共中央指示周恩来:"可相机提出在美国撤出台湾和台湾海峡的武装力量的前提下和平解放台湾的可能。"在此前后,毛泽东通过多种渠道和各界朋友阐述我党的对台方针和政策。

1956年,毛泽东关于对台工作的指导思想有了进一步的发展。1月25日,毛泽东在第六次最高国务会议上提出:台湾那里还有一堆人,他们如果是站在爱国主义立场,如果愿意来,不管个别的也好,部分的也好,集体的也好,我们都要欢迎他们,为我们的共同目标奋斗。不久之后的1月30日,周恩来代表毛泽东和中共中央在政协二届二次会议上正式宣布了对台湾问题的方针、政策,指出:凡是愿意走和平道路的不管任何人,也不管他们过去犯过什么罪过,中国人民都将宽大对待,不咎既往,凡是在和平解放台湾这个行动中立了功的,中国人民都将按照立功大小给以应得的奖励。他号召:"为争取和平解放台湾,实现祖国的完全统一而奋斗！"

1956年4月，毛泽东又提出了"和为贵""爱国一家"爱国不分先后"的政策。同年6月28日，周恩来在全国人大一届三次会议上进一步具体地阐释了毛泽东的上述思想，提出"我们愿意同台湾当局协商和平解放台湾的具体步骤和条件，并且希望台湾当局在他们认为适当的时机，派遣代表到北京或者其他适当地点，同我们开始这种商谈"。周恩来还在一次谈话中指出："我们对台湾决不是招降，而是要彼此商谈，只要政权统一，其他都可以坐下来共同商量安排。"

10月间，毛泽东会见有关朋友，表示：如果台湾回归祖国，一切可以照旧，台湾现在可以实行三民主义，可以同大陆通商，但是不要派特务来破坏，我们也不派"红色特务"去破坏他们，谈好了可以签个协定公布。台湾可以派人来大陆看看，公开不好来就秘密来。台湾只要与美国断绝关系，可派代表团回来参加人民代表大会和政协全国委员会。周恩来参加了会见，并具体解释说：蒋经国等安排在人大或政协是理所当然的，蒋介石将来总要在中央安排，台湾还归他们管。这是毛泽东和中国共产党有关"一国两制"方针的最早设想。

不久，毛泽东又进一步提出了第三次国共合作的问题。次年4月在欢迎苏联最高苏维埃主席伏罗希洛夫的宴会上，当周恩来谈到"国共两党过去合作过两次"时，毛泽东当即提出"我们还准备第三次国共合作"。这是我国最高领导人首次明确提出国共第三次合作问题。

然而，美国政府继续干涉中国内政，直接插手台湾事务，不愿意看到中国的统一和强大，一方面同中国政府进行接触，寻找新的折中方案，另一方面又从政治、经济上压迫台湾当局，竭力推行"两个中国"，企图制造"划峡而治"的事实。1958年，在美国的唆使下，台湾当局出动军队，声称要"反攻大陆"，以金门、马祖为基地，加强对大陆沿海的骚扰活动。为了粉碎美国的阴谋和国民党军队的行径，毛泽东洞悉世界形势，采取了出人意料的措施，命令人民解放军"万炮齐发"，猛轰金门，通过有限的军事行动，用炮火与台澎金马保持"联系"，维持中国内战的态势，并利用美蒋矛盾，打击美蒋的嚣张气焰。与此同时，毛泽东继续就和平解放台湾问题进行努力。10月6日，毛泽东以彭德怀名义发表《告台湾同胞书》，继续强调说："我们都是中国人。三十六计，和为上计。""你们与我们之间的战争，30年了，尚未结束，这是不好的。建议举行谈判，实行和平解决。""我们之间是有战火的，应当停止，并予熄灭。这就需要谈判。"当然"早日和平解决较为妥善"。

10月25日，毛泽东再以国防部长彭德怀的名义发表《中华人民共和国国防部再告台湾同胞书》，这是毛泽东重新起草的见报稿。文章指出："中国人的事只能由我们中国人自己解决。一时难于解决，可以从长商议。"毛泽东强调："我们两党间的事情很好办。""化敌为友，此其时矣。""世界上只有一个中国，没有两个中国。这一点我们是一致的。美国人强迫制造两个中国的伎俩，全中国人民，包括你们和海外侨胞在内，是绝对不容许其实现的。现在这个时代，是一个充满希望的时代，一切爱国者都有出路，不要怕什么帝国主义者。"围绕金门海战的斗争，毛泽东发挥出了高超的斗争艺术，表现出了和平解决台湾问题、实现祖国统一的强烈愿望。他的这些思想，为实现国共第三次合作、和平统一祖国指明了方向。

"有文事者必有武备。"中共中央、毛泽东设想用和平的方式解决台湾问题，但也明白与有美帝国主义撑腰的台湾国民党政权打交道，自己必须要有底气，有强大的经济、国防包括科技实力做后盾。增强自身实力，才是成功解决台湾包括其他任何问题的关键。新中国成立后，特别是50年代，在经济建设上，毛泽东首先特别强调要以农业为基础，要解决好数亿人口的吃穿问题，要大力搞好农田水利建设。毛泽东多次就淮河、黄河的治理工作作出指示，并亲自到一线考察。对于建设长江三峡工程，毛泽东也早有设想，并多次调研。1956年夏，毛泽东更是吟出了"更立西江石壁，截断巫山云雨，高峡出平湖。神女应无恙，当惊世界殊"的惊世绝句。在交通能源等工业基础建设方面，毛泽东也是耗费了大量心血，他提出要建设人民铁路，要把钢铁工业搞上去，要甩掉贫油的帽子等。在国防和军队建设上，毛泽东根据近代中国有国无防，不断遭受列强蹂躏的悲惨局面，50年代初就提出一定要建立一支强大的国防军，一定要建立一支强大的海军和一支强大的人民空军。他多次亲切接见陆、海、空等各军兵种的指战员，给官兵们以极大的鼓舞和鞭策。在科技文化上，毛泽东在50年代就提出"向科学进军"的口号，和"百花齐放、百家争鸣"的方针,并特别针对帝国主义对我们的核讹诈,指示一定要搞出我们的原子弹,一定要在尖端科技、尖端武器制造上有所突破。正是有了如此远见卓识,新中国才能在"一穷二白"的家底上,在如此短暂的时间内,搞出"两弹一星",搞出了核潜艇。新中国经济、国防和科技实力的增强无疑为用和平方式解决台湾等问题增加了砝码。

进入60年代,毛泽东关于对台工作的思想又有了一个新的发展。1960年5月22日,毛泽东主持中共中央政治局常委会议,研究并确定了关于台湾问题和对台工作的总方针。总的来讲,中共中央认为,台湾宁可放在蒋氏父子手里,也不能落到美国人手中。毛泽东和党中央提出:对蒋介石我们可以等待,解放台湾的任务不一定要我们这一代完成,可以留交下一代去做;现在要蒋过来也有困难,问题总要有这个想法,逐步地制造些条件,一旦时机成熟就好办了。毛泽东和中共中央根据国际形势和海峡两岸的实际情况,适时提出:台湾只要和大陆统一,除外交必须统一于中央外,所有军政大权、人事安排大权等均由蒋介石掌握,所有军政及建设费用不足之数悉由中央拨付;双方互约不派人员去做破坏对方的事情。中共中央领导人还一再表示:台湾当局只要一天守住台湾,不使台湾从中国分裂出去,大陆就不改变目前对台湾的政策。

正是在中国共产党的和平统一政策的感召下,1965年7月,前国民党政府代总统李宗仁从海外归来。党和国家领导人毛泽东、刘少奇、周恩来、朱德分别会见并设宴招待,表示热烈欢迎。7

月26日，毛泽东在中南海会见李宗仁夫妇。他一边握着李宗仁的手一边亲切地说："你们回来了，很好！欢迎你们。"交谈时，毛泽东强调："跑到海外的，凡是愿意回来的，我们都欢迎，我们都以礼相待。"当李宗仁对台湾问题久悬不决深表忧虑时，毛泽东坚定地说："不要急，台湾总有一天会回到祖国来的，这是不可逆转的历史潮流。"

台湾问题的解决与国际关系的变动紧密相关，60年代末70年代初，毛泽东又抓住世界形势的新发展，适时调整外交方针，改善了中国同美、日以及西欧诸国的关系。1972年2月21日，毛泽东与美国总统尼克松会谈，随后两国在上海签署了《联合公报》，中美关系揭开了新的一页。1972年9月27日，毛泽东高兴地会见了田中角荣、大平正芳等日本客人，中日关系实现正常化。与此同时，中国不仅于1971年10月25日恢复了在联合国的合法权利，而且从1970年10月至1972年12月，先后同41个国家建立或恢复外交关系，中国通往世界的大门全面打开，这也为从根本上解决台湾等问题创造了良好的国际格局。

毛泽东离开我们已多年，但他当年对台工作的思想和实践，仍在发挥着巨大的指导作用。今天，在邓小平的"一国两制"科学构想的指引下，经过海峡两岸人民的协力推进和国共两党的共同努力，大陆和台湾的关系近年来发生了重大变化。两岸隔绝了数十年的关系开始解冻，各种交流日益增多。我们可以看到，不管道路如何艰难曲折，在祖国统一和振兴中华的爱国主义旗帜下，整个中华民族的大团圆的局面，定能早日实现。

筹划港澳回归

香港和澳门自古以来就是中国领土，只不过是由于中国近代政府的腐朽无能才离开了祖国母亲的怀抱。1997年7月1日、1999年12月20日，香港和澳门经历百年沧桑之后，终于回到祖国的怀抱。中华民族不少仁人志士为香港、澳门的回归而努力奋斗，毛泽东等老一辈无产阶级革命家就是为之奋斗的杰出代表。在新中国诞生前和新中国成立后，毛泽东所筹划制定的对港、澳的政策和方针，为香港和澳门的顺利回归奠定了坚实的基础。

新中国的诞生，揭开了中国历史新的一页。如何摆脱帝国主义强加给中国的不平等条约是新中国面临的一个重大外交问题。一方面，毛泽东制定了"另起炉灶""废除卖国条约"等多项根本政策，并指出："在原则上，帝国主义在华特权必须取消，中华民族的独立解放必须实现。采取不承认政策的目的是使我们在外交上立于主动地位，不受过去任何屈辱的外交传统所束缚，有利于肃清帝国主义在中国的势力和影响。""另起炉灶""废除卖国条约"就是割断同旧中国屈辱外交的联系，不承认历史上包括中英《南京条约》《北京条约》和《展拓香港界址专条》在内的一切不平等条约，这表明了中国政府恢复行使香港主权是既定的方针。另一方面，在具体问题的处理上，又采取了区别对待、灵活处理的策略，据此提出了不搞"四面出击""暂不动香港"的方针。

新中国伊始，百废待兴，百业待举，又面临着严峻复杂的政治局面。在国际上，美国采取敌视中华人民共和国的政策，除支持国民党蒋介石盘踞台湾外，还操纵联合国对我国进行经济、军事封锁，干预朝鲜战争，妄图把新中国扼杀在摇篮里；在国内，又面对着蒋介石国民党政府留下的百孔千疮的烂摊子，恢复国民经济以及繁重的民主改革、社会改造和歼灭盘踞在华南、西南的国民党军队等任务。为巩固新生的共和国政权，瓦解西方帝国主义阵线，营造新中国和平建设的国际环境，毛泽东审时度势，区别轻重缓急，集中力量处理当时更为紧迫的大事，而明智地作出了不搞"四面出击""暂不动香港"的战略决策。

1949年1月，毛泽东对来访的苏共政治局委员米高扬说："目前，还有一半的领土尚未解放。大陆上的事情比较好办，把军队开去就行了。海岛上的事情就比较复杂，须要采取另一种灵活的方式去解决，或者采用和平过渡的方式，这就要花较多的时间了。在这种情况下，急于解决香港、澳门的问题，也就没有多大意义了。相反，恐怕利用这两地的原来地位，特别是香港，对我们发展海外关系、进出口贸易更为有利些。总之，要看形势的发展再作最后决定。"7月，毛泽东指示华南分局书记及由北平南下的叶剑英、张云逸等到赣州召开会议，指出："这个会议是很必要的。应在这个会议上解决占领广东的若干重要问题"，其中包括"外交政策（主要是对香港），以及准备对付帝国主义的经济封锁和军事干涉等"。

10月14日,第四野战军第十五兵团解放了华南重镇广州。17日,又攻占毗邻香港北部边界的深圳河。此时,香港风声鹤唳,气氛非常紧张。香港人士和舆论界认为,如果"共产党人愿意夺取香港的话,英国将无力保卫它",就凭港英那么点军队要想阻止人民解放军的进军简直是天方夜谭。在港英当局和港人十分不安地等待时,人民解放军却一直没有南进。

不畏惧战争但又力主和平的毛泽东认为,将来世界上的事情,和平友好是基本的。保持和平环境,这是大家的最大利益。况且,新中国需要一个和平的环境医治战争的创伤。他深知英国人在搞外交上,素来处事圆滑和以现实主义著称。"最关心的是保护英国在华利益和香港的地位",而不肯失去经营了多年的香港。加之英国没有同美国一样采取公开的敌视中国的政策,而是"以寻求和中共建立不可避免的事实上的关系"。鉴于英国对华的态度,毛泽东等人认为,"香港留在英国人的手上,我们反而主动。我们抓住了英国人的一条辫子,我们就拉住了英国,使它不能也不敢对美国的对华政策和远东战略部署跟得太紧,靠得太拢。这样我们就可以扩大和利用英美在远东问题上对华政策的矛盾"。"必须在一个方面有所让步,有所缓和,集中力量向另一方面进攻。"从而在以美国为首的西方阵营对新中国的战略包围圈中打开一个缺口,使它们对华"孤立不成,封锁不了"。

为了正确处理与世界各国的关系,发展经济,医治战争创伤,毛泽东和周恩来提出要广交朋友,要和不同类型的国家发展关系,搞和平共处。他强调，应把思想体系上的分歧和政治上的合作区别开来。1954年8月，毛泽东会见以艾德礼为团长的英国工党代表团时说："我们走的是两条路，让我们作朋友吧，不仅在经济上合作，而且在政治上也合作。"新中国同外部世界，"需要联系，需要做生意，不要孤立"。他倡议中英两国之间"一要和平，二要通商"。10月，毛泽东会见与英国政府有密切来往的印度总理尼赫鲁时又强调了这一原则。他说："尽管思想和社会制度不同，两个政党完全可以合作，如果丘吉尔愿意的话，我们也可以同他们合作。"毛泽东还强调："做生意就做生意，不去宣传什么主义，你们不要到我们这里来宣传资本主义，我们也不到你那里宣传共产主义。"

毛泽东从世界战略的全局和中华民族的利益出发，1959年他特别强调："香港还是暂时不收回好，我们不急，目前对我们还有用处。"以毛泽东为首的党中央，在认真地总结10年来我国对外交往的经验教训的基础上，对港澳工作提出了"长期打算，充分利用"的方针。也就是在不改变香港现状的同时，充分利用香港的特殊地位，为中国的社会主义建设和外交战略服务。为了贯彻落实对港澳工作的方针，周恩来就搞好港澳供应问题专门作了安排和部署，并强调指出："各地凡是有可能，对港澳供应都要负担一些，不能后退。这个阵地越搞越重要，对港澳供应确实是一项政治任务。"这时，香港作为我国从国外引进资金、技术的渠道，开展进口贸易的窗口，沟通中外民间往来的桥梁等作用更加凸现出来。

1960年5月，英国元帅蒙哥马利来华访问。他对敏感的香港问题非常关注。毛泽东对他说："我们现在不谈香港问题。"毛泽东就蒙哥马利感兴趣的问题交换了意见。蒙说："这是一次为期很短的访问，但是这次访问是非常值得的，它使我能够纠正西方世界普遍持有的对新中国的错误印象。""返回英国，我一定马上非常明确地说明，对新中国，我们大家都应当同它友好。"

1963年3月，毛泽东和周恩来针对国外有人对中国港澳政策和方针提出的种种责难，代表中国政府公开声明："香港、澳门这类问题，属于历史上遗留下来的帝国主义强加于中国的一系列不平等条约的问题"；对于这类问题，"我们一贯主张，在条件成熟的时候，经过谈判和平解决，在未解决以前维持现状"。"中国人民并不需要在香港、澳门问题上显示武力，来证明自己反对帝国主义的勇气和坚定性。"正是由于我们正确地贯彻落实中央对港澳工作的方针，香港这个"国际通道"为国内的社会主义建设服务起到了重要的作用。据有关材料介绍，我国对外出口的1/3，对外进口的很大部分要从香港转口。1950年至1978年，内地同香港贸易增长8.2倍，平均每年递增8%，1979年至1984年两地贸易又增长7.8倍，平均每年递增43.6%。在香港的对外贸易中，内地自1988年起已占第二位，其中内地转口贸易占香港转口贸易的第一位。历史证明，毛泽东"长期打算，充分利用"的方针是非常正确的。它既保证了中华人民共和国对港澳的主权要求，又稳定了港澳局势，促进了港澳的繁荣。

60年代中期以来，世界政治格局发生了重大变化。美国对中国的长期孤立和遏制，并没有使中国屈服。中国国力不断增强，国际地位不断提高；苏联霸权主义兴起；美国的世界霸主地位日趋衰落。美苏争霸斗争进一步趋于紧张和激烈。与此同时，西方国家中又出现了反对美国控制的独立自主倾向，因为美苏两个超级大国要争霸世界，为此，控制、操纵、掠夺、欺侮与反控制、反操纵、反掠夺、反欺侮的斗争成为世界大多数国家的主要任务。

70年代初，由于全球非殖民化运动风起云涌，英国一些人也想借机把香港列入殖民地，以便实现香港独立。对此，中国驻联合国代表黄华于1972年3月代表中国政府致函联合国非殖民化特别委员会主席，强调"香港和澳门系英国与葡萄牙政府所占领的中国领土，香港与澳门问题的解决完全是属于中国主权范围内而不能等同于其他殖民地……联合国无权讨论此问题"。毛泽东一生致力于中国的独立、解放和统一，决不容忍有损中华民族利益和主权的事情发生。就是在他的晚年，仍然非常关心国家的安全，关心香港、澳门的回归和祖国的统一。1974年5月，已81岁高龄的毛泽东，在书房里接见了英国首相希思。毛泽东与希思进行了无拘无束的交谈。毛泽东说："剩下一个香港问题，我们现在也不谈。"他回头问坐在身旁的周恩来："香港满租期还有多少时间？"周恩来回答说："1997年期满，距现在还有23年挂零。"毛泽东接着说："到时候怎么办，我们再商量吧。"毛泽东和希思都认为："香港在1997年应该有一个平稳的交接。"毛泽东还遗憾地告诉希思："中国统一这件事，我恐怕看不到了。"他又指着一旁的邓小平说："这是他们的事了。"

邓小平不负毛泽东的嘱咐和重托,继承毛泽东的遗志,从港澳的历史和现实出发,提出了"一国两制"的构想,成功地解决了历史遗留的香港和澳门问题。它既保证了我国对香港、澳门恢复行使主权,又有利于保持香港、澳门的繁荣和稳定,并为台湾与大陆的统一,以及其他国家和平解决历史遗留的国际问题提供了范例。如今,香港和澳门都已平稳回归祖国,并且愈加饱含生机,欣欣向荣,看到这一切,毛泽东、邓小平等定会含笑九泉!我们告慰先辈英灵,中华民族几代人为之奋斗的夙愿已经实现。

禁绝社会丑恶现象

新中国成立初期，我们所面临的吸毒贩毒、卖淫嫖娼等严重的社会问题，都是旧社会遗留下来的。对于烟毒祸害，中国人民有着切肤之痛。早在19世纪中叶，西方殖民主义者出于侵略扩张的罪恶目的，就向中国大肆倾销鸦片，掠夺中国大量的财富，毒害中国人民的身心。1839年，林则徐在广州查禁鸦片，虎门销烟成为震撼世界的壮举。英帝国主义遭到痛击后，在美法等国的支持下，公然发动了鸦片战争，用炮舰打开中国的大门，使中国沦为半殖民地。此后，帝国主义列强更加肆无忌惮，加之国内军阀、官僚、地主、豪绅也利用大量种植罂粟和贩运鸦片从中渔利，国民党反动政府又借征收烟税来残酷剥削人民，于是鸦片烟毒泛滥。至1949年解放前夕，全国罂粟种植面积高达100多万公顷，在当时4亿多人口中，以制贩毒品为业的就有30多万人，吸食毒品者约2000万人。中国人民对于在旧社会饱受烟毒之害、贫穷落后、被讥为"东亚病夫"、任人宰割的这段屈辱历史，是永远不会忘记的。

卖淫嫖娼这一毒害和玩弄妇女的社会丑恶现象是旧社会剥削制度的产物，在中国存在已长达2000多年。远溯周秦，近及明清，到民国时期发展到空前规模。据统计，新中国建立之前分布在全国的大小妓院有近万家，此外还有相当数量的游妓暗娼遍布社会的各个角落。由于妓院林立，卖淫嫖娼活动猖獗，致使性病蔓延。据解放初期统计，患性病的人口在100万人以上。

新中国建立以后不久，中共中央和毛泽东为了根除旧社会遗留下来的反动会道门及一切丑恶现象，在进行民主改革的同时，采取坚决果断的措施，开展打击摧毁反动会道门、封闭妓院和查禁鸦片烟毒的斗争。这一斗争，首先是从封闭妓院开始的。1949年1月，北平和平解放，在社会秩序稳定后，根据中央相关精神，中共北平市委即指示公安局组织力量调查有关妓院的情况。根据公安局、民政局、妇女联合会的调查材料，市委、市政府于当年9月提出了《北平市处理妓女办法（草案）》。11月21日，北京市第二届人民代表会议作出了《关于封闭妓院的决议》，在决议作出后的12小时内，由公安局、民政局、妇女联合会组成的封闭妓院指挥部动员了2000多名机关干部和公安干警，一举封闭了全市的224家妓院；收容妓女1268名，逮捕妓院老鸨和领家424名，完成了封闭妓院的壮举。紧接着又进行了审判妓院老鸨和领家、调查处理财产、将妓女收容到妇女生产教养院进行教育改造、医治性病、组织生产的工作。继北京封闭妓院后，全国各大中城市都选择适当时机先后查封了妓院。这样，从1949年起全国查封妓院8400多所，惩治了一批作恶多端的妓院老板，教育和挽救了一大批妓女，使她们开始自食其力，过上了新的生活。经过近5年的努力工作，几千年来摧残妇女身心健康、侮辱妇女人格的娼妓制度被彻底摧毁，卖淫嫖娼在祖国大陆基本上被消灭。1964年我国政府向全世界宣布已基本消灭了性病。人民群众和各界人士普遍赞扬人民政府封闭妓院、改造妓女的成就,称颂说:"旧社会把人变成鬼,新社会又把鬼变成了人!"

针对新中国成立初期吸毒贩毒严重的情况,1950年2月,政务院发布《关于严禁鸦片烟毒的通令》,随后在全国范围内开展了声势浩大的群众性禁毒运动,大张旗鼓地开展禁毒宣传,动员群众检举揭发,封闭烟馆,追缴毒品和烟具,对吸毒成瘾的强制戒毒或责令自戒;对制贩毒品的首犯、惯犯,坚决严厉打击。在重点禁毒区域内,相对统一时间,集中力量,开展3次大规模逮捕毒犯的行动,依法惩办了制贩毒品的罪犯8万余名,800多名大毒枭被判处死刑,缴获毒品339万余两,制毒机器235部,各种贩、运、藏毒工具263459件。其中还缴获了用以武装反抗的六〇炮2门,机枪5挺,长短枪877支,子弹8万多发,手榴弹167颗,炸弹16枚,发报机6部。经过强制戒毒,2000万名吸毒者戒除毒瘾走上了新生。结合土地改革,依靠翻身的贫下中农,彻底解决了全国大面积种植罂粟的问题。

1952年12月12日,政务院在总结前段肃毒成果的基础上,决定将肃毒工作向前推进一步,完成收缴残余毒品,禁止种植鸦片的最后指标,及时作出了《关于推行戒烟、禁种鸦片和在农村收缴存毒工作的指示》。经过新中国成立后3年的强制禁毒肃毒,数以千万计的中国烟民,彻底戒除了毒瘾,成为了社会主义制度下的一代新人。实现了林则徐当年不可能实现的愿望,一扫旧中国"东亚病夫"的形象,使我国成为举世闻名的无毒国。这一壮举受到了全国各族人民的衷心拥护，群众称赞说："这是人民政府的又一大德政！""人民政府又为人民除了一大害。""烟毒贻害百余年，只有共产党才能彻底解决这个问题。"

1952年12月14日，公安部罗瑞卿部长向中共中央、毛泽东主席汇报了此次肃毒工作。12月18日，中共中央转发了罗瑞卿《关于全国禁毒运动的总结报告》。在以后不长的一段时间里，中国从内地到边疆，基本肃清了鸦片的种植、毒品的制造，以及贩毒吸毒现象，全国性禁毒以获全胜而结束。自20世纪50年代中期以后的二十几年内，我们国家成为举世闻名的无毒国。

为了真正建立起良好的社会风尚，与20世纪50年代禁止社会丑恶现象相一致的是，20世纪60年代毛泽东对社会主义精神文明建设又进行了新的伟大探索与实践，大力号召向英雄模范人物学习，向先进集体学习。他在1963年3月2日，应《中国青年》杂志的请求，亲笔题词："向雷锋同志学习。"1963年8月1日，他为"南京路上好八连"的光荣事迹欣然赋诗《八连颂》一首。1964年，毛泽东又发出了"工业学大庆""农业学大寨"的号召，并推出了"铁人"王进喜和大寨大队党支部书记陈永贵等先进典型。1966年2月，毛泽东又为累死在工作岗位上的兰考县委书记焦裕禄题词："为人民而死，虽死犹荣。"毛泽东先后发出向雷锋、"好八连"、焦裕禄等先进人物和集体学习的号召，极大地推动了全国学榜样、树新风的运动，至今仍然有着深远而持久的影响。

建设人民铁路

中国是一个地域广阔、人口众多、历史悠久的国家。在旧中国，由于帝国主义的侵略和封建主义的反动统治，铁路运输事业千疮百孔，支离破碎。旧中国的铁路，不仅数量少，而且分布极不平衡。在数量有限的铁路中，绝大部分集中在东北和沿海一带，广大内地几乎没有铁路。当年的铁路不但技术设备陈旧落后，类型复杂，年久失修，而且管理混乱。

在现代社会中，铁路建设对于一个国家，无论从经济战略上讲，还是从军事战略上讲，都是十分重要的。早在新中国建立前夕，毛泽东即以战略家的眼光指出：我们的铁路太少，我们要防止帝国主义的侵略，要使中国工业化，必须大大地发展铁路。现在才2万多公里，少得很，今后要有20万公里，要有更多的铁路。为此，毛泽东向全国铁路员工和全国人民发出号召："紧紧依靠广大群众，建设人民铁路。"

新中国成立后，毛泽东在组织领导恢复和发展国民经济的同时，十分重视铁路建设工作。1950年1月10日，他在看了政务院副总理兼财政经济委员会主任陈云和政务院财政经济委员会副主任薄一波关于财政经济的几项情况的报告后，即电示陈、薄："用军队修筑天兰、天成、成渝、叙昆、滇黔、黔桂、湘桂诸线甚为必要，望即着手布置进行。"毛泽东要迅速改变我国铁路落后面貌的急切心情可见一斑。遵照毛泽东的指示，在恢复原有铁路的同时，我国于1950年开始了新建铁路的工作。

为了加速开发内地资源，建设新的工业基地，新建铁路主要分布在西北、西南一带，大部分要穿过崇山峻岭，跨越深川大河，通过沙漠、森林、沼泽、永久冻土及地震地区，工程极其艰巨。广大铁路职工在毛泽东的领导和全国人民的支持下，以让高山低头、河水让路的英雄气概，排除万难，创造辉煌。1952年7月1日，四川人民盼望已久的从成都到重庆的成渝铁路通车了。这是新中国修建的第一条铁路，它打开了四川人民通往经济繁荣的道路。7月1日，重庆市2万人隆重举行成渝铁路通车庆祝典礼，同时成都到天水的铁路也在这一天举行开工典礼。毛泽东欣然为成渝铁路竣工和天成铁路开工题词。当铁道部部长滕代远把毛泽东亲笔题词的"庆贺成渝铁路通车，继续努力修筑天成路"的大幅锦旗授予西南铁路工程局全体职工时，全场群众热烈鼓掌，欢呼雀跃，经久不息。当通向西北的干线——从天水到兰州的天兰路建成通车时，毛泽东又写下了"庆祝天兰路通车，继续努力修筑兰新路"的题词。

毛泽东的题词，催人奋进，给铁路职工增添了无穷的力量。他们立下誓言：革命加拼命，宁可拼掉几斤肉，也要争分夺秒建铁路，施工进展日新月异，筑路捷报频传。

1953年，党中央和毛泽东提出了过渡时期的总路线。在这条总路线的指引下，在发展国民经济的第一个五年计划中，人民铁路开始了大规模的建设工作。次年2月，王震被任命为中国人民解放军铁道兵司令员兼政治委员。为了发展中国的交通运输事业，毛泽东鼓励王震："你要有信心，有志气干一辈子铁路。"并告诉他：交通运输是立体的东西，要学一点历史，学一点近代史。现代资本主义的发展，是把能源和交通放在首位的。孙中山先生同帝国主义斗争，其中就包括了争取自修铁路的权利。

毛泽东十分重视交通运输在经济发展中的作用。他说，中国要富强，开发矿藏，繁荣经济，就要发展海运、铁路运输，这是工业化的命脉。要发展几十万公里铁路，把四面八方连接起来，建设新中国！那时候，毛泽东经常聚精会神地注视着中国地图，并用一支色笔在地图上勾画着中国铁路建设的宏伟蓝图。

由毛泽东亲自决定的，新中国一条重要的铁路——宝成铁路于1952年正式开工。宝成铁路北起陇海线上的宝鸡站，南接成渝线上的成都站，是连接西南和西北的一条重要通道。毛泽东一声令下，王震率领浩浩荡荡的铁道兵大军，奔赴巴山蜀水之间，开始了紧张的线路勘查工作。

就在这时，美国第七舰队封锁了台湾海峡，对我国东南安全构成严重威胁。毛泽东立即指示王震，将宝成铁路的勘查、修建任务移交铁道部工程局，命令王震率铁道兵抢修黎湛、鹰厦两条铁路，建好湛江深水码头，巩固东南海防。

鹰厦铁路是紧密连接海防前线的厦门和祖国内地的通道，不仅具有重要的经济战略意义，而且具有十分重要的军事战略意义。黎湛铁路的建成将为粉碎蒋介石卖国集团在美帝国主义指使下进行的海盗活动，提供有利条件。所以，毛泽东格外重视这两条铁路的修建。

王震不负毛泽东的重托。为了争时间、抢速度，高速优质修好这两条铁路，他把指挥部从北京迁到贵县，在施工第一线安营扎寨，与铁道兵广大指战员一起艰苦奋斗，挥师移山填海。毛泽东知道后，十分高兴，称赞说："好，指挥到第一线！"并且特别提出要紧紧依靠广大群众，建设人民铁路。

黎塘到湛江的黎湛线与鹰潭到厦门的鹰厦线，都处于地质情况复杂区，当地岩石风化严重，地下水特别丰富，容易形成塌方、滑坡、流石、流泥等种种路基病害。要通过武夷山，必须开凿很多隧道，工程量和艰巨性是可想而知的。

但毛泽东坚信站起来了的中国人民有移山填海的力量，中国的工程技术人员没有解决不了的问题。他说，世界上的事情都差不多，别人能做到的，我们也能做到，一年不行就修两年。他还以恢宏的气度，幽默地讲了一个有趣的故事：俄国计划修一条从彼得堡通往莫斯科的铁路时，沙皇断然用笔在地图上的两点间画了一条直线。旁边的一位工程师急忙说：陛下，这中间有一个湖啊！沙皇扔掉了笔，头也不回地走了，一边说：那就让我的臣民们把它填起来吧！讲完故事，毛泽东笑了。停了一会儿，又接着说：后来实践证明了这是一条最快、最省、最好的线路。最后，他启发大家说：所以下定了决心就要干！

毛泽东要求修建一条最快、最省、最好的铁路。这就是战斗号令，它激励着广大铁道兵指战员战天斗地。他们遇水架桥，逢山开道。在艰险的郁江大桥工程中，技术人员和战士们创造了当时苏联专家也认为不可能的奇迹——新中国第一个气压沉箱顺利地下沉了。黎湛铁路不到一年就全线通车了，鹰厦铁路用了两年多一点的时间也正式通车了。

  毛泽东凝视着地图上黎湛线和鹰厦线这两条细细的铁路标志，陷入了沉思。他的思绪沿着延伸的铁路到达了祖国的边陲：将来铁路要修到新疆,围着塔里木转一圈,还要修到喜马拉雅山。想到这里，他风趣地笑着对王震说：王震，铁路修到了喜马拉雅山，你就是死在那里也是光荣的，不用防腐剂，也会永垂不朽的。

一定要把淮河修好

淮河，是中华民族古代经济文化的发源地之一，横跨河南、安徽、江苏、山东四省，全长 1000 公里。淮河自古多灾难，从 1194 年黄河夺淮以后，淮水宣泄不畅，淮河流域大雨大灾，小雨小灾，无雨旱灾，常常出现"千村人踪绝，万户断炊烟"的惨状。淮河流域的人民长期过着动荡不安的生活。历史上多少有志之士面对淮河水患无可奈何，望淮兴叹。国民党的腐败统治，更使淮河水患有增无减，两岸人民历经沧桑，饱受苦难。

1949 年夏，淮河儿女遭受了一场特大洪水的洗劫，数百万灾民无家可归，扶老携幼四处奔逃。1950 年 7 月中旬，百年不遇的特大洪灾使淮河流域再次饱受劫难，滂沱大雨一连数日不停地向着河南与安徽的交界处倾注，塘堰漫溢，河水猛涨。百姓人心惶惶，干部坐卧不宁。华东防汛指挥部迅速向中央发来急电：淮河中游水势仍在猛涨，估计可能超过 1931 年最高洪水水位。

拿着电报，毛泽东心情十分焦急，他双眉紧锁，来回在屋里踱步，思考着如何制伏天灾，解救受灾的人民。"不解救人民，还叫什么共产党！"毛泽东把电报往桌子上一拍，立即挥笔批示周恩来总理："除目前防救外，须考虑根治办法，现在开始准备，秋起即组织大规模导淮工程，期以一年完成导淮，免去明年水患。"

8月5日，随着灾情的不断扩大，华东军政委员会向毛泽东汇报了皖北受灾的详情：今年水势之大，受灾之惨，不仅重于去年，且为百年来所未有。淮北20个县、淮南沿岸7个县均受淹。被淹田亩总计3100万亩，占皖北全区的二分之一强。房屋被冲倒或淹塌已报告者80余万间，其中不少是全村沉没。耕牛、农具损失极重（群众口粮也被淹没）。由于水势凶猛，群众来不及逃走，或攀登树上、失足坠水（有在树上被毒蛇咬死者），或船小浪大、翻船而死者，统计489人。受灾人口共990余万，约占皖北人口之半……

霎时间尸横遍野，妇女呼救，婴儿啼哭，老人哀嚎，惨不忍睹的景象呈现在毛泽东的眼前。他鼻子一阵阵发酸，眼睛一阵阵泛潮，一边看电报，一边用铅笔在触目惊心处——"不少是全村沉没""被毒蛇咬死者""统计489人"重重地画着横线。终究泪水没有忍住，顺着脸颊不住地往下淌，浸湿了衣襟，滴满了电文。

淮河沿岸人民所遭受的令人痛心的灾难使毛泽东坐立不安，他立即批示周恩来总理："请令水利部限日作出导淮计划，送我一阅。此计划8月份务须作好，由政务院通过，秋初即开始动工。如何，望酌办。"

华夏古训说得好：欲兴国，必治水。中国历史开篇就有大禹治水的记载，后有李冰父子兴建都江堰，荆楚先民修筑荆江大堤……为治理淮河，安定淮河流域的百姓，曾国藩等上书呼吁导淮，孙中山强调"修浚淮河为中国今日刻不容缓之问题"，蒋介石也曾想在治淮上大显身手，他曾于1929年7月，成立导淮委员会，并亲任委员长。可是，他们都没有成功，淮河水患有增无减。在刚刚成立的新中国百废待兴之际，在国家财力极其困难、国民经济亟待恢复的历史时期，在抗美援朝激战正酣的情况下，毛泽东为解除人民疾苦，高瞻远瞩，毅然作出了"根治淮河"的战略决策。为了协调淮河上、中、下游不同地区的切身利益，针对历史上多次治淮的后遗症，不久，毛泽东再次指示周恩来："导淮必苏、皖、豫三省同时动手，三省党委的工作计划均须以此为中心，并早日告诉他们。"明确提出了治理淮河是苏、皖、豫三省当前的工作重心。根据毛泽东的指示，周恩来在抓救灾的同时，积极筹备召开了治淮会议。

毛泽东的指示和治淮会议精神像春风一样，很快吹遍了淮河大地，淮河两岸的人民无不为之振奋，一扫垂头丧气，悲观失望的精神状态。整个淮河流域沸腾起来了，人们热烈欢呼，纵情歌唱：

霹雳一声震长空，千里淮河展新容。

辞别黑暗千万载，迎来曙光一片红。

那些逃难在外的灾民纷纷返回故土，准备参加兴修水利。他们组织起来打石备料、造船运输，做准备工作，希望早日开工。工程技术人员风餐露宿，加紧勘查设计。一支由党政干部、工程技术人员、医务工作者和数百万民工组成的浩浩荡荡的治淮大军，像在淮海战役和渡江战役时支援前线一样，身背行李，肩扛铁锹，推车挑担，奔赴治淮第一线。

毛泽东得知这一消息后，无比兴奋。机不可失，气不可泄，他于9月21日第四次指示周恩来:"周:现已9月底,治淮开工期不宜久延,请督促早日勘测,早日做好计划,早日开工。"

根据毛泽东的指示精神,周恩来主持治淮的一切具体工作,加紧进行治理淮河的具体部署。1950年10月14日,中央人民政府政务院作出了《关于治理淮河的决定》。决定运用辩证唯物主义的观点,提出了"蓄泄兼筹,以达根治之目的"的治淮方针,"三省共保,三省一齐动手"的团结治淮的原则,体现了治淮的客观规律。1950年冬至1951年春,根治水患的基础工程,淮河防洪大堤以及大量的支流除涝动工了,毛泽东和党中央非常关心正在开展的治淮工程,毛泽东应水利部部长傅作义的提议,欣然为治淮工程题词:"一定要把淮河修好。"8个大字洒脱、遒劲,洋溢着毛泽东的喜悦与自信,表达了中国人民改造山河的雄心壮志和坚强决心。1951年5月,毛泽东派出了以邵力子为团长的中央治淮慰问团前来看望和慰问治淮工地上的全体民工、技术人员和干部。

毛泽东、周恩来及中央的亲切关怀给治淮员工们注入了无穷的精神力量,他们吃的是粗粮咸菜,住的是简陋的草棚,不计较报酬得失,竭尽全力奋斗,病了伤了不下工地,许多人甚至为治淮工程献出了宝贵的生命。1951年在治淮战线的广大干部群众的努力下,治淮第一期工程如期完成并取得了良好的成效。

此后,毛泽东一直关注着治淮工作。1953年,毛泽东又派傅作义代表他到治淮工程中最大的水闸三河闸工地慰问建闸员工。1958年,在杭州会议上,毛泽东还特别强调了治淮的重要性,并指示要以治淮为中心，争取在几年内做出显著成绩。在成都会议上，毛泽东对安徽的治淮工作表示赞赏，说治淮排涝是安徽发明的。

在毛泽东"一定要把淮河修好"的伟大号召鼓舞下，在毛泽东的亲切关怀下，淮河两岸人民经过30余年的艰苦努力，终于征服了淮河水害，治理大小河道数百条，修理防护堤坝4000多公里，运河堤600余公里，使淮河水患逐年减少，并在防洪、除涝、灌溉、发电、航运等方面取得了显著成绩，淮河大地出现了空前兴旺发达、欣欣向荣的局面。

如今距毛泽东"一定要把淮河修好"题词发表已多年，但历史不会忘记，人民不会忘记，千里长淮，滔滔流水不会忘记毛泽东对治淮大业所费的心血、智慧与无限深情。

关心黄河治理事业

稻谷香呀,鱼儿欢,如今家乡变江南;都是毛主席好领导,炎黄才能有今天。

这是炎黄人民发自内心的歌声,他们从心底里感谢毛泽东,感谢毛泽东给他们带来的幸福生活。

黄河是中华民族的象征和摇篮,孕育了中华民族无与伦比的文明,然而从古到今,黄河一直没有得到很好的治理,一直水患不断,被称为"中国的忧患"。新中国一成立,治理黄河的工作便提上了议事日程。古语云:治黄河者治天下。毛泽东身体力行,特别关心治黄事业,他的心与治黄紧密相连。

新中国成立后,毛泽东第一次出京巡视的地方就是黄河。1952年10月25日至11月1日,毛泽东在杨尚昆、罗瑞卿、滕代远、汪东兴等人的陪同下,亲赴河南视察黄河,巡访从济南泺口启程。泺口,在济南北部,是黄河在历史上频频决口泛滥的地段。山东省的领导同志向毛泽东介绍了当时新修的大坝。

"这堵大坝修得好。"毛泽东赞扬说,"如果用引黄河水的办法,将泺口这一带的十几万亩盐碱地,改为稻田就更好了。"毛泽东对治黄提出了更高的要求,极大地鼓舞了在场的人们,山东省的领导同志们异口同声地说:"我们一定照主席的设想试试看。"

28日，毛泽东在徐州登云龙山眺望了明清黄河故道，30日上午，在兰考听取了黄河水利委员会主任王化云关于黄河情况的汇报。当得知现在对河源的水量、地形已经查清，勘查队已经移到了长江上游——通天河的汇报时，他风趣而又幽默地说："你们的雄心不小啊！通天河，那是猪八戒去过的地方。这虽然是作家笔下说的，但现在你们的勘查队也到了通天河，准备搞南水北调。南方水多，北方水少，如有可能，调一些是可以的。能多调一些更好。"下午，毛泽东又到开封北郊柳园口观看了"悬河"。这一天，毛泽东虽然连续视察了十一二个小时，但精神仍然十分饱满。晚上，他与河南省负责同志就河南省的工作和治理黄河问题，一直谈到深夜。10月31日晨，毛泽东对王化云及河南省党政领导说："黄河的事办不好，我是睡不着觉哩！你们一定要把黄河的事情办好。"随后，毛泽东又继续视察了郑州郊外的人民胜利渠首闸，并和随行人员一起开闸放水，见黄河水在渠道中奔流，毛泽东高兴地说，沿黄河每一县都修一座浇地闸就好了。随后毛泽东乘车赴新乡，到黄河入卫河的地方看了看，并在引黄入卫5号总干渠前摄影留念。短短几天的视察，使毛泽东了解了许多治黄情况。

毛泽东一生心系黄河。1952年视察黄河之后，他把治理黄河的问题时时挂在心上，利用视察南方的机会，多次听取河南省和黄委会负责人关于治理黄河情况的汇报，提出了许多带有长远指导意义的意见。1953年2月16日，毛泽东去南方视察，专门听取了王化云关于治黄工作的汇报，了解了由计划修邙山水库转到修三门峡水库的理由和情况。毛泽东还询问了修三门峡水库的时间及水土保持和库区移民问题、南水北调工程问题，王化云都逐一做了回答。毛泽东听后，满意地说，革命成功了，事情好办了，治黄问题过去不能解决，只有现在才能解决。

1954年冬，毛泽东在视察南方返京途经郑州时又一次听取了黄河水利委员会的同志关于治黄工作的汇报。1955年6月22日，毛泽东再次听取了王化云关于治黄情况的汇报，特别关心地问起1954年开始制定的黄河规划的落实情况。听过王化云的介绍后，毛泽东又问到人民胜利渠盐碱化问题解决了没有，黄河下游能否搞航运网，王化云告诉毛泽东，盐碱化问题已基本解决了，将来黄河泥沙少了，南水北调工程成功了，航运就不成问题。

1959年，毛泽东望着浩浩荡荡的黄河水，充满激情地说："黄河是伟大的，是我们中华民族的起源，人说'不到黄河心不死'，我是到了黄河也不死心。"1961年8月，毛泽东在和身边工作人员聊天时，谈到他有三大志愿，骑马到黄河、长江两岸进行实地考察，并请一位地质学家、一位历史学家和一位文学家同行是其中之一。1964年，毛泽东七十高龄，还打算亲自率专家和有关人员徒步策马，从黄河之源到黄河入海口走一遭，进行全程实地考察。为此，他指示身边工作人员练习骑马，查找有关黄河的资料，做好了各方面的准备。后因国事繁忙，这个计划未能实现，但我们从此仍可见毛泽东对伟大祖国的母亲河——黄河的一片挚爱与关切之情，这更缘于他对人民的热爱与关心。

在毛泽东的"要把黄河的事情办好"的伟大号召下，多年来，经过黄河两岸人民的努力，黄河得到了很好的综合治理，水涝灾害逐年减少，两岸人民过上了温饱富足的生活。他们永远不会忘记毛泽东对治黄工作的殷切希望和谆谆教诲。

心系三峡工程

从 50 年代初毛泽东就梦寐以求要修建长江三峡工程,并雄心勃勃地为之倾注了大量的心血,努力了 20 余年。1953 年 2 月,毛泽东为考察长江流域规划和三峡工程,专程从北京到了武汉。2 月 19 日上午,毛泽东特意请水利部长江水利委员会主任林一山随他一道乘"长江号"军舰视察,并向他汇报治理长江的情况。

毛泽东向林一山提出了一连串的问题,诸如:长江水灾的主要成因是什么?为什么有一些暴雨往往产生在某些地方?……

林一山从气象学、地质学、水文学等方面一一作了说明和回答。林一山的解释,科学性较强,显得有些抽象和枯燥。但是,毛泽东却听得津津有味,有时一口烟吸到一半时便止吸,两眼直盯着林一山。直到林一山把一段意思讲完了,他才继续吸。听了林一山的解释,毛泽东沉思了一阵子,然后非常有力地说:"要驯服这条大江,一定要认真研究,这是一个科学问题。"

2 月 22 日清晨,"长江"舰驶离九江码头。毛泽东又把林一山请到舰长卧室,继续商谈治理长江的问题。毛泽东问林一山:"怎样才能解决长江洪水的灾害呢?怎样才能除害兴利?"

林一山将《长江流域水利资源综合利用规划草图》展开在毛

泽东面前，向毛泽东介绍说：我们拟订了三个阶段的防洪方案。第一阶段加固和培修堤防，提高泄洪能力，同时开展蓄洪垦殖，实现湖泊综合利用，以降低洪峰，减轻内涝，消灭血吸虫病等；第二阶段有计划地兴建控制型的大型山谷水库，实现防洪、发电、航行、灌溉、水产等综合利用；第三阶段兴建局部地区的除害兴利工程，最终全面根除洪水威胁。

毛泽东认真地听着林一山的介绍，不时地插话提问。当听完林一山的介绍后，毛泽东兴奋地用手指在图上画了一个大圆圈，连声称赞道："太好了，太好了！你们这个规划很全面。"转而又把目光投向草图的三峡江段，一边看着，看得是那么认真仔细，目光时而在草图上移动，时而死死盯在某一个圆点上，一边沉思着，时而点点头，时而眉宇紧皱。突然，他又指着三峡以上地区问："修这样许多支流水库，如果把它们都加起来，你看能不能抵上三峡这个大水库？"

林一山告诉毛泽东："从长江干流的主要洪水灾害来说，这些水库都加起来，还抵不上一个三峡水库的防洪效益。"

毛泽东皱了皱眉头，指着三峡出口说："费了那么大的力量修支流水库，还达不到控制洪水的目的，那为什么不在这个总口子卡起来，毕其功于一役呢？"毛泽东一语道出了在三峡建库解决长江中下游防洪问题的设想。这就是毛泽东的伟大之处，他善于从复杂的矛盾中抓住主要矛盾，抓住了治本之所在。

1954年夏，一场特大洪灾横扫长江中下游。洪水冲开长江、汉江堤防64处，两湖平原一片汪洋，许多干支堤防只剩下互不相连的堤段，近5000万亩耕地被淹，受灾人口1888万，死亡3.3万多人，京广铁路100天不能正常运行，间接损失更难计算。如此惨重的损失，使毛泽东大为震动，他决心把长江流域的治理当作重点工作来考虑。

这次大水后，毛泽东等中央领导人加快了对长江治本工程的筹划。1954年12月中旬，毛泽东又出京到了武汉，继续就三峡工程问题进行考察和研究。

一天傍晚，林一山被请到了在汉口火车站的一列专用列车上，主要谈与长江三峡水利枢纽工程建设有关的问题：三峡工程的技术可能性问题、三峡工程的地质状况问题等。主要是毛泽东提问，林一山解释。

时光流逝，日月更新。毛泽东一直在牵挂着三峡工程建设问题。1958年1月，中共中央在南宁召开工作会议。会议的后期，毛泽东亲自主持召开中央政治局扩大会议，专门研究三峡工程问题。毛泽东特意把林一山和对三峡工程有不同意见的电力工业部部长助理兼水电建设总局局长李锐请到会上，听他们的意见。林一山认为，三峡工程在综合治理、开发长江中具有重要地位和作用。李锐主张先开发支流，不赞成把三峡作为控制利用长江水利资源的主体。他们各自陈述了自己所持观点的理由。毛泽东在肯定修建三峡工程必要性的同时又充分吸取了不同意见的合理部分，提出了三峡建设的方针——"积极准备，充分可靠"。为了加强对三峡工程的领导，毛泽东请周恩来挂帅来抓这件事。

1958年3月8日至26日，中共中央在成都召开工作会议。

为了增加与会人员对四川，特别是对三峡的了解，毛泽东在飞赴成都的飞机上精选了近百首唐、宋、明三朝的诗词，编印成册，分发给到会的领导同志阅读。为了从我国古代水利工程中吸取历史的经验和智慧，一下飞机，毛泽东就借来《华阳国志》《都江堰水利述要》《灌县志》等有关书籍，这些书籍详实地记叙了中国古代最大、最成功的水利工程——都江堰。毛泽东都仔细地阅读了，并在书上批、画、圈、点。会议期间，毛泽东还怀着极大的兴趣，亲莅灌县城郊，认真考察了闻名遐迩的都江堰水利工程。

3月23日，毛泽东主持召开中央政治局扩大会议，讨论三峡工程的有关问题。毛泽东建议"三峡问题，就在这里解决"。周恩来在大组会上作了关于三峡水利枢纽和长江流域规划的报告。这个报告，毛泽东在会前进行了认真审阅，并在报告第一项中"从国家长远的经济发展和技术条件两个方面考虑，三峡水利枢纽是需要修建而且可能修建的"一句后面，加上"但是最后下决心确定修建及何时开始修建，要待各个重要方面的准备工作基本完成之后，才能作出决定"一段文字。会议讨论并同意周恩来的报告，形成了《中共中央关于三峡水利枢纽和长江流域规划的意见》的文件。4月5日，中共中央政治局会议予以批准。

成都会议一结束，毛泽东在李井泉、王任重、柯庆施等陪同下，于3月29日乘"江峡"轮由重庆顺江东下。30日，"江峡"轮经过三峡时，毛泽东在驾驶室观察三峡地形，并向身旁的船员们说："有些地方航道仍然不好，要在三峡修一个大水闸，又发电，又便利航运。"

傍晚,"江峡"轮驶近三峡工程坝址中堡岛。毛泽东站在船舰甲板上,举起望远镜仔细地察看这座神奇的小岛。远处看中堡岛郁郁葱葱,呈船形,面积约有15万平方米,将峡江一分为二。小江在南,宽约200米,大江在北,宽约1000米。离南岸约1公里远的茅坪、三斗坪两座古镇,一上一下地陪伴着中堡岛。遥望上游远方,重峦叠嶂,云雾缭绕,江水切开崇山峻岭,一泻千里,气势磅礴地奔腾而来。放眼下游,群山耸立,绵亘无边,宛如一幅宏伟壮丽的山色屏风。毛泽东久久地盯着中堡岛,微笑地听着身边专家介绍:"中堡岛比起太平溪坝址有特有的天然优势,可以利用大江、小江的有利地理条件分两期施工,大江截流也不必另辟溢洪道……"毛泽东频频点头,他也认定中堡岛的地理条件确属得天独厚,最适合兴坝截断巫山云雨,实现高峡出平湖的宏伟理想。

这次视察三峡工程坝址,更坚定了毛泽东兴建三峡工程的信心。4月5日,他在武汉会见一个外国代表团时,十分明确地说:"我们准备在三峡筑一个水库,准备工作需要5至7年,连筑成就要15至20年。这将是我们的第一个大水坝。"

后来,由于国际国内诸多因素的影响,三峡工程搁浅了。毛泽东生前未能目睹三峡工程上马,这成了他一生中一个未了的心愿。因此,他在垂暮之年时不无遗憾和伤感地对人说:"将来我死了,三峡修成后,不要忘了在祭文中提到我啊!"如今,三峡之梦终于成真。1992年4月,第七届全国人民代表大会第五次会议审议通过了《关于兴建长江三峡工程决议》。1994年12月

14日，在长江三峡工程开工典礼大会上，李鹏总理向全世界庄严宣布，当今世界上最大的水利枢纽工程——长江三峡工程正式开工！1997年11月8日，大江胜利截流，毛泽东生前绘制的"截断巫山云雨，高峡出平湖"的宏伟蓝图正在变成现实。共和国的历史永远忘记不了毛泽东为修建三峡工程，废寝忘食潜心研究，数度南下实地考察的动人情景。

建立强大海军

"为了反对帝国主义的侵略，我们一定要建立强大的海军。"这是在1953年2月，毛泽东乘军舰沿长江考察时，应海军将士们的请求，挥毫为海军写下的题词。这句题词写得笔走龙蛇，苍劲挺拔，显示了毛泽东振兴海军、加强海防的强烈愿望和急迫心情。这也是毛泽东对近代中国的历史，经过沉痛思索后，在激愤中有感而发，写下的题词。题词代表了全中国人民的愿望和意志，成为照亮新中国海军建设航程的灯塔。

执行这次航运任务的军舰是"长江"号和"洛阳"号。军舰在长江中疾驰，毛泽东站在甲板上，强劲的江风，撩起了他的大衣前襟，他在静静地思索："长江"舰和"洛阳"舰在浩瀚的长江里，显得太渺小了。一艘舰是江南造船厂制造的，不足400吨，另一艘是日本制造的，不足1000吨，而且仍以煤和柴油作动力。我们的海军是多么落后，落后就要挨打。

毛泽东的思绪回到了1840年，他对水兵们讲述了一段惨痛的历史：近代中国有海无防，帝国主义从海上破门而入，侵略我们国家。从1840年鸦片战争起100多年里，帝国主义列强80多次入侵，每次都从海上来。他们从旅顺、辽东湾，从塘沽、渤海湾，从烟台、青岛、胶州湾，从海口，从雷州半岛，从钦州湾，从由北到南的所有海口闯进中国来。一部中国近代史，几乎就是列强海上入侵史。毛泽东列举了帝国主义从海上侵略我国的罪行，又怒斥封建统治阶级的腐败无能：晚清封建统治阶级，重陆轻海，畏敌如虎。先是禁海，等帝国主义打进来了，就投降。"量中华之物力，结与国之欢心。"在炮口威逼下，被迫签订了几百个不平等条约，割地赔款，丧权辱国。毛泽东越说越气愤，为了使自己平静一下，他沉思了片刻说：所有这一切惨痛的历史教训，都告诉我们，今后帝国主义侵略我国，也会从海上来。现在，太平洋还不太平。毛泽东看着朝气蓬勃的青年水兵们，精神振奋，满怀期望地号召说：中国人民一定要建立一支强大的海军。

"一定要建立强大的海军"的豪言壮语在每个海军将士的心中激荡，如洪波涌起，大潮澎湃。

经过乘军舰三天三夜航行的思索，毛泽东时刻把海军的建设放在心上，特别强调抓科学研究和尖端技术。他说，现在不搞，将来就来不及，赶不上了。1956年1月，在最高国务会议上，毛泽东向全国人民发出了"努力改变我国在经济上和科学文化上的落后状况，迅速达到世界上的先进水平"的号召。

向科学进军的战鼓已经敲响，国家出台了《1956—1967年科学技术发展远景规划纲要（修正草案）》，一个大搞科学研究的热潮在全国兴起。海军再也坐不住了：我们海军怎么办？他们一直在思考。很快海军制定了《海军科学技术和装备建设发展规划》，他们瞄准世界科学新技术的发展，决心迎头赶上去。

在谋求海军新技术过程中，主要是不断发展海军的武器装备。

在武备的研制过程中，特别值得提出的是核潜艇的研制。它不仅凝聚着广大科技人员的辛劳，也饱含着毛泽东、周恩来的心血，党中央、国务院、中央军委一直都十分重视。

核潜艇是核反应堆里的铀原子通过裂变产生巨大能量，应用于推动舰艇航行，它没有内燃过程，无需像常规潜艇那样，定期浮出水面，补充燃料。它能长时间潜伏在海底，航行到地球的任何一处海洋。

当时，美国第一艘核动力试验潜艇"魟鱼号"已经累计航行了6万多海里，第二艘"海狼号"早在1957年就编入大西洋舰队，又在建造新的"鲤鱼"级核动力反潜鱼雷潜艇。苏联也在"列宁号"破冰船上使用了核动力装置，并开始建造核潜艇。英国、法国也在致力于核潜艇的研制。发展和加强海军建设，正面临着一个历史性的机遇。海军新建立的科学技术研究所向中央军委提出了发展军用核动力装置和导弹核潜艇的建议。

毛泽东看到海军研制核潜艇的大胆建议，十分高兴，他赞赏海军同志的雄心壮志，并给予大力支持，欣然提笔批准了这个建议。

中国核潜艇研制工程起航了！

为了取得苏联在技术上的援助，以苏振华为团长的中国政府代表团，去苏联商谈海军技术协定。经过3个多月的艰苦谈判，于1959年2月4日，中苏签订了关于在中国海军舰艇制造方面提供技术援助的协定。但是，苏联拒绝提供核动力潜艇和导弹驱逐舰方面的技术援助。

毛泽东看了谈判的所有材料，又听了详细汇报，对苏联的不合作非常生气，他决然指出："核潜艇，一万年也要搞出来。"毛泽东代表了中国人的自信和气魄，说出了全国人民的心里话。对于核潜艇的研制工作，他又明确地指示："自力更生，大力协作，办好这件事。"

为了落实毛泽东的指示，实现中国人民近百年来的愿望，重振海洋强国的雄风，积极组织力量进行核动力装置用于潜艇的研究。

古代中国，是举世公认的海洋强国，有过建造战船的辉煌时代。只是随着封建王朝的没落、腐败，外国帝国主义的入侵，中国才落后了。今天，要迎头赶上去，我们一定要建造中国的核潜艇。世界各国都把制造核潜艇的技术，作为最高机密，严加保守，尤其对中国实行封锁。核潜艇总设计师黄旭华回忆当时的情况说："当时我们没有任何资料可以借鉴。偶然发现有人从境外带回一个玩具潜艇，我们也反复揣摩、研究，想从中得到某种启发。"

1960年，苏联撤走了在中国工作的全部专家，带走重要设备、材料和关键资料，致使中国的舰艇生产无法按计划进行。遵照毛泽东抓紧科研、设计工作的指示，海军在1961年组建了舰艇研究院，把分散的科研力量组成拳头，逐步形成了较完整的造船科学研究体系，优先解决了舰艇生产中的技术难题，为自行研制核潜艇打下了基础。但是，1962年由于我们工作上的失误和赫鲁晓夫的压力，许多建设项目被迫下马。不论人们多么不情愿，核潜艇研制也下马了。在一些老帅们的强烈要求下，经毛泽东、周

★ 毛泽东和周恩来在西柏坡

★ 毛泽东和军委二局的干部在西柏坡的合影

★ 1949年9月，毛泽东会见华侨代表陈嘉庚、庄明理

★ 1949年10月，毛泽东、刘少奇、朱德、宋庆龄等从天安门城楼西侧登上天安门城楼

★ 1949年12月，毛泽东首次出访苏联

★ 1949年，毛泽东与斯大林等合影

★ 1951年，毛泽东与众多学生的合影

★ 1952年，毛主席在北京近郊访问农民

★ 1956年1月，毛泽东在上海市长陈毅（右三）陪同下，视察上海公私合营申新九厂，和荣毅仁交谈

★ 1959年5月，毛泽东和亚非拉青年在一起合影

★ 1963年，毛泽东、周恩来、邓小平等接见参加矿床专业会议代表

★ 1965年，毛泽东重上井冈山

恩来特别批准，才允许留下少量技术人员，继续从事核动力装置的理论研究和实验，为设计和试制核潜艇做技术准备。

在渤海湾望海楼旧址上，有几排平房，彻夜灯光通明。这里住着留下来继续研制核潜艇的科技人员。天，是那样寒冷，没有煤火取暖，房里冷得像冰窖；粮，少得可怜，不能维持一个人的正常需要，经常饿得肚子咕咕乱叫。"核潜艇，一万年也要搞出来""一定要建立强大的海军"的号召，给了他们无穷的力量去战胜任何困难，他们整天忍饥挨冻通宵达旦地埋头工作。经过艰苦努力和反复修改，终于设计出核潜艇的总体方案。

1965年8月，人们翘首盼望的这一天终于到来了，中央专门委员会批准，核潜艇研制重新上马，再度开航。

人们激动的眼泪还没擦干，"文化大革命"开始了。两派无休止的争斗，打乱了正常的生产、工作秩序，使许多核潜艇研制项目的生产无法落实。核潜艇研制面临着搁浅的厄运。

在核潜艇研制受阻的关键时刻，毛泽东特殊关照，连续作了几次批示：

1968年2月28日，批准海军建设核潜艇基地；1968年4月8日，签发中央军委电示，抽调陆军1个师的部队支援核潜艇总装厂的建设；1968年7月17日，签署电报，命令某军区派部队支援陆上模拟堆和核动力研究所的建设；1969年12月21日，指示某军区派1000人的工兵部队支援陆上模拟堆建设。

在毛泽东的直接关怀下，核潜艇工程航道畅通无阻。1968年11月23日，我国第一艘核潜艇开工建造，仅用了两年多一点的时间就建成了。人们特意选择了1970年12月26日毛泽东生日这一天，把中国自己研制的第一艘核潜艇送下水。此后，这艘核潜艇先后出海20多次，进行了200个项目的试验，整个试验获得圆满成功。它的适航性、隐蔽性、机动性和可靠性都超过了美国的第一艘核潜艇"虹鱼号"。

"一万年太久，只争朝夕。"中国第一艘核潜艇从提出方案设计到完成试验，仅用了10年。中国核潜艇，作为保卫祖国、保卫世界和平的核威慑力量受到全世界的关注。

大力发展科学技术

毛泽东在领导中国的革命和社会主义建设的过程中，十分重视科学技术对生产力发展和社会进步的重要推动作用。他的一生从未间断过对科学知识的学习和掌握，青年时期的毛泽东特别喜欢社会科学，他利用一切可能利用的条件，广泛涉猎了社会科学的各个学科领域，对自然科学方面的书读得不多，但为了弥补数学、物理、化学等自然科学基础知识的不足，毛泽东阅读了赫胥黎的《天演论》、达尔文的《物种起源》等重要的自然科学著作，从中吸收了不少营养。

毛泽东在拥有大量的社会科学知识的基础上，还十分重视对自然科学知识的学习和掌握，终其一生都注意尽可能多地挤出时间去了解世界自然科学学术思想的发展情况。早在延安时期，毛泽东就曾收藏并阅读了不少自然科学方面的书籍，如商务印书馆出的汤姆生的《科学大纲》、辛垦书店出的普朗克的《科学到何处去》和爱丁顿的《物理世界之本质》等，获益匪浅。1940年，延安成立了自然科学研究会，毛泽东就是发起人之一。在成立大会上，毛泽东明确提出了自己对自然科学的独到见解，他说："自然科学是人类争取自由的一种武器，人们为着要在自然界里得到自由，就要用自然科学来了解自然、克服自然和改造自然，从自然里得到自由。"1941年1月31日，毛泽东还特别写信给在苏联上学的两个儿子，建议他们"趁着年纪尚轻，多向自然科学学习，少谈些政治。政治是要谈的，但目前以潜心多习自然科学为宜，社会科学辅之。将来可以倒置过来，以社会科学为主，自然科学为辅。总之注意科学，只有科学是真学问，将来用处无穷"。

新中国成立后，掀起了社会主义建设的高潮。毛泽东除大量阅读社会科学书籍外，还继续收藏和阅读一些自然科学书籍，尽可能多地掌握一些自然科学知识。1951年4月中旬，毛泽东邀请周世钊和蒋竹如到中南海做客，并对他们说，我很想请两三年假学习自然科学，可惜不容许我有这样的假期。

毛泽东除了身体力行、带头学习研究科学知识外，还亲切关怀和热情地支持祖国科学事业的发展，他还特别号召全党干部和全国人民都要重视和学习科学知识。1955年，在全国党代表会上，毛泽东讲道："只要我们更多地懂得马克思列宁主义，更多地懂得自然科学，一句话，更多地懂得客观世界的规律，少犯主观主义的错误，我们的革命工作和建设工作，是一定能够达到目的的。"1956年1月25日，毛泽东在最高国务会议上提出：我国人民应该有一个远大的规划，要在几十年内努力改变我国在经济上和科学文化上的落后状况，迅速达到世界上的先进水平。为了推动我国科学技术事业的发展，党和国家制定了《1956—1967年科学技术发展远景规划纲要（修正草案）》。在党的八大的一次预备会议上，毛泽东曾说过，我们对新的科学技术还不懂，还要作很大的努力。现在中央委员会是一个政治中央，还不是科学中央，将来的中央委员会就是科学委员会了。1957年，毛泽东在党的全国宣传工作会议上的讲话中，提出要建设一个现代工业、现代农业、现代国防和现代科学文化的社会主义国家。把"科学技术现代化"列为四化的大业之一，足见毛泽东对于科学技术的高度重视。1958年，党中央又提出把工作重点转移到技术革命的战略任务。这是以毛泽东为核心的第一代中央领导集体，探索在中国建设社会主义的实践中认识上的一大飞跃，对中国以后的发展具有重大战略意义。

为了适应形势发展的需要，毛泽东又适时地向全党，特别是党的各级领导干部发出"学技术，学科学"的号召，他指出："过去我们有本领，会打仗，会搞土改，现在仅仅有这些本事就不够了，要学新本领，要真正懂得业务，懂得科学和技术，不然就不可能领导好。"他自己率先垂范，带头学习科学技术知识。从各门自然科学、自然科学史，直到某些技术书籍，他都广泛涉猎。他研读过哥白尼、布鲁诺、坂田昌一、李四光、竺可桢、杨振宁等科学家的著作和许多自然科学的文章。达尔文的《物种起源》、赫胥黎的《天演论》等名著，他反复研读过多遍。20世纪50年代后期，他钻研农业、土壤、机械、物理、化学、气候等方面的书籍。他还曾经请钱三强讲授物理学的知识，并观看核探测仪器的实验表演；虚心聆听杨振宁、李政道等世界知名的科学家讲解"基本粒子结构"的问题和"对称性"问题。为了研究战争，他曾经提出战争规律中的概然性问题，把概率论知识纳入他的知识结构。为了讲哲学，他不仅学习牛顿力学知识，而且还学习狭义相对论知识，并把欧几里得几何和非欧几何知识应用到辩证法的论述当中去。毛泽东的这种刻苦学习精神和渊博知识，不仅为全党树立了榜样，而且赢得了中外许多科学家的赞誉。杨振宁称赞毛泽东在科学方面"造诣非常之深"，说毛泽东在与他的会见中，对他1956年的研究记得很清楚，向他"不仅询问了宇称的守恒、非守恒问题，而且问到了光子的性质和质子的可分与不可分性"。1958年9月，毛泽东外出视察工作，陪同前往的张治中看到毛泽东在旅途中仍在研读冶金工业方面的书，不禁感到有些惊讶，就问毛泽东："您也要钻研科技书？"毛泽东抬起头，笑着说道："是啊，人的知识面越宽越好。"毛泽东对基本粒子理论的哲学问题，曾经有过十分漂亮的论述，以至于世界知名的物理学家、诺贝尔物理学奖获得者格拉肖建议，未来的新粒子可命名为"毛粒子"。

毛泽东对科学的重视，不仅体现在他特别重视学习自然科学知识、关心科学事业的发展，而且体现在他对新中国新老科学家的关心和支持，对他们的成长和进步所给予的帮助和鼓励。毛泽东曾同好多科学家成为好朋友，并时常关心他们的思想和生活，关心他们的科研工作。50年代初期，毛泽东在听取遗传学家谈家桢关于遗传学研究情况的汇报后，鼓励谈家桢一定要把遗传学研究工作搞起来，要坚持真理，不要怕，要用马克思主义的观点指导科学研究。1956年1月11日，毛泽东在接见武汉地震大队研究员方俊等老科学家时，曾勉励他们说：搞科学很重要，我们没有科学不行啊！没有科学办不成事。他还于1958年亲临"武汉科技界誓师大会"，亲切会见科技界代表，鼓励他们争取进步，奋发图强，赶超世界科技先进水平。毛泽东还经常请老一辈科学家到中南海住处，就一些重要的科学问题广泛征求他们的意见。1964年元旦的下午，毛泽东特别吩咐秘书打电话请地质部部长、世界著名的地质学家李四光晚上去怀仁堂一起观看现代豫剧《朝阳沟》。开演之前，在休息厅，毛泽东来了，他健步走到李四光面前，同李四光热烈握手，接着两人又谈起了石油问题。李四光向毛泽东简要地汇报了石油地质工作方面的一些新进展。毛泽东一面听，一面高兴地说："你们两家（指地质部和石油工业部）都有很大的功劳！"开演的时候，毛泽东让李四光坐在身边，一边看戏，还一边细声地谈论着。演出结束后，毛泽东又请李四光和其他中央领导同志一起接见演员，合影留念。

1964年2月6日，毛泽东又邀请竺可桢、李四光、钱学森等科学家到中南海就天文、地质、尖端科学等许多重大科学问题广泛交谈了三四个小时，并热切希望他们为攻克科学技术难关，赶超世界先进水平充分发挥自己的才能，为祖国科学事业的腾飞做出更大的贡献。毛泽东对科学家的重视与关心，充分体现了我党尊重知识、尊重人才的英明政策。

在毛泽东和党中央的正确领导和亲切关怀下，20世纪50年代末60年代初，我国的科学技术事业有了一些发展。以国防尖端科技为例：1956年，我国自己研究制造的喷气式歼击机成功地飞上蓝天，当时世界上仅有美苏等国能够制造超音速歼击机，中国位居其列，令外界吃惊。1960年11月5日，我国使用新的推进剂成功地发射了第一颗仿制导弹,引起美苏等大国的严重关注。

但是,我们毕竟刚刚起步,与世界上一些经济技术强国比,我们还是落后的。落后,在国际上就没有地位;落后,就要受人家的欺负,就有可能挨打。所以,1963年12月,聂荣臻等同志向毛泽东汇报10年科学技术规划的时候,毛泽东说:"科学技术这一仗,一定要打,而且必须打好。……现在生产关系是改变了,就是要提高生产力。不搞科学技术,生产力无法提高。"为了加快我国科学技术发展的步伐,1964年12月13日,毛泽东在修改周恩来在第三届全国人民代表大会第一次会议上的政府工作报告草稿时,曾写了这样一段重要文字:"我们不能走世界各国技术发展的老路,跟在别人后面一步一步地爬行。我们必须打破常规,尽量采用先进技术,在一个不太长的历史时期内,把我国建设成为一个社会主义的现代化的强国。"这表明毛泽东当时对我国发展科学技术、建设社会主义现代化强国的急切心情和雄心壮志。毛泽东在规划和实施中国社会主义经济建设与科学技术发展宏伟蓝图的过程中,根据国际形势和国内情况,审时度势,在20世纪50年代中期确立了发展尖端科学技术的战略方针。毛泽东主持召开中央书记处扩大会议,正式作出了发展我国原子能科学技术的战略选择。原子能的研究和利用在当时被视为现代科技发展的高峰。为了改变中国科学技术基础薄弱的现状,毛泽东大胆地提出要下决心,搞尖端技术,搞以导弹、原子弹为标志的尖端武器,以此带动整个中国科学技术的发展。他说:"外国有的,我们要有,外国没有的,我们也要有。我们不但要有更多的飞机和大炮,而且还要有原子弹，还要搞一点氢弹、洲际导弹。"因为"在今天的世界上，我们要不受人家欺负，就不能没有这个东西"。

遵照毛泽东的指示，我国广大科技工作者，克服国际国内环境造成的困难，发愤图强，自力更生，使我国国防尖端科研工作有了很快发展，取得了举世瞩目的成果。

1964年10月16日，我国第一颗原子弹爆炸成功。

1966年10月27日，我国第一枚导弹核武器试验成功。

1967年6月17日，我国第一枚氢弹爆炸成功。

1970年4月24日，我国成功发射了第一颗人造地球卫星。5年后，第一颗返回式卫星又胜利升空。

1976年8月30日，我国第六颗人造卫星发射成功。毛泽东在逝世前9天，还高兴地审阅了这颗人造卫星发射成功的新闻公报。

"两弹一星"科研成果的取得，不仅使中国雄踞世界上能够掌握核技术和空间技术的5个主要国家之中，而且带动和促进了我国其他领域科学技术的全面发展。

毛泽东发展尖端科技的战略思想，已被历史事实和实践成功地证明是很有远见卓识的。毛泽东对我国科学技术事业极为重视，对科学家的深切关怀为新中国的科学事业的发展做出了不朽贡献，为后来开展探索建设有中国特色社会主义的伟大实践树立了光辉典范。毛泽东关于科学技术与生产力的关系的论述，为后来"科学技术是第一生产力"理论概括的提出奠定了基础。这些都将永远铭刻在后人心中，并时刻激励有志祖国强盛的后来人积极献身科学事业。

我们要有自己的核武器

原子弹，在 50 年代初，成为美帝国主义在朝鲜战争中用来威胁中朝人民和全世界爱好和平人民的一种武器。在朝鲜战争期间，美国曾多次计划使用原子弹来挽回朝鲜战场上的败局。以毛泽东为代表的中国人民和中国军队，顶住了美帝国主义的核讹诈，挫败了他们的战争挑衅。在对待原子弹问题上，毛泽东一方面讲原子弹并不可怕，他曾多次讲过原子弹是美国用来吓人的纸老虎，同时，他又十分重视我们自己研究原子弹，特别是面对美国的核讹诈，要保卫我们国家的安全，维护世界和平，就一定要有我们自己的核武器。

1954 年，地质部在综合找矿中，第一次在广西发现了制造原子弹所需要的铀矿资源。毛泽东得知这一消息后，专门听了地质部有关负责人员的汇报，详细询问了勘探情况，看了铀矿石标本，高兴地对汇报人员说："我们的矿石还有很多没被发现嘛！我们很有希望，要找！一定能发现大量铀矿。"他还满面笑容地环视在场的人们说："我们有丰富的矿物资源，我们国家也要发展原子能。"

这一年的国庆节，毛泽东邀请赫鲁晓夫前来参加我国国庆 5 周年的庆祝典礼。这时，毛泽东正沉浸在中国发现铀矿石的兴奋之中，他希望能够在核技术方面得到苏联的帮助。

10月3日，中苏两国最高级会谈在中南海颐年堂举行，赫鲁晓夫主动问毛泽东："你们对我方还有什么要求？"

毛泽东讲："我们对原子能、核武器感兴趣。今天想同你们商量，希望你们在这方面对我们有所帮助，使我们有所建树。总之，我们也想搞这项工业。"

听了毛泽东的话，赫鲁晓夫愣住了。他事先没有想到毛泽东会提出这个问题。他感到突然，稍停了一会儿，说："你们搞那个东西太费钱了。我们这个大家庭有了核保护伞就行了。无须大家都来搞……如果你们十分想办这件事，而且是为了科研、培训干部，为未来的新兴工业打基础。那么我们可以帮助先建设一个小型原子堆。这比较好办，花钱也不太多。"

毛泽东深深懂得赫鲁晓夫一番话的实质所在，他表示："也好，让我们考虑考虑再说。"

赫鲁晓夫的话刺痛了毛泽东的心，伤了他的感情。为了不受苏联人的摆布，毛泽东决心要搞出我们自己的原子弹来。

1955年1月14日，也就是赫鲁晓夫走后不到3个月，毛泽东把周恩来请到他的办公室，他对周恩来说："我们已经发现了铀矿石，这是一个福音，把那些石头搬到中南海来，让大家都看一下，我们自己能不能搞出原子弹？"

翌日，毛泽东在中南海主持召开了中共中央书记处扩大会议。出席会议的有刘少奇、周恩来、朱德、陈云、彭德怀、彭真、邓小平、李富春、薄一波等。会议听取了李四光、刘杰、钱三强的汇报，研究了发展原子能事业问题。汇报人员将铀矿石标本和探测器带到会上，向出席会议的毛泽东等领导人作了操作表演。当听到盖革计数器探测到铀矿石发出"嘎、嘎、嘎"的响声时，在场的人们都高兴地笑了。

听完汇报，毛泽东点燃一支烟，开始作总结性讲话："我们的国家，现在已经知道有铀矿，进一步勘探，一定会找到更多的铀矿来。我们也训练了一些人，科学研究也有了一定的基础，创造了一定条件。过去几年，其他事情很多，还来不及抓这件事。这件事总是要抓的。现在到时候了，该抓了。只要排上日程，认真抓一下，一定可以搞起来。"

"你们看怎么样？"毛泽东看了看大家，接着强调说，"现在苏联对我们援助，我们一定要搞好。我们自己干，也一定能干好！我们既有人，又有资源，什么奇迹都可以创造出来。"

会议全体人员都对大力发展原子能表示了极大兴趣，决心做好这件事。

毛泽东突然语气一转，以哲学家的见解向钱三强提出关于原子的内部结构问题：

"原子核是由中子和质子组成的吗？"

"是这样。"钱三强随口回答。

"那质子、中子又是由什么东西组成的呢？"

毛泽东的问题并不离奇，要回答准确却使钱三强作难，只好照实说："这个问题正在探索中。根据现在研究的成果，质子、中子是构成原子核的基本粒子。所谓基本粒子，就是最小的，不可再分的。"

毛泽东略加思考，然后说："我看不见得。从哲学的观点来看，物质是无限可分的。质子、中子、电子，也应该是可分的，一分为二，对立统一嘛！不过，现在实验条件不具备，将来会证明是可分的。你们信不信？你们不信，反正我信。"

这是一个预言，是一位政治家的哲学预言。

事有凑巧，就在同年晚些时候，美国科学家塞格勒、恰勃林等，发表了他们的研究成果：用具有62亿电子伏能量的质子轰击钢靶，首先发现反质子；同时，发现一种不带电、自旋相反的中子，即反中子。

会议从下午3点开始，一直进行到晚上7点多钟。晚饭安排在中南海餐厅，毛泽东站起身来，举着酒杯，大声说："为我国原子能事业的发展，大家共同干杯！"这次会议，对中国核武器的发展具有重大的历史意义。

毛泽东作出了中国要发展原子弹的战略决策之后，我们国家迅速掀起了向尖端科技进军的生动局面。1956年以后，先后成立了导弹研究院和原子能研究设计院，集中了钱学森、钱三强等一批世界知名的专家。为了推动这方面工作的发展，毛泽东亲自进行调查研究，找科学家座谈，了解情况。深入的调查研究使毛泽东信心倍增，他在1956年4月召开的中共中央政治局扩大会议上发表《论十大关系》的重要讲话中说："我们现在已经比过去强，以后还要比现在强，不但要有更多的飞机和大炮，而且还要有原子弹。在今天的世界上，我们要不受人家欺负，就不能没有这个东西。"

为了加强对这项工作的领导,加快研制工作的步子,1956年11月,中央任命聂荣臻元帅为国务院副总理,主管科学技术工作。在聂荣臻的组织指挥下,全国全军的科技人员充分发挥他们的聪明才智,研制工作取得了迅速进展。因此,1958年6月21日,毛泽东在中央军委扩大会议上的讲话中,满怀信心地预言:"搞一点原子弹、氢弹,我看有10年工夫完全可能。"

然而,前进中遇到了坎坷。为了得到苏联在尖端武器研究制造方面的技术援助,1957年9月,经毛泽东的同意和支持,聂荣臻、宋任穷率团访苏,与苏联签订了国防新技术协定。协定中苏方答应给中国提供一个原子弹的教学模型和生产原子弹的一些图纸资料。两年过去了,苏方答应的事并没有兑现。1959年6月20日,苏共中央来信明确表示拒绝提供原子弹教学模型和有关技术资料。8月23日,苏联又单方面终止两国签订的国防新技术协定。1960年8月,苏联又撤走了在中国的全部专家,甚至连一张纸片都不留下,还讥讽说:"离开外界的帮助,中国20年也搞不出原子弹。就守着这堆废铜烂铁吧。"

其实,早在1958年5月16日,毛泽东曾在第二机械工业部的一个报告上批示:"尊重苏联同志,刻苦虚心学习。但又一定要破除迷信,打倒贾桂,贾桂是谁也看不起的。"

京剧《法门寺》中的贾桂奴颜婢膝,别人让他坐,他说站惯了。在以往的中国,不乏其人,不乏其事,因此世界列强可以为所欲为,欺辱中国,藐视中国人。

但是，历史的进步是客观存在的，中国已经改朝换代了。尊严和骨气，再也不是埋在地层深处的矿物。

"自己动手，从头做起，准备用8年时间，拿出自己的原子弹！"毛泽东1960年7月18日在北戴河会议上再次发出号召，"要下决心搞尖端技术。赫鲁晓夫不给我们尖端技术，极好！如果给了，这个账是很难还的。"他还嘲讽地说："应该给赫鲁晓夫发一个一吨重的大勋章。"1962年11月3日，他又在二机部提出的争取在1964年，最迟在1965年上半年爆炸我国第一颗原子弹的"两年计划"报告上批示："要大力协同做好这件工作！"

"疾风知劲草，岁寒知松柏。"在正确的决策之下，原子能战线上的科学技术人员、领导干部和工人、解放军，不论男女老少，个个精神抖擞，投入依靠自己的力量发展核科学的伟大事业。

为了记住那个撕毁合同的日子，我国第一颗原子弹的工程代号，定名为"596"。

真是"山重水复疑无路，柳暗花明又一村"。遮盖在中国大地上的乌云吹散了，心头的疑团解开了，曾经以为是艰难困苦的关头，却成了中国人干得最欢、最带劲、最舒坦的"黄金时代"。道理就是这样简单明白：受制于人的地方越少，获得的东西就越多。

1964年10月16日15点，寂静的罗布泊上空，突然爆发了一道强光。紧接着，一团巨大的火球腾空而起，并伴随着山呼海啸般的轰鸣。随着轰鸣声的消失，一股雪白的烟雾在空中翻卷，地面上涌起的尘柱不断蹿高，烟雾和尘柱连在一起，形成一朵蘑菇状云，冉冉升起……中国第一颗原子弹爆炸成功，从而实现了毛泽东中国要拥有自己的原子弹的夙愿。

把钢铁工业搞上去

我国国民经济经过 3 年恢复，取得了重大胜利。党中央及时制定了第一个五年计划和过渡时期的总路线，使我国进入了有计划地进行大规模建设时期。为了逐步实现总路线规定的社会主义工业化的任务，"一五"计划是以优先发展重工业为指导方针的。这是因为中国的经济在恢复时期虽然有一定的发展，但终究底子太薄，工业十分落后。1952 年工业产值在工农业总产值中的比重只有 43.1%，而重工业尤为落后，其产值在工业产值中只占 35.5%。只有重工业发展了，才能保证国防的巩固，才能装备各行各业，带动国民经济的发展，为稳步地实现国家工业化奠定可靠的基础。

为迅速实现新中国的复兴与强大，毛泽东历来十分重视国家重工业的发展，尤其是钢铁冶金这些基础性工业的发展。在这期间，毛泽东多次向钢铁战线全体职工发出号召、提出要求，希望钢铁工业发展得快一些。1955 年他在全国工商联执委座谈会上讲：我国地大物博，现在每年只有 200 万吨钢，实在不像话。我们要全国努力，工商界也要努力，四五十年总行吧，我们要争这口气，超过美国。李富春说，超过美国用不到 100 年，我同意。1956 年 8 月，在中国共产党第八次代表大会预备会议第一次会上，毛泽东又讲：我们的党是伟大的党，我们的人民是伟大的人民，我们的革命是伟大的革命，我们的建设事业是伟大的建设事业。6亿人口的国家，在地球上只有一个，就是我们。过去人家看不起我们是有理由的。因为你没有什么贡献。钢一年只有几十万吨，还拿在日本人手里。国民党蒋介石专政22年，一年只搞到几万吨。我们现在也还不多，但是搞起一点来了。今年可能达到400多万吨，明年突破500万吨。第二个五年计划要超过1000万吨，第三个五年计划就可能超过2000万吨。我们要努力实现这个目标。根据毛泽东的这个战略思想，重工业部分为冶金工业部、化学工业部和建筑材料工业部，周恩来被委托分管冶金工业部。从此，在毛泽东亲自指导与周恩来的直接领导下，中国钢铁工业开始了自己的道路。1957年8月4日，冶金工业部在《第一个五年计划基本总结与第二个五年计划建设安排（草案）》中，提出了钢铁工业建设"三大、五中、十八小"的战略部署。

所谓"三大"，即当时已经开始建设的鞍钢、武钢、包钢三大基地。"五中"，即指选择了5个有发展前途的、可以建成年产30万到100万吨钢的中型厂：山西太原、四川重庆、北京石景山、安徽马鞍山、湖南湘潭。"十八小"，是指通过调查，规划18个省、自治区建设18个年产10万到30万吨钢的小型钢铁厂。冶金工业部这个"三大、五中、十八小"方案报到党中央、国务院后，陈云幽默地说："三皇、五帝、十八罗汉好，符合中国国情。"后来的实践证明，这一方案的贯彻实施，不仅在钢铁工业的发展速度上，而且在布局的合理展开上，都起到了历史性的奠基作用。

在毛泽东和党中央的号召下,在张明山、王崇伦、马万水等一些先进工人的带动下,一个以技术革新和技术革命为中心内容的先进生产者运动兴起来了,钢铁生产与建设形势发展很快很好。到1957年"一五"计划的最后一年,全国共生产出钢535万吨、生铁593.6万吨、成品钢材436.4万吨、铁矿石1937万吨。当年度鞍钢生产生铁338.1万吨、钢291.2万吨、钢材191.8万吨,已建成为中国最大的钢铁基地。

毛泽东看到我国钢铁工业在第一个五年计划期间所取得的胜利,非常高兴。在1957年11月的莫斯科社会主义国家共产党和工人党会议上,毛泽东满怀激情地讲:"同志们,我讲讲我们国家的事情吧。我们今年有了520万吨钢,再过5年,可以有1000万吨到1500万吨钢……中国人民是想努力的。中国从政治上、人口上说是个大国,从经济上说现在还是个小国。他们想努力,他们非常热心工作,要把中国变成一个真正的大国。"这篇热情洋溢的讲话,充分表达了毛泽东对发展中国钢铁工业的期望和信心。

20世纪60年代,毛泽东狠抓"三线"建设,带动了一批钢铁企业的发展。这其中就包括攀枝花钢铁厂。在1958年3月成都会议上,王鹤寿向毛泽东汇报工作,提到准备建设攀枝花钢铁厂。毛泽东询问了西南地区矿产资源情况之后,当即表示赞成建设攀枝花钢铁厂,并决定把建设攀枝花钢铁厂列入此次会议议程。他亲自抓了两件事:一是正式成立了攀枝花钢铁公司筹备处,二是组织开展攀枝花磁铁矿的选矿和冶炼科学研究工作。随后在西昌地区建了一个小钢铁厂，作为冶炼钒钛磁铁矿的试验厂。但是建设攀枝花钢铁厂的计划，由于"大跃进"的影响，在工业调整时下马了。

1964年5月，党中央在北戴河召开工作会议。在讨论"三线"建设问题时，毛泽东重新提出加快建设攀枝花钢铁厂的问题。他指出，在原子弹时期，没有后方不行。四川是"三线"建设的一个重点地区，应该首先把攀枝花钢铁基地和相应的交通、煤、电搞起来。他还强调说："不建攀枝花，打起仗来怎么办，我睡不好觉。"并明确指示："攀枝花建设要快，但不要潦草。"同年9月，毛泽东对停建川黔、滇黔铁路很不满意，批评说："把川黔、滇黔停下来，是没有道理的。把这两条路停下来，又不打别的主意，不搞攀枝花，也是没有道理的。不是早知道攀枝花有矿吗，为什么不搞？你们不去安排，我要骑着毛驴下西昌，如果说没有投资，可以把我的稿费拿出来。"

毛泽东下了决心要建设攀枝花钢铁厂，并专门委托周恩来主管。周恩来主持，与冶金工业部共同研究决定了攀枝花钢铁基地的建设规模、设计原则、设备制造，以及建设管理体制等一系列重大问题。邓小平、李富春等中央领导亲临攀枝花，对照设计图纸，拍板批准了设计方案。随后，国家计委、地质部、铁道部、机械工业部、电力工业部等有关部委相继迅速行动起来，拉开了大规模建设攀枝花钢铁基地的序幕。

冶金工业部从鞍钢、本溪钢铁公司抽调大批建设队伍和冶炼系统的技术工程人员,与四川省合力创建攀钢。钢铁建设大军克服了重重困难,排除了"文化大革命"中"左"的干扰,在远离城市和没有铁路、没有平地的狭窄山坡上建起了攀枝花钢铁基地。正当攀钢开始点火冶炼时,毛泽东又及时提醒冶金工业部负责同志:"攀枝花矿高钒高钛,如果钛铁分离不开,铁炼不出来,你们后悔不后悔。"显然,毛泽东是在督促冶金工业部要注意提高冶炼技术。在毛泽东的鼓励下,冶金工业部组织人员夜以继日地攻克技术难关,终于创造了高炉冶炼高钒钛磁铁矿的新工艺。1970年7月1日,攀钢流出了铁水,1971年又流出了钢水。攀钢建设轰轰烈烈地展开后,毛泽东的心里踏实多了,但他并不满足一个攀钢。1965年1月,毛泽东在听取长远规划汇报时说:"三线"建设,我们把钢铁、国防、机械、化工、石油、铁路基地都搞起来了,那时打起仗来就不怕了。所谓钢铁基地,只有一个攀枝花是不够的,那里只能生产大型钢材,而军事工业用的钢材不能完全解决。在毛泽东的指示下,在建设攀钢的同时,又在西南、西北布置了一批钢铁企业。

70年代初,周恩来狠抓经济工作,使钢铁工业从"文化大革命"的破坏中开始恢复,1973年钢产量达到2500万吨。毛泽东知道后兴奋地说:"从1960年至1970年,钢铁工业总是在1000万吨至1800万吨之间往来徘徊,徘徊了10年之久上不去,现在上来了,已达到2500万吨了。"直到1975年,他还说:"要多搞点钢,多搞点油,加强战备。"毛泽东在晚年,仍然念念不忘把中国的钢铁工业搞上去。

甩掉贫油帽子

　　石油是一个国家工农业发展不可或缺的重要战略资源，在旧中国，由于国民党政权的腐败无能，中国的石油工业十分落后，一直戴着一个贫油大国的帽子。新中国成立后，为建设国家的石油工业，毛泽东呕心沥血。

　　1955年9月，石油工业部代表团去苏联考察学习，回来时已是1956年春节前夕。刚回国，就接到了要向毛泽东汇报国家石油工业情况的任务。2月26日，石油工业部李聚奎部长和康世恩副部长按照通知，到中南海勤政殿汇报。汇报时在座的有毛泽东、周恩来、刘少奇、邓小平、陈云等同志。副部长康世恩负责向大家汇报。康世恩开始照着提纲念了一段，毛泽东听着听着就打断说，你不要念了，我这里也有本本，就随便说吧！接着他就问开了。毛泽东先问地质年代如何划分，根据是什么。康世恩说主要是根据地球发展不同时期的古生物标本，这是主要标志。毛泽东说，对，那为什么叫侏罗纪、白垩纪、第三纪呢？康世恩说这是按照世界某一个代表性的地点和剖面来划分和命名的，比如白垩纪的代表地点是英国；侏罗纪是由法国和瑞士间的侏罗山而得名；震旦纪为来自中国南口的出露地层；等等。毛泽东听后点点头，又问石油是怎么生成的。康世恩讲了世界上石油生成的两派学说，一是有机生成说，一是无机生成说。毛泽东说，你赞成哪一种学说？康世恩说自己赞成有机生成学说。毛主席问，有机物为什么又会变成石油呢？康世恩讲了石油生成的环境及温度、压力等，要经历几百万、上千万年，逐步演化才能生成石油和天然气。毛泽东又问，是否有油的地方都有气？有气的地方是否一定有油？康世恩一一作了回答。"怎么找油呢？""什么叫构造？"康世恩拿纸边说边画，说明各种储油构造。接着毛泽东又问原油出来后怎么炼制？怎么出来汽油？汽油为什么要分号头？汽油的分子式是什么？……康世恩汇报了炼油的原理和过程，还把汽油、煤油、柴油的分子式一个一个写出来，毛泽东很认真地看了。康世恩讲了柴油由于含蜡多少不同，凝固点也不同，寒带用油要低凝固点，不然就冻结了。毛泽东说：这非常重要，中国严寒地带不少。

随后毛泽东又问中国怎么找油，康世恩着重汇报了西北地区石油勘探情况。玉门老君庙油田当时是我国主要石油生产基地；新疆克拉玛依已有一口探井出油，正在继续勘探；同时在青海柴达木、陕北和四川已着手普查勘探；另外，东北松辽盆地、华北平原的广大地区都是找油很有希望的地区，目前缺少勘探手段，正在抓紧准备。毛泽东说："美国人（注：毛泽东这里是指美国有些地质学家）讲中国地质老，没有石油，看起来起码新疆、甘肃这些地方是有的。怎么样，石油部，你也给我们树立点希望。"毛主席这段话语重心长，对石油部既是鼓励、期望，又是极大的鞭策。康世恩汇报说，我国石油工业还很落后。1955年天然石油产量才42万吨，远不能适应国民经济发展的需要；一些世界先进的石油勘探开发技术还没有掌握；资金也很紧张，一年用于天然石油勘探的投资才2亿多元；新疆、玉门等地都是戈壁、荒滩、沙漠，野外勘探开发工作十分辛苦。毛泽东很有感慨地说，搞石油艰苦啊！看来发展石油工业还得革命加拼命。

毛泽东的这些指示，成为石油工业发展的重要指导思想，使石油工业的同志清醒地认识到，要尽快掌握先进的科学技术，要打开石油工业的新局面，必须依靠自力更生、艰苦奋斗，必须发扬革命加拼命的精神。毛主席、党中央的亲切关怀，鼓舞着石油战线广大职工不怕困难，艰苦奋战，决心以实际行动甩掉石油工业落后的帽子，为以后大庆油田的发现和石油会战，奠定了重要的思想基础。

康世恩在汇报中谈到苏联老巴库油田，有几十个油层重叠在一起，毛泽东说，这是架起来的楼房啊，比单层油田更好，开起来更省钱，你们也要找几个楼房式的油田。康世恩还汇报找油要经历从普查、详探到开发三个阶段，我国才开始第一步的普查。毛泽东说，在有希望的地方，你们要给每个县发一台钻机，让他们到处凿一凿。这对以后在全国各地逐步开展石油勘探有着重要意义。康世恩谈到苏联重视区域勘探，整体解剖，所以勘探成果大；我们对区域勘探研究不够，因而还未掌握寻找油田的规律。毛泽东说，这是经验咧，你们要有全面规划。毛泽东说，我们一年也要钻100万米井（注：1956年钻井为51万米）。康世恩讲到石油部成立晚，干部少，毛泽东当即插话说，调一些给他们。果然，在毛泽东和党中央的关怀下，以后每年都给石油部门调来一些干部,分配大批大专毕业生和转业干部,保证了石油工业发展的需要。

这次向毛泽东汇报虽然时间不长,但是在康世恩脑子里打了很深的烙印,在新中国成立初期,毛泽东工作那么繁忙,仍然十分重视取得第一手资料,亲自找了中央 34 个部门的领导同志,一一听取汇报。正是在大量调查研究的基础上,毛泽东经过综合分析,于 1956 年 4 月 25 日在中央政治局扩大会议上,作了《论十大关系》的重要讲话,这篇讲话,以苏联为鉴戒,总结我国的经验,对适合中国国情的社会主义建设道路问题,作了精辟阐述,这些基本思想至今仍有着极为重要的指导意义。就在毛泽东听取石油部汇报后 3 年多时间,即 1959 年 9 月,松辽盆地的第一口探井松基三井喷出了原油。松辽地区可能找到一个大油田,这一喜讯迅速报告到北京中南海。毛泽东、党中央极为重视这一新情况。1960 年初,石油部根据松辽盆地几口探井接连出油的新发现,提出在大庆组织石油会战。毛泽东热情地支持社会主义建设中的这一创举。1960 年 2 月,毛泽东、党中央迅速批准石油部党组关于组织大庆石油会战的报告,指出这次大会战对于迅速改变我国石油工业的落后状况,有着重大的作用,要求各地区、各部门给予大力支持。周总理还到哈尔滨听取石油会战情况汇报,指示要以毛泽东思想来指导会战的全部工作。毛泽东在一次中央工作会议上说:"过去有个斯大林格勒大会战,现在石油部也有个大会战。"他对石油部在极其困难的条件下,把全国石油厂矿力量组织起来打歼灭战,多次给予赞扬。当石油会战取得初步成果,一个特大油田已经胜利在握的时候,毛泽东又热情给予鼓励。

1964年初，毛泽东在一次同外宾的谈话中，讲到大庆会战取得的进展时说："他们用比较少的投资，比较短的时间，全部自己制造的设备，在3年中找到了一个大油田，建成了年产600万吨的油田和建设了一个大炼油厂。"毛泽东还在关于学习解放军，加强政治工作的批示中，对石油部学习解放军，加强思想政治工作的经验，给予充分的肯定和支持。这对广大石油职工和政治工作人员，是极大的鼓舞。石油系统的队伍建设，在大庆会战和以后的历次会战中，得到很大的加强，对保证企业的社会主义方向和各项任务的完成，起了重要作用。不久，毛泽东作出了"工业学大庆"的重要决策，激励着大庆油田和广大石油职工向更高的目标攀登。这期间，周恩来总理先后3次到大庆视察，带来了毛泽东对石油工人的关怀和期望。周恩来在充分肯定大庆取得成果的同时，多次指出大庆要坚持"一分为二"，靠两分法前进。在"文革"10年中，大庆处于最困难的日子里，周恩来在大庆军管命令中亲自加上"大庆油田是在伟大的毛泽东思想哺育下成长起来的我国工业战线上的一面红旗"，并特别强调，这个命令是毛主席圈阅同意的。他还指示大庆要恢复"两论"起家的基本功。周恩来在关键时刻保护了大庆油田和广大干部。正是由于毛泽东、党中央在每一个重要时期，给大庆油田和石油工业无微不至的关怀和支持鼓励，广大石油职工才能在"文革"10年中排除干扰，坚持生产，并且在1976年使大庆油田原油产量上升到5000万吨，1978年全国石油产量上升到1亿吨，使中国跻身世界几大产油国的行列，为国民经济发展做出了自己应有的贡献。

确定"双百"方针

1956年，随着我国对生产资料私有制社会主义改造的顺利进行，剥削制度将被消灭，党和国家面临的迫切任务，就是要调动一切积极因素建设社会主义，迅速发展我国的经济、科学和文化。在这种情况下，为了更好地调动和发挥知识分子的积极性，以适应全面建设社会主义的需要，1月14日至20日，中共中央召开了关于知识分子问题的会议。周恩来在会上作了《关于知识分子问题的报告》。报告指出，为了实现社会主义工业化，必须依靠体力劳动和脑力劳动的密切合作，依靠工人、农民、知识分子的兄弟联盟。毛泽东在会上号召全党要努力学习科学知识，同党外知识分子团结一致，为迅速赶上世界科学先进水平而奋斗。此后，全国出现了"向科学进军"的高潮。

尽管如此，我国科学文化领域受到苏联学术批评中粗暴作风的影响，加之我们自己某些"左"倾思想的影响，使得教条主义、宗派主义和形式主义等问题一直束缚着广大知识分子。其突出表现就是只许发展一种学派，不许发展另一种学派（例如在遗传学中强制推行苏联的李森科学派，禁止西方的摩尔根学派），在学术、文艺问题上动不动就打棍子，扣帽子。

针对这种情况，毛泽东在4月28日的中共中央政治局扩大会议上指出，艺术问题上的"百花齐放"，学术问题上的"百家争鸣"，应该成为我国发展科学、繁荣文学艺术的方针。他还认为，讲学术，这种学术可以，那种学术也可以，不要拿一种学术压倒一切。你讲的如果是真理，信的人势必就会越来越多。中共中央赞同毛泽东的意见，确定"百花齐放、百家争鸣"为党的科学和文化工作的方针。5月2日，毛泽东又在最高国务会议第七次会议上说：现在春天来了嘛，一百种花都让它开放，不要只让几种花开放，还有几种花不让它开放，这就叫百花齐放。毛泽东还说：百家争鸣是诸子百家，春秋战国时代，2000年前那个时候，有许多学说，大家自由争论，现在我们也需要这个。他认为：在中华人民共和国宪法范围之内，各种学术思想，正确的、错误的，让他们去说，不去干涉他们。李森科、非李森科，我们也搞不清，有那么多的学说，那么多的自然科学，就是社会科学，这一派、那一派，让他们去说，在刊物上、报纸上可以说各种意见。毛泽东提出的"百花齐放、百家争鸣"的方针，吸取了我国历史上学术、文化发展的经验，总结了我们党领导科学文化的经验和教训，也观察和借鉴了外国党领导科学文化的经验和教训。它完全符合社会主义的科学文化发展客观规律，尤其是对于广大知识分子解放思想、全心投入社会主义建设事业具有深远的历史意义。

根据毛泽东所确立的"双百"方针的基本精神，1956年5月26日，中共中央宣传部部长陆定一向自然科学家、社会科学家、医学家、文学家和艺术家作了题为《百花齐放，百家争鸣》的讲话，系统阐述了毛泽东提出的"百花齐放、百家争鸣"的方针。

他说，我们所主张的"百花齐放、百家争鸣"是提倡在文学艺术工作中和科学研究工作中有独立思考的自由，有辩论的自由，有创作和批评的自由，有发表自己的意见、坚持自己的意见和保留自己的意见的自由。我们主张政治上必须分清敌我，我们又主张人民内部一定要自由。"百花齐放、百家争鸣"，是人民内部的自由在文艺工作和科学工作领域中的表现。贯彻"百花齐放、百家争鸣"的方针，全党必须去掉宗派主义，去掉过多的清规戒律，去掉骄傲自大，坚持谦虚谨慎，尊重别人，团结一切愿意合作或可能合作的人。

"百花齐放、百家争鸣"方针的提出和对这个方针的系统阐述，在文艺界和科学界引起了强烈的反响。广大知识分子的眼界开阔了，思想活跃起来了。学术文化的各部门都比过去表现得活跃，显示出生气勃勃的景象。当然，在兴旺、活跃和自由讨论风气浓厚的同时，有某些资产阶级、小资产阶级思想在学术文化领域内表现了出来。

1957年1月18日，毛泽东在省市自治区党委书记会议上针对一些同志怀疑"百花齐放、百家争鸣"方针，夸大这个方针提出后出现的消极现象的情况，又一次指出："百花齐放，我看还是要放。有些同志认为，只能放香花，不能放毒草。这种看法，表明他们对百花齐放、百家争鸣的方针很不理解。"1月27日，他又在省市自治区党委书记会议上说：百花齐放、百家争鸣，这个方针是合乎辩证法的，真理是跟谬误相比较，并且同它作斗争发展起来的。香花也是跟毒草相比较，并且同它作斗争发展起来的。禁止人们跟谬误、丑恶、敌对的东西见面，跟唯心主义、形而上学的东西见面，跟孔子、老子、蒋介石的东西见面，这样的政策是危险的政策。它将引导人们思想衰退，单打一，见不得世面，唱不得对台戏。同时，毛泽东也指出："统一物的两个互相对立互相斗争的侧面，总有个主，有个次。在我们无产阶级专政的国家里，当然不能让毒草到处泛滥。无论在党内，还是在思想界、文艺界，主要的和占统治地位的，必须力争是香花，是马克思主义。"紧接着，2月27日，毛泽东在第十一次最高国务（扩大）会议上发表的《关于正确处理人民内部矛盾的问题》讲话，再次强调在科学文化工作中要实行"百花齐放、百家争鸣"。

1957年3月12日，毛泽东在全国宣传工作会议上，在宣布全党要在年内开始整风的同时，再次强调提出："百花齐放、百家争鸣"是一个基本性的同时也是一个长期的方针，不是一个暂时性的方针，不能收，只能放。他还提出：我们现在思想战线上的一个重要任务，就是要开展对于修正主义的批判。1957年4月30日，毛泽东把《光明日报》发表的北京大学教授李汝祺写的《从遗传学谈百家争鸣》一文批交《人民日报》转载，并给另拟了一个题目《发展科学的必由之路》。他在代《人民日报》写的编者按语中说："我们将原题改为副题，替作者换了一个肯定的题目，表示我们赞成这篇文章。我们欢迎对错误作彻底的批判（一切真正错误的思想和措施都应批判干净），同时提出恰当的建设性的意见来。"1957年夏季反右派斗争扩大化的错误，使"百花齐放、百家争鸣"方针的贯彻受到了干扰和损害。1961年、

1962年，中共中央先后批示下发了教育、科学、文艺等方面的工作条例草案（《高教六十条》《科研十四条》《文艺八条》），纠正违背"百花齐放、百家争鸣"方针的错误，并为贯彻执行这一方针规定了一系列政策，使情况向好的方面变化。但是，1964年意识形态领域错误的、过火的政治批判的发展，使这一方针又受到干扰和破坏。"文化大革命"中，这一方针更是受到彻底的破坏。1975年，毛泽东也曾指出："百花齐放都没有了！"指出党的文艺政策应该调整一下，要逐步扩大文艺节目，逐步活跃起来。可是，由于"反击右倾翻案风"运动的开展，调整文艺政策的工作很快又被打断了。

中国共产党的十一届三中全会以后，中共中央认真总结了贯彻执行"百花齐放、百家争鸣"方针的经验和教训，坚决清算了1957年以来在这方面的"左"的错误，开始了全面贯彻毛泽东"百花齐放、百家争鸣"方针的新时期。

万里长江横渡

毛泽东一生最喜爱的运动就是游泳。自少年时代起，毛泽东就特别喜欢游泳，至今，凡是到过韶山瞻仰毛泽东旧居的人，都能在旧居前的池塘边看见这样一块牌子：毛泽东同志游泳过的池塘。自儿时就与游泳结下了不解之缘的毛泽东，在他的花甲之年又以非凡的气魄和胆略3次横渡了波涛汹涌的长江，并写下了光辉的诗篇——《水调歌头·游泳》。毛泽东畅游长江的壮举是他游泳生涯中的光辉的一页。

1956年夏，毛泽东巡视大江南北到了武汉。夏日素有火炉之称的武汉，天气十分炎热，望着太阳灼烤着滔滔东去的长江，毛泽东萌生横渡长江的念头。这一想法遭到了随行人员和保健医生的坚决反对，认为这样做太冒险了。负责毛泽东安全工作的罗瑞卿部长闻讯后也匆匆赶来劝毛泽东打消游长江的念头，然而，毛泽东的个性是非常坚定的，决定下来的事情是从来不会改变的，而且越是困难的事他越要去干。因此罗瑞卿的劝告不仅没有打消毛泽东游长江的念头，反而更坚定了他要征服长江的信心。他告诉罗瑞卿："你无非是怕我死在那个地方，你怎么知道我会淹死？干事情哪能一点风险都没有？坐在家里，房子还有可能会塌下来呢！你这么大个子，可是不会游泳，你没有发言权。"继罗瑞卿之后，汪东兴、王任重和毛泽东的保健医生也相继来劝毛泽东不要冒此风险，毛泽东感到有点相持不下，便采取了迂回的策略，他命令警卫科长孙勇等人去长江试游，实地考察长江到底能不能游。孙勇等人试游后，认为可以游。毛泽东获得了实证，众人便也不好再说什么了，大家分头去安排毛泽东游长江的具体事宜，找游泳选手护泳，并且探水性、选地点。

　　1956年5月31日，晴空万里，风和日丽，初夏的微风吹拂着江面，浪花翻飞，令人心旷神怡。临近中午，几辆黑色的轿车来到了码头，毛泽东神采飞扬地从车中走出来，谈笑风生地登上了早已等候在那里的"武康"轮。随着汽笛的一声长鸣，"武康"轮缓缓离开码头，驶向江心，停在靠近武昌岸边、正在修建的长江大桥8号桥墩附近。下午2点多，毛泽东身着泳服，健步走向船舷，准备下水。当他看到围绕过来负责救护工作的小木船时，便命令道："走开，都走开，不许靠近。"工作人员只好将船划开了，只剩下保健医生乘坐的一条船，不远不近地悄悄尾随着。

　　毛泽东在船上做了一些简单的准备活动后，就从船上沿着扶梯慢慢下水，下到江面后，他先埋头于水中三四次，让水浸漫全身，然后两手伸向后方，再用力往前一划，两脚一蹬，以仰游的姿势泰然自若地畅游在宽阔的江面上。毛泽东游开之后，前来护泳的同志也纷纷下水。已63岁高龄的毛泽东在长江中乘风破浪，精神焕发，游得十分轻松。他时而侧泳，如蛟龙出水，搏击风浪；时而仰泳，头枕波峰，极目楚天。护泳的同志看到毛泽东如此高超的游泳技术，非常羡慕，有的人便模仿着游起来，可手脚刚停止活动，身体便向下沉。大家不禁从心底里佩服毛泽东的游泳本领。

　　一个多小时很快过去了，当毛泽东游到汉口滨江公园前江面上时，船上的同志请主席上船休息。毛泽东看看天色还早，于是继续向前游去，一直游到汉口谌家矶才上船。毛泽东共游了两小时零三分，游程达二十六里。上船后，毛泽东精神爽朗，脸色红润，显得十分尽兴。在去宾馆的路上，毛泽东风趣地对身边的保健医生说，我这次在江中游的时间太长了，已经感到全身疲乏，还要逞能继续游，要不是秘书叫我上船，我只怕淹死了，看来人不可逞能啊！保健医生连声说不相信会发生这种事。毛泽东笑着说："你不相信，群众也不相信，所以我就越游越起劲，这下子就坏事了，世界上的事情就是不能有这种唯我独能的思想。这次好险，幸亏有人下命令，也亏得我服从了命令。"说完，毛泽东哈哈大笑起来，这无疑给毛泽东第一次畅游长江平添了一分传奇色彩。

　　6月2日，毛泽东第二次横游长江。这次毛泽东明确提出要从长江大桥上游下水，穿过桥墩，游过长江与汉水的汇合处。下午2点，毛泽东乘船来到汉阳鹦鹉洲附近的江面上，更衣下水了。当时长江大桥正处在紧张的施工阶段，江面的情况十分复杂，气温有所下降，又刮起了风，江面上波涛翻滚，毛泽东全然不顾这些，坚持下水游了起来。当游到桥墩水域时，毛泽东一边踩着水，一边兴致勃勃地观看正在紧张施工的大桥工地。搏击风浪的快乐，加上火热的大桥建设场面，深深地激发了毛泽东的无限豪情，他在湍急的水中从2、3号桥墩中间穿过，一直游到徐家棚北边才上船，大约游了2个多小时，游程达30里。在游泳的过程中，毛泽东边游边对随行的王任重说，这是多么好的游泳场所，应当号召人们到大江大河里去游泳，可以锻炼人们的意志。

6月3日，毛泽东移住武昌东湖宾馆，畅游长江的激情使毛泽东诗兴大发，欣然命笔写下了《水调歌头·游泳》，抒发了自己的满腔豪情：

才饮长沙水，又食武昌鱼。万里长江横渡，极目楚天舒。不管风吹浪打，胜似闲庭信步，今日得宽余。子在川上曰：逝者如斯夫！风樯动，龟蛇静，起宏图。一桥飞架南北，天堑变通途。更立西江石壁，截断巫山云雨，高峡出平湖。神女应无恙，当惊世界殊。

1961年9月24日，67岁的毛泽东以惊人的毅力再一次横渡了长江。毛泽东一生多次畅游长江，他以自己的行动证明了游泳不仅可以强身健体，而且可以培养人的毅力和勇气，磨炼意志。他号召人们应该到大江大河里去游泳。至今武汉人民每年都要举行群众性的畅游长江活动，以此纪念毛泽东当年畅游长江的壮举。

送瘟神

绿水青山枉自多，华佗无奈小虫何！
千村薜荔人遗矢，万户萧疏鬼唱歌。
坐地日行八万里，巡天遥看一千河。
牛郎欲问瘟神事，一样悲欢逐逝波。

春风杨柳万千条，六亿神州尽舜尧。
红雨随心翻作浪，青山着意化为桥。
天连五岭银锄落，地动三河铁臂摇。
借问瘟君欲何往，纸船明烛照天烧。

这是毛泽东在 1958 年得知江西省余江县彻底根除血吸虫病后，所写下的《七律二首·送瘟神》。血吸虫病是一种人畜共患、传染极快的寄生虫病。血吸虫卵在水域里孵化出幼虫，幼虫在钉螺里发育产生尾蚴，人们进入污染的水域，尾蚴就会钻入人体，侵入血液，引起血吸虫病。此病危害极大，死亡率甚高。而且当时，全国疫区多达 12 个省、市、自治区，面积 200 多万平方公里，受血吸虫病威胁的有 1 亿多人口。小小的血吸虫，像瘟神一样威胁着农村广大劳动人民的生存。

事实上,毛泽东一直是把消灭血吸虫病当作一件大事来抓的,他始终关注着这项工作的进展情况。

1955年冬,毛泽东在杭州召集华东、中南地区省委书记开会研究农业问题时,专门请卫生部的负责人到会,一起研究血吸虫病的防治工作。毛泽东在会上严肃地指出,要充分认识到血吸虫病的危害性,我们一定要消灭血吸虫病。对血吸虫病的防治,毛泽东也提出了重要指示。并决定将原定15年消灭血吸虫病的计划,改为7年。根据毛泽东的这一指示,后来国家制定了"1年准备,4年战斗,2年扫尾"的消灭血吸虫病计划。1956年2月17日,毛泽东在最高国务会议上又发出了"全党动员,全民动员,消灭血吸虫病"的战斗号召。这年2月28日,中国科学院水生动物专家秉志写信给毛泽东,建议在消灭血吸虫病工作中,对捕获的钉螺应采用火焚的办法,才能永绝后患,土埋灭螺容易复出。3月3日,毛泽东看了秉志的信后非常高兴,当即指示卫生部负责同志要重视这位专家的建议,并嘱请他参加当月将在上海召开的第二次防治血吸虫病的会议。此外,毛泽东还亲自到广东、上海、安徽等地视察,接见从事血防科研工作的专家教授,倾听他们的意见,指示研究的方向。每到一地,毛泽东都要亲自看消灭血吸虫病的规划,听取血防工作汇报,给血防科学工作者和广大人民群众以极大的鼓舞。

根据毛泽东的指示,中央成立了血吸虫病防治领导小组,有关省、地、县党委也成立了相应的机构,把消灭血吸虫病工作列入了党委的议事日程。从1955年底和1956年春开始,有计划、有组织、大规模地防治血吸虫病的群众运动，在各个疫区蓬勃开展起来了。

江西省余江县，是1951年3月毛泽东派血防人员进行调查后确认的重点疫区。这个县的蓝田坂方圆50里，由于血吸虫病危害，在近50年内，有3000多人死亡，20多个村庄毁灭，1.4万多亩良田变成了荒野。剩下的人也大多挺着大肚子，面黄肌瘦，能吃不能劳动。他们形容自己的劳动情形是："一个锄头两斤铁，拿到手里就想歇；下田扶根棍，不到田头就想困。"为了维持生活，人们还是挺着大肚子勉强下地劳动。由于耕作粗糙，缺水少肥，每亩只收稻谷数十斤，碰到灾害，甚至颗粒不收。当地流传着一首民歌："蓝田坂的禾，亩田割一箩，高兴两人抬，不高兴一人驮。"生动地反映出他们的生产状况。

对于余江县的疫情，毛泽东一直特别关心。早在1953年4月，毛泽东布置科研人员到余江县作血吸虫病重点实验研究。在毛泽东、党中央的亲切关怀下，1956年春天，余江人民迅速掀起了一场轰轰烈烈的大规模血防群众运动。他们提出"半年准备，一年战斗，半年扫尾"的计划。县委书记亲自来指挥战斗，全县人民一齐行动起来。他们用填平旧河道、旧池塘，兴修新水库、新水渠，彻底消灭钉螺等办法，经过两年时间的努力，终于从根本上灭绝了血吸虫病。过去凄楚的余江蓝田坂人，如今旧貌换新颜，男女老少齐振奋，家家户户种田忙。昔日的荒野，如今又变成了良田。内心的喜悦，溢于言表。蓝田坂人用山歌来歌唱如今的余江粮仓："蓝田坂，粮食屯，去年四百九，今年一千斤。"

1958年6月30日，夜已经深了，劳累了一整天的毛泽东推开桌上的文件，向床边走去。像往常一样，毛泽东靠在床上，习惯地拿起放在床边的报纸浏览起来。《人民日报》上面的一篇通讯《第一面红旗——记江西余江县根本消灭血吸虫病的经过》，吸引住了他的视线。他开始认真地读起来："江西省余江县在全国血吸虫病防治工作战线上插上了第一面红旗，首先根除了血吸虫病，给祖国血吸虫病科学史上增添了新的一页……科学家们认为这是一个史无前例的创举。"

　　毛泽东不由眼睛一亮，他对余江县太熟悉了……他赶紧又继续往下看去。当看到余江人民解放思想，大胆采用新方法，全面掀起了血防运动，消灭钉螺，使广大患者恢复健康，促进了生产大发展时，毛泽东感到十分高兴，不禁连声叫道："好！好！"又从头至尾连着看了好几遍，对正在一旁收拾东西的工作人员说："真是天大的好事啊！全国所有的疫区如果都这样那该多好！别小看这种小虫子，可害人哩！余江人民消灭了血吸虫病，我看了高兴啊！"

　　毛泽东兴奋异常，睡意顿消，干脆从床上下来，在屋里来回踱着。此时，他思绪万千，浮想联翩。由于血吸虫病，余江县在解放前的30余年时间里，许多地方成为"无人区""寡妇村"。现在，翻身做了主人的疫区人民消灭了血吸虫病，使健康和欢乐重新回到人间。有了余江县的光辉范例，那么全国其他省、市、自治区的血吸虫病疫区，上亿受血吸虫病威胁的人民群众，现在就都有救了。想到这里，毛泽东忽然停止了踱步。他诗情澎湃，激荡胸怀,"思接千载,视通万里",尧舜、华佗乃至神话传说中的牛郎尽入他的脑海……毛泽东快步来到办公桌旁,随即挥毫疾书,笔走龙蛇,不一会儿,他兴奋地"啪"的一声把笔重重地搁下,然后以他那特有的湖南口音吟诵出了《七律二首·送瘟神》。吟罢,毛泽东又复握笔,在篇首特意写上:"读六月三十日《人民日报》,余江县消灭了血吸虫。浮想联翩,夜不能寐。微风拂煦,旭日临窗。遥望南天,欣然命笔。"

一吐为快,毛泽东此刻心情才稍稍平静了一些。熟知毛泽东作诗习惯的工作人员,刚才都静静地回避至一旁,这时又都围拢过来,把墨迹未干的诗作拿在手里,争相传阅。有的同志边读边问开了:"'薜荔'是什么意思啊?""'遗矢'怎么解啊?""日行八万里是不是孙悟空啊?"这些天来工作十分紧张繁忙的毛泽东,难得这般好心情,听完大家的提问,他便微笑着不厌其烦地把整篇诗逐字逐句给大家解释了一遍,直到所有人都点头表示明白了为止。

3个月后,这两首诗公开发表在《人民日报》上,极大地鼓舞了疫区人民。在毛泽东"送瘟神"精神指引下,我国血防工作至今已取得了决定性的胜利。

疾病防治与增强体质紧密相连,新中国成立后,毛泽东关心人民健康,关注血防工作,也更强调要发展人民体育运动,把从根本上改善人民的健康状况,增强人民体质作为一项政治任务来抓。1952年,毛泽东为中华全国体育总会题词:"发展体育运动,增强人民体质。"这就为我国社会主义体育事业的发展指明了方向。正是在党中央、毛泽东的亲切关怀和鼓舞下，新中国成立后至20世纪70年代中期，我国运动员胸怀祖国，放眼世界，奋发图强，勤学苦练，不断创造优异成绩，100多次打破世界纪录（包括军事体育），大长了中国人民的志气，为祖国争了光。

长波电台与联合舰队

新中国成立前后,鉴于中国当时所处的国际国内环境,毛泽东提出了"一边倒"的外交方针。在20世纪50年代末和60年代初,他仍期望同苏联保持友好的国家关系。但这一时期的苏联领导人,主要是赫鲁晓夫大国沙文主义故态萌发,不仅在国际共运内部压制不同意见,而且还在中国经济出现严重困难的情况下,把意识形态上的分歧扩大到国家关系上,尤其是不尊重中国主权,要中国在军事和外交上受制于苏联,服从苏联全球战略。面对苏联的大国沙文主义和对中国主权、民族独立及领土完整所造成的严重威胁,党中央和毛泽东在维护社会主义国家相互关系和遵守和平共处五项原则的基础上,同苏联赫鲁晓夫集团展开了一场控制与反控制的激烈斗争。

1958年4月18日,苏联当时的国防部长马利诺夫斯基元帅致函中国国防部长彭德怀元帅,信中讲,为了指挥苏联在太平洋地区活动的潜艇,迫切希望在1958年至1962年间,由中国和苏联共同建设一座大功率的长波发报无线电中心和一座远程通信的特种收报无线电中心(即长波电台)。信中还说,建成这两座中心所需费用,苏联出大部分,中国出小部分。这种军事通信设施虽也为中国国防建设所需要,但在中国领土上由中苏合资共建,而资金的大部分又来自苏联，这就涉及长波电台将归谁所有、由谁控制的问题，中国不能不慎重考虑，严肃对待。

毛泽东高度重视苏联关于建设长波台的建议，他仔细审阅了所有材料，专为此事作了批示："这个无线电中心的投资，应当由中国方面负担，中国责无旁贷。建成后可以共同使用，应当由两国政府签订正式协定。"并把这个批示给刘少奇、周恩来、朱德、陈云、林彪、彭真、陈毅传阅。

针对苏联的大国沙文主义立场，毛泽东还表示："如苏方以高压加人，则不要回答，拖一时期再说。或者中央谈一下再答复。此事应由两国政府签订协定。"

1958年6月12日，中国国防部长复信苏联国防部长表示：中国政府同意建设大功率长波电台，欢迎苏联在技术方面给予帮助，但一切费用应由中国全部承担；建成后由中苏两国共同使用；并建议两国政府签订协定。可是苏方对中国要拥有电台的全部所有权这一原则立场不予重视，他们于7月11日向中方提出的协议草案中，仍坚持由中苏双方共同建设和管理，实际上还是要求把长波电台作为中苏所共有。苏联的协定草案是中国所不能接受的，中方按毛泽东于1958年6月4日在彭德怀同苏联军事总顾问杜鲁方诺夫的谈话记录中的意见和6月7日的有关批语，提出了修改意见，明确建议电台由中国负责建设，主权是中国的；装备器材凡中国不能自行解决的，向苏联订货；技术方面请苏联专家来中国帮助；建成后两国共同使用。这就使协定的性质变为由中国建设和管理，苏联只提供某些援助的一项军事技术合作协定。后来毛泽东会见苏联驻华大使尤金，在谈到长波电台问题时，在座的彭德怀元帅说：我们中央讨论了这个问题，既然苏联认为有必要建设，我们同意，费用全部由我们负担，共同使用，但所有权归我们，否则政治上不好。毛泽东则强调说明：在军事上搞"合作社"是不适当的。

由于以毛泽东为代表的中共中央对这一问题的明确立场，以及对苏联大国沙文主义要求的坚决抵制，赫鲁晓夫于1958年7月31日至8月3日紧急访问了中国。赫鲁晓夫在自己的回忆录中对此有这样的描述："关于我们要求建立长波电台的事，我向毛道歉说，我们根本没有想到要侵犯中国的主权，干涉中国的内政，影响中国的经济，或者伤害它的民族尊严。"赫鲁晓夫的回忆从另一方面说明，毛泽东在国家主权问题上是不让步的。

在中苏关于建设长波电台问题发生争执的过程中，苏联又向中国提出建立共同潜艇舰队的问题。在这以前，苏联曾建议中国向苏联订购新的海军装备。考虑了苏联的意见，周恩来写信给赫鲁晓夫，希望苏联在中国海军建设方面给予新的帮助。

苏联驻中国大使尤金奉命答复周恩来提出的要求给予帮助的问题，他拜会了毛泽东，转达了苏联领导人的想法。他说，由于苏联的自然条件不能发挥舰队的作用，黑海会被敌人封锁，波罗的海更不用提了，北面也不宽阔，东面的海面不能算安全，而中国的海岸线很长，条件很好，希望同中国商议建立一支共同的潜艇舰队。

听了尤金这番话，毛泽东简直难以置信，苏联无视中国的主权，竟到了无以复加的地步。毛泽东十分严肃地问尤金："你们是什么意思？为什么要这么个搞法？"

尤金无奈地摇摇头。

毛泽东遏制住心中的怒火，沉默了一会儿，又说："你讲不清，让赫鲁晓夫自己来讲！"

第二天，毛泽东又召见尤金，并明确告诉苏方，中国决定撤销关于苏联为中国新型海军舰艇提供技术援助的要求。毛泽东说："要讲政治条件，连半个指头都不行"，"你们可以说我是民族主义"，"如果你们这样说，我就可以说，你们把俄国的民族主义扩大到了中国的海岸"。

毛泽东诚恳地要求尤金把他的话原原本本地转告赫鲁晓夫。尤金给赫鲁晓夫拍了电报。赫鲁晓夫感到事情不好办，匆匆忙忙秘密飞抵北京。

1958年7月31日，赫鲁晓夫的专机在北京南苑机场降落。毛泽东等党和国家领导人前去机场迎接，礼节性寒暄之后，他们各自乘车直奔中南海颐年堂。

会谈开始了，毛泽东点燃一支烟，对赫鲁晓夫开门见山地说："尤金向我讲了，你们有那么一个考虑，但他说不清你们是出于什么考虑，所以我想听听你的想法。"

"尤金没讲清楚。"赫鲁晓夫假惺惺地埋怨一下，然后说明自己的想法，"现在苏联的远程潜艇开始服役了，而且苏联舰队现正在太平洋活动，而他们的主要基地在符拉迪沃斯托克（海参崴）。现在台湾海峡局势紧张，美国第七舰队活动猖狂，苏联舰队进入太平洋活动是为了对付美国第七舰队。远程潜艇服役后，需要在中国建一个长波电台……"

赫鲁晓夫打着手势绘声绘色地正讲得得意的时候，毛泽东突然作了一个果断而简洁的手势，打断他的话说："你讲了很长时间，还没有说到正题。"

赫鲁晓夫一怔，显得有些尴尬，强作笑脸说："你别忙，我还要继续讲……我们有个想法，想跟你们商量……"

毛泽东不耐烦赫鲁晓夫支支吾吾、遮遮掩掩，不谈实质，便话锋犀利地直戳要害："请你告诉我，什么叫共同舰队？"

"所谓共同嘛，就是共同商量商量的意思……"

毛泽东穷追不舍，紧紧逼问："请你说明什么叫共同舰队？"

"我们出钱给你们建个电台。这个电台属于谁对我们无关紧要，我们不过是用它同我们的潜水艇保持无线电联络。我们甚至愿意把这个电台送给你们，但希望这个电台能尽快建起来。"

毛泽东越听越恼火，他愤然站起身来，指着赫鲁晓夫的鼻子，声色俱厉地说："你讲的这一大堆毫不切题，我问你，什么叫共同舰队，什么叫共同舰队？"

赫鲁晓夫涨红了脸，继续搪塞道："我们不过是来跟你们共同商量商量……"

"什么叫共同商量？我们还有没有主权了？你们是不是想把我们的沿海地区都拿去？你要就拿去好了！共同舰队，谁的舰队？谁来指挥这个舰队？怎么指挥法？"

毛泽东这连珠炮式的质问，弄得赫鲁晓夫无言以对。他无可奈何地耸耸双肩，眨眨眼，摊开两只手，小声辩解道："我们没有这个意思。"

"你的这个意思不对。你明明是搞联合舰队！"毛泽东一针见血击中要害。

争论就这样激烈地进行着。赫鲁晓夫感到无法下台。戏不收场，还得继续唱。他想想又建议说："毛泽东同志，我们能不能达成某种协议，让我们的潜水艇在你们的国家有个基地，以便加油、修理、短期停留……"

不等赫鲁晓夫说完，毛泽东把手一挥，断然拒绝："不行！我不想再听到这种事！"

赫鲁晓夫又碰了个钉子，尽管心里不悦，却尽力克制住自己，不敢公开发泄，但他并不甘心就此罢休，又说："为了合情理，做如你愿意的话，毛泽东同志，你们的潜艇也可以使用我们的摩尔曼斯克作基地。"

毛泽东点着一支香烟，深深地吸了一口，坦然一笑，口气缓和地正告赫鲁晓夫："不要！我们不去你们的摩尔曼斯克，不想在那里搞什么名堂，也不希望你们来我们这里搞什么名堂。"涉及国家主权的事，丝毫不让步——这是毛泽东和中国共产党一贯的鲜明立场。

赫鲁晓夫领教了毛泽东的"厉害"，在第二次会谈中，他再也不敢提共同舰队的事了，而是把话题转到国际形势方面。

经过谈判，8月3日中苏正式签订了关于长波电台的协定。协定规定：长波电台由中国自建，苏联提供技术援助，所需经费全部由中国负担。建成后，中苏双方共同使用，使用方法，另行商定。

  毛泽东历来主张，各国共产党之间的意见分歧应该通过内部的平等协商和同志式的讨论与争论，求得认识上的接近和一致，一时解决不了的，可以耐心等待。但是，赫鲁晓夫等苏共主要领导人继续疯狂推行大国沙文主义的政策，进一步对中国施加经济、政治和军事方面的压力。1960年6月，赫鲁晓夫就利用各国共产党和工人党参加罗马尼亚工人党第三次代表大会的机会，利用苏共的特殊地位策划了"布加勒斯特会议"，对中国共产党进行围攻，搞突然袭击。他极其粗暴地把自己的意志强加于人，对兄弟党采取家长式的、武断的专横态度，在国际共运史上开了一个恶劣的先例。中共代表团团长彭真针对赫鲁晓夫的恶劣行为，代表中国共产党表示"中国共产党人是可以被碾得粉碎的，但决不会在错误的围攻面前屈服"。此后会上，赫鲁晓夫一马当先，带头对中国共产党进行又一轮攻击，其他代表团也跟上进行攻击。彭真代表中国共产党作了一个尖锐而激烈的即席发言。赫鲁晓夫这次没有在会议上压服中国共产党，就进一步采取了一系列其他压制方法，想通过恶化国家关系达到其目的，首先，苏方单方面停止中苏两国互惠发行《友好》周刊和《苏中友好》杂志。1960年7月16日，苏联采取了把两党分歧扩大到国家关系上的一个十分严重的步骤。在这一天，突然照会中国，要把在华工作的苏联专家和顾问全都从中国召回，而且不等中国答复，在7月25日就通知说，在华工作的苏联专家均将于7月

28日至9月1日离境，同时还片面终止派遣按照两国协定应该派遣的900多名专家。

7月31日，中国政府照会苏方，希望苏联政府重新考虑并且改变这个决定。但是苏方以毫无商量余地的态度，在一个月的短时间内，撤出了在中国帮助工作的1390名苏联专家，撕毁了中苏两国政府签订的几个协定和两国科学院签订的一个议定书以及343个专家合同和合同补充书，废除了257个科学技术合作项目。中苏关于长波电台的协定也被扔进了字纸篓里。此后中苏两国关系也愈来愈陷入困境。

对苏联政府这一决定，中共中央总书记邓小平在1960年9月中苏两党高级会谈上代表毛泽东和中国共产党说："中国共产党永远不会接受父子党父子国的关系。你们撤退专家使我们受到了损失，给我们造成了困难，影响了我们国家经济建设的整个计划和外贸计划，这些计划都要重新安排，中国人民准备吞下这个损失，决心用自己双手的劳动，来弥补这个损失，建设自己的国家。"

中国人民正是在毛泽东的领导下，顶住了来自各方面的压力，独立自主，自力更生。如今，许多年过去了，我们不但有了自己的长波电台和强大的海军舰队，也有了原子弹、氢弹等一批高技术武器，回过头来看当时毛泽东的举措会更清楚他老人家的良苦用心。如果中国当时把自己同某一大国绑在一起，跟其指挥棒转，中国的今天是不堪设想的，又哪会有今天生机勃勃的局面！

炮击金门

1958年夏天,毛泽东亲自指挥了大规模炮击金门作战。这是一次世界战争史上的独特作战,使新中国在朝鲜战争后,与美国在台湾海峡危机所作的政治、外交的较量中,获得了丰硕的成果。

1958年7月,中东地区反对帝国主义压迫的民族解放斗争风起云涌,美国为维护它在这个地区的殖民统治,不顾世界舆论的谴责,在7月15日公然出兵黎巴嫩,干涉他国内政,并公开宣布它在远东地区的陆海空军进入戒备状态。在美国的支持下,蒋介石集团企图乘机扩大事态,在7月17日宣布其所属部队处于"特别戒备状态",同时加强空军对大陆侦察活动和袭击准备,骚扰大陆沿海地区,台海地区的紧张局势不断升级。

中东事件爆发时,毛泽东等中央领导同志正在北戴河休养办公。此时,毛泽东正在密切注视世界革命风云变幻,运筹帷幄。为了把台湾问题和支持中东人民反美斗争紧密结合起来,使两个地区的斗争互相支持、互相配合、互为后盾,毛泽东审时度势,决心抓住这个时机,炮击金门。他亲自点将要福建省委第一书记兼福州军区第一政委叶飞负责指挥炮击金门。

经过一个月的紧张准备工作,炮兵完成了地面集结和展开,对金门炮击的所有目标，都进行了现场交叉测量、观察，并一一标在作战图上；空军的紧急战斗转场、海军舰队和岸炮部队的入闽部署也相继完成，炮兵、空军、海军协同作战，一切准备都就绪了。

万事俱备，只等毛泽东一声令下。

8月17日，毛泽东在北戴河主持召开中共中央政治局扩大会议，作出了炮击金门的最后决定。8月18日，毛泽东致信主持中央军委工作的国防部长彭德怀，部署炮击金门。信中写道："准备打金门，直接对蒋，间接对美。"

8月21日，叶飞奉命从福建前线飞抵北戴河，来到毛泽东的住处。一幅福建前线军事地图平摊在毛泽东住室的地毯上，叶飞向毛泽东汇报前线炮兵的数量和部署，我军计划实施突然猛袭。毛泽东的目光随着叶飞的汇报在地图上移动着，他一言未发，在冷静地思考着。

叶飞的汇报完了，毛泽东突然问他："你用这么多的炮打，会不会把美国人打死呢？"当时，金门虽然没有美国驻军，但国民党军队的营一级配有美国顾问。

"哎呀，那是打得到的啊！"叶飞回答说。听了叶飞的回答，毛泽东没有马上说什么，沉静了十几分钟，他又问叶飞："能不能避免打到美国人？"

"主席，无法避免！"叶飞回答得很干脆。

听了叶飞这话，毛泽东没有再问什么，就宣布休息。第二天，叶飞等人又来到毛泽东住处。经过一个晚上的思考，毛泽东作出

229

了最后决断:"那好,照你们的计划打。"

就在这一天,联大紧急会议讨论通过阿拉伯各国要求美国从中东撤军的提案。提案的通过,表明中东局势将缓和下来,国际关注的热点将会转到台湾地区。时机已到,毛泽东当机立断,于8月23日下令对金门展开大规模炮击。

8月23日下午17时30分,炮击开始。第一次突袭,所有炮兵阵地同时向金门开火,一个小时密集发射了几万发炮弹。火力的猛烈和密集,后来有人评论:"与攻击柏林的炮火差不多,甚至有过之而无不及。"从纪录片来看,整个金门岛都笼罩在一片硝烟之中。蒋军猝不及防,死伤惨重。我军的炮火打得很准,一下子摧毁了敌人的许多阵地,特别是集中火力猛击金门胡琏的指挥所,打得非常准确,可惜打早了5分钟!后来得到情报,我军开炮的时候,胡琏和美国总顾问刚好走出地下指挥所,炮声一响,赶快缩了回去,没有把他们打死。要是晚5分钟,他们必死无疑。在阵地上的美国顾问被打死了两人。对此,美国人一直没有吭声。

金门炮响,打得美国佬和蒋介石都摸不着头脑。蒋介石像热锅上的蚂蚁,坐卧不安。美国政府惊恐万状,美国总统艾森豪威尔在华盛顿三天三夜睡不着觉,他以为我军这次大规模炮击金门的行动,决不只是要解放金门、马祖,而是要大举渡海解放台湾的前奏。他完全被毛泽东调动了,立即下令将地中海美第六舰队的一半舰只调到台湾海峡,和第七舰队会合,加强第七舰队,加上从旧金山和菲律宾调来的,美军在台湾海峡就有航空母舰7艘、重巡洋舰3艘、驱逐舰40艘。美国第四十六巡逻航空队、第一海军陆战队航空队和其他好几批飞机也调来台湾。这样，中东的紧张局势就趋向缓和了。

金门蒋军的补给全靠台湾从海上运输。在我军炮火的强劲攻击下，到8月底，金门海上运输线完全被截断了，金门成了孤岛，几近弹尽粮绝，频频向台湾告急。蒋介石紧急请求美军护航，以恢复金门的海上补给线。

9月7日，美蒋组成一支海上联合编队，美国军舰在左、右两侧护航，蒋介石的军舰和运输船只夹在中间，由台湾向金门开来。

美军介入，情况变得复杂了。当初，毛泽东决定打金门不打台湾，是因为台湾驻有美国军队，并受美蒋《共同防御条约》的保护；金门则不同，那里没有美国驻军，也不受美蒋《共同防御条约》的制约，打金门可以不和美国人直接交锋，这完全是我们国内的事。现在美军参入，而且美舰和蒋舰相距只有2海里。在这种情势下，我军打还是不打？如果打，万一打伤击沉美舰，会不会引发与美国的直接冲突？

事关重大，叶飞急电请示千里之外的毛泽东。

毛泽东当即指示："照打不误。"

"是不是连美舰一起打？"叶飞问毛泽东。

"只打蒋舰，不打美舰。"毛泽东回答得很干脆。

"要等美蒋联合编队抵达金门料罗湾港口时，有北京的命令才能开火，每1小时报告1次美蒋联合编队的位置、编队队形、航行情况。"毛泽东又补充说。

为了准确执行"只打蒋舰,不打美舰"的命令,具有丰富作战经验的叶飞对各种情况考虑得很细密,他又问:"我们不打美舰,但如果美舰向我们开火,我们是否还击?"

毛泽东果断地指示他:"没有命令不准还击。"

按照毛泽东的指示,叶飞向各参战部队下达了命令,做好了一切应战准备。

9月7日中午12点整,美蒋海军联合编队抵达金门料罗湾港口,运输船只开始在料罗湾港口码头上卸下补给物资,叶飞立即把这一情况直报北京。北京接到电话后,毛泽东即下令开火。叶飞迅即命令各炮群按预定作战方案开炮,专打蒋舰,不准打美舰。前线所有炮群接到命令,即以突然的密集火力攻击蒋舰及其运输船只,集中攻击料罗湾港口码头。没想到我军一开炮,美舰丢下蒋舰及运输船只于不顾,立即掉头向台湾方向逃去。美国军舰一走,蒋舰及所有运输船只孤零零地完全暴露在我军面前,遭受到我军猛烈炮火的狠打。这时,金门蒋军和在料罗湾的蒋舰纷纷向台湾告急。台湾问:"美国朋友呢?美国军舰呢?"蒋舰回答:"什么朋友不朋友?美国军舰已经掉头跑了!"并且大骂"美国人混蛋"。他们更急了,使用报话机通话,连密码都不用了,我军的侦听机听得清清楚楚。蒋舰被我击沉3艘、击伤数艘。台湾即下令蒋舰返航。这一场惊险的战斗就这样戏剧性地宣告结束。

这一仗,再次显示了毛泽东作为伟大战略家、军事家的大智大勇,他谋略深远,用兵巧妙,略施小计就把美帝国主义的底全都摸清楚了。美帝国主义虽然貌似凶恶强大,在全世界到处横行霸道，不可一世，其实也是一只纸老虎。所谓美蒋《共同防御条约》也是有一定限度的，只要涉及美帝自身的利益，要冒和我军发生直接冲突的危险，它就不干了，就只顾自己，不顾别人了，如此而已。

金门变成了与台湾断绝给养供应的孤岛，解放金门已是唾手可得，解放马祖也只是顺手牵羊之事。照常理应该是收复金门、马祖的时候了，但是，毛泽东没有下令登陆金门，他有更深远的考虑。

我军大规模炮击金门以后，美国人也发现了金门、马祖是他们的一个大包袱，想扔掉它，几次压迫蒋介石退出金门、马祖，但是蒋介石不干，同美帝国主义闹独立。蒋介石有他的想法，他不从金门、马祖撤退，其用意就是拖住美国不放。我们不解放金门、马祖，不让蒋介石扔掉这个包袱，也就不让美国人把这根绞索从自己脖子上脱掉。毛泽东的高明政略、战略和外交策略体现无遗。

毛主席1958年9月8日在最高国务会议上公开讲："中国领土台湾，黎巴嫩以及所有在外国的军事基地，都是套在美帝国主义脖子上的绞索。不是别人，而是美国人自己制造这种绞索，并把它套在自己脖子上，而且把绞索的另一端交给了中国人民、阿拉伯人民和全世界一切爱和平反侵略的人民。美国侵略者在这些地方停留得越久，套在他脖子上的绞索就将越紧。"把金门、马祖和台湾、澎湖列岛一起仍留在蒋介石手里，利用蒋美之间的矛盾，联蒋抵美，维护祖国统一，这就是毛泽东提出的著名"绞索政策"。

1958年10月6日，由毛泽东亲自撰写、以国防部长名义致台湾、澎湖、金门、马祖军民同胞的文告公开发表，文告严正指出："台、澎、金、马是中国的一部分，不是另一个国家。世界上只有一个中国，没有两个中国。……美帝国主义是我们的共同敌人。""美国人总是要走的，不走是不行的。""十三万金门军民，供应缺乏，饥寒交迫，难为久计。为了人道主义，我已命令福建前线，从十月六日起，暂以七天为期，停止炮击，你们可以充分地自由地输送供应品，但以没有美国人护航为条件。如果护航，不在此例。你们与我们之间的战争，三十年了，尚未结束，这是不好的。建议举行谈判，实行和平解决。""台湾的朋友们，我们之间是有战火的，应当停止，并予熄灭。这就需要谈判。当然，再打三十年，也不是什么了不起的大事，但是究竟以早日和平解决较为妥善。""美国侵占台澎与台湾海峡，这是中美两方有关的问题，应当由两国举行谈判解决。"文告的发表，标志着炮击金门进入了新的斗争阶段，即以政治斗争、外交斗争为主的阶段。随后，炮击也采取了古今中外战争史上从未有过的形式：单日打，双日不打，不打阵地和居民点，只打海滩。逢年过节，停止3天炮击，让金门军民平安过节。金门方面也照此办理。

炮击金门是毛泽东指挥我军为维护国家主权与国家统一，反对外来干涉所进行的一次重要的军事斗争。这次军事斗争对海峡两岸的局势产生了深刻的影响，它规定了两岸关系的基本走向，维护了国家主权和国家尊严，维护了一个中国的根本原则。在事关国家主权与国家统一的原则问题上，任何人都不要指望中国会吞下国家分裂的"苦果"，任何人都不要低估中国政府和人民为实现祖国统一的斗争意志和斗争能力。正如毛泽东所说的："不要怕鬼，你越怕鬼，你就越不能活，它就跑进来把你吃掉。我们不怕鬼，所以我们炮击金门、马祖。"今天，我们要很好地继承和发扬毛泽东等老一辈革命家在台湾问题上敢于斗争、善于斗争、斗而有度的高超的战略指导艺术，把祖国的统一大业推向前进。

回韶山

毛泽东热爱祖国、热爱人民，更热爱自己的故乡和乡亲。在阔别故乡的漫长时间里，毛泽东深深眷恋着养育了他的这方热土，思念着乡邻和亲友。不论是在战争年代还是在和平时期，毛泽东总是在百忙中抽出时间写信给远在家乡的亲友，表示关心和问候。在20世纪50年代，毛泽东特意邀请韶山的一些亲友、革命老人、烈士亲属和旧时的老师等到北京见面叙旧、参观游览。他时常惦记着亲朋故旧的生活困难，经常用自己的稿费接济他们。韶山冲和中南海是那么遥远，又是那么贴近。和常人一样，他也希望有机会回家乡去看看。

为了进一步总结1958年"大跃进"以来的经验教训，继续纠正"左"倾错误，1959年7月庐山会议之前，毛泽东先后实地视察了河北、河南、湖北、湖南的情况。6月24日在长沙，毛泽东决定回韶山去看一看。

6月25日傍晚，毛泽东乘坐的灰色吉姆轿车驶进韶山冲。毛泽东激动不已，不时地撩开车窗的纱帘，打量着从眼里一闪而过的山山水水。司机理解毛泽东的心情，将车速放慢、再放慢，毛泽东舍不得把眼光收回来，一直盯着车窗外，眼里注满了游子归来的深情。此时此刻，他思绪万千：几十年了，山水依旧，人还能依旧吗？当年看牛打柴的伙伴、一起闹农运的老赤卫队员、掩护自己脱险的父老都还健在吗？

毛泽东坐的车开进了松山一号寓所。这是一幢青瓦灰墙平房，耸立在松山绿荫中，四周林木繁茂，空气清新，环境幽雅，毛泽东就在这里下榻。

毛泽东走进寓所后，不顾旅途劳累，立即接见了当地的干部和部分亲友，同大家一一握手，亲切交谈，询问了不少情况。他对公社书记毛继生说："我离开韶山几十年啦，要请你们乡亲吃餐便饭。"他一边说，一边扳着指头："一是我的戚族——老表、堂兄弟；二是韶山冲的烈属、军属；三是老地下党员；四是农民协会老自卫队员。"毛泽东一个一个地点着他们的名字，毛继生细心地听着、记着、数着，共有40多人。毛泽东最后吩咐说："明天晚上，请他们来吃晚饭。"

毛泽东回韶山，韶山人民像过盛大节日一样开心。人们渴望见到毛泽东，同他握握手，向他问问好。毛泽东也十分理解乡亲们的心情，他对陪同人员说："凡是有群众的地方都要停车。"毛泽东所到之处，人山人海，欢声雷动。群众不断高呼"毛主席万岁"，毛泽东不停地大声回答"人民万岁"。他几次被欢迎的群众包围起来，挤得他汗流浃背，差点走不出来。陪同人员见毛泽东见到群众就握手，十分疲劳，心疼地劝他说："主席，只拍拍手或招招手就行了。"毛泽东认真地说："握手握了几个，不握了，乡亲们不好意思，干脆我下决心，一直握到底。"

毛泽东走到哪里，哪里就有欢乐的人群，家乡的父老乡亲把最美好的祝福和最诚挚的笑容都献给了他们的主席,毛泽东则以韶山之子的身份与故乡人尽情地交流。

毛泽东信步走向韶山学校,这是他曾题写过校名的学校。师生们听说毛主席来了,欢呼着从各个角落跑了出来,簇拥着毛泽东走进校门。毛泽东走近一个青年教师,向他伸出热情的手,问道:"你是这里的先生吧?"青年教师紧紧握住毛泽东的手,只回答了一声"是"就激动得说不出话来了。另一位教师向毛泽东介绍说:"学校的初中部是在原来的小学部基础上扩展起来的。"毛泽东赞赏说:"原来你们是中小学并举,好啊!"这时,更多的师生向毛泽东拥来,大家激动得不停地高呼:"毛主席万岁!毛主席万岁!"毛泽东大声致意:"同学们好!老师们好!"少先队员选出自己的代表,向毛泽东敬献了鲜花,给毛泽东戴上了鲜红的红领巾。置身于天真烂漫的孩子们之中,毛泽东高兴极了。他风趣地对同学们说:"你们看,我年轻多了,现在都变成了少先队员啦!"毛泽东被孩子们簇拥着,照了一张相。

毛氏宗祠,是毛泽东早年创办的农民夜校旧址之一。当年,毛泽东和杨开慧曾在这里对农民群众进行过文化知识和革命思想教育。今天,乡亲们都来了,等待着与毛泽东见面。当毛继生来向毛泽东报告并请示见不见时,毛泽东回答他:"见,怎么不见呢?回韶山来不见乡亲,我回来干什么?"当毛泽东驱车去毛氏宗祠时,从邮电局一直到毛氏宗祠,群众自发地排起了长长的队伍。天气很热,火辣辣的太阳晒得人们满头大汗。坪里、山上、路边,人群挤得水泄不通。人们热烈地鼓掌,不停地欢呼,掌声欢呼声响彻山冲。见此情景，毛泽东十分激动，向等候的群众频频招手，高声说："同志们好！同志们好！"并和站在队伍前面的人们一一握手。

告别欢迎的人群，毛泽东驱车去韶山水库游泳。

乡亲们知道毛泽东游完泳就要回来了，招待所门前地坪上又黑压压地聚集了一大片。他们都想能多看一眼从韶山走出去的主席毛泽东。人们全神贯注地翘首企盼着，车子开过来了，人们欣喜若狂。毛泽东笑着从车里走出来，快步走到乡亲们中间，和他们握手、问候，一直到掌灯时分。欢乐的人群一直把毛泽东拥到毛氏宗祠前。负责安全保卫的人员费了好大劲，才开辟出一条路来。毛泽东上了车，依依不舍地对群众说："同志们，时间不早了，你们还要去搞晚饭吃，还要喂猪，还要给细伢子洗澡，我也要休息了，明天再来好不好？"

这一天，毛泽东前后同韶山3000多名乡亲握了手。回到寓所，他一边甩着手，一边对毛继生说："今天怕是我握手握得最多的一次了，我的手都握劳（累）了。"

这一天，松山的夕阳显得格外红，举目四望，层林尽染，炊烟袅袅。毛泽东请的客人陆续来到寓所。晚宴前，毛泽东召集一些年长的乡亲座谈，征询大家的意见。饭菜就绪以后，毛泽东招呼乡亲们一起走进餐厅。餐厅里，热气腾腾，餐桌上摆放着扣肉、蒸鱼、炒蛋、木耳等丰盛的韶山风味菜肴和各种水酒。毛泽东宣布开席，他端起一杯酒，对乡亲说："离开韶山几十年了，今天，毛泽东石三伢子特请各位长辈、亲朋、革命老人吃餐便饭，我敬大家一杯酒。"人们抿了一口酒，却不见有人夹菜。毛泽东见大家有些拘谨，便说："大家随便吃，愿意喝酒的喝酒，愿意吃饭的吃饭，菜尽管吃，不要怕，我们都是一家人。"毛泽东一边招呼大家吃菜，一边举杯把盏逐桌敬酒。当走到他儿时的老师毛宇居面前敬酒时，银髯飘逸的老人赶忙端杯起身，连声说："主席敬酒，岂敢岂敢！"毛泽东边扶老人坐下边说："敬老尊贤，应该应该！"席间，毛宇居称赞毛泽东幼年时天赋极高，爱看杂书，功课却能背诵如流。毛泽东贴到老人耳边悄声说："那时我是个调皮学生，还造过你的反咧，还记得吗？"

老人连连点头："记得，记得！"

当毛泽东得知被邀请的客人中有一位老人因眼睛不好未来时，他打算另找时间去登门拜望。工作人员劝他："天气热，不要去了。"毛泽东深情地说："怎么能不去呢？我出去这么多年，回来了不去看看这里的老人，人家会说，回来了，不认得人了。"

天色已晚，夜幕降临，宴席散了。毛泽东与乡亲合影后，吩咐道："远地的留在宾馆歇，等下安排住宿；近处的、周围的，派车子送回去。"

夜深了，人们都进入了梦乡。只有毛泽东的房子里还亮着灯。他睡不着，索性起床，走到窗前，拉开窗帘，打开窗户，让清新的南风梳理一下两天来积攒起来的醉人乡情。星空、远山、村庄、稻田、犬叫、鸡鸣……这一切的一切是多么熟悉啊。多少往事涌现脑海，这是时光的流逝无法冲掉的。他点燃一支香烟，轻声吟诵起唐人张泌的《寄人》诗："别梦依依到谢家，小廊回合曲阑斜。多情只有春庭月,犹为离人照落花。"在这充满诗意的家乡之夜,毛泽东怎能不诗兴大发?他铺开宣纸,笔蘸浓墨,挥就一首《七律·到韶山》:

别梦依稀咒逝川,故园三十二年前。

红旗卷起农奴戟,黑手高悬霸主鞭。

为有牺牲多壮志,敢教日月换新天。

喜看稻菽千重浪,遍地英雄下夕烟。

大兴调查研究之风

毛泽东是调查研究工作的积极倡导者和实践者，也是调查研究理论的首创者。早在土地革命战争时期，毛泽东根据亲身实践，就提出了"没有调查，没有发言权""不做正确的调查同样没有发言权"的著名论断。新中国成立后，毛泽东虽然政务繁忙，日理万机，但为尽快改变我国贫穷落后的面貌，绘制适合我国国情的建设蓝图，毛泽东走遍大江南北，深入工厂、田间、工地、连队、街道、学校、商店、托儿所、食堂等许多基层单位，反复不断地进行着调查和研究。毛泽东说过："中央领导机关是一个制造思想产品的工厂，如果不了解下情，没有原料，也没有半成品，怎么能够制造出产品？""我就是这么一个人，要办什么事，要决定什么大计，就非问问工农群众不可，跟他们谈一谈，跟他们商量，跟接近他们的干部商量，看能行不能行。"他指示中央和省、直属市、自治区两级领导，除年老和生病的以外，每年一定要有四个月的时间，轮流离开办公室，到下面去同工人、农民、知识分子交朋友，深入进行调查研究，了解他们的思想状况、生活情况以及对现行政策的意见和看法，以便更好地为制定新的方针、政策服务。

毛泽东还鼓励身边的工作人员要深入下去，多搞调查研究。

他曾要求负责他的安全警卫工作的战士须从全国各个地区选送，并要求他们除努力学好文化知识外，还要学会搞调查研究。他给自己身边的工作人员讲解调查研究的意义、方法和基本技能。他要求每个警卫战士回家探亲都要搞调查研究，他曾非常郑重地对回乡搞调查的战士说："我们拟个章程，对人要谦虚，对父母、对乡村老百姓要尊重，别摆架子，谦虚就可调查出东西来。"当警卫战士从农村探亲回来后，毛泽东批阅他们的调查报告，详细询问调查研究的情况，以此来了解民情和民意，了解群众疾苦，为制定正确的政策服务。毛泽东曾认真地对身边的工作人员说："你们要搞社会调查，要写书面报告，使我了解全国的真实情况，并且使我从你们那里学到一些知识。"

20世纪50年代末60年代初，国内由于"左"倾泛滥，国家经济建设，特别是农村建设遇到了前所未有的困难。面对严重的局面，毛泽东的心情极为沉重。他开始冷静地思考问题，决心重新调整各方面的政策，刹住重新泛滥的"左"倾之风。毛泽东多次向全党着重提出要大兴调查研究之风，一切从实际出发。

为解决"左"倾问题，1961年初，党的八届九中全会正式通过了对国民经济"调整、巩固、充实、提高"的八字方针。与此同时，毛泽东提出要使1961年成为实事求是年。八届九中全会后，毛泽东到南方省市调查了解情况，同时派田家英、胡乔木等人到浙江、湖南、广东农村调查人民公社问题。临行前，毛泽东对他们说："现在老百姓遭了灾。你们都去搞些调查研究。那里到底有什么问题？人民公社、大办食堂，到底好不好？群众有什么意见？告诉我，要讲实话。要把真实情况反映给我。"在那些非常的日子里，毛泽东简直是寝食不安，茶饭无思。他的心里装着祖国的前途，装着亿万百姓的苦乐。

在江苏调查中，毛泽东发现农业大幅度减产。位于鱼米之乡的杭嘉湖平原，水稻亩产通常是600多斤，1960年竟然只有291斤。这两个数字深深地触动了毛泽东，他找县委书记谈话，了解到造成减产的原因，既不是天灾，更不是民主革命不彻底、阶级敌人破坏，而是"五风"。后来毛泽东对江苏省委的同志说："要大兴调查研究之风，要把浮夸、官僚主义、不摸底彻底克服掉。过去几年里不大讲调查研究了，是个损失，不根据调查研究定出来的方针、政策是不可靠的，很危险。"毛泽东还对食堂问题、自留地问题、生产队的规模问题等提出了许多重要的意见。他采纳了秘书田家英的建议，决定搞一个人民公社工作条例。随后，他又听了湖南、广东等调查组的汇报。

1961年2月23日，浙江、湖南、广东3个调查组会集于广州，在毛泽东指导下，他们着手起草农村人民公社工作条例。为了起草好条例，毛泽东一连几个日夜看材料、听汇报、思考问题，没有睡过一个好觉。3月10日至13日，由毛泽东主持的"三南"（中南、华南、西南）会议和由刘少奇主持的"三北"（华北、东北、西北）会议分别在广州、北京同时召开。会议主要讨论人民公社工作条例和农业问题。13日，毛泽东根据大量调查材料高度概括，在"三南"会议上发表重要讲话。讲话基本思想，成为人民公社工作条例的核心和基石。会上，毛泽东再次强调调查研究特别是领导干部亲自做调查研究的重要性。同日,毛泽东在给刘少奇的信中说,队与队、人与人之间的平均主义问题是两个极端重大的问题,希望在北京会议上讨论一下,并指出领导干部不亲自调查是不能解决这两个重大问题的。3月15日至23日,"三南""三北"会议合并召开,这就是广州中央工作会议。经过几天认真讨论和修改,会议通过了《农村人民公社工作条例(草案)》。草案总结了过去3年多农村人民公社的经验和教训,对于当时人民公社存在的多方面的问题,作了比较系统的规定,具有很重大的意义。3月23日,毛泽东在会上作了主题为调查研究的长篇讲话。中共中央发出《关于认真进行调查工作给各中央局,各省、市、区党委的一封信》,强调"在调查的时候,不要怕听言之有物的不同意见,更不要怕实际检验推翻了已经作出的判断和决定"。

广州会议后,毛泽东继续到湖北、河北等地调查研究,广泛征求意见。同时他希望并敦促各级领导干部继续深入实际,调查研究,以便彻底解决农村中存在的诸多问题。4月25日,毛泽东写信给邓小平,要他代中央起草一个通知,建议5月下旬在北京召开中央工作会议。信中要求到会各同志应利用目前这一段时间,对农村中的若干关键问题进行重点调查,下10天至15天苦功夫,向群众寻求真理,为修改草案服务。中央通知发出前后,刘少奇、周恩来、朱德、陈云、邓小平等中央领导同志和地方各级领导部门的同志,先后都深入基层调查研究,刘少奇率调查组到湖南长沙县、宁乡县调查,周恩来到河北邯郸地区调查,邓小平、彭真率5个调查组到北京顺义、怀柔两县调查。他们及时向毛泽东汇报了调查情况，对农村中存在的问题提出了解决方案。为了及时交流情况和经验，毛泽东批转了中央、中央局和省委领导人写的调查报告和通信，并加了批语，供各地参考。他在批转湖南省委书记张平化的来信中指出："各级党委，不许不作调查研究工作。绝对禁止党委少数人不作调查，不同群众商量，关在房子里，作出害死人的主观主义的所谓政策。"

1961年5月21日至6月12日，中央工作会议在北京召开。会议根据中央和各地区、各部门的调查及草案试行的情况，对草案作了重要修改。取消了原草案中关于食堂和供给制的规定，增加了"党政干部三大纪律、八项注意"等内容，制定了《农村人民公社工作条例（修正草案）》（简称《农业六十条》）。《农业六十条（修正草案）》是毛泽东重新倡导实事求是传统和大兴调查研究之风结出的一个重要成果。修正草案的贯彻，使1958年人民公社化以来，农村政策中的许多弊端得到了相当程度的克服，对于稳定农村，扭转农业局势以至整个国民经济的困难局面，起了积极作用。

在农村政策的调整初步告一段落后，毛泽东把精力转向其他战线。他于1961年8月23日至9月16日在庐山主持召开了工作会议（通称第二次庐山会议），着手调整当时比较紧迫的工业和高等教育这两条战线的政策。会议顺利通过了《工业七十条》和《高教六十条》。《工业七十条》的贯彻执行，使全国各地企业管理混乱的状态迅速改变，经济效益明显提高，工业生产进入良性循环，重新出现了欣欣向荣的喜人局面。《高教六十条》的制定和试行，对于克服高等教育中出现的缺点和错误，巩固和发展我国高教事业，起了推动作用。

这样，1961年，在毛泽东的主持下，党中央以农业问题为核心进行了一次规模宏大、持续时间长的调查研究工作，取得了显著的成效，调动了广大群众的生产积极性，《农业六十条》《工业七十条》和《高教六十条》等重要政策性文件的出台和贯彻执行，对于纠正实际工作中的"左"倾错误，对于促进农村和全国政治、经济情况的好转起了重要的作用。这是毛泽东调查研究理论在实际工作中取得的重大胜利。

与人民共命运

从 50 年代末起，中苏关系开始逐渐恶化。1960 年夏天，苏共领导人赫鲁晓夫终于背信弃义，苏联单方面宣布撤走在华的 1390 名专家，撕毁了 343 个专家合同，废除了 257 个科技合作项目，还大量减少了对中国的成套设备中的关键部件的供应，严重地影响了中国经济建设的正常开展。更为恶劣的是，赫鲁晓夫翻开旧账，要求中国在 3 年内还清苏联在抗美援朝战争中给予中国的武器、物资及其他款项。

世人皆知，1959 年中国遭受了历史上罕见的自然灾害，粮食大大减产，物资严重匮乏，国家遇到了前所未有的经济困难，人民生活十分艰难。在这种情况下，赫鲁晓夫的做法，无疑是雪上加霜。显然，他是想以此压垮中国，制服中国。然而，今天的中国政府已不是八国联军入侵时的清朝宫廷，毛泽东也不是清廷皇帝，耻辱的历史早已成为过去。中华民族是铁骨铮铮的民族。在天灾人祸面前，毛泽东郑重地向全党全国人民发出号召："赫鲁晓夫越压，我们越要顶。"毛泽东也和全国人民一样，过着非常俭朴的生活。

1959 年，从安徽、山东、河南等地传来了饿死人的消息。为了战胜困难，毛泽东决定亲赴南方了解实情，运筹对策。国庆节后，毛泽东的专列驶离北京。途经山东、安徽境内，眼见一片荒凉的景色，毛泽东一路沉默不语，他深深感受到了人民所遭受的灾难。10月31日，毛泽东来到了杭州，住在杭州西子湖东南侧、夕阳山下的刘庄别墅。

毛泽东一到刘庄，全国各地的灾情报告就接踵而来，他神情凝重地阅批着各地报来的材料，心在颤抖，眼泪也顺着脸庞流下来。工作人员都扭过脸去，偷偷地擦眼泪。毛泽东看看大家，声音哽咽地说："全国不少地方遭了灾。许多老百姓在挨饿，我们是不是不吃肉，不喝茶了？我们带个头好吗？"说完，他用期盼的目光看着大家。警卫员们你看着我，我看着你，不知如何回答。他们跟随毛泽东多年，太熟悉毛泽东的生活习惯了。毛泽东没吃过任何滋补品，如果说吃过，那就是红烧肉。他喜欢吃红烧肉，尤其喜欢吃五花肉。毛泽东喜欢喝茶，对西湖龙井更是情有独钟，时常津津有味地把茶叶也吃掉。毛泽东的工作量大得惊人，睡眠也没有规律，再把一周两次红烧肉和喝茶的习惯改变了，那怎么能行？毛泽东见大家面有难色，又进一步地解释说："人家逼债，我们少吃一点肉，争取3年内把债还清。"警卫员们收住眼泪，目光不约而同地集中在毛泽东的脸上。从这张脸上，他们看到了信心和力量。

几天过后，毛泽东明显地消瘦了。警卫员和服务人员看在眼里，疼在心上。他们想出了一个主意，把自己饲养的一头猪杀了，做了一锅红烧肉。开饭时，毛泽东还没走进餐厅就闻到了香喷喷的红烧肉味，嘴里不停地念叨着："好香哟！好香哟！"

当毛泽东看到餐桌上放着一碗红烧肉，劈头就问："这肉是哪来的？"警卫员们互相交换了一个眼神，没有回答。毛泽东严厉的目光在每个人的脸上移动着，气氛一下子紧张起来。

"主席，这是我们警卫班的同志自己饲养的。您吃点吧。"卫士恳切地说。

毛泽东态度缓和下来："可不能破了我们定的规矩嘛，拿回去吧。"

"就这么一小碗。您就吃了吧！"警卫员再次请求说。

"不吃，拿回去。到全国人民都吃上猪肉的时候，再吃吧。"毛泽东态度很坚决。大家也都知道毛泽东的脾气，只好作罢。

回到北京后，毛泽东郑重地向身边的工作人员宣布说，我们的出路有两条：自力更生和艰苦奋斗。当时，全国人民每天吃的口粮都是按严格控制的标准供应的，几乎人人都不够吃。毛泽东对身边的工作人员说："全国人民都在定量，我也应该定量。是不是肉不吃了？你们愿意不愿意和我一起带这个头啊？"当身边的工作人员表示愿意时，毛泽东高兴地郑重宣布："那好，我们就实行三不：不吃肉，不吃蛋，吃粮不超过定量。"

1960年是最困难的一年，饥饿像瘟疫一样在中国大地上蔓延。人们寻找一切可以吞食的东西，用来维持生命。毛泽东历来是"交代的事情就要照办"。这一年毛泽东7个月没吃一口肉，坚持吃粗粮、吃红薯，有时工作一天只吃一盘马齿苋或炒菠菜。他和全国人民一道，勒紧裤腰带，同心同德，共渡难关。由于营养不良，缺少蛋白质，毛泽东和很多群众、干部一样得了浮肿病，脚背和小腿肌肉一时都失去了弹性。住在上海的宋庆龄闻听毛泽东的情况后，非常担心毛泽东的身体，特意从上海赶到北京，给毛泽东带来一网兜螃蟹，叫毛泽东补补身子。毛泽东十分感激宋庆龄的关心，但螃蟹他一只也没有吃，全部送给了身边的工作人员。周恩来更是放心不下毛泽东的健康，他一次又一次地劝毛泽东："主席，吃口猪肉吧！为全党全国人民吃一口吧！"毛泽东谢绝了，连连摇头说："你不是也不吃吗？大家都不吃。"一名警卫战士从家中探亲回来，带来了农民吃的糠窝头，送给毛泽东，并郑重地向毛泽东汇报："俺们村里，这样的窝头，每人每天也只能分到两个。"毛泽东怔怔地望着那个已经馊了的掺着大量薯叶和一些说不清名堂的植物纤维的黑窝头，心情格外沉重。他接过窝头，刚品尝了一口，眼睛就红了，眼里闪着泪花。毛泽东把身边的工作人员都叫来，把窝头分开，要求每个人都尝尝看，当他看到人们面露难色时，便命令道："吃！每个人都要吃！"看到大伙难以下咽的样子，毛泽东语重心长地说："这是农民吃的口粮！比比你们吃的饭，要将心比心啊！"说着，毛泽东的喉咙哽咽了，泪水哗哗地流了下来。这是一代领袖和伟人对人民群众所受疾苦的同情，是真情实感的流露，他是多么关心和热爱他的人民啊！

在三年困难时期，不仅毛泽东本人和人民同甘共苦，他的家人也和人民一样，过着艰苦朴素的生活。他的小女儿李讷在学校里经常饿肚子，工作人员想让李讷和毛泽东一起吃饭，毛泽东坚决不同意，他说："我和我的孩子都不能搞特殊。"他语重心长地对李讷说："困难是暂时的，要和全国人民共渡难关。"毛泽东把自己那高尚的情操和全心全意为人民服务的精神又传给了自己的下一代。

毛泽东总是与人民同呼吸、共命运，他关心人民、爱护人民，始终与人民同甘共苦，站在人民一边。在他提出的"艰苦奋斗、自力更生"方针的指引下，全国人民咬紧牙关，顶住死神，发展生产，不仅胜利地度过了三年经济困难时期，偿还了苏联的外债，而且掀起了社会主义建设的新高潮，农业、工业、科技、教育、文化、卫生等各项事业蓬勃发展。很快，中国人民又昂首阔步前进了。

建好"防风林" 培养接班人

1961年金秋时节，一位使者从泰晤士河畔悄然来到中国。在华中重镇武汉美丽的东湖之滨一所并不显眼的砖石结构的平房里，毛泽东与之会晤。他，就是蒙哥马利。

蒙哥马利是英国陆军元帅，著名的军事家。1958年退休后，在麦克米伦政府授意下，常以不同身份从事各种政治活动。

1961年9月5日，蒙哥马利偕副官钱英少校从香港抵达广州，受到中国人民国防体育协会主任李达上将的热烈欢迎，次日飞抵北京。9月7日晚，陈毅副总理在人民大会堂为蒙哥马利再次访华举行欢迎宴会。在陈毅对蒙哥马利1960年访华回国后，将所看到的中国向西方作了客观介绍等情况加以肯定后，蒙哥马利站起身来，慷慨陈词。他提出缓和国际局势的"三大基本原则"，这就是："第一，大家都承认只有一个中国；第二，大家都承认有两个德国——东德和西德；第三，一切地方的一切武装部队都撤退到他们自己的国土上去。"他还强调说："我说的中国是指政府设在北京的人民共和国，而不是从来没有资格代表中国的台湾那一套机构。"元帅的这番话，引起会场的强烈反响。应元帅要求，周恩来总理原则同意，将不向西方开放的一些城市让他参观。9日至20日，元帅在李达上将陪同下，对包头、太原、延安、西安、三门峡、洛阳、郑州、武汉等地作了为期11天的访问。

毛泽东十分重视再次会见这位威名远扬的英国元帅，十分乐意与他畅叙，纵论天下风云。9月22日上午，周恩来办公室的浦寿昌打电话给陪同蒙哥马利访问的外交部办公厅副主任熊向晖说："毛主席决定明天在武昌会见蒙哥马利，周总理要你和我马上坐飞机去武昌，让你先向主席汇报主要情况和主要问题，让我明天给主席当翻译。"下午，在东湖宾馆毛泽东的会客室里，熊向晖认真具体地作了汇报。毛泽东不停地吸着烟，细心地听着。

熊向晖说："蒙哥马利对主席很钦佩，对中国很友好。但也在对我们进行战略观察。"

毛泽东插话说："这个元帅过去打仗很勇敢，打败了德国名将隆美尔。这次在北京也很勇敢，讲了三原则。"

熊向晖接着说：他似乎想探询主席的继承人是谁，他没有直接提出这个问题，我是从一些迹象揣测出来的。他同我闲谈时说，中国古代的帝王很聪明，在位的时候就确定了继承人，虽然有的不成功，但多数是成功的，这就可以保持稳定。以前英国常为争夺王位而打仗，后来平静了。因为有了王位继承法，也许是从中国学来的，现在许多国家的政治领袖不像中国古代帝王那样聪明，没有远见，没有足够的勇气和权威确定自己的继承人，这是不幸的。斯大林是一位有权威的政治领袖，但缺少远见，生前没有明确提出自己的继承人，死后出现了"三驾马车"，局势很乱，贝利亚被杀掉，结果让只会用皮鞋敲桌子的赫鲁晓夫取得权力，他的统治是不会长久的。"英文里'继承人'是什么？"毛泽东问道。

"successor。"熊向晖说了一遍，然后在一张纸上写了出来。毛泽东放下烟，拿起纸，看了看，说道："'success'这个字我知道，意思是'成功'，怎么加上'or'就变成了'继承人'了？"

总理办公室的浦寿昌作了解释。毛泽东接着说："这个名词不好，我一无土地，二无房产，银行里也没有存款，继承我什么呀？'红领巾'唱歌：'我们是共产主义接班人。'叫'接班人'好，这是无产阶级的说法。"

浦寿昌说，英文里没有同"接班人"意思相近的词，"接班人"译成英文，还是"successor"，习惯上理解为继承人。

毛泽东笑笑说："这个元帅讲英语，不懂汉语，他是客人，就用'继承人'吧。"

"谁是我的继承人，为什么他不敢问呀？是不是也像中国人那样怕犯忌讳？"毛泽东问熊向晖。

"也许是。"

毛泽东听完了汇报，对熊向晖说："你讲他是来搞战略观察的，我看，他对我们的观察不敏锐。这也难怪，他是英国元帅，是子爵，不是共产党，对共产党的事情不那么清楚。共产党没有王位继承法，但也并非不如中国古代皇帝那样聪明。斯大林是立了继承人的，就是马林科夫。不过呢，他立得太晚了。蒙哥马利讲的也有点道理，斯大林生前没有公开宣布他的继承人是马林科夫，也没有写遗嘱。马林科夫是个秀才，水平不高。1953年斯大林呜呼哀哉，秀才顶不住，于是只好来个三驾马车。其实，不是三驾马车，而是三马驾车。三匹马驾一辆车，又没有人拉缰绳，不乱才怪。赫鲁晓夫利用机会，阴谋篡权。此人的问题不在于用皮鞋敲桌子，他是两面派：斯大林活着的时候，他歌功颂德；死了，不能讲话了，他作秘密报告，把斯大林说得一塌糊涂，帮助帝国主义掀起12级台风，全世界共产党摇摇欲坠。这股风也在中国吹，我们有防风林，顶住了。"

其实，毛泽东早就清醒地意识到了斯大林的问题，并吸取了斯大林在世时权力过分集中在个别人身上的教训。1955年，毛泽东主持决定筹备中共八大的工作班子时，提议政治报告的起草由刘少奇负责。关于第二个五年计划的报告的起草由周恩来负责，修改党章的报告由邓小平负责。毛泽东作出这样的安排，是为了党和国家安全的长远之计，反映了他对未来中共中央政治领导核心的长远考虑。1956年9月13日，在中共八大召开前夕举行的中共七届七中全会第三次会议上，毛泽东明确地说明了自己的考虑："中央准备设四位副主席，就是少奇同志、恩来同志、朱德同志、陈云同志。另外还准备设一个书记处。书记处的名单还没有定，但总书记准备推举邓小平同志。一个主席，又有四个副主席，还有一个总书记，我这个'防风林'就有几道。'天有不测风云，人有旦夕祸福'，这样就比较好办。中心的目的就是为了国家的安全，多几个人，大家都负一点责任。"

这就是毛泽东所说的"防风林"。

毛泽东继续对熊向晖说，这位元帅不了解，我们和苏联不同，比斯大林有远见。八大通过新党章，里头有一条：必要时中央委员会设名誉主席一人。为什么要有这一条呀？必要时谁当名誉主席呀？就是鄙人。鄙人当名誉主席，谁当主席呀？美国总统出缺，副总统当总统。我们的副主席有五个，排头的是谁呀？刘少奇。我们不叫第一副主席，他实际上就是第一副主席，主持一线工作。刘少奇不是马林科夫。前年，中华人民共和国主席改名换姓了，不再姓毛名泽东，换成姓刘名少奇，是全国人民代表大会选出来的。以前，两个主席都姓毛，现在，一个姓毛，一个姓刘。过一段时间，两个主席都姓刘。要是马克思不请我，我就当那个名誉主席。谁是我的继承人？何须战略观察！

9月23日，毛泽东在碧波荡漾的东湖之畔会见了蒙哥马利。老朋友相见，格外亲切，两人的谈话无拘无束，客厅里不时响起爽朗的笑声。毛泽东幽默风趣地逐一回答了蒙哥马利提出的一连串的问题：1949年新中国成立时，毛主席主要考虑的是哪些头痛的问题？现在考虑的又是哪些问题？对解放以后的中国怎么看？"枪杆子里面出政权"现在是否还适用？社会主义和共产主义有什么区别？毛主席对他提出的"三原则"有什么意见？中国对西方，特别是对英国有什么观点？等等。毛泽东坦率地逐一作答，还特别肯定了元帅提出的"三原则"。最后蒙哥马利问毛泽东多大年纪了，毛泽东回答说68岁了。他反问蒙哥马利多大了，蒙哥马利回答说74岁了。毛泽东又指着坐在旁边的湖北省委第一书记王任重说："他是这里的省委书记，年轻有为得很哪，将来是我们中央的接班人。"熊向晖和翻译浦寿昌以为蒙哥马利最关心的继承人问题要涉及了，但蒙哥马利却没有提出来……

9时30分，蒙哥马利站起来说："今天同主席谈话使我学到很多东西,我想主席一定很忙,还有别的事要做。我能否明晚再来谈谈?"

毛泽东起身送客,并告诉蒙哥马利:"我明晚要到别处去,很抱歉。"

蒙哥马利稍感遗憾,与毛泽东道别。

元帅返回胜利饭店,准备次日取道广州,经香港回国。

9月24日,星期天,恰逢中秋佳节。

凌晨4时,武汉市交际处的负责同志接到紧急通知:把蒙哥马利的公务车留下来,主席改变了计划,决定今天下午再同蒙哥马利会谈一次。

当蒙哥马利得知这一消息后,高兴得连声说:"OK!OK!"

下午2时30分,还是在东湖客舍甲所,毛泽东与蒙哥马利再次相聚。寒暄几句后,毛泽东就说:"元帅是特别人物,相信能活到100岁再去见上帝。我不能,我现在只有一个五年计划,到73岁去见上帝。我的上帝是马克思,他也许要找我。"

已经走访了大半个中国的蒙哥马利深感中国人民发自内心地热爱毛泽东。所以他对毛泽东说:"如果我知道马克思在什么地方,我要请他等一等。这里更需要你。"

元帅的话逗得毛泽东哈哈大笑。他说:"中国有句话,七十三,八十四,阎王爷不请,自己去。"

蒙哥马利似乎不相信这种说法,但他终于借机提出了接班人的问题:"主席,我认识世界许多国家领导人,我注意到他们很不愿意说明他们的继承人是谁，比如麦克米伦、戴高乐等。主席现在是否已经明确，你的继承人是谁？"

"很清楚，是刘少奇，他是我们党的第一副主席。我死后，就是他。"

"刘少奇之后呢？是周恩来吗？"

"刘少奇之后的事我就不管了……"

蒙哥马利说："中国现在还有许多事情要做，很需要你这位主席。你现在不能离开这艘船放下不管呀！"

"暂时不离，将来学丘吉尔的办法。"稍停顿一下，毛泽东又接着讲了起来，"我随时准备灭亡。我这人有五种死法：被敌人开枪打死；坐飞机摔死；坐火车翻车翻死；游泳时淹死；生病被细菌杀死。"他还说："这五条，我都已准备了。人死后最好用火葬，然后把骨灰丢到海里喂鱼去……"

蒙哥马利终于如愿以偿，得到了毛泽东关于接班人的回答。鉴于苏联的教训和西方帝国主义"和平演变"战略的出笼，毛泽东警告人们：我们国家也不太平，还有贪污分子、投机倒把分子，还有被"和平演变"的危险。为了防止中国发生"和平演变"，毛泽东十分重视培养和选好接班人、建设好"防风林"的工作。

1964年6月16日，毛泽东在北京十三陵召开的一次会议上，正式提出了培养和造就无产阶级革命事业的接班人的问题。他说：帝国主义说，对于我们的第一代、第二代没有希望，第三代、第四代怎么样，有希望。帝国主义的话讲得灵不灵？我不希望它灵，但也可能灵。7月14日，《人民日报》刊登了该报编辑部和《红旗》杂志编辑部的文章——《关于赫鲁晓夫的假共产主义及其在世界历史上的教训》。文章中发表了毛泽东的一段论述："为了保证我们的党和国家不改变颜色，我们不仅需要正确的路线和政策，而且需要培养和造就千百万无产阶级革命事业的接班人。"帝国主义的预言家"把'和平演变'的希望，寄托在中国党的第三代或者第四代身上"，我们一定要使帝国主义的这种预言彻底破产。毛泽东还进一步提出无产阶级革命事业接班人的5项条件，并特别强调："应当在长期的群众斗争中，考察和识别干部，挑选和培养接班人。"

正是在这一思想指导下，毛泽东在晚年同意周恩来的建议，提拔任用邓小平，说邓小平"政治思想强"。周恩来向毛泽东报告了四届人大的人事安排：叶剑英任军委副主席兼国防部长，邓小平任第一副总理。毛泽东说："我看小平做个军委副主席、第一副总理兼总参谋长。"谈到邓小平时，毛泽东拿起笔来在纸上写了"人才难"三个字，周恩来赶紧说："人才难得。"1974年底至1975年初，周恩来在政治局常委会上传达了毛泽东的上述谈话要点。1975年1月5日，中共中央发布第一号文件，任命邓小平为中央军委副主席兼解放军总参谋长。在四届人大一次会议上，邓小平被选为副总理，8日，在党的十届二中全会上，邓小平被选为中共中央副主席、政治局常委。

毛泽东把培养造就无产阶级革命事业接班人，当作党和国家的百年大计，这其中也包括他对青年工作的极端重视。"世界是你们的，也是我们的，但归根结底是你们的。"毛泽东把青年比作早晨八九点钟的太阳，对革命新一代寄予了极大的希望。新中国成立后召开历次全国团代会，毛泽东都有出席。他还多次就青年的日常学习、生活、工作情况给予关心，提出要求。1965年7月，毛泽东专门为青年题词："好好学习，努力为人民服务。"

毛泽东有关挑选和培养接班人的思想对当前我国年轻干部的选拔与任用仍有重要的指导作用。

还债 10 年

1962年12月26日，毛泽东在他七十寿辰那天，设家宴款待同乡好友程潜、王季范、叶恭绰和章士钊。章含之也随同父亲章士钊前去赴宴。当毛泽东得知章含之在北京外国语学院英语系任教时，便要求章含之教他学习英文。就这样，章含之成了毛泽东的英语老师，定期到中南海帮助毛泽东学英文。

1963年初的一天，毛泽东学习完英语后，兴致颇高，便邀章含之出去散散步。此时正值冬季，天气十分寒冷，北风嗖嗖地刮着，毛泽东却精神饱满，意气盎然。他们一边走一边谈着。突然，毛泽东问章含之："行老（章士钊字行严，人们习惯称他为章行老或行老）有没有告诉过你，我还欠了他一笔债没有还呢？"章含之以为毛泽东在和她开玩笑，也就笑哈哈地回答说，父亲从未提及此事，若是主席真欠了父亲的钱，父亲也必定不会催主席还债的。听完章含之的回答，毛泽东沉默了一会儿，满怀深情地说道："也许行老忘了，这笔债我见到你想起来了，早该还了。回去你告诉行老，我从现在开始要还他这笔欠了近50年的债，一年还2000元，10年还完。"

毛泽东是怎么向章士钊借的债呢？这事还得从毛泽东与章士钊的早期交往说起。原来，1920年中国共产党诞生的前夜，为了筹建湖南的党组织，并帮助一部分同志去欧洲勤工俭学，毛泽东急需一笔数量可观的银款。可是到哪里去筹集这一大笔钱呢？毛泽东想到了恩师杨昌济的至交章士钊。他知道章士钊素来乐于帮助年轻人，于是，抱着碰碰运气的想法，急匆匆来到上海，找到了章士钊，向他提出了筹款的事。毛泽东当时只对章士钊说是筹款资助一批有志青年去欧洲勤工俭学，而没有提及要用筹款来成立党组织和帮助家乡革命运动两件大事。章士钊一听有志青年因无钱而难以赴欧洲求学，当即答应帮忙，但他自己手头没有这么多银款，就决定凭借他当时在社会上的地位和影响，发动社会各界名流捐款。在章士钊的多方奔走和积极努力下，很快就筹集到了2万块银元，他随即把这笔钱全部交给了毛泽东。由于有了这笔经费，蔡和森、徐特立等留学欧洲才得以成行，而毛泽东也是用这笔钱作为路费，回到长沙组织革命运动的。对此，毛泽东对章含之说道："行老哪里晓得他募捐来的这笔钱帮了共产党的大忙。当时一部分钱确实供一批同志去欧洲，可另一部分我们回湖南用去造反闹革命了。"

章含之回到家后，立即把毛泽东要还债的事告诉了父亲章士钊。章士钊听完女儿的叙述哈哈大笑了起来，说道："确有此事，主席竟还记得。"章士钊说完后并没有把此事放在心上。可没过几天，毛泽东真的让秘书给章士钊送去了第一个2000元，并捎话说今后每年春节都要送上2000元。章士钊没想到毛泽东竟如此言行一致。这下倒让章士钊坐立不安起来，急得在屋里来回踱步，一边走还一边对女儿说，又像是自言自语：当年的银元是他募集来的，并非他本人所有，主席的做法显然是让他当债权人，这当然不妥，更何况那钱是用来资助有志青年赴欧求学的，怎么好由主席来还这笔债呢！最后，章士钊让女儿给毛泽东捎话说，这债无论如何都不能"还"，他不能收此厚赠。

当章含之将父亲的话转告毛泽东时，毛泽东却微笑着对章含之说："你也不懂我这是用我的稿费给行老一点补助啊？他给我们共产党的帮助哪里是我能用人民币偿还的呢！你们那位老人家，我知道他一生无钱，又爱管闲事，散钱去帮助许多人。他写给我的信多半是替别人解决问题。有的事政府解决不了，他自己掏腰包帮助了。我要是明说给他补助，他这位老先生的脾气我知道，是不会收的。所以我说还债。你就告诉他，我毛泽东说的，欠的账是无论如何要还的。这个钱是从我的稿酬中支付的。"

自此以后，每年春节初二这天，毛泽东的秘书都必定给章家送去 2000 元，一直送到 1972 年，累计 2 万元。若按毛泽东当时所讲，这笔历史的债还了 10 年，也该告一段落了。可是 1973 年的春节刚过不久，毛泽东便问前来教英语的章含之，今年的钱送去没有？章含之回答说："今年没有送。"毛泽东紧接着追问是什么原因，章含之笑着对毛泽东说："主席怎么忘了，当年讲好 10 年分期偿还，还足 2 万元，这钱到去年就已经够数了，再送可就多了。"毛泽东也笑了，他赶紧对章含之说："怪我没说清，这个钱是给你们那位老人家的补助，哪里能真的 10 年就停！我马上派秘书补送过去。"章含之告诉毛泽东，父亲是不会收的，当初他答应就只收 10 年。毛泽东想了想，说："你回去告诉行老，从今年开始还利息。50年的利息我也算不清应该多少。就这样还下去,行老只要健在,这个利息是要还下去的。"毛泽东停了停,又神情严肃而认真地对章含之说:"这个钱一直要送到你父亲不在为止。他去世了,就停了。你们这一代要靠自己,不要靠父亲的遗产。"毛泽东语重心长的话语说得章含之连连点头称是。看到年轻一代有决心开创自己的未来,有信心去建立自己的幸福生活,毛泽东也欣慰地笑了。

1973年的章士钊已是92岁高龄了,实际上"利息"也只还了这一年,章士钊便去世了。毛泽东"还"给章士钊的这笔钱也确实给享有"古义士"和"社会活动家"美称的章士钊比较困难的家庭生活带来了莫大的支持和帮助。毛泽东10年还债的趣事,不仅体现了毛泽东与章士钊的友谊,也体现了毛泽东对党外民主人士的关怀之情,真正表现了一代伟人的高风亮节。

重上井冈

1965年初夏,年逾古稀的毛泽东满怀凌云壮志,千里寻故地,回到阔别30多年的江西老革命根据地——井冈山。

5月21日上午11点,毛泽东在中共中央办公厅主任汪东兴和湖南省委书记张平化等陪同下离开长沙,经株洲、醴陵等县,于傍晚到达茶陵。当晚,在茶陵县委的办公室住下。

次日,茶陵县委领导们心情急切地请求见毛泽东。毛泽东高兴地说:"当然要见嘛!路过一次也不易呀。30多年前路过茶陵时很狼狈。那时我们秋收起义的队伍一部分被敌人追赶着,一部分被敌人阻截着,到茶陵吃住都很困难,这次可完全不一样了。"

他喝了一口龙井茶,高兴地对汪东兴说:"你先安排好,待会儿饭后就见他们。"

早饭后,毛泽东接见了茶陵县委、县政府领导班子全体成员,并与他们合影。接着便向江西进发,经莲花县到达永新县。午饭后又会见了江西省委书记处书记刘俊秀、副省长王卓超和永新县委领导。会见时,永新县委领导同志问毛泽东午饭吃得怎么样,毛泽东笑着说:"这顿饭又吃到了当年在永新吃过的新鲜腊肉、鸡、鱼、青菜,味道都不错,比当年吃得更香,而且是从从容容吃了!"在座的都会心地笑了。

车继续前行,下午4点多钟到达茅坪,在谢氏慎公祠前停下车。当年,湘赣边界党的第一次、第二次代表大会都是在这里举行的。第一次代表大会选举了第一届特委,毛泽东担任特委书记。在谢氏慎公祠后面二三十步远的地方有一幢小砖房,那就是有名的八角楼——毛泽东当年工作和住过的地方。根据毛泽东的意思,大家都没有下车,坐在车上绕着八角楼转了一圈。毛泽东专注地望着八角楼,仿佛又回到了1928年。当时,毛泽东就是在这幢简陋的小砖房内,写下了《中国的红色政权为什么能够存在?》这篇辉煌的文献,英明地分析了中国红色政权发生和存在的原因,预言了中国革命无限光明的前景。

汽车沿着高入云端的盘山公路缓缓前行。不久,即到达黄洋界。车刚一停,毛泽东就下车快步走向山顶。这里有一幢小房子,是当年守哨红军的营房。毛泽东仔细地查看了照原样修复的营房,又举步走近黄洋界纪念碑。纪念碑一面镌刻着毛泽东1928年秋写的《西江月·井冈山》,一面镌刻着朱德的题字:"黄洋界保卫战胜利纪念碑。"

在山顶上,毛泽东满怀豪情地指着黄洋界周围重叠的山峰对随行人员说:"这就是黄洋界,当年我们就是利用黄洋界的险要地形,经过和敌人几次较量,把敌人赶下了山。那时为了减少伤亡,保存自己,我们在这里构筑了一些工事,给敌人很大打击。"说着,他招呼汪东兴:"东兴同志,你去那边看看,还有没有当年工事的痕迹?"汪东兴按照毛泽东指示的方向去查看了附近的地形,回来说:"主席,有几个地方还依稀可以看出有当年构筑的壕沟式工事在。"

大家同毛泽东一起站在海拔1300米高的黄洋界上,环视着巍峨险要的地势,仿佛随着老一辈革命家走入了历史。

在宾馆休息时,毛泽东风趣地说:"这可和当年大不一样了!那时敌人前堵后追,我们靠两条腿拼命走,这1000多里路走了半个多月。这次汽车两天就到井冈山,还是机械化快!"

5月25日,井冈山下着小雨,雨雾环绕群山。举目望去,雨雾中的山色别是一番秀丽、迷人。水洗的空气湿润、清新,令人备觉舒适。在青松翠竹掩映的茨坪宾馆,毛泽东已经住了3天了。下午,张平化、刘俊秀、汪东兴一起来到毛泽东住地,毛泽东笑容满面地出来和他们一一打招呼。

毛泽东问他们对井冈山的观感和印象,他们分别谈了个人的感受后又说:过去读毛主席井冈山时期的著作,因为没有实际感受,领会不深,这次实地看过,对井冈山的地形、地理位置有了较深入的了解,加强了对党史、革命历史的认识。今天的井冈山变化很大,和过去比是确实大不一样了。

毛泽东听后深情地说:"我离开井冈山已经30多年了。这次旧地重游,回忆起30多年前的这段历史,心情总是非常激动的。为了创建这块根据地,不少革命先烈牺牲了自己的生命。我早想回井冈山看看,一别就是30多年啊!我心情和你们一样高兴、激动。没有过去井冈山艰难的奋斗,就不可能有今天了。"毛泽东思潮澎湃,记忆又把他拉回了那战火纷飞的日子,他打开了话匣子,一说就是两个多小时。抚今思昔,感慨万千。

5月26日，又是一个大晴天。早饭后毛泽东在住地散步。一面走在山路上观看对面群山间变幻不定的白云，一面向陪同他散步的井冈山管理局的负责同志询问井冈山的建设情况。

毛泽东说："我这次回井冈山来看看，感到井冈山的变化很大，修了公路，通了汽车，解决了上山难的问题。"

陪同的同志说："现在在井冈山已经建了两条公路。一条是由黄洋界到宁冈、永新，一条由拿山、泰和去吉安。还准备再建一条，由井冈山到遂川，这条路正在修建。"

毛泽东又问："井冈山现在建有博物馆、纪念碑，还有这样好的宾馆，来客多不多？"

井冈山管理局的同志说："不少。特别是天气热的时候，来井冈山参观的人很多。"

毛泽东说："土地革命时期，我们在井冈山建农村革命根据地，建立起红色政权，点燃了'工农武装割据'的燎原之火。井冈山的斗争，指出了农村包围城市、武装夺取政权道路的新方向。当时有人提出井冈山的红旗究竟能打多久的疑问，我们以实践回答了这个问题，坚持了井冈山的革命斗争。井冈山革命根据地的建立和斗争的实践，被中国革命历史证明是正确的。中国革命如果没有这些根据地作后盾，就不可能取得全国的革命胜利。革命成功是多少革命先烈用鲜血和生命换来的。我们应该利用井冈山革命的这些历史，多宣传井冈山的革命传统，让后来的年轻娃娃们了解中国革命的历史。"

汪东兴一行问毛泽东："当年井冈山的斗争那么艰苦，战斗那么频繁激烈，许多同志英勇献身了，您知道现在还有哪些老同志健在吗？"

毛泽东说："从全国来说，当年在井冈山战斗过的人还不少，包括现在在党、政、军领导岗位的领导同志，如朱德、罗荣桓、陈毅、何长工、彭德怀、谭震林、陈正人、江华、曾志、彭儒、贺子珍等。袁文才、王佐不在了，现在在西藏军区工作的张国华同志原是王佐部下的兵，是个很能干的同志。"

提起这些老同志，毛泽东心情有些激动。他说："今天和你们谈及往事，心情激动是当然的。中国人民的解放、中华人民共和国的建立，没有战斗，没有工作，没有流血，没有牺牲，不去推翻反革命政权是不可能的，敌人的几百万军队，是不会自行倒台、自行灭亡的。现在，我们胜利了，要更好地建设社会主义中国，更好地建设社会主义的井冈山。"

毛泽东边走边谈，散步已远离住地，直到陪同的同志劝他回去。晚上，毛泽东的心情仍很激动，又找汪东兴谈了许久，才稍稍平静。

后来，又是细雨蒙蒙。毛泽东在他的住所聚精会神地完成了他的新作《水调歌头·重上井冈山》：

久有凌云志，重上井冈山。千里来寻故地，旧貌变新颜。到处莺歌燕舞，更有潺潺流水，高路入云端。过了黄洋界，险处不须看。 风雷动，旌旗奋，是人寰。三十八年过去，弹指一挥间。可上九天揽月，可下五洋捉鳖，谈笑凯歌还。世上无难事，只要肯登攀。

28日下午,毛泽东要汪东兴安排接见井冈山的老同志。毛泽东说:"过去井冈山的许多人民群众为了红军的生存,受尽苦难,流了不少血和汗,给了我们很大的支持和帮助,我和他们同甘共苦过。"

第二天,毛泽东起床散步后对张平化、刘俊秀和汪东兴说:"井冈山是座好山,风光好、空气新鲜,是休息、健身的好地方。我们已住了一个星期,该走了。"

张平化、刘俊秀同志说:"现在井冈山的人民迫不及待要见主席。"

毛泽东说:"我们难得上山一次,一定要见他们。昨天我让东兴同志安排了,不知安排得怎么样了?"

汪东兴回答说:"我按主席的意见将人分成4批会见。"

下午4点,接见开始。毛泽东来到井冈山宾馆门前的小坪场上。人群中立刻响起长时间的热烈掌声。井冈山人声鼎沸,群情激昂。到处都有人高喊着:"毛主席!毛主席来了!"毛泽东亲切地向大家鼓掌、招手。他缓缓地走过人群,在革命老人谢槐福面前停下来,深情地望着这位革命老人。毛泽东从1927年至1928年间曾多次在谢槐福家住过。1927年冬,数九寒天,毛泽东还把自己的棉衣送给了穷得没有衣服穿的谢槐福。今天,谢槐福站在毛泽东身边,心中异常激动。

接见大约进行了一个小时,最后毛泽东频频向人群招手致意,在欢呼声中大家依依惜别。

接见李宗仁

1965年7月18日,一个轰动世界的事件发生了:前国民党代总统李宗仁先生偕夫人郭德洁女士返回祖国大陆。就在此前的两三天,国民党还向世界各著名通讯社矢口否认李宗仁有返回祖国的可能性,台北各报上刊出的官方通讯社消息均称李宗仁不会赴北京。

这天清晨,一架波音707客机迎着火红的旭日,飞翔在中国南部边境的苍山云海中。李宗仁一直伏在舷窗前向外眺望,两只眼睛闪着兴奋的光彩,俯瞰朝阳照耀着的神州大地叠翠的山峦、川流不息的河水,李先生难以抑制心中的激情,他回过头来对身边的妻子郭德洁女士和秘书程思远先生感慨地说:"16年前,我飞离广州的时候,万想不到会再回来,可是世事变化常常出人意料,由于祖国的召唤,今天我又回来了!"

李宗仁回归祖国这件事,还得从10年前说起,这里充分显示了毛泽东和周恩来敏锐的政治眼光、博大无量的胸襟、伟大政治家的宏伟气魄。

1955年4月,周恩来在万隆会议上阐明中国对台湾问题的立场:台湾是中国的领土,中国人民解放台湾是中国的内政问题。美国造成台湾地区的紧张局势,中国政府愿意同美国政府坐下来谈判。中国人民愿意在可能的条件下，争取用和平的方式解放台湾。

漂泊旅居美国的李宗仁，在报上看到了周恩来的声明，深感兴奋，随之发表谈话，提出《对台湾问题的具体建议》，表示竭诚拥护周恩来的声明，倡导恢复国共和谈，坚决反对"台湾托管"和"台湾独立"的任何主张。

作为伟大的政治家，毛泽东敏锐地意识到李宗仁已经有了回归祖国的愿望。李宗仁作为原国民党政府的代总统，在中国以至在世界上都是一位很有影响的人物，他能回到祖国来，这个行动本身，无疑具有重大的积极的影响。毛泽东决定抓住这个契机，争取李宗仁回国，嘱托周恩来处理此事，有情况及时向他汇报。对于李宗仁是否还有顾虑，毛泽东坚定地说："他愿意回来，我们就欢迎他回来。住不习惯，可以再出去，来去自由嘛！"

有了毛泽东的明确指示，周恩来着手安排李宗仁归国之事。他首先想到了李宗仁的智囊人物程思远，并于1956年特意邀请程思远回国参加五一劳动节庆祝活动。

1956年5月12日中午，周恩来在中南海紫光阁设宴招待程思远，并同程思远进行了长达3个小时的面谈。他请程思远告诉所有在海外的国民党军政人员，我们的方针是爱国一家，爱国不分先后，我们赞成"和为贵"。当谈到李宗仁时，他说：我们欢迎李先生在他认为方便的时候回来看看，也欢迎国民党军政负责人来大陆探亲、访友、观光，我们将给予各种方便和协助，并保证他们来去自由。

程思远受到周恩来的亲切接见，兴奋不已，特别是听了周恩来明确表示希望李宗仁先生回来看看、保证来去自由的谈话，更是激动。一回到香港，他就周恩来谈话的内容写信告诉了李宗仁先生。

程思远到京，周恩来的友好态度，深深触动了李宗仁的归国之心。不久，他在给程思远的一封信中说，他保存着一批文物，是他在解放前花了11万美元购买的，希望能献给祖国。这批字画、古董是他在北平当行辕主任时搜集的，共12箱，后来带出去了。

程思远马上把信转交给周恩来。在得到政府决定接受这些文物的答复后，程思远设法帮李宗仁将存放在美国的文物运到香港，并在周恩来的安排下运回了北京。经过故宫博物院的专家鉴定，发现这批文物大部分是赝品。按当时的行情计算，价值不过3000美元。这与李宗仁说的11万美元，差距太大了。周恩来经过反复思考，决定给李宗仁3万美元，并把这件事向毛泽东作了汇报。毛泽东听完周恩来的汇报后，哈哈大笑起来，说："恩来呀，我们的统战工作要讲策略，他说11万多，那就给他12万。这叫做'投石问路'。"

毛泽东的话一下子点透了周恩来，他也爽朗地笑起来："好个'投石问路'，我怎么就没想到这一层。"

于是，周恩来将这一消息告诉了程思远，并说明，这批字画、古董，有些是真的，有些是假的，但政府体念李宗仁先生的爱国热情，将资助他一笔赴欧洲的旅费，以壮行色。

李宗仁得知祖国将给他这样一笔巨款后，十分高兴，连声称赞:"共产党不简单,是识货的。"在周恩来的精心安排下,程思远多次回国联络,李宗仁回国之事在秘密地、有条不紊地进行着。历经10年,在周恩来的亲切关怀下,李宗仁夫妇终于在1965年7月排除险阻,远渡重洋,回到了阔别16年之久的祖国大地。

7月20日上午11时许,李宗仁乘坐的专机飞抵北京机场。受毛泽东之托,周恩来率领了大批党和国家领导人、民主党派负责人和著名民主人士,头顶烈日在首都机场热烈欢迎李宗仁的归来。

李宗仁看到机场上的热烈欢迎场面,激动得热泪盈眶,在同欢迎他的人们一一握手致谢后,他迈着坚定的步伐走到机场大厅内的毛泽东半身塑像前,久久地凝望着,心潮起伏。他为自己16年前坐失良机,没有签署《国内和平协定(最后修正案)》而悔恨,更为共产党的坦荡胸怀所感动。在塑像前,他郑重地宣读了自己的声明,对中国共产党和国家领导人的多方照顾和热烈欢迎表示感谢,他还希望留在台湾的国民党人,能回到祖国怀抱,团结对外,为最后完成国家统一做出贡献。

7月26日上午,李宗仁夫妇和程思远先生一行正在北京东郊参观一个纺织厂时,突然接到通知说,毛泽东正在中南海等着接见他们。这个出人意料的喜讯,使李宗仁非常激动。他觉得毛泽东所给予他的礼遇,是对他选择一条光明道路的肯定和赞赏。可是,作为一个失败了的阶级的代表,去会见一个胜利了的阶级的代表,心中免不了有些忐忑不安。他的这种不安,显然是多余的。在见到了毛泽东之后,一颗悬着的心立刻踏实了。

毛泽东在中南海游泳池的休息室里等候着这位前国民党政府代总统。汽车驶入中南海，当李宗仁正沿着游泳池往前走时，毛泽东便热情地迎上来，同李宗仁先生和他的夫人亲切握手，说："你们回来了，很好，欢迎你们。"

李宗仁表示感谢后说："回到祖国怀抱，受到政府和人民的热烈欢迎，首先对主席表示由衷的感谢。几天来，我们在北京地区参观访问，亲眼看到祖国社会主义建设的伟大成果，感触颇深。我们为祖国的日益强大而感到十分高兴。"

毛泽东说："祖国比过去强大了一些，但还不很强大，我们至少要再建设二三十年，才能真正强大起来。"

接着，李宗仁、郭德洁、程思远分别谈到了海外的许多人士都怀念伟大的社会主义祖国，他们都渴望回到祖国来。

毛泽东一边抽着烟一边认真地听着，随后说："跑到海外的，凡是愿意回来的，我们都欢迎，他们回来，我们都以礼相待。"

听了毛泽东的一席话，李宗仁从内心深处感到温暖。他觉得毛泽东今天在这里以礼相待一位在战场上被自己打败的敌人，既不翻旧账，也不咎既往，这本身就是对海外人士亲切而有力的呼唤。

谈话越来越随意，气氛越来越热烈。在谈到李宗仁曾与蒋介石合作的时候，毛泽东看着李宗仁，幽默地说："啊！德邻先生，你这一次归国，是误上贼船喽！"李宗仁为之一怔。毛泽东接着说："蒋介石骂我们做'匪'，还叫祖国大陆做'匪'区，你这一次回来，不是误上贼船吗？"毛泽东说后哈哈大笑。一时间，李宗仁瞠目不知所对。还是程思远反应快，连忙替李宗仁答道：

"主席，我们搭上这一条船，已登彼岸。""是啊，是渡登彼岸。"李宗仁这时也明白了毛泽东的意思，笑着说。在场的人也都跟着笑起来。一种亲切的朋友般的亲情涌上李宗仁心头，一种回到家里的感觉油然而生。

树高千尺，叶落归根。在海外漂流了16年之久的前国民党政府代总统李宗仁先生终于回到了祖国的怀抱，毛泽东高屋建瓴，以国家和民族利益为重，在发展爱国统一战线工作中取得的这一重大胜利，将永远载入史册。

号召工业学大庆和农业学大寨

大庆和大寨，是20世纪60年代前期毛泽东在工业战线、农业战线分别树立的两个榜样。

1960年，中共中央决定在黑龙江省的大庆地区进行石油勘探大会战。同年5月，从全国30多个石油厂矿、院校抽调了4万多人，集中了7万多吨器材和设备，在大庆地区进行油田勘探和开发。在条件极端困难的情况下，大庆工人为摘掉中国贫油落后的帽子，为打破帝国主义的封锁，为加速中国工业发展，以自力更生、艰苦奋斗的精神，开始了油田大会战。大庆工人以"三老"（当老实人、说老实话、做老实事）、"四严"（严格的要求、严密的组织、严肃的态度、严明的纪律）、"四个一样"（黑夜和白天一个样、坏天气和好天气一个样、领导不在场和领导在场一个样、没有人检查和有人检查一个样）的精神严格要求自己，会战中创造了以革命加拼命，大干社会主义的铁人精神。大庆工人就是以这种革命精神和工作态度奋战在荒原上，仅用了3年多一点的时间，就建成了大庆油田。到1963年，大庆油田年产原油600多万吨，并使原油产量保持稳产高产，国家投资全部收回，还为国家积累了大量资金。在开发大庆油田的会战中，摸索出了一套适合我国实际的管理制度；培养了一支有一定技术素养、有组织、有纪律、能吃苦耐劳的石油工业队伍；涌现出许许多多可歌可泣的动人事迹，王进喜、马德仁、段兴枝、薛国邦、朱洪昌、李天照等人，就是这支队伍的优秀代表。

1964年初，毛泽东号召全国工业战线开展"工业学大庆"的群众运动，学习大庆工人自力更生、艰苦奋斗的优良传统和科学的管理方法，促进全国工业的发展。2月5日，中共中央发出《关于传达石油工业部〈关于大庆石油会战情况的报告〉的通知》，《通知》遵照毛泽东的号召，传达了石油工业部总结归纳的大庆石油会战的基本经验，这个经验是：（一）社会主义的现代化企业，必须革命化；（二）高度的革命精神与严格的科学精神相结合；（三）现代化企业要认真搞群众运动；（四）认真做好基础工作，狠抓基层建设；（五）领导干部亲临前线，一切为了生产；（六）积极培养和大胆提拔年轻干部；（七）培养一个好作风；（八）全面关心职工生活；（九）认真地学习人民解放军的政治工作。石油工业部总结的这个经验体现了毛泽东在当时的一些思想。《通知》又指出："它（指大庆油田）的一些经验，不仅在工业部门中适用，在交通、财贸、文教各部门，在党、政、军、群众团体的各级机关中也都适用，或者可做参考。"从此之后，全国工业交通战线在毛泽东的号召下掀起了"学大庆"运动。

1964年4月20日，《人民日报》为了贯彻和配合毛泽东在工业战线掀起的学大庆群众运动，发表了记者袁木、范荣康合写的通讯《大庆精神大庆人》。报道了大庆人吃大苦、耐大劳，为让祖国抛掉贫油帽子而忘我拼搏的感人事迹。同时发表的《编后话》指出:"大庆精神,就是无产阶级的革命精神。大庆人,是特种材料制成的人,就是用无产阶级革命精神武装起来的人。这种精神、这种人,正是我们学习的崇高榜样。"此后,《人民日报》又陆续发表了不少有关大庆油田的报道。1964年12月,周恩来在第三届全国人大第一次会议上作的《政府工作报告》中,为了进一步贯彻毛泽东的"工业学大庆"精神,再次总结了大庆油田的典型经验,并号召全国向他们学习。周恩来曾先后3次到大庆,肯定了大庆人"两论"(指毛泽东的《矛盾论》《实践论》)起家等经验,提出了"工农结合,城乡结合,有利生产,方便生活"的建设大庆矿区的方针。毛泽东对此十分赞赏。

在"文化大革命"的10年动乱中,毛泽东号召的"工业学大庆"运动同阶级斗争、路线斗争联系起来,已包含着特定的历史内容。另外,"四人帮"一伙以其不可告人的目的诬蔑大庆是搞"唯生产力论"的"生产典型",曾要追查"两论"起家的背景,攻击"亦工亦农"的方针,其意是在反对周恩来总理。毛泽东逝世后,1977年4月20日至5月13日,全国工业学大庆会议先在大庆召开,然后又在北京继续开会。会议的指导思想仍存在"左"的错误。会议指出:要狠抓企业整顿,建设大庆式企业,要广泛开展社会主义劳动竞赛,大搞增产节约,使各项技术的经济指标,在两三年时间内达到本行业的目前国内先进水平。

1981年12月18日,中共中央转发国家经委党组《关于工业学大庆问题的报告》的通知中指出,过去把大庆的一切经验几乎都和阶级斗争、路线斗争联系起来,是特定历史条件造成的,主要责任在当时的党中央和有关上级领导，但大庆经验和学大庆运动基本上是对的，不容否定的。

大寨地处山西省昔阳县城东南海拔1000米的土石山区。在农业合作化运动中，大寨的工作就很先进。在"大跃进"运动中，许多地区兴起浮夸风，大寨则比较踏实。尤其是1963年遭受特大洪灾后，大寨党支部带领社员自力更生、艰苦奋斗，迅速恢复了生产，重建了家园。当时，我国刚刚度过了3年严重困难，大寨这种自力更生、艰苦奋斗的精神受到了毛泽东和党中央的重视。

1964年2月10日，《人民日报》刊登新华社记者的通讯报道《大寨之路》，介绍了大寨大队同穷山恶水进行斗争、改变山区面貌、发展生产的事迹，同时发表了《用革命精神建设山区的好榜样》的社论。社论说：大寨大队原是一个人穷地穷的山村，自从走上合作化道路以后，大寨大队的社员闸坝垒堰，把山沟淤成良田，把坡地修成水平梯田，粮食亩产由解放前的100多斤增加到700多斤。社论指出，要学习大寨的革命精神，就要学习他们的远大的革命理想和对未来坚定不移的信心；学习他们敢于藐视困难，敢于同困难作斗争的顽强精神；学习他们实干、苦干的优良作风；学习他们自力更生、奋发图强的优良作风；学习他们严格要求自己、以整体利益为重的共产主义风格；学习他们永远前进并且把伟大的革命精神和严格的科学态度结合起来的好作风。社论要求每个地方，不论是山区还是平原，都要很好地学习大寨的经验，同时，也要很好地总结推广自己的"大寨"经验。此后，全国农村掀起了农业学大寨运动。这个运动的开展，是和毛泽东的影响分不开的。1964年4月，根据周恩来总理的指示，农业部部长廖鲁言带领调查组进驻大寨进行了为期一个月的调查，向中央提交了《大寨大队调查报告》。报告认为，大寨是自力更生建设旱涝保收、稳产高产农田的典型，是全国农业战线的一面旗帜。5月，毛泽东在听取国家计委领导小组汇报第三个五年计划设想时插话说："要自力更生，要像大寨那样，它也不借国家的钱，也不向国家要东西。"在这里，他向全国正式发出了"农业学大寨"的号召。从此，大寨被树为全国农业战线上的先进典型。

在毛泽东的指示下，1964年12月，周恩来总理在向三届全国人大一次会议所作的《政府工作报告》中，称山西省昔阳县大寨大队，"是一个依靠人民公社集体力量，自力更生地进行农业建设，发展生产的先进典型"。他把大寨的基本经验概括为"政治挂帅、思想领先的原则；自力更生、艰苦奋斗的精神；爱国家、爱集体的共产主义风格"。后来由于"左"的错误，农业学大寨学走了样，但"文化大革命"前，大寨基本上是沿着这样的方向前进的。它确实是全国山区生产建设的先进典型，它的这些基本经验以及这些经验在全国的推广，也曾经起过积极的作用，促进了全国农田基本建设，发展了农业生产。

"决心学习，至死方休"

毛泽东是伟大的革命家，也是学识渊博的学问家。毛泽东一生不辍学习，孜孜以求的读书生活伴随着他的一生。走进毛泽东中南海卧室，触目皆是书。书柜中的书自不必说，写字台上的书也很多，最有特点的则是毛泽东大木床上的书。毛泽东的木床有5尺宽，外边一半铺着被褥，里边一半则堆满了书。毛泽东在世的时候床上的书堆得高出一尺。为防止书向外倒，他的床垫成外高里低。他不看书是睡不了觉的，不看报刊是起不了床的。

晚年的毛泽东，身体衰老了，视力减退了，但他读书学习的精神丝毫未减，追求知识的欲望仍然很高。1973年，他在大病恢复后不久，还同科学家杨振宁谈论物理学的哲学问题。1975年他的视力恢复些后，又重读《二十四史》，重读鲁迅杂文等。1976年他还要看英国的李约瑟著的《中国科学技术史》。据记载，直到1976年8月26日在他生命最后的日子里，还要秘书找来他比较喜欢读的《容斋随笔》。毛泽东几乎是在他的心脏快要停止跳动的时候，才结束了他一生中从未间断过的读书生活。

学英语，是毛泽东晚年读书生活的一部分。在延安时期他曾自学过英语，但是由于当时严酷的战争环境，他的学习受到很大限制。全国解放后，有了较好的学习条件和环境，学习英语成为他的一种爱好。

50年代至60年代，毛泽东学习英语的兴致很高。那时，毛泽东熟悉的单词和短语还不多，于是，便先从阅读英文版《人民日报》、《北京周报》杂志、新华社的英文新闻稿和英文参考的新闻、通讯、时事评论和政论文章入手，以后逐步学习《矛盾论》《实践论》《莫斯科宣言》的英译本等。他善于挤时间学习，他经常在刚刚起床后、饭前、饭后、游泳、登山、散步之后休息时，在开会或会见内外宾客之后或长时间紧张工作之后学英语。在外地巡视期间，无论在火车上、轮船上、飞机上，他随时挤时间学英语，除了重要会议或生病，未曾中断。譬如，1957年3月17日至20日，毛泽东先后到天津、济南、南京、上海，在成千或数千人干部大会上，发表关于正确处理人民内部矛盾和"双百"方针的演讲，工作十分紧张。但沿途他学习英语的兴趣依然不减。从徐州飞往南京，从南京飞往上海，航程只有一小时，他除了书写了有关当地的古诗词外，其余时间，都用来学英语。学习中，也常常纵论时事、谈古论今、探讨学术。有一张广为流传的照片，后来被称作是毛泽东《飞机上的工作照》，据说有人还请郭沫若为之赋诗一首。实际上，这张照片并非毛泽东的工作照，而是毛泽东在飞机上学英语的照片。

1954年，林克调到毛泽东办公室担任他的国际问题秘书。前后12年，林克除了秘书工作外，大部分时间帮助毛泽东学英语。毛泽东说话，湖南口音很重，有些英语单词发音不准。于是就让林克领读，他跟着读。有时他自己再练习几遍，请林克为他纠正发音不准的地方。遇有生疏的单词或短语，在林克领读、解释字义和解释语法结构之后，他便用削得很尖的铅笔，在单词上注明音标，并在书页空白的地方，用密密麻麻的蝇头小字注明每个单词和短语多种不同的字义。在《共产党宣言》和《矛盾论》英译本上，他从第一页直到最后一页，都作了详细的注释；此后，每当他重读一遍时，就补注一次。只是由于年事已高，视力减退，已不能用蝇头小字，而是用苍劲的大字作注了。

毛泽东学习英语的重点，放在阅读政论文章和马列主义经典著作上。由于这些文章和著作的内容，他非常熟悉，学习时可以把注意力放在句型变化和句子的结构及英语词类的形式变化上。有些文章和经典著作，他学习过多遍。《矛盾论》的英文译本他就先后学习过3遍，并在封皮的内页记下了3次阅读的时间：1956年5月10日开始读第一遍；1959年10月31日开始读第二遍；1961年10月9日开始读第三遍。

学习马列主义经典著作英译本时，毛泽东曾遇到过不少困难。因为这些经典著作英译本的文字比一般政论文章的英文要艰深些，生字也多些。但是，毛泽东不畏难。1959年1月，一位外宾问他学习英文的情况时，他说：在一字一字地学。若问我问题，我勉强答得上几个字。我要定五年计划，再学五年英文，那时可以看点政治、经济、哲学方面的文章。现在学了一半，看书不容易，好像走路一样，到处碰石头，很麻烦。他曾对林克说过，他"决心学习，至死方休"。他还诙谐地说："我活一天就要学习一天，尽可能多学一点，不然，见马克思的时候怎么办？"

毛泽东喜欢读书，但有时把读报看得比读书更重要，更紧迫。"一天不读报是缺点，三天不读报是错误。"这是毛泽东从延安时期流传下来的一句名言。刚进北京不久，有几次因为秘书没有把当天收到的报纸及时送阅，毛泽东不高兴了，说："我是要看新闻，不是要看旧闻。"

毛泽东从青少年时期就养成读报纸杂志的习惯。战争年代读报是了解敌情的一个重要渠道。延安时期，毛泽东订阅的报刊至少有三四十种。全国解放后，毛泽东阅读的报纸杂志数量更多了，范围更宽了，不只是哲学和社会科学的，还有文学的、自然科学的、经济学的。上至天文，下至地理，以至讲琴棋书画之类的报刊文章，都在他喜爱或涉猎之列。他每天必读《人民日报》《文汇报》《大公报》《解放军报》《工人日报》《中国青年报》《解放日报》《天津日报》等。经常看《哲学研究》《历史研究》《新建设》《文史哲》《经济研究》《红旗》《学术月刊》《文艺报》《诗刊》《文物》《科学画报》《大众科学》以及《现代佛学》等。他最喜欢读的是有关哲学、历史、中国古典文学的文章，对《光明日报》的《文学遗产》《哲学》《史学》等专栏特别感兴趣。为了适应新中国成立后经济建设的需要，毛泽东尤其注意对经济学进行分析和研究，他还特意请来一些专家共同探讨实际经济建设中的问题，为制定合乎国情的经济建设计划和目标进行深入的探索。

他关注报刊上有争论的问题，还注意根据报刊文章中的合理意见，纠正工作中的缺点和错误。1958年全国掀起了"除四害"（老鼠、麻雀、苍蝇、蚊子）运动。对于应不应该消灭麻雀，科学界有不同意见，有的赞成，认为利大于弊；有的不赞成，认为弊大于利；有的认为利弊相当。刊物上展开了对这个问题的讨论，各抒己见，毛泽东看了这方面的材料。1960年3月16日，他在为中共中央起草的关于卫生工作的指示中改变了消灭麻雀的决定，提出"麻雀不打了，代之臭虫，口号是'除掉老鼠、臭虫、苍蝇、蚊子'"。接着，3月24日在天津会议上重申了这个改变，说："这两年麻雀遭殃，现在我提议给麻雀恢复'党籍'。"科学界的意见，对毛泽东作出这个决定，起了重要作用。

  毛泽东把报刊作为了解国内情况和学术理论动态的重要渠道，同时也通过报刊了解国际情况和国际知识。一天几万字的《参考资料》是他每日必看的重要刊物，像读书一样地圈点批画。有重要内容的常常批给别人去看或印发会议。他除了看重要新闻，对《参考资料》刊登的西方资产阶级政治活动家的回忆录，也很有兴趣。他说，这些回忆录里写了许多过去我们不知道的帝国主义国家内部的矛盾和斗争的情况，很值得看看。

  毛泽东喜欢读名著，在中国现代作家中，毛泽东十分爱读鲁迅著作。在延安时，他曾得到一部我国第一次出版的《鲁迅全集》。这部书是1938年鲁迅先生纪念委员会编辑的非卖品，编号发行的"纪念本"。毛泽东对这套别致的精装《鲁迅全集》十分珍爱。他转移、行军到哪里，就把它带到哪里。在戎马倥偬的战争年代，毛泽东的不少书籍和用品都丢弃了，而这套《鲁迅全集》却一直伴随着他。到中南海居住之后，有一天，他在书房里阅读这套书，一边翻阅，一边饱含深情地对身边的工作人员说：这套书保存下来不容易啊，当时打仗，说转移就转移，有时在转移路上还要和敌人交火。这些书都是分给战士们背着，他们又要行军，又要打仗。书能保存到今天，我首先要感谢那些曾为我背书的同志们。

1956年至1958年，人民文学出版社相继出版了带注释的10卷本《鲁迅全集》。毛泽东对这套新版的鲁迅著作也很珍爱，把它放在床上经常利用夜晚时间和其他零散时间阅读。

到了70年代初，毛泽东年近八十高龄，精力、体力都远远不如以前了，健康状况越来越差。在这种情况下，他读鲁迅著作的兴趣仍然未减。1972年9月，文物出版社出版了北京鲁迅博物馆编的《鲁迅手稿选集三编》（线装本），这本书共有29篇鲁迅手稿，都是从尚未刊印的鲁迅手稿中选出来的。毛泽东得到这本书后，一方面读鲁迅的手稿，一方面欣赏鲁迅的墨迹。手稿选集里有的字写得太小，他就用放大镜，一页一页往下看，一边看，一边还不时地用笔在手稿选集上圈圈画画。

毛泽东在1971年生病以后，用放大镜看书越来越困难。有关单位于1972年特意将50年代出版的带有注释的10卷本《鲁迅全集》，排成少量的大字线装本。这套书印刷的工作量大，不能一下子印出来。印好一卷，出版社就先送给毛泽东一卷。他收到一卷就看一卷。当时出版社并没有按全集的顺序送，哪卷印好送哪卷。因为是线装本，字又较大，毛泽东看起来很方便，读得很快，常常这卷看完了，下一卷出版社还没有送来。就这样先后延续了几个月。他收到全套书时，也差不多又读了一遍。在这套新印的大字线装本的许多册的封面上,他同样画了一些红圈圈,在书中画了许多红道道。在有的封面上,他还亲笔写了"1975.8再阅"。

鲁迅在《准风月谈·关于翻译(下)》一文中,尖锐地批评了文艺批评界那种因为有点烂疤,就一下把整个苹果都抛掉的做法,用吃烂苹果的例子来谆谆告诫人们要正确对待有缺点的人和文艺作品。毛泽东赞同鲁迅的见解。1975年,他在病中还叫工作人员给他读这篇文章。当工作人员读到有关的内容时,他高兴地连声称赞道:写得好!写得好!

1976年9月,毛泽东逝世前夕,他卧室的床上、床边的桌子上、书架上,还摆放着这套新印的大字本《鲁迅全集》。有的是在某一页折上一个角,有的地方还夹有字条,有的还是翻开放着的。这套书同其他大字本书一起伴随他走完生命的最后几年路程。

毛泽东常说的一句中国俗话是"活到老,学到老"。他在延安的一次演说中还说过这样的一句话:年老的也要学习,我如果再过10年死了,那我就要学9年零359天。意思是要学到临死前的一天,学习到底。这位伟大的政治家、思想家、革命家、理论家,确实用实际行动履行了自己的诺言。

红墙内的普通人

毛泽东,这位中南海红围墙里的伟大领袖,新中国的缔造者,他的日常生活往往会让人们感觉很神秘。实际上,毛泽东本人是一位在日常生活中俭朴随便的普通人,他不但有着普通人的衣着饮食,而且也像普通人一样发脾气、开玩笑。毛泽东是红墙内的普通人。

普通人的衣着

毛泽东是勤俭的模范。他一生十分节俭,尤其是在衣着上,有时俭朴得有些令人惊讶。毛泽东对穿衣服的要求:一是"不露肉",二是"宽松随便"。对于旧衣服特别有感情,破了就补,补好再穿,从不随便丢掉。旧得没法补了,旧衣就变成补丁布。没有他批准,任何衣服不准扔。在陕北杨家沟时,有一次,李银桥拎着一件磨得薄如蝉翼而某些部位补丁摞补丁又厚似硬纸板的灰军装,拿给毛泽东:"主席,你看看吧,再穿就该出洋相了。说不定你作报告,在台上一做手势它就会碎成布片呢。"毛泽东接过衣服,小心翼翼放在大腿上,像抚摸伤病员一样抚摸那件旧衣,抚平上面的皱纹。"它跟我参加过洛川会议呢。"毛泽东眼圈忽然湿了,茫然望着那件旧衣陷入静静的回忆。片刻,他又历数出旧衣的几件"功劳",叹口长气:"这样吧,用它补衣服。它可以继续发挥作用,我也能继续见到它。"他讲这些话时的语调,仿佛眼前看到的不是旧衣,而是一位患难与共的老战友。

毛泽东常对身边的战士说:"你们年轻人穿新的精神,我岁数大了穿旧的舒服。"随着年龄的增长,毛泽东身体发胖,许多旧衣服瘦得不能穿了,他便送给儿子穿。一次他要在香山双清别墅接待各民主党派负责人和各界代表、知名人士。在见张澜前,吩咐警卫员李银桥说:"张澜先生为中国人民的解放事业做了不少贡献,在民主人士当中享有很高威望,我们要尊重老先生,你帮我找件好点的衣服换换。"李银桥在毛泽东所有的"存货"里翻了又翻,选了又选,竟挑不出一件没有补丁的衣服。这就是毛泽东进城时的全部家当——没有一件像样的新衣服。因为他说过进京赶考的话,所以李银桥说:"主席,咱们真是穷秀才进京赶考了,一件好衣服都没有。"毛泽东说:"历来纨绔子弟考不出好成绩。安贫者能成事,嚼得菜根百事可做。我们会考出好成绩。"

"现做衣服也来不及了,要不去借一件?"

"不要借了,补丁不要紧,整齐干净就行。张老先生是贤达之士,不会怪我们的。"这样,毛泽东只好穿了补丁衣服见张澜,又穿这件衣服见了沈钧儒、李济深、郭沫若、陈叔通……李银桥心里总有些难过,我们共产党打了天下,共产党的主席竟连一件没有补丁的衣服都没有。后来,毛泽东准备上天安门宣布中华人民共和国成立时,李银桥才到王府井请王子清师傅为他做了一身新制服。

毛泽东有两件毛巾布做成的睡衣，一件是黄色的，一件是白色的。穿了好多年，线开了，缝一缝再穿，哪里破了，就用块旧布补起来，也不知缝补了多少次。一次，身边的工作人员趁毛泽东休息之机，给他换了一件新睡衣。毛泽东发现睡衣被人换了，很不高兴，一再追问旧睡衣哪里去了。工作人员只好把洗净叠平的旧睡衣拿出来递给他。毛泽东接过睡衣，边穿边说："习惯了，还是这件补了补丁的衣服好穿。"直到逝世，毛泽东一直穿着这两件睡衣。这两件睡衣，一件上有67块补丁，另一件有59块补丁。

毛泽东有一双旧拖鞋，穿了许多年，鞋底磨出洞，鞋面都开线了。工作人员几次要丢了它，毛泽东总说还可以修一修。工作人员只好拿出去修，修鞋师傅摇头：已经旧成这样，还咋修呀！没办法，工作人员只好自己用针线缝一缝，放在毛泽东床铺下。

解放后，从1953年底至1962年底，毛泽东没做过一件新衣服。外面的制服破了，便送出去织补，内衣内裤则是补丁摞补丁。以至于接待外宾时，卫士长常常事先提醒："主席，坐沙发上要收回腿，一伸腿就'露馅'了。"因为他的粗线袜子上总是带着补丁，往上一伸腿，裤脚抽上来，袜子上的补丁就会赫然露出。久而久之，卫士长将提醒精练为一句："小心，'家丑不可外扬'。"这就是我们共和国领袖毛泽东的日常衣着。

普通人的饭食

毛泽东一生十分节俭，自己很少花钱，然而每个月的工资却总是所剩无几。他的工资除家庭生活的费用外，大部分用来接待湖南老家的亲友和老师等。每当亲友来访时，毛泽东不仅承担他们在京的各项花销，为每位来京的亲友做一身衣服，还为他们准备回去的路费。当亲友们临行时，毛泽东为他们买土特产送行。这一切，都是从毛泽东的工资里开支。20世纪50年代，毛泽东每个月都要检查家庭的收支账。有一次，卫士把计划开支的明细表交给毛泽东看，包括穿衣、吃饭、房租、支援困难同志等几项。毛泽东对其他开支表示赞同，只是对他家里的伙食费有意见："一天3元高了吧！"他哪里知道，这是压缩再压缩的，何况这3元还包括了招待客人的开支。

毛泽东的伙食极为简单，他出身农民家庭，生活上一直保持了农民那种朴素的习惯。对生活要求不高，用他自己的话说："吃饱为原则。"

他是湖南人，和其他南方人一样，爱吃米饭。他吃的米，也是极普通的南方籼米，粒长、油少、出饭。他还经常吃一种所谓的八宝饭。据他自己讲，这是长征途中因敌人严密封锁，红军失去了粮食补给，为充饥凑数，就找来各种杂粮，小米、蚕豆、绿豆、红小豆、玉米等全部混在一起煮饭吃。毛泽东常吃这种饭的目的，很大成分是以此铭记长征路上的艰难困苦。在吃菜上，毛泽东最关心的是辣椒和蔬菜。没有辣椒，他吃起饭来没味。因此，除了炒菜必放辣椒外，顿顿饭桌上少不了干辣椒。他也爱吃蔬菜，什么节令，北京有什么蔬菜，他都很清楚。

毛泽东正经吃饭，一般是四菜一汤。四个菜中自然包括一碟干辣椒、一碟霉豆腐，按节令有时有个凉拌菠菜、黄瓜之类。而那一汤，有时就是涮碟子的水。这种吃法简直就跟老百姓一模一样。他盛菜的餐具更没有什么大碟小盘之类，除了小菜用碟子外，其他炒菜通常用几个小茶碗就行了。但由于工作繁忙紧张，毛泽东几乎很少正点吃过饭，有时饿了，就吩咐卫士用搪瓷缸子煮一缸麦片粥或几块烤芋头，就着霉豆腐吃下去，就算一顿饭。毛泽东也经常请客人吃饭，但也从来都是四菜一汤，而且都是用自己的稿费开支。

毛泽东喜欢吃红烧肉，有时时间稍微隔长了一点，他便会亲自到厨房，诙谐地说："怎么，是不是最近张飞没赶集了？"遇到这种情况，炊事员就给他做一碗。

毛泽东还喜欢吃鱼，爱吃鱼头、鱼尾，不论鲤鱼、草鱼、胖头鱼。吃法也很简单，既不红烧也不浇汁，更不用油炸，他说那样太费油。只用一点油煎一下，然后放上作料用砂锅炖。

普通人的喜怒

红墙内的毛泽东也像普通人一样发脾气、开玩笑。他有时发脾气，就像天真无邪的孩子赌气一样。

一天，毛泽东吃完饭准备去看演出，李银桥急忙打开车门，等他过来上车。可是，毛泽东立在台阶上不走了，一手叉腰，一手指着李银桥突然喊："李银桥，你是干什么的？"

他喊声很大，一脸愠色。李银桥心中纳闷：什么事啊？怎么突然发起脾气了？想着，便急忙朝台阶上迎，毛主席也朝台阶下走。李银桥搀扶他坐到车里。他不时吮吮嘴唇，既不看李银桥，也不说话，反正是不高兴、生闷气。

坐到位子上，李银桥替他擦好眼镜，给他戴上，替他理顺衣服。他仍然嘟着嘴不理李银桥。直到戏开始了，他才忘记生气，他入戏了。

戏结束了，回来的路上，李银桥小声问毛泽东："主席，今天出什么事了？你生气了？"毛泽东嘟着嘴，翻李银桥一眼："还说呢，把我嘴都烫坏了……"

原来，毛泽东吃罢饭漱口，水太烫，把嘴烫伤了——是一位警卫员没试水温就递了上去。以往李银桥都是试过不烫不凉再递上去，毛泽东已经习惯了，接过来就是一大口。这次他又是一大口，马上喷出去了，可也烫得不轻。但他朝李银桥喊了那么一嗓子，气就全消了。

生活中的毛泽东不乏幽默，也常开玩笑。

第一次游长江时，李银桥照顾毛泽东换好游泳裤后，自己也换了游泳裤。他发现毛泽东在打量他。

"银桥啊，你已经比较伟大了，发展下去就比我伟大了。"毛泽东说得一本正经。李银桥愣住了，不明白毛泽东为什么这样说，甚至有点不安。毛泽东忽然拍拍李银桥的肚皮："你肚子大了啊，快跟我媲美了！"

李银桥笑了，往回收肚子。

毛泽东又拍拍他的肩膀："你直起腰来，背不要驼着，否则也快随我了呢。"

毛泽东有些驼背，李银桥也有点驼背。他忙挺胸收腹说："岁数不知不觉就大了，可我是做不出主席的贡献了。"

"才而立之年就这么泄气？我老了，你还是大有前途的。"毛泽东说着，走了出去。

的确，生活中的毛泽东并非总是庄严或稳重。他非常喜欢晃肩扭腰、手舞足蹈，全身活动着走路，很像公园里某些活动着的老人。他在办公室里一坐 10 多个小时，全身发僵，走路时自然想活动一下全身。每当他从卧室出来去颐年堂参加会议时，短短一段路也要晃肩扭腰、手舞足蹈地走路。每当这时，他还要有声有色地呼吸，并且朝跟随的警卫员递个眼色，那是无声的幽默："发什么愣？我也是人哪！"

这，就是生活中的普通人——我们的伟大领袖毛泽东。

"小球"推动"大球"

新中国成立后,美国对中国实行经济封锁、军事包围的政策,企图置年轻的中华人民共和国于死地。美国发动了朝鲜战争,武装台湾并在台湾海峡进行挑衅,以及发动越南战争。在外交上美国也同样实行孤立中国的政策。中国也针锋相对,坚持反对美国的霸权主义,同时在任何外交场合对美国人也采取同样的态度。但是,这一切是在中苏友好的背景下,是苏、美冷战最激烈的年代。

然而,历史发展到60年代中期前后,发生了变化。特别是1969年3月珍宝岛事件之后,苏联在中苏边境陈兵百万。这一切都触动了大洋彼岸的美国政治家的敏感神经,当时的美国总统尼克松决心走向一个"新世界"。他认为国际风云的变幻将存在着美、中、苏三国均衡的新局面产生的可能性。这样一个世界是否正是毛泽东的设想呢?这样一个局势的存在是不是对中国更有利呢?

1971年春,第31届世界乒乓球锦标赛在日本的名古屋举行。中国乒乓球队与世界乒乓球锦标赛绝缘了6年以后,又重返世界乒坛,在世界上引起了强烈反响。

对中国乒乓球队此次出征,毛泽东十分重视,尤其是对国际舆论格外关注。中国乒乓球代表团一离开北京,毛泽东就对护士长兼做部分国际问题秘书工作的吴旭君交代:"你每天要把各通讯社对于我们派出去的代表团的反应逐条地对我讲。"

一次,吴旭君给毛泽东讲述《参考资料》上的一条花絮新闻,引起了毛泽东的极大兴趣。这条新闻的大意是说:4月4日,美国乒乓球队3号选手格伦·科恩去体育馆练球,出来之后找不到自己队的汽车,错上了中国队的汽车。看着一车的中国人,科恩有些吃惊,便尴尬地说:"我知道我的帽子、头发、衣服让人看了好笑。"科恩是个"嬉皮士",留着长发,服装奇特,样子怪怪的。中国乒乓球队队员庄则栋很有礼貌地站起来说:"我们中国人民和美国人民一直是友好的,今天你来到我们车上,我们大家都很高兴。我代表同行的中国运动员欢迎你。为了表达这种感情,我送给你一件礼物。"说着,庄则栋将一幅绣有黄山风景画的杭州织锦送给了科恩。科恩非常高兴,当即将一件印有和平标志的短袖衫回赠庄则栋。

毛泽东听后眼睛一亮,仿佛从这条看似平淡的消息中捕捉到了什么,他让吴旭君把这条消息原原本本地念了两遍。听完后,他脸上露出了满意的笑容,高兴地点头说:"这个庄则栋不但球打得好,还会办外交。此人有点政治头脑。"毛泽东敏锐地感觉到某种时机的来临,一个重大的决定正在酝酿思考中。

在此之前,我国乒乓球队奉国内紧急指示,邀请参赛的各国乒乓球代表团来我国进行友好访问。对于是否邀请美国乒乓球代表团来华,中国乒乓球代表团吃不准,专电请示国内。外交部和国家体委联合起草了《关于不邀请美国乒乓球队访华的报告》,

周恩来批示:"拟同意。"毛泽东也亲自画了圈。4月6日白天,批件退给了外交部。可是到了晚上11点多钟,毛泽东突然改变初衷,毅然作出邀请美国队访华的决定。美国总统尼克松得到消息后,立即作出反应:批准美国乒乓球队接受邀请。

毛泽东和尼克松,一个是世界上人口最多的社会主义国家的领袖,一个是世界上经济最发达的资本主义国家的首脑,两个领袖的不谋而合,绝非偶然,是共同的利益把中美连在了一起。

1969年1月20日,尼克松就任美国第37任总统,继续推行扩大侵略战争政策,飞机、舰艇仍不时侵入中国的领空、领海。3月,中苏发生了珍宝岛事件,中苏边境不断交火,美苏均以中国为敌。另一方面美苏又互以对方为敌。两个超级大国妄想重新瓜分世界,既互相勾结,又互相争夺,苏联向外扩张正是与美国争夺地盘。美国距离中国遥远,而且美国的战略重点在欧洲而不是在亚洲,美国不会轻易进攻中国;而苏联却把中国当作主要敌人,在中苏边境陈兵百万,严重地威胁着中国的安全。两害相比,取其轻。经过苦苦思索和慎重考虑之后,毛泽东决心开启中美关系之门。

1970年10月1日,中华人民共和国成立21周年之际,一位美国老人安详地坐在挤满了人的天安门城楼上,这位老人就是美国著名记者和作家斯诺先生。他是应邀上天安门参加中国国庆盛典的第一个美国人。

斯诺是中国人民真诚的朋友。他于20世纪20年代末期来到中国,在将近半个世纪的漫长岁月里,几十年如一日,不管风

299

云变幻、道路崎岖,始终坚持不懈地同情和支持中国人民的进步事业,努力促进中美人民的友谊和了解。尤其是他1936年的陕北之行以及后来写成的震动世界的《西行漫记》一书,对报道中国共产党领导的中国革命根据地的真相、展示中国的光明未来和希望所在,起了不可磨灭的作用。新中国成立之后,斯诺曾于1960年、1964年、1970年3次来访中国,每次都受到毛泽东的会见。而1970年国庆期间,毛泽东邀请斯诺,又是有着特殊意义的。斯诺安坐在天安门城楼上,忽然感到有人拉了一下他的衣袖,原来是周恩来总理来了。

"斯诺先生,欢迎您。"周恩来伸手和斯诺握手。

"我真是第一个应邀上天安门城楼的美国人吗?"斯诺问道,棕色的眼睛透露出兴奋的光。

"毛主席让我请您来的,您是中国人民真诚的朋友。"周恩来热情地说。

斯诺流露出发自肺腑的激动:"34年前我穿过封锁线去找红军,遇见的第二个共产党领导人就是您。您当时用英语跟我讲话,使我很吃惊。"

周恩来说:"我还记得我替您草拟了92天旅程,还找了一匹马让您骑去延安找毛主席。"

"您安排我见毛主席,采访红军,当时对西方新闻界来说是'独一无二'的。今天,又让我上了天安门!"

周恩来马上将话接了过来:"在中美两国相互隔绝的情况下,您3次访问新中国,今天还上天安门参加我们国庆盛典,对一个美国人来说，是独一无二的事。"斯诺当年闯到陕北写了将红军介绍给全世界的《西行漫记》，是独家新闻。可是，斯诺在此时，还没有完全意识到周恩来请其上天安门的独家新闻的重要意义。

毛泽东来了，周恩来领着斯诺迎向他。毛泽东一见斯诺，十分高兴。"斯诺先生，老天保佑你，我们又见面了。"毛泽东伸出手去，握住斯诺一只手，领着斯诺夫妇朝栏杆前走去，来到天安门城楼正当中的栏杆边。第二天——10月2日，首都各大报纸都在头版显著位置刊登了毛泽东和斯诺在天安门城楼上的照片。这是毛泽东精心安排的一着棋。照片经过特别处理，只有毛泽东、斯诺夫妇与站在身后的翻译4个人。这张毛泽东跟美国人斯诺在天安门上的照片，本应被当作中国向美国发出的含蓄而饶有深意的友好信息，想不到竟被尼克松和其精于分析的顾问基辛格忽略了。

事后，基辛格在回忆录里这样写道：毛泽东和周恩来不幸对我们敏锐地观察事物的能力估计过高。他们传过来的信息是那么拐弯抹角，以致我们这些粗心大意的西方人完全不了解其中的真意。10月1日，中国国庆节那天，周恩来把美国作家埃德加·斯诺和他的妻子领到天安门城楼上，并站在毛旁边检阅一年一度的国庆节游行，而且照了相，这是史无前例的，哪一个美国人也没有享受过那么大的荣誉。这位高深莫测的主席是想传达点什么。斯诺后来谈论这一事件时也指出：凡是中国领导人公开做的事情都是有目的的。事情过后我才终于理解到，主席是想以此作为象征，表示现在他亲自掌握对美关系；这在当时真是一种远见卓识，但我们在关键时刻理解不到他的真意。事情做得过分微妙反而达不到通信联络的目的。

12月18日上午,毛泽东和老朋友斯诺又进行了长达5个小时的会见和谈话,老朋友相见格外亲切。毛泽东心里燃烧着激情,脸上泛着红光。斯诺幸福地回忆起延安的时光,小米饭的芳香、红辣椒的刺激,给他留下了深刻的印象,更难忘窑洞里那盏彻夜通明的灯。山南海北,海阔天空,毛泽东和斯诺一直谈到午饭时分。两人在北屋中间的起居室里,共进午餐,湘菜的辣味和茅台酒的芬芳,使谈话更热烈起来。他们难忘过去,更关注现在。中美关系是他们共同关心的话题。

毛泽东说:"中美会谈,15年谈了136次。"

"名副其实的马拉松会谈。"斯诺说。

"我不感兴趣了,尼克松也不感兴趣了,要当面谈。外交部正在研究,让美国人中的左、中、右都来访问中国。"毛泽东说。

"主席愿见他吗?"斯诺问。

"目前中美两国之间的问题,要跟尼克松解决。我愿跟他谈,谈得成也行,谈不成也行。吵架也行,不吵架也行。"毛泽东爽快地说。

"我看吵架难免,也不要紧。"斯诺说。

毛泽东幽默地伸出一个指头,对着斯诺说:"他如果想到北京来,你就捎个信,叫他悄悄地,不要公开,坐上一架飞机就可以来嘛。当作旅行者来也行,当作总统来也行。我看我不会吵架,批评是要批评他的。"谈话道出了要义。斯诺,这位有预见力的新闻记者当然领会了毛泽东的意思。他作为中国政府一个媒介人物，向美国政府传递了一个重要讯息，中美关系的新时代仍然是有可能的。

斯诺传去的信息令尼克松兴奋不已。因为在这之前，尼克松已经看到中国的国际地位在日益提高。而此时美国陷入越战泥潭，苏联则对其频频出击，在世界各地采用咄咄逼人的进攻战略。为了美国的利益，尼克松不得不采取现实主义的政策，谋求改善同中国的关系。

为此，尼克松频频开展外交攻势，进行环球旅行，寻求通往北京之门。尼克松想通过罗马尼亚和巴基斯坦这两个与中国关系十分友好又与西方关系比较密切的国家，建立起通向北京的桥梁。

在访问罗马尼亚时，尼克松直言不讳地向罗马尼亚总统齐奥塞斯库表示："我想在我的任期中，改善美国同中国的关系，能否请您从中斡旋，向中国人民传递我的意愿？"尼克松访问巴基斯坦期间，也对总统叶海亚·汗说：尽管我国政府中的其他人和许多美国人完全不这样看，我还是认为，要是像中国这样一个大国继续处于孤立状态，亚洲就不能前进。中美两国对骂了20年，而且有兵戎相见的历史，相互敌视，互不往来。我想和毛泽东谈谈以结束这种状况。以后，美国决不会参加孤立中国的任何安排，可以把我的想法转达给毛泽东。

齐奥塞斯库和叶海亚·汗分别将信息传到了中国，随后尼克松又在美国《时代》周刊发表谈话，进一步表露心迹："如果说在我去世之前有什么事要做的话，那就是到中国去。如果我不能去，我希望我的孩子能够去。"

现在，毛泽东已开始启封中国的大门了。

尼克松在兴奋之中突发奇想：既然乒乓球队已探明了道路，下一步，为什么不可由自己直接与北京接触呢？于是召来他的亲信、国家安全事务助理基辛格博士商讨此事。基辛格不赞成尼克松的想法，他认为这件事关系重大，为妥当起见，应先派特使去与北京接触。两人经过磋商，尼克松决定先派基辛格作为他的特使秘密去北京执行这个使命。

1971年7月9日12时，基辛格秘密飞抵北京，与周恩来进行了会谈。7月15日，中美两国同时宣布：周恩来总理和基辛格博士在北京举行会谈，尼克松总统将于1972年5月以前的适当时间访问中国。

1972年2月21日上午11时30分，尼克松的座机"空军一号"在北京机场徐徐降落，周恩来等中国党和国家领导人热烈欢迎毛泽东请来的客人。盛大的欢迎午宴刚刚结束，毛泽东就在他的住处——中南海游泳池与尼克松会晤。此时，尼克松总统到北京才刚刚4个小时。

最高领导人之间的会见，原是尼克松访华期间的一项重要日程，但没有确定具体安排在哪一天，谁也没有估计到毛泽东会如此快、如此突然地决定立即会见美国客人。当时毛泽东大病初愈，他由护士搀扶着顽强地站立起来，微笑着朝尼克松伸出右手，尼克松快步走上前，也伸出了右手，两个巨人的手握在了一起，这是历史性的握手。它标志着一个充满敌意的时代的结束，一个新的友好的时代的开始。

尼克松对于这次具有重大意义的会见，在自己回忆录里有生动而详细的记述——

为了把我们第一次会晤记录下来，几名中国摄影记者赶在我们前头拥进会场。我们当时都坐在长方形房间的一头半圆的长沙发上。在摄影记者还在忙碌的时候，我们彼此先寒暄了一会儿。基辛格提到，他在哈佛大学教书时也曾经指定班上的学生研读毛泽东的著作。毛泽东用谦虚的口吻说："我写的这些东西算不了什么，没有什么可学的。"我说："主席的著作推动了一个民族，改变了整个世界。"可是毛泽东回答说："我没有能够改变世界，只是改变了北京郊区的几个地方。"

尽管毛泽东说话有些困难，但是他的思绪依然像闪电一样敏捷。"我们共同的老朋友蒋委员长可不喜欢这个。"他说的同时挥动了一下手，这个手势可能指我们的会谈，也可能包括整个中国。接着说："他叫我们共匪。最近他有一个讲话，你看过没？"

我说："蒋介石称主席为匪，不知道主席叫他什么？"当我提的问题翻译出来时，毛主席笑了。回答问题的是周恩来："一般地说，我们叫他们'蒋帮'，有时在报上我们叫他匪，他反过来也叫我们匪。总之，我们互相对骂。"毛泽东说："其实，我们同他的交情比你们同他的交情长得多。"

谈到我们的总统选举时，毛泽东说他必须老实告诉我，如果民主党人获胜，中国人就会同他们打交道。

"这个我懂得，"我说，"我们希望我们不会使你们遇到这个问题。"

"上次选举时，我投了你一票。"毛泽东爽朗地笑着说。我回答道："你是在两害之中取其轻的。"

"我喜欢右派。"毛泽东显然开心地说，"人家还说西德的基督教民主党是右派。这些右派当权，我比较高兴。"

"我认为最重要的是要看到，美国的左派只有夸夸其谈的本事，右派却能做到，至少目前是如此。"我说。

谈话转到我们这次会晤的历史背景。毛泽东说："是巴基斯坦前总统把尼克松介绍给我们的。当时，我们驻巴基斯坦的大使不同意我们同你接触。他说，尼克松总统同约翰逊总统一样坏。可是，叶海亚总统说，'这两个人不能同日而语'。他说，一个像强盗——他是指约翰逊。我不知道他怎么会有这个印象，不过我们不大喜欢从杜鲁门到约翰逊你们几位前任总统。中间有8年是共和党任总统。不过在那段时间，你们大概也没有把问题想通。"

"主席先生，"我说，"我知道，多年来我对人民共和国的态度是主席和总理全然不能同意的。把我们带到一起来的，是认识到世界上出现了新的形势；在我们这方面还认识到，事关紧要的不是一个国家内部的政治哲学，重要的是它对世界其他部分和对我们的政策。"

我同毛泽东的会见，主要谈到我们之间有发展潜力的新关系和他所谓的哲学方面，但我还笼统地提出我方将要讨论的重大实质性问题。我说，我们应该审查我们的政策，决定这些政策应该怎样发展，以便同整个世界打交道，并处理朝鲜、越南和台湾等眼前的问题。

毛泽东很活跃，紧紧抓住谈话中的每一个细微含义，但我看得出他很疲劳了。周恩来越来越频繁地看手表，于是我决定设法结束这次会谈。

"主席先生，"我说，"我们大家都熟悉你的生平。你出生于一个很穷的家庭，结果登上了世界人口最多的国家，一个伟大国家的最高地位。我也出生于一个很穷的家庭，登上了一个很伟大的国家的最高地位，历史把我们带到一起。我们具有不同的哲学，然而都脚踏实地来自人民，问题是我们能不能实现一个突破，这个突破将不仅有利于中国和美国，而且有利于今后多年的全世界，我们就是为了这个而来的……"

这一次会晤进行了65分钟，其中翻译还占去一半时间。毛泽东有一种非凡的幽默感。他永远是谈话的中心，在他的引导下，这一次历史性的重要会晤，是在漫不经心的一种轻松玩笑的气氛中进行的，轻松的俏皮话使人觉得是几个经常来往的熟人在聊天，一些十分严肃的原则性的主题在毛泽东诙谐随意的谈吐中暗示出来。基辛格后来把这次谈话比喻作瓦格纳歌剧的序曲，需要加以发展才能显示出它们的含义。在毛泽东会晤尼克松后的几小时之内，中国就向外国新闻界提供了面带微笑的毛泽东和咧着嘴笑的尼克松会见的新闻照片和电影。

1972年2月28日，举世瞩目的《中美联合公报》在上海签字。毛泽东和尼克松的会见以及《中美联合公报》的发表，揭开了中美关系史上新的一页。这件事震动了整个世界。半个多月以后，当基辛格在白宫他那安静的办公室里，细心琢磨毛泽东和尼克松谈话的记录时，他发现毛泽东在谈话中实际上已经勾画出了《上海公报》的内容。他注意到：公报里的每一个段落，在毛泽东和尼克松的谈话里都有相应的一句话，怪不得在那以后的一个星期的谈判中，所有的中方人员，特别是周恩来总理，都反复引述毛泽东谈话中的主要内容。

在会见尼克松之后，毛泽东高兴地说：“中美建交是一把钥匙，这个问题解决了，其他的问题就迎刃而解了。”

中美关系的缓和，直接推动了中日关系的改善。

第二次世界大战后，日本从吉田茂内阁直到1972年6月佐藤内阁，历届政府一贯采取敌视中国的政策，追随美帝国主义参与策划制造"两个中国"的阴谋。中华人民共和国成立后，虽然中日两国存在着邦交不正常的状态，但两国人民为实现邦交正常化和发展友好关系，一直进行着不懈的努力。两国民间的来往、经济和文化的交流不断发展扩大，为恢复中日邦交打下了良好的基础。1961年10月7日，毛泽东在接见来华访问的日本朋友时指出："日本人民同中国人民是好朋友。"为推动中日关系的发展，从1955年至1974年，毛泽东接见过37批日本外宾。周恩来也提出："中日两国人民要世世代代友好下去。"根据毛泽东、周恩来的意见，中国政府还提出了中日邦交正常化"三原则"：中华人民共和国政府是代表中国的唯一合法政府；台湾是中国领土不可分割的一部分；"日台条约"是非法的、无效的，应予废除。"三原则"在日本国内得到广泛的同情和支持，日本朝野有识之士都为促进中日邦交正常化尽心努力。

1972年7月，在中国问题上一筹莫展的日本首相佐藤荣作被迫下台，田中角荣继任新首相。田中在首次内阁会议上就坚决地表示："我要坚决实现日中邦交正常化，谈判的对手必须是可以依赖的人。毛泽东、周恩来是10次死里逃生的创业者，从这一点看，他们是信得过的，也是可以商谈的。因此，非在毛泽东、周恩来健在的时候一鼓作气实现不可。"此话一出，立即在日本各界引起了强烈的反响。9月25日，田中角荣来华访问，这是中华人民共和国成立以后，日本首相首次正式访华。9月27日，在中日建交谈判关键性的时刻，毛泽东高兴地会见了田中角荣、大平正芳等日本客人。

在周恩来的陪同下，田中角荣等日本客人来到中南海毛泽东的住处。虽然田中早就盼着毛泽东的会见，但此时他还是有点儿紧张，他没有见过毛泽东，他不知道见面后将从何谈起。田中对中日谈判能否达成最后协议心里没底，很着急。当周恩来总理把田中从休息室带到毛泽东扶手椅边时，毛泽东向他们两人示以欢迎的微笑。毛泽东习惯用幽默的方式开场："吵架吵完啦？不吵不行啊。"说完，他看看田中，又看看周恩来。田中连忙回答说："不，不，我们谈得很好。"其实毛泽东知道正在进行的中日谈判，争论得很激烈。毛泽东示意两位总理就座，接着说："不打不成交嘛！"这清楚地表明毛泽东从大处着眼，为中日邦交正常化最后达成协议开了"绿灯"。他们谈到了中国和日本的交往史、日本的竞选……气氛始终很友好。毛泽东请田中喝点茅台酒，田中说："听说茅台有65度，不过我很喜欢喝。"毛泽东说："不是65度，而是70度。谁给你传播了这个错误的信息？中国古代的东西太多了，让旧事物束缚了并不好。"毛泽东问到的日本议会制运行情况等，田中逐一作了回答。整个谈话回避了中日战争的性质和钓鱼岛领土问题。毛泽东绕道而言，本着向前看的原则处理中日关系，体现了心胸宽广、眼光远大的外交谋略。

双方的会晤在友好、宽松的气氛中进行着，不知不觉时针指到9点半，会谈就要结束了。毛泽东突然指着堆积如山的书籍说："我有读不完的书。每天不读书就无法生活。"又指着《楚辞集注》六卷说："这套书是送给田中首相的礼物。"

周总理把那套书从书柜里轻轻地取了出来，送给田中。田中高兴地握着毛泽东的手，不停地点头说："多谢，多谢！毛主席知识渊博，还这样用功，我不能再喊忙了，要更多地学习。祝你健康长寿。"毛泽东把客人一直送到走廊中间，显出依依不舍的样子。

毛泽东把朱熹注释的《楚辞集注》翻印本送给田中，引起了日本新闻界极大的兴趣。他们纷纷评说，毛泽东选送此书给田中意义有三层：一是借中国爱国诗人屈原和他的诗集来告诉日本人民，田中正在完成的任务，有着深刻的历史意义；二是表示知道田中对中国古典文学很感兴趣,对田中来华期间赋汉诗一事给予评价;三是表示赞赏田中在中日复交前对访日的美国总统国家安全事务助理亨利·基辛格说过的一句话:"中国与日本之间的关系比美国与日本之间的关系要久远得多。"

日本新闻界对这次毛泽东与田中角荣的会见,纷纷发表评论,认为中国安排毛泽东主席同田中会见,说明日中关系正常化的会谈事实上已达成了协议。正如二阶堂进在这次会晤后所说:"毛泽东同田中握手,难道不意味着解决具有历史深远意义课题的时刻已经到来了吗?"

田中角荣首相对毛泽东在会晤中的印象是非常深刻的。他回到东京后,曾对秘书早饭茂三说过他对毛泽东的评价:"他是一位圣人,是一位诗人、哲学家和导师。"

1975年7月,泰国总理克立访问中国,并会晤了毛泽东。毛泽东对他说:"几乎每一个来见我并令我欣赏的人回国后都会面临灾难。"他接连举出尼克松、田中角荣等7个人的名字。田中角荣是因涉及政府丑闻被迫于1974年12月9日辞去首相职务,并于1976年7月27日被东京法院逮捕。

就在田中角荣被保释后不久,毛泽东于1976年9月9日去世的噩耗传到了日本。田中很想立刻就到中国驻日本大使馆去表示哀悼之情,但他身陷囹圄后不想惹起新闻界的注目。6天之后——9月15日,他才悄悄去了大使馆,这是他被保释以来第一次外出。

田中角荣对毛泽东的评价很高,他这样写道:"接到具有数千年友好历史的邻国——中国的代表毛泽东主席逝世的噩耗,感到不胜悲痛。为结束日中两国间数十年的不幸历史,我曾作为日本方面的代表访问北京。日中复交这个具有历史意义的伟大事业并不是事务性地就能解决的。为揭开日中永远和平的帷幕作出决断的,是新中国的8亿人民的领袖——毛主席。我认为这是为日本、为中国,也是为全人类作出的伟大决断。"

毛泽东会见田中之后,一切问题都迎刃而解了。1972年9月29日,中日双方签署建立外交关系的联合声明,宣告结束中日之间的不正常状态。日本方面痛感过去由于战争给中国人民造成重大损失的责任,表示深刻的反省。1973年初,中日两国互设大使馆。从1975年起,又开始进行缔结中日和平友好条约的谈判。

与此同时,中国在联合国的合法权利也得到了恢复。在处理国际事务中,毛泽东一贯主张和坚持各国间的平等互利和互不干涉内政,反对任何形式的霸权主义。他领导中国人民为亚非拉国家的反殖、反霸斗争树立了一面光辉的旗帜,受到广大亚非拉国家人民的尊敬,也大大拓展了中国和亚非拉国家的外交关系。第二次世界大战以后,特别是20世纪60年代民族解放运动蓬勃发展,产生了许多新独立的国家,它们纷纷加入联合国。1971年10月25日,阿尔巴尼亚、阿尔及利亚等23国向联合国大会提出恢复中国在联合国的一切合法权利、立即把蒋介石集团的代表从联合国及其所属一切机构中驱逐出去的提案。大会以76票赞成、35票反对、17票弃权的压倒多数通过该提案。我国在联合国长期被非法剥夺的权利得到恢复，从而结束了美国操纵联合国敌视、孤立和封锁中国人民的历史。

毛泽东观看了联合国大会恢复中国合法席位的电视新闻。据他身边的工作人员回忆，当看到五星红旗在纽约联合国大厦前冉冉升起的时候，毛泽东禁不住热泪涌流。他当即决定派以乔冠华为团长的代表团出席本届联大，并要求所有在家的中央政治局委员到机场为代表团送行。

总之，20世纪60年代末70年代初，在中苏关系极度恶化的情况下，毛泽东运筹于帷幄之中，全面分析新的国际形势，果断地作出了一些重大的外交决策，打开了中国外交工作的新局面。1970年10月至1972年12月，中国先后同41个国家建立或恢复邦交，特别是同美国、日本、联邦德国、意大利、加拿大等西方国家的关系开始走上正常化。"小球"终于推动"大球"转了起来。中国的国际地位得到空前的提高。从此中国通往世界的大门全面打开，开创了外交工作的新局面。邓小平进一步发展了毛泽东的外交思想，使中国以全新的姿态走向了世界，中国进入了改革开放的新时代。

提出"三个世界的划分"理论

毛泽东作为一位伟大的政治家、战略家，一直关注着世界形势的发展变化。20世纪60年代以前，世界形势的基本特征是：以苏联为首的社会主义阵营与以美国为首的帝国主义阵营的对峙。从20世纪50年代后期起，世界形势开始发生重大变化。1965年，毛泽东将其概括为"大动荡、大分化、大改组"。整个世界在大动荡、大分化、大改组的过程中改变着面貌，世界各种政治力量经过长期的较量和斗争，发生了急剧的变化和改组。进入20世纪70年代，形成了新的国际关系格局。两个阵营的对峙早已不复存在，代之而起的是美苏两国争霸的局面。同时，摆脱了殖民统治、获得民族独立的广大亚非拉国家，不断兴起壮大，在国际事务中起着愈来愈大的作用。"国家要独立，民族要解放，人民要革命"已成为不可抗拒的历史潮流。在对世界形势发展科学分析的基础上，20世纪70年代前期，毛泽东提出了独具特色的三个世界的战略理论。

1973年6月22日，毛泽东在会见马里国家元首特拉奥雷时说："我们都是叫做第三世界，就是叫做发展中国家。"1974年2月22日，在会见赞比亚总统卡翁达时，毛泽东说："我看美国、苏联是第一世界。日本、欧洲、加拿大是第二世界。咱们是第三世界。""第三世界人口众多。亚洲除了日本都是第三世界。整个非洲是第三世界,拉丁美洲是第三世界。"同年4月,邓小平率中国代表团出席联合国大会第六次特别会议。在联合国的讲坛上,邓小平在经过毛泽东批准的讲话中,向全世界就三个世界的理论作了阐述。

三个世界理论具有丰富的内容。首先,是三个世界的划分。根据当代世界各种基本矛盾的发展变化,毛泽东把处在不同的政治、经济地位上的国家区分为既互相联系又互相矛盾着的三个方面。美国、苏联两个超级大国是第一世界。"什么叫超级大国?超级大国就是到处对别国进行侵略、干涉、控制、颠覆和掠夺,谋求世界霸权的帝国主义国家。"美苏两国"用不同的方式都想把亚非拉的发展中国家置于它们各自的控制之下,同时还要欺负那些实力不如它们的发达国家"。自从两个阵营解体后,美苏两个大国加紧了争夺世界霸权的斗争。"它们两家都拥有大量核武器。它们进行激烈的军备竞赛,在国外派驻重兵,到处搞军事基地,威胁着所有国家的独立和安全。它们都不断对其他国家进行控制、颠覆、干涉和侵略。它们都对别国进行经济剥削,掠夺别国的财富,攫取别国的资源",因此,"两个超级大国是当代最大的国际剥削者和压迫者,是新的世界战争的策源地"。

第二世界是处于两个超级大国和发展中国家之间的发达国家。这些国家的情况是复杂的,其中不少是老牌资本主义国家。"它们当中的一些国家,至今还对第三世界国家保持着不同形态的殖民主义的关系,像葡萄牙这样的国家,甚至还在继续野蛮的殖民统治。""同时,所有这些发达国家,都在不同程度上受着这个或那个超级大国的控制、威胁和欺负,其中有些国家在所谓'大家庭'的幌子下,实际上被超级大国置于附庸的地位。这些国家都在不同程度上具有摆脱超级大国的奴役或控制,维护国家独立或主权完整的要求。"

广大的亚非拉发展中国家构成了第三世界。广大亚非拉国家,包括大洋洲和欧洲的一些发展中国家,共有100多个。"这些国家地域辽阔,人口众多,资源丰富。"面积占世界总面积的2/3。人口占世界人口的3/4。它们"长期遭受殖民主义、帝国主义的压迫和剥削",有着相似的苦难经历,也面临着共同的任务和问题。"它们取得了政治上的独立,但都还面临着肃清殖民主义残余势力、发展民族经济、巩固民族独立的历史任务。这些国家受的压迫最深,反对压迫、谋求解放和发展的要求最为强烈。它们在争取民族解放和国家独立的斗争中,显示了无比巨大的威力,不断取得了辉煌的胜利。它们是推动世界历史车轮前进的革命动力,是反对殖民主义、帝国主义、特别是超级大国的主要力量。"

毛泽东对三个世界的划分,以各国政治和经济发展程度、在国际事务中的状况以及国家利益为划分标准,意味着最终抛弃了两大阵营对峙的基本观点和传统理论中以社会制度和意识形态定亲疏的态度。其次,毛泽东三个世界理论的主旨,是联合一切可能联合的力量建立广泛的反对美苏霸权的国际统一战线。20世纪50年代,为适应两个阵营对峙的格局,中国的口号是反对一切帝国主义。20世纪60年代以后"反帝反修"口号的提出，中国处于"两个拳头打人"的状况，这和国内的政治运动是一致的。进入20世纪70年代，由于两个超级大国已成为造成世界动荡不安的主要根源和新的世界战争策源地，反对霸权主义的斗争成为世界各国人民，包括中国人民的共同任务和共同目标。"两个超级大国既然要争夺世界的霸权，就存在着不可调和的矛盾，不是你压倒我，就是我压倒你。它们之间的妥协和勾结，只能是局部的、暂时的、相对的，而它们之间的争夺则是全面的、长期的、绝对的。……超级大国的争夺遍及全球。……它们争夺到哪里，哪里就出现动乱。只要帝国主义和社会帝国主义存在一天，这个世界就决不会安宁，就决不会有什么持久和平，不是它们相互之间打起来，就是人民起来革命。"

反对霸权主义斗争的主要力量是广大的第三世界国家。"两个超级大国为自己设置了对立面。它们以大欺小、以强凌弱、以富压贫，激起了第三世界和全世界人民的强烈反抗。"第二次世界大战结束后，毛泽东曾指出：在两个大国即美国和苏联中间隔着一个极其辽阔的地带，这个中间地带"有欧、亚、非三洲的许多资本主义国家和殖民地、半殖民地国家"。尽管那时这个"中间地带"中的许多国家还依附于帝国主义宗主国，远未成为独立的政治力量，但毛泽东以他非凡的洞察力看到了殖民地、半殖民地国家已经或将要起到的巨大历史作用，从而打破了战后初期世人对大国的迷信和对小国的歧视。1961年9月，不结盟运动确定了不结盟的、独立自主的原则和反帝反殖的立场，成为独立于美苏之外的第三种政治力量。此后，第三世界国家越来越多地在国际事务中采取既不依附于美国也不从属于苏联的独立自主的外交路线，使战后美苏两极对峙的世界基本政治格局大为改观，注入了南北矛盾的新因素。毛泽东密切注视着这一变化。1966年他指出："亚洲、非洲、拉丁美洲的革命风暴，定将给整个的旧世界以决定性的摧毁性的打击。"这较之中间地带理论，对它们在国际政治中的作用又前进了一大步。到了20世纪70年代，第三世界驾驭国际事务的能力达到了新的高度。1973年9月第四次不结盟国家会议制定了建立国际经济新秩序的斗争策略，号召第三世界国家从掌握自然资源主权和确定原料价格着手，以自力更生为基础发展民族经济，争取经济解放。同年阿拉伯国家的石油禁运，在第三世界发展史上有着划时代的重要意义，它第一次以如此激烈的形式表明，南北在经济上处于一种相互依赖的状态，国际政治中的权力杠杆并不完全操纵在帝国主义手里，一旦第三世界国家掌握了自己的命运，可以给整个国际关系带来多么深刻的影响。

战后的历史进程中，美苏两个大国在第三世界国家面前栽了一个又一个大跟头。美国在中国、朝鲜、印支人民反侵略斗争的沉重打击下，一步步从世界霸权的顶峰跌落下来，苏联在埃及等阿拉伯国家被驱逐，等等，表明"亚非拉人民反对殖民主义、帝国主义、特别是霸权主义的斗争不断取得新的胜利"，对未来的反霸权主义斗争必将起到巨大的作用。毛泽东的伟大之处，就在于他不为一时的表面现象所迷惑，看到了第三世界人民中潜藏着巨大的能量，既是对"大国主宰论"的否定，又是对世界人民力量的热情肯定。"两个超级大国的霸权主义和强权政治，也激起了第二世界发达国家的强烈不满。这些国家反对超级大国的控制、干涉、威胁、剥削和转嫁经济危机的斗争，日益发展。它们的斗争，也对国际形势的发展产生重要的影响。"第二世界的发达国家所处的特殊地位，决定了它们的两面性，即对第一世界和第三世界的国家既有矛盾的一面，又有联系的一面。对两个超级大国，既受到其欺负和控制剥削，又有千丝万缕的联系，对广大发展中国家，也有进行压迫剥削的一面，但又能与它们一起进行反对超级大国的斗争。20世纪60年代以来，由于这些国家经济实力的发展，出现了要求独立自主、摆脱美国控制的倾向。法国戴高乐政府，1964年不顾美国压力，与中国建交，1966年宣布退出北大西洋公约组织。"欧共体"的成立和发展表明：西欧各国要求出现一个统一的、强大的独立发展的欧洲。因此，第二世界的发达国家是第三世界国家反对超级大国斗争中的同盟军，是可以争取或联合的力量。

在世界反对霸权主义斗争中，中国处于什么位置？毛泽东强调："中国属于第三世界。因为政治、经济各方面，中国不能跟富国、大国比，只能跟一些比较穷的国家在一起。"作为一个社会主义国家，又是发展中国家，中国属于第三世界。"坚决支持一切被压迫人民和被压迫民族争取和维护民族独立，发展民族经济，反对殖民主义、帝国主义、霸权主义的斗争，这是我们应尽的国际主义义务。"20世纪70年代，中国外交政策的重点是发展和扩大与第三世界的关系。"文革"期间,尽管中国经济十分困难,但仍为第三世界国家提供了相当数量的援助。毛泽东始终认为,作为国际无产阶级柱石的社会主义国家必须坚决地站到第三世界一边,同它们一道进行反帝反霸反殖的斗争。在任何时候、任何情况下,社会主义国家都不能站到第三世界国家的对立面去,成为骑在它们头上作威作福的超级大国。他一再告诫中国共产党和中国人民,永远不称霸,永远不要做超级大国。根据毛泽东的这一思想,邓小平代表中国政府和人民,在联大特别会议上向全世界庄严宣告:"中国现在不是,将来也不做超级大国。""如果中国有朝一日变了颜色,变成一个超级大国,也在世界上称王称霸,到处欺负人家、侵略人家、剥削人家,那么,世界人民……就应当揭露它、反对它,并且同中国人民一道,打倒它。"这掷地有声、光明磊落的声明表达了中国共产党人和中国人民反对霸权主义的坚强决心和无产阶级的彻底革命精神,对社会主义国家的对外政策所应遵循的原则作了新的阐发。

毛泽东关于三个世界的战略理论虽然也有对东欧国家缺少分析的不足,但总的来看,它揭示了新的历史时期世界政治的基本格局和国际斗争的战略态势,不仅是中国外交工作的重要指导方针,而且也为建立国际反霸斗争最广泛的统一战线奠定了基础,提供了思想武器。正如邓小平同志指出的:毛泽东同志关于三个世界划分的战略思想,给我们开辟了道路。同时,在国际上,它的提出也引起了广泛的反响,既得到了广大的第三世界国家政府和人民的重视与赞同,也得到了第二世界国家政府的承认。

晚年时光

进入 70 年代后,毛泽东的身体状况变得愈来愈不好,但是他仍然以一种革命家的特有生活态度来关心着国家、人民和他亲密的战友。

参加陈毅的追悼会

1972 年 1 月 10 日中午,午休的毛泽东突然坐起身来,对工作人员大声叫道:"调车,我要参加陈毅同志追悼会。"他的决定让工作人员震惊。

毛泽东从床上起来,穿着睡衣就要走,工作人员劝他换衣服,固执的毛泽东怎么也不肯换,他说当年与陈毅在井冈山时,就十分随便,没有这么多的清规戒律,再说,现在时间紧迫,也来不及换衣服了。工作人员无奈,只好在睡衣外面套上一件大衣,然后驱车来到八宝山。

得知毛泽东要来参加陈毅追悼会的消息后,周恩来即通知有关方面:凡是提出参加陈毅追悼会的都能参加。于是宋庆龄等一些民主党派人士及一些老同志都参加了追悼会。

整个追悼会,毛泽东心情十分沉重,以至追悼会结束后,他仍然长久坐在会场,两眼茫然地盯着花圈和陈毅的遗像出神,还沉浸在对过去风雨同舟的战争岁月的回忆中。最后，周恩来走过去，扶着他的胳膊，缓缓离开了会场。

在休息室里，毛泽东握着陈毅夫人张茜的手，深情地说："陈毅是个好人，是个好同志。要是林彪的阴谋搞成了，是要把我们这些老人都搞掉的。"他还说："林彪打倒了那么多的人，其实，好多都不是敌我矛盾，如邓小平的性质是属于人民内部矛盾。"就是这句话，促成了后来邓小平的复出。1973年3月10日，在毛泽东的过问下，党中央作出决定，恢复邓小平的组织生活和国务院副总理的职务。1973年12月，毛泽东在参加军委座谈会时讲话，提出要给罗瑞卿、杨成武、傅崇碧平反，并坦率地作自我批评说："我是听了林彪一面之词，所以我犯了错误。"根据毛泽东指示，中央很快给这些同志平了反。1974年，毛泽东又提出给贺龙平反，9月29日中央发出《关于为贺龙同志恢复名誉的通知》，并为贺龙同志开了追悼会。所有这些，都产生了很好的影响。

警告"四人帮"

随着"文化大革命"时间的拖长，毛泽东还对江青等人的阴谋活动有所察觉。1974年7月17日，毛泽东在中央政治局扩大会议上告诫江青说："江青同志，你要注意呢！别人对你有意见，又不好当面对你讲，你也不知道。不要设两个工厂，一个叫钢铁工厂，一个叫帽子工厂，动不动就给人家戴大帽子。"还说："你们要注意呢，不要搞成四人小宗派呢！"这就首先提出了"四人帮"

的问题。1974年,毛泽东建议召开四届人大,他说:"无产阶级'文化大革命',已经8年了。现在,以安定为好。全党全军要团结。"并提议邓小平任国务院第一副总理。但江青等人认为这是篡夺更多权力的时机,于10月18日派王洪文到长沙向毛泽东告状,诬陷周恩来、邓小平。毛泽东严厉批评了王洪文,他说:"反对周恩来,人民不会答应。"还告诫王洪文说:"你要注意江青,不要跟她搞在一起。"并再次强调,"总理还是总理。邓小平政治思想强,人才难得,小平要担任第一副总理"。正是在毛泽东的关怀下,四届人大得以胜利召开,确定了以周恩来、邓小平为核心的国务院领导,给全国人民以极大的鼓舞。

"万里长城今犹在,不见当年秦始皇。"

自1971年冬,毛泽东就患有老年性疾病,如大叶性肺炎等,病情时轻时重,困扰着毛泽东。1972年,他突然发生休克,经抢救才得以度过危险期。由于疾病的折磨,他已是四肢无力,步履艰难,听力也逐年下降,只是一颗雄心仍然不减当年。

1973年,毛泽东会见澳大利亚总理威特兰,他站起来迎接客人以及坐下去,都拒绝工作人员的搀扶。谈话时,常有力地挥动手臂,使人根本感觉不到他已是八十高龄的老人。当客人问及他的身体状况时,毛泽东对这位总理说:"我现在疾病缠身,跟上帝有约会。"威特兰十分敬仰地说:"您一直注意解决中国问题,现在,革命的未来已从中国青年一代的成长中得到了保证。"毛泽东回答说:"我和恩来都看不到中国革命结束了。"一种坦然与悲凉的心情跃然而出。

1974年，毛泽东病情进一步加重，双腿出现浮肿，行走已不方便。他很少考虑自己的身体，却以很多精力去关心国家、关心人民、关心战友。1975年的国庆节到了，外面欢庆的锣鼓声、音乐声幽幽入耳，毛泽东躺在床上，与工作人员孟锦云谈起了贾谊的《鹏鸟赋》，他说这篇赋很好，自己已读了10多遍，"还想读，文章不长，可意境不俗"。毛泽东还向孟锦介绍了这篇赋的大概内容。

《鹏鸟赋》是贾谊被贬到长沙后，一天，一只鹏鸟飞进他的屋子，贾谊见后黯然神伤，因为这种鸟属不祥之鸟，他便觉得自己活不长了，忧伤之下，写了这篇赋。文中列举许多强盛一世的人物，都有衰变结束的时候，以说明"命不可说兮，孰知其极""天不可预虑兮，道不可预谋"的忧患，同时也表达了"万物变化兮，固无休息""化为异物兮，又何足患"的通达乐观心情。

毛泽东从中受到启发，他说："不少人就是想不开这个道理，人无百年寿，常有千年忧，一天到晚想那些办不到的事，能办到的事也耽误了。秦皇汉武都想长生不老，到头来，落得个'万里长城今犹在，不见当年秦始皇'。"

接见基辛格

自从亲手开启中美建交这扇大门后，毛泽东就时刻关心着两国关系的发展。1975年10月21日，82岁高龄的毛泽东主席在他的住处会见了美国国务卿基辛格和美国驻中国联络处主任布什等。基辛格询问毛泽东身体健康状况如何,毛泽东指着自己的头说:"这部分工作很正常,我能吃能睡。"他又拍拍大腿说:"这部分不太好使,走路时有些站不住。肺也有点毛病。"然后又说了一句笑话:"我是为来访者准备的一件陈列品。"毛泽东泰然自若地说:"我很快就要去见上帝了,我已经收到了上帝的请柬。"基辛格笑着说:"不要急于接受(指"上帝的请柬")。"……毛泽东和基辛格还谈了有关军事问题、台湾问题等。会见结束时,毛泽东对布什说:"这位联络处主任上任之后,为什么不到我这儿来看看?"布什回答:"能见到您我不胜荣幸,我只是怕您太忙。"毛泽东说:"……你早就应该来。"

后来,有位中国官员告诉这些美国客人:"毛主席从不随便发出邀请。"这给10余年后就任美国总统的布什留下了极其深刻的印象。

"我也走不动了"

毛泽东在与疾病的斗争中,顽强地跨进了1976年。这一年的春节,毛泽东情绪很好,他在工作人员陪同下,观看了电影《难忘的战斗》。但看着看着,他的情绪起了变化,电影中描述的共和国诞生前波澜壮阔的斗争,将他带到了几十年前那难忘的战争年代,当他看到人民解放军入城受到人民群众无比热烈的欢迎时,他泪如泉涌,泣不成声。

1976年,中国旧历是龙年,按人们的愿望,龙年应该是龙腾虎跃、事事顺利的年份，可这一年却是天灾人祸接踵而来。自然界发生了一些异常现象，给人们带来了灾难。3月8日，东北吉林地区的东部，降落了一次世界历史上罕见的陨石雨，其中最大的3块陨石向西偏南方向飞落，最大的一块重量为1770公斤。

当工作人员读完这则新华社电讯后，毛泽东沉默不语，他走到窗前，遥望天空，禁不住对工作人员说："中国有派学说，叫天人感应。……天摇地动，天上掉下大石头，就要死人哩。《三国演义》里的诸葛亮、赵云死时，都掉过石头，折过旗杆。大人物、名人，真是与众不同，死都死得有声有色，不同凡响噢！"工作人员说这是迷信，毛泽东沉思道："古人为什么要编造这些呢？"是的，古人为什么要编造这些呢？不久，唐山发生大地震，再次在老人心中卷起天人感应神话的波澜：中国的大地为什么这么不平静？

如果说天灾的打击可以用人们的劳动与工作去弥补和恢复，那人的损失则永远是无法弥补的。1月8日，天低云暗，敬爱的周恩来总理逝世，这对毛泽东的打击太大了，他与周恩来共同奋斗长达半个多世纪，其友情的深厚是无与伦比的。当他听到这个不幸消息时，默然无语，久久望着一个地方出神，半晌才长长叹了口气。在周恩来追悼会的那一天，身边的机要秘书张玉凤多么希望他也能像当年参加陈毅同志追悼会那样，突然决定驱车前往，但毛泽东迟迟没有讲话。张玉凤忍不住问道："去参加总理的追悼会吗？"毛泽东拍拍腿，十分痛苦地说："我也走不动了！"是啊，他的双腿已无法站立，再也不可能参加任何一个战友的追悼会了。

7月,毛泽东的另一个亲密战友朱德逝世,这对毛泽东又是沉重的一击,他意识到自己离死神也不远了。他开始感觉到自己太累了,但他又不想休息,他还在为中国的前途命运深深思考、筹划,他还在接见外宾,为中国在国际事务中发挥更多的作用而忘我工作。

4月下旬,毛泽东身体已极度虚弱,但还是坚持会见了新西兰总理马尔登。当马尔登来到中南海那古色古香的书房时,毛泽东躺在安乐椅上,在与马尔登交谈时,他的头几乎无力移动,说话很慢很慢,要费好大的劲,才喘息着吐出几个字来,但他靠顽强的意志,坚持到10分钟的会谈结束后才躺上床休息。5月,新加坡总理李光耀来华,毛泽东以极大的毅力会见了这位总理。他说话声音很小,要由他表侄孙女王海容听清后先翻成普通话,再译成英语,这样进行交谈,毛泽东硬是坚持下来了。6月,毛泽东已经不能下床了,尽管他还要奋斗,还要工作,但身体已不允许了,中共中央便作出决定,不再安排他会见外宾。毛泽东躺在病床上,仍然不能好好休息,他还要探索中国走向安定团结、走向富强的道路。

在病情日益加剧的时刻,毛泽东将政治局全体委员召集到病床边开会。他望着这些无言的同事,十分感慨地说:"人生七十古来稀,我已经80多岁了,早就该死了。"停了停,接着动情地说:"我一生干了两件事:一是与蒋介石斗了那么几十年,把他赶到那么几个海岛上去了;抗战八年,把日本人请回老家去了。对这些事持异议的人不多，只有那么几个人，在我耳边叽叽喳喳，无非是让我及早收回那几个海岛罢了。另一件事你们都知道，就是发动'文化大革命'。这事拥护的人不多，反对的人不少。这两件事没有完，这笔'遗产'得交给下一代。怎么交？和平交不成就动荡中交，搞不好就得'血雨腥风'了。你们怎么办？只有天知道。"

毛泽东一生从来不考虑自己，在他生命的最后时刻，仍然担心着自己的国家和人民。8月下旬，毛泽东病情恶化，开始处于昏迷状态，有时在医生紧急抢救下，能恢复片刻的清醒，但过不多久，又昏迷过去，如此反复多次。这样拖到了9月初，尽管集中很多著名医生进行会诊，使用各种贵重药品及现代先进医疗器械，但最终仍然不能使这位伟人生还。9月9日零时10分，中国人民的伟大领袖，中国共产党中央委员会主席，杰出的无产阶级革命家、军事家、战略家毛泽东与世长辞，享年83岁。巨星陨落，世界震惊，123个国家政府发来唁电，30多个国家和政党举行追悼大会。在中国，30多万人列队走过他的灵柩，瞻仰遗容。9月16日，百万人聚集天安门广场，隆重举行追悼大会；下午3时，全国停止工作3分钟，9亿人民，一齐肃立，默默向他致哀。全中国的工厂、火车、汽车、轮船的汽笛齐鸣3分钟，形成葬礼的最高潮。

世纪伟人毛泽东，终于走完了他那光辉的一生。

参考文献

1.《毛泽东选集》，人民出版社1991年版。

2.《毛泽东军事文集》，军事科学出版社、中央文献出版社1993年版。

3.《建国以来毛泽东文稿》，中央文献出版社1987、1998年版。

4.《毛泽东外交文选》，中央文献出版社、世界知识出版社1994年版。

5.《周恩来军事文选》，人民出版社1997年版。

6.《王稼祥选集》，人民出版社1989年版。

7.金冲及主编：《毛泽东传（1893—1949）》，中央文献出版社1996年版。

8.金冲及主编：《周恩来传》，人民出版社、中央文献出版社1989年版。

9.《彭德怀自述》，人民出版社1981年版。

10.《聂荣臻回忆录》，解放军出版社1983、1984年版。

11.徐向前著：《历史的回顾》，解放军出版社1985、1987年版。

12.《杨成武回忆录》，解放军出版社1987年版。

13.胡乔木著：《胡乔木回忆毛泽东》，人民出版社1994年版。

14.吴冷西著：《忆毛主席》，新华出版社1995年版。

15.胡哲峰、孙彦编著：《毛泽东谈毛泽东》，中共中央党校出版社1993年版。

16.熊向晖著：《历史的脚注》，中共中央党校出版社1995年版。

17.师哲著：《在历史巨人身边》，中央文献出版社1981年版。

18.毛岸青、邵华主编：《中国出了个毛泽东》，中央党校出版社1993年版。

19.蒋建农主编：《世纪伟人毛泽东》，红旗出版社1996年版。

20.《毛泽东的足迹》，中共党史出版社1993年版。

21.邢贲思、陈登才主编：《毛泽东与20世纪的中国》，辽宁人民出版社1993年版。

22.王玉琮、卢玉珂主编：《毛泽东著作典故集注》，中国工人出版社1992年版。

23.臧克家主编：《毛泽东诗词鉴赏》，河北人民出版社1990年版。

24.叶永烈著：《历史选择了毛泽东》，人民日报出版社1999年版。

25.李占平、李淑琴编著：《毛泽东历险记》，中国书籍出版社1993年版。

26. 李锐著:《毛泽东的早期革命活动》,湖南人民出版社1980年版。

27. 王以平等著:《青少年时代的毛泽东》,人民文学出版社1979年版。

28.《湖南第一师范校史》,上海教育出版社1983年版。

29. 高树等编:《历史巨人毛泽东》,中国人民大学出版社1993年版。

30. 林木森编:《咱们的领袖毛泽东》,解放军出版社1992年版。

31. 谭振球编:《毛泽东外巡记》,湖南文艺出版社1993年版。

32. 萧心力主编:《巡视大江南北的毛泽东》,中国社会科学出版社1993年版。

33. 李义凡等著:《我们能跳出这周期率》,中国政法大学出版社1993年版。

34. 房广顺、吕明军著:《必须注意经济工作》,中国政法大学出版社1993年版。

35. 阎长林著:《在大决战的日子里》,中国青年出版社1986年版。

36. 要兴磊等著:《新中国之路》,山东人民出版社1993年版。

37. 邵康编:《毛泽东和党外朋友们》,团结出版社1993年版。

38. 杨成武主编:《毛泽东和他的将帅们》,河南人民出版社1994年版。

39.齐鹏飞、王进主编：《毛泽东与共和国将帅》，红旗出版社1993年版。

40.李家骥、杨庆旺编著：《毛泽东与他的卫士们》，中央文献出版社1998年版。

41.徐焰著：《军事家毛泽东》，中央文献出版社1995年版。

42.张家欲主编：《毛泽东军事年谱》，广西人民出版社1994年版。

43.龚育之等著：《毛泽东的读书生活》，生活·读书·新知三联书店1986年版。

44.孙宝义编著：《毛泽东的读书生涯》，知识出版社1993年版。

45.黄丽镛编著：《毛泽东读古书实录》，上海人民出版社1998年版。

46.柴宇球著：《毛泽东大智谋》，文化艺术出版社1994年版。

47.三豆村、曹志为编著：《毛泽东两次苏联之行》，浙江人民出版社1993年版。

48.宋贵仑著：《毛泽东与中国文艺》，人民文学出版社1993年版。

49.《毛泽东在湖北》，中共党史出版社1993年版。

50.《毛泽东在江西》，中共党史出版社1993年版。

51.《毛泽东与湘潭》，中共党史出版社1993年版。

52.《毛泽东与浙江》，中共党史出版社1993年版。

53. 张步真著：《红墙里的桑梓情》，八一出版社1993年版。

54. 竞鸿、吴华编著：《毛泽东生平实录》，吉林人民出版社1992年版。

55. 王进等主编：《毛泽东生平纪事》，广西人民出版社1993年版。

56. 吕星斗主编：《毛泽东和他的事业》，中共党史出版社1992年版。

57. 陈敦德著：《毛泽东与蒋介石》，八一出版社1993年版。

58. 易严著：《毛泽东与鲁迅》，河北人民出版社1998年版。

59. 卢之超主编：《毛泽东与民主人士》，华文出版社1993年版。

60. 辛平编：《毛泽东与党外人士》，太白文艺出版社1993年版。

61. 赵志超著：《毛泽东和他的父老乡亲》，湖南文艺出版社1992年版。

62. 张鹏主编：《毛泽东的爱国情怀》，中央文献出版社1998年版。

63. 叶永烈著：《毛泽东之初》，作家出版社1993年版。

64. 郑谦、韩钢著：《毛泽东之路·晚年岁月》，中国青年出版社1993年版。

65. 李银桥著：《在毛泽东身边十五年》，河北人民出版社1991年版。

66. 吴吉清著：《在毛主席身边的日子里》，江西人民出版社 1983 年版。

67.陈昌奉口述、赵鹜整理：《跟随毛主席长征》，解放军文艺出版社 1986 年版。

68.李银桥、权延赤著：《毛泽东的故事》，中国青年出版社 1992 年版。

69.张诚主编：《新编毛泽东故事集》，辽宁大学出版社 1994 年版。

70.石仲泉、陈登才主编：《毛泽东的故事》，中共党史出版社 1998 年版。

71.陈祥明等编著：《毛泽东的幽默》，中国电影出版社 1994 年版。

72.白黎著：《毛泽东在保安的故事》，解放军出版社 1984 年版。

73.《毛主席在陕北的故事》，陕西人民出版社 1978 年版。

74.《延安整风运动纪实》，求实出版社 1982 年版。

75.《毛主席在延安的故事》，陕西人民出版社 1978 年版。

76.埃德加·斯诺著、董乐山译：《西行漫记》，生活·读书·新知三联书店 1979 年版。

77.《毛泽东一九三六年同斯诺的谈话》，人民出版社 1979 年版。

78.《〈关于建国以来党的若干历史问题的决议〉注释本（修订）》，人民出版社 1985 年版。

79.薄一波著：《若干重大决策与事件的回顾》，中共中央党校出版社1991、1993年版。

80.《星火燎原》,中国人民解放军战士出版社1982年版。

81.《中国工农红军第一方面军史》,解放军出版社1993年版。

后　记

20世纪的中国之所以从穷困走向辉煌，与中国共产党人的奋斗与抗争紧密相连；中国共产党能克服自身成长道路上的种种艰难险阻发展壮大，能领导全国人民建立伟大的中华人民共和国，并带领全国人民走上一条中国特色社会主义发展道路，又与毛泽东紧密相连。毛泽东是20世纪中国乃至世界历史大潮中的伟人，是中国人民永远难以忘怀的民族领袖。他为中国共产党和中国人民解放军的创立和发展，为中国各族人民解放事业的胜利，为中华人民共和国的缔造和中国社会主义事业的开拓，奉献了毕生的精力。

本书采取故事的体例，把毛泽东的生平分为"走出韶山""舍家为国""星火井冈""挥师闽赣""长征路上""陕北岁月""进发北平""在新中国"8个大的历史阶段，突出反映了毛泽东从韶山冲的农家伢子成长为中国共产党、人民军队的缔造者，谋划抗日救国、解放全中国的民族领袖，到新中国成立后担当起建国兴邦历史重任的国家领导者的一些重要历史活动。选编的故事虽然未面面俱到，但每一个故事都是力求史实准确、情节生动，真实刻画了世纪伟人毛泽东的个人追求、思想情感及行为，使读者能从一个个历史故事中领悟出毛泽东的伟大之处。

★ 韶山毛泽东故居

★ 1919年，毛泽东三兄弟与母亲在长沙合影

★ 1919年，毛泽东同父亲（左二）、伯父、弟弟合影

★ 青年时期的毛泽东

★ 青年时期的杨开慧

★ 1924年，杨开慧带毛岸英、毛岸青在上海

★ 毛泽民烈士

★ 毛泽覃烈士

★ 毛泽建烈士

★ 毛楚雄烈士

★ 毛岸英烈士

★ 毛泽东长子毛岸英与妻子刘思齐

★ 毛岸青一家

★ 毛岸青一家参观韶山博物馆

★ 毛泽东部分亲属留影

★ 毛新宇一家在毛主席纪念堂合影